十三經注疏

傳 孔安國　疏 孔穎達

譯註 金東柱

譯註 尙書正義 5

상서정의

전통문화연구회

東洋古典現代化와 十三經注疏 譯註

본회가 東洋古典의 飜譯과 教育, 情報化 등 古典現代化 사업을 시작한 지 어느덧 25년이 되었다. 그간 우리나라의 고전국역 상황을 보면, 東洋古典에 대한 번역문제는 1960년 중반에 한국고전번역을 정부에서 추진하면서 우선 四書五經 등 기본고전을 모범 번역하자는 논의가 있었지만 우리 고전이 아니라고 무산되었다.

1980년대에 韓國學 연구와 한국고전번역의 先決課題는 물론, 國際政治 관계나 經濟상의 이유로도 필요하다는 논의가 제기되었다. 그 후 1988년 본회가 발족하면서 東洋古典 번역을 착수하여, 1990년대 말경 본회에서 소위 '新注'의 四書三經을 註까지 懸吐完譯함으로써 東洋學과 韓國學徒들의 袖珍本이 되고 教育界와 文化界까지 파급되었다.

그 후 본회 창립 20주년이 되면서 다시 동양고전현대화의 과제와 목표를 논의하면서, 단순한 韓國學의 선결과제를 넘어 東洋文化에 대한 源泉的이며 體系的인 檢討의 필요성이 대두되었으니, 이제 우리는 東洋文化의 先導的 역할을 담당할 준비를 갖추고 21세기에 先進文化强國 건설로 새 歷史를 이루자는 것이었다.

일반적으로 十三經은 核心的 儒家經典의 總稱이지만, 이는 東洋文化의 뿌리라 하겠다. 우리 역사상으로 十三經은 저 멀리 삼국시대에 이미 高句麗의 太學에서 기본 교과로 채택하였고, 百濟에서는 五經博士 制度를 두었고, 新羅 薛聰은 九經을 方言으로 읽었고, 高麗에서는 國子監이나 九齋學堂에서 교육하였으며, 朝鮮朝 成均館과 鄕校, 書堂과 書院에서는 四書五經 등을 교육하여 人材 등용과 국가정책에 절대적 영향을 끼쳤다.

이 十三經의 代表的 註釋書는 漢·唐 시기의 '古注'라 일컬어지는 十三經注疏와, 그 후 宋代의 朱子的 世界觀이 반영된 '集註'와 '集傳' 등의 '新注'가 두 개의 軸이라 할 수 있다.

그런데 우리는 조선조에서부터 朱子學 일변도의 學風으로 경도되어, 그 偏向性이 오늘에까지 이르렀음은 심히 不幸이라 하겠다. 中國에서는 明·淸 시기에 訓詁學, 考證學이라는 學風이 일어 十三經注疏가 經學硏究의 標準이 되었고, 日本에서는 反朱子的 見解와 陽明學의 영향을 받아 明治維新 때 이미 漢文大系 등의 古典整理 사업으로 '古注' 연구가 一般

化된 사실을 간과해서는 안 되겠다.

이에 東洋文化의 核心이라 할 수 있는 十三經注疏를 譯註하고, 이를 통해 우리 文化의 傳統에 대해 體系的으로 이해하고 復元함으로써, 그간 편협했던 학술 風土를 넘어 多樣性과 客觀性을 모색하고, 아울러 古典現代化의 水準을 높이고 融合的이고 自生的인 韓國學을 진작시켜야 할 것이다.

오늘날 중국과 일본에서 번역하지 못한 십삼경주소를 본회에서 130여 책으로 10년 안에 完譯하고, 이와 이울러 韓中日 三國의 東洋古典語彙 情報網을 구축함으로써, 우리의 東洋學과 韓國學 연구에 礎石과 架橋가 되어 우리나라가 先進文化强國으로 昇華되고 世界文化 발전에까지 기여하기를 기대한다.

이 十三經注疏의 번역은 三經과 三禮와 春秋三傳과 ≪論語≫, ≪孟子≫, ≪孝經≫, ≪爾雅≫ 등의 十三經을 經은 물론이요 注와 疏까지 譯註하는 것으로, 原典의 傳統性과 번역의 現代性을 기본으로 하여 漢學元老와 新進學者의 協同硏究飜譯으로 추진하고자 한다.

또한 註釋은 宋代의 소위 '新注'와 비교하고, 明淸代의 注와 韓國 先賢의 注와 見解, 그리고 日本의 注를 가급적 반영하며, 深度 있는 硏究解題를 하기로 하였다. 한편 古典의 우리식 讀解文法인 懸吐를 經과 注에 달고 방대한 疏에는 편의상 構文을 이해할 수 있는 標點을 달며, 經·注·疏 전체에 대한 內容索引을 할 계획이다.

끝으로 오랫동안 飜譯과 校閱에 종사하여 오신 元老漢學者와 10여 년 이상 漢學을 연수한 新進學者로서, 이 십삼경주소의 연구번역에 참여하여 難解한 注疏의 譯註에 헌신하시는 모든 분들께 무한한 감사를 드린다.

또한 고전현대화에 대한 政府의 지대한 關心과 支援에 감사를 드리며, 그간 직간접으로 지도편달하여 주신 학계와 교육계 및 문화계 인사 여러분께 심심한 謝意를 표하며, 앞으로도 따뜻한 관심과 엄정한 叱正을 부탁드리며 내내 평강과 행복을 기원한다.

社團法人 傳統文化硏究會 會長 李啓晃

凡 例

1. 본서는 十三經注疏 중 ≪譯註 尙書正義≫의 제5책이다.
2. 본서의 底本은 阮元 校刻本 ≪尙書正義≫(淸 嘉慶 21년(1816) 阮元 校刻 十三經注疏, 中華書局, 2009, 이하 '阮刻本'으로 약칭)로 하되, 北京大 整理本 ≪尙書正義≫(十三經注疏整理委員會 整理, 北京大學出版社, 2000, 이하 '北京大本'으로 약칭)와 上海古籍 整理本 ≪尙書正義≫(黃懷信 整理, 上海古籍出版社, 2007)를 참고하였다.
3. 본서의 書名은 底本인 阮刻本의 〈重刻宋板注疏總目錄〉에는 '尙書正義'로, 卷次名에는 '尙書注疏'로 되어있다. 그런데 阮刻本의 〈重刻宋板注疏總目錄〉과 ≪四庫全書總目提要≫ 등에는 '尙書正義'로 되어있고, 국내외 학자들의 견해도 '尙書正義'가 적정하다고 밝히고 있어, 본서의 書名은 '尙書正義'로 하고, 卷次名은 저본대로 '尙書注疏'로 하였다.
4. 저본에는 虞書, 夏書, 商書, 周書가 篇名 뒤에 위치하고 있으나, 번역본에서는 宋刊 單疏本・宋兩浙東路茶鹽司刻本・淸武英殿本에 의거하여 卷次와 편명 사이에 배치하였다.
5. 저본에는 卷의 첫머리에만 '尙書注疏 제○권'이 있으나, 번역서에서는 篇 단위로 別面을 하였기 때문에 篇名마다 앞에 '尙書注疏 제○권'을 삽입하였다.
6. 본서는 원전의 傳統性과 번역의 現代性을 구현하기 위해 노력하였다.
7. 原文의 經과 傳은 우리나라 전통 방식으로 懸吐하였다. 전통적으로 교육적 차원에서 암송을 위해 經에만 懸吐하고 小註나 疏에는 懸吐하지 않았다. 또한 疏는 經에 대한 字句 해석이 중심이므로, 본서에서도 간략하게 標點만 하였다.
8. 原文은 저본의 體制에 따라 經, 傳, 疏를 구분하고, 經은 大字로 표기하고, 傳과 疏는 【傳】과 【疏】로 표시하여 구분하였다.
9. 書序는 '書序'로 표시하고 글자 크기를 줄여 經文과 구별하였다.
10. 原文의 分節은, 經과 傳은 저본의 분절을 따르고, 疏는 단락이 길 경우 의미 단락에 따라 역자 재량으로 분절하였다.
11. 저본의 反切 注는 생략하되, 문맥을 이해하기 위해 필요한 경우에만 살리고, 讀音이

특수하거나 僻字인 경우에는 ( ) 속에 한글로 音을 달아주었다.

12. 疏에서 설명 대상으로 인용한 經과 傳의 단어나 구절은 번역하지 않고 원문 그대로 〔 〕 속에 넣어주었다. 예 〔若 順〕 ≪爾雅≫ 〈釋言〉의 글이다.

13. 飜譯은 原義에 충실하게 하되, 이해가 어려운 부분은 意譯 또는 補充譯을 하였다.

14. 飜譯文은 한글과 漢字를 混用하였으며, 맞춤법과 띄어쓰기는 한글 맞춤법과 표준어 규정을 따르는 것을 원칙으로 하였다.

15. 譯註는 故事, 官職, 校勘, 難解語, 역사적 사건, 人物, 인용문의 出典, 전문용어, 制度, 異說 등에 관한 사항을 밝혔다.

16. 校勘은 원문의 衍字, 誤字, 脫字, 倒文 등을 대상으로 하였다.

17. 校勘은 저본인 阮刻本의 校勘記 중 꼭 필요한 것만 선택하여 譯註에 반영하였다. 그 외에도 北京大本을 비롯한 여러 原典 자료를 참고하였으며, 이를 譯註에 밝혔다.

18. 阮刻本에서 校勘에 참고한 書目의 略稱은 다음과 같으며, 본서의 校勘註에도 약칭으로 표기하였다.

- 葛本 : 明나라 崇禎 연간(1636~1643)의 永懷堂本
- 古本 : 唐나라 이전 本으로 日本 足利學校에 所藏된 書寫本
- 九經誤字 : 明末淸初 顧炎武(1613~1682) 撰, 唐石經으로 明監本을 校勘
- 群書拾補 : 淸나라 盧文弨(1717~1795) 撰
- 唐石經 : 唐나라 開成(836~840) 연간의 石刻本
- 明監本 : 明나라 神宗 시기(1563~1620) 北國子監 刊行本
- 毛本 : 明나라 崇禎(1628~1644) 연간의 毛晉의 汲古閣 校刊本
- 閩本 : 明나라 嘉靖(1522~1566) 연간의 閩中御史 李元陽의 校刊本
- 尙書纂傳 : 元나라 王天與(?~?) 撰
- 石經考文提要 : 乾隆 56년(1791)의 石經을 바탕으로 工部尙書 彭元瑞(1731~1803) 撰
- 釋文 : 唐나라 陸德明(550?~630)의 ≪經典釋文≫
- 宋石經 : 宋臨安石經, 南宋 紹興(1131~1162) 연간의 石刻本
- 宋板 : 北宋(960~1127) 말기에 板刻, 日本 山井鼎(1690~1728)의 ≪七經孟子考文≫에서 인용
- 十行本 : 南宋(1127~1279) 시기 刊行本
- 岳本 : 廖氏의 世綵堂本에 대한 岳珂(1183~1243)의 校勘本

- 六經正誤：宋나라 毛居正(?～?) 撰
- 七經孟子考文：日本人 山井鼎(1690～1728) 撰
- 浦鏜：淸나라 때의 학자 浦鏜(?～1762)의 ≪十三經注疏正字≫

19. 阮刻本 이외에 譯者가 校勘에 참고한 書目의 略稱은 다음과 같다.
   - 福建本：明나라 嘉靖(1522～1566) 年間本. 日本東京大學 東洋文化硏究所 所藏本
   - 汲古閣本：明나라 崇禎 5년(1632) 毛晉의 汲古閣 校刊本. 日本東京大學 東洋文化硏究所 所藏本
   - 武英殿本：淸나라 同治重刊 武英殿 校勘本
   - 宋刊 單疏本：日本覆印宋本
   - 宋慶元間建安魏縣尉宅本：宋慶元間(1195～1200)建安魏縣尉宅刊配補元刊明修本
   - 宋兩浙東路茶鹽司本：宋紹興兩浙東路茶鹽司公使庫刻本
   - 薈要本：淸나라 摛藻堂藏 四庫全書薈要本
20. 孔安國의 傳은 '孔傳', 孔穎達의 '疏'는 '孔疏', 蔡沈의 傳은 '蔡傳'으로 약칭하였다.
21. 본서의 校勘에 사용된 符號는 다음과 같다.

   (　)〔　〕：(저본의 誤字)〔교감한 正字〕

   〔　〕：저본의 脫字 보충

   (　)：저본의 衍字 삭제
22. 본서에 사용된 주요 符號는 다음과 같다.

   "　"：對話, 각종 引用

   '　'："　" 안에서 再引用, 强調

   「　」：'　' 안에서 再引用, 强調

   (　)：원문에서는 讀音이 특수한 글자나 僻字의 音
번역문에서는 간단한 譯註

   〔　〕：번역문과 뜻은 같으나 音이 다른 漢字나 句節, 譯註에서 인용한 原文, 疏에서 설명 대상으로 제시한 經이나 傳의 단어나 구절

   ≪ ≫：書名이나 典據

   〈　〉：篇章名, 作品名, 補充譯

   【　】：傳과 疏의 표시

   ○　：저본에 사용된 단락 구분 표시 遵用

23. 본서의 疏에 사용한 標點符號는 中國의 출판본에 이미 상세하므로, 한국에서 재래로 사용해오던 표점방식을 보완하여, 文理의 이해를 돕는 정도로 간략히 하였다. 본서에 사용한 標點符號는 다음과 같다.

.　: 문장의 종결

,　: 한 문장 안에서 句나 節의 구분이 필요한 곳

·　: 대등한 명사나 구절의 병렬

“　”: 인용, 대화

‘　’: “　” 안의 재인용, 대화, 강조, 經과 傳의 단어나 구절을 인용한 부분

「　」: ‘　’ 안의 재인용, 대화, 강조

:　: 疏 내용을 포괄하는 ‘正義曰’ 뒤에 사용

參考文獻

◇ 底本 관련 자료

- ≪尙書正義≫, 阮元(淸) 校刻, 十三經注疏(淸 嘉慶刊本), 中華書局, 1998.
- ≪尙書正義≫, 十三經注疏整理委員會 整理, 北京大學出版社, 2000.
- ≪尙書正義≫, 黃懷信 整理, 上海古籍出版社, 2007.
- ≪尙書正義≫, 欽定四庫全書, 迪志文化出版, 2006.
- ≪尙書正義≫, 宋槧單疏本, 大阪每日新聞社, 1929.
- ≪尙書正義≫, 宋紹興兩浙東路茶鹽司公使庫刻本, 古逸叢書三篇, 中華書局, 1987
- ≪影印宋本 附釋文 尙書註疏≫, 宋慶元建安魏縣慰宅刻本, 臺灣國立古宮博物院, 1989.
- ≪尙書正義≫, 十三經注疏(明 嘉靖 福建刊本) 日本東京大學 東洋文化硏究所 所藏本.
- ≪尙書正義≫, 毛晉(明) 校刻, 十三經注疏(汲古閣刊本) 日本東京大學 東洋文化硏究所 所藏本.
- ≪尙書正義≫, 十三經注疏(淸 武英殿刊本).
- ≪尙書正義≫, 淸 摛藻堂藏 四庫全書薈要本.

- ≪古文尙書考≫, 惠棟(淸) 著, 皇淸經解, 鳳凰出版社, 2008.
- ≪古文尙書寃詞≫, 毛奇齡(淸) 撰, 欽定四庫全書, 迪志文化出版, 2006.
- ≪古文尙書撰異≫, 段玉裁(淸) 撰, 皇淸經解, 鳳凰出版社, 2008.
- ≪今文尙書經說考≫, 陳喬樅(淸) 撰, 皇淸經解續編, 鳳凰出版社, 2008.
- ≪讀書管見≫, 王充耘(元) 撰, 欽定四庫全書, 迪志文化出版, 2006.
- ≪尙書講義≫, 史浩(宋) 撰, 欽定四庫全書, 迪志文化出版, 2006.
- ≪尙書古文疏證≫, 閻若璩(淸) 撰, 欽定四庫全書, 迪志文化出版, 2006.
- ≪尙書考異≫, 梅鷟(明) 撰, 欽定四庫全書, 迪志文化出版, 2006.
- ≪尙書廣聽錄≫, 毛奇齡(淸) 撰, 欽定四庫全書, 迪志文化出版, 2006.
- ≪尙書舊疏考證≫, 劉毓崧(淸) 撰, 皇淸經解續編, 鳳凰出版社, 2008.
- ≪尙書歐陽夏侯遺說考≫, 陳喬樅(淸) 撰, 皇淸經解續編, 鳳凰出版社, 2008.

- 《尚書句解》, 朱祖義(元) 撰, 欽定四庫全書, 迪志文化出版, 2006.
- 《尚書今古文注疏》, 孫星衍(淸) 撰, 續修四庫全書, 上海古籍出版社, 1995.
- 《尚書今古文集解》, 劉逢祿(淸) 著, 皇淸經解續編, 鳳凰出版社, 2008.
- 《尚書大傳》, 伏勝(漢) 撰, 文淵閣四庫全書, 臺灣商務印書館, 1986.
- 《尚書大傳補遺》, 孫之騄(淸) 輯, 欽定四庫全書, 迪志文化出版, 2006.
- 《尚書大傳輯校》, 陳壽祺(淸) 撰, 皇淸經解續編, 鳳凰出版社, 2008.
- 《尚書譜》, 宋翔鳳(淸) 撰, 皇淸經解續編, 鳳凰出版社, 2008.
- 《尚書補疏》, 焦循(淸) 著, 皇淸經解, 鳳凰出版社, 2008.
- 《尚書埤傳》, 朱鶴齡(淸) 撰, 欽定四庫全書, 迪志文化出版, 2006.
- 《尚書說》, 黃度(宋) 撰, 欽定四庫全書, 迪志文化出版, 2006.
- 《尚書疏衍》, 陳第(明) 撰, 欽定四庫全書, 迪志文化出版, 2006.
- 《尚書略說》, 宋翔鳳(淸) 撰, 皇淸經解續編, 鳳凰出版社, 2008.
- 《尚書餘論》, 丁晏(淸) 著, 皇淸經解續編, 鳳凰出版社, 2008.
- 《尚書要義》, 魏了翁(宋) 撰, 欽定四庫全書, 迪志文化出版, 2006.
- 《尚書義考》, 戴震(淸) 撰, 續修四庫全書編纂委員會 編, 上海古籍出版社, 1995.
- 《尚書疑義》, 馬明衡(明) 撰, 欽定四庫全書, 迪志文化出版, 2006.
- 《尚書全解》, 林之奇(宋) 撰, 欽定四庫全書, 迪志文化出版, 2006.
- 《尚書精義》, 黃倫(宋) 撰, 中華書局, 1985.
- 《尚書注考》, 陳泰交(明) 撰, 欽定四庫全書, 迪志文化出版, 2006.
- 《尚書地理今釋》, 蔣廷錫(淸) 撰, 欽定四庫全書, 迪志文化出版, 2006.
- 《尚書集注音疏》, 江聲(淸) 撰, 續修四庫全書, 上海古籍出版社, 1995.
- 《尚書纂傳》, 王天與(元) 撰, 欽定四庫全書, 迪志文化出版, 2006.
- 《尚書通考》, 黃鎭成(元) 撰, 欽定四庫全書, 迪志文化出版, 2006.
- 《尚書稗疏》, 王夫之(明) 撰, 船山全書編纂委員會 編校, 嶽麓書社出版, 1988.
- 《尚書砭蔡編》, 袁仁(明) 撰, 欽定四庫全書, 迪志文化出版, 2006.
- 《尚書表注》, 金履祥(宋) 撰, 欽定四庫全書, 迪志文化出版, 2006.
- 《尚書後案》, 王鳴盛(淸) 撰, 皇淸經解, 鳳凰出版社, 2008.
- 《書經集傳》, 蔡沈(宋) 撰, 欽定四庫全書, 迪志文化出版, 2006.
- 《書經衷論》, 張英(淸) 撰, 欽定四庫全書, 迪志文化出版, 2006.
- 《書古微》, 魏源(淸) 著, 皇淸經解續編, 鳳凰出版社, 2008.
- 《書序述聞》, 劉逢祿(淸) 著, 皇淸經解續編, 鳳凰出版社, 2008.

- ≪書傳≫, 蘇軾(宋) 撰, 欽定四庫全書, 迪志文化出版, 2006.
- ≪書傳大全≫, 蔡沈(宋) 集傳, 胡廣(明) 等編, 朝鮮 內閣本, 影印本, 學民文化社, 1998.
- ≪書傳輯錄纂註≫, 董鼎(元) 撰, 欽定四庫全書, 迪志文化出版, 2006.
- ≪書傳集註≫, 原本備旨本, 朝鮮圖書株式會社 編纂, 1982.
- ≪書傳會選≫, 劉三吾(明) 撰, 欽定四庫全書, 迪志文化出版, 2006.
- ≪書集傳纂疏≫, 陳櫟(元) 撰, 欽定四庫全書, 迪志文化出版, 2006.
- ≪書集傳或問≫, 陳大猷(宋) 撰, 欽定四庫全書, 迪志文化出版, 2006.
- ≪書纂言≫, 吳澄(元) 撰, 影印本, 臺灣商務印書館, 1983.
- ≪書蔡氏傳旁通≫, 陳師凱(元) 撰, 欽定四庫全書, 迪志文化出版, 2006.
- ≪五誥解≫, 楊簡(宋) 撰, 欽定四庫全書, 迪志文化出版, 2006.
- ≪禹貢論≫, 程大昌(宋) 撰, 欽定四庫全書, 迪志文化出版, 2006.
- ≪禹貢鄭注釋≫, 焦循(淸) 撰, 續修四庫全書, 上海古籍出版社, 1995.
- ≪禹貢指南≫, 毛晃(宋) 撰, 欽定四庫全書, 迪志文化出版, 2006.
- ≪禹貢錐指≫, 胡渭(淸) 著, 鄒逸麟 整理, 上海古籍出版社, 1996.
- ≪禹貢錐指正誤≫, 丁晏(淸) 著, 皇淸經解續編, 鳳凰出版社, 2008.
- ≪禹貢會箋≫, 徐文靖(淸) 撰, 欽定四庫全書, 迪志文化出版, 2006.
- ≪融堂書解≫, 錢時(宋) 撰, 欽定四庫全書, 迪志文化出版, 2006.
- ≪增修東萊書說≫, 時瀾(宋) 撰, 欽定四庫全書, 迪志文化出版, 2006.
- ≪增修東萊書說≫, 呂祖謙(宋) 撰, 文淵閣四庫全書, 臺灣商務印書館, 1983.
- ≪陳氏尙書詳解≫, 陳經(宋) 撰, 欽定四庫全書, 迪志文化出版, 2006.
- ≪夏氏尙書詳解≫, 夏僎(宋) 撰, 欽定四庫全書, 迪志文化出版, 2006.
- ≪絜齋家塾書鈔≫, 袁燮(宋) 撰, 欽定四庫全書, 迪志文化出版, 2006.
- ≪胡氏尙書詳解≫, 胡士行(宋) 撰, 欽定四庫全書, 迪志文化出版, 2006.
- ≪洪範口義≫, 胡瑗(宋) 撰, 欽定四庫全書, 迪志文化出版, 2006.
- ≪洪範名義≫, 黃道周(明) 撰, 欽定四庫全書, 迪志文化出版, 2006.
- ≪洪範正論≫, 胡渭(淸) 撰, 欽定四庫全書, 迪志文化出版, 2006.
- ≪欽定書經傳說彙纂≫, 欽定四庫全書, 迪志文化出版, 2006.

◇ 十三經注疏

- ≪論語注疏≫, 阮元(淸) 校刻, 十三經注疏(淸 嘉慶刊本), 中華書局, 1980.
- ≪孟子注疏≫, 阮元(淸) 校刻, 十三經注疏(淸 嘉慶刊本), 中華書局, 1980.

- ≪毛詩正義≫, 阮元(淸) 校刻, 十三經注疏(淸 嘉慶刊本), 中華書局, 1980.
- ≪禮記正義≫, 阮元(淸) 校刻, 十三經注疏(淸 嘉慶刊本), 中華書局, 1980.
- ≪儀禮注疏≫, 阮元(淸) 校刻, 十三經注疏(淸 嘉慶刊本), 中華書局, 1980.
- ≪爾雅注疏≫, 阮元(淸) 校刻, 十三經注疏(淸 嘉慶刊本), 中華書局, 1980.
- ≪周禮注疏≫, 阮元(淸) 校刻, 十三經注疏(淸 嘉慶刊本), 中華書局, 1980.
- ≪周易注疏≫, 阮元(淸) 校刻, 十三經注疏(淸 嘉慶刊本), 中華書局, 1980.
- ≪春秋穀粱傳注疏≫, 阮元(淸) 校刻, 十三經注疏(淸 嘉慶刊本), 中華書局, 1980.
- ≪春秋公羊傳注疏≫, 阮元(淸) 校刻, 十三經注疏(淸 嘉慶刊本), 中華書局, 1980.
- ≪春秋左傳正義≫, 阮元(淸) 校刻, 十三經注疏(淸 嘉慶刊本), 中華書局, 1980.
- ≪孝經注疏≫, 阮元(淸) 校刻, 十三經注疏(淸 嘉慶刊本), 中華書局, 1980.
- ≪十三經注疏校勘記識語≫, 汪文臺(淸) 撰, 江西書局, 1877.

◇ 經部

- ≪經問≫, 毛奇齡(淸) 著, 皇淸經解續編, 鳳凰出版社, 2008.
- ≪經義述聞≫, 王引之(淸) 著, 皇淸經解, 鳳凰出版社, 2008.
- ≪經典釋文≫, 陸德明(唐) 撰, 上海古籍出版社, 1985.
- ≪經傳釋詞≫, 王引之(淸) 撰, 文淵閣四庫全書, 臺灣商務印書館, 1986.
- ≪古微書≫, 孫瑴(明) 編, 影印本, 山東友誼書社, 1990.
- ≪九經古義≫, 惠棟(淸) 著, 皇淸經解, 鳳凰出版社, 2008.
- ≪九經誤字≫, 顧炎武(淸) 著, 皇淸經解續編, 鳳凰出版社, 2008.
- ≪群經評議≫, 兪越(淸) 撰, 續修四庫全書, 上海古籍出版社, 2001.
- ≪群書拾補≫, 盧文弨(淸), 續修四庫全書, 上海古籍出版社, 2001.
- ≪孟子集註大全≫, 朱熹(宋) 集註, 胡廣(明) 等編, 大東文化硏究院, 2004.
- ≪說文解字注≫, 許愼(漢) 撰, 段玉裁(淸) 注, 上海古籍出版社, 1993.
- ≪詩書古訓≫, 阮元(淸) 著, 皇淸經解續編, 鳳凰出版社, 2008.
- ≪周易啓蒙翼傳≫, 胡一桂(元) 撰, 欽定四庫全書, 迪志文化出版, 2006.
- ≪周易義海撮要≫, 李衡(宋) 撰, 欽定四庫全書, 迪志文化出版, 2006.

◇ 史部

- ≪舊唐書≫, 劉昫(後晉) 等撰, 中華書局, 1997.
- ≪國語≫, 左丘明(周) 撰, 學民文化社, 1990.

- ≪白虎通義≫, 班固(漢) 撰, 文淵閣四庫全書, 臺灣商務印書館, 1986.
- ≪史記≫, 司馬遷(漢) 撰, 裴駰(宋) 集解, 司馬貞(唐) 索隱, 張守節(唐) 正義, 中華書局, 1959.
- ≪水經注≫, 酈道元(北魏) 撰, 文淵閣四庫全書, 臺灣商務印書館, 1986.
- ≪隋書≫, 魏徵・長孫無忌(唐) 等撰, 中華書局, 1997.
- ≪新唐書≫, 歐陽修・宋祁(宋) 撰, 中華書局, 1997.
- ≪竹書統箋≫, 徐文靖(淸) 撰, 文淵閣四庫全書, 臺灣商務印書館, 1986.
- ≪漢書≫, 班固(漢) 撰, 顔師古(唐) 注, 中華書局, 1997.
- ≪後漢書≫, 范曄(南朝 宋) 撰, 中華書局, 1997.

◇ 子部

- ≪孔子家語≫, 王肅(魏) 編, 學民文化社, 2001.
- ≪孔子家語疏證≫, 陳士珂(淸) 輯, 中華書局, 1985.
- ≪管子校正≫, 管仲(周) 撰, 尹知章(唐) 注, 戴望(淸) 撰, 世界書局, 1955.
- ≪群書考索≫, 章如愚(宋) 編, 商務印書館, 1983.
- ≪道德經≫, 老聃(周) 著, 王弼(魏) 注, 文淵閣四庫全書, 臺灣商務印書館, 1986.
- ≪圖書編≫, 章潢(明) 撰, 文淵閣四庫全書, 臺灣商務印書館, 1986.
- ≪山海經≫, 郭璞(晉) 注, 欽定四庫全書, 迪志文化出版, 2006.
- ≪山海經廣注≫, 吳任臣(淸) 撰, 欽定四庫全書, 迪志文化出版, 2006.
- ≪新序≫, 劉向(漢) 撰, 文淵閣四庫全書, 臺灣商務印書館, 1986.
- ≪莊子集釋≫, 莊周(周) 撰, 郭象(西晉) 注, 陸德明(唐) 釋文, 成玄英(唐) 疏, 郭慶藩(淸) 輯, 王孝魚 點校, 中華書局, 1995.
- ≪鄭氏佚書≫, 袁鈞 編, 袁堯年 校補, 국립중앙도서관 소장본.

◇ 集部

- ≪經書辨疑≫, 金長生(朝鮮) 撰, 大東文化硏究院, ≪韓國經學資料集成≫49, 1997.
- ≪經書集說≫, 著者未詳(朝鮮), 大東文化硏究院, ≪韓國經學資料集成≫70, 1997.
- ≪鹿門集≫, 任聖周(朝鮮) 撰, ≪瓶窩講義≫, 李衡祥(朝鮮) 撰, 大東文化硏究院, ≪韓國經學資料集成≫58, 1997.
- ≪茶田經義答問≫, 郭鍾錫(朝鮮) 撰, 大東文化硏究院, ≪韓國經學資料集成≫67, 1997.
- ≪讀書記≫, 尹鑴(朝鮮) 撰, 大東文化硏究院, ≪韓國經學資料集成≫1, 1997.
- ≪讀書箚錄≫, 林泳(朝鮮) 撰, 大東文化硏究院, ≪韓國經學資料集成≫49, 1997.

• ≪无極集≫〈尙書講義〉, 梁周翊(朝鮮) 撰, 大東文化硏究院, ≪韓國經學資料集成≫58, 1997.
• ≪甁窩講義≫, 李衡祥(朝鮮) 撰, 大東文化硏究院, ≪韓國經學資料集成≫56, 1997.
• ≪本庵集≫〈劄錄〉, 金鍾厚(朝鮮) 撰, 大東文化硏究院, ≪韓國經學資料集成≫58, 1997.
• ≪思辨錄≫, 朴世堂(朝鮮) 撰, 大東文化硏究院, ≪韓國經學資料集成≫56, 1997.
• ≪尙書古注≫, 申綽(朝鮮) 撰, 大東文化硏究院, ≪韓國經學資料集成≫61, 1997.
• ≪尙書古訓≫, 丁若鏞(朝鮮) 撰, 大東文化硏究院, ≪韓國經學資料集成≫63, 1997.
• ≪尙書補傳≫, 洪奭周(朝鮮) 撰, 大東文化硏究院, ≪韓國經學資料集成≫65, 1997.
• ≪尙書疑義≫, 宋文欽(朝鮮) 撰, 大東文化硏究院, ≪韓國經學資料集成≫58, 1997.
• ≪尙書知遠錄≫, 丁若鏞(朝鮮) 撰, 大東文化硏究院, ≪韓國經學資料集成≫64, 1997.
• ≪書經疾書≫, 李瀷(朝鮮) 撰, 大東文化硏究院, ≪韓國經學資料集成≫49, 1997.
• ≪書釋義≫, 李滉(朝鮮) 撰, 大東文化硏究院, ≪韓國經學資料集成≫1, 1997.
• ≪書傳說≫, 李顯益(朝鮮) 撰, 大東文化硏究院, ≪韓國經學資料集成≫49, 1997.
• ≪書集傳詳說≫, 朴文鎬(朝鮮) 撰, 大東文化硏究院, ≪韓國經學資料集成≫68, 1997.
• ≪書淺見錄≫, 權近(朝鮮) 撰, 大東文化硏究院, ≪韓國經學資料集成≫49, 1997.
• ≪硏經齋全集≫, 成應海(朝鮮) 撰, 大東文化硏究院, ≪韓國經學資料集成≫59, 1997.
• ≪寧齋遺稿≫, 吳允常(朝鮮) 撰, 大東文化硏究院, ≪韓國經學資料集成≫59, 1997.
• ≪雲溪漫稿≫, 金鍾正(朝鮮) 撰, 大東文化硏究院, ≪韓國經學資料集成≫58, 1997.
• ≪洪範傳≫, 黃景源(朝鮮) 撰, 大東文化硏究院, ≪韓國經學資料集成≫58, 1997.
• ≪洪範直指≫, 徐瀅修(朝鮮) 撰, 大東文化硏究院, ≪韓國經學資料集成≫59, 1997.

◇ 번역서 및 기타

• ≪書經集傳≫, 成百曉, 傳統文化硏究會, 1998.
• ≪書經≫, 金學主, 明文堂, 1985.
• ≪漢文大系≫, 服部宇之(日本) 校訂, 富山房, 1979.

◇ 데이터베이스(DB) 자료

• 동양고전종합DB (http://db.cyberseodang.or.kr)
• 상우천고 (http://www.s-sangwoo.kr)
• 電子版 文淵閣四庫全書, 上海古籍出版社.
• 한국고전종합DB (http://db.itkc.or.kr)

目 次

尙書注疏 제14권

周書

康誥 第十一

孔氏 傳　孔穎達 疏

〔書序〕 **成王**이 **既伐管叔蔡叔**하시고

成王이 이미 管叔과 蔡叔을 토벌하시고

【傳】 滅三監이라

三監을 멸하였다.

以殷餘民으로 **封康叔**하시다

殷나라의 남아 있는 백성들로써 康叔을 봉해주셨다.

【傳】 以三監之民으로 國[1)]康叔爲衛侯라 周公이 懲其數(삭)叛이라 故로 使賢母弟로 主之시니라

1) 國 : '國'은 '封'과 같은 뜻이다.(아래 疏 참조)

三監의 백성들로써 康叔을 봉하여 衛侯로 삼았다. 周公이 〈三監의 백성들이〉 자주 반역하는 것을 징계하였기 때문에 어진 同母弟로 하여금 그들을 주관하도록 한 것이다.

【疏】[1)] '成王'至'(康誥)〔梓材〕[2)]' ○正義曰：既伐叛人三監之管叔・蔡叔等, 以殷餘民國康叔爲衛侯, 周公以王命戒之, 作康誥・酒誥・梓材三篇之書也. 其酒誥・梓材亦戒康叔, 但因事而分之. 然康誥戒以德刑, 又以化紂嗜酒, 故次以酒誥, 卒若梓人之治材爲器, 爲善政以結之.

1) 〔疏〕: 저본에는 '成王至(康誥)〔梓材〕……自不知名號耳'가 '康誥'의 傳 '叔封字'의 뒤에

있으나, 武英殿本에 의거하여 '梓材'의 다음으로 옮겨 바로잡았다.

2) (康誥)〔梓材〕: 저본에는 '康誥'로 되어 있으나, 宋刊 單疏本·宋兩浙東路茶鹽司本에 의거하여 '梓材'로 바로잡았다.

書序의 〔成王〕에서 〔梓材〕까지

○ 正義曰 : 반역한 사람인 三監의 管叔·蔡叔 등을 토벌하고 나서 殷나라의 남아 있는 백성들로써 康叔을 봉하여 衛侯를 삼으니, 周公이 王命으로써 경계하여 〈康誥〉·〈酒誥〉·〈梓材〉 3篇의 글을 지었다. 〈酒誥〉·〈梓材〉 또한 康叔을 경계한 것인데, 다만 일에 따라서 〈篇을〉 나누었을 뿐이다. 그러나 〈康誥〉는 德과 刑을 가지고 경계하였고, 또 紂에게 물들어 술을 즐겼기 때문에 〈酒誥〉를 〈〈康誥〉의 다음에〉 놓았으며, 끄트머리에 가서는 마치 梓人이 재목을 다듬어서 그릇을 만드는 것처럼 善政을 하는 것으로써 끝을 맺었다.

【疏】 ○ 傳'以三'至'主之' ○ 正義曰 : 此序亦與上相顧爲首引. 初言"三監叛", 又言"黜殷命", 此云 "旣伐管叔·蔡叔". 言"以殷餘民", 圻內之餘民, 故云 "以三監之民, 國康叔爲衛侯." 然古字 '邦'·'封'同. 故漢有上邦·下邦縣, '邦'字, 如'封'字. 此亦云 "邦康叔", 若分器序云 "邦諸侯", 故云 "國康叔". 竝以三監之地封之者, 周公懲其數叛, 故使賢母弟主之. 此始一叛而云 "數叛"者, 以六州之衆, 悉來歸周, 殷之頑民, 叛逆天命, 至今又叛. 據周言之, 故云 "數叛". 故多方云 "爾乃不大宅天命, 爾乃屑播天命." 以不從天命, 故云"叛"也. 古者大國不過百里. 周禮上公五百里, 侯四百里, 孟軻有所不信.[1] 費誓注云, "伯禽率七百里之內附庸諸侯." 則魯猶非七百里之封. 而康叔封千里者, 康叔時爲方伯, 殷之圻內諸侯竝屬之, 故得總言'三監'. 且其實地不方平, 計亦不能大於魯也. 故左傳云 "宋·衛, 吾匹也." 又曰 "寡君未嘗後衛君." 且言千里, 亦大率言之耳. 何者. 邢在襄國, 河內卽東圻之限, 故以賜諸侯. 西山, 卽有黎·潞·河·濟之西, 以曹地約有千里也. 以此鄭云 "初封於衛, 至子孫而竝邶·鄘也." 其地理志 邶·鄘之民皆遷, 分衛民於邶·鄘, 故異國而同風, 所以詩分爲三, 孔與同否未明也. 旣三年滅三監, 七年始封康叔, 則於其間, 更遣人鎭守, 自不知名號耳.

1) 孟軻有所不信 : ≪孟子≫ 〈萬章 下〉에는 公·侯는 100리, 伯은 70리, 子·男는 50리로 되어 있다.

○ 傳의 〔以三〕에서 〔主之〕까지

○ 正義曰 : 이 書序 또한 윗글과 서로 고려해서 지은 것이다. 처음에는 "'三監'이 배반했다."라고 말하였고, 또 "殷나라의 천명을 퇴출했다."라고 말하였으며, 여기서는 "이미 管叔과 蔡叔을 토벌했다."라고 하였다.

"殷나라의 남아 있는 백성들로써"라고 말한 것은 圻內의 남아 있는 백성들이기 때문에 〈孔安國은〉 "三監의 백성들로써 康叔을 봉하여 衛侯로 삼았다."라고 한 것이다. 그러나 옛 문자에는 '邦'과 '封'이 같았다. 그러므로 漢나라 때에 '上邦縣'과 '下邦縣'이란 것이 있었으니, '邦'자는 '封'자와 같은 뜻이다. 여기서 또한 "康叔을 봉했다."라는 것은 〈分器〉의 書序에 "諸侯를 봉했다."라는 것과 같다. 그러므로 "康叔을 봉했다."라고 한 것이다.

아울러 三監의 땅으로써 〈康叔을〉 봉한 것은 周公이 그들이 자주 반역을 하는 것을 징계하였기 때문에 어진 同母弟로 하여금 주관하게 하였던 것이다. 여기서는 처음으로 한 번 반역을 하였건만, "자주 반역을 했다."라고 한 것은 六州의 민중이 모두 와서 周나라에 귀속하였는데, 殷나라의 완악한 백성들만이 天命을 叛逆하고, 지금 또 반역을 하였기 때문이다. 周나라에 의거해서 말하기 때문에 "자주 반역을 했다."라고 한 것이다. 그러므로 〈多方〉에서 "너희는 天命을 크게 편안히 여기지 않으니, 이는 너희들이 바로 천명을 버리려고 하는 것이다."라고 하였다. 天命을 따르지 않기 때문에 "반역을 했다."라고 한 것이다.

옛날에는 大國이 100리에 불과하였다. ≪周禮≫에서 上公은 500리, 侯는 400리라고 하였으나, 孟軻〈의 말에는〉 믿지 못할 바가 있다. 〈費誓〉의 注에 "伯禽이 700리 안의 附庸諸侯를 거느렸다."라고 하였으니, 魯나라도 외려 700리의 封地가 아니었는데, 康叔이 1,000리에 봉해진 것은 康叔이 이때에 方伯이 되었으므로, 殷나라의 圻內 諸侯가 아울러 속하였기 때문에 총체적으로 '三監'이라 말할 수 있었던 것이다. 또 실제로는 땅이 방정하고 평평하지 않으니, 계산하면 또한 魯나라보다 클 수 없었던 것이다. 그러므로 ≪春秋左氏傳≫ 〈襄公 27년 조에〉 "宋나라와 衛나라는 우리들과 동격의 나라이다."라고 하고, 또 〈襄公 7년 조에〉 "〈제후의 회합에서〉 저희 임금께서는 일찍이 衛나라 임금의 뒤가 되어 〈계단을 오른 일이 없었습니다. 언제나 동등하게 나란히 올라갔습니다.〉"라고 하였다.

또 1,000라고 말한 것은 또한 대략적으로 말했을 뿐이다. 어째서일까. 邢나라는 襄國에 있고 河內는 곧 東圻의 경계이기 때문에 諸侯에게 주었던 것이다. 西山이 곧 黎水・潞水・河水・濟水의 서쪽을 보유한 것은 曹나라의 땅이 대략 1,000리를 점유하였기 때문이다. 이렇기 때문에 鄭玄이 "처음에 衛나라에 봉해졌다가 자손에 이르러서 邶·鄘을 병합했다."라고 한 것이다.

≪漢書≫ 〈地理志〉에 의하면, 邶·鄘의 백성들이 모두 옮겨가자 衛나라 백성들을 邶·鄘에 나누어 배정하였기 때문에 나라는 다르나 풍속은 같았다. 그래서 ≪詩≫에서 나누어 셋으로 만든 것인데, 孔安國이 그렇게 보았는지는 분명치 못하다. 이미 3년 만에 三監을 멸하고 7년 만에 비로소 康叔을 봉하였으니, 그 사이에 다시 사람을 보내서 鎭守하였을 것인데 그 名號를 알지 못할 뿐이다.

作康誥·酒誥·梓材라

〈康誥〉·〈酒誥〉·〈梓材〉를 지었다.

康誥[1)]

1) 康誥 : 蔡傳은 文王의 아들이자 武王의 아우인 康叔을 武王이 誥命하여 衛侯로 삼은 것으로 보았다.

【傳】 命康叔之誥라 康은 圻內國名이요 叔은 封字라

康叔을 명한 誥이다. '康'은 圻內의 나라 이름이고, '叔'은 封(강숙의 이름)의 字이다.

【疏】 ○傳'命康叔'至'封字' ○正義曰：以定四年左傳祝佗(타)云 "命以康誥." 故以爲 "命康叔之誥." 知"康, 圻內國名"者, 以管·蔡·郕·霍皆國名, 則康亦國名而在圻內. 馬·王亦然, 惟鄭玄以康爲謚號, 以史記世家云"生康伯"故也. 則孔以康伯爲號謚[1)], 而康叔之'康', (鄭)〔猶〕[2)]爲國, 而號謚不見耳.

1) 號謚 : 곧 謚號이다.
2) (鄭)〔猶〕: 저본에는 '鄭'으로 되어 있으나, 宋刊 單疏本 및 諸本에 의거하여 '猶'로 바로잡았다.

○ 傳의 〔命康叔〕에서 〔封字〕까지

○ 正義曰 : ≪春秋左氏傳≫ 定公 4년 조에서 祝佗가 "〈康誥〉로써 명했다."라고 하였기 때문에 〈孔安國〉이 "康叔을 명한 誥이다."라고 한 것이다. '康'이 圻內의 나라 이름임

을 〈공안국이〉 안 것은 管・蔡・郕・霍이 모두 나라 이름이었기 때문이니, '康' 또한 나라 이름이면서 圻內에 있었다. 馬融과 王肅 또한 그렇게 여겼는데, 오직 鄭玄만이 '康'을 謚號로 여긴 것은 ≪史記≫ 〈世家〉에서 "康伯을 낳았다."라고 했기 때문이다. 공안국은 '康伯'을 號謚로 여겼으나 '康叔'의 康을 외려 나라로 여겨서 號謚가 드러나지 않았을 뿐이다.

惟三月哉生魄에

3월 哉生魄(16일)에

【傳】 周公攝政七年[1]三月이라 始生魄은 月十六日에 明消而魄生이라 ○ 魄은 字又作䨶이니 馬云 䨶은 朏(비)也라 謂月三日始生兆朏[2]니 名曰魄이라하니라

1) 周公攝政七年 : 李樗(이저)는 "周公이 洛邑을 조성한 것은 7년에 있었던 일이지 5년에 있었던 일이 아니다. 상고해보면, ≪書≫ 〈康誥〉와 〈召誥〉의 孔氏傳에 '洛邑을 조성한 것은 周公이 攝政한 7년에 있었다.'라고 하였으니, 이는 〈洛誥〉의 '誕保文武受命惟七年'이란 말에 근거한 것이다. 九峰 蔡氏(蔡沈)가 이를 변별하여 '周公이 洛邑에 留後한 7년에 서거했다.'고 한 말이 극히 옳은데, 〈康誥〉의 傳에서 또 '攝政한 7년'이라고 하였으니, 이는 모순을 면치 못한 것이다.〔周公成洛邑 在於七年 非在於五年 按書康誥召誥孔氏傳 謂成洛邑 在周公攝政之七年 此據洛誥誕保文武受命惟七年之說也 九峰蔡氏辨之 謂周公留後洛邑七年而薨者 極是 而於康誥傳又謂 攝政之七年 是未免矛盾也〕"라고 하였다. (≪毛詩注疏考證≫)

2) 兆朏 : '朓朏'라고도 쓰는데, 그믐에 달이 서쪽 하늘에 떠서 희미하게 비치는 것이다.

周公이 攝政한 지 7년째의 3월이다. '始生魄'은 그달 열엿샛날에 밝음이 사그라지고 초승달이 생긴 것이다.

○ 魄은 䨶자로도 쓰니, 馬融은 "䨶은 '朏(초승달)'의 뜻이다. 그달 3일에 비로소 朓朏가 생김을 이르니 그것을 '魄'이라 명명한다."라고 하였다.

周公이 初基하사 作新大邑于東國洛하실새 四方民이 大和會어늘

周公이 처음 터를 닦아 새로운 큰 도읍을 東國인 洛에 만드시니, 사방의 백성들이 크게 和悅하며 모이거늘,

【傳】 初造基하여 建作王城大都邑於東國洛汭하고 居天下土中하니 四方之民이 大和悅而集會라

처음 터를 조성하여 王城인 큰 都邑을 東國의 洛水 안쪽에 세우고 천하의 땅 한복판에 거주하니, 사방의 백성들이 크게 기뻐하며 모여들었다는 것이다.

侯甸男邦[1)]采衛百工이 播民和하여 見(현)士于周하더니

1) 男邦 : 孔疏에 "'男服' 아래에만 유독 '邦'을 둔 것은 五服에 '男服'이 그 중앙에 자리 잡고 있기 때문"이라고 하였다.

侯服・甸服・男服邦・采服・衛服의 百工(百官)이 和悅한 백성들을 통솔하여 朝見하고 周나라에서 일을 하니,

【傳】 此五服諸侯니 服五百里라 侯服去王城千里요 甸服千五百里요 男服去王城二千里요 采服二千五百里요 衛服三千里니 與禹貢異制라 五服之百官이 播率其民和悅하여 竝見卽事於周라

이는 五服의 諸侯인데, 服은 500리다. 侯服은 王城과의 거리가 1,000리요, 甸服은 1,500리요, 男服은 王城과의 거리가 2,000리요, 采服은 2,500리요, 衛服은 3,000리니, 〈禹貢〉과 제도가 다르다. 五服의 百官이 和悅한 백성들을 통솔하여 다 함께 朝見하고 곧 周나라에서 일을 하였다는 것이다.

周公이 咸勤하사 乃[1)]洪[2)]大誥治[3)]하시다

1) 乃 : 淸代 段玉裁는 ≪古文尙書撰異≫에서 "≪經典釋文≫에 '一本에는 「周公迺洪大誥治」로 되어 있다.'고 하였다. 이 本에 '周公' 2字가 더 많고, '乃'가 '迺'로 적힌 것을 살펴보면, 아마 天寶 이전 ≪尙書≫는 본래 모두 '迺'로 적었고, 天寶 때에 비로소 모두 '乃'로 고쳤다는 것을 여기에서 증명할 수 있다.〔釋文曰 一本周公迺洪大誥治 按此本多周公二字 乃作迺者 蓋天寶以前尙書本皆作迺 天寶時 始皆改爲乃 於此可證〕"라고 하였다.
2) 洪 : 鄭玄은 '洪'을 代의 뜻으로 보아 '周公이 成王을 대신해서 誥한 것'으로 풀이하였다. 孔疏는 大의 뜻으로 보아 "크게 封하는 命을 하고 康叔에게 治道를 가지고 크게 誥했다."로 풀이하였다.
3) 周公咸勤 乃洪大誥治 : 蘇軾(≪書傳≫)은 "〈洛誥〉 제15에 '召公旣相宅 周公往營成周 使來告

卜 作洛誥'라 하였으니, 周나라 사람은 '洛邑'을 '成周'라 하고, '鎬京'을 '宗周'라 하였다. 이 아래에 脫簡이 있으니, 〈康誥〉에 있는 '惟三月哉生魄'에서부터 '洪大誥治'까지는 아래 〈洛誥〉의 '周公拜手稽首' 글에 속한다.〔洛誥第十五召公旣相宅 周公往營成周 使來告卜 作洛誥 周人謂洛爲成周 謂鎬爲宗周 此下有脫簡 在康誥 自惟三月哉生魄 至洪大誥治 下屬周公拜手稽首之文〕" 라고 하였는데, 宋代 袁燮(≪絜齋家塾書鈔≫)은 "이 한 문단은 說者들이 대부분 脫簡이라 하는데, 기실은 그렇지 않다. 이 일은 틀림없이 康叔을 봉한 한 일과 맥락이 서로 관통한다.……'侯甸男邦采衛'라 하여 '邦'자를 그 가운데 끼워넣은 것은 九服의 諸侯가 다 이른 것을 말한다. 다 드러내 보일 수가 없기 때문에 드러내 보일 것은 오직 일일뿐이고, 모두 위로해 권면할 것을 모두들 와서 노력하는 것일 뿐이다.〔此一段 說者多以爲脫簡 其實不然 此事正與封康叔一事 脈絡相貫……侯甸男邦采衛 間邦字于其中者 以言九服之諸侯 無有不至也 不可得而盡見 故所見者 惟士焉 咸勤者 咸勞來之也〕"라고 하고, 林之奇(≪尙書全解≫)는 "蘇氏(蘇軾)의 說經은 뜯어고치는 데 문제가 많다. 고쳐대면 經의 本文이 남아난 것이 얼마 되지 않을 것이다.……唐나라 孔氏가 '3년에 三監을 멸망시키고 나서 7년에 비로소 康叔을 봉했다.……'고 하였으니, 康叔의 封함이 과연 7년에 있었다면 이해는 바로 洛邑을 경영하던 해이니, 經文에 의심할 만한 꼬투리가 없다.〔蘇氏之說經 多失之易 易則經之本文其存者幾希……唐孔氏曰 旣三年滅三監 七年始封康叔……使康叔之封 果在於七年則 是正營洛邑之歲 而於經文可以無疑矣〕"라고 하고, 元代 吳澄(≪書纂言≫)도 蘇氏說을 비난하였건만, 蔡傳만은 외려 蘇氏說을 따랐다.

明代 王夫之는 ≪尙書稗疏≫에서 "〈康誥〉의 簡策 첫머리에 있는 48字에 대하여 宋儒는 〈康誥〉의 글이 아니라고 해서 漢儒가 '周公이 王을 攝稱한 것'이란 의심을 깨뜨린 점은 옳지만, 다만 〈洛誥〉 '周公拜手稽首'의 위에 놓일 글이라고 한 것은 또한 옳지 않다. 〈洛誥〉는 바로 周公이 거북점을 고한 글로서 시종일관 모두 周公과 成王이 酬答한 말이니, '周公咸勤洪大誥治'의 글과는 서로 접속이 되지 않는다.〔康誥簡首四十八字 宋儒以爲非康誥之文 用破漢儒公攝稱王之疑 是已 但以爲在洛誥周公拜手稽首之上 則亦非是 洛誥乃周公告卜之書 始終皆公與王酬答之辭 與周公咸勤洪大誥治之文爲不相屬〕"라는 다른 견해를 보였다.

周公이 〈五服의 사람들을〉 모두 위로해 권면하고 治道를 크게 고하셨다.

【傳】 周公皆勞勉五服之人하고 遂乃因大封命하여 大誥以治道라 ○ 陸云 乃洪治同이라 一本엔 作周公迺洪大誥治라하니라

周公이 五服의 사람들을 모두 위로해 권면하고 드디어 이에 크게 封하는 命을 인하여 治道를 가지고 크게 고하였다는 것이다.

○ 陸氏(陸德明)는 "'乃洪治'와 같다. 一本에는 '周公迺洪大誥治'로 되어 있다."라고 하

였다.

【疏】'惟三'至'誥治' ○ 正義曰：言惟以周公攝政七年之三月. 始明死而生魄, 月十六日己未. 於時周公初造基址, 作新大邑於東國洛水之汭, 四方之民大和悅而集會. 卄言政治也. 此所集之民, 卽侯・甸・男・采・衛五服百官, 播率其民和悅, 竝見卽事於周之東國, 而周公皆慰勞勸勉之. 乃因大封命, 以康叔爲衛侯, 大誥以治道.

經의 〔惟三〕에서 〔誥治〕까지

○ 正義曰：周公이 攝政한 지 7년째의 3월을 말한 것이다. 처음 밝음이 사그라지고 초승달이 생긴 것은 그 달 열엿샛날 己未日이다. 이때에 周公이 처음 터를 닦아 새로운 큰 도읍을 東國의 洛水 안쪽에 만들 때, 사방의 백성들이 크게 和悅하여 모여들었다. 곧 정사가 다스려짐을 말한 것이다. 여기에 모인 백성들은 곧 侯・甸・男・采・衛 5服의 百官들이다. 百官이 그 和悅한 백성들을 통솔하여 다 함께 朝見하고 곧 周나라의 東國에서 일을 하였는데, 周公이 모두 위로하고 권면하였다. 이에 크게 封하는 命을 인하여 康叔을 衛侯로 삼고 治道를 크게 誥하였다.

【疏】○ 傳'周公'至'魄生' ○ 正義曰：知"周公攝政七年之三月"者, 以洛誥卽七年反政而言新邑營及獻卜之事, 與召誥參同, 俱爲七年, 此亦言作新邑, 又同召誥, 故知七年三月也. 若然, 書傳云 "四年建衛侯而封康叔, 五年營成洛邑, (七)〔六〕[1]年制禮作樂." 明堂位云 "昔者, 周公朝諸侯于明堂之位." 卽云 "頒度量, 而天下大(順)〔服〕[2]." 又云 "六年制禮作樂." 是六年已有明堂在洛邑而朝諸侯. 言"六年已作洛邑而有明堂"者, 禮記, 後儒所錄, 書傳, 伏生所造, 皆孔所不用. 始生魄, 月十六日戊午[3], 社于新邑之明日. '魄'與'明'反, 故云 "明消而魄生."

1) (七)〔六〕: 저본에는 '七'로 되어 있으나, 宋刊 單疏本・宋兩浙東路茶鹽司本・宋慶元間建安魏縣尉宅本 등에 의거하여 '六'으로 바로잡았다.
2) (順)〔服〕: 저본에는 '順'으로 되어 있으나, ≪禮記≫ 및 宋刊 單疏本 등에 의거하여 '服'으로 바로잡았다.
3) 戊午 : 위의 經文에 대한 疏에는 '己未日'로 되어 있다.

○ 傳의 〔周公〕에서 〔魄生〕까지

○ 正義曰：'周公이 攝政한 지 7년째의 3월'임을 〈孔安國이〉 안 것은, 〈洛誥〉는 곧 7년

만에 정권을 돌려준 내용인데, 새 도읍의 경영문제와 점괘를 올린 일을 말한 것이 〈召誥〉와 동일하게 모두 7년으로 되어 있고, 여기 또한 새 도읍을 만든 것이 〈召誥〉와 같기 때문에 7년 3월임을 알았던 것이다.

만일 그렇다면 ≪書傳≫에는 "4년에 衛侯를 세워 康叔을 봉하였으며, 5년에 洛邑을 경영해 이루었으며, 6년에 禮와 樂을 제작했다."라고 하였다. ≪禮記≫ 〈明堂位〉에는 "옛날에 周公이 諸侯를 明堂의 자리에서 조회받았다."라고 하였고, 곧 "度와 量을 반포하니 천하가 크게 복종했다."라고 하였으며, 또 "6년에 禮와 樂을 제작했다."라고 하였으니, 이는 6년에 이미 明堂을 洛邑에 마련하여 諸侯를 조회받은 것이다.

"6년에 이미 洛邑을 세워 明堂을 두었다."라고 말한 것은 ≪禮記≫는 후세의 儒者가 기록한 것이고, ≪書傳≫은 伏生이 지은 것이기 때문에 모두 孔安國이 이용하지 않았다.

'始生魄'은 그 달 열엿샛날인 戊午日로서, 새로 세운 도읍에서 社祭를 지낸 다음 날이다. '魄'과 '明'은 정반대이기 때문에 "밝음이 사그라지고 초승달이 생긴 것이다."라고 하였다.

【疏】 ○ 傳'初造'至'集會' ○ 正義曰：所以初基東國洛者, 以天下土中故也. 其召誥與大司徒文之所出. 釋言云"集, 會也." 以主治民, 故民服悅而見大平也. '初基'者, 謂初始營建基址, 作此新邑, 此史總序言之. 鄭以爲此時未作新邑, 而以'基'爲謀, 大不辭矣.

○ 傳의 〔初造〕에서 〔集會〕까지

○ 正義曰：처음 東國의 洛에 터를 잡은 것은 천하의 토지 중앙이기 때문이었다. 〈'土中'은〉 〈召誥〉와 〈大司徒〉의 글에서 나온 것이다. ≪爾雅≫ 〈釋言〉에 "'集'은 會의 뜻이다."라고 하였다. 治民을 위주로 하기 때문에 백성들이 服悅하여 太平을 보인 것이다. '初基'는 처음 基址를 경영해 세워서 이 새 도읍을 만듦을 이르니, 이는 史官이 총체적인 서문격으로 말한 것이다. 鄭玄이, 이때는 아직 새 도읍을 만들지 못한 시점이라 하여, '基'를 '謀'의 뜻으로 삼은 것은 대단히 말이 안 되는 것이다.

【疏】 ○ 傳'此五'至'於周' ○ 正義曰：'男'下獨有'邦', 以五服男居其中, 故擧中則五服皆有'邦'可知. 言'邦'見其國君焉. 以大司馬職・大行人[1), 故知五服, "服五百里." 禹貢五服通王畿, 此在畿外, 去王城五百里, 故每畿計之, 至衛服三千里, 言"與禹貢異制"也. 通王畿與不通爲異. 以此計畿之均, 故須土中. 若然, 黃帝與帝嚳居偃師, 餘非土中者, 自(出)〔由〕[2]當時之宜, 實在土中, 因得而美善之也. 不見要服者, 鄭云 "以遠於役事而恒闕焉." 君行必有臣從, 卽卿大夫及士, 見亦(上)〔主〕[3]其勞, 故云 "五服之內, 百官播率其民和悅卽事." 以土功勞事, 民之所苦也, 而此和悅, 見太平也. 而書傳云 "示之以力役, 其民猶至, 況導之以禮樂乎."是也.

1) 以大司馬職大行人 : ≪周禮≫ 〈大司馬職〉과 〈大行人〉의 내용 때문이란 뜻인데, 〈大司馬〉에는 "사방 1,000리를 '國畿(注에 畿는 限과 같다 함.)'라 하고, 그 밖의 사방 500리를 '侯畿'라 하고, 또 그 밖의 500리를 '甸畿'라 하고, 또 그 밖의 500리를 '男畿'라 하고, 또 그 밖의 500리를 '采畿'라 하고, 또 그 밖의 500리를 '衛畿'라 하고, 또 그 밖의 500리를 '蠻畿'라 하고,(注에 要服은 蠻服이라 함.) 또 그 밖의 사방 500리를 '夷畿'라 하고, 또 그 밖의 500리를 '鎭畿'라 하고, 또 그 밖의 500리를 '蕃畿'라 한다.〔方千里曰國畿 其外方五百里曰侯畿 又其外方五百里曰甸畿 又其外方五百里曰男畿 又其外方五百里曰采畿 又其外方五百里曰衛畿 又其外方五百里曰蠻畿 又其外方五百里曰夷畿 又其外方五百里曰鎭畿 又其外方五百里曰蕃畿也〕"라고 하고, 〈大行人〉에는 "邦畿(천자의 나라)는 사방이 1,000리요, 그 밖의 사방 500리를 '侯服'이라 하고, 또 그 밖의 사방 500리를 '甸服'이라 하고, 또 그 밖의 500리를 '男服'이라 하고, 또 그 밖의 500리를 '采服'이라 하고, 또 그 밖의 500리를 '衛服'이라 하고, 또 그 밖의 사방 500리를 '要服(注에 要服은 蠻服이라 함.)'이라 한다.〔邦畿方千里 其外方五百里 謂之侯服 又其外方五百里 謂之甸服 又其外方五百里 謂之男服 又其外方五百里 謂之采服 又其外方五百里 謂之衛服 又其外方五百里 謂之要服〕"라고 하였다.

2) (出)〔由〕: 저본에는 '出'로 되어 있으나, 宋刊 單疏本 및 諸本에 의거하여 '由'로 바로잡았다.

3) (上)〔主〕: 저본에는 '上'으로 되어 있으나, 宋刊 單疏本 및 諸本에 의거하여 '主'로 바로잡았다.

○ 傳의 〔此五〕에서 〔於周〕까지

○ 正義曰 : "'男服' 아래에만 유독 '邦'자를 둔 것은 5服에서 '男服'이 그 중앙에 자리 잡고 있기 때문이다. 그러므로 중앙을 들면 5服에 모두 나라가 있다는 것을 알 수 있다. '邦(나라)'을 말한 것은 그 나라의 임금을 나타내기 위함이다.

≪周禮≫ 〈大司馬職〉과 〈大行人〉의 내용 때문에 5服은 '服마다 500里'였다는 점을 〈孔安國은〉 알았던 것이다. 〈禹貢〉에서의 5服은 王畿를 통하고, 이(5服)는 王畿 밖에 있으므

로 王城과의 거리가 500리기 때문에 매 畿限마다 계산하면 衛服에 이르는 거리가 3,000리가 되니, '〈禹貢〉과 제도가 다른 점'을 말한 것이다. 王畿와 통한 경우와 통하지 않은 경우가 다르다. 이것을 가지고 畿限의 균일함을 계산하기 때문에 토지의 중앙을 필수적으로 든 것이다. 만일 그렇다면 黃帝와 帝嚳은 偃師에 거주하였고, 여타 토지의 중앙이 아닌 경우는 당시의 알맞음을 따랐을 뿐이다. 〈이 경우는〉 실제로 토지의 중앙에 위치해 있어서 그대로 얻어 아름답게 여긴 것이다.

要服을 나타내지 않은 점에 대하여 鄭玄은 "役事(공사)에서 멀리 떨어져 있기 때문에 항상 빼놓았다."라고 하였다. 임금이 일을 행하면 반드시 신하들의 따름이 있기 마련이므로 곧 卿大夫와 士는 朝見하고 나면 또한 그 힘든 일을 주관하기 때문에 "5服 안의 百官이 그 和悅한 백성들을 통솔하여 곧 일을 하였다."라고 한 것이다. 토목공사 등으로 일을 고되게 하는 것은 백성들이 괴로워하는 것이나, 여기서 和悅이라고 한 것은 太平을 나타내 보인 것이다. ≪書傳≫에 "力役으로써 괴로운 일임을 보여도 그 백성들이 오히려 몰려들었거늘, 하물며 禮樂을 가지고 그들을 인도하는 경우야 오죽하겠는가."라는 것이 바로 이것이다.

【疏】 ○ 傳'周公'至'治道' ○ 正義曰：太保以戊申至, 七月庚戌, 已云 "庶殷攻位於洛汭." 則庶殷先與之期于前至也. 周公以十三日乙卯 "朝至于洛, 則達觀于新邑營." 此日當勉其民, 此因命而竝言之. 序云"邦康叔", '洪', 大也, 爲大封命, 大誥康叔以治道也. 鄭玄以'洪'爲代, 言周公代成王誥. 何故代誥而反誥王, 呼之曰 '孟侯'. 爲不辭矣.

○ 傳의 〔周公〕에서 〔治道〕까지

○ 正義曰：太保(召公)는 戊申日에 이르렀기 때문에 7月 〈3일〉 庚戌日에 이미 "여러 殷나라 백성들을 거느리고 洛水 안쪽에서 위치(집터)를 닦았다."라고 하였으니, 여러 殷나라 사람들이 먼저 서로 더불어 약속해두었는데, 〈약속한 날보다〉 앞서 이른 것이었다. 周公은 13일 乙卯日에 "아침에 洛에 이르러 새 도읍의 경영상태를 두루 살펴보았다."라고 하였으니, 이 날은 마땅히 그 백성들을 면려해야 하므로 이는 命을 인하여 아울러 말한 것이다.

書序에서 "康叔을 봉했다."라고 하였고, '洪'은 大의 뜻이니, 크게 封하는 命을 하고 康叔에게 治道를 가지고 크게 고한 것이다. 鄭玄은 '洪'을 代의 뜻으로 여겨 "周公이 成王을 대신해서 誥함을 말한 것이다."라고 하였는데, 무슨 까닭으로 성왕을 대신해서 강숙에게 고하면서 도리어 왕에게 고하되 왕을 불러 "孟侯"라고 하였겠는가. 말이 안 되는 것이다.

王若曰[1] 孟侯라 朕其[2]弟小子封[3]하니

1) 王若曰 : 蔡傳은 '王'을 武王으로 보아 "舊說에 '周公이 成王의 命을 가지고 康叔에게 고했다.'라고 한 것은 옳지 않다.〔舊說 周公以成王命 誥康叔者 非是〕"라고 하였다.
2) 朕其 : 朕과 其는 周公을 가리킨다.
3) 孟侯 朕其弟小子封 : 蔡傳은 '朕'을 武王으로 보아 "孟侯인 朕의 아우 小子 封아!"로 풀이하였다.

왕께서 이렇게 말씀하였다. "명하여 孟侯로 삼노라. 〈왕이 또〉 나(周公)로 하여금 그 아우인 小子 封을 〈敎命하게 하였으니,〉

【傳】 周公稱成王命하고 順康叔之德하여 命爲孟侯라 孟은 長也라 五侯之長은 謂方伯이니 使康叔爲之라 言王使我命其弟封이라 封은 康叔名이라 稱小子는 明當受敎訓이라

周公이 成王의 命이라 칭하고서 康叔의 德에 따라 임명하여 孟侯로 삼았다. '孟'은 長의 뜻이다. 五侯의 長은 方伯을 이르니, 康叔으로 하여금 하게 한 것이다. 王이 〈또〉 나로 하여금 그(周公) 아우인 封을 敎命하게 하였다란 말이다. '封'은 康叔의 이름이다. '小子'라 칭한 것은 마땅히 敎訓을 받아야 함을 밝힌 것이다.

惟乃丕顯考文王이 克明德愼罰하시니라

너의 매우 밝게 드러난 先考 文王께서는 능히 덕을 밝히고 형벌을 신중하게 하셨느니라.

【傳】 惟汝大明父文王은 能顯用俊德하고 愼去刑罰을 以爲敎首라 ○ 去는 下欲去去疾同이라

너의 매우 밝게 드러난 아버지인 文王은 능히 俊德을 드러내 쓰고 刑罰을 신중히 버리라는 것을 교훈의 첫머리로 삼았다.

○ '去'는 아래의 '欲去'·'去疾'〈의 去자〉와 같은 뜻이다.

不敢侮鰥寡하시며 庸庸하시며 祗祗하시며 威威하사 顯民하사

감히 홀아비와 과부도 업신여기지 않으시며, 써야 할 사람을 쓰시며, 공경해야 할 사람을 공경하시며, 위엄을 보여야 할 사람에게 위엄을 보이시어, 〈이 도리를 밝혀〉 백성들에게 드러내보여서,

【傳】惠恤窮民하고 不慢鰥夫寡婦하며 用可用하고 敬可敬하고 刑可刑하여 明此道以示民이라

궁한 백성을 은혜로 구휼하고 홀아비와 과부를 함부로 하지 않으며, 쓸 만한 사람은 쓰고, 공경할 만한 사람은 공경하고, 형벌할 만한 사람은 형벌하여 이 도리를 밝혀서 백성들에게 보였다는 것이다.

用肇造我區夏일새 越我一二邦이 以修하며

우리 中原에서 정치를 하기 시작하셨다. 그러므로 우리의 한두 友邦에서 〈이 도리를〉 써서 다스리고,

【傳】用此明德愼罰之道하여 始爲政於我區域諸夏라 故로 於我一二邦이 皆以修治라

이 덕을 밝히고 형벌을 삼가는 도리를 써서 우리 구역인 諸夏에서 정치를 하기 시작하였다. 그러므로 우리의 한두 友邦이 모두 〈이 도리를〉 사용하여 다스렸다는 것이다.

我西土는 惟時怙冒하여 聞于上帝하신대 帝休하시다

우리 西土는 오직 〈文王의 도리만을 믿고 있을 뿐이다. 그 政敎가 사방에〉 입혀져서 上帝에게 알려지니, 上帝께서 아름답게 여기셨다.

【傳】我西土岐周는 惟是怙恃文王之道라 故로 其政敎冒被四表하여 上聞于天하니 天美其治라

우리 西土인 岐周는 오직 文王의 도리만을 믿고 있을 뿐이다. 그러므로 그 政敎가 사방에 입혀져서 위로 하늘에 알려지니, 하늘이 그 治道를 아름답게 여겼다는 것이다.

天乃大命文王하사 殪(에)戎殷[1]이어시늘 誕受厥命하시니

1) 殪(에)戎殷 : 蔡傳은 '殪'를 滅, '戎'을 大의 뜻으로 보아 "큰 殷나라를 쳐서 멸망시켰다.〔殪

滅大殷]"라고 풀이하였다.

그래서 하늘이 곧 文王에게 크게 명하여 誅殺하는 방법을 가지고 병력을 써서 殷나라에 해독을 제거하게 하시거늘, 그 명을 크게 받으시니,

【傳】 天美文王하여 乃大命之殺兵殷이어시늘 大受其王命하니 謂三分天下有其二하여 以授武王이라

하늘이 文王을 아름답게 여기어 곧 크게 명하여 誅殺하는 방법을 가지고 병력을 써서 殷나라에 해독을 제거하게 하거늘, 그 王이 될 命을 크게 받았다는 것이니, 天下를 3분하여 그 2분을 차지해서 武王에게 넘겨주었음을 이른 것이다.

越厥邦厥民이 **惟時敍**어늘

그 나라 그 백성들이 이에 차서를 지키거늘

【傳】 於其國於其民이 惟是次序는 皆文王敎라

그 나라 그 백성들이 이에 차서를 정연하게 지킨 것은 모두 文王의 교훈 때문이었다.

乃寡兄[1)]이 **勖**하니 **肆汝小子封**이 **在茲東土**하니라

1) 寡兄 : 蔡傳은 寡德한 兄으로 보았다.

네 寡少한(흔치 않은) 兄(武王)이 힘써서 〈덕을 밝히고 형벌을 신중하게 하신 그 뜻을 이었으니,〉 그러므로 너 小子 封이 이 東土에 있게 된 것이다."

【傳】 汝寡有之兄武王은 勉行文王之道라 故로 汝小子封이 得在此東土爲諸侯라

네 寡少한 兄 武王은 文王의 도리를 힘써 행하였다. 그러므로 너 小子 封이 이 東土에서 諸侯가 될 수 있었다는 것이다.

【疏】 '王若'至'東土' ○ 正義曰 : 言周公稱成王命, 順康叔之德而言曰 "命汝爲孟侯, 王又使我教命其弟小子封, 其所教命者, 惟汝大明德之父文王, 能顯用俊德, 愼去刑罰, 以爲教首. 故惠恤窮民, 不侮慢鰥夫寡婦, 況貴强乎. 其明德, 用可用, 敬可敬, 其愼罰,

威可威者, 顯此道以示民. 用此道, 故始爲政於我區域諸夏, 由是於我一二諸國이 漸以修治也. 上政旣修, 我西土惟是怙恃文王之道, 故其政教冒被四表, 聞于上天, 天美其治道. 以此上天乃大命文王以誅殺之道, 用兵除害于殷, 大受其王命, 三分天下而有其二也. 其所受二分者, 於其國於其民, 惟是皆有次序, 以文王之德故也. 汝寡有之兄武王, 勉行文王之道, 故受命克殷, 今汝小子封, 故得在此東土爲諸侯. 是文王之道, 明德愼罰, 旣用受命, 武王無所復加, 以爲勉行, 所以汝必法之."

經의 〔王若〕에서 〔東土〕까지

○ 正義曰 : 周公이 成王의 命이라 칭하고서, 康叔의 德에 따라 다음과 같이 말씀하였다. "너를 임명하여 孟侯로 삼노라. 王은 또 나로 하여금 그 아우인 小子 封을 敎命하게 하였으니, 그 敎命한 것은 너의 크게 德을 밝힌 아버지인 文王께서 능히 俊德을 드러내 쓰고 刑罰을 삼가 버리는 것을 교훈의 첫머리로 삼으셨다. 그러므로 궁한 백성을 은혜로 구휼하고 홀아비와 과부를 함부로 하지 않았는데, 하물며 귀하고 강한 자에 대해서야 오죽하였겠는가. 그 덕을 밝히어 쓸 만한 사람은 쓰고, 공경할 만한 사람은 공경하며, 그 형벌을 삼가서 위엄을 보일 만한 사람은 위엄을 보이는 것은 이 도리를 밝혀서 백성들에게 보이신 것이다. 이런 도리를 썼기 때문에 우리 구역인 諸夏에서 정사를 하기 시작하게 되었고, 이로 말미암아 우리의 한두 友邦이 모두 점점 다스려지게 된 것이다.

위의 정사가 이미 닦여져서 우리 西土가 오직 文王의 도리만을 믿기 때문에 그 政教가 사방에 입혀져서 위로 하늘에 알려지니, 하늘이 그 治道를 아름답게 여기셨다. 이 때문에 하늘이 곧 문왕에게 크게 명하여 誅殺하는 방법을 가지고 병력을 써서 殷나라에 해독을 제거하게 하였고, 〈문왕께서는〉 크게 그 王이 될 命을 받아서 天下를 3분하여 그 2분을 차지하셨다. 받으신 2분의 그 나라 그 백성들이 모두 질서정연한 차서를 가진 것은 文王의 덕 때문이었다. 너의 흔치 않은 兄 武王이 文王의 도리를 행했기 때문에 천명을 받아 殷나라를 쳐서 이겼으므로 지금 너 小子 封이 그래서 이 東土에 있어 諸侯가 될 수 있었다. 이 文王의 도리는 덕을 밝히고 형벌을 삼가서 이미 천명을 받았고, 武王은 다시 더할 바가 없어 그저 힘써 행할 뿐이었으니, 이래서 너는 반드시 본받아야 할 것이다."

【疏】 ○ 傳'周公'至'教訓' ○ 正義曰 : 以'曰'者爲命辭, 故曰 "周公稱成王命, 順康叔之德, 命爲孟侯. 孟, 長也, 五侯之長, 謂方伯. 使康叔爲之." 長者, 卽州牧也. '五侯之長', 五等諸侯之長也. 而左傳云 "五侯九伯, 汝實征之." 彼謂上公之伯, 故征九伯. 而此'五侯', 當州牧之'五侯', 與彼不同. 王制有連・屬・(率)〔卒〕[1]・伯[2]也. 孔以五侯亦方伯, 則四方者皆可爲方伯, 而此方伯自是州牧也. 康叔以母弟令德受大國封命, 固非卒及連・屬也. 虞夏及周旣有牧, 又離騷云 "伯昌作牧." 殷亦有牧伯, 四代皆通也. 非如鄭玄云 "殷之州長曰伯." 以'稱小子'爲幼弱, 故"明當受敎訓." 故云"使我命其弟." 爲親親而使我用戒故也. 此指命康叔爲之, 而鄭以總告諸侯, 依略說[3]以太子十八爲孟侯而呼成王. 旣禮制無文, 義理騈曲, 豈周公自許天子, 以王爲孟侯, 皆不可信也.

1) (率)〔卒〕: 저본에는 '率'로 되어 있으나, ≪禮記≫ 〈王制〉 및 宋刊 單疏本・汲古閣本・武英殿本에 의거하여 '卒'로 바로잡았다.
2) 連屬(率)〔卒〕伯 : ≪禮記≫ 〈王制〉에 "5國을 '屬'이라고 하고 屬에는 長을 두며, 10國을 '連'이라고 하고 連에는 帥를 두며, 30國을 '卒'이라고 하고 卒에는 正을 두며, 210國을 '州'라고 하고 州에는 伯을 둔다.〔五國以爲屬 屬有長 十國以爲連 連有帥 三十國以爲卒 卒有正 二百十國以爲州 州有伯〕"라고 보인다.
3) 略說 : 五鹿充宗(前漢)의 ≪略說≫을 가리킨다.

○ 傳의 〔周公〕에서 〔敎訓〕까지

○ 正義曰 : '曰'이란 것을 命하는 말로 여겼기 때문에 "周公이 成王의 命이라 칭하고서 康叔의 德에 따라 임명하여 孟侯로 삼았다. '孟'은 長의 뜻이다. 五侯의 長은 方伯을 이르니, 康叔으로 하여금 하게 한 것이다."라고 하였다. '長'이란 것은 곧 州牧이다. '五侯의 長'은 5등급 諸侯의 長이다. ≪春秋左氏傳≫ 僖公 4년 조에 "5등급의 諸侯나 九州의 伯이라도 〈周나라 왕실을 배반하는 자가 있으면〉 너는 실로 이를 정벌하여 〈주나라 왕실을 돕도록 하라.〉"고 하였다. 저기서는 上公의 伯을 이르기 때문에 九州의 伯이라도 정벌하게 한 것이고, 여기의 '5등급 諸侯'는 州牧의 '5등급 諸侯에 해당하니, 저기의 것과는 같지 않다. ≪禮記≫ 〈王制〉에 連・屬・卒・伯이란 것이 있다. 孔安國은 5등급의 諸侯를 또한 方伯으로 여기었으니, 四方의 것이 모두 方伯이 될 수 있으나 여기의 方伯은 바로 州牧이다.

康叔은 同母弟로서 착한 德이 있어 大國의 封命을 받았으니, 본디 卒 및 連・屬이 아니었다. 虞나라와 夏나라 및 周나라에 이미 牧이 있었고, 또 ≪離騷經≫에 "伯昌이 牧이 되었다."라고 하였으며, 殷나라에도 牧伯이 있었으니, 四代가 모두 통용하였다. 鄭玄이

"殷나라의 州長을 '伯'이라 한다."라고 한 것과는 같지 않다. '小子라 칭한 것'을 幼弱으로 여기었기 때문에 "마땅히 教訓을 받아야 함을 밝힌 것이다."라고 하고 그러기 때문에 "나로 하여금 그 아우에게 教命하게 하였다."라고 한 것은 친족을 친근히 하기 위하여 나로 하여금 경계하도록 했기 때문이었다는 것이다.

이는 康叔을 가리켜 명하여 한 일인데, 鄭玄은 '모두 諸侯에게 고한 것'이라 하면서 ≪略說≫에 의하여 "太子를 18세 때 孟侯로 삼고 成王이라 불렀다."고 하였지만, 이미 禮制에 그런 글이 없고 義理가 온당치 못하니, 어찌 周公이 天子를 자부하여 王을 孟侯로 삼았겠는가. 모두 믿을 수 없다.

【疏】○傳'惟汝'至'教首' ○正義曰 : 以近而可法, 不過子之法父, 故擧文王也. 法者不過除惡行善, 故云"明德愼罰"也.

○傳의 〔惟汝〕에서 〔教首〕까지

○正義曰 : 가까운 것으로 본받을 수 있는 것은 아들이 아버지를 본받는 것보다 더한 것이 없기 때문에 文王을 든 것이다. '法'이란 것은 惡을 제거하고 善을 행하는 것보다 더한 것이 없기 때문에 "덕을 밝히고 형벌을 삼가라."고 한 것이다.

【疏】○傳'惠恤'至'示民' ○正義曰 : "用可用, 敬可敬", 卽'明德'也. '用可用', 謂小德小官, '敬可敬', 謂大德大官, '刑可刑', 謂'愼罰'也.

○傳의 〔惠恤〕에서 〔示民〕까지

○正義曰 : "쓸 만한 사람을 쓰고 공경할 만한 사람을 공경했다."란 것은 곧 덕을 밝힌 것이다. "쓸 만한 사람을 쓴다."란 것은 小德과 小官을 이르고, "공경할 만한 사람을 공경한다."란 것은 大德과 大官을 이르며, "형벌할 만한 사람을 형벌한다."란 것은 형벌을 삼가는 일을 이른다.

【疏】○傳'天美'至'武王' ○正義曰 : "天美文王, 乃(天)〔大〕[1]命之殺兵殷"者, '殪', 殺也, '戎', 兵也, 用誅殺之道, 以兵患殷. 文王以伐殷事未卒而言'殺兵殷'者, 謂三分有二, 爲滅殷之資也.

1) (天)〔大〕: 저본에는 '天'으로 되어 있으나, 諸本에 의거하여 '大'로 바로잡았다.

○傳의 〔天美〕에서 〔武王〕까지

○ 正義曰："天美文王 乃大命之殺兵殷(하늘이 文王을 아름답게 여기어 곧 〈문왕에게〉 크게 명하여 誅殺하는 방법을 가지고 병력을 써서 殷나라에 해독을 제거하게 하였다.)"에서 '殪'는 殺, '戎'은 兵의 뜻이니, 誅殺하는 방법을 가지고 병력을 써서 殷나라에 해독을 제거하게 한 것이다. 文王이 殷나라를 치는 일을 아직 마치지 못하였는데, "誅殺하는 방법을 가지고 병력을 써서 殷나라에 해독을 제거하게 하였다."라고 말한 것은 천하를 3분하여 2분을 차지한 것이 殷나라를 멸망시킬 수 있는 밑천이 되었음을 이른 것이다.

王曰 嗚呼라 **封**아 **汝念哉**어다

왕께서 말씀하였다. "아! 封아. 너는 유념할지어다.

【傳】 念我所以告汝之言이라

내가 너에게 고한 말을 유념하라는 것이다.

今民은 **將在祗遹乃文考**니 **紹聞**하며 **衣德言**[1)]하라

1) 衣德言 : 蔡傳은 "文王의 덕스런 말씀을 服行하도록 하라는 것이다.〔服行文王之德言〕"라고 풀이하였고, 兪樾(≪群經平議≫)은 '衣'를 陳의 뜻을 가진 㫊의 古字로 보아 "그 덕스런 말씀을 布陳함을 말한 것이다."라고 풀이하였다.

지금 백성들을 다스림은 앞으로 네 文考(文德을 가진 아버지 文王)를 경건히 따르는 데에 달려 있을 뿐이니, 들어온 〈文考의 德을〉 잘 계승하도록 할 것이며, 〈文考의〉 덕스런 말씀을 복종해 실행하도록 하라.

【傳】 今治民은 將在敬循汝文德之父니 繼其所聞하고 服行其德言으로 以爲政教라

지금 백성들을 다스림은 앞으로 네 文德을 가지신 아버지를 경건히 따르는 데에 달려 있으니, 그 들어온 착한 일을 계승하고 그 덕스런 말씀을 복종해 실행하는 것으로 政教를 삼도록 하라는 것이다.

往敷求于殷先哲王하여 **用保乂民**하며

〈너는 네가 봉해진 衛나라로〉 가서 殷나라 先哲王들의 道를 널리 탐구하여 백성

들을 편안히 다스려야 할 것이며,

【傳】 汝往之國하여 當布求殷先智王之道하여 用安治民이라

너는 봉해진 나라로 가서 응당 殷나라 先智王들의 道를 널리 탐구하여 백성들을 편안히 다스려야 한다는 것이다.

汝丕遠惟商耇成人하여 宅心[1)]하면 知訓하며

1) 宅心 : 蔡傳은 "마음을 편안히 간직하는 것으로 곧 너의 머무를 곳을 편안히 하라는 뜻이다.〔處心 安汝止之意〕"라고 풀이하였다.

너는 〈어진 임금들을 보필하던〉 商나라의 老成한 신하들이 〈밝은 덕으로 백성들을 교훈하던 행적을〉 원대하게 생각하여 마음에 간직하면 백성들을 교훈할 방법을 알 수 있을 것이며,

【傳】 汝當大遠求商家耇老成人之道하여 常以居心이면 則知訓民이라

너는 응당 商나라 노성한 사람들의 道를 원대하게 탐구하여 늘 마음에 간직하면 곧 백성들을 교훈할 방법을 알 수 있을 게란 것이다.

別求聞由古先哲王하되 用康保民[1)]하라

1) 別求聞由古先哲王 用康保民 : 蔡傳은 '由'를 行(행하다)의 뜻으로 보아 "또 별도로 탐구하여 〈堯·舜·禹 같은〉 옛적 先哲王의 일들을 듣고서 그를 따라 행하여 백성들을 편안하게 보호하도록 하라."고 풀이하였다.

〈父兄에게〉 들은 것을 별도로 구하고 〈殷나라〉 옛 先智王의 道를 따르되 〈그중에서〉 안정성 있는 것을 이용해서 백성들을 편안히 보호하도록 하라.

【傳】 又當別求所聞父兄하고 用古先智王之道하되 用其安者以安民이라

또한 마땅히 父兄에게 들은 것을 별도로 구하고 옛 先智王의 道를 이용하되 그중에서 안정성 있는 것을 이용해서 백성들을 편안하게 해야 한다는 것이다.

弘于天하여 **若德裕**하면 **乃身不廢**하여 **在王命**[1)]하리라

1) 弘于天……不廢在王命 : 呂祖謙은 "康叔이 성현의 학문을 내리 탐구하고, 天理를 확대하여 덕을 몸에 넉넉히 가지는 지경에 이르게 된다면 성대하다고 이를 수는 있겠지만, 단지 王命을 폐기하지 않는 정도에서 끝나 겨우 허물만 면할 수 있었을 뿐이니, 이는 人臣의 직분이 다하기 어려운 점을 보인 것이다.〔康叔 歷求聖賢問學 至於弘于天 德裕身 可謂盛矣 止能不廢王命 才可免過而已 此見人臣職分之難盡〕"라고 풀이하고, 蔡傳은 "이와 같이 된다면 마음이 넉넉해지고 몸이 확 펴져서 움직이면 禮를 어김이 없어, 이에 왕에게 있는 命을 폐기하지 않을 것이다.〔若是 則心廣體胖 動無違禮 斯能不廢在王之命也〕"라고 풀이하였다.

〈이렇게 해서〉 하늘의 道를 확대하여 德을 따르고 관용을 더하면 너의 몸이 폐기되지 않아 王의 命을 보존할 수 있을 것이다."

【傳】 大于天하여 爲順德하면 則不見廢하여 常在王命이라

하늘의 道를 확대하여 德을 따르면 폐기 당하지 아니하여 항상 王의 命을 보존할 수 있을 게라는 것이다.

【疏】 '王曰嗚呼封汝'至'王命' ○ 正義曰 : 旣言文王'明德愼罰'之(調)〔訓〕[1)], 武王尙行之, 汝旣得爲君, 方別陳明德之事, 故稱王命而言曰 "嗚呼, 封, 汝常念我所以告汝之言哉. 今治民所行, 將在敬循汝文德之父, 繼其所聞者, 服行其德言, 以爲政敎. 汝往之國, 當分布求於殷先智王之道, 用安治民. 不但法其先君, 汝又當須大遠求商家耈老成人之道, 居之於心, 卽知訓民矣. 其外又更當別求所聞父兄, 用古先智王之道, 用其安者以安民. 卽古虞夏之道也. 人事旣然, 又闡大於天之道, 而爲順德, 又加之寬容, 則汝身不見廢, 常在王命."

1) (調)〔訓〕: 저본에는 '調'로 되어 있으나, 諸本에 의거하여 '訓'으로 바로잡았다.

經의 〔王曰嗚呼封汝〕에서 〔王命〕까지

○ 正義曰 : 文王이 '덕을 드러내 쓰고 형벌을 신중히 한' 교훈을 武王이 힘써 행했기 때문에 네가 임금이 될 수 있었던 점에 대해 이미 말하였고, 바야흐로 별도로 덕을 드러내 쓰는 일을 진술해야 되기 때문에 王命이라 칭해서 말씀하였다. "아, 封아! 너는 항상 내가 너에게 고한 말을 유념할지어다. 지금 백성들을 다스림에 있어 행할 바는 앞으로 네 文德을 가진 아버지를 경건히 따르는 데에 달려 있을 뿐이니, 들어온 〈아버지의 德을〉 계승하

며, 〈아버지의〉 덕스런 말씀을 복종해 실행하는 것으로 政教를 삼도록 하라. 너는 봉해진 그 나라로 가서 응당 殷나라 先智王들의 道를 널리 탐구하여 백성들을 편안히 다스려야 한다. 단지 그 先君만을 본받을 뿐 아니라, 너는 또 마땅히 모름지기 商나라 노성한 사람들의 道를 원대하게 탐구하여 마음에 간직하면 곧 백성들을 교훈할 방법을 알 수 있을 것이다. 그 밖에 또다시 마땅히 별도로 父兄에게 들은 것을 구하고 옛 先智王의 道를 쓰되 그중에서 안정성 있는 것을 이용해서 백성들을 편안하게 다스려야 한다. 이것이 곧 예전 虞나라와 夏나라의 道이다. 인간의 일은 이미 그렇거니와 또한 하늘의 道를 밝게 확대하여 德을 따르고, 또 寬容을 더하면 너의 몸이 폐기를 당하지 아니하여 항상 王命을 보존할 것이다."

【疏】 ○ 傳'今治'至'政教' ○ 正義曰 : "繼其所聞, 服行其德言"者, 謂文王先有所聞善事, 今令康叔繼續其文王所聞善事, 被服而施行其德言, 以爲政教也.

○ 傳의 〔今治〕에서 〔政教〕까지

○ 正義曰 : "들은 바를 계승하고 그 덕스런 말씀을 服行하라."는 것은 文王이 먼저 들은 착한 일이 있음을 이르니, 지금 康叔으로 하여금 그 文王이 들은 착한 일을 계속해서 몸에 흠뻑 입혀지게 하고 그 덕스런 말씀을 시행하여 政教를 삼도록 한 것이다.

【疏】 ○ 傳'汝當'至'訓民' ○ 正義曰 : 上云 "敷求殷先哲王", 謂求殷之賢君. 此言"求商家耇老成人", 謂求殷之賢臣. '大遠'者, 備徧求之.

○ 傳의 〔汝當〕에서 〔訓民〕까지

○ 正義曰 : 위에서 말한 "殷나라의 先哲王을 널리 구하라."는 것은 殷나라의 어진 임금을 구함을 이르고, 여기서 말한 "商나라의 노성한 사람을 구하라."는 것은 殷나라의 어진 신하를 구함을 이른다. '大遠'은 두루 구하는 일이다.

【疏】 ○ 傳'又當'至'安民' ○ 正義曰 : 以父兄乃所居殷外, 故云"別求." 上只言"遹乃文考", 竝言'兄'者, 以上云"寡兄勖", 則以文武道同, 言文可以兼武, 故竝言'父兄'也. '古先哲王', 鄭云 "虞夏也." 孔亦當然. 以上代與今事遠, 不可以同, 故言"用其安者."

○ 傳의 〔又當〕에서 〔安民〕까지

○ 正義曰 : 父兄은 사는 곳이 殷나라 밖이기 때문에 "별도로 구하라."고 한 것이다. 위

에서는 단지 "너의 文考를 따르라."고만 말하였는데, 〈孔傳에서〉 '兄'까지 아울러 말한 것은 위에서 "혼치 않은 兄이 힘썼다."라고 말했기 때문이니, 文王·武王의 道가 같기 때문에 文王이 武王을 겸할 수 있음을 말한 것이다. 그러므로 '父兄'을 아울러 말한 것이다.

〔古先哲王〕 鄭玄이 "虞나라와 夏나라이다."라고 하였으니, 孔安國도 당연히 그렇게 보았을 것이다. 上代와 오늘날의 일은 멀리 떨어졌기 때문에 동일하게 할 수 없다. 그러므로 "그중에서 안정성 있는 것을 이용하라."고 말한 것이다.

【疏】 ○傳'大于'至'王命' ○正義曰：以天道人用而光大之, 故因云'大'也. 其文(三)〔王〕[1]及殷古先哲王, 與天其道不異, 以前後聖迹雖殊, 同天不二也. 以康叔亞聖大賢, 治殷餘惡, 故使之用天道爲順德也.

1) (三)〔王〕：저본에는 '三'으로 되어 있으나, 諸本에 의거하여 '王'으로 바로잡았다.

○傳의 〔大於〕에서 〔王命〕까지

○正義曰：天道는 사람이 씀으로 해서 빛이 나고 커지기 때문에 따라서 '大'라고 한 것이다. 그 文王 및 殷나라의 옛 先哲王은 하늘과 더불어 그 道가 다르지 않으니, 前後 성인의 자취는 비록 다르나 하늘을 함께한 것은 다르지 않다. 康叔은 亞聖이자 大賢으로서, 殷나라의 남은 惡을 다스리기 때문에 그로 하여금 天道를 써서 德을 따르게 한 것이다.

王曰 嗚呼라 小子封아 恫瘝乃身[1]이니 敬哉[2]어다

1) 恫瘝乃身：呂祖謙은 "너에게 명하여 諸侯를 삼은 것은 네 몸을 부귀케 하려는 것이 아니라 네 몸에 고통거리를 맡겼을 뿐이다.〔命爾爲諸侯 非欲富貴爾身 乃委疾痛于爾身耳〕"라고 풀이하였다.
2) 恫瘝乃身 敬哉：蔡傳은 "백성들의 불안한 점을 보기를 마치 疾痛이 네 몸에 있는 것처럼 여겨 경건히 하지 않아서는 안 된다.〔視民之不安 如疾痛之在乃身 不可不敬之也〕"라고 풀이하였다.

왕께서 말씀하였다. "아, 小子 封아! 〈백성들의 불안을〉 마치 네 몸에 고통스런 병이 있는 것처럼 보아야 하니, 〈나의 말을〉 경건히 행해야 할 것이다.

【傳】 恫은 痛이요 瘝은 病이라 治民務除惡政을 當如痛病在汝身欲去之니 敬行我言하라

'恫'은 痛의 뜻이요, '瘝'은 病의 뜻이다. 백성을 다스림에 있어 惡政을 힘써 제거하기를

마땅히 네 몸에 있는 고통스런 병을 제거하려고 하듯이 해야 하니, 나의 말을 경건히 행하도록 하라는 것이다.

天畏나 棐忱이니라 民情은 大可見이나 小人은 難保[1)]니라

1) 天畏……難保 : 蔡傳은 "天命은 무상한 것이라 비록 심히 두려워할 만한 것이지만, 정성을 다하는 사람은 도와준다. 백성들의 마음에 좋아하고 미워함은 비록 대략적으로 볼 수 있으나 小民들은 지극히 보호하기 어려운 것이다.〔天命不常 雖甚可畏 然誠則輔之 民情好惡 雖大可見 而小民 至爲難保〕"라고 풀이하였다.

天命은 〈무상하니〉 두려운 것이나 정성을 다하는 사람은 도와주느니라. 백성들의 마음은 대체로 볼 수 있으나 小人(小民)들은 보호하기 어려운 것이다.

【傳】 天德可畏는 以其輔誠이요 人情大可見은 以小人難安이라

天德이 두려울 만한 것은 그 정성을 다하는 사람을 돕기 때문이고, '人情은 대체로 볼 수 있다.'는 것은 小人은 안보하기 어렵기 때문이다.

往盡乃心하여 無康好逸豫[1)]라사 乃其乂民이니라

1) 豫 : 兪樾은 衍字로 보았다.

〈任地로〉 가서 네 마음을 다하여, 무사안일을 추구하지 말아야 이에 백성들을 잘 다스릴 수 있느니라.

【傳】 往當盡汝心爲政하고 無自安好逸豫寬身이라사 其乃治民이니라

〈任地로〉 가서 응당 네 마음을 다해 정사를 하고 스스로 안일을 추구하여 몸을 편안하게 할 생각을 하지 말아야 백성들을 잘 다스릴 수 있을 게란 것이다.

我聞호니 曰 怨은 不在大하며 亦不在小라 惠不惠하고 懋不懋[1)]라하니라

1) 曰……懋不懋 : 蔡傳은 "옛 사람이 말하기를 '원망은 큰일에도 있지 않고 또한 작은 일에도 있지 않다. 오직 이치를 따르느냐 안 따르느냐와 힘을 쓰느냐 안 쓰느냐에 달려 있을 뿐이다.'고 했다.〔古人言 怨不在大 亦不在小 惟在順不順 勉不勉耳〕"라고 풀이하고 '順'과 '勉'에 대하여 "'順'은 이치를 따르는 것이고, '勉'은 행실을 힘쓰는 것이니, 곧 윗글에 이른바 "〈봉해

진 나라로〉 가서 네 마음을 다하여, 무사안일을 추구하지 말라.〔順者 順於理 勉者 勉於行 卽上文所謂往盡乃心 無康好逸豫者也〕는 것이다.”라고 설명하였다. 呂祖謙(≪增修東萊書說≫)은 “惠不惠 懋不懋”를 “은혜를 베풀어야 할 데에 은혜를 베풀지 않고, 힘써주어야 할 데에 힘써주지 않는 것이다.〔惠所不惠也 懋所不懋〕”라고 풀이하였다.

내 듣건대, ‘백성들의 원망은 큰일에도 있지 않고 또한 작은 일에도 있지 않다. 이치를 따르지 않는 자를 이치를 따르게 하고, 일에 힘쓰지 않는 자를 일에 힘쓰게 할 뿐이다.’라고 하였다.

【傳】 不在大하고 起於小하며 不在小하고 小至於大라 言怨不可爲라 故로 當使不順者順하고 不勉者勉이라

〈원망을 사는 일은〉 큰일에만 있지 않고 작은 일에서도 일어나며, 또한 작은 일에만 있지 않고 작은 일로 인하여 큰일에 이른다. 원망을 사는 일은 해서는 안 된다. 그러므로 마땅히 이치를 따르지 않는 자로 하여금 이치를 따르게 하고, 일에 힘쓰지 않는 자로 하여금 일에 힘쓰도록 해야 함을 말한 것이다

已아 汝惟小子아 乃服하고 惟弘王하여 應[1]保殷民이니

1) 應 : 蔡傳은 和의 뜻으로 보았다.

.그만둘 수 있겠느냐. 너 小子야! 너는 〈德政을〉 服行하고 王道를 확대하여 〈하늘에〉 순응하고 殷나라 백성들을 안보해야 하니

【傳】 已乎아 汝惟小子아 乃當服行德政하고 惟弘大王道하여 上以應天하고 下以安我所受殷之民衆이라 ○ 應은 應對之應이니 注도 同이라

그만둘 수 있겠느냐. 너 小子야! 너는 마땅히 德政을 服行하고 王道를 확대하여 위로는 하늘에 순응하고 아래로는 우리가 받은 殷나라 민중을 안보해야 한다는 것이다.

○ 應은 ‘應對’의 應이다. 注에 있는 應도 마찬가지다.

亦惟助王하여 宅天命하며 作新民[1]이니라

1) 乃服……作新民 : 蔡傳은 “네가 할 일은 오직 임금의 德意를 널리 베풀어 殷나라 백성들을 화합시키고 보호하여 그들의 살 곳을 잃지 않게 하며, 왕을 도와서 天命을 안정시키고 이

백성들을 진작시켜 쇄신하도록 하는 데 있을 뿐이다.〔汝之事 惟在廣上德意 和保殷民 使之不失其所 以助王 安定天命而作新斯民也〕"라고 풀이하였다.

또한 王을 도와 天命을 안정시키고 백성들을 진작시켜 쇄신하도록 하는 것이다."

【傳】 弘王하여 安殷民은 亦所以惟助王者하여 居順天命하며 爲民日新之教라

王道를 확대하여 殷나라 백성들을 안보하는 것은 또한 王者를 도와 天命을 안정시키고 백성들이 날로 새로워지는 가르침을 하는 것이다.

【疏】 '王曰嗚呼小'至'新民' ○ 正義曰：(所明而云)〔此云〕[1]行天人之德者, 其要在於治民, 故言王曰"嗚呼. 小子封, 治民爲善而除惡政, 當如痛病在汝身欲去之, 敬行我言哉. 所以去惡政者, 以天德可畏, 〔所以可畏〕[2]者, 以其輔誠故也, 〔敬行我言〕[3], 以民情大率可見, 所以可見者, 以小人難保也. 安之旣難, 其往治之, 當盡汝心爲政, 無自安好逸豫而寬縱, 乃其可以治民. 我聞(名)〔古〕[4]遺言曰 '人之怨不在事大, 或由小事而起.' 雖由小事而起, 亦不恒在事小, 因小至大. 是爲民所怨, 事不可爲. 當使施順, 令不順者順. 勉力勸行, 令不勉者勉.' 則其怨小大都消, 令汝消怨者. 已乎. 汝惟小子, 乃當服行政德, 惟弘大王道, 上以應天, 下以安我所受殷民. 不但汝身所當行, 此亦惟助王者, 居順天命, 爲民日新之教"

1) (所明而云)〔此云〕: 저본에는 '所明而云'으로 되어 있으나, "盧文弨가 '所'는 아마 '此'가 되어야 하고 '明而'는 아마 衍字일 것이다."라는 것에 의거하여 '此云'으로 바로잡았다. ≪尙書注疏考證≫에는 "'所明而云' 4字가 이해가 안 된다. 文義를 살펴보면 마땅히 '上文所云 行天人之德者'라고 해야 할 것 같은데, 다만 各本이 모두 오류이기 때문에 그대로 둔다.〔按所明而云四字 理不可解 玩文義 似當云上文所云 行天人之德者 但各本俱誤仍之〕"라고 하였다.
2) 〔所以可畏〕: 저본에는 '所以可畏'가 없으나 ≪尙書注疏考證≫의 "監本에는 '所以可畏' 4字가 탈락되었기 때문에 지금 舊本에 따라 添補한다.〔監本脫所以可畏四字 今從舊本添補〕"에 의거하여 보충하였다.
3) 〔敬行我言〕: 저본에는 없으나, 위아래의 문의로 보아 보충하였다.
4) (名)〔古〕: 저본에는 '名'으로 되어 있으나, 諸本에 의거하여 '古'로 바로잡았다.

經의 〔王曰嗚呼小〕에서 〔新民〕까지

○ 正義曰 : 여기서 말한 '天人의 德을 행한다'는 그 요점이 백성을 다스리는 데에 달려

있기 때문에 王이 이렇게 말씀하였다. "아! 小子 封아. 백성을 善政으로 잘 다스리고 惡政을 제거하기를 마땅히 네 몸에 있는 고통스런 병을 제거하려고 하듯이 해야 하니, 나의 말을 경건히 행하도록 할지어다. 惡政을 제거하는 까닭은 天德이 두렵기 때문인데 두려워하는 까닭은 天德이 정성을 다하는 이를 돕기 때문이다. 〈나의 말을 경건히 행하라는 것은〉 民情을 대체로 볼 수 있기 때문인데, 볼 수 있는 까닭은 小人은 안보하기 어렵기 때문이다. 안보하기 이미 어려운 것이니, 〈임지로〉 가서 다스리되 응당 네 마음을 다해 정사를 하고 스스로 안일을 추구하여 몸을 편안하게 할 생각을 하지 말아야 백성들을 잘 다스릴 수 있을 것이다.

내 듣건대 예로부터 전해오는 말에 '사람의 원망은 일의 큰 것에 있지 않고 혹은 작은 일로 말미암아 일어나기도 한다.'고 하였다. 비록 작은 일로 말미암아 일어난다 하더라도 또한 항상 일의 작은 것에 고정되어 있지 않고 작은 것으로 인하여 큰 것에 이른다. 이것이 백성들이 원망하는 이유이니, 그런 일을 해서는 안 된다. 마땅히 이치를 따르도록 해야 하니, 이치를 따르지 않는 자로 하여금 이치를 따르게 하는 것이다. 일에 힘쓰기를 권해야 하니, 일에 힘쓰지 않는 자로 하여금 일에 힘쓰게 하는 것이다. 그러면 그 원망의 작고 큰 것이 온통 사라질 것이니, 너로 하여금 원망하는 자를 사라지게 하려는 것이다.

그만둘 수 있겠느냐. 너 小子야! 너는 마땅히 政德을 服行하고 王道를 확대하여 위로는 하늘에 순응하고 아래로는 우리가 받은 殷나라 백성들을 안보시켜야 한다. 단지 네 몸만 행해야 할 바가 아니라 이 또한 王者를 도와 天命을 안정시키고 백성들이 날로 새로워지게 하는 가르침을 하라는 것이다."

【疏】 ○傳'恫痛'至'我言' ○正義曰：'恫', 聲類於痛, 故'恫'爲痛也. '瘝病', 釋詁文. 以痛病在汝身, 以述治民, 故務除惡政如己病也. 戒之而言'敬', 故知"敬行我言"也. 鄭玄云"刑罰及己爲痛病." 其義不及去惡若己病也.

○ 傳의 〔恫痛〕에서 〔我言〕까지

○ 正義曰：'恫'은 聲音이 痛과 같기 때문에 '恫'을 痛으로 여긴 것이다.

〔瘝病〕 ≪爾雅≫ 〈釋詁〉의 글이다. 고통스런 병이 네 몸에 있다는 것을 〈가정적으로 들어서〉 백성을 다스리는 일을 기술했기 때문에 惡政을 힘써 제거하기를 마치 자기의 고통스런 병을 제거하듯이 하라고 한 것이다. 경계하면서 '敬'을 말했기 때문에 〈孔安國은〉

'나의 말을 경건히 행하라.'는 것임을 알았던 것이다. 鄭玄은 "刑罰이 자기에게 미치는 것을 고통스런 병으로 여겼다."라고 하였는데, 그 뜻이 惡을 제거하기를 마치 자기의 병을 제거하듯이 해야 하는 〈핍절한 경지에는〉 미치지 못한다.

【疏】 ○ 傳'天德'至'難安' ○ 正義曰：人情所以大可見者, 以小人難安爲可見, 故須安之.

○ 傳의 〔天德〕에서 〔難安〕까지

○ 正義曰 : '人情은 대체로 볼 수 있다.'는 것은, 小人은 안보하기 어려운 것을 가지고 볼 수 있는 것으로 삼기 때문에 모름지기 그들을 안보해야 하는 것이다.

【疏】 ○ 傳'不在'至'者勉' ○ 正義曰：以致怨, 恐謂由大惡, 故云 "不在大, 起於小." 言怨由小事起. "不在小"者, 謂爲怨不恒在小, 言其初小, 漸至於大怨, 故使不順者順, 不勉者勉, 其怨自消也.

○ 傳의 〔不在〕에서 〔者勉〕까지

○ 正義曰 : 원망을 사는 것이 큰 惡으로 말미암는다고 생각할까 염려하기 때문에 "큰 악에 있지 않고 작은 악에서 일어난다."라고 하였으니 원망이 작은 악으로 말미암아 일어남을 말한 것이다. "작은 악에 있지 않다."는 것은 원망함이 항상 작은 악에 고정되어 있지 않음을 이르니, 그 시초에는 작았던 것이 점점 큰 원망에 이르기 때문에 이치를 따르지 않는 자로 하여금 이치를 따르게 하고 일에 힘쓰지 않는 자로 하여금 일에 힘쓰게 하면 그 원망이 저절로 사라짐을 말한 것이다.

【疏】 ○ 傳'弘王'至'之教' ○ 正義曰 : '亦所以惟助王者', 言非直康叔身行有益, 亦惟助王者, 居順天命. '爲民日新之教', 謂漸致太平, 政教日日益新也.

○ 傳의 〔弘王〕에서 〔之教〕까지

○ 正義曰 : '亦所以惟助王者'는 단지 康叔의 몸만 행함에 이익이 있을 뿐 아니라 또한 王者를 도와 天命을 안정케 함을 말한 것이다. '爲民日新之教'는 점점 太平을 이루어 政教가 나날이 새로워짐을 이른 것이다.

王曰 嗚呼라 **封**아 **敬明乃罰**하라

王이 말씀하였다. "아! 封아. 너의 형벌을 경건히 밝히도록 하라.

【傳】 歎而勑之하되 凡行刑罰엔 汝必敬明之하니 欲其重愼이라

탄식하면서 경계하되 "무릇 형벌을 행하는 일을 너는 반드시 경건하게 밝히도록 하라." 고 한 것은 그 형벌을 신중히 다루게 하려는 뜻에서였다.

人有小罪라도 非眚이어든 乃惟終이라 自作不典[1]하여 式爾[2]면

1) 自作不典 : 兪樾(≪群經平議≫)은 '典'을 善의 뜻을 가진 '腆'으로 보아 "'自作不典'은 스스로 不善을 저지른 것이다.〔自作不典者 自作不善也〕"라고 풀이하였다.

2) 自作不典式爾 : 蘇軾(≪書傳≫)은 "스스로 불법을 자행하면서 당연한 법인 양 하는 것〔乃惟自作不法 而曰法固當爾〕"으로 풀이하였는데, 林之奇는 "蘇軾의 말이 옳다.〔此說是也〕"라고 하였으며, 蔡沈은 '式'을 用의 뜻으로 보아 "스스로 불법을 저질러, 마음 씀이 이와 같으면〔乃其固爲亂常之事 用意如此〕"으로 풀이하였다.

사람이 작은 죄를 지었더라도 과오로 지은 죄가 아니거든 바로 그 죄를 〈고치지 못하고〉 종신토록 행할 것이다. 스스로 정상치 못한 일을 하여 너를 범한다면,

【傳】 小罪라도 非過失이면 乃惟終(自)〔身〕[1]行之라 自爲不常하여 用犯汝리라

1) (自)〔身〕: 저본에는 '自'로 되어 있으나, "岳本에는 '自'가 '身'으로 되어 있으니, 疏와 부합한다."라고 한 阮元의 校勘記에 의거하여 '身'으로 바로잡았다.

작은 죄를 지었더라도 과오로 지은 죄가 아니거든 종신토록 행할 것이다. 스스로 정상치 못한 일을 하여 너를 범할 게란 것이다.

有厥罪小나 乃不可不殺이니라 乃有大罪라도 非終이면 乃惟眚災[1]適爾[2]니 旣道極厥辜하여 時乃不可殺[3]이니라

1) 災 : 兪樾은 衍字로 보았다.

2) 適爾 : 蘇軾은 "마침 그렇게 됨을 만난 것〔適會其如此〕"으로, 宋代 楊簡(≪五誥解≫)은 "과오로 인하여 마침 죄를 얻은 것이지, 그 본심은 아닌 것〔乃因眚災 適爾得罪 非其本心〕"으로 풀이하였는데, 宋代 林之奇와 元代 朱祖義(≪尙書句解≫)는 蘇軾의 말을 따랐으며, 蔡傳은 '適'을 偶의 뜻으로 보아 "과오가 불행에서 발생하여 우연히 이와 같이 된 것〔乃其過誤 出於不幸 偶爾如此〕"으로 풀이하였고, 兪樾은 '適'을 始의 뜻으로 보아 "'適爾'는 始爾의 뜻이니,

정히 끝까지 저지르지 않을 것을 볼 수 있겠다.〔適爾者 始爾也 正見其非終也〕"라고 하였다.

3) 既道極厥辜 時乃不可殺 : 蔡傳은 "이미 스스로 진술하여 그 정실을 다 말해서 감히 숨긴 일이 없거든 죄가 비록 크더라도 죽이지 말아야 한다.〔既自稱道 盡輸其情 不敢隱匿 罪雖大 時乃不可殺〕"로 풀이하였다.

그 죄가 작더라도 죽이지 않을 수 없는 것이다. 큰 죄를 지었더라도 종신토록 행할 것이 아니면 바로 과오로 저지른 것이 우연히 그렇게 된 것이니, 〈너는〉 獄訟을 듣는 도리를 다하여 그 죄를 끝까지 추궁해서, 죽일 것이 아니거든 〈벌을 줄 것인지 사면을 할 것인지를 가지고 논해야 한다.〉"

【傳】 汝盡聽訟之理하여 以極其罪하여 是人所犯이 亦不可殺이어든 當以罰宥論之라

너는 獄訟을 듣는 도리를 다하여 그 죄를 끝까지 추궁해서 이 사람이 범한 바가 죽일 것이 아니거든 마땅히 벌을 줄 것인지 사면할 것인지를 가지고 논해야 한다는 것이다.

【疏】 '王曰嗚呼封敬'至'可殺' ○ 正義曰 : 以上既言'明德'之理, 故此又云'愼罰'之義, 而王言曰 "嗚呼, 封. 又當敬明汝所行刑罰, 須明其犯意. 人有小罪, 非過誤爲之, 乃惟終身自爲不常之行, 用犯汝. 如此者, 有其罪小, 乃不可不殺, 以故犯而不可赦. 若人乃有大罪, 非終行之, 乃惟過誤爲之, 以此故, 汝當盡斷獄之道, 以窮極其罪, 是人所犯, 乃不可以殺, 當以罰宥論之, 以誤故也. 卽原心定罪, 斷獄之本, 所以須敬明之也."

經의 〔王曰嗚呼封敬〕에서 〔可殺〕

○ 正義曰 : 이상에서 이미 '明德'의 이치를 말했기 때문에 여기서 또 '愼罰'의 뜻을 말한 것인데, 이에 대해 王이 말씀하였다. "아! 封아. 또 마땅히 네가 행할 형벌을 경건히 하고 분명히 해서, 모름지기 그 범행 의도를 밝혀야 한다. 사람이 작은 죄를 지었으나 과오로 지은 것이 아니면 종신토록 스스로 정상치 못한 행동을 하여 너를 범할 것이다. 이와 같은 자는 지은 죄가 작더라도 죽이지 않을 수 없으니, 고의로 범한 것이어서 사면할 수 없기 때문이다. 만일 사람이 큰 죄를 지었더라도 종신토록 행하지 않는다면 곧 과오로 저지른 것이니, 이런 까닭으로 너는 마땅히 옥사를 결단하는 도리를 다하여 그 죄를 끝까지 추궁해서 이 사람이 범한 바가 죽일 것이 아니라면 마땅히 벌을 줄 것인지 사면을 할 것인지를 가지고 논해야 한다. 〈왜냐하면〉 과오로 저지른 죄이기 때문이다. 이에 본심을 추구하여 죄를 정할 것이니, 옥사를 결단하는 근본은 모름지기 경건하고 분명해야 하기 때

문이다.”

王曰 嗚呼라 封아 有敍라사 時乃大明服하고

왕께서 말씀하였다. “아! 封아. 政敎에 질서가 있어야 이에 그 治理가 크게 밝아져서 백성들이 복종하고,

【傳】 歎政敎有次敍라사 是乃治理大明하여 則民服[1]이라

1) 歎政敎有次敍……則民服 : 兪樾(≪群經平議≫)은 “≪春秋左氏傳≫ 僖公 23년 조에 ‘〈周書〉에 「乃大明服」이란 말이 있다.’고 하고 ≪荀子≫ 〈富國篇〉에 ‘≪書≫에 「乃大明服」이라 했다.’고 하였으니, ≪左傳≫과 ≪荀子≫에서 인용한 것에 의거하면, ‘時’자는 응당 위에 붙여서 읽어야 할 것임을 알겠다. 그러나 ‘有敍時’ 3자는 文義가 밝혀지기 어렵다. 윗글에 ‘越厥邦厥民 惟時敍’라 하고 아랫글에 ‘乃汝盡遜 曰敍時’라 하였으니, 아마 이 글 또한 응당 ‘有時敍’가 되어야 할 것이 잘못 倒置되었을 뿐이리라. ‘有時敍’는 이 차서가 있다는 것이니, 이 차서가 있으면 治理가 크게 밝혀져서 백성들이 복종한다.〔僖二十三年左傳 周書有之曰 乃大明服 荀子富國篇 書曰 乃大明服 據左荀所引 知時字當屬上讀 然有敍時三字 文義難明 上文曰 越厥邦厥民 惟時敍 下文曰 乃汝盡遜 曰敍時 疑此文亦當作有時敍 而誤倒之耳 有時敍者 有是次序也 有是次序 則治理大明而民服矣〕”라고 하였다.

탄식하면서 “政敎에 질서가 있어야 이에 治理가 크게 밝아져서 백성들이 복종한다.”라고 한 것이다.

惟民이 其勅하여 懋和[1]하리라

1) 懋和 : 蔡傳은 “和順을 힘쓰거라.〔勉於和順〕”라고 풀이하였다.

백성들이 스스로 경계하여 힘써 和順할 것이다.

【傳】 民旣服化면 乃其自勅正하여 勉爲和라

백성들이 이미 복종하고 따라서 변화했으면, 스스로 경계하여 바로잡아서 힘써 和順할 거란 것이다.

若有疾하면 惟民이 其畢棄咎하며

병이 있는 것처럼 한다면 백성들이 모두 허물을 버릴 것이며,

【傳】 化惡爲善을 如欲去疾하고 治之以理면 則惟民이 其盡棄惡修善이리라

惡을 변화시켜 善으로 만들기를 마치 질병을 제거하고 싶어하듯 하고, 이치를 가지고 다스린다면 백성들이 모두 惡을 버리고 善을 닦을 것이다.

若保赤子하면 惟民이 其康乂하리라

赤子를 보호하듯 사랑한다면 백성들이 편안히 다스려질 것이다.

【傳】 愛養人을 如安孩兒赤子하여 不失其欲이면 惟民이 其皆安治리라

인민을 愛養하기를 마치 갓난아이를 편안하게 하듯 하여 그들이 원하는 것을 잃지 않게 하면 백성들이 모두 편안히 다스려질 게란 것이다.

非汝封이 刑人殺人[1)]가

1) 非汝封 刑人殺人 : 蔡傳은 "'刑殺'은 하늘이 죄진 자를 벌주는 것이지, 너 封이 임의로 형벌하거나 죽일 것이 아니니〔刑殺者 天之所以討有罪 非汝封 得以刑之殺之也〕"라고 풀이하였다.

너 封이 사람을 형벌하거나 사람을 죽일 〈대상자를 얻었다고 하지〉 않겠는가.

【傳】 言得刑殺罪人이라

형벌하거나 죽일 〈대상의〉 죄인을 얻었음을 말한 것이다.

無或刑人殺人하라

혹시라도 〈임의로〉 사람을 형벌하거나 사람을 죽이지 말도록 하라.

【傳】 無以得刑殺人하여 而有妄刑殺非辜者라

형벌하거나 죽일 대상자를 얻었다고 하여 함부로 죄 없는 사람을 형벌하거나 죽이지 말라는 것이다.

非汝封이 又曰劓刵人[1)]가

1) 非汝封 又曰劓刵人 : 蔡傳에서는 "'又曰'은 응당 '無或刑人殺人'의 아래에 놓여야 한다.〔又曰當在無或刑人殺人之下〕"라고 하고서 "또 말씀하였다. "너 封이 임의로 사람을 코를 자르거나 귀를 자를 것이 아니니,……"라고 풀이하였다.

너 封이 또 〈스스로〉 말하기를 '코를 자르고 귀를 자를 〈대상자를 얻었다.'고 하지〉 않겠는가.

【傳】 劓는 截鼻요 刵은 截耳라 刑之輕者니 亦言所得行이라

'劓'는 코를 자르는 형벌이고, '刵'는 귀를 자르는 형벌이다. 형벌의 가벼운 것이니 역시 대상자를 얻어서 형벌을 행할 바를 말한 것이다.

無或劓刵人하라

혹시라도 〈임의로〉 사람을 코를 자르거나 귀를 자르지 말도록 하라."

【傳】 所以擧輕以戒는 爲人輕行之라

가벼운 형벌을 들어서 경계한 이유는 사람들이 가볍게 행하는 것을 〈경계하기〉 위해서였다.

【疏】 '王曰嗚呼封有'至'刵人' ○ 正義曰 : 以刑者政之助, 不得已卽用之, 非情好殺害. 故又本於政, 不可以濫刑, 而王言曰 "嗚呼. 封, 欲正刑之本要, 而汝政敎有次序, 是乃治理大明則民服. 惟民旣服從化, 其自勅正勉力而平和. 然政之化惡爲善, 若有病而欲去之, 治之以理, 則惟民其盡棄惡而修善. 言愛養人, 若母之安赤子, 惟民爲善, 其皆安治. 爲政保民之如此, 不可行以淫刑, 豈非汝封得刑人殺人乎." 言得刑殺, 不可以得故, 而有濫刑人殺人無辜也. "非汝封又曰'劓刵人', 無以得故, 而有所濫劓刵人之無罪者也."

經의 〔王曰嗚呼封有〕에서 〔刵人〕까지

○ 正義曰 : 형벌은 정치의 보조역할을 하는 것이기 때문에 부득이한 경우에 사용하는 것이니, 인정이 殺害를 좋아하는 것이 아니다. 그러므로 또 政敎에 근본을 두어야지 형벌

을 남용해서는 안 되는 것이다. 그래서 王이 다음과 같이 말씀하였다. "아! 封아. 형벌의 강령을 바로잡으려고 하거든 너는 政教에 次序가 있어야 이에 治理가 크게 밝아져서 백성들이 복종할 것이다. 백성들이 이미 복종하고 따라서 변화했으면 스스로 경계하여 바로잡아서 힘써 평화롭게 될 것이다. 그러나 정치수단이 惡을 변화시켜 善으로 만들기를 마치 질병이 있을 때에 질병을 제거하고 싶어하듯이 하고, 이치를 가지고 다스린다면 백성들이 모두 惡을 버리고 善을 닦을 것이다. 인민을 愛養하기를 마치 산모가 갓난아이를 보호하듯이 하면 백성들이 모두 편안히 다스려질 것이다. 정치를 함에 있어 백성들을 보호하기를 이와 같이 해야 하지, 형벌을 남용해서는 안 되는 것인데, 너 封이 사람을 형벌하거나 사람을 죽일 대상자를 얻었다고 〈스스로 말하지〉 않겠는가." 형벌을 하거나 죽일 대상자를 얻었을 때 대상자를 얻었다고 해서 무고한 사람을 함부로 형벌을 하거나 죽여서는 안 된다는 점을 말한 것이다.

"너 封이 또 〈스스로〉 말하기를 '사람을 코를 자르고 귀를 자를 대상자를 〈얻었다.'고 하지〉 않겠는가. 대상자를 얻었다고 해서 죄 없는 사람을 함부로 코를 베거나 귀를 베는 일이 없어야 하느니라."

【疏】 ○傳'化惡'至'修善' ○正義曰：人之有疾，治之以理則疾去，人之有惡，化之以道則惡除.

○傳의 〔化惡〕에서 〔修善〕까지

○正義曰：사람이 질병이 있을 경우 이치로써 다스리면 질병이 제거되고, 사람이 惡이 있을 경우 도리로써 교화시키면 惡이 제거된다.

【疏】 ○傳'愛養'至'安治' ○正義曰：既去惡，乃須愛養之爲善，人爲上養，則化所行，故言其皆安治. 子生赤色，故言'赤子'.

○傳의 〔愛養〕에서 〔安治〕까지

○正義曰：이미 惡을 제거하였으면 이에 모름지기 愛養하여 善하게 만들어야 하니, 인민이 윗사람에 길러지는 것은 곧 교화의 행한 바이기 때문에 "그들이 모두 편안히 다스려졌다."고 말한 것이다. 아기가 갓 태어나면 붉은 빛을 띠기 때문에 '赤子'라고 말한 것이다.

【疏】 ○傳'劓截'至'得行' ○正義曰：以國君故，得專刑殺於國中，而不可濫其刑，即墨・劓・剕・宮也. '劓'在五刑爲截鼻. 而有'刵'者, 周官五刑所無, 而呂刑亦云"劓刵." 易噬嗑上九云"何(荷)校滅耳." 鄭玄以臣從君坐之刑, 孔意然否未明, 要有刵而不在五刑之類. 言'又曰'者, 周公述康叔, 豈非汝封 又自言曰 得劓刵人. 此'又曰'者, 述康叔之'又曰'.

○ 傳의 〔劓截〕에서 〔得行〕까지

○ 正義曰 : 國君이기 때문에 國中에서 刑殺을 마음대로 할 수 있으나 그 刑을 함부로 행해서는 안 되니, 〈그 刑은〉 곧 墨刑・劓刑・剕刑・宮刑이다. '劓'는 五刑에 있어서 코를 자르는 것이고, 여기에 있는 '귀를 자르는 것〔刵〕'은 ≪周官(周禮)≫의 五刑에는 들어있지 않은 것인데, ≪尙書≫ 〈呂刑〉에 또한 "코를 자르고 귀를 자른다."라고 하였으며, ≪周易≫ 噬嗑卦의 上九에 "차꼬가 〈목에〉 있어 귀를 멸하였다(파묻었다)."라고 하였는데, 鄭玄은 '신하가 임금을 따라 連坐되는 刑'으로 여겼으나 孔安國의 생각도 그렇게 보았는지 여부는 분명치 못한데, 요컨대 귀를 자르는 것이 있지만 五刑의 종류에는 들어있지 않다.

'又曰'이라 말한 것은 周公이 康叔을 기술하여 "너 封이 또 코를 자를 사람(대상자)과 귀를 자를 사람(대상자)을 얻었다고 어찌 스스로 말하지 않겠는가."라고 한 것이다. 이 '又曰'이란 것은 康叔이 '또 말한 것'을 기술한 것이다.

王曰 外事[1)]어든 汝陳時臬하여 司師하고 茲殷罰有倫[2)]하라

1) 外事 : 呂祖謙은 '衛國의 일'로 보고, 蔡傳은 '未詳'으로 처리하였다.

2) 王曰……司師茲殷罰有倫 : 蔡傳은 "너는 外事에 있어서 다만 이 法을 베풀어 有司들로 하여금 이 殷나라의 형벌 중에 윤리가 있는 형벌을 본받아 쓰게 할 뿐이다.〔汝於外事 但陳列是法 使有司師此殷罰之有倫者用之爾〕"라고 풀이하였다.

왕께서 말씀하였다. "外土의 諸侯들이 王의 일을 〈받들거든〉 너는 이 法을 布陳하여 〈그 백성들을〉 맡아 다스려야 하고, 이 殷나라의 형벌 중에 조리가 있는 것도 〈겸해서 사용하도록 하라.〉"

【傳】 言外土諸侯奉王事어든 汝當布陳是法하여 司牧其衆하고 及此殷家刑罰有倫理者도 兼用之하라

外土의 諸侯들이 王의 일을 받들거든 너는 응당 이 법을 布陳하여 그 백성들을 맡아 다

스려야 하고, 이 殷나라의 형벌 중에 질서가 있는 것도 겸해서 사용하도록 하라고 말한 것이다.

又曰 要囚[1)]를 服念五六日하며 至于旬時하여 丕蔽要囚하라

1) 要囚 : '要'는 ≪周禮≫ 〈秋官 司寇 鄕士〉 "異其死刑之罪而要之"의 '要之'와 같다. '要之'에 대해 정현은 "죄에 대한 벌〔罪法〕을 〈정할 수 있는〉 핵심이 되는 말이니, 지금의 劾(罪狀을 기록한 문서)과 같다.〔要之 爲其罪法之要辭 如今劾矣〕"라고 주석하였고, 賈公彦은 이를 부연하여 "〈죄인이 진술한 말이〉 供招(죄인이 범죄 사실을 진술한 말을 기록한 문서)와 일치하면 그 뒤에 供招에서 〈罪科를 정할 수 있는〉 핵심이 되는 말을 취하는 것이다.〔文書旣得 乃後取其要辭〕"라고 疏를 달았다. 囚는 ≪通典≫ 권166 〈刑4 雜儀 上〉 "漢景帝時 廷尉上囚"의 '囚'와 같으니, '囚'는 '罪案(죄상을 기록한 문서)'이라는 말이다. 따라서 '要囚'는 供招를 자세히 살펴 罪科를 정할 수 있는 핵심이 되는 말을 취하여 판결하는 것을 말한다.

이상은 '要囚'의 原義이거니와, 본 ≪尙書≫에는 '要囚'가 〈康誥〉에 두 군데, 〈多方〉에 두 군데 보이는데, 용처에 따라 諸賢들이 각각 견해를 달리하고 있어 참고할 만하다. 〈康誥〉의 첫 번째 '要囚'에 대해서는 孔傳에서 "'要囚'는 그 요긴한 말을 살펴서 獄을 단정함을 이른다.〔要囚 謂察其要辭以斷獄〕"라고 하였는데, 孔疏에서 "'要囚'는 요긴한 말을 죄수에게서 밝게 취하는 것이다.〔要囚 明取要辭於囚〕"라고 더욱 분명하게 설명하였고, "蘇軾(≪書傳≫)은 "요긴한 獄辭〔要獄辭〕"로, 楊簡(≪五誥解≫)은 "'要囚'는 獄의 囚辭가 이미 정해져서 장차 단정하려는 것이다.〔要囚者 獄之囚辭已定 而將斷之也〕"로, 林之奇(≪尙書全解≫)는 "죄수의 요긴한 말이다.〔囚之要辭〕"로, 夏僎(≪尙書詳解≫)은 "'要囚'는 囚辭의 요긴한 것이다.〔要囚者 囚辭之要者也〕"로, 呂祖謙(≪增修東萊書說≫)은 "처단해야 할 죄수가 있을 때에는 그 죄수의 정상을 요긴하게 살펴야 한다.〔有囚當斷 要察其情矣〕"로, 陳大猷는 "'要囚'는 그 죄수의 죄를 결정하는 것을 이른다.〔要囚 謂結定其囚之罪〕"로, 蔡傳은 "獄辭의 요긴한 것이다.〔獄辭之要者〕"로, 元代 朱祖義(≪尙書句解≫)는 "죄수의 말을 考覈하여 이미 그 요긴한 점을 찾았더라도〔囚辭考覈 已得其要〕"로 각각 해석하였고, 두 번째 '要囚'에 대해서는 모두 별도의 해석이 없다.

〈多方〉의 첫 번째 '要囚'에 대해서는 孔傳은 "要察囚情"이라 하여, 〈康誥〉의 '要囚'에 대한 해석과 다르게 "죄수의 정상을 요긴하게 살피는 것"으로 해석한 것 같은데, 孔疏는 굳이 "장차 죄를 단정하려 하면 반드시 그 요긴한 말을 받아서 그 虛實을 살피기 때문에 '要囚'라고 말했다.〔將欲斷罪 必受其要辭 察其虛實 故言要囚也〕"라고 하여 〈康誥〉의 '要囚'에 대한 孔傳의 해석에 맞추어 확대 설명하였다. 林之奇는 "그 요긴한 말을 살피는 것〔察其要辭〕"이라 하여 〈康誥〉의 '要囚'에 대한 해석과 같게 풀이하였다. 두 번째 '戰要囚'에 대해서는, 孔傳은 "'戰要囚之'는 그 亂을 주도한 사람은 토벌하고 그 朋黨은 잡아 가두는 것을 이른다.

〔戰要囚之 謂討其倡亂 執其朋黨〕"로, 孔疏는 "戰伐을 사용하여 단단히 살펴서 가두는 것이다.〔其用戰伐 要察囚繫之〕"로, 또는 "'戰要囚之'는 그 군사를 戰敗시키고 그 사람들을 잡아서 그 요긴한 말을 취조하여 가두는 것을 이른다.〔戰要囚之 謂戰敗其師 執取其人 受其要辭而囚之〕"로 확대 설명하였다.

각각 다르게 해석한 孔傳에 대하여 夏僎은 "'要囚'는 아마 단단히 묶어서 잡아 가두는 일을 이른 것이리라. ≪書≫에 '要囚'를 말한 것이 세 번인데,……孔氏는 이를 해석하되 그 說이 각각 다르다.……지금 자세히 살펴보면 세 說은 다 옳지 않다. 이른바 '要囚'란 것은 단단히 묶어서 잡아 가두는 일을 이른다. 〈康誥〉에 이른바 '要囚服念五六日'이란 단단히 묶어서 잡아 가둔 죄인에 대해서는 반드시 닷새나 엿새 동안 가슴속에 두고 깊이 생각한 연후에 요긴한 죄수를 크게 단정하도록 해야 한다는 것이고, 여기의 이른바 '要囚殄戮多罪'란 혹은 죄를 많이 진 자를 단단히 묶어서 잡아 가두기도 하고, 혹은 죄를 많이 진 자를 殄絶하고 殺戮함에 백성들 또한 착함에 힘쓰게 됨을 이른 것이다. 이른바 '戰要囚'란 단단히 묶어서 잡아 가두는 위협을 가지고 벌벌 떨게 함을 이른 것이다.〔要囚 蓋謂要勒而拘囚之也 書言要囚者三……孔氏釋之 其說各不同……今詳考之 三說皆不然 所謂要囚者 乃謂要勒而拘囚之 康誥所謂要囚服念五六日 乃謂凡要勒拘囚罪人 必當服念之至五六日 然後丕蔽其所要囚者 此所謂要囚殄戮多罪者 乃謂或要勒拘囚其多罪者 或殄絶殺戮其多罪者 而民亦勉于善也 所謂戰要囚者 乃謂恐懼之以要勒拘囚之威也〕"라고 밝혔다. 蔡傳에는 〈多方〉의 '要囚'에 대한 해석이 없으니, 아마 〈康誥〉의 '要囚'와 같이 본 것 같다.

그러나 '要囚'는 孔疏처럼 글의 내용에 따라 다르게 보아야 할 것 같다. 〈康誥〉의 '要囚'는 陳大猷의 해석이 알맞고, 〈多方〉의 '要囚'는 孔安國과 呂祖謙의 해석이 타당한 것 같다. 그러므로 본 번역에서는 〈康誥〉의 '要囚'는 "요긴한 죄수"로 〈多方〉의 첫 번째 '要囚'는 "죄수의 정상을 긴요하게 살펴서"로 풀이하였다.

또 말씀하였다. "'要囚'에 대해서는 닷새나 엿새 동안 가슴속에 두고 깊이 생각할 것이며, 열흘이나 한 철이 지나서야 요긴한 죄수를 크게 단정하도록 하라."

【傳】 要囚는 謂察其要辭以斷獄이라 旣得其辭어든 服膺思念五六日하고 至於十日이나 至於三月에 乃大斷之라 言必反覆思念은 重刑之至也라

'要囚'는 그 요긴한 말을 살펴서 獄事를 단정함을 이른다. 이미 그 요긴한 말을 입수하였거든 가슴속에 두어 닷새나 엿새 동안 깊이 생각하고, 열흘이나 3개월에 가서 이에 대단안을 내리라는 것이다. 반드시 반복하여 생각하라고 말한 것은 형벌을 지극히 신중하게 다루는 뜻에서였다.

【疏】'王曰外事'至'要囚' ○ 正義曰：言不濫刑，不但國內，而王言曰"若外土諸侯奉王事以至汝，汝當布陳是刑法，以司牧其衆，及此殷家刑罰有倫理者兼用之." 周公又重言曰"旣用刑法，要察囚情，得其要辭，以斷其獄，當須服膺思念之，五日六日，次至於十日，遠至於三月，一時乃大斷囚之要辭." 言必反覆，重之如此，乃得無濫故耳.

經의 〔王曰外事〕에서 〔要囚〕까지

○ 正義曰：형벌을 남용하지 않은 일은 비단 國內(畿內)뿐만이 아님을 말한 것이다. 그래서 王께서 말씀하였다. "만일 外土의 諸侯들이 王의 일을 받들어 너에게 이르거든 너는 응당 이 형법을 포진하여 그 백성들을 맡아 다스려야 하고, 또한 이 殷나라의 형벌 중에 윤리가 있는 것도 겸해서 사용하도록 하라."

周公이 또 거듭 말씀하였다. "이미 刑法을 써서 죄수의 정상을 긴밀히 살피고, 그 요긴한 말을 터득해서 그 獄事를 단결하되, 마땅히 모름지기 가슴에 두고 생각하기를 닷새나 엿새를 해야 하고, 그 다음 열흘에 이르고 멀게는 3개월에 이르러 일시에 크게 죄수의 요긴한 말에 대하여 대단안을 내리도록 하라." 반드시 반복하고 거듭함이 이와 같아야 이에 함부로 함이 없을 수 있기 때문임을 말한 것이다.

【疏】○ 傳'言外'至'用之' ○ 正義曰：外土以獄事上於州牧之官，爲奉(土)〔王〕[1)]事，汝當用刑書，爲布陳是刑法，爲司牧其衆，故受而聽之. 旣衛居殷墟，又周承於殷後，刑書相因，故兼用其有理者. 謂當時刑書，或無正條，而殷有故事，可兼用，若今律無條，求故事之比也. '臬'爲準限之義，故爲法也.

1) (土)〔王〕：저본에는 '土'로 되어 있으나, 宋刊 單疏本・宋慶元間建安魏縣慰宅本・宋兩浙東路茶鹽司本・福建本・汲古閣本에 의거하여 '王'으로 바로잡았다.

○ 傳의 〔言外〕에서 〔用之〕까지

○ 正義曰：外土〈의 제후들이〉 獄事를 州牧官에게 올려 王의 일을 받들거든 너는 마땅히 刑書를 사용해서 이 刑法을 布陳하고 그 민중을 맡아 다스리기 때문에 받아서 결단해야 한다. 이미 衛나라가 殷나라의 터에 자리 잡고 있고 또한 周나라가 殷나라의 뒤를 이어서 刑書가 서로 인연하였기 때문에 그 질서가 있는 것을 겸해서 사용하는 것이다. 당시 刑書에는 혹 正條가 없는데 殷나라에는 故事가 있어서 겸용할 수 있었음을 이른 것이니, 이를테면 오늘날의 律文에 조항이 없어서 故事의 비견할 것을 구함과 같은 것이다. '臬'은 準限의 뜻이기 때문에 〈孔傳에서〉 法으로 여겼던 것이다.

【疏】 ○傳'要囚'至'之至' ○正義曰：言'要囚', 明取要辭於囚. 以思訖事定, 故言“乃大斷之.” 多至三月, 故云“反覆思念, 重刑之至.” 顧氏云“'又曰'者, 周公重言之也.”

○傳의 〔要囚〕에서 〔之至〕까지

○正義曰：'要囚'라 말함은 요긴한 말을 죄수에게서 분명하게 취하여 〈장고의〉 생각이 끝나고 일이 정해지기 때문에 “이에 대단안을 내린다.”라고 한 것이다. 많게는 3개월에 이르기 때문에 “반복하여 생각하라는 것은 형벌을 지극히 신중하게 다루는 뜻에서다.”라고 한 것이다.

顧氏(顧彪)는 “'又曰'이란 것은 周公이 거듭 말씀한 것이다.”라고 하였다.

王曰 汝陳時臬事하여 罰蔽殷彝하되

왕이 말씀하였다. “너는 〈衛나라에 가서〉 이 法律과 政令을 布陳하여 형벌함에 있어서 殷나라의 常法으로 단정하되

【傳】 陳是法事하여 其刑罰斷獄에 用殷家常法은 謂典刑故事라

이 法律과 政令을 포진하여 그 刑罰로 獄事를 단정함에 있어서 殷나라의 常法을 쓰라고 함은 典刑故事를 이른 것이다.

用其義刑義殺이요 勿庸以次汝封하라

딱 들어맞는 義刑과 義殺을 적용해야 할 것이고, 너 封의 마음 내키는 대로 적용하지 말도록 해야 할 것이다.

【傳】 義는 宜也라 用舊法典刑宜於時世者以刑殺하고 勿用以就汝封之心所安이라

'義'는 宜의 뜻이다. 舊法典刑 중에 時世에 알맞은 것을 써서 刑殺을 하고, 너 封의 마음에 편안하게 여기는 것을 가지고 적용하지 말도록 하라는 것이다.

乃汝盡遜하여 曰時敍라도 惟曰未有遜事라하라

그리고 너의 〈행하는 바가〉 모두 의리에 따라 질서 있게 행해졌다 하더라도 너는 '혹여 의리에 따라 행해지지 못한 점이 있을 것이다.'라고 말하도록 하라.

【傳】乃使汝所行盡順하여 曰是有次敍라도 惟[1]當自謂未有順事라하라 君子將興엔 自以爲不足이니라

1) 惟 : 孔疏는 猶의 뜻으로 보고 있다.

〈너는 법에만 의거할 것이 아니라〉 너의 행하는 바가 모두 의리에 따라 질서 있게 행해졌다 하더라도 외려 응당 스스로는 의리를 따르는 일이 있지 못하다고 말해야 한다. 군자가 장차 흥기하려면 남아나는 것도 스스로 부족하게 여기는 법이란 것이다.

已아 汝惟小子나 未其有若汝封之心하니 朕心朕德은 惟乃知니라

그만둘 수 있겠느냐. 네 비록 小子이지만 너 封의 마음과 같은 이가 없으니, 우리 王의 마음과 우리 王의 德은 오직 너만이 알고 있을 뿐이다.

【傳】已乎아 他人未其有若汝封之心이라 言汝心最善하니 我心我(心)〔德〕[1]은 惟汝所知라 欲其明成王所以命己之款心이라

1) (心)〔德〕: 저본에는 '心'으로 되어 있으나, 宋兩浙東路茶鹽司本・汲古閣本에 의거하여 '德'으로 바로잡았다.

그만둘 수 있겠느냐. 다른 사람은 너 封의 마음과 같은 이가 있지 못하다. 너의 마음이 가장 착하니, 우리 王의 마음과 우리 王의 德은 오직 너만이 아는 바라고 말한 것이다. 이것은 成王이 자기(康叔)를 임명한 간곡한 마음을 밝히려고 한 것이다.

【疏】'王曰汝'至'乃知' ○正義曰：此又申上既要囚思念, 定其大斷若爲, 而王言曰"汝當陳是刑書之法以行事, 其刑法斷獄, 用殷家所行常法故事, 其陳法殷彝, 皆用其合宜者以刑殺, 勿用以就汝封意之所安而自行也, 以用心不如依法故耳. 言汝不但依法, 乃使汝所行盡順, 曰是有次敍, 猶當自惟曰未有順事, 其有餘若不足故耳. 必期汝於大幸, 已乎. 汝惟小子耳, 而他人未其有若汝封之心. 言汝心最善. 汝心既善, 我心我德惟汝所委知也."

經의 〔王曰汝〕에서 〔乃知〕까지

○正義曰 : 여기서는 또 위에서 이미 要囚 문제를 장고 끝에 대단안을 내린 점을 거듭 천명하게 되는데, 이에 대하여, 王은 다음과 같이 말씀하였다. "너는 마땅히 이 刑書의 법

을 포진하여 일을 행하되 그 刑法으로 옥사를 단정할 때에는 殷나라가 행하던 常法故事를 사용하고, 그 법을 포진하는 일과 殷나라의 常法은 모두 알맞은 것을 써서 刑殺을 하고, 너 封의 마음에 편안하게 여기는 것을 써서 스스로 행하지 말도록 할 것이니, 마음을 쓰는 것이 법에 의거하는 것만 못하기 때문이다. 너는 단지 법에 의거할 뿐만이 아니라 너의 행하는 바가 모두 의리에 따라 질서 있게 행해졌다 하더라도 외려 응당 스스로는 의리를 따르는 일이 있지 못하다고 말해야 한다. 그것은 남아나는 것이 있어도 부족한 듯이 여겨야 하기 때문이다. 반드시 너를 큰 행운에 기약할 것을 그만둘 수 있겠느냐. 네 비록 小子이지만 다른 사람은 너 封의 마음과 같은 이가 있지 못하다. 너의 마음이 가장 착하다. 너의 마음이 이미 착하니 우리 王의 마음과 우리 王의 德은 오직 너만이 아는 바라고 말한 것이다."

【疏】 ○ 傳'陳是'至'故事' ○ 正義曰 : '陳是法事', 卽上"汝陳時臬事". '罰蔽殷彝', 卽上"殷罰有倫". 上據有初思念得失, 此據臨時行事也.

○ 傳의 〔陳是〕에서 〔故事〕까지

○ 正義曰 : "이 법과 일을 포진하라."는 것은 곧 위에서 말한 "너는 이 법과 일을 포진하라."는 것이고, "형벌함에 있어서 殷나라 常法으로 단정하라."는 것은 곧 위에서 말한 "殷나라의 형벌 중에 윤리가 있는 형벌도 겸해서 사용하도록 하라."는 것인데, 위에는 당초 思念의 득실이 있음에 의거한 것이고, 여기는 때에 임하여 일을 행하는 것에 의거한 것이다.

【疏】 ○ 傳'已乎'至'款心' ○ 正義曰 : 此言'我', 我王也. 以王命, 故言王爲'我', 以康叔爲'己'. 若汝不善, 我王家心德, 汝所不知, 則我不順命汝款曲之心. 只由汝最善, 我王心德汝所徧知, 故我王命汝以款曲之心. 述康叔爲言, 故云'(亦)〔己〕[1)]', 欲令康叔明識此意也.

1) (亦)〔己〕: 저본에는 '亦'으로 되어 있으나, 宋刊 單疏本·宋兩浙東路茶鹽司本에 의거하여 '己'로 바로잡았다.

○ 傳의 '已乎'에서 '款心'까지

○ 正義曰 : 여기서 말한 '我'는 우리 王이란 뜻이다. 王命이기 때문에 王을 '我'라고 말하고 康叔을 '己'라고 한 것이다. 만일 네가 착하지 않다면 우리 王家의 마음과 덕을 네가

알지 못할 것이니, 우리 王은 순조롭게 너를 간곡한 마음으로 임명하지 않았을 것이다. 다만 네가 가장 착함으로 말미암아 우리 王의 마음과 덕을 네가 두루 알 바이기 때문에 우리 王이 너를 간곡한 마음으로 임명한 것이다. 康叔을 찬술해서 말하기 때문에 '己'라고 한 것이니, 康叔으로 하여금 이 뜻을 밝게 알도록 하기 위함이었다.

凡民이 **自得罪**하여 **寇攘姦宄**하며 **殺越人于貨**하여

백성들이 죄를 지을 작정을 하여 도적질과 약탈과 소란과 반란을 일삼으며, 재물 때문에 사람을 죽이거나 넘어뜨리는 등

【傳】 凡民用得罪하여 爲寇盜攘竊姦宄하며 殺人顚越人하여 於是以取貨利라

백성들이 죄를 지을 작정을 하여 도적질과 약탈과 소란과 반란을 일삼으며, 재물 때문에 사람을 죽이거나 넘어뜨리어 이에 貨利를 취한다는 것이다.

暋不畏死를 **罔弗憝**니라

강포하여 죽음을 두려워하지 않는 자를 미워하지 않는 이가 없느니라."

【傳】 暋은 强也라 自强爲惡而不畏死니 人無不惡之者라 言當消絶之라

'暋'은 强의 뜻이다. 스스로 억세서 惡을 하되 죽음을 두려워하지 않으니 그를 미워하지 않는 사람이 없다는 것이다. 마땅히 그를 消絶해야 함을 말한 것이다.

【疏】 '凡民'至'弗憝' ○ 正義曰 : 言人所愼刑者, 以凡民所(自)〔用〕[1]得罪者, 寇盜攘竊, 於外姦內宄, 而殺害及顚越於人, 以取貨利也. 自强爲之而不畏死, 此爲人無不惡之者, 以此須刑絶之, 故當愼刑罰耳.

1) (自)〔用〕: 저본에는 '自'로 되어 있으나, 傳文 및 諸本에 의거하여 '用'으로 바로잡았다.

經의 〔凡民〕에서 〔弗憝〕까지

○ 正義曰 : 사람이 형벌을 삼갈 점을 말한 것은, 백성들의 죄를 지을 작정을 한 자가 도적질과 약탈, 그리고 밖에서의 소란과 안에서의 반란을 일삼으며, 殺害 또는 사람을 넘어뜨리고서 貨利를 취하기 때문이다. 스스로 억세서 惡을 하되 죽음을 두려워하지 않으

면 이런 사람은 남들에게 미움 받지 않는 경우가 없으니, 이로써 모름지기 형벌로 절단하기 때문에 마땅히 형벌을 삼가야 할 뿐이다.

【疏】 ○ 傳'凡民'至'貨利' ○ 正義曰 : '自', 用也. 言所用得罪者, 由寇攘也, 而爲之於外內, 旣有刦竊, 其刦竊皆有殺有傷. '越人', 謂不死而傷, 皆爲之而取貨利故也.

○ 傳의 〔凡民〕에서 〔貨利〕까지

○ 正義曰 : '自'는 用의 뜻이다. 죄를 짓는 것은 도적질이나 약탈로 말미암는데, 밖과 안에서 그런 일을 하게 되어 이미 겁탈이나 절도를 일삼은 적이 있거니와 그 겁탈이나 절도를 하는 데는 모두 살해하는 일이 있고 상해하는 일이 있음을 말한 것이다. '越人'은 사람을 죽이지는 않고 상해를 입히는 것을 이르니, 모두 그런 짓을 해서 貨利를 취하기 때문이다.

【疏】 ○ 傳'暋强'至'絶之' ○ 正義曰 : 暋, 强也. 〔於〕[1]盤庚已訓而此重詳之. 以由此得罪, 當須絶之.

1) 〔於〕: 저본에는 '於'가 없으나, 宋刊 單疏本・宋兩浙東路茶鹽司本・宋慶元間建安魏縣尉宅本에 의거하여 보충하였다.

○ 傳의 〔暋强〕에서 〔絶之〕까지

○ 正義曰 : '暋'은 强의 뜻이니, 〈盤庚〉에서 이미 풀이하였으나 여기에서 거듭 자상하게 풀이하였다. 이로 말미암아 죄를 짓게 되니, 마땅히 모름지기 끊어야 할 일이다.

王曰 封아 元惡은 大憝니 矧惟不孝不友온여

왕이 말씀하였다. "封아! 크게 악한 자는 크게 미움을 받는 법인데, 하물며 효도하지 않고 우애하지 않는 자야 오죽하겠는가.

【傳】 大惡之人도 猶爲人所大惡론 況不善父母하고 不友兄弟者乎아 言人之罪惡은 莫大於不孝不友라

크게 악한 사람도 외려 사람들에게 큰 미움을 받는데, 하물며 부모에게 불선을 하고 형제간에 우애를 하지 않는 자야 오죽하겠는가. 사람의 죄악은 효도하지 않고 우애하지 않는 것보다 더 큰 것은 없다고 말한 것이다.

子弗祗服厥父事하여 **大傷厥考心**[1)]하며

1) 子弗祗服厥父事 大傷厥考心 : 蔡傳은 "아들이 그 아버지를 경건히 섬기지 아니하여 그 아버지의 마음을 크게 상하게 하면〔子不敬事其父 大傷父心〕"이라고 풀이하였다.

아들이 몸가짐을 경건히 해서 아버지의 일을 행하지 않고, 〈業을 怠忽히 하여〉 크게 그 아버지의 마음을 상하게 하며,

【傳】 爲人子가 不能敬身服行父道하고 而怠忽其業하여 大傷其父心하면 是不孝라

자식 된 자가 능히 몸가짐을 경건히 해서 아버지의 도리를 행하지 않고, 그 業을 怠忽히 하여 크게 그 아버지의 마음을 상하게 하면 이것이 바로 불효인 것이다.

于父가 **不能字厥子**하여 **乃疾厥子**하며

아버지 된 자가 그 아들을 사랑하지 아니하여 그 아들을 미워하며,

【傳】 於爲人父가 不能字愛其子[1)]하여 乃疾惡其子하면 是不慈라

1) 於爲人父 不能字愛其子 : 兪樾은 "옛적엔 '于'와 '爲'가 同聲이었기 때문에 통용하였으니, '于父不能字厥子'는 '爲父不能字厥子'와 같다. 枚氏는 '于'가 곧 이 '爲'의 뜻을 가진 글자임을 모르고 '于'를 '於'의 뜻으로 풀이하고 또 '爲'자를 보태서 그 뜻을 이루었으니, 잘못된 것이다.〔古于爲同聲 故得通用 于父不能字厥子 猶曰爲父不能字厥子也 枚不知于卽是爲而訓于爲於 又增爲字 以成其義 失之矣〕"라고 하였다.(≪群經平議≫)

아버지 된 자가 그 자식을 예뻐하지 아니하여 그 자식을 미워하면 이것이 바로 자애롭지 못한 것이다.

于弟가 **弗念天顯**하여 **乃弗克恭厥兄**하며

아우 된 자가 하늘의 밝은 도리를 생각하지 아니하여 그 형을 공경하지 아니하며

【傳】 於爲人弟가 不念天之明道하여 乃不能恭事其兄하면 是不恭이라

아우 된 자가 하늘의 밝은 도리를 생각하지 아니하여 능히 그 형을 공손히 섬기지 않으면 이것이 바로 불공스런 것이다.

兄亦不念鞠子哀[1)]하여 大不友于弟하니

1) 鞠子哀 : 蔡傳은 "부모가 〈자식을〉 기른 수고로움〔父母鞠養之勞〕"으로 풀이하였다.

형 또한 애처로운 어린애를 생각하지 아니하여 크게 아우에게 우애하지 않으니,

【傳】 爲人兄이 亦不念稚子之可哀하여 大不篤友于弟하면 是不友라

형 된 자가 또한 애처로운 어린애를 생각하지 아니하여 크게 아우에게 돈독한 우애를 하지 않으면, 이것이 바로 우애롭지 못한 것이다.

惟弔(적)茲는 不于我政人에 得罪[1)]아

1) 惟弔(적)茲……得罪 : 蔡傳은 "부자・형제가 이와 같은 지경에 이르렀는데도 우리 정치하는 사람들에게서 죄를 얻지 않는다면〔父子兄弟至於如此 苟不於我爲政之人 以得罪焉〕"으로 풀이하였다.

〈사람들이〉 이런 〈不孝・不慈・弗友・不恭에〉 이른 것은 우리 執政한 사람에(때문에) 죄를 얻은 것이 아니겠는가.

【傳】 惟人至此不孝不慈弗友不恭은 不於我執政之人에 得罪乎아 道敎不至所致라

사람들이 이렇게 不孝・不慈・弗友・不恭에 이른 것은 우리 執政한 사람에(때문에) 죄를 얻은 것이 아니겠는가. 인도와 교화가 이르지 못한 소치인 것이다.

天惟與我民彛인데 大泯亂[1)]이라

1) 天惟與我民彛 大泯亂 : 蔡傳은 "하늘이 우리 인간에게 부여한 彛倫이 크게 없어져 혼란할 것이다.〔天之與我民彛 必大泯亂而紊亂矣〕"라고 풀이하였다.

하늘이 우리 인간에게 彛倫을 부여하였는데 〈폐기하여 행하지 않으면, 天道를〉 크게 泯亂시키는 것이다.

【傳】 天與我民五常하여 使父義母慈兄友弟恭子孝어늘 而廢棄不行이면 是大滅亂天道라

하늘이 우리 인간에게 五常을 부여하여 아버지는 의롭고 어머니는 자애롭고 형은 우애하고 아우는 공손하고 자식은 효도하도록 하나 폐기하고 행하지 않으면 이것이 바로 天道

를 크게 泯亂시키는 것이다.

曰乃其速由文王作罰하여 刑茲無赦하라

〈이런 경우〉 너는 속히 文王께서 정해놓으신 벌을 사용하여 이들을 형벌에 처하고 사면하는 일이 없어야 한다.

【傳】 言當速用文王所作違教之罰하여 刑此亂五常者하고 無得赦하라

마땅히 文王이 지은 '교훈을 어긴 자에게 실시하는 罰'을 속히 사용하여 이 五常을 어지럽힌 자를 형벌에 처하고 사면하는 일이 없어야 한다고 말한 것이다.

【疏】 '王曰封元'至'無赦' ○正義曰：以是所用得其罪，不但寇盜，王命而言曰"封，非於[1]骨肉之人爲大惡，猶尙爲人所大惡之，況惟不孝父母，不友兄弟者乎．其罪莫大於不孝也．何者．爲人之子，不能敬身服行其父事，而怠忽其業，大傷其父心，是不孝也．於爲人父，不能(自)〔字〕[2]愛其子，乃疾惡其子，是不慈也．於爲人弟，不能念天之明道，故乃不能恭事其兄，是不恭也．爲人兄，亦不能念稚子之可哀哉，大不友愛於弟，是不友也．惟人所行以至此不孝不友者，豈不由我執政之人道教不至，以得此罪乎．旣人罪由〔不〕[3]教而致，天惟與我民以五常之性，使有恭孝，廢棄不行，是大滅亂天道也．" 以由我滅亂，曰，"乃其疾用文王所作違教之罰，刑此亂五常者，不可赦放也．"

1) 非於：'於非'가 전도된 것 같다.
2) (自)〔字〕：저본에는 '自'로 되어 있으나, 宋刊 單疏本·宋兩浙東路茶鹽司本·宋慶元間建安魏縣尉宅本·汲古閣本에 의거하여 '字'로 바로잡았다.
3) 〔不〕：저본에는 없으나, ≪群書拾補≫에 의거하여 '不'을 보충하였다.

經의 〔王曰封元〕에서 〔無赦〕까지

○正義曰：이러므로 죄를 얻는 것은 도적질을 해서만이 아니니, 이에 대하여 王이 임명하면서 말씀하였다. "封아! 骨肉(至親)이 아닌 사람에게 큰 악을 하더라도 외려 사람들에게 큰 미움을 받는데, 하물며 부모에게 불효를 하고 형제간에 우애를 하지 않는 경우야 오죽하겠는가. 그 죄는 불효보다 더 큰 것이 없다. 어째서인가. 사람의 자식 된 자가 능히 몸가짐을 경건히 해서 그 아버지의 일을 服行하지 않고, 그 業을 怠忽히 하여 크게 아버지의 마음을 상하게 하면 이것이 바로 불효인 것이다. 사람의 아버지 된 자가 그 자식을

예뻐하지 아니하고 그 자식을 미워하면, 이것이 바로 자애롭지 못한 것이다. 사람의 아우 된 자가 능히 하늘의 밝은 도리를 생각하지 않기 때문에 능히 그 형을 공손히 섬기지 않으면, 이것이 바로 공손하지 못한 것이다. 사람의 형 된 자가 또한 애처로운 어린애를 생각하지 아니하여 크게 아우에게 돈독한 우애를 하지 않으면, 이것이 바로 우애롭지 못한 것이다. 사람이 행한 바가 이처럼 不孝・不友에 이른 것은 어찌 우리 執政한 사람의 道敎가 이르지 않음으로 말미암아 이러한 죄를 얻은 것이 아니겠는가. 이미 사람의 죄가 가르치지 않음으로 말미암아 이루어졌으니, 하늘이 우리 인간들에게 五常의 성품을 부여하여 공손하고 효도하게 하였건만, 그것을 폐기하고 행하지 않으면 이것이 바로 天道를 크게 滅亂시킨 것이다." 우리로 말미암아 민멸하여 어지러워졌기 때문에 "〈이런 경우〉 너는 속히 文王이 지은 '교훈을 어긴 자에게 실시하는 罰'을 속히 사용해서 이 五常을 어지럽힌 자를 형벌에 처하고 사면해서는 안 된다."라고 한 것이다.

【疏】 ○傳'大惡'至'不友' ○正義曰：言將有作姦宄大惡, 猶爲人所大惡, 況不孝父母, 不善兄弟者乎. 孝經云"五刑之屬三千, 而罪莫大於不孝." 是也. 釋親云"善父母爲孝, 善兄弟爲友."[1] 下文不言'母', 母同於父. 父子尊卑而異等, 故'孝'名上不通於下, 其兄弟雖有長幼而同倫, 故共'友'名也.

1) 善父母爲孝 善兄弟爲友：지금 통행하는 十三經注疏 ≪爾雅≫에는 〈釋訓〉에 나온다.

○傳의 〔大惡〕에서 〔不友〕까지

○正義曰：장차 姦宄大惡을 하려 해도 외려 사람들에게 크게 미움 받는 바가 되거늘 하물며 부모에게 불효하고 兄弟간에 불선한 자야 오죽하겠는가라고 말한 것이다. ≪孝經≫에 "五刑의 종류가 3천 가지나 되지만, 죄는 불효보다 더 큰 것이 없다."라는 게 이것이다. ≪爾雅≫ 〈釋親〉에 "부모에게 잘하는 것을 '孝(효도)'라 하고, 형제간에 잘 지내는 것을 '友(우애)'라 한다."라고 하였다. 아랫글에서 '母'를 말하지 않은 것은 母가 父와 같기 때문이다. 父子는 尊卑의 등급이 다르기 때문에 '孝'란 이름이 위에서 아래에 통하지 않고, 兄弟는 비록 長幼가 있으나 서열이 같기 때문에 '友'란 이름을 공유한 것이다.

【疏】 ○傳'爲人'至'不孝' ○正義曰：'考'亦通生死, 卽此文及酒誥是也. 下曲禮云"死曰考." 是對例[1]耳. 人子以述成父事爲孝, 怠忽其業, 卽"其肯曰 我有後, 不棄基." 故爲大傷父心, 卽是上不孝也. 則子不述父事, 當輕於盜殺, 況以爲甚者, 此聖人緣心立法. 人莫不緣身本於父母也, 自親以及物, 天然之理, 故孝經曰 "不愛其親而愛他人者, 謂之悖德. 不敬其親而敬他人者, 謂之悖禮. 以順則逆, 民無則焉. 不在於善, 而皆在於凶德." 是也. 以此言賊殺他人, 罪小於骨肉相乖阻. 但於他人言其極者, 於親言其小者, 小則有不和詈爭鬪訟相傷者也. 於親小則傷心, 大乃逆命, 毆罵殺害, 互相發起而可知也.

1) 對例 : ≪禮記≫에 "생시에는 '父'라 하고, 사후에는 '考'라 한다.〔生曰父 死曰考〕"고 對로 쓴 경우를 말한다.

○ 傳의 〔爲人〕에서 〔不孝〕까지

○ 正義曰 : '考'는 또한 생시나 사후나 통용되는 것이니, 곧 이 글과 〈酒誥〉의 것이 이 경우이다. ≪禮記≫ 〈曲禮 下〉에 "사후에는 '考'라 한다."라고 하였으니, 이것은 對例일 뿐이다. 자식이 아버지의 일을 傳述하여 이루는 것을 '孝'라 하는데, '그 業을 怠忽히 하는 것'은 곧 〈大誥〉의 "〈그 아버지는 일을 경건히 해서 창업을 하였으나 아들이 능히 그 공을 이어서 이루지 못하면〉 '나에게 後嗣가 있으니, 나의 基業을 버리지 않을 것이다.'라고 말하려 하겠는가."라는 것이다. 때문에 아버지의 마음을 크게 상하게 하는 것이니, 바로 이것이 '上不孝'이다.

자식이 아버지의 일을 傳述하지 않은 것은 응당 물건을 도둑질하고 사람을 죽이는 일보다야 가벼운 것이지만, 하물며 심한 것으로 여기었으니, 이는 聖人이 마음을 인연하여 法을 세운 것이다. 사람은 몸을 인연하여 부모에게 근본하지 않음이 없으니, 어버이로부터 타물에 미쳐가는 것은 天然의 이치이다. 때문에 ≪孝經≫에 "어버이를 사랑하지 않고 다른 사람을 사랑하는 것을 '悖德'이라 이르고, 어버이를 공경하지 않고 다른 사람을 공경하는 것을 '悖禮'라 이른다. 인심을 따라야 할 것을 스스로 거역하였으니 사람들이 준칙으로 삼지 않는다. 이래서 善의 범주에 있지 않고 모두 凶德의 범주에 있다."라는 것이 이것이다.

이것으로 말하면 다른 사람을 賊殺하는 것은 죄가 骨肉이 서로 괴려하는 것보다 작다. 다만 다른 사람에 대해서는 그 극심한 것을 말하고, 어버이에 대해서는 그 작은 것을 말했을 뿐인데, 작은 것에는 不和·詈爭·鬪訟 등 서로 상하게 하는 것이 있다. 어버이에 대해서는 작은 것은 마음을 상하게 하는 것이고 큰 것은 命을 거역하는 것이니, 毆罵와 殺害가 상호간에 발생한다는 것을 알 수 있다.

【疏】 ○傳'於爲'至'不慈' ○正義曰：上文不言'不慈'，意以'不孝'爲總焉．父當言'義'而云'不慈'者，以父母於子竝爲慈，因父有愛敬多少而分之．言父義母慈，而由慈以義，故雖義言'不慈'，且見父兼母耳．

○ 傳의 〔於爲〕에서 〔不慈〕까지

○ 正義曰：윗글에서 '不慈'를 말하지 않은 것은 아마 '不孝'를 총목으로 삼아서인 듯하다. 아버지의 경우는 응당 '義'를 말했어야 되는데 '不慈'를 말한 것은 부모가 자식에 대해선 아울러 慈愛하게 되는 동시에 아버지로 인하여 愛敬이 다소 있어서 나누어지기 때문이다. 아버지는 의롭고 어머니는 자애롭다 말하는데, 자애로 말미암아 의롭기 때문에 비록 의로우나 '不慈'를 말한 것은 또 아버지가 어머니를 겸한 것임을 보였을 뿐이다.

【疏】 ○傳'於爲'至'不恭' ○正義曰：善兄弟曰友，此言'不恭'者，'友'，思念之辭，兄弟同倫，故俱言'友'，雖同倫而有長幼，其心友而貌恭，故因兄弟而分'友'文爲二而言'恭'也．五教，卽左傳文十八年〔太〕[1]史克言[2]也．於此言"天之明道"者，父子天性，不嫌非天明，故於兄弟言之．因上先言'不孝'，先言子於父，故此'不友'先言弟於兄(若)〔者〕[3]，擧中以見上下．故此言天明，見五教皆是，卽孝經云 "則天之明"，左傳云 "爲父子兄弟姻婭，以象天明．" 是於天理常然，爲天明白之道．

1) 〔太〕：저본에는 없으나, ≪春秋左氏傳≫에 의거하여 '太'를 보충하였다.
2) 〔太〕史克言：≪春秋左氏傳≫에 "舜임금이 堯임금의 신하가 되었을 때에 八元을 등용하여 五教를 사방의 여러 나라에 베풀게 하였더니, 아버지는 의롭고 어머니는 자애롭고 형은 우애하고 아우는 공손하고 아들은 효성스러워져서 안(諸夏)이 평화롭고 밖(夷狄)이 화평해졌다.〔舜臣堯 擧八元 使布五教于四方 父義母慈兄友弟恭子孝 內平外成〕"라는 말이 보인다.
3) (若)〔者〕：저본에는 '若'으로 되어 있으나, 毛本에 의거하여 '者'로 바로잡았다.

○ 傳의 〔於爲〕에서 〔不恭〕까지

○ 正義曰：형제간에 잘 지내는 것을 '友(우애)'라 하는데, 여기서 '不恭'이라 말한 것은, '友'는 思念하는 말이고 형제는 서열이 같기 때문에 모두 '友'라 말한 것이다. 비록 서열은 같으나 長幼의 차등이 있으므로 그 마음은 우애하나 모습은 공손하기 때문에 兄弟로 인하여 '友'의 글을 나누어 두 가지 형태로 적고 '恭'을 말한 것이다.

'五教'는 곧 ≪春秋左氏傳≫ 文公 18년 조에 있는 太史 克의 말이다. 여기에서 '하늘의 밝은 도리'를 말한 것은, 父子는 天然的으로 생명을 준 관계〔天性〕이므로 하늘의 밝음이 아니라고 의심스럽게 여기지 않을 것이기 때문에 형제에서 말한 것이다. 위에서 먼저 '不孝'를 말하였기 때문에 아들이 아버지에 대한 경우를 먼저 말했다. 그러므로 이 '不友'를 아우가 형에 대한 경우에서 먼저 말한 것이다. 중간을 들어서 위아래를 보였기 때문에 여기서 '하늘의 밝음'을 말하여 '五敎'가 모두 이렇다는 점을 보인 것이다. 곧 ≪孝經≫에 "하늘의 밝음을 본받는다."라는 것이고, ≪春秋左氏傳≫ 昭公 25년 조에 "父子・兄弟・姻媾를 나누어 하늘의 밝은 것을 본받았다."라고 하였으니, 이것은 天理의 常然에 있어서 하늘의 명백한 도리가 된 것이다.

【疏】 ○ 傳'爲人'至'不友' ○ 正義曰 : 言'亦'者, 以兄弟同等而相亦, 所謂周書云"父子兄弟, 罪不相及." 卽此文也. 不孝罪子, 非及於父之輩, 理所當然. 而周官鄰保以比伍相及, 而趙商疑而發問, 鄭答云"周禮太平制, 此爲居殷亂而言." 斯不然矣. 康誥所云, 以骨肉之親, 得相容隱, 故左傳云"父子兄弟, 罪不相及." 周禮所云, 據疏人相督率之法, 故相連獲罪. 故今之律令, 大功已上, 得相容隱, 鄰保, 罪有相及, 是也.

○ 傳의 〔爲人〕에서 〔不友〕까지

○ 正義曰 : '亦'을 말한 것은 兄弟는 등급이 같기 때문에 '서로 또한'〈아우는 형에게 不恭하고 형은 아우에게 不友하는 것이란 뜻이니,〉 이른바 〈周書 康誥〉에 "父子와 兄弟는 죄가 '서로 미치지' 않는다."라는 것이 바로 이 글이다. 不孝로 아들에게 죄를 주는 법이 아버지의 同輩에게 미치지 않는 것은 이치에 당연한 일인데, ≪周官≫에 鄰保는 比伍이기 때문에 서로 〈법이〉 미치는 것으로 되어 있자, 趙商이 이를 의심하여 질문하니, 鄭玄이 답하기를 "≪周禮≫는 태평시대의 제도이고 이는 殷나라의 난국을 살기 위해 말한 것이다."라고 하였는데, 이는 그렇지 않다. 〈康誥〉에서 말한 것은 骨肉의 친족은 서로 숨겨줄 수 있기 때문에 ≪春秋左氏傳≫에서는 "父子와 兄弟는 죄가 서로 미치지 않는다."라고 하였고, ≪周禮≫에서 말한 것은 소원한 사람들이 서로 감독해가며 거느리는 법에 의거한 것이기 때문에 서로 연좌해서 죄를 얻는다. 그러므로 지금의 律令에 "大功 이상은 서로 숨겨줄 수 있고, 鄰保는 죄가 서로 미칠 수 있다."란 것이 이것이다.

不率大戛[1]이온 **矧**[2]**惟外庶子訓人**과

1) 不率大戛 : 蔡傳은 '戛'을 法의 뜻으로 보아 "백성 중에 가르침을 따르지 않는 자들은 본시

크게 法으로 다스리려 하거늘〔民之不率教者 固可大置之法矣〕"로 풀이하였다.

2) 矧 : 蔡傳은 '矧'의 뜻을 아래의 '瘝厥君'에서 마무리하였다.

大常의 교훈을 따르지 않아도 〈외려 형벌로 다스려야 하거늘,〉 하물며 外庶子로서 사람을 가르치는 직책을 가진 자와

【傳】 戛은 常也라 凡民不循大常之教도 猶刑之無赦온 況在外掌衆子之官으로 主訓民者而親犯乎아

'戛'은 常의 뜻이다. 백성들이 大常의 교훈을 따르지 않아도 외려 형벌이 사면되지 못하거늘, 하물며 밖에 있어 衆子를 관장한 벼슬아치로서 백성들을 교훈하는 일을 주관하는 자가 직접 범한 경우야 말할 것 있겠는가.

惟厥正人과 **越小臣諸節**가

正人과 小臣으로서 모든 符節을 가진 자들이야 말할 것 있겠는가.

【傳】 惟其正官之人과 於小臣諸有符節之吏及外庶子에 其有不循大常者면 則亦在無赦之科라

그 正官을 맡은 사람과 小臣과 모든 符節을 가진 관리 및 밖에 있는 庶子 중에 大常을 따르지 않는 자가 있으면 또한 사면이 없는 죄과에 해당시키라는 것이다.

乃別播敷하여 **造民大譽**하라 **弗念弗庸**은 **瘝厥君**이니 **時乃引惡**이라 **惟朕**의 **憝**[1]니

1) 乃別播敷……惟朕憝 : 蔡傳은 "따로 가르침을 펴서 道를 어기고 명예를 구할 속셈으로 임금도 생각하지 않고 法도 쓰지 않아 그 君上을 해치는 행위를 하는 자들이야 말할 것 있겠는가. 이는 바로 아래에서 惡을 조장하는 것이니, 내가 깊이 미워하는 바이다. 신하의 충성치 못함이 이와 같다면 형벌을 그만둘 수 있겠는가. 너는 속히 이 의리를 따라서 모두 誅戮하는 것이 옳다.〔乃別布條教 違道干譽 弗念其君 弗用其法 以病君上 是乃長惡於下 我之所深惡也 臣之不忠如此 刑其可已乎 汝其速由此義 而率以誅戮之 可也〕"라고 풀이하였다.

〈卿大夫들을〉 나누어 보내 德教를 펼쳐 백성들을 아주 착하게 만든 명예를 세우도록 하라. 만일 나의 말을 유념하지 않고 나의 법을 쓰지 않는 것은 그 임금의 도리를 병들게 하는 것이니, 이는 네가 惡을 조장하는 격이라, 나 또한 너를 미워할

것이니,

【傳】 汝今往之國하여 當分別播布德教하여 以立民大善之譽하라 若不念我言하고 不用我法者는 病其君道니 是汝長惡이라 惟我亦惡汝리라

너는 지금 衛나라로 부임해가서 응당 〈卿大夫들을〉 나누어 보내 德敎를 펼쳐 백성들을 아주 착하게 만든 명예를 세우도록 하라. 만일 나의 말을 유념하지 않고 나의 법을 쓰지 않는 것은 그 임금의 도리를 병들게 하는 것이니, 이는 네가 惡을 조장하는 격이라, 나 또한 너를 미워하겠다는 것이다.

已아 汝乃其速由茲義하여 率殺이니 亦惟君惟長[1]이니라

1) 亦惟君惟長 : 蔡傳은 아랫글에 붙여서 "또한 君과 長이 되어"로 풀이하였다.

그만둘 수 있겠는가. 너는 속히 이 의리를 따라서 모두 죽여야 할 것이니, 이 또한 君과 長의 正道인 것이다.

【傳】 汝乃其速用此典刑宜於時世者하여 循理以刑殺이니 則亦惟君長之正道라

너는 속히 時世에 알맞은 이 典刑을 써서 이치에 따라 刑殺을 해야 할 것이니, 이 또한 君과 長의 正道란 것이다.

不能厥家人이면 越厥小臣外正이 惟威惟虐하여 大放王命하리니 乃非德用乂[1]니라

1) 不能厥家人……乃非德用乂 : 蔡傳은 '越'을 及의 뜻으로 보아 "康叔이 능히 자기 집안도 다스리지 못하고 능히 그 신하들도 교훈하지 못하고서 오직 威暴와 酷虐만을 가지고 크게 天子의 命을 폐기한다면 이는 곧 德이 아닌 것으로 다스리려고 하는 것이다.〔康叔而不能齊其家 不能訓其臣 惟威惟虐 大廢棄天子之命 乃欲以非德用治〕"라고 풀이하였다.

그 家人의 도리를 다스리지 못하면 그 小臣과 밖에 外土(外地, 곧 諸侯의 나라)의 正官이 위엄을 부리고 포학을 하여 王命을 크게 放棄할 것이니, 德이 아닌 것으로 다스리는 데서 문제가 생긴 것이다.

【傳】 爲人君長而不能治其家人之道면 則於[1]其小臣外正官之吏가 竝爲威虐하여 大放棄

王命하리니 乃由非德用治之故라

1) 於 : 孔疏에서 '於及'·'及於'로 다룬 것을 보면 孔傳에서 於의 뜻으로 풀이한 '越'은 모두 及의 뜻으로 보아야 할 것 같다.

남의 君과 長이 되어 능히 그 家人의 도리를 다스리지 못하면 그 小臣과 밖에 外土의 正官의 관리들이 아울러 위엄을 부리고 포학을 하여 王命을 크게 放棄할 것이니, 이는 바로 德이 아닌 것으로 다스리는 데서 문제가 생긴 것이다.

汝亦罔不克敬典하여 乃由裕民하되 惟文王之敬忌[1)]로하여

1) 敬忌 : 孔疏는 "文王이 敬畏하던 德政만을 유념해 본받기를 생각해야 한다.〔當思惟念用文王之所敬畏而法之〕"라고 부연 설명하였고, 朱子는 '文王敬忌'의 忌를 惡(미워함)의 뜻으로 보았다. '文王之敬忌'는 이를테면 〈康誥〉와 〈無逸〉의 "不敢侮鰥寡"는 文王의 '敬'에 해당한 것이고, 〈立政〉의 "罔攸兼于庶獄"은 文王의 '忌'에 해당한 것이다.

너는 또한 〈나라의〉 常典을 경건히 준수하지 않음이 없어서, 이로 말미암아 백성들을 너그럽게 다스릴 방도를 구하되, 오직 文王께서 德을 경건히 행하고 刑을 꺼리시던 〈德政만을 본받아〉

【傳】 常事는 人之所輕이라 故로 戒以無不能敬常이라 汝用寬民之道하되 當惟念文王之所敬(思)〔忌〕[1)]而法之라

1) (思)〔忌〕: 저본에는 '思'로 되어 있으나, 宋兩浙東路茶鹽司本·汲古閣本·武英殿本에 의거하여 '忌'로 바로잡았다.

일상적인 일은 사람들이 가볍게 여기는 것이다. 그러므로 능히 일상적인 일을 경건하게 하지 않음이 없도록 경계한 것이다. 너는 백성들을 너그럽게 대하는 방법을 쓰되, 마땅히 文王이 敬忌(敬畏)하던 것을 유념해서 본받아야 한다고 당부한 것이다.

乃裕民하여 曰我惟有及[1)]이라하면 則予一人이 以懌하리라

1) 乃裕民 曰我惟有及 : 蔡傳은 "이 백성들을 너그럽게 다스리기만을 기하고서 '내 오직 文王의 德에 미쳐가기만을 바랄 뿐이다.'라고 말한다면〔期裕其民 曰我惟有及於文王〕"이라고 풀이하였다.

이 백성들을 너그럽게 다스리면서, '내 오직 〈옛 분의 德政에〉 미쳐감이 있기만을 원할 뿐이다.'라고 말한다면 나 한 사람인 〈天子는 이로써 너의 德政을〉 기뻐할 것이다."

【傳】 汝行寬民之政曰 我惟有及於古라하면 則我一人은 以此悅懌汝德이라

네가 백성들을 너그럽게 하는 정사를 행하면서 "나는 오직 옛 분에 미쳐감이 있기만을 원할 뿐이다."라고 한다면, 나 한 사람은 이로써 너의 德을 기뻐할 게라고 한 것이다.

【疏】 '不率'至'以懌' ○ 正義曰 : 言滅五常之害當除. 凡民不循大道五常之教, 猶刑之, 況在外土掌庶子之官, 主於訓民, 惟其正官之人, 及於小臣(猶)〔諸〕[1]有符節者, 竝爲教首, 其心不循大常, 豈可赦也. 以人之須有五常, 汝今往之國, 乃當分別播布德教, 以立民大善之譽. 若不念我言, 不用我法, 卽病其爲君之道, 是汝長爲惡矣, 以此惟我亦惡汝也. 已乎. 旣惡不可爲, 汝乃其疾用此典刑宜於時世者, 循理以刑殺亂常者, 則亦惟爲人君惟爲人長之正道. 旣爲人君長, 不能治其五教, 施於家人之道, 則於其卑小臣外土正官之吏, 惟爲威暴, 則爲酷虐, 大放棄王命矣. 如是乃由汝非以道德用治之故. 由此汝亦無得不能敬其常事. 汝用寬民之道, 當思惟念用文王之所敬畏而法之. 汝以此行寬民之政, 曰 "我願惟有及於古." 則我一人天子以此悅懌汝德矣. 汝惟宜勸之.

1) (猶)〔諸〕: 저본에는 '猶'로 되어 있으나, 宋刊 單疏本・宋兩浙東路茶鹽司本・宋慶元間建安魏縣慰宅本・汲古閣本에 의거하여 '諸'로 바로잡았다.

經의 〔不率〕에서 〔以懌〕까지

○ 正義曰 : 五常을 멸살시키는 해독은 마땅히 제거해야 할 것임을 말한다. "백성이 大道인 五常의 가르침을 따르지 않아도 외려 형벌을 하거늘, 하물며 外土(外地, 곧 諸侯의 나라)에 있어 庶子를 관장한 벼슬아치로서 백성의 교훈을 주관하는 자와 그 正官을 맡은 사람과 小臣으로서 모든 符節을 가진 자로 아울러 教首가 되어 그 마음이 大常을 따르지 않으면 어떻게 사면할 수 있겠는가. 사람은 모름지기 五常을 간직해야 하는 것이니, 너는 지금 衛나라로 부임해가서 응당 〈卿大夫들을〉 나누어 보내 德教를 펼쳐 백성들을 아주 착하게 만든 명예를 세우도록 하라. 만일 나의 말을 유념하지 않고 나의 법을 쓰지 않는 것은 그 임금의 도리를 병들게 하는 것이니, 이는 네가 惡을 조장하는 격이라, 이로써 나 또한 너를 미워할 것이다.

그만둘 수 있겠느냐. 이미 惡은 해서는 안 되는 것이다. 너는 속히 時世에 알맞은 이 典刑을 써서 이치에 따라 常道를 어지럽히는 자를 刑殺해야 할 것이니, 이 또한 남의 君이 되고 남의 長이 되는 正道이다. 이미 남의 君과 長이 되어 능히 그 五教를 다스려 家人의 도리를 펴지 않으면 그 卑小한 신하와 外土에 있는 正官의 관리들이 위엄을 부리고 포학을 하여 王命을 크게 放棄할 것이다. 이와 같은 것은 바로 네가 道德으로 다스리지 않은 까닭에 연유한 것이다.

그러므로 너는 또한 능히 일상적인 일을 경건하게 하지 않음이 없도록 하라. 너는 백성들을 너그럽게 대하는 방법을 쓰되, 마땅히 文王이 敬畏하던 것을 유념해서 본받아야 한다. 너는 이렇게 백성들을 너그럽게 하는 정사를 행하면서 '내 오직 옛 〈文王의 德政에〉 미쳐감이 있기를 원할 뿐이다.'라고 말한다면 나 한 사람인 天子는 이로써 너의 德政을 기뻐할 것이다. 너는 오직 응당 근면해야 할지어다."

【疏】○傳'戛常'至'犯乎' ○正義曰:'戛', 猶楷也, 言爲楷模之常, 故'戛'爲常也. 述上凡民自得罪, 故言"凡民不循大常之教"也. '猶刑之', 卽上云"刑茲無赦"故也. 亦愚以況智, 故言"況在外掌衆子之官主訓民者而親犯乎." 卽周官云'諸子', 文王世子云'庶子'也. 以致教諸子, 故爲'訓人'. 周禮諸子之官, 亦是王朝之臣, 言'在外'者, 對父子兄弟爲外. 惟擧庶子之官者, 以其教訓公卿子弟, 最爲急故也. 鄭玄以'訓人'爲師長, 亦各一家之道也.

○傳의 〔戛常〕에서 〔犯乎〕까지

○正義曰:'戛'은 楷와 같은 뜻으로 楷模(法式)의 大常이 됨을 말하기 때문에 '戛'을 常의 뜻으로 여긴 것이다. 위에 있는 "백성들이 스스로 죄를 지어〔凡民自得罪〕"를 傳述했기 때문에 "백성들이 大常의 교훈을 따르지 않아도"라고 말한 것이다. '猶刑之'는 곧 위에서 "이들을 형벌에 처하고 사면하는 일이 없어야만 한다."라고 했기 때문이다. 또한 어리석은 것(백성)으로 지혜로운 것(벼슬아치)에 비유했기 때문에 "하물며 밖에서 衆子를 관장한 벼슬아치로서 백성들의 교훈을 주관한 자가 직접 범한 경우야 말할 것 있겠는가."라고 말한 것이다. 곧 《周官》에서는 '諸子'라고 하고, 《禮記》 〈文王世子〉에서는 '庶子'라고 하였다. 諸子를 가르치기 때문에 '訓人'이라 한 것이다. 《周禮》에서 말한 '諸子의 관원〔諸子之官〕'도 역시 '王朝의 신하〔王朝之臣〕'이건만, 굳이 '在外'라고 말한 것은 父子와 兄弟를 對하여 '外'라고 한 것이다. 오직 '庶子의 관원'만을 든 것은 그 公卿의 子弟를 교훈하는

것을 가장 급하게 여겼기 때문이다. 鄭玄이 '訓人'을 師長으로 여긴 것은 또한 각각 一家의 道인 것이다.

【疏】○傳'惟其'至'之科' ○正義曰:'正官之人', 若周官三百六十職正官之首. '於小臣諸有符節'者, 謂正人之下, 非長官之身, 下至符吏. '諸有符節' 爲教人之故, 故言有符節者, 非要行道之符節, 若爲官行文書而有符, 今之印者也. 以上況之, 故言"不循大常, 亦在無赦之科"矣. 在軍者有旌節, 亦得爲有符節耳.

○傳의〔惟其〕에서〔之科〕까지

○正義曰:〔正官之人〕이를테면 ≪周官≫ 360職 正官의 우두머리와 같은 것이다.〔於小臣諸有符節〕正人의 아래를 이른 것이지, 長官 자신에서 아래로 符吏에 이른 것이 아니다. '諸有符節'은 사람들을 가르치기 위한 것이기 때문에 符節을 가진다고 말한 것이지, 돌아다닐 때에 필요한 符節이 아니고, 이를테면 官行文書를 작성하여 符를 두기를 오늘날의 도장 찍는 것처럼 하는 것이다. 위에서 비유했기 때문에 "大常을 따르지 않으면 또한 사면이 없는 죄과에 해당시키는 것이다."라고 말한 것이다. 軍에 있는 자가 가진 旌節도 역시 符節을 둔 것으로 했을 뿐이다.

【疏】○傳'汝今'至'惡汝' ○正義曰:言"分別播布德教", 謂分遣卿大夫爲之教民使善, 而已有善譽, 是"立民以大善之譽."

○傳의〔汝今〕에서〔惡汝〕까지

○正義曰:"分別播布德教"라고 말한 것은 卿大夫를 나누어 보내 백성들을 가르쳐 착하게 해서 자기가 착한 명예를 가짐을 이르니, 이것이 바로 "백성들을 아주 착하게 만든 명예를 세우도록 하라."는 것이다.

【疏】○傳'汝乃'至'正道' ○正義曰:此用宜於時以刑殺上不循五常之道者. 其'君長', 對則大夫爲長, 散則人君爲長, 君而居之, 是君亦與長爲一. 孝經對例以長爲大夫耳.

○傳의〔汝乃〕에서〔正道〕까지

○正義曰:이는 時世에 알맞게 위에 五常의 道를 따르지 않은 자를 刑殺하는 것이다. 그 '君長'을 대구로 쓴 경우는 大夫가 長이 되고, 산문으로 쓴 경우는 임금이 長이 되는 것이니, 임금으로 거하였기 때문에 이는 임금이 또한 長과 하나가 되는 것이다. ≪孝經≫

에서 대구로 쓴 경우는 長을 大夫로 삼았을 뿐이다.

【疏】 ○ 傳'爲人'至'之故' ○ 正義曰 : 以五常父母兄弟子, 卽家人之道, 易有家人卦, 亦與此同也. 不行五教, 爲不能治家人之道, 家人不治, 則君不明. 君旣不明, 則不察下故, 則於其小臣外正官之吏, 竝爲威虐, 大放棄王命, 非德用治, 是不明爲臣德也.

○ 傳의 〔爲人〕에서 〔之故〕까지

○ 正義曰 : 五常은 父·母·兄·弟·子이기 때문에 곧 家人의 도리이니, ≪易≫에 있는 家人卦 또한 이것과 같은 것이다. 五教를 행하지 않으면 능히 家人의 도리를 다스리지 못함이 되는 것이니, 家人이 다스려지지 못하면 임금이 밝아지지 못한다. 임금이 이미 밝지 못하면 아래를 살피지 못하기 때문에 곧 그 小臣과 밖에 있는 正官의 관리들이 아울러 위엄을 부리고 포학을 하여 크게 王命을 放棄할 것이니, 德이 아닌 것으로 다스리는 것이라, 이는 밝지 못함이 신하의 德이 된 셈이다.

【疏】 ○ 傳'常事'至'法之' ○ 正義曰 : '常事', 常所行之事也. 人見尋常不爲異, 故輕之, 而以爲戒. '文王所敬忌', 卽敬德忌刑. 鄭云 "'祗祗·威威'是也."

○ 傳의 〔常事〕에서 〔法之〕까지

○ 正義曰 : '常事'는 노상 행하는 일이다. 사람들은 심상함을 보면 이상하게 여기지 않기 때문에 가볍게 여기므로 경계한 것이다. '文王所敬忌'는 곧 德을 공경하고 형벌을 꺼리는 것이다. 鄭玄은 "'공경할 대상을 공경하고 위엄을 보일 대상에 위엄을 보이는 것'이 이것이다."라고 하였다.

【疏】 ○ 傳'汝行'至'汝德' ○ 正義曰 : 寬則得衆, 故五教在寬. 上旣言"乃由裕民", 此又疊之, 汝行寬民之政, 曰 "我惟有及於古." 卽古賢諸侯. 汝惡, 我則惡之. 汝善, 我則愛之. 以此, 我一人悅懌汝德也.

○ 傳의 〔汝行〕에서 〔汝德〕까지

○ 正義曰 : 너그러운 정사를 행하면 대중을 얻기 때문에 五教는 너그럽게 하는 데 달려 있다는 것이다. 위에서 이미 "이로 말미암아 백성들을 너그럽게 다스릴 방도를 구하되"라고 말하였는데, 여기에서 또 거듭하여 "네가 백성을 너그럽게 하는 정사를 행하면서 '나는 오직 옛 분에 미쳐가기만을 원할 뿐이다.'라고 한다."는 것이니, 〈옛 분은〉 곧 옛 어진 諸

侯이다. 네가 악하면 나는 미워하고 네가 착하면 나는 사랑할 것이다. 이로써 나 한 사람은 너의 덕을 기뻐한다는 것이다.

王曰 封아 爽惟民迪하여 吉康[1)]이니

1) 爽惟民迪吉康 : 蔡傳은 '迪'을 導의 뜻으로 보고 '迪吉康'으로 句를 끊어서 "밝게(깊이) 생각해보건대, 백성들은 平吉하고 安康한 방법으로 인도해야 하므로〔明思夫民 當開導之以吉康〕"라고 풀이하였다.

王이 말씀하였다. "封아! 백성들을 다스리는 도리를 밝게(깊이) 생각해서 〈백성들을〉 잘 안정시켜야 할 것이니,

【傳】 明惟治民之道하여 而善安之라

백성들을 다스리는 도리를 밝게 생각해서 잘 안정시키라는 것이다.

我는 時其惟殷先哲王德으로 用康乂民하여 作求[1)]니

1) 作求 : ≪詩經≫ 〈大雅 下武〉에 "世德作求"란 말이 보이는데, 鄭箋에서는 '作'은 爲의 뜻으로, '求'는 終의 뜻으로 보아, "대대로 덕을 쌓았기 때문에 끝내 그 큰 공을 이룰 것을 기대했다.〔以其世世積德 庶爲終成其大功〕"로, 蘇軾(≪書傳≫)은 '作'을 起의 뜻으로 보아 "일어나서 선세의 덕과 짝하여 계승한다.〔起而求其先世之德以繼之也〕"로, 林之奇(≪尙書全解≫)는 "무왕이 鎬京에 배정된 것은 세 임금이 하늘에 있기 때문이니, 이것이 바로 짝을 지음을 이른 것이다.〔夫武王之所以配于京者 以三后在天故也 此作求之謂也〕"로 풀이하였다. 蔡傳에서 '求'를 等의 뜻으로 본 것은 孔傳의 '爲求等'에 근거한 것이다.

나는 이에 殷나라 先哲王의 德으로 백성들을 편안하게 다스려서 〈殷나라의 先王과〉 대등하려고 하는데,

【傳】 我是其惟殷先智王之德으로 用安治民하여 爲求等이라

나는 殷나라 先智王의 德으로 백성들을 편안히 다스려서 〈그 선철왕과〉 대등하려 한다는 것이다.

矧今民이 罔迪不適이온여 不迪하면 則罔政이 在厥邦하리라

하물며 지금 백성들이 인도하면 따르지 않는 자가 없음에랴. 〈그런데도 만일〉 인도하지 않는다면 이는 善政이 그 나라에 존재함이 없는 거나 마찬가지일 것이다."

【傳】治民에 乃欲求等殷先智王이온 況今民無道不之온여 言從敎也라 不以道訓之면 則無善政在其國이라

백성들을 다스림에 殷나라 先智王과 짝하여 대등해지려고 하는데, 하물며 지금은 백성들이 인도하면 따르지 않는 자가 없는 때임에랴. 교훈을 따라줌을 말한 것이다. 道를 가지고 교훈하지 않는다면 善政이 그 나라에 존재함이 없는 것이나 마찬가지란 것이다.

【疏】'王曰封爽'至'厥邦' ○正義曰：旣言德刑事終, 而總言之. 我所以令汝明德愼罰以施政者, 王命所以言曰"封, 爲人君, 當明惟爲治民之道而善安之, 故我以是須汝善安民. 故我其惟念殷先智聖王之德, 用安治民, 爲求而等之. 我於民未治之時, 尙求等殷先智王, 況今民無道不之而易化. 汝若不以道訓之, 則無善政在其國, 所以須安民以德刑也."

經의 〔王曰封爽〕에서 〔厥邦〕까지

○正義曰：이미 德과 형벌에 대한 일을 말하여 마치고 나서 총괄적으로 말한 것이다. 내가 너로 하여금 덕을 밝히고 형벌을 삼가서 정사를 베풀도록 하는 것을 왕명으로 다음과 같이 말하겠노라. "封아! 임금이 되면 마땅히 백성들을 다스리는 도리를 밝혀서 잘 안정시키도록 해야 한다. 그러므로 나는 이로써 너에게 백성들을 잘 안정시키도록 기대한다. 그러므로 나는 오직 殷나라 先智聖王의 德으로 백성들을 편안히 다스려서 〈殷나라 先智聖王과〉 짝을 하여 대등해지기만을 생각할 뿐이다. 나는 백성들이 아직 다스려지지 못했을 때에도 오히려 殷나라 先智王과 짝을 하여 대등해지려는 것이었거늘, 하물며 지금은 백성들이 인도하면 따르지 않는 자가 없어 쉽게 변화할 수 있는 때임에랴. 네가 만일 道를 가지고 교훈하지 않는다면 善政이 그 나라에 존재함이 없는 것이나 마찬가지니, 이래서 백성들을 덕과 형벌을 가지고 안정시키기를 기대하는 것이다."

【疏】○傳'明惟'至'安之' ○正義曰：以愼德刑爲明治民之道, 敎之五常爲善, 富而不擾爲安也. 鄭以'迪'爲下讀, 各爲一通也.

○ 傳의 〔明惟〕에서 〔安之〕까지

○ 正義曰 : 덕과 형벌을 삼감으로써 백성들을 밝게 다스리는 방법을 삼고, 五常을 가르쳐서 착하게 만들고, 富하여 흔들리지 않아 안정한 생활을 누리게 만드는 것이다. 鄭玄은 '迪'을 아래로 내려 읽어서 각각 한 통속을 만들었다.

【疏】 ○ 傳'治民'至'其國' ○ 正義曰 : 以己喩康叔, 言我未治之時, 乃欲求等殷先智王以致太平者, 況今民無道不之. -言易從敎.- 不以正道訓民, 民不知道, 故無善政在其國, 爲無吉康也.

○ 傳의 〔治民〕에서 〔其國〕까지

○ 正義曰 : 자기를 가지고 康叔을 깨우친 것이니, '나는 아직 다스려지지 못했을 때에 곧 殷나라 先智王과 짝하여 대등해져서 태평시대를 이루려고 하였거늘, 하물며 지금은 백성들이 인도하면 따르지 않는 자가 없는 때임에랴. -쉽게 교훈을 따라줌을 말한 것이다.- 正道를 가지고 백성들을 교훈하지 않는다면 백성들이 정도를 알지 못하기 때문에 善政이 그 나라에 존재함이 없어서 吉康한 때가 없게 된다.'고 말한 것이다.

王曰 封아 予惟不可不監일새 告汝德之說于罰之行하노라

왕께서 말씀하였다. "封아! 나는 〈옛날의 올바른 도리를〉 살펴보지 않을 수 없기 때문에 너에게 德을 베풀라는 말을 형벌이 행해지는 마당에 고하노라. 〈그것은 덕으로 형벌을 행하고 형벌로 형벌을 행하지 않게 하기 위해서다.〉

【傳】 我惟不可不監視古義일새 告汝施德之說於罰之所行[1]은 欲其勤德愼刑이라

1) 告汝施德之說於罰之所行 : 林之奇(≪尙書全解≫)는 "先儒(孔安國)의 이 말이 옳다.〔先儒此說是也〕"라고 하였고, 元代 陳師凱(≪書經大全≫ 小註)도 "너에게 德을 베풀라는 말을 罰이 행해지는 때에 고하는 것은〔告汝以德之說於罰之行之時〕"이라고 풀이하였다.

나는 옛날의 올바른 도리를 살펴보지 않을 수 없기 때문에 너에게 덕을 베풀라는 말을 형벌이 행해지는 마당에 고하는 것은 덕을 열심히 닦고 형벌을 신중히 하게 하려는 의도에서란 것이다.

今惟民이 不靜하여 未戾厥心하면 迪屢나 未同[1)]하니

1) 今惟民……未同 : 蔡傳은 '戾'를 止의 뜻, '迪'을 導의 뜻으로 보아 "백성들이 안정하지 않아 능히 그 마음의 나쁜 버릇을 멈추지 아니하여 인도하기를 비록 여러 번 하였으나 능히 그들로 하여금 위로 〈先王의〉 德治 때와 동일하게 못하고 있다.〔民不安靜 未能止其心之疾 迪之者雖屢 而未能使之上同乎治〕"라고 풀이하였다.

지금 천하 백성들이 불안해하여 그 마음을 안정하지 못하면 가르쳐 인도하기를 아무리 여러 번 한다 해도 和同하지 못할 것이다.

【傳】假令今天下民不安하여 未定其心於周하면 敎道屢數(삭)이나 而未和同이라 設事之言이라

가령 지금 천하 백성들이 불안해하여 그 마음을 周나라에 정하지 못하면 가르쳐 인도하기를 아무리 여러 번 한다 해도 和同하지 못할 게란 것이다. 〈곧 和同하지 못한〉 일을 가설적으로 말했을 뿐이다.

爽惟[1)]天이 其罰殛我라도 我其不怨하리라

1) 爽惟 : 蔡傳은 '明思'로 풀이하였다.

명료하게 생각해보건대, 하늘이 나를 벌을 내려 죽이더라도 나는 원망하지 못할 것이다.

【傳】明惟天이 其以民不安이라하여 罰誅我라도 我其不怨天이라 汝不治면 我罰汝하리니 汝亦不可怨我라

명료하게 생각해보건대, 하늘이 백성들이 불안해한다 하여 나를 罰誅하더라도 나는 하늘을 원망하지 못할 것이다. 〈그와 마찬가지로〉 네가 다스리지 못하면 나는 너를 벌줄 것이니, 너 또한 나를 원망하지 못할 게란 것이다.

惟厥罪는 無在大하며 亦無在多어늘 矧曰其尙顯聞于天[1)]이온여

1) 惟厥罪……曰其尙顯聞于天 : 蔡傳은 '大'와 '多'를 죄의 크기와 수량으로 보아 "그 백성들의 죄는 죄의 크기에 있지 않고 또한 죄를 저지른 수량에 있지 않으니, 진실로 죄가 있다면 바로 나에게 있는 것인데, 하물며 지금 여러 나쁜 소문〔腥穢之德〕이 분명히 하늘에 알려져 있음에랴.〔惟民之罪 不在大 亦不在多 苟爲有罪 卽在朕躬 況曰今庶群腥穢之德 其尙顯聞于天乎〕"

로 풀이하였다.

그 죄는 꼭 고을이 커야만 있는 것이 아니고, 또한 백성이 많아야만 있는 것이 아니거늘, 하물며 〈형벌을 삼가지 아니하여〉 하늘에 분명히 알려진 경우야 말할 것이 있겠는가.

【傳】 民之不安이면 雖小邑少民이나 猶有罰誅니 不在多大온 況曰不愼罰하여 明聞於天者乎아 言罪大라

백성들이 불안해하면 비록 작은 고을 적은 백성들이라 할지라도 외려 罰誅가 있을 것이다. 〈그 죄는〉 백성들이 많고 고을이 커야만 罰誅를 하는 것이 아니거늘, 하물며 형벌을 삼가지 아니하여 하늘에 분명하게 알려진 경우야 말할 게 있겠는가. 죄가 큼을 말한 것이다.

【疏】 '王曰封予'至'于天' ○ 正義曰：以汝須善政在國, 令我民安, 當爲政以愼德刑爲教. 故王又命之曰"封, 我惟不可不視古義, 告汝施德之說於罰之所有, 欲其勤德愼刑也. 假令惟天下民不安, 未定其心於周, 教道屢數而未和同. 明惟天其以民不安, 其罰誅我, 我其不怨於天, 則汝不治, 是其罪, 我罰汝, 汝亦不可怨我. 我以民之不安, 惟其罰之, 無在大邑, 無在多民. 以少猶誅罰, 況曰爲君不愼德刑, 其上明聞於天, 是爲罪大不可赦."

經의 〔王曰封予〕에서 〔于天〕까지

○ 正義曰 : 너는 모름지기 그 나라에 善政을 펴 나의 백성들로 하여금 안정할 수 있게 해야 하니, 마땅히 정사를 함에 있어 덕과 형벌을 신중히 할 것을 교훈으로 삼아야 한다. 그러므로 王이 또 다음과 같이 명령하였다. "封아! 나는 옛날의 올바른 도리를 살펴보지 않을 수 없기 때문에 너에게 덕을 베풀라는 말을 형벌이 행해지는 마당에 고하는 것은 덕을 열심히 닦고 형벌을 신중히 하게 하려는 의도에서다. 가령 지금 천하 백성들이 불안해하여 그 마음을 周나라에 정하지 못하면 가르쳐 인도하기를 아무리 여러 번 한다 해도 和同하지 못할 것이다. 명료하게 생각하건대 하늘이 백성들이 불안해한다 하여 나를 誅罰하더라도 나는 하늘을 원망하지 못할 것이니, 그렇다면 네가 잘 다스리지 못하면 이는 그 죄를 지은 것이라 나는 너를 처벌할 것이니, 너 또한 나를 원망하지 못할 것이다. 나는 백성들이 안정하지 못하기 때문에 벌을 주는 것이니, 〈그 죄는 꼭〉 큰 고을에만 있는

것이 아니고, 또한 많은 백성에만 있는 것이 아니다. 비록 작은 고을 적은 백성들이라 할지라도 외려 罰誅가 있을 것인데, 하물며 임금이 되어 덕과 형벌을 신중히 아니하여 위로 하늘에 분명히 알려진 경우야 말할 게 있겠는가. 이는 죄가 커서 사면할 수 없기 때문이다."

【疏】○傳'我惟'至'愼刑' ○正義曰：以敷求殷先哲王, 及別求古先哲王, 爲己視古義也. 德由說而罰須行, 故德之言'說'而罰言'行'也. 以事終而結上, 故云德也.

○ 傳의 〔我惟〕에서 〔愼刑〕까지

○ 正義曰：殷나라의 先哲王을 널리 탐구하고 옛적 〈周나라의〉 先哲王을 별도로 탐구하는 것을 자신이 옛날의 올바른 도리를 살펴보는 〈가늠쇠로〉 삼는다는 것이다. 德은 말을 통해서 베풀어지는 것이고, 罰은 모름지기 시행해야 하는 것이기 때문에 德에는 '說'을 말하고 罰에는 '行'을 말한 것이다. 일이 끝나서 위를 맺기 때문에 '德'이라 말한 것이다.

【疏】○傳'假令'至'之言' ○正義曰：'天下不安', 爲總說. 所以不安, 猶"未定其心於周, 道屢數而未和同"也. 時(以)〔已〕[1]大和會, 故言'假令', 設不和同事言耳.

1) (以)〔已〕: 저본에는 '以'로 되어 있으나, 宋刊 單疏本・宋兩浙東路茶鹽司本・宋慶元間建安魏縣慰宅本・汲古閣本에 의거하여 '已'로 바로잡았다.

○ 傳의 〔假令〕에서 〔之言〕까지

○ 正義曰：'천하가 편치 않다.'는 것으로 總說을 삼았다. '편치 않다'는 것은 "그 마음을 周나라에 정하지 못하면 인도하기를 여러 번 한다 해도 和同하지 못한다."라는 것과 같다. 당시 이미 크게 和會하였기 때문에 '假令'이라고 말하여, 和同하지 못한 일을 가설적으로 말했을 뿐이다.

【疏】○傳'明惟'至'怨我' ○正義曰：顧氏云"明惟天者, 言天明察在上, 見民不安, 乃以刑罰誅戮於我."

○ 傳의 〔明惟〕에서 〔怨我〕까지

○ 正義曰：顧氏(顧彪)는 "'明惟天'은 하늘의 밝은 살핌이 위에 있어 백성들의 안정하지 못함을 보고서 곧 刑罰로써 나를 誅戮한다는 점을 말한 것이다."라고 하였다.

【疏】 ○ 傳'民之'至'罪大' ○ 正義曰 : 此總德刑而直云'不愼罰'者, 政以德爲主, 不嫌不明, 政失由於濫刑, 故擧'罰'以言之. 下言"無作怨", 以失罰爲罪大.

○ 傳의 〔民之〕에서 〔罪大〕까지

○ 正義曰 : 여기에서 德·刑을 총괄하면서 다만 "罰을 신중히 하지 않는다."를 말한 것은, 정사는 德을 위주로 하니 밝지 못한 점을 의심할 것이 없거니와 정사가 잘못됨은 형벌을 함부로 가한 데서 연유하기 때문에 '罰'을 들어서 말한 것이다. 아래에서 "원망을 살 일을 하지 말라."고 말한 것은 罰을 잘못 주는 것을 죄의 큼으로 여겨서이다.

王曰 嗚呼라 封아 敬哉어다 無作怨하며 勿用非謀非彝하고

왕이 말씀하였다. "아! 封아. 공경할지어다. 원망을 살 일을 하지 말고, 나쁜 계획이나 常法이 아닌 것은 쓰지 말며,

【傳】 言當修己以敬하여 無爲可怨之事하고 勿用非善謀하며 非常法이라

응당 경건으로 몸을 닦아, 원망을 살 수 있는 일은 하지 말고, 좋은 모책이 아닌 것과 常法이 아닌 것은 쓰지 말아야 함을 말한 것이다.

蔽時忱하고 丕則敏德[1)]이니

1) 蔽時忱 丕則敏德 : 蔡傳은 "오직 이처럼 정성어린 마음으로 결단하여 〈옛 사람 중에〉 德을 닦는 일에 힘쓴 이를 크게 본받아〔惟斷以是誠 大法古人之敏德〕"로 풀이하였다.

이 誠信한 도리를 단행하고 機敏한 德을 크게 본받을 것이니,

【傳】 斷行是誠道하고 大法敏德이니 信則人任焉하고 敏則有功이라

이 誠信한 도리를 단행하고 機敏한 德을 크게 본받을 것이니, 성신하면 사람들이 신임하고, 기민하면 공이 있게 된다는 것이다.

用康乃心하며 顧乃德하며 遠乃猷하며

네 마음을 안정하고 네 德을 살펴보며, 네 智謀와 思慮를 원대하게 가지며,

【傳】 用是誠道安汝心하고 顧省汝德하여 無令有非[1)]하고 遠汝謀하여 思爲長久라

1) 非 : 古本에는 '罪'로 되어 있다.

이 誠信의 도리를 사용해서 너의 마음을 편안하게 하고, 너의 德을 살펴서 잘못이 없게 하고, 너의 謀慮를 원대하게 해서 장구히 누릴 것을 생각하라는 것이다.

裕乃以民寧하면 不汝瑕殄[1)]하리라

1) 不汝瑕殄 : 蔡傳은 "너를 흠잡아서 끊지 않을 것이다.〔不汝瑕疵而棄絶矣〕"라고 풀이하였다.

관대한 정사로 백성들을 편안하게 해준다면 너를 흠잡지도 끊지도 않을 것이다."

【傳】 行寬政하여 乃以民安이면 則我不汝罪過하고 不絶亡汝리라

관대한 정사를 행하여 백성들을 편안하게 해준다면 나는 너를 죄주지도 않고 너를 絶亡시키지도 않을 게란 것이다.

【疏】 '王曰嗚呼'至'瑕殄' ○ 正義曰 : 以罰不可失, 故王命言曰 "嗚呼, 封, 當修己以敬哉. 無爲可怨之事, 勿用非善謀・非常法, 而以決斷行是誠信之道, 大當法爲機敏之德. 用是信敏安汝心, 顧省汝德, 廣遠汝謀, 能行寬政, 乃以民安, 則我不於汝罪過而絶亡汝."

經의 〔王曰嗚呼〕에서 〔瑕殄〕까지

○ 正義曰 : 罰은 잘못 주어서는 안 되는 것이기 때문에 王이 명하여 말씀하였다. "아! 封아. 응당 경건으로 몸을 닦을지어다. 원망을 살 수 있는 일은 하지 말고, 좋은 모책이 아닌 것과 常法이 아닌 것은 쓰지 말며, 결단하여 이 誠信의 도리를 행하고, 크게 마땅히 본받아서 機敏한 德을 해야 한다. 이 성신하고 기민한 덕을 사용해서 너의 마음을 편안하게 하고, 너의 德을 살피고 너의 모책을 광원하게 해서 능히 관대한 정사를 행하여 백성들을 편안하게 해준다면 나는 너를 죄주지도 너를 絶亡시키지도 않을 것이다."

【疏】 ○ 傳'斷行'至'有功' ○ 正義曰 : 以誠在於心, 故決斷行之, 亦心誠而行敏, 爲見〔事之速〕[1)]. 事有善而須德法, 故云 "大法敏德"也. 正以此二者, 以信則人任焉, 敏則有功故也. 論語文.

1) 〔事之速〕: 저본에는 없으나, 宋刊 單疏本·宋兩浙東路茶鹽司本·宋慶元間建安魏縣慰宅本·汲古閣本·武英殿本에 의거하여 '事之速'을 보충하였다.

○ 傳의 〔斷行〕에서 〔有功〕까지

○ 正義曰 : 성신이 마음에 있기 때문에 결단하여 행하고, 또한 마음이 성신하고 행실이 기민하면 일을 봄이 빠르게 될 것이다. 일에 善이 있으나 모름지기 덕을 본받아야 하기 때문에 "기민한 덕을 크게 본받는다."라고 한 것이다. 이 두 가지로써 바로잡는 것은 '성신하면 사람들이 신임하고, 기민하면 공이 있게 되기' 때문이다.〈'성신하면 사람들이 신임하고, 기민하면 공이 있게 된다.'는 것은〉 ≪論語≫의 글이다.

【疏】 ○ 傳'用是'至'長久' ○ 正義曰 : 上文有'忱'有'敏', 此惟云"用是誠道", 不云'敏'者, '敏'在'誠'下, 亦用之可知.

○ 傳의 〔用是〕에서 〔長久〕까지

○ 正義曰 : 윗글에 '忱'이 있고 '敏'이 있는데, 여기에서 오직 "이 誠信의 道를 사용한다."라고만 하고 '敏'을 말하지 않은 것은 '敏'이 '誠'의 아래에 있으니 또한 '사용한다.'는 점을 알 수 있기 때문이다.

王曰 嗚呼라 肆汝小子封아 惟命은 不于常이니

왕이 말씀하였다. "아! 너 소자 封아. 天命은 일정하지 않다는 것을 유념해야 하니,

【傳】 以民安則不絶亡汝라 故로 當念天命之不於常이니 汝行善則得之하고 行惡則失之라

백성들을 편안하게 하면 너를 절망시키지 않을 것이다. 그러므로 응당 天命은 일정하지 않다는 것을 유념해야 하니, 네가 善을 행하면 천명을 얻고 惡을 행하면 천명을 잃을 게라는 것이다.

汝念哉하여 無我殄[1)]하라

1) 無我殄 : 蔡傳은 아랫글의 '享'자까지 1句로 해서 "〈너는 이 점을 생각하여〉 나로 하여금 너에게 누리도록 준 나라를 끊지 말게 하여〔無我殄絶所享之國也〕"로 풀이하였다.

너는 그 점을 유념하여 나의 말을 폐기하지 말아서,

【傳】 無絶棄我言而不念이라

나의 말을 폐기하여 유념하지 않음이 없도록 하라는 것이다.

享하니 明乃服命[1)]하며

1) 明乃服命 : 蔡傳은 "네 侯國의 服章과 命數를 밝히고〔明汝侯國服命〕"라고 풀이하고, 陳大猷는 '服命'을 "곧 服受한 誥命이다.〔卽所服受之誥命〕"라고 하였다.

國土를 향유하였으니 너의 服命을 밝히며

【傳】 享有國土하니 當明汝所服行之命令하여 使可則이라

國土를 향유하였으니 응당 네가 服行할 命令을 밝혀 법도로 삼을 만하게 하라는 것이다.

高乃聽하여 用康乂民하라

너의 청력을 높여서 백성들을 편안히 다스리도록 하라."

【傳】 高汝聽하여 聽先王道德之言하여 以安治民하라

너의 청력을 높여서 先王의 道德의 말씀을 들어 백성들을 편안하게 다스리도록 하라는 것이다.

【疏】 '王曰嗚呼肆'至'乂民' ○正義曰：與上相〔顧爲〕[1)]首引. 王命言曰 "嗚呼. 以民安則不汝絶亡之, 故汝小子封, 當念天命之不於常也. 惟行善則得之, 行惡則失之. 汝念此無常哉, 無絶棄我言而不念. 若享有國土, 當明汝服行之敎令, 使可法. 高大汝所聽, 用先王道德之言, 以安治民也."

1) 〔顧爲〕: 저본에는 없으나, 이 편 書序의 疏에 "이 序 또한 윗글과 서로 고려해서 지은 것이다.〔此序亦與上相顧爲首引〕"라는 것에 의거하여 '顧爲'를 보충하였다.

經의 〔王曰嗚呼肆〕에서 〔乂民〕까지

○正義曰：윗글과 서로 고려해서 서문을 지은 것이다. 王이 명령을 해서 말씀하였다. "아! 백성들을 편안하게 하면 너를 절망시키지 않을 것이다. 그러므로 너 소자 封은 응당

天命은 일정하지 않다는 것을 유념해야 한다. 善을 행하면 천명을 얻고 惡을 행하면 천명을 잃을 것이다. 너는 이것이 일정함이 없음을 유념해서 나의 말을 폐기하여 유념하지 않음이 없도록 하라. 너는 國土를 향유하였으니 응당 네가 服行할 教命을 밝혀 법도로 삼을 만하게 하라. 너의 청력을 높여서 先王의 道德의 말씀을 들어 백성들을 편안하게 다스리도록 하라."

【疏】○傳'享有'至'可則' ○正義曰：以'不瑕殄', 卽享有國土也. '服行之命', 謂德刑也.

○ 傳의 〔享有〕에서 〔可則〕까지

○ 正義曰：'흠잡지도 끊지도 않게 하는 것'이 곧 國土를 향유하는 것이다. '服行之命'은 德과 刑罰을 이른다.

王若曰 往哉어다 封아 勿替敬典하라

왕이 이렇게 말씀하였다. "〈封國으로〉 갈지어다. 封아! 경건히 지켜야 할 典法을 폐기하지 말아서

【傳】汝往之國하여 勿廢所宜敬之常法하여

너는 衛나라로 부임해 가서 마땅히 공경해야 할 常法을 폐기하지 말도록 하라는 것이다.

聽朕의 告汝라사 乃以殷民으로 世享하리라

내 너에게 고유한 말을 새겨들어야 곧 殷나라 백성들을 데리고 대대로 나라를 누릴 수 있을 것이다."

【傳】順從我所告之言이면 卽汝乃以殷民世世享國하여 福流後世라

내가 고한 말을 순종하면 너는 殷나라 백성들과 함께 대대로 나라를 누리어 福이 후세에 흐를 게라는 것이다.

【疏】'王若'至'世享' ○正義曰：以須高聽治民, 故王命順其德而言曰 "汝往之國哉. 封乎. 勿廢所宜敬之常法, －卽聽用我誥是也.－ 汝如此, 則汝乃得以殷民世世(殷)〔享〕[1]國",

而言不絶, 國祚短長, 由德也. 又言'王若曰'者, 一篇終始言之, 明於中亦有'若'也.

1) (殷)〔享〕: 저본에는 '殷'으로 되어 있으나, 宋刊 單疏本·宋兩浙東路茶鹽司本·宋慶元間建安魏縣慰宅本·汲古閣本에 의거하여 '享'으로 바로잡았다.

經의 〔王若〕에서 〔世享〕까지

○ 正義曰 : 모름지기 청력을 높여서 백성들을 다스려야 하기 때문에 王이 그 덕을 따르도록 명하여 말씀하였다. "너는 衛나라로 부임해 가도록 하라. 封아! 마땅히 공경해야 할 常法을 폐기하지 말도록 하라. - 곧 '내 너에게 고유한 말을 새겨들어라.'는 것이 이것이다. - 네가 이와 같이 하면 너는 殷나라 백성들과 함께 대대로 나라를 누리게 될 것이다."라고 하였는데, 국운이 끊기지 않음을 말하니, 국운의 장단은 德에 말미암는다. 또 '王若曰'을 말한 것은 한 篇의 처음과 끝에서 말하였으니, 중간의 〈'王曰'〉에도 역시 '若'자가 있음을 밝힌 것이다.

•

尙書注疏 제14권

周書

酒誥 第十二

孔氏 傳　孔穎達 疏

酒誥[1)]

1) 酒誥 : 蔡傳은 武王이 康叔에게 고유한 글로 보았다.

【傳】 康叔監殷民이라 殷民化紂嗜酒라 故로 以戒酒誥라

康叔이 殷나라 백성들을 감독하였다. 殷나라 백성들은 紂가 술을 즐기는 것에 물들었다. 그러므로 술을 경계할 일을 가지고 고유한 것이다.

【疏】 傳'康叔'至'酒誥' ○正義曰 : 以梓材云"若玆監." 故云 "康叔監殷民"也. 鄭以爲"連屬[1)]之監, 則爲牧而言." 然康叔時實爲牧, 而所戒爲居殷墟, 化紂餘民, 不主於牧. 下篇云'監', '監'亦指爲君言之也. 明'監', 卽國君監一國. 故此言"監殷民", 不言"監一州", 若大宰之建牧立監也.

1) 連屬 : ≪禮記≫ 〈王制〉에 "5國을 屬이라 하고 屬에는 長을 두며, 10國을 連이라 하고 連에는 帥를 둔다.〔五國以爲屬 屬有長 十國以爲連 連有帥〕"라고 보인다.

傳의 〔康叔〕에서 〔酒誥〕까지

○ 正義曰 : 〈梓材〉에 "이와 같이 감독하면"이라고 했기 때문에 "康叔이 殷나라 백성들을 감독하였다."라고 한 것이다. 鄭玄은 "連·屬의 監은 牧을 위하여 말한 것이다."라고 하였다. 그러나 康叔은 이때에 실제로 牧이 되었지만 경계할 것은 殷의 터에 거하여 紂가 남긴 백성들을 교화시키는 일이고 牧의 일을 주목적으로 하지 않았다. 아랫篇에서 '監'이라 하였으니 '監' 또한 임금이 됨을 가리켜 말한 것이다. '監'은 곧 國君이 한 나라를 감독

함을 밝힌 것이다. 그러므로 여기서 "殷나라 백성들을 감독하였다."라고 말하고, "한 고을을 감독하였다."라고 말하지 않았으니, 이를테면 大宰가 牧을 세우고 監을 세운 것과 같은 예이다.

王[1])若曰 明大命于妹邦하노라

1) 王 : 蔡傳은 武王으로 보았다.

왕이 이렇게 말씀하였다. "큰 命을 妹邦에 밝히노라.

【傳】 周公以成王命으로 誥康叔하되 順其事而言之는 欲令明施大教命於妹國이라 妹는 地名이니 紂所都朝歌以北이 是라 ○ 王若이 馬本엔 作成王若曰하고 注云 言成王者는 未聞也라 俗儒以爲成王骨節始成이라 故曰成王이라하고 或曰 以成王爲少成二聖之功으로 生號曰成王이요 沒因爲諡라하고 衛賈는 以爲戒成康叔以愼酒로 成就人之道也라 故曰成이라하니 此三者는 吾無取焉이라 吾以爲後錄書者加之나 未敢專從이라 故曰未聞也라하노라 妹邦은 馬云 妹邦은 卽牧養之地라하니라

周公이 成王의 命으로써 康叔에게 誥하되 그 일에 따라 말한 것은 큰 教命을 妹國에 밝게 베풀고자 해서였다. '妹'는 地名이니 紂가 도읍을 세운 朝歌 이북이 바로 이곳이다.

○ '王若'이 馬本에는 '成王若曰'로 되어 있고, 그 注에 다음과 같이 말하였다. "'成王'이란 말은 들어보지 못하였다. 俗儒는 '成王의 골격이 비로소 이루어졌기 때문에 成王이라 한 것이다.'라고 하고, 어떤 이는 '成王이 두 聖人(文王과 武王)의 공을 조금 이루었기 때문에 생전에는 號를 成王이라 하고, 사후에도 그대로 시호를 한 것이다.'라고 하고, 衛宏과 賈逵는 '술을 삼갈 것을 康叔에게 경계해 이루어 사람의 도리를 성취시켰기 때문에 成이라 한 것이다.'라고 하였는데, 이 세 가지는 내가 취할 것이 못 된다. 나는 뒤에 ≪書≫를 기록한 자가 보탠 것으로 여기나 감히 전적으로 따르지 못하기 때문에 '들어보지 못하였다.'라고 한 것이다." '妹邦'은 馬融이 "妹邦은 곧 牧養하는 땅이다."라고 하였다.

乃穆考文王[1])이 肇國在西土하실새

1) 穆考文王 : 蔡傳은 '穆'을 敬의 뜻으로 보아 "≪詩經≫에서 말한 '穆穆하신 文王'이 바로 이

것이다. 윗篇에서 文王이 德을 밝힘을 말할 때에는 '顯考'라 하였고, 이 편에서 文王이 고유하여 경계시킴을 말할 때에는 '穆考'라 하였으니, 말에 각각 온당함이 있는 것이다. 혹자는 '文王은 世次(昭穆)에 있어서 穆의 位次였다.'라고 하니, 또한 통한다.〔詩曰 穆穆文王 是也 上篇言文王明德 則曰顯考 此篇言文王誥毖 則曰穆考 言各有當也 或曰 文王世次爲穆 亦通〕"라고 풀이하였다.

네 穆考이신 文王께서 최초로 나라를 세워 西土에 계실 적에

【傳】父昭子穆이니 文王弟[1]稱穆이라 將言始國在西土라 西土는 岐周之政이라 ○文王弟稱穆은 周自后稷而封爲始祖로 后稷生不窋爲昭요 鞠陶爲穆이요 公劉爲昭요 慶節爲穆이요 皇僕爲昭요 羌弗爲穆이요 毁揄爲昭요 公非爲穆이요 高圉爲昭요 亞圉爲穆이요 諸盩爲昭요 大王爲穆이요 王季爲昭요 文王爲穆이라 故로 左傳 宮之奇云 大伯과 虞仲은 大王之昭也요 虢仲과 虢叔은 王季之穆也라하고 又富辰云 管蔡已下十六國[2]은 文之昭也라하니라

1) 弟 : '第'의 古字로 '次第'의 뜻이다. 아래도 같다.
2) 十六國 : 管·蔡·郕·霍·魯·衛·毛·聃·郜·雍·曹·滕·畢·原·酆·郇인데, 16國은 모두 文王의 아들을 封建한 나라다.

아버지는 昭요, 아들은 穆이니, 文王은 차례에 있어서 '穆'에 해당한다. 〈이상과 같이 말한 것은〉 장차 최초로 나라를 세워 西土에 계신 것을 말하려고 해서였다. '西土'는 岐周의 행정지역이었다.

○"文王이 차례에 있어서 '穆'에 해당한다."는 것은 周나라는 后稷으로부터 封建되어 始祖가 되었으며, 后稷이 不窋을 낳았으니 〈不窋이〉 昭가 되고 〈不屈의 아들〉 鞠陶는 穆이 되며, 〈鞠陶의 아들〉 公劉는 昭가 되고 〈公劉의 아들〉 慶節은 穆이 되며, 〈慶節의 아들〉 皇僕은 昭가 되고 〈皇僕의 아들〉 羌弗은 穆이 되며, 〈羌弗의 아들〉 毁揄는 昭가 되고 〈毁揄의 아들〉 公非는 穆이 되며, 〈公非의 아들〉 高圉는 昭가 되고 〈高圉의 아들〉 亞圉는 穆이 되며, 〈亞圉의 아들〉 諸盩는 昭가 되고 〈諸盩의 아들〉 大王(태왕)은 穆이 되며, 〈大王의 아들〉 王季는 昭가 되고 〈王季의 아들〉 文王은 穆이 되었던 것이다. 그러므로 ≪春秋左氏傳≫ 僖公 5년 조에서 宮之奇가 "大伯과 虞仲은 大王의 昭(아들)요, 虢仲과 虢叔은 王季의 穆(아들)이다."라고 하고, 또 僖公 24년 조에서 富辰이 "管·蔡 이하 16國은 文王의 昭(아들)를 봉건한 나라이다."라고 한 것이다.

厥誥毖庶邦과 庶士[1]와 越少正과 御事하사 朝夕에 曰 祀茲酒[2]니

1) 庶士：蔡傳에서는 庶邦의 庶士로 보았다.
2) 酒：≪世本≫에 의하면, 술을 儀狄이 만들었다고도 杜康이 만들었다고도 한다.

그 告諭하여 敬愼하도록 하신 여러 나라의 임금과 여러 인사들과 少正과 일을 다스리는 관리들에게 아침저녁으로 〈당부하시기를〉 '제사에만 술을 쓰도록 하라.'고 하셨느니라.

【傳】 文王其所告愼[1]衆國과 衆士와 於少正官과 御治事吏에 朝夕勅之하되 惟祭祀而用此酒하고 不常飮[2]하라하니라

1) 其所告愼：'그 告愼한 바'는 곧 '그 告愼한'의 뜻이 되기 때문에 여기서는 이 구문법에 맞추어서 번역하였고, 아래에서는 거기의 구문법에 맞추어서 번역하였다.
2) 朝夕勅之……不常飮：兪樾(≪群經平議≫)은 "枚傳의 뜻대로라면 '祀茲酒' 3字는 글이 뜻을 이루지 못한다. 이 '祀'자는 바로 '已'의 假借字이다. ≪周易≫ 損卦 初九의 '已事遄往(正義에 '일을 그만두고 속히 떠나가야'로 풀이함)'에 대한 ≪經典釋文≫에서 '已'를 虞翻이 '祀'로 적었으니, 이는 '祀'를 빌어 '已'를 만든 증거이다. '已茲酒'는 '止此酒'로 곧 이 술을 금지하는 것이다.〔如枚傳之義 則祀茲酒三字 文不成義矣 此祀字 乃是已之假借字 周易損初九 已事遄往 釋文曰 已 虞作祀 此假祀爲已之證 已茲酒者 止此酒也〕"라고 하였다.

文王이 그 告諭하여 敬愼하도록 하신 여러 나라의 임금과 여러 인사들과 그리고 小正官과 일을 다스리는 관리들에게 아침저녁으로 신칙하기를 '오직 제사에만 술을 쓰고, 늘 마시지 말도록 하라.'고 하신 것이다.

惟天이 降命하사 肇我民하심은 惟元祀[1]니라

1) 祀茲酒……惟元祀：蔡傳은 '祀茲酒'에서 '惟元祀'까지를 문왕의 교시로 보았다.

하늘이 명을 내리시어 우리 백성들에게 처음 술을 만들게 하신 것은 오직 큰 제사에만 쓰게 하려 하신 것이다.

【傳】 惟天下敎命하여 始令我民知作酒者는 惟爲祭祀라

하늘이 敎命을 내리어 처음 우리 백성들로 하여금 술을 만들게 한 것은 오직 제사를 지내기 위한 것임을 알게 했다는 것이다.

天이 **降威**하사 **我民**이 **用大亂喪德**도 **亦罔非酒**의 **惟行**이며

하늘이 위엄을 내리시어 우리 백성들이 크게 어지럽혀 德을 喪亡하게 한 것도 역시 술의 행패 아닌 것이 없으며,

【傳】 天下威罰하여 使民亂德도 亦無非以酒爲行者[1]라 言酒本爲祭祀나 亦爲亂行이라

1) 天下威罰……亦無非以酒爲行者 : 兪樾은 '以酒爲行'은 文義가 분명치 않으니, '行'은 마땅히 '衍'자의 오류로 보아야 한다. ≪春秋左氏傳≫ 昭公 21년 조의 '豊愆'에 대한 ≪經典釋文≫에 '愆 本或作衍('愆'은 본시 더러 '衍'으로도 씀)'이라 하였으니, 이 '愆'과 '衍'은 옛날 글자가 통하였다. '亦罔非酒惟行'은 아랫글의 '亦罔非酒惟辜'와 語意가 틀림없는 동률이다.〔以酒爲行 文義不明 行當作衍字之誤也 昭二十一年左傳豊愆 釋文曰 愆本或作衍 是愆與衍 古字通 亦罔非酒惟行 正與下文 亦罔非酒惟辜 語意一律〕"라고 하였다.(≪群經平議≫)

하늘이 威罰을 내리어 백성들로 하여금 德을 어지럽히게 한 것도 역시 술로 행패를 부리지 않는 것이 없다. 술은 본래 제사를 지내기 위한 것이나 또한 덕행을 어지럽히기도 하는 점을 말한 것이다.

越小大邦이 **用喪**도 **亦罔非酒**의 **惟辜**니라

그리고 작은 나라와 큰 나라가 망한 것에도 역시 술의 죄가 아닌 것이 없다

【傳】 於小大之國이 所用喪亡에도 亦無不以酒爲罪也라

그리고 작은 나라와 큰 나라가 喪亡한 것에도 역시 술을 죄로 삼지 않음이 없었다는 것이다.

【疏】 '王若'至'惟辜' ○正義曰 : 周公以王命誥康叔, 順其事而言曰 "汝當明施大教命於妹國, 而戒之以酒. 所以須戒酒者, 以汝父於廟(以)〔次〕[1]穆考文王, 始國在西土岐周爲政也, 其誥愼所職衆國衆士, 於少正官・御治事吏, 朝夕勅之曰 '惟祭祀而用此酒, 不常爲飮也.' 所以不常爲飮者, 以惟天之下敎命, 始令我民知作酒者, 惟爲大祭祀, 故以酒爲祭, 不主飮. 故天下威罰於我民, 用使之大爲亂, 以喪其德, 亦無非以酒爲行而用之. 故於小大之國, 用使之喪亡, 亦無非以酒爲罪, 以此衆(事)〔士〕[2]少正, 皆須戒酒也. 是文王以酒爲重戒, 汝不可不法也."

1) (以)〔次〕: 저본에는 '以'로 되어 있으나, 宋刊 單疏本 등 諸本에 의거하여 '次'로 바로잡았다.
2) (事)〔士〕: 저본에는 '事'로 되어 있으나, 經文의 '庶士'에 의거하여 '士'로 바로잡았다.

經의 〔王若〕에서 〔惟辜〕까지

○ 正義曰 : 周公이 成王의 命으로써 康叔에게 고유하되 그 일에 따라 다음과 같이 말씀하였다. "너는 마땅히 큰 敎命을 妹國에 밝게 베풀면서 술을 경계하도록 하라. 모름지기 술을 경계해야 하는 까닭은, 너의 아버지 곧 사당에서 位次가 穆에 해당하는 考 文王께서 西土의 岐周에서 나라를 최초로 세워서 정사를 하실 적에, 직책을 가진 여러 나라의 임금과 여러 인사들과 그리고 小正官과 일을 다스리는 관리들을 告勅하여 敬愼하도록 하시어 아침저녁으로 신칙(당부)하기를 '오직 제사에만 술을 쓰고, 늘 마시지 말도록 하라.'고 하셨다. '늘 마시지 말도록 하신' 까닭은, 하늘이 敎命을 내리어 처음 우리 백성들로 하여금 술을 만들게 한 것은 오직 큰 제사를 지내기 위한 것임을 알게 했기 때문이다. 그러므로 술은 제사에만 쓰고 늘 마시는 것을 위주로 하지 않았다. 그런 때문에 하늘이 우리 백성들에게 위엄을 내리시어 크게 어지럽혀 그 德을 상실하게 하는 것 또한 술을 행패부리는 것으로 삼아 쓰지 않음이 없었다. 그러므로 작은 나라와 큰 나라가 喪亡하게 된 것 또한 술을 죄로 삼지 않음이 없었다. 이 때문에 여러 인사들과 少正에게 모두 술을 경계하였다. 이것이 바로 文王께서 술을 거듭 경계하신 것이니, 너는 본받지 않아서는 안 된다."

【疏】 ○ 傳'周公'至'北是' ○ 正義曰 : 此爲下之目, 故言"明施大敎命於妹國." 此'妹', 與'沬'一也, 故沬爲地名, 紂所都朝歌以北. 但妹爲朝歌之所居也, 朝歌近妹邑之南, 故云"以北是." 詩又云 "沬之東矣, 沬之(鄕)〔北〕[1]矣." 卽東與北爲鄕也. 妹屬鄘, 紂所都在妹, 又在北與東, 是地不方平, 偏在鄘多故也. 馬·鄭·王本以文涉三家[2]而有'成'字, 鄭玄云 "成王所言, 成道之王." 三家云 "王年長, 骨節成立." 皆爲妄也.

1) (鄕)〔北〕: 저본에는 '鄕'으로 되어 있으나, ≪詩經≫에 의거하여 '北'으로 바로잡았다.
2) 三家 : 漢代 伏勝의 제자인 歐陽氏·大夏侯氏·小夏侯氏의 尙書三家를 익힌 자를 이른다.

○ 傳의 〔周公〕에서 〔北是〕까지

○ 正義曰 : 이것은 아래의 조목 역할을 하기 때문에 "큰 教命을 妹國에 밝게 베풀도록 하라."고 한 것이다. 이 '妹'는 '沬'와 동일하기 때문에 '沬'를 地名으로 한 것이니, 紂가 도읍을 세운 朝歌 이북 지방이다. 다만 '妹'는 朝歌의 거주지이고, 朝歌는 妹邑의 남쪽에 가깝기 때문에 "〈朝歌〉 이북이 이곳이다."라고 한 것이다. ≪詩經≫ 〈鄘風 桑中〉에 또 "沬邑의 동쪽에서 하도다."·"沬邑의 북쪽에서 하도다."라고 한 것은 곧 동쪽과 북쪽이 시골이기 때문이었다. 妹邑은 鄘 지방에 속하니, 紂가 도읍을 세운 곳이 妹邑에 있고, 또 북쪽과 동쪽이 있는데, 이 지대는 방정하고 평탄하지 못하여 鄘 지방으로 치우쳐 있는 곳이 많기 때문이다. 馬本・鄭本・王本은 글이 三家를 거쳤기 때문에 '成'자가 있고, 鄭玄은 "'成王'이 말한 바는 道를 이룬 王이다."라고 하고, 三家가 "王이 나이가 장성해서 骨節이 成立했다."라고 한 것은 모두 망령스런 말이다.

【疏】 ○ 傳'父昭'至'之政' ○ 正義曰 : 以'穆'連'考', 故以昭穆言之. 文王廟次爲穆, 以周自后稷以至文王十五世. 案世本云 "后稷生不窋爲昭, 不窋生鞠陶爲穆, 鞠陶生公劉爲昭, 公劉生慶節爲穆, 慶節生皇僕爲昭, 皇僕生羌[1]弗爲穆, 羌弗生毁楡[2]爲昭, 毁楡生公飛[3]爲穆, 公飛生高圉爲昭, 高圉生亞圉爲穆, 亞圉生組[4]紺爲昭, 組紺生大王亶父爲穆, 亶父生季歷爲昭, 季歷生文王爲穆." 據世次偶爲穆也. 左傳曰 "大伯・虞仲, 大王之昭." 言大王爲穆, 而子爲昭. 又曰 "虢仲・虢叔, 王季之穆." 亦王季爲昭而子爲穆, 與文王同穆也. 又管・蔡・郕・霍等十六國亦曰文王之昭, 則以文王爲穆, 其子與武王爲昭. 又曰 "邘・晉・應・韓, 武之穆." 以繼武王爲昭也. 將言始國在西土西土岐周之政者, 據今本先故言'始', 謂初始爲政. 然則居豐前. 故云 '西土', 欲將言道文王誥毖庶邦以下之政, 故先本之云 "肇國在西土."

1) 羌 : 毛本에는 '差'로 되어 있다. 아래도 같다.
2) 楡 : 毛本에는 '揄'로 되어 있다. 아래도 같다.
3) 飛 : 毛本에는 '非'로 되어 있다. 아래도 같다.
4) 組 : 陳浩는 "'組'는 응당 '祖'가 되어야 하니, 各本이 모두 틀렸다."라고 하였다.

○ 傳의 〔父昭〕에서 〔之政〕까지

○ 正義曰 : '穆'을 '考'에 연계하였기 때문에 昭・穆을 가지고 말한 것이다. 文王의 廟次가 穆이 되고, 周나라는 后稷으로부터 文王에 이르기까지가 15世이다. ≪世本≫을 상고하면 "后稷이 不窋을 낳았으니 〈不窋은〉 昭가 되고, 不窋이 鞠陶를 낳았으니 〈鞠陶는〉 穆

이 되고, 鞠陶가 公劉를 낳았으니 〈公劉는〉 昭가 되고, 公劉가 慶節을 낳았으니 〈慶節은〉 穆이 되고, 慶節이 皇僕을 낳았으니 〈皇僕은〉 昭가 되고, 皇僕이 羌弗을 낳았으니 〈羌弗은〉 穆이 되고, 羌弗은 毁榆를 낳았으니 〈毁榆는〉 昭가 되고, 毁榆가 公飛를 낳았으니 〈公飛는〉 穆이 되고, 公飛가 高圉를 낳았으니 〈高圉는〉 昭가 되고, 高圉가 亞圉를 낳았으니 〈亞圉는〉 穆이 되고, 亞圉가 組紺을 낳았으니 〈組紺은〉 昭가 되고, 組紺이 大王亶父를 낳았으니 〈大王亶父는〉 穆이 되고, 亶父는 季歷을 낳았으니 〈季歷은〉 昭가 되고, 季歷이 文王을 낳았으니 〈文王은〉 穆이 되었다."라고 하였으니, 世系에 의거하여 짝수 쪽〔偶〕에 차례하여 穆이 된 것이다.

≪春秋左氏傳≫에 이르기를 "大伯과 虞仲은 大王의 昭이다."라고 한 것은 大王이 穆이 되고 아들이 昭가 됨을 말한 것이다. 또 이르기를 "虢仲·虢叔은 王季의 穆이다."라고 하였으니, 또한 王季는 昭가 되고 아들은 穆이 되어 文王과 함께 穆이 된다. 또 管·蔡·郕·霍 등 16國도 또한 文王의 昭라고 하였으니, 文王을 穆이라 하고 그 〈문왕의〉 자식과 武王은 昭가 된다.

또 "邘國·晉國·應國·韓國은 武王의 穆이다."라고 한 것은 武王이 昭가 된 것을 이었기 때문이다.

"將言始國在西土 西土岐周之政"이라 한 것은 지금에 의거해서 이전으로 거슬러 올라가기 때문에 '始'라고 말한 것이니, 최초로 정사를 시작함을 이른 것이다. 그렇다면 豐 땅에 거주하기 전이기 때문에 '西土'라고 한 것인데, 文王이 여러 나라 이하에게 장차 告勅하여 敬愼하도록 하는 정사를 말하려고 하였기 때문에 이전으로 거슬러 올라가서 최초로 "나라를 세워 西土에 계실 적에"라고 한 것이다.

【疏】 ○傳'文王'至'常飮' ○正義曰：告勅使之敬愼, 故曰 "告愼." 其衆國, 卽衆多國君. '衆士', 朝臣也. 旣總呼爲'士', 則卿大夫俱在內. 少正·御治事, 以其卑賤, 更別目之. '朝夕勅之', 丁寧愼之至也.

○ 傳의 〔文王〕에서 〔常飮〕까지

○ 正義曰：告勅하여 그들로 하여금 敬愼하게 했기 때문에 "告愼"이라고 한 것이다. 그 '衆國'은 곧 衆多한 國君이다. '衆士'는 朝臣이다. 이미 총칭하여 '士'라고 하였으니, 卿과 大夫가 모두 그 안에 포함되어 있는 것이다. '少正'과 '御治事'는 그 卑賤을 가지고 다시 구별해서 지목한 것이다. '朝夕勅之'는 정녕 敬愼하도록 함이 지극한 것이다.

【疏】○ 傳'惟天'至'祭祀' ○ 正義曰：世本云，儀狄造酒，夏禹之臣，又云杜康造酒，則人自意所爲. 言'天下教命'者[1)]，以天非人，不因人爲者，亦天之所使，故凡造立皆云本之天. '元祀'者，言酒惟用於大祭祀，見戒酒之深也. 顧氏云"元，大也. 洛誥'稱秩元祀'，孔以爲'擧秩大祀'." 大劉以'元'爲始，誤也.

1) 天下教命者：≪纂傳≫에는 '今言天降命者'로 되어 있다.

○ 傳의 〔惟天〕에서 〔祭祀〕까지

○ 正義曰：≪世本≫에 "儀狄이 술을 제조했다."고 하였으니, 〈儀狄은〉 夏禹의 신하였고, 또 "杜康이 술을 제조했다."고 하였으니, 사람마다 각자 생각대로 한 말이다. "하늘이 敎命을 내린다."라고 말한 것은 하늘이 하는 것이고 사람이 하는 것이 아니지만, 사람으로 인하여 하지 않은 것 또한 하늘이 시키는 것이기 때문에 모든 造立의 일은 모두 "하늘에 근본을 둔다."라고 한 것이다. '元祀'라는 것은 술은 큰 제사에만 쓰는 것이라고 말해서 술을 경계하는 깊은 뜻을 보인 것이다. 顧氏(顧彪)는 "'元'은 大의 뜻이다. 〈洛誥〉의 '稱秩元祀'를 孔安國이 '큰 제사를 거행하여 차례로 제사를 지내는 것이다.'라고 풀이했다."라고 하였다. 大劉(劉焯)가 '元'을 始의 뜻으로 여긴 것은 잘못이다.

【疏】○ 傳'天下'至'亂行' ○ 正義曰：民自飮酒致亂，以被威罰. 言'天下威'者，亦如上言天之下教命，令民作酒也. 爲亂而罪，天理當然，故曰"天討有罪五刑，五用哉." 俗本云"不爲亂行." 定本云"亦爲亂行." 俗本誤也.

○ 傳의 〔天下〕에서 〔亂行〕까지

○ 正義曰：백성들이 스스로 술을 마시고 문란한 짓을 하다가 威罰을 입게 된다는 것이다. "하늘이 위엄을 내린다."라고 말한 것은 또한 위에서 "하늘이 敎命을 내리어 백성들로 하여금 술을 만들게 했다."라고 말한 것과 같다. 문란한 짓을 하다가 죄를 지은 것은 天理의 당연한 일이기 때문에 〈〈皐陶謨〉에서〉 "하늘이 죄가 있는 이를 다섯 가지 형벌로 誅罰하시거든 다섯 가지 형벌을 〈합당하게〉 쓰셔서"라고 하였다. 俗本에는 "문란한 행동을 하지 않는다."라고 하고, 定本에는 "또한 문란한 행동을 한다."라고 하였는데, 俗本이 잘못된 것이다.

【疏】○ 傳'於小'至'爲罪也' ○ 正義曰：'小大之國'，謂諸侯之國有小大也. 上言"民用大亂"，指其身爲罪. 此言"邦用喪"，言其邦國喪滅. 上文總謂貴賤之人，此則專指諸侯之身故也. 惟行用酒, 惟罪身得罪, 亦互相通也.

○ 傳의 〔於小〕에서 〔爲罪也〕까지

○ 正義曰 : '小大之國'은 諸侯의 나라에 작은 나라와 큰 나라가 있음을 이른다. 위에서 말한 "백성들이 크게 어지럽힌다."라는 것은 그 몸이 죄를 지음을 가리키고, 여기서 말한 "나라가 喪亡한다."라는 것은 그 나라가 喪滅함을 말한다. 윗글에서는 귀한 사람과 천한 사람을 총체적으로 이르고, 여기서는 諸侯의 몸만을 오로지 가리켰기 때문이다. '惟行'은 술을 쓰는 것이고, '惟罪(辜)'는 몸이 죄를 얻는 것이니, 또한 상호간에 통한다.

文王이 誥教小子와 有正有事[1]하사되 無彜酒하라하시니라

1) 小子 有正有事 : 蔡傳은 '小子'는 少子의 칭호로 보아 "아직 血氣가 정해지지 못해서 더욱 술을 함부로 마셔 德을 상실하기 쉽기 때문에 文王이 오로지 고유하여 가르친 것이다.〔以其血氣未定 尤易縱酒喪德 故文王專誥教之〕"라고 풀이하고, "'有正'은 官守를 가진 사람이고, '有事'는 직업을 소유한 사람이다.〔有正 有官守者 有事 有職業者〕"라고 풀이하였다.

文王께서 小子와 正官 아래에서 일을 다스리는 자들을 고유해 가르치시되 '술을 늘 마시지 말라.'고 하셨다.

【傳】 小子는 民之子孫也라 正官治事는 謂下群吏니 教之皆無常飮酒라

'小子'는 백성의 子孫이다. '正官治事'는 〈正官〉 아래에서 〈일을 다스리는〉 群吏를 이르는데, 그들을 가르쳐서 모두 항상 술을 마시는 일이 없게 하라고 한 것이다.

越庶國이 飮호되 惟祀나 德將無醉[1]하라

1) 無彜酒……德將無醉 : 蔡傳은 '無彜酒'에서 '德將無醉'까지를 문왕의 교시로 보았다.

그리고 여러 나라가 술을 마시되 오직 제사 때에만 마실 것이나, 德으로써 마음을 다잡아서 취함이 없도록 하라.

【傳】 於所治衆國이 飮酒호대 惟當因祭祀나 以德自將[1]하여 無令至醉[2]하라

1) 將 : 明代 王樵(≪尙書日記≫)는 "'將'은 持(다잡다)의 뜻이니, '德將'이란 心志에 操存한 바가 있어서 사물에 휘둘리지 않는 것이다.〔將持也 德將者 心志有所操存而不爲物所勝也〕"라고 하였다. 清代 ≪日講書經解義≫에도 "'將'은 將持의 뜻이다.〔將者 將持之意〕"라고

하였다.

2) 於所治衆國……無令至醉 : 兪樾은 "이 '祀'자 또한 '已'의 假字로서, 上文의 '祀玆酒'와 동일하니, 예전엔 '已'와 '以'가 통용되었다. 이는 마땅히 '越庶國飮'으로 句를 끊어 읽어야 하니, 枚傳에서 이른바 '於所治衆國飮酒'이고, '惟已德將無醉'로 句를 끊어 '已'를 '以'로 읽어야 하니, 枚傳에서 이른바 '惟當以德自將 無令至醉'인데, 이내 '祀'가 假借字임을 알지 못하고 本字를 가지고 잘못 설명하여 결국 經의 뜻에 크게 잘못을 범했다.〔此祀字 亦已之假字 與上文祀玆酒同 古已以通用 此當讀越庶國飮爲句 枚傳所謂於所治衆國飮酒也 惟已德將無醉爲句 已讀爲以 枚傳所謂惟當以德自將 無令至醉也 因不知祀之爲假字 而誤以本字說之 遂於經旨大失矣〕"라고 하였다.

그리고 통치하는 여러 나라가 술을 마시되 오직 제사 때에만 마실 것이나, 德으로써 스스로 마음을 다잡아서 취하는 지경에 이름이 없게 하라는 것이다.

惟曰 我民이 迪小子[1)]하되 惟土物[2)]愛하면 厥心이 臧이라하시니라

1) 惟曰……迪小子 : 段玉裁는 ≪古文尙書撰異≫에서 "足利古本은 '我民'의 위에 '化'자가 있는데, 이는 孔傳에 의거해서 보탠 것이니, 이 같은 것들은 모두 의거할 수 없다.〔足利古本 我民之上 有化字 此依孔傳增之也 此等皆不可據〕"라고 하였다.

2) 土物 : 稼穡을 가리킨다.

〈文王이〉 말씀하기를 '우리 백성들이 小子를 訓導하되 오직 土物만을 아낀다면 그들의 마음이 착해질 것이다.'라고 하셨다.

【傳】 文王化我民하여 教道子孫하되 惟土地所生之物을 皆愛惜之면 則其心善이라

文王이 우리 백성들을 교화하여 그 자손들을 가르치되 오직 土地에서 나는 물건만을 모두 아끼게 한다면 그들의 마음이 착해질 거란 것이다.

聰聽祖考之彝訓하고 越小大德하면 小子惟一[1)]하리라

1) 聰聽祖考之彝訓……小子惟一 : 蔡傳은 "자손들 또한 응당 祖考의 일상적인 교훈을 밝게 들어야 하고, 술을 삼가는 것을 작은 德으로 여겨서는 안 되니, 작은 德과 큰 德에 있어서 小子들은 동일하게 보는 것이 옳다.〔爲子孫者 亦當聰聽其祖父之常訓 不可以謹酒 爲小德 小德大德 小子惟一視之可也〕"라고 풀이하였다.

祖考의 일상적인 교훈을 밝게 듣고, 小人과 大人도 〈文王의〉 德을 유념하게 하면

小子들이 전일하게 될 것이다.

【傳】 言子孫皆聰聽父祖之常教하고 於小大之人도 皆念德하면 則子孫惟專一하리라

〈백성의〉 자손이 모두 父祖의 일상적인 교훈을 밝게 듣고, 小人과 大人도 모두 〈문왕의〉 德을 유념하게 하면 자손들이 전일해져서 〈술을 경계할 것임〉을 말한 것이다.

【疏】 '文王'至'惟一' ○ 正義曰：前文王戒酒，以爲所供當重飮之，則有滅亡之害. 此更戒之，令以德自將，不可常飮. 故又云，文王誥教其民之小子與正官之下有職事之人. -謂群吏.- 汝等無得常飮酒也. 於所治衆國之君臣民衆等，言飮酒惟當因祭祀，以德自將，無令至醉. 又自申文王之教小子者，不但身自教之，又化民使自教其子弟. 惟教其民曰 "惟我民等，當教道子孫小子，令土地所生之物，皆愛惜之，則其心善矣." 以愛物，則不爲酒而損耗故也. 既父祖稟文王之教以化其子孫，而子孫能聰審聽用祖考之常訓，言愛物以戒酒也. 不但民之小子爲然，其於小大德之士大夫等，亦皆能念行文王之德以教其子孫，故子孫亦聰聽之. 小子惟皆專一而戒其酒，其民及在位，不問貴賤，子孫皆化，則至成長爲德可知也.

經의 〔文王〕에서 〔惟一〕까지

○ 正義曰：앞에서 文王은 술을 경계할 것에 대하여 "올린 술을 과다하게 마시면 滅亡의 害가 있을 것이다."라고 하였고, 여기서 다시 경계하여 德으로써 스스로 마음을 다잡아서 항상 마실 수 없도록 하였다. 그러므로 또 이르기를 "文王이 그 백성들의 小子와 正官의 아래에서 職事를 가진 사람들 -群吏를 이른다.- 을 고유하여 가르치되 '너희들은 항상 술을 마시지 말도록 하라. 통치하는 여러 나라의 君臣과 民衆 등에게는 '술을 마시는 것은 응당 제사 때에 마셔야 하나 德으로써 스스로 마음을 다잡아서 취하는 지경에 이름이 없도록 하라.'고 말하였다.

또한 스스로 文王이 小子를 가르친 것을 거듭 밝혀서, 단지 자신만 스스로 가르칠 것이 아니라 또한 백성들을 교화하여 그들로 하여금 스스로 그 子弟들을 가르치게 하였다. 그 백성들을 가르치기를 "우리 백성들이 응당 子孫 小子를 가르쳐서 土地에서 생산되는 물건을 모두 아끼게 한다면 그 마음이 착해질 것이다."라고 하였다. 물건을 아끼면 술을 만들기 위하여 損耗하지 않기 때문이다.

이미 父祖가 文王의 가르침을 받아 그 子孫을 교화하고, 子孫은 능히 祖考의 常訓을

밝게 살펴서 들어야 하니, 물건을 아낌으로써 술을 경계함을 말한 것이다. 단지 백성의 小子만 그러는 것이 아니라 그 小德·大德의 士·大夫들 역시 모두 능히 文王의 德을 유념하고 행하여 그 子孫을 가르치게 하였기 때문에 子孫들 또한 밝게 듣는다는 것이다. 小子가 모두 전일하여 그 술을 경계하고 그 백성과 직위에 있는 자들이 貴賤을 불문하고 子孫이 모두 교화되면 성장함에 이르러 德을 하리라는 점을 알 수 있을 게란 것이다.

【疏】 ○ 傳'小子'至'飮酒' ○ 正義曰：知'小子'謂民之子孫者, 以下文(二)〔云〕[1]"我民迪小子." 又云 "奔走事厥考厥長." 故知'小子'謂民之子孫也. 知'有正有事'非士大夫, 而云 "正官治事, 謂下群吏"者, 以文與'小子'相連, 故知是正官下治事之群吏.

1) (二)〔云〕: 저본에는 '二'로 되어 있으나, 諸本에 의거하여 '云'으로 바로잡았다.

○ 傳의 〔小子〕에서 〔飮酒〕까지

○ 正義曰：'小子'가 백성들의 子孫을 이른 것임을 알게 된 것은 아랫글에 "우리 백성들이 小子를 訓導하되"라고 하고, 또 "분주하게 농사를 지어서 그 父兄을 섬기게 해야 하며"라고 했기 때문이다. 그러므로 '小子'가 백성들의 子孫을 이른 것임을 〈孔安國이〉 알았던 것이다. '有正有事'가 士·大夫가 아니라는 것을 알아서 "正官治事 謂下群吏"라고 한 것은 글이 '小子'와 서로 연해졌기 때문이다. 그러므로 正官 아래에서 일을 다스리는 群吏라는 것을 〈孔安國이〉 알았던 것이다.

【疏】 ○ 傳'於所'至'至醉' ○ 正義曰：以述上文內外雙擧, 此爲小子及民與士大夫可知. 其外宜有國君, 故下云指戒康叔爲國之事, 故總言'衆國'. 惟於祭祀得飮酒, 猶以德自將, 無令至醉. 大傳因此言 "宗室將有事, 族人皆入侍, 得有醉與不醉而出與不出之事. 而以德自將, 無令至醉, 亦一隅之驗."[1] 文王爲諸侯而云'衆國'者, 文王爲西伯, 又三分有二諸侯, 故得戒衆國也.

1) 宗室將有事……亦一隅之驗：≪書大傳≫에 "제사가 끝나면 族人과 술을 마시게 되는데, 취하지 않은 상태에서 나가면 이는 親誼가 돈독치 못하는 것이고, 취해서도 나가지 않으면 이는 종실을 문란케 하는 것이고, 나가서도 중지하지 않으면 이는 충성치 못하는 것이다.〔祭已而與族人飮 不醉而出 是不親也 醉而不出 是媟宗也 出而不止 是不忠也〕"라는 구절이 있기 때문에 이렇게 말한 것 같다.

○ 傳의 〔於所〕에서 〔至醉〕까지

○ 正義曰 : 윗글에서 안과 밖이 쌍으로 들린 점이 서술되었기 때문에 이것이 小子 및 백성 그리고 士・大夫라는 것을 알 수 있다. 그 밖에는 의당 國君이 있어야 하기 때문에 아래에서 "康叔에게 나라를 다스릴 일을 가리켜 경계했다."라고 한 것이다. 그래서 총칭하여 '여러 나라'라고 한 것이다. 오직 제사 때에만 술을 마실 수 있는데도 외려 德으로써 마음을 다잡아서 취함에 이르지 말게 하는 것이다. ≪大傳≫에서 이를 인하여 말하기를 "宗室에 일이 있을 때는 族人이 모두 入侍하여 취할 수도 안 취할 수도 있고 나갈 수도 안 나갈 수도 있는 일이지만, 德으로써 스스로 마음을 다잡아서 취함에 이르지 말게 하는 것 또한 한 방편의 징험이다."라고 하였다. 文王이 諸侯인 처지에 '여러 나라'라고 한 것은 文王이 西伯이 된 데다 또한 천하를 3분하여 2분을 가진 諸侯였기 때문에 여러 나라를 경계할 수 있었던 것이다.

【疏】 ○ 傳'文王'至'心善' ○ 正義曰 : 以'惟曰'爲教辭, 故言 "文王化我民, 愛惜土物而不損耗, 則不嗜酒, 故心善."

○ 傳의 〔文王〕에서 〔心善〕까지

○ 正義曰 : '惟曰'을 가지고 교훈의 말을 삼았기 때문에 "文王이 우리 백성들을 교화해서, 토산물을 아껴 損耗하게 하지 않으면 술을 즐기지 않을 것이기 때문에 마음이 착해진다."라고 말한 것이다.

妹土 嗣爾股肱純하고 其藝黍稷[1)]하여 奔走事厥考厥長하며

1) 妹土……其藝黍稷 : '股肱'을 孔疏는 신하로, 蘇軾과 林之奇는 "股肱(四肢)之力"으로 보았는데, 蔡傳은 蘇軾과 林之奇를 따르고, 純을 大의 뜻으로 보아 아랫글에 붙여서 "妹土의 사람들아! 너희들의 팔다리를 계속 놀려서 크게(오로지) 곡식을 가꾸어"라고 풀이하였다.

妹土의 사람들로 하여금 너의 신하들의 교훈을 이어받아 純一한 행동을 하게 해야 하고, 그들이 응당 黍稷 등을 耕種하는 일에 종사하여 분주하게 〈농사를 지어서〉 그 父兄을 섬기게 해야 하며,

【傳】 今往當使妹土之人으로 繼汝股肱之教하여 爲純一之行하고 其當勤種黍稷하여 奔走事其父兄하라 ○ 長은 下注長官諸侯之長으로 同이라

지금 〈너는 임지로〉 가서 응당 妹土의 사람들로 하여금 너의 신하들의 가르침을 이어 받아 純一한 행동을 하게 해야 하고, 그들은 응당 黍稷 등을 耕種하는 일에 열심히 종사하여 분주하게 〈농사를 지어서〉 그 父兄을 섬기게 해야 한다는 것이다.

○ '長'은 아래 注의 '長官'·'諸侯之長'〈의 長〉과 같다.

肇牽車牛[1)]하고 遠服賈(고)하여 用孝養厥父母하여

1) 嗣爾股肱……肇牽車牛 : 洪奭周(≪尙書補傳≫)는 "古注에서는 '嗣爾股肱純'을 1句로 읽었고, 蔡氏는 '純'을 아랫句에 붙여서 힘써 농사일을 하는 것이라 일렀다. 나의 생각에는, '純'은 專의 뜻을 가져 오로지 곡식을 가꾸는 것이니, 대개 농사일에 전력함을 이른다. 孔傳은 '肇'를 始의 뜻으로 보아 농사일이 이미 끝나거든 비로소 수레와 소를 끌어내어 행상하러 가는 것으로 풀이하였은즉 先儒들은 모두 그를 따랐지만, 蔡傳만은 유독 '肇'를 敏의 뜻으로 보았으니, 아마 농사와 장사는 서로 겸할 수 없는 것으로 여겼던 모양이다. 그러나 '肇'를 敏의 뜻으로 풀이한 것은 옛 문적에 상고할 길이 없다. 나의 생각에는, 곡식을 가꾸고 수레와 소를 끄는 일은 비록 한 사람이 꼭 하는 일은 아니지만, 백성들의 생활을 주력하는 자는 반드시 먼저 농사일을 힘쓴 뒤에 장사를 하도록 가르치기 마련이니, 먼저 곡식 가꾸는 일을 말하고 그 다음 비로소 수레와 소를 끄는 일을 말하는 것이 본디 立言의 순서라고 여긴다.〔古注讀嗣爾股肱純爲一句 蔡氏以純屬下句 而謂大修農功 竊意純之爲言專也 純其藝黍稷 蓋謂專力於農功也 孔傳以肇爲始 農功旣畢 始牽車牛爲商 先儒皆從之 而蔡傳獨以肇爲敏 蓋疑農賈之不可相兼也 然肇之訓敏 古無所稽 愚謂藝黍稷牽車牛 雖未必爲一人之事 然底民之生者 必先教之以務農而後 及於通商 先言藝黍稷而次之曰始牽車牛 固立言之序也〕"라고 하였다.

비로소 수레와 소를 끌고 멀리서 장사하여 부모님을 효도로 봉양해서

【傳】 農功旣畢이면 始牽車牛하여 載其所有하고 求易所無하며 遠行賈賣하여 用其所得珍異하여 孝養其父母하라

농사일이 이미 끝나거든 비로소 수레와 소를 끌어내어 소유한 물건을 싣고 가서 없는 물건과 교역하는 등 원행하여 장사를 해서 얻은 珍異한 물건을 가지고 그 부모를 효심으로 봉양하게 하라는 것이다.

厥父母慶이어든 自洗腆하여 致用酒하라

부모님이 흐뭇해하거든 〈그때에야〉 스스로 깨끗하고 풍성하게 음식을 마련하여

술을 쓰도록 하라.

【傳】 其父母善子之行이어든 子乃自潔厚하여 致用酒養也라

그 부모가 아들이 행하는 일을 흐뭇해하거든 아들은 스스로 깨끗하고 풍부하게 음식을 장만해서 술을 곁들여 봉양할 수 있다는 것이다.

庶士有正과 **越庶伯君子**아 **其爾**는 **典聽朕教**하라

庶士와 有正과 통솔한 자들과 그리고 여러 우두머리 군자들아! 너희들은 朕의 가르침을 늘 듣도록 하라.

【傳】 衆伯君子와 長官大夫로 統庶士有正者아 其汝常聽我教하여 勿違犯하라

여러 우두머리 君子인 長官大夫로서 庶士와 有正을 통솔하는 자들아! 너희들은 늘 나의 교훈을 들어 違犯하지 말도록 하라는 것이다.

爾大克羞耇면 **惟君**[1]이라 **爾乃飮食醉飽**하라

1) 爾大克羞耇惟君 : 蔡傳은 '爾大克羞耇'는 "〈네가〉 노인을 잘 봉양함을 말한 것이다.〔言其大能養老也〕"라고 풀이하고, '惟君'은 '未詳'으로 처리하였다.

네가 크게 능히 노성한 사람의 도덕을 진행하면 임금이 될 수 있는 것이다. 〈이와 같이 하고서야〉 너는 음식을 마련하여 취하기도 하고 배부르기도 하라."고 하시고,

【傳】 汝大能進老成人之道면 則爲君矣[1]라 如此라야 汝乃飮食醉飽之道라 先戒群吏以聽教하고 次戒康叔以君義라

1) 汝大能進老成人之道 則爲君矣 : 兪樾은 "傳의 뜻은 잘못된 것이다. 이는 윗글의 '奔走事厥考厥長'과 뜻이 동일하니, '耇'는 곧 '老'의 뜻이고, '君'은 곧 '長'의 뜻이다. '耇'와 '君'을 連文하면 말이 잘 안 되기 때문에 '惟'자를 보태서 句를 이룬 것이니, 마치 〈禹貢〉에서 '齒革羽毛惟木'이라고 한 것과 같다. '大'는 바로 語詞이니 實義가 없는 것이다.〔傳義非也 此與上文奔走事厥考厥長義同 耇卽老也 君卽長也 因耇君連文 則不辭 故加惟字以成句 猶禹貢曰 齒革羽毛惟木也 大乃語詞 無實義〕"라고 하였다.

네가 크게 능히 노성한 사람의 도덕을 진행하면 임금이 될 수 있는 것이다. 이와 같이 하고서야 네가 바로 음식을 차려 醉飽를 즐길 도리를 하는 셈이란 것이다. 먼저 교훈을 경청할 것으로써 여러 관리를 경계하고, 그다음 임금의 의리를 가지고 康叔을 경계하였다.

丕惟曰 爾克永觀省하여 作稽中德이어사

이어서 크게 말씀하기를 "네가 능히 〈옛 道를〉 길이 살펴보아 그 中正의 德을 상고하여 〈임금의 道를 이루어야〉

【傳】 我大惟教汝曰 汝能長觀省古道하여 爲考中正之德[1)]하면 則君道成矣리라

1) 爲考中正之德 : 兪樾은 '稽'를 止의 뜻으로 보아 "'作稽中德'은 '稽'가 止의 뜻이니, '너희들은 언제나 자신을 돌아보고 반성하면 행동거지가 德에 맞지 않음이 없다.'고 말한 것이다. '中'은 '從容中道'의 中처럼 읽어야 하니, 枚傳에서 '考中正之德'으로 풀이한 것은 잘못이다.〔作稽中德者 稽止也 言爾克永觀省 則所作所止 無不中德也 中讀如從容中道之中 枚傳以爲考中正之德失之〕"라고 하였다.

내가 너를 크게 교훈하기를 "네가 능히 옛 道를 길이 살펴보아 그 中正의 德을 상고하면 임금의 道가 이루어질 것이다."라고 한 것이다.

爾尚克羞饋祀[1)]요 爾乃自介[2)]用逸이니라

1) 饋祀 : 술과 음식을 받들어 神에게 제사 지내는 일이다.
2) 介 : 蔡傳은 '助'의 뜻으로 보았다.

너는 饋祀를 올릴 수 있고, 너는 이에 스스로 즐기는 도리를 크게 쓸 것이다.

【傳】 能考中德하면 則汝庶幾能進饋祀於祖考矣요 能進饋祀하면 則汝乃能自大用逸之道라

능히 中德을 상고하면 너는 거의 능히 祖考에게 饋祀를 드릴 수 있고, 능히 饋祀를 드리면 너는 곧 능히 스스로 즐기는 도리를 크게 쓸 수 있을 게란 것이다.

玆乃允惟王正事之臣[1)]이며

1) 玆乃允惟王正事之臣：蘇軾(≪書傳≫)은 "너 小子는 곧 王의 일을 바로잡는 신하가 될 것이다.〔汝小子 乃爲王正事之臣〕"로, 林之奇(≪尙書全解≫)는 "진실로 王의 일을 다스리는 신하가 될 것이다.〔信爲王治事之臣〕"로, 夏僎(≪尙書詳解≫)은 "진실로 王家의 일을 다스리는 신하가 될 것이다.〔信爲王家治事之臣〕"로, 呂祖謙(≪增修東萊書說≫)은 "이래서 곧 진실로 王者의 천하의 일을 바로잡는 신하가 될 것이다.〔此乃信爲王者正天下事之臣〕"로, 陳經(≪尙書詳解≫)은 "이래서 곧 진실로 王者의 일을 바로잡는 大臣이 될 것이니, 임금의 일을 맡아 임금의 책망을 저버림이 없을 것이다.〔玆乃信乎爲王者正事之大臣 任君之事 無負于君之責望〕"로, 金履祥(≪資治通鑑前編≫)은 "이래서 진실로 王의 일을 바로잡는 신하가 되기에 충분하다.〔此所以信足爲王正事之臣〕"로 풀이하였는데, 蔡傳은 林之奇를 따랐다.

이렇게 되면 진실로 王者의 일을 바로잡는 신하를 맡을 것이며,

【傳】汝能以進老成人爲醉飽하고 考中德爲用逸하면 則此乃信任王者正事之大臣이리라

네가 능히 노성한 사람의 도덕을 진행하는 것으로 醉飽를 즐기는 계기를 삼고, 中德을 상고하는 것으로 즐기는 도리를 삼는다면 이는 진실로 王者의 일을 바로잡는 大臣을 맡을 것이다.

玆亦惟天이 若元德하사 永不忘이 在王家하리라

이렇게 되면 또한 하늘도 큰 德을 따라서 영원히 잊지 않는 〈돌봄이〉 王家에 있을 것이다(영원히 잊지 않고 왕가를 돌볼 것이다)."라고 하셨다.

【傳】言此非但正事之臣이라 亦惟天順其大德而佑之하여 長不見忘이 在王家라

이는 단지 일을 바로잡는 大臣일 뿐만 아니라, 또한 하늘도 그 큰 德을 따라 도와서 길이 잊지 않음이 王家에 있을 게라 말한 것이다.

【疏】'妹土'至'王家' ○正義曰：既上言文王之教, 今指戒康叔之身, 實如汝當法文王斷酒之法. 故今往當使妹土之人, 繼爾股肱之教, 爲純一之行. 其當勤於耕種黍稷, 奔馳趨走供事其父與兄. 其農功既畢, 始牽車牛遠行賈賣, 用其所得珍異孝養其父母, 〔父母〕[1]以子如此, 善子之行, 子乃自洗潔, 謹敬厚致, 用酒以養. -此亦小子土物愛也.- 又謂汝衆士有正之人, 及於衆伯君子長官大夫統衆士有正者, 其汝亦常聽用我斷酒之教, 勿違犯也. 汝康叔大能進行老成人之道, 則惟可爲君矣. 如此汝乃爲飮食醉飽之道. 由須進行老成人, 故我大惟敎汝曰"汝能長觀省古道, 所爲考[2)]行中正之德, 卽是進行老成人, 惟堪爲君. 能考中德, 用汝庶幾能進饋祀於祖考矣. 以能進饋祀, 人神所助, 則汝乃能自大用逸之道. 如此用逸, 則乃信惟王正事之大臣. 不但正事大臣, 如此亦惟天順其大德而佑助之, 長不見遺忘, 在王家矣. 可不務乎."

1) 〔父母〕: 저본에는 없으나, 諸本에 의거하여 '父母'를 보충하였다.

2) 考 : 毛本에는 '進'으로 되어 있다.

經의 〔妹土〕에서 〔王家〕까지

○ 正義曰 : 이미 위에서는 文王의 교훈을 말하였고, 지금은 康叔의 몸을 가리켜 경계하기를 "실제로 너 같은 사람은 마땅히 文王이 술을 끊은 법을 본받아야 한다. 그러므로 지금 〈임지에〉 가거든 응당 妹土의 사람들로 하여금 너의 신하들의 가르침을 이어받아 純一한 행동을 하게 해야 한다. 그리고 그들이 응당 黍稷 등을 耕種하는 일에 열심히 종사하여 분주하게 농사를 지어서 그 父兄을 섬기게 해야 한다. 농사일이 이미 끝나거든 비로소 수레와 소를 끌고 멀리 다니며 장사를 해서 얻은 珍異한 물건을 가지고 그 부모를 효심으로 봉양하면 부모가 이와 같은 아들에 대하여 아들이 하는 일을 흐뭇해하거든 아들은 음식을 깨끗하게 장만하되 정성을 다해 풍성하게 차리고 술을 곁들여 봉양할 수 있다. -이 또한 小子가 토산물을 아끼는 것이다.-"라고 하였다.

또 이르기를 "너의 衆士와 有正의 사람과 그리고 여러 우두머리 君子인 長官大夫로서 衆士와 有正을 통솔하는 자들아! 너희들은 또한 늘 나의 술을 끊은 교훈을 들어 違犯하지 말도록 하라. 너 康叔은 크게 능히 노성한 사람의 도덕을 진행하면 임금이 될 수 있는 것이다. 이와 같이 하고서야 네가 바로 음식을 차려 醉飽를 즐길 도리를 하는 것이다. 모름지기 노성한 사람〈의 도덕을〉 진행해야 하기 때문에 내가 너를 크게 교훈하기를 '네가 능히 옛 道를 길이 살펴보아 그 中正의 德을 상고해 행하면 곧 이것이 노성한 사람〈의 도덕을〉 진행하는 것이어서 임금의 자리를 감당해낼 수 있을 것이다.'라고 하였다.

능히 中德을 상고하면 너는 거의 능히 祖考에게 饋祀를 드릴 수 있을 것이다. 능히 饋祀를 드리어 사람과 귀신이 도우면 너는 곧 능히 스스로 즐기는 도리를 크게 쓸 수 있을 것이다. 이와 같이 즐기는 도리를 쓰면 곧 진실로 王者의 일을 바로잡는 大臣을 맡을 것이다. 이는 단지 일을 바로잡는 大臣일 뿐만 아니라, 이와 같이 하면 또한 하늘도 그 큰 德을 따라 도와서 길이 遺亡되지 않음이 王家에 있을 것인데, 힘쓰지 않을 수 있겠느냐."라고 하였다.

【疏】 ○ 傳'今往'至'父兄' ○ 正義曰：以妹土爲所封之都, 故言"今往." "繼汝股肱之教"者, 君爲元首, 臣作股肱, 君倡臣行, 施由股肱, 故言繼其教也. 言'奔走'者, 顧氏云 "勤種黍稷, 奔馳趨走也."

○ 傳의 〔今往〕에서 〔父兄〕까지

○ 正義曰：妹土로 봉해진 나라의 도읍을 삼았기 때문에 "지금 〈임지에〉 가거든"이라고 말한 것이다. "너의 신하들의 가르침을 이어받아"라는 것은 임금은 元首가 되고 신하는 股肱이 되므로 임금이 창도하면 신하가 행하는데, 베풀어주는 것은 股肱에 말미암기 때문에 "그 가르침을 이어받아서"라고 말한 것이다. '奔走'라고 말한 것은 顧氏(顧彪)가 이르기를 "黍稷 등을 耕種하는 일에 열심히 종사하여 분주하게 농사를 짓는 것이다."라고 하였다.

【疏】 ○ 傳'農功'至'父母' ○ 正義曰：若當農功, 則有所廢, 故知旣畢乃行, 故云"始牽車牛", 卽牽將大車, 載有易無, 遠求盈利. 所得珍異而本不損, 故可孝養其父母, 亦愛土物之義也.

○ 傳의 〔農功〕에서 〔父母〕까지

○ 正義曰：만일 농사일이 닥치면 〈행상하는 일은〉 폐지할 바가 있기 때문에, 〈농사일이〉 이미 끝나면 곧 행상을 나간다는 것을 〈孔安國이〉 알았기 때문에 "비로소 수레와 소를 끌고"라고 하였으니, 곧 큰 수레를 끌어내어 집에 있는 물건을 싣고 다니며 집에 없는 물건을 바꾸느라 멀리 나돌면서 이익을 구하는 것이다. 얻는 것은 珍異한 물건이고 본전은 감손되지 않기 때문에 효심으로 그 부모를 봉양할 수 있으니, 또한 토산물을 아끼는 의미가 담긴 것이다.

【疏】 ○ 傳'其父'至'酒養' ○ 正義曰：以人父母欲家生之富者, 若非盈利, 雖得其養, 有喪家資, 則父母所不善, 今勤商得利, 富而得養, 所以善子之行也.

○ 傳의 〔其父〕에서 〔酒養〕까지

○ 正義曰：부모로서 가정생활이 풍부해지고 싶어하는 자가 만일 이익을 남기지 못한다면 비록 그 봉양을 받는다 하더라도 가산을 상실함이 있다면 부모가 좋게 여기지 않을 바이나 지금 부지런히 행상을 하여 이익을 얻어 풍부해져서 봉양을 하게 되니, 아들이 하는 일을 흐뭇해하기 마련이다.

【疏】○傳'衆伯'至'違犯' ○正義曰：衆伯君子統衆士有正者，經云"庶士有正"者．戒其愼酒，從卑至尊，故先敎子孫，乃及庶士衆(百)〔伯〕[1)]君子．

1) (百)〔伯〕：저본에는 '百'으로 되어 있으나，宋刊 單疏本・宋兩浙東路茶鹽司本에 의거하여 '伯'으로 바로잡았다．

○ 傳의 〔衆伯〕에서 〔違犯〕까지

○ 正義曰：여러 우두머리 君子로서 衆士와 有正을 통솔하는 자를 經에서 "庶士・有正"이라고 한 것이다．그들에게 술을 삼가도록 경계하되 낮은 벼슬부터 높은 벼슬에 이르렀기 때문에 먼저 子孫을 가르치고 이에 庶士와 여러 伯君子에게 미쳐간 것이다．

【疏】○傳'汝大'至'君義' ○正義曰：釋詁云"羞，進也．" 旣以愼酒立敎，是大能進行老成人之道，是惟可爲人君矣．以人君若治不得，有所民事可憂，雖得酒食，不能醉飽．若能進德，民事可(乎)〔平〕[1)]，故爲飮食可醉飽之道．以群臣言，'聽敎'卽爲臣義，不過愼酒進德，次戒康叔以君義，亦有'聽敎'，明爲互矣．

1) (乎)〔平〕：저본에는 '乎'로 되어 있으나，宋刊 單疏本・宋兩浙東路茶鹽司本・宋慶元間建安魏縣尉宅本・汲古閣本・武英殿本에 의거하여 '平'으로 바로잡았다．

○ 傳의 〔汝大〕에서 〔君義〕까지

○ 正義曰：≪爾雅≫〈釋詁〉에 "'羞'는 進의 뜻이다."라고 하였다．이미 술을 삼갈 것을 가지고 敎條를 설립하였으니，이는 크게 능히 노성한 사람의 도덕을 진행하면 임금이 될 수 있는 것이다．임금으로서 만일 다스리지 못하여 걱정할 民事가 있으면 비록 酒食을 얻는다 하더라도 醉飽할 수 없다．만일 능히 德을 진취하면 民事가 평안할 수 있기 때문에 음식을 차려 醉飽를 즐길 도리를 하는 것이다．

群臣으로 말할 때에는 "교훈을 경청하라."는 것이 곧 신하의 의리가 되는데 술을 삼가고 덕을 진취하는 일에 불과하였고，그다음 임금의 의리를 가지고 康叔을 경계하는 데에도 "교훈을 경청하라."는 것이 있으니，互用이 됨을 밝힌 것이다．

【疏】○傳'我大'至'成矣' ○正義曰：以言'曰'，故以爲敎辭，卽敎以'大克羞(者)〔耇〕[1)]'．'長省古道，'是老成人之德．'考其中正'，是能大進行，可以惟爲君，故云"則君道成矣."

1) (者)〔耇〕：저본에는 '者'로 되어 있으나，諸本에 의거하여 '耇'로 바로잡았다．

○ 傳의 〔我大〕에서 〔成矣〕까지

○ 正義曰 : '曰'이라고 말했기 때문에 가르치는 말을 하여 곧 "크게 능히 노성한 사람의 도덕을 진행하면"이란 것으로 가르쳤다. '옛 道를 길이 살펴본다.'는 것〈의 옛 道는〉 바로 노성한 사람의 德이다. '그 中正의 德을 상고한다.'는 것은 바로 능히 크게 진행할 수 있으니, 임금이 될 수 있는 것이다. 그러므로 "임금의 道가 이루어질 것이다."라고 한 것이다.

【疏】 ○ 傳'能考'至'之道' ○ 正義曰 : 以聖人爲能饗帝, 孝子爲能饗親, 考德爲君, 則人治之, 已成民事, 可以祭神, 故考中德, 能進饋祀於祖考. 人愛神助, 可以無爲, 故大用逸之道, 卽上云 "飮食醉飽之道"也. 鄭以爲助祭於君, 亦非其義勢也. 以下然, 竝[1]亦惟天據人事, 是惟王正事大臣, 本天理, 故天順其大德, 不見忘在於王家, 反覆相成之勢也.

1) 然 竝 : '然'은 浦鏜처럼 '云'으로 보는 것이 옳을 것 같고, '竝'이 毛本에는 '玆'로 되어 있는데, 經文의 "玆亦惟天"을 감안하면 '玆'가 옳을 것 같다.

○ 傳의 〔能考〕에서 〔之道〕까지

○ 正義曰 : 聖人으로서 상제에게 제사를 지내고 孝子로서 능히 어버이에게 제사를 지내며, 德을 상고하여 임금이 되면 사람이 다스려지고, 이미 民事를 이루면 神에게 제사를 지낼 수 있기 때문에 中德을 상고하면 능히 祖考에게 饋祀를 드릴 수 있고, 사람이 사랑하고 神이 도와서 無爲 정치를 할 수 있기 때문에 즐기는 도리를 크게 쓸 수 있으니, 곧 위에서 이른 "음식으로 醉飽하는 도리이다."란 것이다. 鄭玄은 〈'介'를〉 '임금에게 제사 지내는 일을 도와주는 것'으로 생각하였는데, 또한 그 義勢는 아니다. 아래에서 말한 것도 아울러 하늘이 人事에 의거한 것이니, 이 王의 일을 바로잡는 大臣이 天理에 근본을 두었기 때문에 하늘이 그 큰 德을 따라서 잊지 않음이 王家에 있을 것이라고 한 것이니, 반복해서 서로 뜻을 이루는 문장 어구의 기세이다.

王曰 封아 **我西土**에 棐徂[1]**邦君御事小子**하니 **尙克用文王敎**하여 **不腆于酒**라

1) 棐徂 : 蔡傳은 "文王을 보좌하던 지난날의 邦君 등이〔輔佐文王往日之邦君〕"로 풀이하였다.

왕께서 말씀하였다. "封아! 〈문왕께서〉 우리 西土에 계실 적에 지난날의 邦君(제후)과 일을 다스리는 자 그리고 백성의 자손들을 도와 교훈하시니, 〈그들은 거의 모

두 능히〉 文王의 가르침을 잘 활용하여 술을 많이 마시지 않았다.

【傳】 我文王在西土에 輔訓往日國君及御治事者와 下民子孫하니 皆庶幾能用上教[1)]하여 不厚於酒라 言不常飮이라

1) 我文王在西土……皆庶幾能用上教 : 兪樾은 "'輔訓往日'은 문장이 뜻을 이루지 못한다. '棐'는 응당 '非'의 뜻으로 읽어야 한다. '徂'는 '往'의 뜻을 가진 글자이다. ≪荀子≫ 〈解蔽篇〉의 '不慕往'에 대한 楊注에 '「往」은 「古昔」의 뜻이다.'라고 하였으니, 그렇다면 '我西土棐徂'란 '우리가 西土에 건국한 지 지금 〈연대가 그리〉 멀지 않으므로 古昔이 아닌 것이다. 그러므로 제후들과 이를 맡아보던 사람들과 젊은이들이 외려 능히 文王의 교훈을 활용한다.'고 말한 것이다.〔輔訓往日 文不成義 棐當讀爲非 徂往也 荀子解蔽篇 不慕往 楊注曰 往古昔也 然則我西土棐徂者 言我肇西土 至今未遠 非古昔也 故邦君御事小子 尙克用文王教也〕"라고 하였다.

우리 文王이 西土에 계실 적에 지난날의 國君 및 일을 다스리는 자 그리고 백성의 자손들을 도와 교훈하니, 이들은 모두 거의 능히 문왕의 교훈을 활용해서 술을 많이 마시지 않았다는 것이니, 곧 늘 술을 마시지 않았음을 말한 것이다.

故我至于今하여 克受殷之命이니라

그러므로 우리가 지금에 이르러 殷나라의 天命을 대신 받게 된 것이다."

【傳】 以不厚於酒라 故로 我周家至於今에 能受殷王之命이라

술을 많이 마시지 않았기 때문에 우리 周나라가 오늘에 와서 殷나라 王의 天命을 받을 수 있었다는 것이다.

【疏】 '王曰封我西'至'之命' ○正義曰 : 於此乃總言不可不用文王愼酒之教. 王命之曰 "封, 我文王本在西土, 以道輔訓往日國君及治事之臣大夫士與其民之小子, 其此等皆庶幾能用文王教, 而不厚於酒, 故我周家至于今, 能受殷之王命. 以此故, 不可不用其教以斷酒."

經의 〔王曰封我西〕에서 〔之命〕까지

○正義曰 : 여기서는 곧 文王이 술을 삼갈 것에 대해 교훈한 것을 활용하지 않을 수 없음을 총체적으로 말한 것이다. 王이 다음과 같이 명령하였다. "封아! 우리 文王이 본래 西

土에 계실 적에 지난날의 國君 및 일을 다스리는 신하인 大夫와 士 그리고 백성의 小子들을 도리로써 도와 교훈하였으니, 그들이 모두 거의 능히 문왕의 교훈을 활용해서 술을 많이 마시지 않았다. 그러므로 우리 周나라가 오늘에 와서 능히 殷나라 王의 天命을 받을 수 있었다. 이 까닭으로 그 교훈을 활용해서 술을 끊지 않을 수 없었던 것이다."

【疏】 ○ 傳'我文'至'常飮' ○ 正義曰 : '棐', 輔也. '徂', 往也. 以事已過, 故言'往日'. 恐嗜酒不成其德, 故以斷酒輔成之. 其'御事', 謂國君之下衆臣也. '不厚於酒', 卽'無彝酒'也. 故云"不常飮." 總述上也.

○ 傳의 〔我文〕에서 〔常飮〕까지

○ 正義曰 : '棐'는 輔의 뜻이다. '徂'는 往의 뜻이다. 일이 이미 지나갔기 때문에 '往日'이라 말한 것이다. 술을 즐기어 그 德을 이루지 못할까 두려웠기 때문에 술을 끊음으로써 도와 이루게 한 것이다. 그 '御事'는 國君의 아래에 있는 여러 신하를 이른다. '不厚於酒'는 곧 '無彝酒(늘 술을 마시지 않았다.)'이다. 그러므로 "늘 마시지 않는다."라고 말한 것이다. 모두 위의 일을 傳述한 것이다.

王曰 封아 我聞하니 惟曰 在昔殷先哲王은 迪畏天하고 顯小民[1)]하며

1) 迪畏天顯小民 : 林之奇(≪尙書全解≫)는 '迪'을 道의 뜻으로 보아 "殷나라 先哲王의 道는 하늘의 밝은 道와 小民을 두려워하는 데에 있었을 뿐이다. 하늘에 밝은 道가 있어 吉凶과 善惡이 각각 그 類로써 應報하니 두려워하지 않을 수 없다. 小民은 보호하기 어려워 愚夫·愚婦 그 어느 하나도 능히 나를 이겨내니 또한 두려워하지 않을 수 없다.〔迪 道也 殷先哲王之道 在於畏天顯小民而已 天有顯道 吉凶善惡 各以其類應 不可不畏也 小民難保 愚夫愚婦 一能勝予 亦不可不畏也〕"로, 呂祖謙(≪增修東萊書說≫)은 "商王의 흥기시대에는 대개 이 道 때문에 하늘을 두려워하고 백성을 두려워하였다. 하늘에는 밝은 道가 있고 小民은 보호하기 어려운데 어찌 감히 두려워하지 않을 수 있겠는가.〔商王之興 蓋以是道而畏天畏民也 天有顯道 小民難保 何敢不畏〕"로, 陳經(≪尙書詳解≫)은 "'迪'은 蹈의 뜻이니 몸소 실행함을 이른다. 하늘에는 밝은 道가 있고 小民은 보호하기 어려우니, 모두 두려워할 대상이다.〔迪 蹈也 躬行之謂也 天有顯道 小民難保 皆可畏者也〕"로, 蔡傳은 "'迪畏'는 두려워서 행실에 나타나는 것이니, 하늘의 밝은 命을 두려워하고 小民의 보호하기 어려움을 두려워한 것이다.〔迪畏者 畏之而見於行也 畏天之明命 畏小民之難保〕"로, 吳澄(≪書纂言≫)은 "'迪畏'는 실제로 하늘의 밝음 – 天道의 顯明함 – 을 두려워한다는 말과 같다.〔迪畏 猶言實畏天顯 – 天道之顯明 –〕"라고 풀이하였다. 孔傳은 '天'에 句를 끊고, 蔡傳과 林之奇, 呂祖謙, 陳經, 吳澄은 모두 '顯'에 句를

끊었다.

왕이 말씀하였다. "封아! 나는 들으니 이르건대, '옛날에 殷나라의 先哲王은 〈道를 몸소〉 실천하고 하늘의 위엄을 두려워하고 〈德을〉 小民에게 드러내며,

【傳】 聞之하니 於古殷先智王은 - 謂湯 - 蹈道畏天하고 明著小民이라

들으니 '옛날에 殷나라 先智王은 - 湯을 이른다. - 道를 몸소 실천하고 하늘의 위엄을 두려워하며, 德을 小民들에게 밝게 드러냈다.'고 했다는 것이다.

經德秉哲[1)]하사 自成湯으로 咸至于帝乙히 成王畏相하니

1) 經德秉哲 : 蔡傳은 '德을 늘 간직하여 변하지 않았다.'라는 것은 자기의 처신 문제를 말한 것이고, '명철한 마음을 가져 의혹하지 않았다.'라는 것은 사람의 등용 문제를 말한 것이다.〔經其德而不變 所以處己也 秉其哲而不惑 所以用人也〕"라고 풀이하였다.

德을 늘 간직하고 밝은 지혜를 가지고서 〈政教를 하여,〉 成湯으로부터 帝乙에 이르기까지 王道를 이루고 相臣을 경외하니,

【傳】 能常德持智하여 從湯至帝乙히 中間之王도 猶保成其王道하고 畏敬輔相之臣하여 不敢爲非라

능히 德을 늘 간직하고 밝은 지혜를 가지고서 〈政教를 하여〉, 湯으로부터 帝乙에 이르기까지 그 중간의 왕들도 외려 그 王道를 보존하여 이루고, 輔相하는 신하를 경외하여 감히 그릇된 짓을 하지 않았다는 것이다.

惟御事厥棐有恭하여 不敢自暇自逸이온

일을 맡아 다스리는 사람들도 임금을 보좌하는 일에 공경(충성)을 다하느라 감히 스스로 여가를 가지거나 스스로 안일하지 못했다.' 하는데,

【傳】 惟殷御治事之臣은 其輔佐畏相之君에 有恭敬之德하여 不敢自寬暇自逸豫라

殷나라의 일을 맡아 다스리는 신하는 그 정승을 경외하는 임금을 輔佐할 때에 공경하는 德을 가져 감히 스스로 한가한 여가를 가지거나 스스로 안일을 즐기지 못하였다는 것

이다.

矧曰其敢崇飮[1)]가

1) 敢崇飮 : 蔡傳은 '崇'을 尙(숭상)의 뜻으로 보아 "감히 술 마시기를 숭상하겠는가."라고 풀이하였다.

하물며 감히 모여서 술을 마셨겠는가.

【傳】崇은 聚也라 自(假)〔暇〕[1)]自逸도 猶不敢이온 況敢聚會飮酒乎아 明無也라

1) (假)〔暇〕: 저본에는 '假'로 되어 있으나, 諸本에 의거하여 '暇'로 바로잡았다.

崇은 聚의 뜻이다. 스스로 여가를 가지고 스스로 안일을 즐기는 것도 외려 감히 하지 못했거늘, 하물며 감히 모여서 술을 마셨겠는가. 〈절대로 그런 일이〉 없었음을 밝힌 것이다.

越在外服한 侯와 甸과 男과 衛와 邦伯과

外服에 있는 侯服・甸服・男服・衛服의 諸侯와 邦伯과

【傳】於在外國[1)]侯服과 甸服과 男服과 衛服과 國伯諸侯之長 言皆化湯畏相之德이라

1) 外國 : 外服과 같은 말이다.

外國에 있는 侯服과 甸服과 男服과 衛服과 國伯 諸侯의 長 모두 輔相하는 大臣을 敬畏한 〈湯임금의〉 德에 교화되었음을 말한 것이다.

越在內服한 百僚와 庶尹과 惟亞와 惟服宗工[1)]과

1) 宗工 : 洪奭周(≪尙書補傳≫)는 "孔傳은 '惟服宗工'을 직사에 복무하는 尊官으로 보았고, 蔡傳은 '宗工'을 大臣으로 보았으나 '惟服'에 대해서는 분명한 해석이 없다. 나는 아랫章에서 말한 '百宗工'에 대해서는, 周나라 제도에 諸侯의 大國도 三卿, 五大夫에 불과하였거늘, 또 어떻게 大臣尊官을 백 명씩이나 둘 수 있었겠는가라는 생각이 든다. 아마 殷나라의 官制에 이른바 '宗工'이란 것은 혹시 ≪周官≫의 '宗伯' 등속과 같은 것으로서 宗廟의 제향에 이바지하는 직책으로 마치 都宗人과 家宗人 따위인 듯한데, 지금 그것을 상고할 길이 없다.〔孔傳以惟服宗工爲服事尊官 蔡傳以宗工爲大臣 而於惟服 則無明釋 愚謂下章言百宗工 周制諸侯大國

不過三卿五大夫 又安有大臣尊官 而可以百計者乎 意殷之官制 有所謂宗工者 或當如周官宗伯之屬 供宗廟祀享之職者 若都宗人家宗人之類 而今不可攷矣〕"라고 하였다. 蔡傳은 아랫章의 '百宗工'에 대해서 "百寮와 大臣"이라고 풀이하였는데, 洪奭周는 '百'자를 蔡傳과 다르게 보고 있다.

內服에 있는 百僚와 庶尹과 亞와 服宗工과

【傳】 於在內服治事百官衆正과 及次大夫와 服事尊官[1)]도 亦不自逸이라

1) 服事尊官 : 尊官(大臣)의 일에 복무하는 자로 볼 수도 있다.

內服에 있는 職事를 다스리는 百官과 衆正 및 次大夫와 직사에 복무하는 尊官도 스스로 안일을 취하지 않았다는 것이다.

越百姓里居[1)]에

1) 百姓里居 : 蔡傳은 "國中의 백성과 마을에 거주하는 자가 있는데〔國中百姓 與夫里居者〕"라고 풀이하였는데, 이에 대하여 王夫之(≪尙書稗疏≫)는 "六經에서 말한 '百姓'은 모두 大夫 이상 賜姓의 집안이다.……孔孟의 시대에 와서는 民도 '百姓'이란 칭호를 가지게 되었다.……賜姓의 집안이 編氓으로 강등된 경우가 많았다. 지금 여기서 말한 '百姓里居'의 경우, '百姓'은 百官의 族이고, '里居'는 井疆·夫里의 氓이다. 그런데 蔡註에서는 百姓을 民으로 여겼다. 民은 마을에 거주하지 않는 자가 없는데, 蔡氏는 國中과 野外로 나누고 있으니, 또한 살피지 못한 것이다.〔凡六經所言百姓 皆大夫以上賜姓之家也……至孔孟之時 民亦得有百姓之稱……賜姓之家 降爲編氓者多也 今此言百姓里居 則百姓者 百官之族 里居者 井疆夫里之氓也 蔡註以百姓爲民 民則無非里居者 而蔡氏以國中野外分之 亦不審矣〕"라고 지적하였다.

백성과 〈벼슬을 내놓고〉 마을에 거주하는 신하에 이르기까지

【傳】 於百官族姓及卿大夫致仕居田里者라

百官과 族姓 및 卿·大夫로서 벼슬을 내놓고 田里에 거주하는 자들이다.

罔敢湎于酒하니 不惟不敢이라 亦不暇요

감히 술에 빠진 이가 없었으니, 단지 감히 하지 못할 뿐만 아니라 또한 겨를을 내지 못하였고,

【傳】自外服至里居히 皆無敢沈湎於酒라 非徒不敢이라 志在助君敬法하니 亦不暇飮酒라

外服으로부터 里居에 이르기까지 모두 감히 술에 빠진 자가 없었다. 감히 못했을 뿐만 아니라 뜻이 임금을 돕고 법을 공경하는 데 있었으니, 또한 술을 마실 겨를을 내지 못하였다는 것이다.

惟助成王德顯하며 越尹人祗辟하니라

오직 〈그 임금을〉 도와 王道를 이루어 德을 드러나게 하며, 그리고 사람을 바로잡는 도리를 가지고 법을 공경히 시행하였다.

【傳】所以不暇飮酒는 惟助其君成王道하여 明其德하고 於正人之道로 必正身敬法이니 其身正이면 不令而行이라

술을 마실 겨를이 없었던 까닭은, 오직 그 임금을 도와 王道를 이루어 그 德을 드러나게 하고, 사람을 바로잡는 도리로 반드시 몸을 바르게 가지고 법을 공경히 시행하였으니, 그 몸이 바르게 되면 명령을 하지 않아도 저절로 행해질 수 있었다는 것이다.

【疏】'王曰封我聞'至'祗辟' ○正義曰：以周受於殷, 文王之前殷代也, 今又衛居殷地, 故擧殷代以酒興亡得失而爲戒, 王命之曰"'封', 我聞於古, 所聞惟曰, 殷之先代智道之王成湯, 於上蹈道以畏天威, 於下明著加於小民, 卽能常德持智以爲政敎. 自成湯之後皆然, 以至于帝乙, 猶保成其王道, 畏敬輔相之臣. 其君旣然, 惟殷御治事之臣, 其輔相於君, 有恭敬之德, 不敢自寬暇, 自逸豫, 況曰其敢聚會群飮酒乎. 於是在外之服侯・甸・男・衛・國君之長, 於是在內之服治事百官衆正, 惟次大夫, 惟服事尊官, 於百官族姓及致仕在田里而(稚)〔居〕[1]者, 皆無敢沈湎於酒. 不惟不敢, 亦自不暇飮. 所以不暇者, 惟以助其君成其王道, 令德顯明, 又於正人之道, 必正身敬法, 正身以化下, 不令而行, 故不暇飮. 是亦可以爲法也."

1) (稚)〔居〕: 저본에는 '稚'로 되어 있으나, 諸本에 의거하여 '居'로 바로잡았다.

經의 〔王曰封我聞〕에서 〔祗辟〕까지

○ 正義曰：周나라가 殷나라에서 천명을 받은 것은 文王의 앞 殷나라 세대 적이었고, 지금 또 衛나라가 殷나라 땅에 자리 잡고 있기 때문에 殷나라의 세대에 술로 인한 興亡得

失을 들어서 경계를 하였으니, 王이 〈康叔에게 다음과 같이〉 명하였다. "封아! 나는 옛날에 대한 것을 들었는데 들은 바에 의하면 '殷나라의 先代에 지혜롭고 도덕이 높은 王 成湯이 위로는 몸소 道를 실천하여 하늘의 위엄을 두려워하고, 아래로는 덕을 밝혀 小民에게 드러나도록 하며, 곧 능히 德을 늘 간직하고 밝은 지혜를 가져서 政教를 하였는데, 成湯 이후로도 다 그렇게 해서 帝乙에 이르기까지도 외려 그 王道를 보존해 이루고, 輔相하는 신하를 경외하였다. 그 임금들은 이미 그렇게 하였고, 殷나라 일을 다스리는 신하들은 그 임금을 輔相할 때에 恭敬하는 德을 가져 감히 스스로 한가한 여가를 가지거나 스스로 안일하지 못하였거늘, 하물며 그들이 감히 모여서 떼로 술을 마셨다고 할 수 있겠는가. 그래서 밖에 있는 服인 侯服·甸服·男服·衛服과 國君의 長과 안에 있는 服인 일을 다스리는 百官·衆正 그리고 次大夫, 직사에 복무하는 尊官들 및 百官과 族姓 및 卿·大夫로서 벼슬을 내놓고 田里에 거주하는 자들까지도 모두 감히 술에 빠진 이가 없었다. 단지 감히 하지 못할 뿐만 아니라 또한 스스로 술을 마실 겨를이 없었다.

술을 마실 겨를이 없었던 까닭은, 오직 그 임금을 도와 王道를 이루어 그 德을 드러나 밝게 하고, 또 사람들을 바로잡는 도리로 반드시 몸을 바르게 가지고 법을 공경히 시행하였으니, 그 몸을 바르게 하여 아랫사람들을 교화하면 명령을 하지 않아도 저절로 행해질 수 있었기 때문에 술을 마실 겨를이 없었다.'라 하였다. 이것이 또한 본받을 만한 것이다."

【疏】 ○ 傳'聞之'至'小民' ○ 正義曰：言"聞之於古", 是事明衆見也. 下言"自成湯", 知此別道湯事也. 王者上承天, 下恤民, 皆由蹈行於(爲)〔道〕[1], 畏天之罰己故也. 又以道教民, 故明德著小民.

1) (爲)〔道〕: 저본에는 '爲'로 되어 있으나, 諸本에 의거하여 '道'로 바로잡았다.

○ 傳의 〔聞之〕에서 〔小民〕까지

○ 正義曰："옛날에 대한 것을 들었다."라고 말한 것은, 이 일은 여러 사람이 본 사실임을 밝히기 위한 것이다. 아래에서 "成湯으로부터"라고 말하였으므로 이것이 湯임금의 일을 별도로 말한 것임을 〈孔安國은〉 알았던 것이다. 王者가 위로 하늘을 이어받고 아래로 백성을 구휼하는 것은 모두 道를 몸소 실천하고 하늘이 자기를 벌줄까 두려워하기 때문이다. 또한 道를 가지고 백성을 가르치기 때문에 德을 밝혀 小民에게 드러낸 것이다.

【疏】○傳'能常'至'爲非' ○正義曰：德在於身，智在於心，故能常德持智，卽上迪畏天，顯小民，爲自湯後皆爾.

○傳의〔能常〕에서〔爲非〕까지

○正義曰：德은 몸에 있는 것이고 지혜는 마음에 있는 것이기 때문에 능히 德을 늘 간직하고 지혜를 가져서 곧 위로는 〈道를 몸소〉 실천하고 하늘의 벌을 두려워하였으며, 덕을 밝혀 小民에게 드러냈는데, 湯임금 이후로는 다 그렇게 하였던 것이다.

【疏】○傳'惟殷'至'逸豫' ○正義曰：此事當公卿，故下別云"越在內服百僚庶尹"也. 爲君畏相，故輔之. 若寬暇與逸豫，則不恭敬，故不敢爲也.

○傳의〔惟殷〕에서〔逸豫〕까지

○正義曰：이 일을 公卿에게 해당시켰기 때문에 아래에서 별도로 "그리고 內服에 있는 百僚와 庶尹"이라고 한 것이다. 임금이 되면 정승을 두려워하기 때문에 보좌를 하는 것이다. 만일 겨를을 내거나 안일을 즐긴다면 공경치 못한 것이기 때문에 감히 하지 않는다.

【疏】○傳'崇聚'至'明無' ○正義曰：釋詁云"崇，充也." 充實則集聚，故'崇'爲聚也. 飮必待暇逸，猶尙不敢暇逸，故言"況敢聚集飮酒乎. 明無也."

○傳의〔崇聚〕에서〔明無〕까지

○正義曰：≪爾雅≫〈釋詁〉에 "'崇'은 充의 뜻이다."라고 하였다. 充實하면 集聚하기 때문에 '崇'을 聚의 뜻으로 여긴 것이다. 술을 마시려고 하면 반드시 여가 날 때와 안일할 때를 기다려야 하는데, 외려 감히 여가를 내거나 안일을 즐기지 못하기 때문에 "하물며 감히 모여서 술을 마시겠는가. 절대 그런 일이 없었음을 밝힌 것이다."라고 말한 것이다.

【疏】○傳'於在'至'之德' ○正義曰：以公卿與國爲體，承君共事，故先言之. 然後見廣，故自外及內，擧四者以總六服，又因'衛'爲蕃衛，故不言'采'也. '國'謂國君，'伯'言長，連·屬·卒·牧皆是. 見徧在外爲君，故言"化湯畏相之德."

○傳의〔於在〕에서〔之德〕까지

○正義曰：公卿은 나라와 一體가 되어서 임금을 받들어 일을 함께하기 때문에 먼저 말한 것이다. 그런 다음에 광범위함을 보이기 때문에 外服으로부터 內服에 이르기까지 네 가지를 들어서 六服을 총괄하였고, '衛'를 蕃衛로 삼았기 때문에 '采'를 말하지 않았다.

'國'은 國君을 이르고, '伯'은 長을 말하니, 連·屬·卒·牧이 모두 이것이다. 두루 밖에 있어서 임금이 됨을 보이기 때문에 "정승을 敬畏한 湯임금의 德에 교화되었다."라고 말한 것이다.

【疏】 ○ 傳'於在'至'自逸' ○ 正義曰：畿外有服數, 畿內無服數, 故爲'服治事'也. 言'百官衆正', 爲總之文. 但百官衆正除六卿, 亦有大夫及士, 士亦有官首而爲政者. '惟亞', 傳云'次大夫'者, 謂雖爲大夫不爲官首者. 亞次官首, 故云'亞'. 擧大夫尊者爲言, 其實士亦爲亞次之官. 必知'惟亞'兼士者, 以此經文上下更無別見士之文, 故知兼之. '惟服宗工', 總上百僚庶尹及惟亞, 言服治職事尊官之故, 亦不自逸. '惟亞'雖不爲官首, 亦助上服治政事, 或可非官首者服事在上之尊官, 亦不自逸.

○ 傳의 〔於在〕에서 〔自逸〕까지

○ 正義曰：畿外에는 服數가 있고, 畿內에는 服數가 없기 때문에 '일을 다스리는'이라고 한 것이다. '百官·衆正'이라 말한 것은 총괄해서 적은 글이다. 단, 百官·衆正은 六卿을 제외했을 뿐이고, 또한 大夫 및 士가 있으니, 士 또한 官首에 있어 정사를 하는 자이다. '惟亞'를 傳에서 '次大夫'라고 한 것은, 비록 大夫는 되었으나 官首가 되지 못한 자를 이른다. 亞는 官首에 버금가기 때문에 '亞'라고 한 것이다. 大夫와 尊者를 들어서 말하였으나, 기실은 士 또한 亞次의 벼슬이다. '惟亞'가 士를 겸한 점을 반드시 안 것은 이 經文 위아래에 다시 별도로 士를 보인 글이 없기 때문에 士를 겸한 것임을 알 수 있다.

'惟服宗工'은 위의 百僚와 庶尹 및 亞를 총괄하고서 직사를 다스리는 尊官이기 때문에 또한 스스로 안일을 취하지 않았음을 말한 것이다. '亞'는 비록 官首는 되지 않으나 또한 위를 도와 정사를 다스리니, 혹 官首가 아닌 자로서 직사에 복무하며 위에 있을 만한 尊官도 또한 스스로 안일을 취하지 않는다는 것이다.

【疏】 ○ 傳'於百'至'里者' ○ 正義曰：每言'於'者, 繼上君與御事爲'於'. 此不言'在', 從上'內服'故也. '百官族姓', 謂其每官之族姓, 而與'里居'爲總, 故云 "卿大夫致仕居田里者"也.

○ 傳의 〔於百〕에서 〔里者〕까지

○ 正義曰：매양 '於'를 말함은 위의 임금과 일을 다스리는 자를 이었을 경우엔 '於'로 표기하였다. 여기서 '在'를 말하지 않음은 위의 '內服'을 따랐기 때문이다. '百官族姓'은 매

관직마다 族姓을 이른 것인데, '里居'와 총괄적으로 다루었기 때문에 "卿·大夫로서 벼슬을 내놓고 田里에 거주하는 자들"이라고 한 것이다.

【疏】 ○ 傳'自外'至'飮酒' ○ 正義曰：自外服至里居, 皆無敢沈湎, 亦上御事, 云 "亦不暇." 不暇則不逸可知. '助君敬法', 逆探下經也.

○ 傳의 〔自外〕에서 〔飮酒〕까지

○ 正義曰 : 外服으로부터 里居에 이르기까지 모두 감히 술에 빠지지 않았으며, 또한 위의 일을 다스리는 자들이 "또한 겨를을 내지 못했다."라고 하였으니, 겨를을 내지 못하였으면 안일을 취하지 않았음도 알 수 있다. '임금을 돕고 법을 공경히 시행한다.'는 것은 역으로 아래의 經文을 탐색한 것이다.

我聞하니 **亦惟曰 在今後嗣王**하여는 **酣身**하여

내 듣건대, 또한 말하기를 '지금(근래) 後嗣王에 있어서는 몸에 흠뻑 술이 배어,

【傳】 嗣王은 紂也라 酣樂其身하고 不憂政事라

'嗣王'은 紂이다. 그 몸을 술에 빠뜨려 마음껏 즐기고 정사를 걱정하지 않았다는 것이다.

厥命이 **罔顯于民**이요 **祗保越怨**이어늘 **不易**[1]하고

1) 祗保越怨不易 : 蔡傳에는 '祗保'에 대한 풀이가 없고, 蘇軾은 '易'를 樂易(이)의 뜻으로 보아 "본래는 화평의 樂을 추구하려고 했으나 그 惡德이 怨仇를 맺는 보조기구가 되어버려서 樂易를 하지 못하였다.〔本以求慢易之樂也 然其德適足以爲怨仇之保 未嘗樂易〕"로, 林之奇는 "紂는 원망을 사는 일만을 편안히 여기므로 개역할 바가 없었다.〔紂但安于怨 無所改易〕"로, 楊簡(≪五誥解≫)은 "保는 고수하여 옮기지 않는 뜻이니, 紂는 드러나지 못할 명령을 백성들에게 베풀고 마음에 굳게 保守하였다. 백성들이 모두 원망해도 紂는 외려 그 마음을 변하지 않았다.〔保者 守而不遷之意 紂以罔顯之命 施于民 保守于心 下民皆怨咨 而紂猶不知改易〕"로, 陳經(≪尙書詳解≫)은 "공경하여 保養하는 자들은 바로 여러 사람들이 원망하는 사람들뿐이었다. '不易'은 공경하고 보양하여 그 마음이 변하지 않음을 말한 것이다.〔所祗敬而保養之 惟是衆人所怨之人 不易 言敬保之 其心不變〕"로 풀이하였다.

그의 명령이 백성들에게 드러나지 못하였고, 경건히 여기는 것과 편안히 여기는

것이 원망을 살 일인데도 이를 變易하지 아니하였고,

【傳】 言紂暴虐하여 施其政令於民에 無顯明之德이요 所敬所安이 皆在於怨이어늘 不可變易이라

紂는 暴虐하여 政令을 백성들에게 베푼 것에 드러난 德이 없고, 경건히 여기는 것과 편안히 여기는 것이 모두 〈백성들을〉 원망하게 하는 데 있는 일이건만, 〈紂의 惡이 굳어져서〉 변역할 수가 없었다는 것이다.

誕惟厥縱淫泆于非彛하여 用燕喪威儀일새 民이 罔不衋(혁)傷心이어늘

비상한 일에 크게 마음대로 淫泆을 자행하여, 이러한 安逸로 威儀를 상실하였으므로 백성들이 모두 상심한 듯 비통해하지 않는 이가 없었건만,

【傳】 紂大惟其縱淫泆於非常하고 用燕安喪其威儀일새 民無不衋然痛傷其心이라

紂는 비상한 일에 크게 마음대로 淫泆을 자행하고 燕樂으로 그 威儀를 상실하였으므로 백성들이 그것을 보고 발끈 화를 내어 상심한 듯 비통해하지 않는 자가 없었다는 것이다.

惟荒腆于酒하여 不惟自息하고 乃逸하며

술에 너무 빠져들어 스스로 그칠 줄을 생각하지 않았고 〈지나치게〉 安逸하였으며,

【傳】 言紂大厚於酒하여 晝夜不念自息하고 乃過差라

紂는 술을 크게 즐겨 주야로 그칠 줄 모르고 지나치게 〈安逸하였음을〉 말한 것이다.

厥心疾很하여 不克畏死하며

그 마음이 모질고 사나워서 능히 죽음을 두려워하지 아니하였으며,

【傳】 紂疾很其心하여 不能畏死라 言無忌憚이라

紂는 그 마음이 모질고 사나워서 능히 죽음을 두려워하지 않았다. 곧 忌憚이 없었음을 말한 것이다.

辜在商邑하여 越殷國滅無罹라하니라

죄가 商나라 도읍에 쌓여 殷나라가 망하게 되었는데도 근심하지 않았다.'고 한다.

【傳】 紂聚罪人在都邑而任之하니 於殷國滅亡無憂懼[1]라

1) 紂疾很其心……於殷國滅亡無憂懼 : 兪樾은 "≪白虎通≫ 〈京師篇〉에 인용된 ≪尙書≫의 '在商邑'은 바로 이 글이다. '辜'자는 응당 위에 붙여서 읽어야 하니, '不克畏死辜'는 '능히 죽을 죄를 두려워하지 않았다.'고 말한 것이다. '在商邑越殷國滅無罹'는 ≪爾雅≫ 〈釋詁〉에 「在」는 察의 뜻이다.'고 하였고, '越'은 與의 뜻과 동일한 것이다. ≪尙書≫에서 연해진 말에서는 매번 '越'자를 사용하였다. '在商邑 越殷國'은 '在商邑與殷國'이란 말과 같으니, '商邑'은 紂의 도읍한 곳을 가지고 말하고, '殷國'은 대개 王畿 1,000里의 안을 통틀어 말한 것이니, 紂는 商邑 및 殷國이 장차 멸망할 것을 살펴보고도 걱정함이 없었으니, 이는 곧 능히 죽을 죄를 두려워하지 않은 증거이다.〔白虎通 京師篇 引尙書曰 在商邑 卽此文也 則辜字當屬上讀 不克畏死辜者 言其不能畏死罪也 在商邑 越殷國滅無罹者 爾雅釋詁曰 在察也 越與與同 尙書連及之詞 每用越字 在商邑 越殷國 猶言在商邑與殷國 商邑 以紂所都言 殷國 蓋通指王畿千里之內 紂察見商邑與殷國將滅亡而無憂 此卽不克畏死辜之證也〕"라고 하였다.

紂는 죄인들을 모아다가 都邑에 두고 임용하였으니, 殷나라가 멸망하는 것을 걱정하거나 두려워하는 바가 없었다는 것이다.

弗惟德馨香祀 登聞于天이요 誕惟民怨이니라

〈이리하여〉 향내 나는 德으로 지내는 향기로운 제사〈의 영향이〉 하늘에 올라가 알려지게 할 것을 생각하지 않고, 크게 백성들의 원망하는 바만 되게 하였다.

【傳】 紂不念發聞其德하여 使祀見享하여 升聞於天하고 大行淫虐하여 惟爲民所怨咎[1]라

1) 紂不念發聞其德……惟爲民所怨咎 : 兪樾은 "'登聞于天' 위에 '祀'자를 붙인 것은 자못 말이 되지 않고, 枚傳의 뜻 또한 迂曲하니, 經의 뜻이 아니다. '祀'는 바로 '已'의 假借字이고, '已'와 '以'는 예전에 통용하였다. 여기서는 응당 '香'자에 句를 끊어야 하니, '惟德馨香 以登聞于天'이란 것과 같다. 또 傳에서 '弗惟'를 '不念'으로 해석한 것은 아마 ≪爾

雅≫ 〈釋詁〉의 '「惟」는 「思」이다.'는 뜻을 활용한 것이리라. 그러나 '不念德香'은 또한 말이 되지 않는다. ≪文選≫ 〈東京賦〉의 '卜惟洛食'에 대한 薛綜의 注에 '「惟」는 有의 뜻이다.'고 하였으니, 여기의 '惟'는 有의 뜻으로 풀이할 수 있으므로, '弗惟德馨香'은 '弗有德馨香'이라 말한 것과 같고, '誕惟民怨'은 '誕有民怨'이라 말한 것과 같다. 대개 德이 하늘에 들림이 없으면 있는 것은 바로 백성들의 원성일 뿐이다. ≪尙書≫ 중에 '惟'자를 有의 뜻으로 풀이할 수 있는 데가 너무도 많다.〔登聞于天 上着祀字 殊爲不辭 枚義亦迂曲 非經旨也 祀乃已之假借字 已以古通用 此當於香字絶句 猶曰惟德馨香 以登聞于天也 又傳解弗惟爲不念 蓋用爾雅釋詁惟思也之義 然不念德香 亦爲不辭 文選東京賦 卜惟洛食 薛綜注曰 惟 有也 是惟可訓有 弗惟德馨香 猶言弗有德馨香也 誕惟民怨 猶言誕有民怨也 蓋無德以聞于天 則所有者民之怨咨而已 尙書中惟字可訓有者甚多〕"라고 하였다.

紂는 그 德의 향기를 풍겨서, 제사를 지내어 흠향해줌을 받음으로써 〈그 영향이〉 올라가 하늘에 알려지게 할 것을 생각하지 않고, 크게 淫虐을 행하여 백성들의 怨咎하는 바만 되게 하였다는 것이다.

庶群自酒하여 腥聞在上이라 故天降喪于殷하사 罔愛于殷은 惟逸이니

〈紂의〉 여러 신하가 술에 빠져 더러운 냄새가 하늘에 풍겨졌다. 그러므로 하늘이 殷나라에 멸망을 내리시어 殷나라를 아끼지 않으신 것은 〈紂가〉 安逸했기 때문이니,

【傳】 紂衆群臣用酒沈荒하여 腥穢聞在上天이라 故로 天下喪亡於殷하여 無愛於殷하니 惟以紂奢逸故라

紂의 여러 신하들이 술에 빠져 더러운 냄새가 하늘에 풍기었기 때문에 하늘이 殷나라에 喪亡을 내리어 殷나라를 아끼지 않았으니 그것은 紂가 사치하고 안일했기 때문이란 것이다.

天非虐이라 惟民이 自速辜니라

하늘이 학대한 것이 아니라 사람이 스스로 허물을 부른 것이었다."

【傳】 言凡爲天所亡은 天非虐民[1]이라 惟民行惡自召罪라

1) 民 : 이 문단의 '民'은 紂를 가리킨다.

무릇 하늘에게 喪亡한 바가 된 것은 하늘이 紂라는 위인을 학대한 것이 아니라 紂라는 위인이 惡을 행하여 죄를 자초하였다고 말한 것이다.

【疏】 '我聞'至'速辜' ○ 正義曰 : 旣言帝乙以上愼酒以存, 故又言紂嗜酒而滅, "我聞亦惟曰, 殷之在今帝乙後嗣之謂紂王, 酣樂其身, 不憂於政事. 施其政令, 無顯明之德於民, 所敬所安, 皆在於怨, 不可變易. 大惟其縱淫泆於非常, 用燕安之故, 喪其威儀, 民見之, 無不盡然痛傷其心也. 皆由惟大愛厚於酒, 晝夜不念自止息, 乃過逸. 其內心疾害很戾, 不能畏死. 聚罪人在商邑而任之, 於殷國滅亡無憂懼也. 不念發聞其德令之馨香, 使祀見享, 升聞于天, 大惟行其淫虐, 爲民下所怨. 紂衆群臣集聚用酒荒淫, 腥穢聞在上天, 故天下喪亡於殷, 無愛念於殷, 惟以紂奢逸故. 非天虐殷以滅之, 惟紂爲人自召此罪故也."

經의 〔我聞〕에서 〔速辜〕까지

○ 正義曰 : 帝乙 이상은 술을 삼가서 보존되었다는 것을 이미 말했기 때문에 또 紂가 술을 즐기다가 멸망한 것을 말한 것이다. "나는 듣건대 '殷나라의 지금 帝乙의 後嗣라 이르는 「紂王」이란 자가 그 몸을 술에 빠져 즐기고 정사를 걱정하지 않았다. 그 政令을 베푼 것이 백성들에게 드러난 德이 없고, 경건하게 한다는 것과 편안하게 한다는 것이 모두 〈백성들을〉 원망하게 하는 데 있는 일이건만, 〈紂의 惡이 굳어져서〉 변역할 수가 없었다. 紂가 크게 비상한 일에 淫泆을 자행하여 燕樂을 탐하기 때문에 그 威儀를 상실하자 백성들이 그것을 보고 발끈 화를 내어 상심한 듯 비통해하지 않는 자가 없었다. 모두 紂가 술을 크게 사랑하여 주야로 그칠 줄 모르고 지나치게 안일하였다. 그 마음씨가 모질고 사나워서 능히 죽음을 두려워하지 않았다. 죄인들을 모아다가 商나라 都邑에 두고 임용하였으니, 殷나라가 멸망하는 것을 걱정하거나 두려워하는 바가 없었다. 그 德令의 향기를 널리 발산하여 제사를 지내어 흠향해줌을 받아 〈그 영향이〉 올라가 하늘에 알려지게 할 것을 생각하지 않고, 크게 淫虐을 행하여 백성들의 원망하는 바만 되었다. 紂의 여러 신하들이 모여 술에 빠져 더러운 냄새가 하늘에 풍기었기 때문에 하늘이 殷나라에 喪亡을 내리어 殷나라를 아끼지 않았으니, 그것은 紂가 사치하고 안일했기 때문이었다. 하늘이 殷나라를 학대하여 멸망시킨 것이 아니라 紂라는 위인이 그 죄를 자초한 때문이었다.'라고 한다."

【疏】 ○ 傳'言紂'至'變易' ○ 正義曰 : '施其政令於民 無顯明之德', 言所施者皆是闇亂之政也. 紂意謂之爲善, 所敬之所安之者, 及其施行, 皆是害民之事, 爲民所怨, 紂之爲惡, 執心堅固, 不可變易也.

○ 傳의 〔言紂〕에서 〔變易〕까지

○ 正義曰 : 〔施其政令於民 無顯明之德〕 베푼 것이 모두가 바로 暗亂한 정사였음을 말한 것이다. 紂의 생각에는 善한 일로 여기나 경건하게 하는 바와 편안하게 하는 바가 시행할 때에 가서는 모두 백성들을 해치는 일로 변해서 백성들의 원망을 사게 되었다. 紂의 惡은 마음가짐이 굳어져서 변역할 수가 없었다.

【疏】 ○ 傳'紂大'至'其心' ○ 正義曰 : '誕'訓爲大. 言紂大惟其縱淫泆於非常之事.

○ 傳의 〔紂大〕에서 〔其心〕까지

○ 正義曰 : '誕'은 大의 뜻으로 풀이한다. 紂가 크게 비정상적인 일에 淫泆을 자행함을 말한 것이다.

【疏】 ○ 傳'紂衆'至'逸故' ○ 正義曰 : '紂衆群臣用酒沈荒', '用'者, 解經之自. 定本作'自', 俗本多誤爲'嗜'.

○ 傳의 〔紂衆〕에서 〔逸故〕까지

○ 正義曰 : 〔紂衆群臣用酒沈荒〕 '用'은 經文의 '自'를 풀이한 것이다. 定本에는 '自'로 되어 있고, 俗本에는 대부분 잘못 '嗜'로 되어 있다.

【疏】 ○ 傳'言凡'至'召罪' ○ 正義曰 : 此言'惟人', 謂紂也. 今變言'人'者, 見雖非紂, 亦然.

○ 傳의 〔言凡〕에서 〔召罪〕까지

○ 正義曰 : 여기서 말한 '惟人'은 紂를 이른다. 지금 '人'으로 변경해서 말한 것은 비록 〈직접적인〉 紂는 아니지만 또한 〈간접적으로〉 그렇다는 점을 보인 것이다.

王曰 封아 予不惟若茲多誥라

왕께서 말씀하였다. "封아! 나는 이처럼 〈너에게〉 많은 고유를 할 뿐만이 아니다.

【傳】 我不惟若此多誥汝라 我親行之라

나는 이처럼 너에게 많은 고유를 할 뿐 아니라, 나는 친히 행하고 있다고 한 것이다.

古人이 **有言曰 人**은 **無於水**에 **監**이요 **當於民**에 **監**이라하니라

옛사람이 말을 남기기를 '사람은 물에 거울삼아 보지 말고, 마땅히 백성에 거울삼아 보아야 한다.'고 하였다.

【傳】 古賢聖有言하되 人無於水監이요 當於民監이라하니라 視水見己形이요 視民行事면 見吉凶이라

옛 성현이 말을 남기기를 "사람은 물에 거울삼아 보지 말고 마땅히 백성에 거울삼아 보아야 한다."고 하였다. 물을 보면 자기 얼굴만 보고, 백성의 행하는 일을 보면 吉凶까지 볼 수 있다는 것이다.

今惟殷이 **墜厥命**하니 **我其可不大監**하여 **撫于時**[1]아

1) 時 : 蔡傳은 時(때)의 뜻 그대로 풀었다.

지금 殷나라가 하늘의 명을 실추시켰으니, 내 어찌 이를 크게 거울로 삼아 이때에 어루만지지 않을 수 있겠는가."

【傳】 今惟殷紂無道하여 墜失天命하니 我其可不大視此爲戒하여 撫安天下於是아

지금 殷나라 紂가 無道하여 天命을 실추시켰으니, 나는 이것을 크게 보아 경계로 삼아서 이때에 천하를 어루만져 편안하게 하지 않을 수 있겠는가라는 것이다.

【疏】 '王曰封予'至'于時' ○正義曰 : 旣陳殷之戒酒與嗜酒以致興亡之異, 故誥之, 王命言曰 "封, 我不惟若此徒多出言以誥汝而已, 我自戒酒, 已親行之, 汝可法之也. 所以親行者, 古人有言曰 '人無於水監, 當於民監.' 以水監, 但見己形, 以民監, 知成敗故也. 以須民監之故, 今殷紂無道, 墜失其天命, 我其可不大視以爲戒, 撫安天下於今時也."

經의 〔王曰封予〕에서 〔于時〕까지

○ 正義曰 : 殷나라가 술을 경계하고 술을 즐기는 것으로 나라를 흥성하게 만들고 나라를 망하게 만든 다른 점을 이미 진술하였기 때문에 고유를 하니, 王이 다음과 같이 명하여 말하였다. "封아! 나는 이처럼 한갓 말을 많이 내어 너에게 고유할 뿐만 아니라 나는 스스로 술을 경계하여 이미 친히 행하고 있으니 너는 본받아야 할 것이다. 친히 행하는 까닭은 옛사람이 말을 남기기를 '사람은 물에 거울삼아 보지 말고 마땅히 백성에 거울삼아 보아야 한다.'고 하였다. 물을 거울삼아 보면 단지 자기의 얼굴만 볼 수 있지만 백성을 거울삼아 보면 成敗를 알 수 있기 때문이다. 백성을 대상으로 거울삼아 보기 때문에 지금 殷나라 紂는 無道하여 그 天命을 실추하였으니 나는 크게 보아 경계를 삼아 지금 이때에 천하를 어루만져 편안하게 하지 않을 수 있겠는가."

予惟曰 汝劼[1)]毖殷獻臣과

1) 劼 : 蔡傳은 用力의 뜻이 담긴 글자로 보았다.

나는 말하노라. "너는 殷나라의 獻臣(賢臣)과

【傳】 劼은 固也라 我惟告汝曰 汝當固愼殷之善臣信用之하라하니라

劼은 固의 뜻이다. 나는 너에게 고하기를 "너는 마땅히 殷나라의 착한 신하를 단단히 신중하게 해서 믿고 써야 한다."라고 한 것이다.

侯甸男衛니 **矧太史友**와 **內史友**와

侯服・甸服・男服・衛服의 諸侯들을 힘써 경계해야 할 것이니, 하물며 네가 벗으로 대하는 太史와 內史와

【傳】 侯甸男衛之國도 當愼接之온 況太史內史掌國典法所賓友乎아

侯服・甸服・男服・衛服의 나라도 마땅히 신중하게 접촉해야 하거늘, 하물며 나라의 典法을 관장한 太史와 內史는 賓友로 대해야 할 자들이겠는가라고 한 것이다.

越獻臣百宗工이온여 **矧惟爾事**인 **服休服采**[1)2)]온여

1) 服休服采 : 鄭玄은 孔安國과 달리 '服休'는 '燕息하는 近臣'으로, '服采'는 '朝祭하는 近臣'으로 보고, 蔡傳은 '服休'는 앉아서 道를 논하는 신하, '服采'는 일어나서 일을 하는 신하로 보

았는데, 전후 상황을 감안하면 정현의 풀이가 핍절한 것 같다.

2) 矧惟爾事 服休服采 : 蔡傳은 "하물며 네가 섬기는 服休 곧 앉아서 道를 논하는 신하와 服采 곧 일어나서 일을 하는 신하가 술을 삼가지 않을 수 있겠는가.〔況爾之所事 服休坐而論道之臣 服采起而作事之臣 可不謹於酒乎〕"라고 풀이하였다.

獻臣과 百宗工에 대해서도 〈신중하게 대하지 않을 수 없는데,〉 더구나 네가 일삼는 服休와 服采야 더 말할 것이 있겠는가.

【傳】 於善臣百尊官도 不可不愼이온 況汝身事服行美道와 服事治民乎아

착한 신하와 百尊官도 신중하게 대하지 않을 수 없거늘, 하물며 네가 몸소 일삼는 아름다운 道를 열심히 행하는 것과 백성을 다스리는 것을 열심히 일삼는 것은 더 말할 것이 있겠는가라는 것이다.

矧惟若疇圻父(보)와 薄違[1]農父(보)온여

1) 薄違 : 蘇軾은 薄은 近, 違는 去의 뜻으로 보아 "農父가 백성에게 다가가는 거리가 가장 가깝다.〔去民最近〕"로, 呂祖謙은 薄을 迫의 뜻으로 보아 "백성의 비위를 제거하는 것〔迫去民之非違〕"으로, 蔡傳은 "명을 어기면 쫓아내는 것〔迫逐違命〕"으로 풀이하였다.

더구나 유순하게 疇咨(訪問)해야 할 圻父와 만백성에게 가까이 다가가는 農父야 더 말할 것이 있겠는가.

【傳】 圻父는 司馬요 農父는 司徒라 身事且宜敬愼이온 況所順疇咨之司馬乎아 況能迫迴萬民之司徒乎아 言任大라 ○ 違는 馬云 違行也라하니라

圻父는 司馬요 農父는 司徒이다. 몸소 일삼는 것도 마땅히 공경하고 삼가야 할 것인데, 더구나 유순하게 疇咨해야 할 司馬야 말할 것이 있겠는가. 더더구나 능히 만백성에게 가까이 다가가는 司徒야 말할 것이 있겠는가. 임무가 큼을 말한 것이다.

○ 違는 馬融이 "違行의 뜻이다."라고 하였다.

若保宏父(보)면 定辟이어늘 矧汝剛制于酒[1]온여

1) 矧惟若疇圻父……矧汝剛制于酒 : 蔡傳은 疇를 配匹, 薄을 迫逐, 違를 違法, 辟을 法의 뜻으로 보고, 疇, 違, 保, 辟, 酒에 句를 끊어서 "하물며 너의 짝으로 三卿의 지위에 있는 자

중에 명을 어기면 쫓아내는 일을 맡은 圻父와 만백성을 보호하는 일을 맡은 農父와 경계를 만들어 법을 정하는 일을 맡은 宏父 같은 이야 〈술을〉 경계하지 않을 수 있겠는가.〔況爾之疇匹而位三卿者 若圻父迫逐違命者乎 若農父之順保萬民者乎 若宏父之制其經界以定法者乎 皆不可不謹于酒也〕"라고 풀이하였다.

宏父를 유순하고 편안하게 대하여 〈신중하게 골라서 임용하면〉 임금의 도리가 정해지거늘, 더더구나 네가 술을 강하게 끊는 일이야 말할 것이 있겠는가.

【傳】 宏은 大也라 宏父는 司空이니 當順安之라 司馬司徒司空은 列國諸侯三卿이니 愼擇其人而任之면 則君道定이온 況汝剛斷於酒乎아

宏은 大의 뜻이다. 宏父는 司空이니, 마땅히 유순하고 편안하게 대해야 한다. 司馬와 司徒와 司空은 列國 諸侯의 三卿이니 그 사람들을 신중하게 골라서 임용하면 임금의 도리가 정해지거늘, 더더군다나 네가 술을 강하게 끊는 일이야 말할 것이 있겠는가라는 것이다.

【疏】 '予惟'至'於酒' ○ 正義曰：殷之存亡, 旣可以爲監若是, 故我惟告汝曰"汝當堅固愛愼殷之善臣及侯・甸・男・衛之君, 則在外尙然, 況已下太史所賓友, 內史所賓友, 於善臣百尊官而不固愼乎. 此之卑官, 猶尙固愼, 況惟汝之身事所服行美道, 服(行美)[1]事治民, 而可不固愼乎. 於己身事猶當固愼, 況惟所敬順疇咨之圻父, 能迫迴萬民之農父, 所順所安之宏父. 此等大臣能得固愼, 則可定其爲君之道, 固愼大臣, 雖非急要, 尙能使君道得定, 況汝又能剛斷於酒乎. 善所莫大, 不可加也."

1) (行美)：두 글자는 孔傳에 의거하여 衍字로 처리하였다.

經의 〔予惟〕에서 〔於酒〕까지

○ 正義曰：殷나라의 存亡은 이미 거울삼아 볼 수 있음이 이와 같았기 때문에 나는 다음과 같이 너에게 고하겠노라. "너는 마땅히 殷나라의 착한 신하 및 侯服・甸服・男服・衛服의 임금들을 굳게 사랑하고 신중히 대해야 할 것이니, 밖에 있는 자들도 오히려 그렇게 해야 하거늘, 하물며 이하 賓友로 대할 바의 太史와 賓友로 대할 바의 內史와 그리고 착한 신하와 百尊官에게도 단단히 신중하게 대해야 하지 않겠는가. 이러한 낮은 벼슬들도 외려 단단히 신중하게 대해야 할 대상이거늘, 하물며 네가 몸소 일삼는 아름다운 道를 열심히 행하고 백성을 다스리는 것을 열심히 일삼는 것이야 단단히 신중하게 하지 않을

수 있겠는가. 자기가 몸소 일삼을 것에도 외려 응당 단단히 신중하게 해야 할 것인데, 하물며 경건하고 유순하게 疇咨(訪問)해야 할 圻父와 능히 만백성에게 가까이 다가가는 農父와 유순하고 편안하게 대해야 할 宏父야 더 말할 것이 있겠는가. 이와 같은 大臣들을 단단히 신중하게 대한다면 그 임금 된 도리를 정할 수 있는 것인데, 대신들을 단단히 신중하게 대하는 것은 비록 급하게 요망된 일이 아니라도 외려 능히 임금의 도리를 정해지게 하거늘, 하물며 네가 또 능히 술을 강하게 끊는 일이야 오죽하겠는가. 잘하는 것으로는 이보다 큰 것이 없으니 여기에 더할 것이 없느니라."

【疏】 ○ 傳'劼固'至'用之' ○ 正義曰：'劼固', 釋詁文. 將欲斷酒爲重, 故節文以相況. '毖'訓爲愼, 言誠堅固謹愼, 皆敬而(釋)〔擇〕[1]任之. 其文通於下, 皆固愼.

1) (釋)〔擇〕: 저본에는 '釋'으로 되어 있으나, 宋刊 單疏本·宋慶元間建安魏縣慰宅本·汲古閣本에 의거하여 '擇'으로 바로잡았다.

○ 傳의 〔劼固〕에서 〔用之〕까지

○ 正義曰：'劼固'는 ≪爾雅≫ 〈釋詁〉의 글이다. 장차 술을 끊으려고 하는 것을 중하게 여겼기 때문에 문장을 제한적으로 구성해서 서로 비유하였다. '毖'는 해석하면 愼의 뜻이 되므로 堅固히 謹愼함을 말하니 모두 경건한 마음으로 골라서 임용하는 것이다. 그 글이 아래에까지 통하는 것이 모두 '固愼'의 강조였다.

【疏】 ○ 傳'侯甸'至'賓友乎' ○ 正義曰：太史掌國六典, 依周禮治典·敎典·禮典·政典·刑典·事典也. 內史掌八柄之法者, 爵·祿·廢·置·殺·生·與·奪. 此太史·內史, 卽康叔之國大夫. 知者, 以下圻父·農父·宏父 是諸侯之三卿, 明太史·內史非王朝之官. '所賓友'者, 敬也.

○ 傳의 〔侯甸〕에서 〔賓友乎〕까지

○ 正義曰：太史가 나라의 六典을 관장하는 것은 ≪周禮≫의 治典·敎典·禮典·政典·刑典·事典에 의거한 것이다. 內史가 八柄의 法을 관장하는 것은 爵·祿·廢·置·殺·生·與·奪이다. 이 太史와 內史는 곧 康叔의 나라 大夫이다. 이것을 알게 됨은 아래의 圻父·農父·宏父가 바로 諸侯의 三卿이기 때문인데, 太史·內史가 王朝의 벼슬이 아님을 밝힌 것이다. '所賓友'란 것은 공경한다는 의미이다.

【疏】○ 傳'於善'至'民乎' ○ 正義曰 : '於善臣', 卽上經'殷獻臣'也. '百尊官', 卽上'侯甸男衛·太史·內史也. '服行美道 服事治民', 卽上汝之身事. 知'服事' 是治民者, 民惟邦本, 諸侯治民爲事故也. 鄭玄以'服休'爲燕息之近臣, '服采' 爲朝祭之近臣, 非孔意也.

○ 傳의 〔於善〕에서 〔民乎〕까지

○ 正義曰 : '於善臣'은 곧 위의 經文의 '殷獻臣'이다. '百尊官'은 곧 위의 '侯服·甸服·男服·衛服·太史·內史'이다. '服行美道 服事治民'은 곧 위의 네가 몸소 일삼는 것이다. '服事'가 바로 백성을 다스리는 것임을 〈孔安國이〉 알았던 것은 백성은 나라의 근본이니, 諸侯가 백성을 다스리는 것으로 일삼기 때문이다. 鄭玄은, '服休'는 燕息하는 近臣으로, '服采'는 朝祭하는 近臣으로 여겼으니, 孔安國의 뜻이 아니다.

【疏】○ 傳'圻父'至'任大' ○ 正義曰 : 司馬主圻封, 故云'圻父'. '父'者, 尊之辭. 以司徒教民五土[1]之藝, 故言'農父'也. 以司馬征伐, 在乎閫外所事, 故隨順而疇咨之, 言君所順疇也. 迫近廻繞於萬民, 言近民事也. 二者皆任大.

1) 五土 : 토지의 다섯 가지 종류, 곧 山林·川澤·丘陵·墳衍·原濕이다.

○ 傳의 〔圻父〕에서 〔任大〕까지

○ 正義曰 : 司馬는 圻封을 주관하기 때문에 '圻父'라고 한 것이다. '父'라는 것은 높이는 말이다. 司徒는 백성들에게 五土의 藝法을 가르치기 때문에 '農父'라 말한 것이다. 司馬는 征伐관계로 閫外에 있어 전결하기 때문에 유순한 태도에 따라 방문하니, 임금이 유순하게 방문하는 것을 말한다. 만백성에게 가까이 다가간다는 것은 백성들을 가까이함을 말한 것이다. 두 가지는 모두 임무가 큰 것이다.

【疏】○ 傳'宏大'至'酒乎' ○ 正義曰 : '宏大', 釋詁文. 以司空亦君所順所安和之, 故言"當順安之." 諸侯之三卿, 以上有司馬·司徒, 故知'宏父'是司空. 言大父者, 以營造爲廣大國家之父. 因節文而分之, 乃總之言"司馬·司徒·司空." 列國三卿, 令愼擇其人而任之, 則君道定, 況剛斷於酒乎. 爲甚之義也. 其'定辟', 總上自'劼毖殷獻'已下, 獨言三卿者, 因文相況而接之, 其實總上也. 三卿不次者, 以司馬征伐爲重, 次以政教安萬民, 司徒爲重, 司空直指營造, 故在下也. 司徒言於萬民爲迫廻者, 事務爲主故也. 司徒不言'若'者, 互相明, 皆爲治民, 而君所順也.

○ 傳의 〔宏大〕에서 〔酒乎〕까지

○ 正義曰 : '宏大'는 ≪爾雅≫ 〈釋詁〉의 글이다. 司空도 임금이 유순하고 편안하게 해서 화합해야 할 대상이기 때문에 "마땅히 유순하고 편안하게 대한다."라고 말한 것이다. 諸侯의 三卿은 이상에 司馬와 司徒가 있기 때문에 '宏父'가 바로 司空임을 〈孔安國이〉 알았던 것이다. '大父'라 말한 것은 營造로 國家를 廣大하게 만드는 父를 삼기 때문이다. 문장을 제한적으로 구성한 것을 인하여 나누었다가, 곧 총괄해서 "司馬 · 司徒 · 司空"이라 하였다. 列國三卿을 그에 알맞은 사람을 신중히 골라서 맡기면 임금의 도리가 정해질 수 있는데, 하물며 술을 강하게 끊는 것이야 더 말할 것이 있겠는가. 심하게 하는 뜻이다. 그 '임금의 도리를 정한 것'은 위의 '劼毖殷獻'으로부터 이하를 총괄한 것인데, 유독 三卿만을 말한 것은 문장을 인하여 서로 비유해서 접속시킨 것이지만 기실은 위를 총괄한 것이다. 三卿이 차례로 되지 않은 것은 司馬는 征伐을 중하게 여기기 때문이고, 다음 政教로써 만백성을 편안히 하는 데는 司徒가 막중하기 때문이고, 司空은 단지 營造만을 가리키기 때문에 아래에 놓인 것이다. 司徒에서 만백성에 가까이 다가감을 말한 것은 事務를 위주로 하기 때문이다. 司徒에서 '若'을 말하지 않은 것은 상호간에 밝힌 것이니, 모두 백성을 다스리는 것이고 임금이 유순하게 대하는 대상이다.

厥或誥曰 群飮이어든 **汝勿佚**하고

그 누가 '여럿이 모여서 술을 마시고 있다.'고 고하거든, 너는 놓치지 말고,

【傳】 其有誥汝曰 民群聚飮酒어든 不用上命이니 則汝收捕之하고 勿令失也하라

너에게 "백성들이 모여서 술을 마시고 있다."고 고하는 자가 있거든 윗사람의 명을 따르지 않은 것이니, 즉시 너는 그들을 붙잡고 놓치는 일이 없도록 하라는 것이다.

盡執拘하여 **以歸于周**하라 **予其殺**이니라

모두 붙잡아 周나라의 경사(鎬京)로 보내라. 내가 그들을 죽일 것이다.

【傳】 盡執拘群飮酒者하여 以歸於京師하라 我其擇罪重者而殺之리라

모여서 술 마시는 자들을 모두 잡아서 〈周나라의〉 京師로 보내라. 나는 그 죄가 무거운 자를 골라서 죽일 게라고 한 것이다.

又惟殷之迪諸臣惟工이 乃湎于酒어든 勿庸殺之하고

또 殷나라의 〈受가〉 유도해서 나빠진 여러 신하들과 관리들이 술에 빠져있거든 죽이지 말고,

【傳】 又惟殷家蹈惡俗諸臣과 惟衆官化紂日久하여 乃沈湎於酒면 勿用法殺之라

또 殷나라에서 나쁜 풍속을 따른 여러 신하와 여러 벼슬아치가 紂에 물든 지 오래되어서 술에 빠진 경우만은 법을 써서 죽이지 말라고 한 것이다.

姑惟敎之하면 有斯明享[1)]이어니와

1) 有斯明享 : 孔傳은 윗글에 붙여서 "〈또 따라서 교훈을 한다면〉 너에게 이 밝은 교훈이 있어서 나라를 누릴 수 있을 것이다.〔汝有此明訓享國〕"라고 하였고, 蔡傳은 '姑惟敎之'는 윗글에 붙이고, '有斯明享'은 아랫글에 붙여서 "'享'은 '윗사람이 아랫사람에게 향연을 베풀어준다.〔上享下〕'는 享이니, 곧 殷나라의 여러 신하와 관리들이 가르친 말을 잊지 아니하여 술에 빠지지 않는다면 나는 분명히 향연 같은 대접을 해줄 것이나 나의 가르친 말을 따르지 않는다면 나 한 사람이 너희를 불쌍히 여기지 않아 너희의 일을 깨끗하게 여기지 아니하여 이에 곧 너희를 '떼로 모여 술 마시면 誅殺하는 죄'와 동일하게 다스릴 것이란 말이다.〔享上享下之享 言殷諸臣百工 不忘敎辭 不湎于酒 我則明享之 其不用我敎辭 惟我一人 不恤於汝 弗潔汝事 時則同汝于群飮誅殺之罪矣〕"라고 하였다.

蘇軾(≪書傳≫)은 "'有斯明享'은 哀敬의 뜻을 백성에게 전달하기를 마치 神에게 전달하듯 한다는 것이다. 이와 같이 하면 어찌 다시 명령을 쓰지 않을 자가 있겠는가. 만일 내가 당초에 이것을 불쌍히 여길 줄 몰라서 그 일을 깨끗이 다스리지 않는다면 이는 백성을 죽음에 빠뜨리는 것이 내가 죽인 것과 동일하다.〔有斯明享者 哀敬之意 達于民 如達于神也 如此 豈復有不用命者乎 若我初不知恤此 不潔治其事 則是陷民於死 同於我殺之也〕"로, 林之奇(≪尙書全解≫)는 "'有斯明享'은 곧 〈康誥〉에서 이른바 '나로 하여금 너에게 누리도록 준 나라를 끊는 일이 없도록 하라. 너의 服章과 命數를 밝히고'라는 것이니, 너 康叔이 이미 이를 기억하고 있어 분명히 祿位를 누리도록 해주었더라면 그 가르침이 지극하지 못한 것이 아니었을 터인데, 나의 가르친 말을 쓰지 않아, 나 한 사람의 말이 일찍이 불쌍히 여기지 못하여 스스로 그 정사를 깨끗이 하지 않고 술에 지나치게 빠진 허물을 지었은즉 이는 가르쳐도 따르지 않을 자들이니, 끝내 善으로 끌어들일 수 없기 때문에 또한 여럿이 모여서 술을 마시는 사람들과 동일하게 죽인다는 말이다.〔有斯明享 卽康誥所謂無我殄享 明乃服命也 言汝康叔旣有此明與享矣 則其敎非不至也 而乃不用我之敎辭 惟我一人之言 曾不之恤 不自蠲潔其事 而有淫湎之過 則是敎之而不率者 終不可以入于善 故亦同于群飮之人而殺之〕"로, 呂祖謙(≪增修東萊書說≫)

은 "또 응당 술에 빠지지 못하도록 가르치면 너희들은 반드시 彰明할 것이니, 祿位를 누리게 함으로써 천하에 권면함을 보이고, 따라서 나의 가르치는 말을 듣지 않고 그 일을 깨끗이 하지 않아서 이것이 끝내 고치지 않을 데까지 가서야 이에 곧 함께 죽음에 돌아가게 한다는 것이니, 여기까지 이른 자여야 바야흐로 죽일 수 있음을 말한 것이다.〔且當敎之其有不湎于酒 爾必彰明 使享祿位 以示勸於天下 至不聽我敎辭 不蠲潔其事 是終不能悛改 時則同歸于殺 言惟至此者 方可殺也〕"라고 하였고, 또한 朱祖義(≪尙書句解≫)는 "국가에서 벼슬을 두어 이 술을 주관하게 한 것은 본래 明潔하게 해서 享祀의 씀을 하기 위함이지, 여럿이 마시기 위해서 마련한 것이 아니었다.〔國家所以有官主此酒者 本以明潔爲享祀之用 非爲群飮設〕"라고 풀이하였다.

우선 교훈을 한다면 〈너에게〉 이 밝은 교훈이 있어서 〈나라를〉 누릴 수 있을 것이지만,

【傳】 以其漸染惡俗이라 故로 必三申法令하고 且惟敎之면 則汝有此明訓以享國이라

그들이 점진적으로 나쁜 풍속에 물들었기 때문에 반드시 세 번가량 법령을 거듭 밝히고 또 따라서 교훈을 한다면 너에게 이 밝은 교훈이 있어서 나라를 누릴 수 있을 게란 것이다.

乃不用我敎辭하면 惟我一人이 弗恤하여 弗蠲乃事하여 時同于殺하리라

나의 가르치는 말을 따르지 않는다면 나 한 사람이 너를 구휼하지 않아, 네가 하는 일을 좋게 여기지 아니하여 이에 誅殺하는 죄와 동일하게 다스릴 것이다."

【傳】 汝若忽怠하여 不用我敎辭면 惟我一人은 不憂汝하고 乃不潔汝政事하리니 是汝同於見殺之罪라

네가 만일 경홀하고 태만하여 내가 가르친 말을 쓰지 않는다면, 나 한 사람은 너를 걱정하지 않고, 너의 정사를 불결하게 여길 것이니, 이는 네가 죽임을 당할 죄와 동일하게 다스릴 것이다.

【疏】 '厥或'至'于殺' ○ 正義曰：以爲政莫重於斷酒, 故其有人誥汝曰 "民今飮酒, 相與群聚." 是不用上命, 則汝收捕之, 勿令失矣. 盡執拘以歸於周之京師, 我其擇罪重而殺之也. 又惟殷之蹈惡俗諸臣, 惟其衆官化紂日久, 乃沈湎於酒, 勿用法殺之. 以漸染惡俗, 故三申法令, 且惟敎之, 則汝有此明訓, 可以享國. 汝若不用我敎辭, 惟我一人天子不憂汝, 不潔汝政事, 是汝同於見殺之罪, 不可不愼.

經의 〔厥或〕에서 〔于殺〕까지

○ 正義曰 : 정사를 하는 데는 술을 끊는 일보다 중대한 것이 없기 때문에 그 어떤 사람이 너에게 "백성들이 지금 술을 마시느라 서로 더불어 떼로 모였다."라고 고하는 일이 있거든 이는 윗사람의 명을 따르지 않는 것이니, 즉시 너는 그들을 붙잡아 놓치는 일이 없도록 하라. 모두 잡아서 周나라의 京師로 보내면 나는 그 죄가 무거운 자를 골라서 죽일 것이다. 또 殷나라에서 나쁜 풍속을 따른 諸臣과 여러 벼슬아치가 紂에 물든 지 오래되어서 술에 빠진 경우만은 법을 써서 죽이지 말라. 그들이 점진적으로 나쁜 풍속에 물들었기 때문에 반드시 세 번가량 법령을 거듭 밝히고 또 따라서 교훈을 한다면 너에게 밝은 교훈이 있어서 나라를 누릴 수 있을 것이다. 네가 만일 내가 가르친 말을 쓰지 않는다면, 나 한 사람인 天子는 너를 걱정하지 않고, 너의 정사를 불결하게 여길 것이니, 이는 네가 죽임을 당할 죄와 동일하게 다스릴 것이니, 삼가지 않아서는 안 된다."

【疏】 ○ 傳'盡執'至'殺之' ○ 正義曰 : 言'周', 故爲'京師'. 但飮有稀數, 罪有大小, 不可一皆盡殺, 故知"擇罪重者殺之."

○ 傳의 〔盡執〕에서 〔殺之〕까지

○ 正義曰 : '周나라'를 말했기 때문에 '京師'라고 한 것이다. 다만 술을 마신 횟수에 드물고 잦음이 있고 죄에 크고 작음이 있어, 하나같이 모두 다 죽일 수 없기 때문에 "죄가 무거운 자를 골라서 죽인다."라는 것을 〈孔安國이〉 알았던 것이다.

【疏】 ○ 傳'又惟'至'殺之' ○ 正義曰 : 言'諸臣', 謂尊者, 及其下列職衆官, 不可用法殺之, 明法有張弛. 此由殷之諸臣, 漸染紂之惡俗日久, 故不可卽殺. 其衛國之民, 先非紂之舊臣, 乃群聚飮酒, 恐增長昏亂, 故擇罪重者殺之. 據意不同, 故殺否有異.

○ 傳의 〔又惟〕에서 〔殺之〕까지

○ 正義曰 : '여러 신하'라 말한 것은 尊者 및 그 아래에 나열된 직위와 여러 벼슬을 이르고, 法을 써서 죽일 수 없는 것에는 法에 죄고 늦춤이 있음을 밝힌 것이다. 이는 殷나라의 여러 신하가 점진적으로 紂의 나쁜 풍속에 물든 지 오래됨에 말미암기 때문

에 즉시 죽일 수 없는 것이다. 그 衛나라의 백성은 선대가 紂의 舊臣이 아닌즉 곧 떼로 모여 술을 마시면 昏亂을 增長시킬까 두렵기 때문에 죄가 무거운 자를 골라서 죽인다는 것이다. 뜻에 의거한 것이 같지 않기 때문에 죽이느냐 마느냐에 다른 점이 있는 것이다.

【疏】○傳'以其'至'享國' ○正義曰：禮成於三, 故必三申法令. '有此明訓', 總上之辭, 故得享國.

○傳의〔以其〕에서〔享國〕까지

○正義曰：禮는 세 번에 걸쳐 이루어지기 때문에 반드시 세 번가량 법령을 거듭 밝힌다. '有此明訓'은 위의 말을 총괄하기 때문에 나라를 누릴 수 있는 것이다.

【疏】○傳'汝若'至'之罪' ○正義曰：汝不用我敎辭, 則不足憂念, 故"惟我一人不憂汝." '不潔汝之政事', 事惟穢惡, 不復敎之使潔靜也.

○傳의〔汝若〕에서〔之罪〕까지

○正義曰：네가 나의 가르친 말을 쓰지 않으면 憂念해주기 부족하기 때문에 "나 한 사람은 너를 걱정하지 않는다."라고 한 것이다. '不潔汝之政事'는 일이 穢惡하므로 다시 가르쳐서 潔靜하게 하지 못한다는 것이다.

王曰 封아 汝典聽朕毖하라

왕이 말씀하였다. "封아! 너는 나의 경계를 언제나 잘 듣도록 하라.

【傳】汝當常聽念我所愼而篤行之라

너는 마땅히 늘 내가 너로 하여금 신중하게 처신하도록 한 말을 경청하고 유념하여 독실히 행하도록 하라는 것이다.

勿辯乃司民湎于酒[1)]하라

1) 勿辯乃司民湎于酒：蔡傳은 辯을 治의 뜻으로 보아 "네 有司들을 다스리지 못하면 백성들이 술에 빠지게 될 것이다."라고 풀이하였다.

너의 백성을 주관하는 관리로 하여금 술에 빠지지 말게 하라."

【傳】 (乃)〔辯〕[1]은 使也라 勿使汝主民之吏湎於酒라 言當正身以帥(솔)民이라

1) (乃)〔辯〕: 저본에는 '乃'로 되어 있으나, 宋兩浙東路茶鹽司本・汲古閣本・武英殿本에 의거하여 '辯'으로 바로잡았다.

'辯'은 使(하여금)의 뜻이다. 너의 백성을 주관하는 관리로 하여금 술에 빠지지 말게 하라는 것이다. 곧 마땅히 자신을 바르게 하여 백성들을 거느려야 한다고 말한 것이다.

【疏】 '王曰封'至'于酒' ○ 正義曰 : 以戒酒事終, 故結之. 王命言曰 "封, 汝當常聽(命)〔念〕[1]我所使汝愼者, 篤而行之. 勿使汝主民之吏若宰人者沈湎於酒, 當正身以帥民.

1) (命)〔念〕: 저본에는 '命'으로 되어 있으나, 宋刊 單疏本・宋兩浙東路茶鹽司本・汲古閣本에 의거하여 '念'으로 바로잡았다.

經의 〔王曰封〕에서 〔於酒〕까지

○ 正義曰 : 술을 경계하는 일로 마무리하기 때문에 맺은 것이다. 王이 명하여 말씀하였다. "封! 너는 마땅히 늘 내가 너로 하여금 신중하게 하는 것을 경청하고 유념하여 독실히 행하도록 해야 한다. 네 백성을 주관하는 관리 곧 宰人과 같은 이들로 하여금 술에 빠지지 말게 해야 하니, 마땅히 자신을 바르게 하여 백성들을 거느려야 한다."

尙書注疏 제14권

周書

梓材 第十三

孔氏 傳　孔穎達 疏

梓材[1)]

1) 梓材 : 蔡傳은 武王이 康叔에게 誥한 글로 보았다. 王夫之는 “〈梓材〉 1編에 대하여 朱子는 도통 글이 잘 이루어지지 않은 것으로 의심하였고, 蔡氏(蔡沈)는 따라서 ‘今王惟曰’ 이하를 지적하여 臣下가 進戒한 말로 삼고, 다른 글의 脫簡으로 의심하였는데, 지금 반복해서 읽어보니, 文義가 잘 통한다.(脫簡이 없다.)〔梓材一編 朱子疑其都不成文 蔡氏因摘今王惟曰以下 爲臣下進戒之辭 疑他書之脫簡 今反覆諷誦 文義固有可通者〕”라고 하였다.(≪尙書稗疏≫)

【傳】 告康叔以爲政之道는 亦如梓人治材라 ○ 梓는 本亦作杍니 馬云 古作梓字니 治木器曰梓요 治土器曰陶요 治金器曰冶라하니라

康叔에게 정사를 하는 방법은 또한 梓人이 재목을 다스리는 것 같이 해야 한다고 고해준 것이다.

○ ‘梓’는 어떤 本에 또 ‘杍’로 적혀있는데, 馬融이 “옛날의 ‘梓’자이니, 나무그릇을 다루는 것을 ‘梓’, 흙그릇을 다루는 것을 ‘陶’, 쇠그릇을 다루는 것을 ‘冶’라 한다.”라고 하였다.

【疏】 傳‘告康’至‘治材’ ○ 正義曰 : 此取下言“若作梓材, 旣勤樸斲.” 故云“爲政之道, 如梓人治材.” 此古‘杍’字, 今文作‘梓’, ‘梓’, 木名. 木之善者, 治之宜精, 因以爲木之工匠之名. 下有‘稽田’・‘作室’, 乃言‘梓材’, 三種獨用‘梓材’者, 雖三者同喩, 田在於外, 室總於家, 猶非指事之器, 故取‘梓材’以爲功也. 因戒德刑與酒事, 終言治人似治器而結之故也.

傳의 〔告康〕에서 〔治材〕까지

○ 正義曰 : 이것은 아래에서 말한 "가래나무 재목으로 물건을 만들 때에 이미 애써 다듬고 깎아놓았을 경우"라고 했기 때문에 "정사를 하는 방법은 마치 梓人이 재목을 다스리듯이 한다."라고 한 것이다. 이는 옛날의 '杍'자로서 今文에는 '梓'로 적고 있는데, '梓'는 나무 이름이다. 좋은 나무는 다듬어서 정교하게 만들기 알맞으니, 따라서 나무를 다루는 공장의 이름으로 삼았다. 아래에 '稽田'과 '作室'이 있고 이에 '梓材'를 말하였는데, 3種에서 '梓材'만을 쓴 것은 비록 세 가지가 같은 비유이나 밭은 밖에 있고, 室은 家에 총합하였으므로 외려 일을 가리키는 그릇이 아니기 때문에 '梓材'를 취하여 功을 삼은 것이다. 德·刑과 술을 경계하는 일을 인하여 끝내 사람을 다스리기를 마치 그릇을 다루는 것처럼 함을 말하여 맺었기 때문이다.

王曰 封아 以厥庶民과 暨厥臣으로 達大家하며

왕이 말씀하였다. "封아! 그 백성과 그 신하로써 大家(大臣)에게 의사를 전달하고,

【傳】 言當用其衆人之賢者與其小臣之良者하여 以通達卿大夫及都家之政於國이라

마땅히 그 여러 사람 중 어진 자 및 그 小臣 중 선량한 자를 써서 卿大夫 및 都家의 정사를 나라에 전달해야 함을 말한 것이다.

以厥臣으로 達王은 惟邦君이니라

신하로써 왕에게 의사를 전달하는 역할을 할 수 있는 자는 오직 邦君(諸侯)뿐이니라.

【傳】 汝當信用其臣하여 以通王教於民이니 言通民事於國하고 通王教於民은 惟乃國君之道라

너는 마땅히 그 신하를 믿고 써서 王의 교훈을 백성들에게 전달해야 한다는 것이니, 곧 백성들의 일을 나라에 전달하고 王의 교훈을 백성들에게 전달하는 것은 곧 國君이 할 도

리라고 말한 것이다.

汝若恒하여 越曰 我有師師[1)]라하라

1) 師師 : 蔡傳은 "官師(관리)로 스승을 삼는 것이다.〔以官師爲師〕"라고 풀이하였다.

너는 常道를 따르게 하면서 이에 말하기를 '나에게 師法으로 삼을 만한 스승이 있다.'고 하라.

【傳】 汝惟君道라 使順常하여 於是曰 我有典常之師可師法이라하라

너는 임금의 도리를 하는지라, 〈마땅히 위아래로 하여금〉 常道를 따르게 하면서 이에 말하기를 '나에게 師法으로 할 만한 典常의 스승이 있다.'고 하라는 것이다.

司徒와 司馬와 司空과 尹과 旅도 曰予罔厲殺人이라하라

司徒와 司馬와 司空과 尹과 旅〈에게도 典常을 따르면서〉 말하기를 '우리는 사람을 모질게 죽이는 일이 없을 것이다.'라고 하게 하라.

【傳】 言國之三卿과 正官衆大夫도 皆順典常而曰 我無厲虐殺人之事라하라 如此則善矣리라

나라의 三卿과 正官과 衆大夫도 모두 典常을 따르면서 "우리는 포학하게 사람을 죽이는 일이 없을 것이다."라고 하게 하라. 이와 같이 하면 좋을 게라고 말한 것이다.

亦厥君이 先敬勞니 肆徂厥敬勞하라

또한 그 임금이 먼저 경건한 마음으로 〈백성들을〉 위로하여야 하니, 〈너는 맡은 나라로〉 가서 〈백성들을〉 경건한 마음으로 위로해야 할 것이다.

【傳】 亦其爲君之道는 當先敬勞民이라 故로 汝往治民하되 必敬勞來之[1)]하라

1) 勞來之 : ≪孟子≫ 〈滕文公 上〉에 있는 "피로한 백성을 위로해주고 백성을 찾아오도록 한다.〔勞之來之〕"를 인용한 것이다.

또한 그 임금 된 도리는 마땅히 먼저 경건한 마음으로 백성들을 위로해야 하기 때문에 너는 〈맡은 나라로〉 가서 백성들을 다스리되, 먼저 경건한 마음으로 그들을 위로해주고

찾아오도록 〈깍듯이〉 하라는 것이다.

肆往하여 姦宄殺人에 歷人[1)]을 宥하라

1) 歷人 : 蔡傳은 "범죄인이 지나간 곳〔罪人所過〕"으로 풀이하였다. 元代 陳櫟(력)은 죄인을 숨겨준 사람으로 보았다.

그러므로 가서 소란과 반란을 일삼은 사람과 살인한 사람〈을 자세히 살펴, 그 가운데〉 실정을 몰라 죄를 저지른 사람을 용서해주어라.

【傳】 以民當敬勞之라 故로 汝往之國하여 又當詳察姦宄之人及殺人賊하여 所過歷之人을 有所寬宥니 亦所以敬勞之니라

백성들은 응당 경건한 마음으로 위로해야 하기 때문에 너는 맡은 그 나라로 가서 또 마땅히 소란과 반란을 일삼은 사람 및 살인한 賊을 자세히 살펴 〈그 가운데〉 실정을 몰라 죄를 저지른 사람을 너그럽게 용서해야 하니, 또한 경건한 마음으로 위로하기 위한 것이란 말이다.

肆亦見厥君事니 戕敗人을 宥[1)]하라

1) 汝若恒越……戕敗人宥 : 蔡傳에서는 겨우 글자풀이만 하고서 "이 章은 글에 未詳한 부분이 많다."라고 하였고, 朱子(≪朱子語類≫)는 "'亦厥君先敬勞'에서 '戕敗人宥'의 類에 이르기까지는 도무지 제대로 문리를 이루지 못해서 이해할 수가 없다.〔亦厥君先敬勞 至戕敗人宥之類 都不成文理 不可曉〕"라고 하였으며, 元代 陳櫟(≪書集傳纂疏≫)은 "蔡傳에서는 겨우 글자풀이만 하면서 '이 章은 미상한 부분이 많다.'고 하였으니, 의당 빼놓아야 하겠지만, 지금 우선 여러 說을 모아서 풀이하기를 '너는 순조롭게 항상 마음에서 떠올려서 여러 신하들에게 일러 말하기를 「나는 서로 官師(관리)를 스승으로 삼는 三卿과 正長의 尹과 衆大夫의 旅를 소유하였다.」라고 하고, 네 뜻을 말하기를 「나는 사람을 학살하는 일이 없고자 할 뿐이다.」고 하라. 또한 임금으로서 그 백성들을 먼저 공경하고 위로해주고 오도록 하라. 그러면 신하된 자들도 결국 그 곳에 가서 임금을 본받아 백성들을 공경하고 위로할 것이다. 따라서 지난날 소란과 반란을 일삼았거나 사람을 죽였거나 죄인을 숨겨준 자들을 지금 모두 너그럽게 용서하여 그들과 더불어 쇄신을 하면 여러 신하들도 결국에 또한 임금의 하는 일을 보고서 사람을 상해했거나 남의 물건을 손상한 자들을 또한 너그럽게 용서할 것이다. 임금이 그 큰 죄를 용서하면 신하는 또한 그 작은 죄를 용서할 것이다. －대의는 康叔이 그 신하들을 거느리고 가서 포학하게 죽이는 것을 경계하고 너그럽게 용서를 베풀도록 한 것이다.－'〔蔡傳僅

訓字而云 此章文多未詳 信當缺之 今姑采合諸說解之曰 汝若常發越謂群臣言 我有交相師師之 三卿與正長之尹 衆大夫之旅 汝意言 我欲無虐殺人耳 亦以其君先恭敬勞來其民 爲臣者 遂往效君以敬勞遂與往日爲姦宄者殺人者 罪人所經歷者 今皆寬宥 與之爲新 群臣遂亦見其君之事 凡戕傷人毁敗人物者 亦寬宥之矣 君有其大者 臣亦有其小者 -大意欲康叔 率其臣 以戒虐殺施寬宥也-]"라고 풀이하였다.

마침내 또한 임금다운 일을 보여야 하니, 〈과오로〉 사람을 상해한 자를 용서해야 할 것이다.

【傳】 聽訟折獄엔 當務從寬恕라 故로 往治民에 亦當見其爲君之事니 察民以過誤殘敗人者하여 當寬宥之라

송사를 듣고 옥사를 단결함에 있어서는 마땅히 너그럽게 용서하는 쪽을 힘써 따라야 하기 때문에 너는 〈맡은 나라로〉 가서 백성들을 다스릴 때에 또한 마땅히 그 임금다운 일을 보여야 할 것이니, 백성들 중에 과오로 사람을 殘敗한 자가 있는가를 살펴서 마땅히 그를 용서해야 한다는 것이다.

【疏】 '王曰'至'人宥' ○ 正義曰 : 王曰 "封, 汝爲政, 當用其衆人之賢者與其小臣之良者, 以通達卿大夫及都家等大家之政於國, 然後汝當信用其臣以通達王敎於民, 惟乃可爲國君之道. 汝爲君道, 故當使上下順常, 於是曰 '我有典常之師可師法.' 是君之順典常也. 其下司徒・司馬・司空國之三卿, 及正官衆大夫亦皆順典常, 而曰 '我無虐厲殺人之事'. 是使臣之順常也. 如此君臣皆能順常, 則爲善矣. 爲君之道, 非但順常, 亦須敬勞之. 故云亦其爲君之道, 當先敬心以愛勞民. 故汝往治民, 必敬勞之. 又以民須敬勞之故, 汝往之國, 詳察其姦宄及殺人之人, 二者所過歷之人, 原情不知, 有所寬宥. 以斷獄務從寬, 故汝往治亦當見其爲君之事, 而民有過誤殘敗人者, 當寬宥之. 此亦爲敬勞之也."

經의 〔王曰〕에서 〔人宥〕까지

○ 正義曰 : 王이 다음과 같이 말씀하였다. "封아! 너는 정사를 함에 있어서 마땅히 그 여러 사람 중 어진 자 및 그 小臣 중 어진 자를 임용해서 卿大夫 및 都家 등 大家의 정사를 나라에 전달시키고, 그렇게 한 뒤에 너는 마땅히 그 신하를 믿고 써서 王의 교훈을 백성에게 전달시켜야 곧 國君의 도리를 할 수 있는 것이다.

너는 임금의 도리를 하는지라, 마땅히 위아래로 하여금 常道를 따르게 하면서 이에 말하기를 '나에게 師法으로 삼을 만한 典常의 스승이 있다.'라고 하라. 이것은 임금이 典常을 따르는 것이다. 그 아래의 司徒・司馬・司空인 나라의 三卿 및 正官과 衆大夫도 모두 典常을 따르면서 '우리는 포학하게 사람을 죽이는 일이 없을 것이다.'라고 하게 하라. 이것은 신하들로 하여금 常典을 따르게 하는 것이다. 이와 같이하여 임금과 신하가 모두 典常을 따르면 좋을 것이다.

임금 된 도리는 단지 常典을 따르는 것뿐만이 아니라, 또한 모름지기 공경하고 위로해야 한다. 그러므로 '또한 그 임금 된 도리는 마땅히 먼저 경건한 마음으로 백성들을 사랑하고 위로해야 하기 때문에 너는 〈맡은 나라로〉 가서 백성들을 다스리되, 반드시 경건한 마음으로 그들을 위로해야 한다. 또 백성들은 모름지기 경건한 마음으로 위로해야 하기 때문에 너는 맡은 나라로 가서 그 소란과 반란을 일삼은 사람 및 살인한 사람을 자세히 살펴, 두 가지 죄를 저지른 사람으로서 실정을 모른 이는 너그럽게 용서하는 바가 있어야 한다. 옥사를 단결함에 있어서는 너그럽게 용서하는 쪽을 힘써 따라야 하기 때문에 너는 〈맡은 나라로〉 가서 백성들을 다스릴 때에 또한 마땅히 그 임금다운 일을 보여야 할 것이니, 백성들 중에 과오로 사람을 殘敗한 자가 있거든 마땅히 너그럽게 용서해야 한다. 이것이 또한 공경하는 마음으로 위로하는 것이다."

【疏】 ○傳'言當'至'於國' ○正義曰：以, 用也, 暨, 與也. 言用, 通'厥臣'可用, 明此皆賢與良也. '厥臣'文在'大家'之上, 故知'小臣'也. 言用之者, 既用其言以爲政, 又用其人以爲輔, 本之得大家所用, 統之卽君所遣也. 以大夫稱家, (封)〔對〕[1]士庶有家而非大, 故云'大家', 卿大夫在朝者. '都家' 亦卿大夫所得邑也, 又公邑而大夫所治亦是也. 用此以行政令, 上達於國, 使人君知之也. 卽是庶人升爲士, 又用庶人進在官者, 小臣亦得進等而用之. 周禮有都家之官, 鄭云"都謂王子弟所封及公卿所食邑, 家謂大夫所食采地." 傳以'大家'言之, 總包大臣, 故言"卿大夫及都家之政." 卿大夫之政, 謂在朝所掌者, 都家之政, 謂采邑所有政事, 二者竝當通達之於國, 故連言之.

1) (封)〔對〕: 저본에는 '封'으로 되어 있으나, 諸本에 의거하여 '對'로 바로잡았다.

○傳의 〔言當〕에서 〔於國〕까지

○正義曰：以는 用의 뜻이고, 暨는 與의 뜻이다. 用은 '厥臣'을 통틀어 쓸 수 있음을 말하니, 이 모두 賢과 良임을 밝힌 것이다. '厥臣'은 글이 '大家'의 위에 놓여 있기 때문

에 '小臣'임을 〈孔安國이〉 알았던 것이다. '쓴다'는 것은 이미 그 말을 써서 정사를 하고, 또 그 사람을 써서 보필한 것을 말하는데, 근본적인 면에서는 大家의 쓰는 바를 얻은 것이고, 통솔적인 면에서는 곧 임금이 보낸 것이다. 大夫를 '家'라 칭하는데, 家를 가지나 크지 않은 士庶의 家에 상대되기 때문에 '大家'라고 하니 卿大夫로서 朝廷에 있는 자이다.

'都家' 또한 卿大夫가 얻은 邑이고, 또 公邑이면서 大夫가 다스리는 바가 또한 이것이다. 이를 써서 政令을 행하고 위로 나라에 전달시켜 임금으로 하여금 알게 하는 것이다. 곧 이 庶人이 올라가 士가 되는 것이고, 또 庶人으로서 관직에 나간 자를 쓰는 것이며, 小臣이 또한 진급해서 쓰이는 것이다. 《周禮》에 '都家'라는 벼슬이 있는데, 鄭玄이 "都는 王의 子弟가 封해지는 바와 公卿이 租稅를 거두어 쓰는 邑이고, 家는 大夫가 租稅를 거두어 먹는 采地이다."라고 하였다. 傳에서 '大家'를 가지고 말한 것은 大臣를 모두 포함했기 때문에 "卿大夫 및 都家의 정사"라고 말한 것이다. 卿大夫의 정사는 조정에서 관장하는 것을 이르고, 都家의 정사는 采邑에 있는 정사를 이르는데, 두 가지는 아울러 응당 나라에 전달해야 하는 것이기 때문에 연달아 말한 것이다.

【疏】 ○傳'汝當'至'之道' ○正義曰：言汝當信用臣, 卽信用卿大夫及都家, 自然大家也. 傳用小臣與庶人, 故得"通王教於民"也, 人君上承於王, 下治民事, 故交通其政, "惟乃國君之道"而已. 鄭以於邑言達大家, 於國言達王與邦君, 王爲二王之後. 卽亂名實也.

○傳의 〔汝當〕에서 〔之道〕까지

○正義曰："너는 마땅히 그 신하를 믿고 써야 한다."라고 말한 것은 곧 卿大夫와 都家를 믿고 쓰라는 것이니, 자연 大家인 것이다. 傳에서는 小臣과 庶人 〈중 어진 이를〉 쓰기 때문에 "王의 교훈을 백성들에게 전달시킨다."라고 한 것이고, 임금은 위로는 王을 받들고 아래로는 백성들의 일을 다스리기 때문에 그 정사를 교통시키는 것은 곧 "國君이 할 도리이다."라고 했을 뿐이다.

鄭玄이 '邑에서는 大家에 전달하는 것을 말하고, 나라에서는 王과 邦君(諸侯)에게 전달하는 것을 말한다.'는 경문에 있는 王을 두 王(夏禹와 殷湯)의 後裔로 여긴 것은 곧 명분과 실상을 어지럽힌 것이다.

【疏】 ○傳'汝惟'至'師法' ○正義曰：卽上民事王教通於國人, 是順常也, 故總上'惟邦君', 言"汝惟君道使順常"也. '典常可師', 卽順常也.

○ 傳의 〔汝惟〕에서 〔師法〕까지

○ 正義曰 : 곧 위에서 '백성의 일은 나라에 전달시키고 王의 교훈은 인민에게 전달시킨다.'는 것은 常道를 따른 것이다. 그러므로 위의 '惟邦君'까지를 총괄하여 "너는 임금의 도리를 하는지라, 〈마땅히 위아래로 하여금〉 常道를 따르게 하면서"라고 한 것이니, "典常을 師法으로 삼을 만하다."는 것이 곧 常道를 따르는 것이다.

【疏】 ○ 傳'言國'至'善矣' ○ 正義曰 : 此連上蒙'若恒'之文, 故云 "國之三卿・正官・衆大夫皆順典常"也. 不言'士', 從可知也. 此曰 "予罔厲殺人", 所謂令康叔之語, 但在臣下, 宜爲此也. 以上令下行, 行之在臣, 故云 "我無厲虐殺人之事." 互明君及臣皆師法而無虐.

○ 傳의 〔言國〕에서 〔善矣〕까지

○ 正義曰 : 이는 위를 연결하여 '若恒'의 글을 이어받았기 때문에 "나라의 三卿과 正官과 衆大夫도 모두 典常을 따르면서"라고 한 것이다. 士를 말하지 않은 것은 따라서 알 수 있기 때문이다. 여기서 말한 "우리는 포학하게 사람을 죽이는 일이 없을 것이다."라고 한 것은 이른바 康叔에게 명령한 말이 다만 臣의 아래에 놓였으니, 의당 이와 같이 해야 한다는 것이다. 위에서 명령하면 아래에서 행해야 하고, 행할 의무가 신하에게 있기 때문에 "우리는 포학하게 사람을 죽이는 일이 없을 것이다."라고 한 것이니, 임금과 신하가 모두 師法으로 삼아 포학하게 하는 일이 없을 것임을 상호적으로 밝힌 것이다.

【疏】 ○ 傳'亦其'至'來之' ○ 正義曰 : "亦其爲君之道"者, 爲邦君之道, 非直順常, 亦須敬勞, 故往必敬勞, 卽論語云 "先之, 勞之." 是也.

○ 傳의 〔亦其〕에서 〔來之〕까지

○ 正義曰 : "또한 그 임금 된 도리"라고 한 것은 邦君 된 도리이니, 단지 常道를 따를 뿐만이 아니라 또한 모름지기 경건한 마음으로 위로해야 하기 때문에 〈그 다스리는 나라로〉 가서 반드시 경건한 마음으로 위로하게 하였으니, 곧 ≪論語≫ 〈子路〉에서 〈孔安國이 注解한〉 "먼저 德으로 인도하고 백성들로 하여금 믿게 한 뒤에 노역을 하게 한다."가 이것이다.

【疏】 ○ 傳'以民'至'勞之' ○ 正義曰：上文無罪敬勞，此惟就有罪者原情免宥，亦敬勞也. 其實'姦宄'不殺人者，'殺人'亦是姦宄，但重言而別其文. 姦宄及殺人，二者竝是賊害，自當合罪，不可寬宥. 其所過歷之人，情所不知，故詳察寬宥，以爲敬勞之.

○ 傳의 〔以民〕에서 〔勞之〕까지

○ 正義曰：윗글에서는 죄가 없는 사람을 경건한 마음으로 위로하였고, 여기에서는 죄가 있는 사람에 입각해서 실정을 추구하여 사면하였으니, 또한 경건한 마음으로 위로한 것이다. 기실 '姦宄'는 살인자가 아니고, '殺人'도 역시 姦宄인 것인데, 다만 거듭 말해서 그 글을 구별했을 뿐이다. 姦宄와 殺人은 두 가지 다 賊害이니 자연히 죄에 합당하므로 너그럽게 용서해줄 수 없다. 그 죄를 저지른 사람으로서 실정을 알지 못한 입장이기 때문에 자세히 살펴서 너그럽게 용서해줌으로써 경건한 마음으로 위로한다는 것이다.

【疏】 ○ 傳'聽訟'至'宥之' ○ 正義曰：以君者立於無過之地，使物不失其所，故宥罪原情，當見其爲君之事. 與上'厥君'始終相(臣)〔承〕[1]. 於'姦'上言'肆往'，此亦以罪事往可知也. 言'宥'，明情亦可原，故知"過誤殘敗人"也.

1) (臣)〔承〕: 저본에는 '臣'으로 되어 있으나, 諸本에 의거하여 '承'으로 바로잡았다.

○ 傳의 〔聽訟〕에서 〔宥之〕까지

○ 正義曰：임금은 과오가 없는 땅에 서서 사물로 하여금 그 처소를 잃지 않게 하기 때문에 죄를 용서할 때에 실정을 추구하여 그 임금다운 일을 보여야 한다는 것이다. 위의 '厥君'과 시종 서로 이어져 있다. '姦' 위에서 '肆往'을 말하였으니, 여기서도 죄에 관한 일로 갔다는 것을 알 수 있다. '宥'라 말한 것은 실정 또한 추구할 만한 것임을 밝혔기 때문에 "과오로 사람을 殘敗하였다."는 것을 〈孔安國은〉 알 수 있었던 것이다.

王啓監[1]하심은 厥亂이 爲民이니

1) 監：古本에는 鑒으로 되어 있다. 아래에 있는 監도 마찬가지다.

王이 監官을 처음 개설한 목적은 그 다스림이 백성들을 〈잘 다스리기〉 위함이니,

【傳】 言王者開置監官은 其治 爲民이니 不可不勉이라

王者가 監官을 개설한 목적은 그 다스림이 백성들을 〈잘 다스리기〉 위함이니, 힘쓰지

않을 수 없음을 말한 것이다.

曰 無胥戕하며 無胥虐하여 至于敬寡하며 至于屬婦하며 合由以容[1)]하라

1) 至于屬婦 合由以容 : 蔡傳은 屬을 聯屬으로 보아 "窮獨한 부인을 연결시켜 돌아갈 곳이 있게 하며, 백성들을 보호하고 화합해서 모두 이끌어 수용하여 길러야 한다.〔婦之窮獨者 則聯屬之 使有所歸 保合其民 率由是而容畜之〕"라고 풀이하였다.

〈백성을 가르치기를〉 '서로 해치지 말고 서로 학살하지 말아서, 寡弱한 사람을 공경함에 이르며 妾婦를 위문하고 구휼함에 이르며 그 가르침을 和合하고 大道를 써서 포용하도록 하라.'고 하셨다.

【傳】 當教民하되 無得相殘傷하고 相虐殺하여 至於敬養寡弱하고 至於存恤妾婦하며 和合其教하고 用大道以容之하여 無令見冤枉하라 ○ 屬婦는 妾之事妻也라

응당 백성들을 가르치되 서로 殘傷하거나 서로 虐殺하지 말아서, 寡弱한 사람을 공경하고 보양함에 이르며 妾婦를 위문하고 구휼함에 이르며 그 가르침을 화합하고 大道를 써서 포용하여 억울함을 당하는 일이 없도록 하라는 것이다.

○ 屬婦는 妾이 妻를 섬기는 것이다.

王이 其效邦君과 越御事는 厥命曷以오

王이 邦君(제후)과 일을 다스리는 관리들에게 실효를 거두도록 책망한 것은 그 명령이 어떠했던가.

【傳】 王者其效實國君과 及於御治事者는 知其教命所施何用이니 不可不勤이라

王者가 그 國君과 일을 다스리는 관리들에게 실효를 거두도록 책망한 것은 그 教命을 베푼 바가 어떠했던가를 알아야 하니, 부지런하지 않을 수 없을 것이란 말이다.

引養引恬[1)]은 自古王이니 若茲監이면 罔攸辟[2)]이리라

1) 引養引恬 : 蔡傳은 "백성들을 生養하는 곳으로 이끌고 안전한 곳으로 이끄는 일"로 풀이하였다.

2) 自古王……罔攸辟 : 孔安國은 '自'를 用의 뜻으로, '若茲'를 如此의 뜻으로 보아 "예전 王의

도리를 쓸 것이니, 이와 같이 감독하면 다시 죄를 지을 바가 없을 것이다.〔用古王道 如此監無所復罪〕"로, 蘇軾은 '若'을 順의 뜻으로 보아 "예전 우리 先王들은 이를 따르지 않는 분이 없었으니, 監官은 살인하는 일이 없도록 하라.〔古我先王 未有不順此者 監無所用殺也〕"로, 林之奇는 '若玆'를 如此의 뜻으로 보아 "예부터 先王이 이와 같이 하여 監官을 개설하였으니, 형벌을 쓸 바가 없을 것이다.〔自古先王如此而啓監 則無所用刑矣〕"로, 呂祖謙은 '若玆'를 如此의 뜻으로 보아 "周公이 康叔에게 '예부터 王者들은 백성을 어루만지기를 모두 이와 같이 하였으니, 法을 가지고 다스려서는 안 된다.'고 알려주었다.〔周公告康叔自古王者之撫民皆如此 不可以法治之〕"로, 蔡沈은 '若玆'를 若此의 뜻으로 보아 "예부터 王者가 監官에게 명한 것이 이와 같았으니, 네가 이제 監官이 되었은즉 형벌을 사용하여 사람을 해치거나 죽이는 일이 없어야 옳을 것이다.〔自古王者之命監若此 汝今爲監 其無所用乎刑 以戕虐人 可也〕"로, 吳澄은 "예부터 王者들이 모두 이와 같이 했기 때문에 설립된 監官은 모두 능히 위의 뜻을 준수하여 偏邪하는 일이 없었다.〔自古王者 皆如此 故其所立之監 皆能遵上意而無有偏邪也〕"로 각각 풀이하였다.

백성들을 길이 보양하고 백성들을 길이 안정시키는 일은 예전 王의 도리를 쓸 것이니, 이와 같이 감독하면 죄 지을 바가 없을 것이다.

【傳】 能長養民하고 長安民은 用古王道니 如此監하면 無所復罪리니 當務之니라

능히 백성들을 길이 보양하고 백성들을 길이 안정시키는 일은 예전 王의 도리를 쓸 것이니, 이와 같이 감독하면 다시 죄 지을 바가 없을 것이니, 〈너는〉 마땅히 힘써야 할 것이란 말이다.

【疏】 '王啓'至'攸辟' ○ 正義曰：周公云："所以敬勞者, 以王者開置監官, 其治主爲於民故也. 以此當敎民曰 '無得相殘傷, 無得相虐殺, 而爲重害也. 何但不可爲重害, (民之相於)[1], 當至於敬養寡弱, 至於存恤屬婦, 合和其敎, 用大道以相容, 無使至冤枉.' 所以如此者, 以王者其當效實國君, 及於御治事者, 惟須知其敎命所施何用, 知其善惡, 故不可不勤也. 所效實, 若能長養民, 長安民, 用古昔明王道而治之, 如此爲監, 無所復罪, 汝當務之."

1) (民之相於)：文義로 보아 衍文으로 처리하였다.

經의 〔王啓〕에서 〔攸辟〕까지

○ 正義曰：周公이 다음과 같이 말씀하였다. "경건한 마음으로 위로하는 까닭은 王者가

監官을 개설한 목적이, 그 다스림이 주로 백성을 위한 것이기 때문이다. 이로써 마땅히 백성들을 가르치기를 '서로 殘傷하지 말고 서로 虐殺하여 거듭 해치지 말아야 한다. 어찌 단지 거듭 해치는 일만 않아야 하겠는가. 마땅히 寡弱한 사람을 경건히 보양함에 이르고 屬婦를 위문하고 구휼함에 이르며, 그 가르침을 화합하고 大道를 써서 서로 용납하여 冤枉에 이르는 일이 없도록 해야 한다.'고 하였다.

이와 같이 하는 까닭은 王者가 그 國君과 일을 다스리는 관리에게 응당 실효를 거두도록 책망해야 하기 때문이니, 모름지기 그 教命을 베푼 바가 어떠했는지를 알아서 그 善惡을 알아야 하기 때문에 부지런하지 않을 수 없는 것이다. 실효를 거두는 것은, 이를테면 능히 백성들을 길이 보양하고 백성들을 길이 안정시키는 일은 예전 명철한 王의 도리를 써서 다스리는 것이니, 이와 같이 감독하면 다시 죄 지을 바가 없을 것이니, 너는 마땅히 힘써야 할 것이다."

【疏】 ○ 傳'當教'至'冤枉' ○ 正義曰 : 以言'曰', 故知 "當教民"也. '殘'謂不死, '虐', 甚則殺, 故二文也. 經言'屬婦', 傳言'妾婦'者, 以妾屬於人, 故名'屬婦'. 此經'屬婦'與'寡弱'爲例, 則非關嫡婦也. 何者. 妻子是家中之貴者, 不至冤枉故也.

○ 傳의 〔當教〕에서 〔冤枉〕까지

○ 正義曰 : '曰'이라 말하였기 때문에 "마땅히 백성들을 가르쳐야 한다."라는 점을 〈孔安國이〉 알았던 것이다. '殘'은 죽지 않음을 이르고, '虐'은 심하면 죽이기 때문에 두 가지 글로 적은 것이다. 經에서 '屬婦'라 말하고, 傳에서 '妾婦'라 말한 것은 妾은 사람에 속하는 것이기 때문에 '屬婦'라 명명한 것이다. 이 經은 '屬婦'와 '寡弱'을 例로 삼았으니 嫡婦와 관계된 것이 아니다. 왜냐하면 妻子는 바로 家中의 귀한 자라서 冤枉에 이르지 않기 때문이다.

【疏】 ○ 傳'王者'至'不勤' ○ 正義曰 : 以君臣共國事, 故竝效御治事, 而知其所施, 則下不得爲非, 卽是王使存省侯伯監治是也. 故不可不勤.

○ 傳의 〔王者〕에서 〔不勤〕까지

○ 正義曰 : 임금과 신하는 國事를 함께하기 때문에 아울러 일을 다스리는 실효를 거두도록 하는데, 그 〈教命을〉 베푼 바를 알면 아래에서 비난할 수 없으니, 곧 이것이 王이 諸侯들을 살피는 伯을 두어서 치적을 감독하도록 한다는 것이다. 그러므로 부지런하지 않

을 수 없는 것이다.

惟曰 若稽[1)]田에 旣勤敷菑[2)]어든 惟其陳修하여 爲厥疆畎하며

1) 稽 : 蔡傳에서 治의 뜻으로 풀이하였다.
2) 敷菑 : 蔡傳은 "풀과 가시나무를 널리 제거한 것〔廣去草棘〕"으로 풀이하였다.

이를테면, 밭을 다스릴 때에 이미 힘을 들여 갈아엎어놓았거든 그 땅을 열을 지어 닦아서 밭두둑과 도랑을 만들어야 하는 것과 같으며,

【傳】 言爲君監民은 惟若農夫之考田에 已勞力布發之어든 惟其陳列修治하여 爲其疆畔畎壟然後功成이니 以喩敎化라

임금이 되어 백성을 감독하는 것은 마치 농부가 밭을 다스릴 때에 이미 힘을 들여 갈아엎어놓았거든 열을 지어 닦아서 고랑과 두둑을 만든 연후에 공이 이루어지는 것과 같다는 말이니, 교화를 비유한 것이다.

若作室家에 旣勤垣墉인댄 惟其塗墍茨하며

집을 지을 때에 이미 힘을 들여 담을 쌓아놓았거든 흙을 발라 맥질하고 지붕을 이어야 하는 것과 같으며,

【傳】 如人爲室家에 已勤立垣墻인댄 惟其當塗墍茨蓋之라 ○ 垣墉은 馬云 卑曰垣이요 高曰墉이라하니라 墍는 說文云 仰塗也라하고 廣〔雅〕[1)]云 塗也라하고 馬云 堊(악)色이라하니라

1) 〔雅〕: 저본에는 없으나, ≪經典釋文≫에 의거하여 '雅'를 보충하였다.

사람이 집을 지을 때에 이미 힘을 들여 담을 세웠거든 흙을 발라 맥질을 하고 지붕을 덮어야 하는 것과 같다는 것이다.

○ '垣·墉'은 馬融이 "낮은 것은 '垣'이라 하고, 높은 것은 '墉'이라 한다."라고 하였다. '墍'는 ≪說文解字≫에 "위를 쳐다보고 벽을 바르는 것이다."라고 하고, ≪廣雅≫에 "흙을 바르는 것이다."라고 하고, 馬融은 "흰 흙이다."라고 하였다.

若作梓材에 旣勤樸斲이어든 惟其塗丹雘이니라

가래나무 재목으로 물건을 만들 때에 이미 힘을 들여 다듬고 깎아놓았거든 단청을 발라야 하는 것과 같으니라."

【傳】 爲政之術은 如梓人治材爲器에 已勞力樸治斲削이어든 惟其當塗以漆丹以朱而後成이니 以言敎化도 亦須禮義然後治라 ○ 樸은 馬云 未成器也라하니라 雘은 馬云善丹也라하니라

정사를 하는 방법은 마치 梓人이 재목을 다스려 그릇을 만듦에 이미 힘을 들여 깎고 다듬었거든 마땅히 칠을 바르고 붉은색으로 단청을 한 뒤에야 이루어지는 것과 같다는 것이니, 敎化도 또한 禮義를 동반한 연후에 다스려진다는 점을 말한 것이다.

○ '樸'은 馬融이 "아직 이루어지지 못한 그릇이다."라고 하였다. '雘'은 馬融이 "좋은 丹砂이다."라고 하였다.

【疏】 '惟曰'至'丹雘' ○ 正義曰：旣言王者所以效實國君爲政之事, 故此言國君爲政之喩惟爲監之事. 曰 "若農人之考田也, 已勞力徧布菑而耕發其田, 又須爲其陳列修治, 爲疆畔畎壟, 以至收穫然後功成. 又若人爲室家, 已勤力立其垣墉, 又當惟其塗而(暨)〔塈〕[1]飾茨蓋之, 功乃成也. 又若梓人治材爲器, 已勞力樸治斲削其材, 惟其當塗而丹漆以朱雘乃後成." 以喩人君爲政之道, 亦勞心施政, 除民之疾, 又當惟其飾以禮義, 使之行善然後治.

1) (暨)〔塈〕: 저본에는 '暨'로 되어 있으나, 諸本에 의거하여 '塈'로 바로잡았다.

經의 〔惟曰〕에서 〔丹雘〕까지

○ 正義曰 : 이미 王者가 國君이 정사를 하는 일에 실효를 거두도록 하기 위한 것을 말하였기 때문에 여기에서 國君이 정사를 하는 데 대한 비유와 감독하는 일을 다음과 같이 말하였다. "비유하자면 농부가 밭을 다스릴 때에 이미 힘을 들여 덤불을 깔아서 그 밭을 갈아엎었거든 또 모름지기 열을 지어 닦아서 고랑과 두둑을 만들어서 수확한 뒤에 가서야 공이 이루어지는 것과 같다. 또 비유하자면 사람이 집을 지을 때에 이미 힘을 들여 담을 쌓아놓았거든 흙을 발라 맥질을 하고 지붕을 이어야 공이 곧 이루어지는 것과 같다. 또 비유하자면 梓人이 재목을 다스려 그릇을 만들 때에 이미 힘을 들여 그 재목을 다듬고 깎아놓았거든 마땅히 벽을 바르고 붉은색으로 단청을 한 뒤에야 이루어지는 것과 같다." 이것으로 "임금이 정사를 하는 방법도 노심초사해서 정사를 펼쳐 백성들의 고질을 제거하고 또 마땅히 禮義를 가지고 꾸며서 善을 행한 뒤에 다스려지는 것임"

을 비유하였다.

【疏】 ○ 傳'爲政'至'後治' ○ 正義曰：此三者事別而喩同也, 先遠而類疏者, 乃漸漸以事近而切者次之. 皆言旣勤於初, 乃言修治於(未)〔末〕[1], 明爲政孜孜, 因前基而修, 使善垣墉故也. 皆詳而復言之, 室器皆云其事終, 而考田止言疆畎, 不云刈穫者, 田以一種, 但陳修終至收成, 故開其初, 與下二文互也. 二文皆言'斁(역)', 卽古'塗'字, 明其終而塗飾之. 其室言'塗(曁)〔墍〕[2]', (曁)〔墍〕亦塗也, (不)〔總〕[3]是以物塗之. '茨'謂蓋覆也. 器言'塗丹雘', 塗・丹, 皆飾物之名, 謂塗雘以朱雘. 雘是彩色之名, 有靑色者, 有朱色者, 故鄭玄引山海經云 "靑丘之山, 多有靑雘." 此經知是朱者, 與丹連文故也.

1) (未)〔末〕: 저본에는 '未'로 되어 있으나, 諸本에 의거하여 '末'로 바로잡았다.
2) (曁)〔墍〕: 저본에는 '曁'로 되어 있으나, 諸本에 의거하여 '墍'로 바로잡았다. 아래도 같다.
3) (不)〔總〕: 저본에는 '不'로 되어 있으나, 宋刊 單疏本・宋兩浙東路茶鹽司本・宋慶元間建安魏縣慰宅本・汲古閣本에 의거하여 '總'으로 바로잡았다.

○ 傳의 〔爲政〕에서 〔後治〕까지

○ 正義曰：이 세 가지는 일은 다르지만 비유는 같은데, 멀고 성긴 것을 먼저 들고 점점 일이 가까워 절실한 것으로 다음을 이어갔다. 모두 초두에서 '이미 힘을 들인 것'을 말하고 말미에서 닦고 다스리는 과정을 말하여 정사를 부지런히 할 것을 밝혔으니, 앞의 터를 인하여 닦아서 담을 잘 쌓게 하는 격이기 때문이다.

모두 자세하지만 다시 말하자면, 집과 그릇은 모두 그 일이 마무리된 것까지 말하였으나 밭을 다스린 것은 밭두둑과 도랑만 말하고 수확을 말하지 않은 것은 밭은 한 종류로써 다만 열을 지어 닦아서 마침내 거두어 이루는 과정에 이르는 것이기 때문에 그 초두를 열어서 아래 두 글과 互文을 하였을 뿐이다.

두 글에서 모두 말한 '斁'은 옛날의 '塗'자이니, 그 마무리를 하고 맥질을 하여 꾸미는 과정을 밝힌 것이다. 그 집에 대해서 말한 '塗墍'의 墍 또한 塗의 뜻인데, 모두 土物로 맥질을 하는 것이다. '茨'는 덮는 것을 이른다. 그릇에 대해 말한 '塗丹雘'의 塗와 丹은 모두 물건을 꾸미는 것의 명칭인데 붉은 단청(붉은색 광물질 안료)으로 맥질을 함을 이른다. 단청은 바로 彩色의 이름인데, 靑色인 것이 있고 朱色인 것이 있기 때문에 鄭玄이 ≪山海經≫을 인용하여 "靑丘山에 푸른 단청(푸른색 광물질 안료)이 많이 있다."라고 하였으니,

이 經에서 이것이 朱色인 것임을 〈孔安國이〉 알았던 것은 丹과 글이 연해져 있기 때문이었다.

今王이 惟曰 先王이 旣勤用明德하사 懷爲夾하시니

이제 王의 命을 〈칭하여 너에게 다음과 같이〉 말하겠노라. "先王께서 이미 힘을 들여 밝은 德을 써서 제후들을 회유해 와 친근하게 하시므로

【傳】 言文武已勤用明德하여 懷遠爲近하시니 汝治國當法之니라 ○ 夾은 近也라

文王과 武王이 이미 힘을 들여 明德을 써서 먼 곳에 있는 사람들을 회유해 와 친근하게 하셨으니, 너는 나라를 다스릴 때에 마땅히 그를 본받아야 한다고 말한 것이다.

○ '夾'은 近의 뜻이다.

庶邦享하면 作兄弟하니 方來[1)]하여 亦旣用明德하니

1) 庶邦享……方來 : 蔡傳은 享과 來에 句를 끊어서 "여러 나라 제후로서 朝見하러 오는 자들이 형제처럼 서로 친하여 사방에서 와서"라고 풀이하였다.

여러 나라 제후들이 朝見하러 오면 兄弟之國을 삼으니, 곳곳에서 와서 또한 모두 〈선왕의〉 밝은 德을 활용하니,

【傳】 衆國朝享於王하면 又親仁善鄰[1)]하여 爲兄弟之國하니 (萬)〔方〕[2)]方皆來賓服[3)]하여 亦已奉用先王之明德이라

1) 親仁善鄰 : ≪春秋左氏傳≫ 隱公 6년 조에 "어진 이를 친애하고 이웃과 사이좋게 지내는 것은 나라의 보배이다.〔親仁善隣 國之寶也〕"라고 보인다.

2) (萬)〔方〕: 저본에는 '萬'으로 되어 있으나, 宋兩浙東路茶鹽司本・宋慶元間建安魏縣尉宅本에 의거하여 '方'으로 바로잡았다.

3) 衆國朝享於王……(萬)〔方〕方皆來賓服 : 兪樾은 "枚氏는 '作兄弟'를 1句로 하고, '方來'를 1句로 하였으므로 몹시 말이 되지 않으니, 응당 '作兄弟方來' 5字를 1句로 해야 한다. '作'은 使의 뜻이고, '方'은 竝의 뜻임을 말한 것이다. '作兄弟方來'는 곧 '使兄弟竝來'이니, 兄弟之國으로 하여금 모두 와서 朝享하게 함을 말한 것이다.〔枚以作兄弟爲句 方來爲句 甚爲不辭 當以作兄弟方來五字爲句 作者使也 方之言竝也 作兄弟方來者 使兄弟竝來也 言使兄弟之國 竝來朝享也〕"라고 하였다.

여러 나라가 王에게 朝享을 하면 또 어진이를 친애하고 이웃과 우호를 맺어 兄弟之國을 삼으니, 곳곳에서 모두 와서 賓服하여 또한 이미 先王의 밝은 德을 받들어 활용한다는 것이다.

后式典하면 集庶邦하여 丕享[1)]하리이다

1) 今王惟曰……庶邦丕享 : 蔡傳은 曰, 德, 夾, 享, 來, 集, 享에 句를 끊어서 "이제 왕께서 유념하시기를 '先王께서 이미 힘을 들여 밝은 德을 써서 제후들을 회유해 와 친근하시니, 여러 나라 제후로서 朝享하러 오는 자들이 형제처럼 서로 친하여 여러 방면에서 와서 또한 모두 밝은 德을 써서 〈각각 忠君愛國의 마음을 가졌으니,〉 後王인 내가 선왕의 법을 써서 〈여러 방면의 제후들을 一心에〉 모아 품어 안겠노라.'고 하신다면, 여러 나라들이 크게 와서 朝享할 것입니다."라고 풀이하고는 "이 章 이후는 신하가 進戒한 말인 것 같은데, 의심컨대 簡策이 탈락하여 여기에 오류가 있는 듯하다.〔此章以後 若臣下進戒之辭 疑簡脫誤於此〕"라고 하였다.

군림하여 常法을 활용하면 여러 나라를 화열하게 집합시켜 대대적으로 와서 朝享을 하게 할 것이다.

【傳】 君天下能用常法하면 則和集衆國하여 大來朝享이라

천하에 군림하여 능히 常法을 활용하면 여러 나라를 화열하게 집합시켜 대대적으로 와서 朝享을 하게 할 것이란 말이다.

皇天이 旣付中國民하시니 越厥疆土하면 于先王[1)]이 肆[2)]하리니

1) 皇天……于先王 : 蔡傳은 "皇天이 이미 中國의 백성과 그 疆土를 先王에게 부여해주었다."라고 풀이하였다.

2) 肆 : 孔傳은 대부분 故나 遂의 뜻으로 보는 동시에 遂를 다시 申과 竟의 뜻으로 보는 경우가 있고, 여기서는 遂를 다시 大의 뜻으로 보아 '先王'의 뒤에 붙여서 "光大해질 것이다."로 풀이하고 있다. 蔡傳은 今의 뜻으로 보아 아래의 '王'에 붙여 "지금 王은"으로 풀이하였는데, 이에 대하여 陳師凱(≪書蔡氏傳旁通≫)는 "蔡氏가 '肆'를 今으로 풀이한 것은 온당치 못한 일이니, '肆'는 故나 遂의 뜻으로 보아야 한다."고 하였고, 조선시대 洪奭周(≪尙書補傳≫)는 "'肆'의 풀이는 대부분 故와 今의 뜻으로 적었는데, 經傳에서는 또한 단지 '發語辭'로만 적었으니, 이를테면 〈舜典〉의 '肆類于上帝', 〈康誥〉의 '肆汝小子封', 〈梓材〉의 '肆王惟德用', 〈召誥〉의 '肆惟王其疾敬德'과 같은 것이 모두 이것이다. 蔡傳은 〈康誥〉에서는 「肆」

는 未詳하다.' 하고, 〈梓材〉에서는 '「肆」는 今의 뜻이다.'고 하였으니, 무엇 때문에 다르게 하였는지 알지 못하겠다.〔肆之爲訓 多作故今 而經傳亦有只作發語辭者 如舜典之肆類于上帝 康誥之肆汝小子封 梓材之肆王惟德用 召誥之肆惟王其疾敬德 皆是也 蔡傳於康誥則曰肆未詳 梓材則曰肆今也 未知其何以異也〕"라고 하였다.

皇天이 이미 中國의 백성들을 〈다스릴 권한을〉 부여하셨으니, 그 疆土를 개척하면 先王의 道가 커질 것이다.

【傳】大天已付周家治中國民矣니 能遠拓其界壤하면 則於先王之道가 遂大리라 ○ 付는 馬本作附라

큰 하늘이 이미 周나라에게 中國의 백성들을 다스릴 권한을 부여하였으니, 능히 멀리 그 疆界의 土壤을 개척한다면 先王의 道가 커질 것이란 말이다.

○ '付'는 馬本에 '附'로 되어 있다.

王은 惟德을 用하여 和懌先後[1]迷民하여 用懌先王受命하노라

1) 先後 : 蔡傳은 '勞來之'로 풀이하였다.

王은 德을 써서 미혹한 백성들을 기쁘게 만들고 교훈시켜서 先王이 天命을 받으신 것을 기뻐하게 하노라.

【傳】今王惟用德하여 和悅先後天下迷愚之民이라 先後는 謂敎訓이니 所以悅先王受命之義라

이제 王은 德을 써서 천하의 迷愚한 백성들을 기쁘게 만들고 교훈시킨다는 것이다. '先後'는 敎訓을 이르니, 先王이 天命을 받은 의의를 기뻐하도록 하기 위한 것이다.

已[1]若茲監하면 惟曰[2]欲至于萬年惟王[3]하사

1) 已 : 孔疏는 歎의 뜻으로 보고, 林之奇와 夏僎은 孔疏를 따랐으며, 黃度(≪尙書說≫)는 止의 뜻으로, 元代 陳悅道(≪書義斷法≫)는 '辭之終'으로 보았는데, 蔡傳은 어조사로 풀이하였다.

2) 惟曰 : 孔傳은 "我周家惟……"로, 林之奇는 "其意亦曰"로 풀이하였으나, 蔡傳은 풀이하지 않았다.

3) 已若玆監 惟曰欲至于萬年惟王 : 蔡傳은 '已'를 어조사로 보아 "이와 같이 살펴보소서. 만년에 이를 때까지 왕 노릇 하시어"라고 풀이하였다.

오호라! 여기서 진달한 법과 같이 한다면 만년토록 왕실을 받들게 하리라.

【傳】 爲監所行을 已如此所陳法이면 則我周家 惟欲使至於萬年承奉王室이라

監官으로서 행하는 바를 아! 여기서 진달한 법과 같이 한다면 우리 周나라는 너로 하여금 만년에 이르도록 王室을 받들게 하려고 한다는 것이다.

子子孫孫이 永保民하노라

子子孫孫이 영원히 백성들을 보호하기 바라노라."

【傳】 又欲令其子孫으로 累世長居國以安民이라

또 그 자손으로 하여금 여러 대를 이어가며 길이 나라에 거하면서 백성들을 편안하게 하도록 하고자 한다는 것이다.

【疏】 '今王'至'保民' ○ 正義曰 : 此戒康叔已滿三篇, 其事將終, 須有總結. 因其政術言法於明王, 上下相承, 資以成治, 故稱今者王命惟告汝曰 "先王文武在於前世, (以)〔已〕[1]自勤用明德, 招懷遠人, 使來以爲親近也. 以明德懷柔之故, 衆國朝享於王, 又相親善爲兄弟之國, (萬)〔方〕[2]方皆來賓服, 亦已化上奉用先王之明德矣. 是先王有明德, 下亦行明德, 以從之而可法也. 先王旣然, 凡爲君以君天下者, 亦如先王用常法, 則和集衆國, 使之大來朝享, 亦須同先王用明德也. 君天下者當如此, 今大天已付周家, 治九州之中國民矣. 周家之王, 若能爲政用明德以懷萬國, 遠拓其疆界土壤, 則先王之道, 遂更光大. 以此今王須大先王之政, 惟明德之大道而用之, 以此和悅而先後其天下迷愚之民, 使之政治用此, 所以悅先王受命, 使之遂大之義故也. 是明德不可不務, 故我周王今亦行之. 汝爲人臣, 可以不法乎. 當法王家勤用明德治國也. 汝若能法我王家而用明德, 是爲善不可加." 因歎云 "已乎. 如此爲監, 則我周家惟曰, 欲汝至於萬年, 惟以承奉王室, 令其子子孫孫, 累世長居國以安民."

1) (以)〔已〕 : 저본에는 '以'로 되어 있으나, 諸本에 의거하여 '已'로 바로잡았다.

2) (萬)〔方〕 : 저본에는 '萬'으로 되어 있으나, 宋刊 單疏本・宋兩浙東路茶鹽司本・宋慶元

間建安魏縣尉宅本에 의거하여 '方'으로 바로잡았다.

經의 〔今王〕에서 〔保民〕까지

○ 正義曰 : 이는 康叔을 경계한 글이 이미 3篇에 차서 그 일이 장차 마무리되려고 하므로 모름지기 총체적인 결론을 내려야 할 판이다. 그러므로 그 政術을 인하여 명철한 王을 본받아서 上下가 서로 받들어 도움을 줌으로써 다스림을 이룰 것을 말해야 하기 때문에 이제 王의 命을 칭하여 너(康叔)에게 다음과 같이 말하겠노라. "先王인 文王과 武王이 前世에 계시어 이미 근면하여 明德을 써서 먼 곳에 있는 사람들을 회유해 와 친근히 대하였다. 밝은 德을 써서 회유했기 때문에 여러 나라가 王께 朝享하였고, 또 서로 친선하여 兄弟之國을 삼으니, 여러 방면에서 모두 와서 賓服하고, 또한 이미 감화되어 위로 先王의 밝은 德을 받들어 활용하였다. 이는 先王에게 밝은 德이 있으므로 아래에서 또한 밝은 德을 행한 것이니, 따라서 본받을 만했기 때문이다.

先王께서 이미 그러하였으니, 무릇 임금이 되어 천하에 군림한 자가 또한 先王이 常法을 쓴 것처럼 하면 여러 나라를 和悅하게 집합시켜 그들로 하여금 크게 와서 朝享하도록 할 수 있으니, 또한 모름지기 先王이 밝은 德을 쓴 것과 같이 해야 할 것이다. 천하에 군림한 자는 마땅히 이와 같이 해야 하거니와 이제 큰 하늘이 이미 周나라에게 九州의 中國 백성들을 다스릴 권한을 부여하였다. 周나라의 王이 만일 능히 정사를 함에 있어 밝은 德을 써서 萬國을 회유하고 멀리 그 疆界의 土壤을 개척한다면 先王의 道가 드디어 다시 光大해질 것이다.

이런 때문에 이제 王은 모름지기 先王의 정사를 光大시키고 밝은 德의 큰 도리를 활용해서 이로써 和悅하게 만드는 동시에 천하의 迷愚한 백성들을 교훈시켜야 하니, 정치를 함에 있어서 이것을 쓰게 하는 것은 先王이 天命을 광대하게 하는 의의를 기뻐하게 하기 위한 때문이다. 그래서 밝은 德을 힘쓰지 않을 수 없기 때문에 우리 周나라 王이 이제 또한 행하는 것이다. 너는 남의 신하가 되었거늘 본받지 않을 수 있겠는가. 마땅히 王家에서 힘을 들여 밝은 德으로 나라를 다스리는 것을 본받아야 할 것이다. 네가 만일 능히 우리 王家를 본받아 밝은 德을 쓴다면 이는 善을 하는 것이 이보다 더할 게 없을 것이다."

따라서 탄식하며 말씀하였다. "오호라! 이와 같이 감독을 하면 우리 周나라는 너로 하여금 만년에 이르도록 王室을 받들게 하고 또 그 자손으로 하여금 여러 대를 이어가며 길이 나라에 살면서 백성들을 편안하게 하도록 하고자 한다."

【疏】○傳'言文'至'法之' ○正義曰：言'先王'，知謂文武也．'夾'者，是人左右而夾之，故言近也．

○傳의 〔言文〕에서 〔法之〕까지

○正義曰：'先王'이라고 말했기 때문에 文王과 武王을 이르는 것임을 〈孔安國이〉 알았던 것이다. '夾'은 바로 사람이 좌우에서 끼고 있는 형상이기 때문에 近의 뜻이라 말한 것이다.

【疏】○傳'衆國'至'明德' ○正義曰：'享'施於王，而'兄弟'爲相於之辭，明彼此皆和協．'親仁善鄰'，左傳文．以先王用明德，於下之所行，今亦奉用，爲亦先王耳．

○傳의 〔衆國〕에서 〔明德〕까지

○正義曰：'享'은 王에게 베푸는 것이고, '兄弟'는 서로 친근해하는 말이니, 彼此가 다 和協함을 밝힌 것이다. '親仁善鄰'은 ≪春秋左氏傳≫의 글이다. 先王이 밝은 德을 썼기 때문에 아래에서 〈밝은 德을〉 행할 바에 있어서도 이제 또한 받들어 쓸 것은 역시 先王의 〈밝은 德일〉 뿐이다.

【疏】○傳'大天'至'遂大' ○正義曰：'肆'，遂也，申遂故爲大．'越'，遠也．使天下賓服，故遠拓界壤以益先王，故爲'遂大'也．

○傳의 〔大天〕에서 〔遂大〕까지

○正義曰：'肆'는 遂의 뜻이니, 펴지기 때문에 大의 뜻으로 여긴 것이다. '越'은 遠의 뜻이다. 天下로 하여금 賓服하게 했기 때문에 멀리 界壤을 개척하여 先王에 보탠 것이라, 그러므로 '커질 것이다.'라고 한 것이다.

【疏】○傳'今王'至'之義' ○正義曰：言'用德'，亦是明德也．'先後'，若詩云"予曰有先後[1]．"謂於民心先未悟，而啓之已悟，於後化成之，故謂'教訓'也．先王本欲子孫成其事，今化天下使善，是"悅先王受命．"其和悅先王，卽遠拓疆土，悅其受命，卽'遂大'也．

1) 先後：蘇軾의 ≪詩集傳≫에 "서로 앞뒤에서 인도하는 것이다.〔相道前後〕"라고 풀이하였다.

○傳의 〔今王〕에서 〔之義〕까지

○正義曰：'用德'이라 말한 것〈의 德〉도 또한 이 밝은 德이다. '先後'는 ≪詩經≫ 〈大雅

綿〉에 “내가 말하기를 先後하는 자가 있으며”라고 한 것과 같으니, 民心에 있어서 먼저는 깨닫지 못했다가 啓導하면 깨닫고 나서 뒤에 이루어지는 것을 이르기 때문에 ‘敎訓’이라고 한 것이다. 先王은 본래 子孫이 그 일을 이루게 하려고 하였는데 지금 천하를 교화하여 善하게 만들었으니, 이것이 “先王이 천명을 받은 것을 기뻐한다.”는 것이다. 그 先王을 和悅케 한 것은 곧 멀리 疆土를 개척한 일이고, 그 命을 받은 점을 기뻐한 것은 곧 ‘커질 것이다.’라는 것이다.

尙書注疏 제15권

周書

召誥 第十四

孔氏 傳　孔穎達 疏

[書序] **成王在豐**에 **欲宅洛邑**하여

成王이 豐邑에 계실 때에 洛邑에 거주하려고 하시어

【傳】 武王克商하고 遷九鼎於洛邑하여 欲以爲都라 故로 成王居焉이라

武王이 商나라를 쳐서 이기고 九鼎을 洛邑으로 옮겨 도읍을 삼으려고 하였기 때문에 成王이 거주하려 한 것이다.

使召公先相宅하니

召公으로 하여금 먼저 거주할 곳을 살펴보게 하셨으니,

【傳】 相所居而卜之하고 遂以陳戒라

거주할 곳을 살펴보아 거북점을 쳐 정하고, 드디어 경계할 것을 진달하였다.

作召誥이라

〈召誥〉를 지었다.

召誥

【傳】 召公以成王新卽政으로 因相宅以作誥라

召公은 成王이 새로 집정을 하였기 때문에 그로 인하여 거주할 곳을 살펴보고, 誥를 지었다.

【疏】 '成王'至'召誥' ○ 正義曰：成王於時在豐, 欲居洛邑以爲王都, 使召公先往相其所居之地, 因卜而營之. 王與周公從後而往, 召公於庶殷大作之時, 乃以王命取幣以賜周公, 因告王宜以夏殷興亡爲戒, 史敍其事, 作召誥.

書序의 〔成王〕에서 〔召誥〕까지

○ 正義曰：成王이 이때 豐邑에 있었는데, 洛邑에 거주하여 王都를 삼으려는 생각으로 召公을 시켜 먼저 가서 거주할 곳을 살펴보게 하였는데, 〈召公은〉 이내 거북점을 쳐 〈吉地임을 확인해서 도읍을 세울 일을〉 경영하였다. 王은 周公과 함께 뒤따라갔으며, 召公은 여러 殷나라 백성들이 크게 작업을 할 때에 곧 王命으로 禮物을 취하여 周公에게 주었고, 따라서 王에게 마땅히 夏나라와 殷나라의 흥망성쇠를 가지고 경계해야 할 것에 대해 고하였는데, 史官이 그 일을 서술하여 〈召誥〉를 지었다.

【疏】 ○ 傳'武王'至'居焉' ○ 正義曰：桓二年左傳云 "昔武王克商, 遷九鼎于洛邑." 服虔注云 "今河南有鼎中觀." 云'九鼎'者, 案宣三年左傳王孫滿云 "昔夏之方有德也, 貢金九牧, 鑄鼎象物." 然則九牧貢金爲鼎, 故稱'九鼎', 其實一鼎. 案戰國策顔率說齊王云, "昔武王克商, 遷九鼎, 鼎用九萬人." 則以爲其鼎有九, 但遊說之辭, 事多虛誕, 不可信用. 然鼎之上, 備載九州山河異物, 亦又可疑. 未知孰是, 故兩解之.

○ 傳의 〔武王〕에서 〔居焉〕까지

○ 正義曰：≪春秋左氏傳≫ 桓公 2년 조에 "옛날 武王이 商나라를 쳐서 이기고 九鼎을 洛邑으로 옮겼다."라고 하였는데, 服虔이 "지금 河南에 鼎中觀이 있다."고 注를 달았다. '九鼎'이란 것은 ≪春秋左氏傳≫ 宣公 3년 조를 상고하면 "王孫滿이 '옛날 夏나라의 천자가 훌륭한 德을 가지고 있었을 때에 九州의 우두머리들에게 쇠를 바치게 해서 솥을 주조하여 거기에 지방에서 바친 풍물을 새겼다.'"라고 하였다. 그렇다면 九州의 우두머리들이 쇠를 바쳐 솥을 만들었기 때문에 '九鼎'이라 칭한 것이니, 그 실은 한 채의 솥이다.

≪戰國策≫을 상고하면 "顔率이 齊나라 王에게 유세하기를 '옛날 武王이 商나라를 쳐서

이기고 아홉 채의 솥을 옮겨 올 때에 매 솥마다 9만 명의 사람을 이용했다.' 한다."라고 하였은즉, 그 솥이 아홉 채가 있었음을 말한 것이나 다만 遊說하는 말이어서 일에 虛誕이 많아 신용할 수가 없다. 그러나 솥 위에 九州의 山河와 기이한 물건들의 형상을 새겨 갖춰 기재하였다고 하였으니, 또한 의심스럽다. 누구의 말이 옳은지 알지 못하기 때문에 두 가지로 풀이한다.

【疏】 ○傳'相所'至'陳戒' ○正義曰：孔以序言'相宅', 於經意不盡, 故爲傳以助成之. 召公相所居而卜之, 及其經營大作, 遂以陳戒, 史錄陳戒爲篇. 其意不在相宅, 序以經具, 故略之耳. 言"先相宅"者, 明於時周公攝政, 居洛邑, 是周公之意, 周公使召公先行, 故言'先', 以見周公自後往也.

○傳의 〔相所〕에서 〔陳戒〕까지

○正義曰：孔安國은 書序에서 말한 '相宅'이 經의 뜻에 미진했기 때문에 傳을 지어 도와서 이루었다. 召公은 거주할 곳을 살펴보아 거북점을 쳐보았고, 경영하여 크게 작업할 때에 가서는 드디어 경계할 일을 진달하였는데, 史官이 경계할 일을 진달한 것을 기록하여 篇을 만들었다. 그 뜻이 '거주할 곳을 살펴보는 것'에 있지 않거니와, 書序에서는 經이 〈그 내용을〉 갖추고 있기 때문에 생략했을 뿐이다. "먼저 거주할 곳을 살펴보았다."라고 말한 것은 이때 周公이 攝政하고 있고 洛邑에 거주하려고 한 것은 바로 周公의 뜻이었으며, 周公이 召公으로 하여금 먼저 가게 했기 때문에 '先'을 말하여 周公이 뒤따라갔음을 보인 것이다.

【疏】 ○傳'召公'至'作誥' ○正義曰：武王旣崩, 周公卽攝王政, 至此已積七年, 將歸政成王, 故經營洛邑, 待此邑成, 使王卽政. 召公以成王將新卽政, 恐王不順周公之意, 或將惰於政事, 故因相宅以作誥也. 作誥之時, 王未卽政, 周公作洛誥, 爲反政於成王, 召公陳戒, 爲卽政後事, 故傳言"新卽政"也.

○傳의 〔召公〕에서 〔作誥〕까지

○正義曰：武王이 이미 승하〔崩〕하자 周公이 곧 王政을 攝行하였는데, 이에 이르러 이미 7년이 되어서 장차 成王에게 정권을 돌려주려고 하기 때문에 洛邑을 경영하였고, 이 洛邑이 이루어지는 것을 기다려서 王으로 하여금 집정을 하게 하였다. 召公이 成王이 장차 새로 집정을 하려고 하기 때문에 王이 周公의 뜻을 따르지 않고 혹시 장차 정사에 나

태할까 염려했기 때문에 '거주할 곳을 살펴본 것'을 인하여 誥를 지었다. 誥를 지을 때에는 王이 아직 집정을 하지 못하였으니, 周公이 〈洛誥〉를 지은 것은 成王에게 정권을 돌려주기 위함이었고, 召公이 경계를 진달한 것은 집정을 한 뒤의 일을 위한 것이기 때문에 傳에서 "새로 집정을 했다."라고 말한 것이다.

惟二月既望

2월 既望(16일)에서

【傳】 周公攝政七年二月十五日[1]은 日月相望이니 因紀之라

1) 十五日 : 孔疏에는 '十六日'로 적고 있다.

周公이 攝政한 7년 2월 열닷새는 해와 달이 서로 바라보는 시점이었는데, 그를 인하여 기록한 것이다.

越六日乙未에 王이 朝步自周하사 則至于豊하시다

엿새 지난 乙未日에 王이 아침에 周나라 도읍으로부터 거둥하여 豊에 이르셨다.

【傳】 於已望後六日은 二十一日이니 成王朝行從鎬京으로 則至于豊하여 以遷都之事로 告文王廟라 告文王이면 則告武王可知니 以祖見(현)考라

보름 후 엿새는 스무하루인데, 成王이 아침에 鎬京으로부터 거둥하여 곧 豊에 이르러서 遷都할 일로써 文王의 사당에 고하였다. 文王의 사당에 고했다면 武王의 사당에도 고했음을 알 수 있으니, 祖로써 考를 나타낸 것이다.

惟太保先周公相宅이라

太保가 周公에 앞서 거주할 곳을 살펴보았다.

【傳】 太保는 三公官名이니 召公也라 召公은 於周公前相視洛居하고 周公은 後往이라

'太保'는 三公의 벼슬이름이니, 곧 召公이다. 召公은 周公 앞에 가서 洛邑의 거주할 곳을 살펴보았고, 周公은 召公 뒤에 간 것이다.

越若來三月[1)]**惟丙午朏**[2)]**越三日戊申**에 **太保朝至于洛**하여 **卜宅**하여

1) 越若來三月 : 孔傳은 "순차적으로 오는 3월"로 보았는데, 이에 대하여 丁若鏞(≪尙書知遠錄≫)은 "'於順來'는 무슨 말인가. 너무도 괴이하다. '越若'이란 것은 語辭이다. '來三月'이란 것은 '來日'이니 '來年'이니 하는 말과 같다. 朱子는 劉氏(劉安世)의 說을 인용하여 '「來三月」은 「明日」이란 말과 같다.'고 하였다.〔於順來 何說也 可怪之甚 越若者 語辭也 來三月者 猶言來日來年 朱子引劉氏說云 來三月 猶言明日〕"라고 하였다.

蔡傳은 "'越若來'는 옛날의 語助辭이니, 召公이 豊에서 멈추지 않고 계속 온 점을 말한 것이다.〔越若來 古語辭 言召公於豊迤邐而來〕"라고 풀이하였는데, 이에 대하여 元代 董鼎(≪書傳輯錄纂註≫)은 "林氏(林之奇)는 '≪後漢書≫ 〈律曆志〉에 「3월 甲辰朔 3일 丙午」라 했다.'고 하였고, 元城 劉氏(宋代 劉安世)는 '「越若」은 發語聲이고, 「來三月」은 「明三月」이란 말과 같다.'고 하였는데, 息齋 余氏(元代 余芑舒)는 '「越若」은 朱子가 이미 劉安世의 說을 채택해서 集解 가운데 나타냈으니, 마땅히 그를 따라야 하고, 굳이 「召公이 멈추지 않고 계속 왔다.」라고 말할 필요가 없다.'고 했다.〔林氏曰 漢志曰 三月甲辰朔三日丙午 元城劉氏曰 越若發語聲 來三月 猶言明三月也 息齋余氏曰 越若 朱子旣采劉說 見集解中 宜從之 不必言召公迤邐而來也〕"라고 하였으며, 明代 馬明衡(≪尙書疑義≫)은 "'越若來'란 세 글자는 이해하기 어렵다. 蔡註(蔡傳)도 역시 옳지 못하다. 이미 이런 사례를 가지고 〈堯典〉의 '曰若'의 경우는 '發語辭'로 풀이하고 여기서는 또 '迤邐而來'로 풀이하였으니, 어찌 그리도 서로 모순이 되는가. 古注(孔傳)에서 '於順來三月'이라고 풀이하였으니, 이는 또한 글자에 따라 풀이한 것이다. 예전 사람은 '越'자와 '若'자를 늘 사용했다.〔越若來三字 蓋有難曉 蔡註亦未是 旣以此例 堯典曰若 則是助語之辭 而又解云 迤邐而來 何其相矛盾耶 古註作於順來三月是亦隨字而解 古人越字若字常用〕"라고 하였고, 李滉(≪三經釋義≫)은 "〈'越若來'는〉 굳이 해석할 필요가 없다. 지금 살펴보면, 蔡傳에는 단지 '古語辭'라고만 말하고 어떠한 語辭라고는 분명하게 말하지 않았으니, 지금 사람의 말을 가지고 해석해서는 안 된다.……그러나 아랫글에서 또 '迤邐而來'라고 했으므로 '來'자를 해석하지 않을 수 없으니, 마땅히 '越若이 來한'이라 해야 한다.〔不必釋 今按傳只云古語辭 而不明言何等語辭 則其不可以今人語釋之……然下文又迤邐而來 則來字不可不釋 當云越若히來한〕"이라고 하였으며, 元代 朱祖義(≪尙書句解≫)는 "'越若來'는 이에 成王의 命을 따라 온 것이다.〔越若來 於是順成王之命而來〕"라고 하였다. 그러나 宋代 夏僎(≪尙書詳解≫)만은 "召公이 이미 2월 21일에 豊을 떠나 이에 순서에 의해 왔음을 이른 것이고, '迤邐而來'라고 이른 것은 중간에 다시 留滯함이 없는 것이다.〔謂召公旣以二月二十一日離豊 于是依順而來 謂迤邐而來 中間更無留滯〕"라고 하였으니, 蔡傳은 이를 따른 것이다.

2) 朏 : 孟康은 "달이 나오는 것이니, 초사흘에 밝음이 생기는 명칭이다.〔月出也 三日明生之名〕"라고 하였다.

순차적으로 오는 3월 丙午日인 〈달이 밝아지는〉 초사흘에서 3일이 지난 戊申日에 太保가 아침에 洛邑에 이르러 거주할 집터에 대한 거북점을 쳐보아서,

【傳】 朏는 明也니 月三日明生之名이라 於順來三月丙午朏에 於朏三日은 三月五日이니 召公早朝至於洛邑하여 相卜所居라

'朏'는 明의 뜻이니, 달이 초사흘에 밝음이 생기는 명칭이다. 〈2월 후에〉 순차적으로 다가오는 3월 丙午日 달이 밝아지는 때(초사흘)에, 달이 밝아지는 날에서부터 3일 지난 날은 3월 닷새이니 〈이 날〉 召公이 이른 아침에 洛邑에 이르러서 거주할 집터를 살펴보고 거북점을 쳤다는 것이다.

厥既得卜하니 **則經營**하니라

이미 吉한 점괘를 얻었으므로 곧 經營(측량하여 설계하기 시작함)하였다.

【傳】 其已得吉卜하니 則經營規度(탁)城郭郊廟朝市之位處라

이미 좋은 점괘를 얻었으므로 곧 城郭과 郊와 宗廟와 朝廷과 저자(시장)의 위치를 經營하고 規度(계략을 씀)하였다는 것이다.

越三日庚戌에 **太保乃以庶殷**으로 **攻位于洛汭**하니 **越五日甲寅**에 **位成**하니라

사흘이 지난 庚戌日에 太保가 여러 殷나라 백성들을 거느리고 洛水의 북쪽에 도읍의 자리를 닦으니, 닷새가 지난 甲寅日에 닦은 자리가 이루어졌다.

【傳】 於戊申三日庚戌에 以衆殷之民으로 治都邑之位於洛水北하니 今河南城也라 於庚戌五日에 所治之位皆成이라 言衆殷은 本其所由來라

戊申日에서 3일 지난 庚戌日에 〈太保가〉 여러 殷나라 백성들을 거느리고 都邑 자리를 洛水의 북쪽에 닦았으니, 지금의 河南城이다. 庚戌日에서 5일이 지나자 닦은 자리가 모두 이루어졌다. "여러 殷나라 백성"이라 말한 것은 그들이 연유하여 온 바를 거슬러 올라가서 말한 것이다.

【疏】 '惟二月'至'位成' ○ 正義曰：惟周公攝政七年二月十六日, 其日爲庚寅, 既日月相望矣. 於已望後六日乙未, 爲二月二十一日, 王以此日之朝, 行自周之鎬京, 則至于豐, 以遷都之事, 告文王之廟. 此日王惟命太保召公先周公往洛水之旁, 相視所居之處, 太保卽行. 其月小, 二十九日癸卯晦. 於二月之後順來三月, 惟三日丙午朏, 而月生明. 於朏三日戊申, 卽三月五日, 太保乃以此朝旦至於洛, 卽卜宅. 其已得吉卜, 則經營之, 規度其城郭郊廟朝市之位處. 於戊申三日庚戌, 爲三月七日, 太保乃以衆所受於殷之民, 治都邑之位於洛水之汭, - 謂洛水北也. - 於庚戌五日, 爲三月十一日甲寅, 而所治之位皆成矣.

經의 〔惟二月〕에서 〔位成〕까지

○ 正義曰 : 周公이 攝政한 7년 2월 열엿새는 그날이 庚寅日이고 이미 해와 달이 서로 바라보는 시점이었다. 이미 보름 후 엿새 乙未日은 2월 스무하루인데, 成王이 이날 아침에 周나라의 鎬京으로부터 거둥하여 곧 豐에 이르러서 遷都할 일로써 文王의 사당에 고하였다. 이날 王이 太保 召公에게 명하여 周公에 앞서 洛水의 곁에 가서 거주할 곳을 살펴보게 하니, 太保가 곧 출발하였다. 그달은 작아서 29일 癸卯가 그믐이다.

2월 후에 순차적으로 다가오는 3월에, 3일 丙午日 초승달이 뜨면 달에 밝음이 생긴다. 달이 밝아지는 날에서부터 3일 지난 戊申日은 곧 3월 닷새인데, 太保가 이날 아침에 洛邑에 이르러 곧 거주할 곳에 대한 거북점을 쳤다. 이미 좋은 점괘를 얻었으므로 곧 經營하여 城郭·郊廟·朝市의 위치를 規度하였다. 戊申日에서 3일 지난 庚戌日은 3월 초이레인데, 太保가 殷나라에서 받은 많은 백성들을 거느리고 도읍의 위치를 洛水의 汭 -〈洛水之汭는〉 洛水의 북쪽을 이른다.- 에 닦았고, 庚戌日에서 5일 지난 날은 3월 열하루 甲寅日인데, 닦은 자리가 다 이루어졌다.

【疏】○ 傳'周公'至'紀之' ○ 正義曰 : 洛誥云 "周公誕保文武受命, 惟七年." 洛誥是攝政七年事也. 洛誥 周公云 "予惟乙卯, 朝至于洛師." 此篇云 "乙卯, 周公朝至于洛." 正是一事, 知此'二月', 是周公攝政七年之二月也. '望'者, 於月之半, 月當日, 衡〔日〕[1]光照, 月光圓滿, 面嚮相當, 猶人之相望, 故稱'望'也. 治歷者必先正(望朔)〔朔望〕[2], 故史官因紀之. 將言望後之事, 必以望紀之, 將言朏後之事, 則以朏紀之, 猶今人將言日, 必先言朔也. 望之在月十六日爲多, 大率十六日者, 四分之三, 十五日者, 四分之一耳. 此年入戊午蔀[3]五十六歲, 二月小, 乙亥朔. 孔云十五日卽爲望, 是己丑爲望, 言'已望'者, 謂庚寅十六日也. 且孔云'望'與'生魄'·'死魄', 皆擧大略而言之, 不必恰依歷數. 又算術前月大者, 後月二日月見, 可十五日望也. 顧氏亦云 "十五日望, 日月正相望也."

1) 〔日〕: 저본에는 없으나, 宋刊 單疏本·宋兩浙東路茶鹽司本·宋慶元間建安魏縣慰宅本에 의거하여 '日'을 보충하였다.
2) (望朔)〔朔望〕: 저본에는 '望朔'으로 되어 있으나, "≪纂傳≫에는 '望朔' 2자가 도치되어 있으니 옳다."라고 한 阮元의 校勘記에 의거하여 '朔望'으로 바로잡았다.
3) 戊午蔀: 옛 曆法의 하나로 ≪三統曆≫에 의하면 76세를 1蔀로, 20蔀를 1紀로 삼고, 甲子蔀를 시작으로 癸卯蔀, 壬午蔀, 辛酉蔀, 庚子蔀, 己卯蔀, 戊午蔀, 丁酉蔀, 丙子蔀, 乙卯蔀, 甲午蔀, 癸酉蔀, 壬子蔀, 辛卯蔀, 庚午蔀, 己酉蔀, 戊子蔀, 丁卯蔀, 丙午蔀, 乙酉蔀 순으로 추산해가다가 1紀의 숫자가 끝나면 다시 처음으로 돌아가는 방식이라 한다.(≪毛詩注疏≫ 〈大雅 文王〉의 疏 참조)

○ 傳의 〔周公〕에서 〔紀之〕까지

○ 正義曰: 〈洛誥〉에 "周公이 文王과 武王이 〈하늘로부터〉 받은 명을 크게 보존하기를 7년 동안 하셨다."라고 하였으니, 〈洛誥〉는 바로 攝政한 7년의 일이다. 〈洛誥〉에서 周公이 "나는 乙卯日 아침에 洛師에 이르렀습니다."라고 하고, 이 篇에서 "乙卯日에 周公이 아침에 洛에 와서."라고 한 것은 똑같은 한 가지 일이니, 여기의 '二月'이 바로 周公이 攝政한 7년의 2월임을 〈孔安國이〉 알았던 것이다. '望(보름)'이란 것은 매달의 반이 되는 시점에 달이 해와 마주하여 日光이 반사되어 月光이 둥글고 가득 차니, 〈달과 해가〉 정면으로 서로 마주치는 것이 마치 사람이 서로 바라보는 것과 같기 때문에 '望'이라 칭한 것이다.

책력을 연구하는 曆家는 반드시 먼저 朔望을 바로잡기 때문에 史官이 이로 인하여 기록한 것이다. 장차 보름 이후의 일을 말하려고 하거든 반드시 '望'으로써 기록하고, 장차 달이 밝아지는 날 이후의 일을 말하려거든 '朏'로써 기록하기를 마치 지금 사람이 장차 날짜를 말하려고 하거든 반드시 먼저 '朔(초하루)'을 말함과 같이 한 것이다. '望'은 매달에 있어서 16일 쪽이 많으니, 대충 16일이란 것은 〈16일을 4분한〉 4분의 3이고, 15일이란 것은 〈15일을 4분한〉 4분의 1인 셈이다. 이해(攝政의 7년)가 戊午蔀 56세에 들게 되고 2월이 작은 달이므로 乙亥日이 초하루인 것이다.

孔安國이 말한 '15일'은 곧 望(보름)이니, 이는 己丑日이 望인 셈이다. '已望'이라 말한 것은 庚寅 16일을 이른다. 또 孔安國이 말한 '望'과 '生魄'·'死魄'은 모두 대략을 들어서 말한 것이지, 曆數에 꼭 맞게 한 것은 아니다. 또 算術 상으로 앞 달이 클 경우 다음 달

2일에 달이 나타나니, 15일이 보름이 되게 되어 있다. 顧氏(顧彪)도 또한 "15일이 보름이니 해와 달이 정면으로 서로 바라본다."라고 하였다.

【疏】 ○傳'於已'至'見考' ○正義曰 : '於已望後六日', 是爲二十一日也. '步', 行也. 此云"王朝行." 下太保與周公言"朝至"者, 君子擧事貴早朝, 故皆言'朝'也. 宗周者, 爲天下所宗, 止謂王都也. 武王已都於鎬, 故知宗周是鎬京也. 文王居豐, 武王未遷之時, 於豐立文王之廟, 遷都而廟不毁, 故成王居鎬京, "則至于豐, 以遷都之事告文王廟"也. 大事告祖, 必告於考, 此經不言告武王, 以告文王則告武王可知, 以告祖見考也. 告廟當先祖後考, 此必於豐告文王, 於鎬京告武王也.

○ 傳의 〔於已〕에서 〔見考〕까지

○ 正義曰 : '於已望後六日'은 바로 21일이다. '步'는 行(가다)의 뜻이다. 여기서 "王이 아침에 거둥했다."라고 말하고, 아래의 太保와 周公에 대해서 "아침에 이르렀다."라고 말한 것은 君子가 일을 거행함에 있어서는 이른 아침을 존귀하게 여기기 때문에 모두 '朝'를 말한 것이다. '宗周(周代 王都)'는 천하가 존중하는 대상이 되기 때문에 王都만 말했을 뿐이다. 武王이 이미 鎬에 도읍을 세웠기 때문에 宗周가 바로 鎬京임을 〈孔安國이〉 알았던 것이다. 文王이 豐에 거주하였으니, 武王이 아직 遷都하지 못했을 때에 豐에 文王의 사당을 세웠고, 遷都하였으나 사당은 헐지 않았기 때문에 成王이 鎬京에 거주하면서 "豐에 이르러 遷都할 일을 文王의 사당에 고했다."라고 한 것이다. 大事는 할아버지에게 고하면 반드시 아버지에게 고하는 법이라 이 經에서 武王에게 고하는 것을 말하지 않았지만 文王에게 고한 것으로 武王에게 고한 것을 〈孔安國이〉 알 수 있었던 것은 할아버지에게 고한 것으로 아버지를 나타냈기 때문이다. 사당에 고하는 일은 응당 할아버지에게 먼저 하고 아버지에게 뒤에 해야 하는 것이니, 이는 반드시 豐에서 文王에게 고하고, 鎬京에서 武王에게 고한 것이다.

【疏】 ○傳'朏明'至'所居' ○正義曰 : 說文云 "朏, 月未盛之明." 故爲'明'也. 周書月令云 "三日粵朏." '朏'字從月出, 是入月三日明生之名也. '於順來'者, 於二月之後依順而來, 次三月也. 二月乙未而發豐, 歷三月丙午朏, 又於朏三日, 是三月五日, 凡發豐至洛爲十四日也. '召公早朝至於洛邑 相卜所居', 當以至洛之日卽卜也.

○ 傳의 〔朏明〕에서 〔所居〕까지

○ 正義曰 : ≪說文解字≫에 "'朏'는 달이 성대하지 못하게 밝은 것이다."라고 했기 때문에 '明'의 뜻으로 여긴 것이다. ≪逸周書≫ 〈月令解〉에 "초사흘을 '朏'라 한다."라고 하였는데, '朏'자는 달월〔月〕 변에 出을 붙였으니, 이는 져가는 달이 초사흘에 밝음이 생기는 이름이다. '於順來'라는 것은 2월 후 순차적으로 다가오는 다음 3월이다. 2월 乙未日에 豐을 출발하여 3월 丙午日인 초사흘을 거치고 또 달이 밝아지는 날(초사흘)에서부터 3일 지난 날은 바로 3월 닷새이니, 豐을 출발하여 洛邑에 이른 것이 14일이다. '召公早朝至於洛邑 相卜所居'는 응당 洛邑에 이른 날 즉시 거북점을 쳤다는 것이다.

【疏】 ○ 傳'其已'至'位處' ○ 正義曰 : '經營', 考工記所云 "匠人營國, 方九里, 左祖右社, 面朝後市." 是也. 下有"丁巳郊." 故知"規度城郭郊廟朝市之位處"也. 匠人不言'郊', 以不在國內也. 匠人王城[1)]方九里, 如典命文, 又以公城方九里, 天子城十二里.[2)] 鄭玄兩說, 孔無明解, 未知從何文也. '郊'者, 司馬法 "百里爲郊." 鄭注周禮云 "近郊五十里." 禮記 祭天于南郊, 祭地于北郊, 皆謂近郊也. 其'廟', 案小宗伯云 "建國之神位, 右社稷, 左宗廟." 鄭注朝士職云, "庫門內之左右[3)]". 其朝者, 鄭云, "外朝一, 在庫門之外, 皐門之內, 是詢衆庶之朝. 內朝二者, 其一在路門外, 王每日所視, 謂之治朝. 其一在路門內, 路寢之朝, 王每日視訖退適路寢, 謂之燕朝, 或與宗人圖私事." 顧氏云 "市處王城之北. 朝爲陽, 故在南, 市爲陰, 故處北." 今案周禮內宰職 "佐后立市." 然則后旣主陰, 故立市也.

1) 王城 : ≪周禮≫ 〈匠人〉에는 '營國'으로 되어 있다.
2) 又以公城方九里 天子城十二里 : 鄭玄은 ≪周禮≫ 〈天官 冢宰〉의 官位 차서를 다룬 문단에 있는 '體國經野'에 注를 달 때 鄭司農(鄭衆)의 "營國九里 九經九緯……"란 說을 인용하였으니, 이는 본디 〈匠人〉을 올바로 해석한 것으로 여긴 것이고, ≪周禮≫ 〈典命〉에 주를 달 때 가서는 '公의 城은 아마 사방 9리였을 것이다.〔公之城蓋方九里〕'라 하고 직접 '王의 城이 12리다.〔王之城十二里〕'라고는 말하지는 않았다. 그러나 鄭玄이 일단 ≪周禮≫ 注에서 "公의 城이 사방 9리였다."라고 했으면 天子의 城은 응당 12리였을 것이다. 孔安國은 이에 대한 분명한 설명이 없다.(≪尙書注疏考證≫, ≪尙書埤傳≫)
3) 庫門內之左右 : 鄭注에는 "庫門 안 雉門 밖의 左右〔庫門內雉門外之左右〕"로 되어 있다.

○ 傳의 〔其已〕에서 〔位處〕까지

○ 正義曰 : '經營'은 ≪周禮≫ 〈考工記〉에 이른바 "匠人이 國都를 측량하여 사방 9리의 면적에다가 왼쪽에는 宗廟를 배치하고 오른쪽에는 社稷을 배치하고 앞에는 朝廷을 배치

하고 뒤에는 저자(시장)를 배치했다."란 것이 이것이다. 아래에 "丁巳日에 郊祭에 犧牲을 썼다."란 말이 있기 때문에 "城郭과 郊와 宗廟와 朝廷과 저자(시장)의 위치를 規度했다."는 것을 〈孔安國이〉 알았던 것이다. ≪周禮≫ 〈匠人〉에서 '郊'를 말하지 않은 것은 도성 안에 있지 않기 때문이었다. 〈匠人〉의 '王城方九里'는 〈典命〉의 글과 같고, 또 公의 城이 사방 9리였기 때문에 天子의 城은 12리였을 것이다. 그런데 鄭玄은 두 번이나 설명을 한 반면 孔安國은 분명한 해설이 없으니, 어떤 글을 따라야 할지 모르겠다.

'郊'라는 것은, ≪司馬法≫에 "100리가 郊가 된다."라고 하였고, 鄭玄은 ≪周禮≫에 注를 달기를 "近郊의 50리"라고 하였고, ≪禮記≫에 "하늘을 南郊에서 제사를 지내고, 땅을 北郊에서 제사를 지냈다."라고 하였으니, 모두 近郊를 이른 것이다. '廟'는 상고하면, ≪周禮≫ 〈小宗伯〉에 "나라의 神位를 세우되 오른쪽에는 社稷을 배열하고 왼쪽에는 宗廟를 배열했다."라고 하였고, 鄭玄은 〈朝士職〉에 注를 달기를 "庫門 안의 왼쪽・오른쪽이다."라고 하였으며, 그 '朝'의 경우, 鄭玄은 "外朝는 하나로서 庫門의 밖 皐門의 안에 있는데 여러 사람에게 자문을 구하는 조정이다. 內朝 둘은 그 하나는 路門 밖에 있는데 王이 매일 정무를 보는 곳으로 이를 '治朝'라 이른다. 다른 하나는 路門 안에 있는데 路寢의 조정으로 王이 매일 정무가 끝나면 路寢으로 물러가니 이를 '燕朝'라 이른다. 혹은 宗人들과 사적인 일을 도모하는 곳이라 한다."라고 하였다.

顧氏(顧彪)는 "저자는 王城의 북쪽에 처해 있다. 朝가 陽이 되기 때문에 남쪽에 있는 것이고, 저자는 陰이 되기 때문에 북쪽에 처한 것이다."라고 하였다. 지금 ≪周禮≫ 〈內宰職〉을 직무를 살펴보면 "王后를 도와 저자를 세운다."라고 하였다. 그렇다면 왕후가 이미 陰을 주관하기 때문에 저자를 세우는 것이다.

【疏】 ○傳'於戊'至'由來' ○正義曰：'於戊申後三日庚戌', 爲三月七日也. 水內曰'汭', 蓋以人南面望水, 則北爲內, 故'洛汭'爲洛水之北. 鄭云 "隈曲中也." 漢書 地理志, 河南郡治在洛陽縣, 河南城別爲河南縣. "治都邑之位於洛北, 今(於漢)[1]河南城" 是也. '所治之位皆成', 布置處所定也. 治位乃是周人, 而言'衆殷'者, 本其所由來, 言本是殷民, 今來爲我周家役也. 莊二十九年左傳發例云 "凡土功, 水昏正而栽, 日至而畢." 此以周之三月農時役衆者, 彼言尋常土功, 此則遷都事大, 不可拘以常制也.

1) (於漢) : 앞의 孔傳에 의거하여 衍字로 처리하였다.

○ 傳의 〔於戊〕에서 〔由來〕까지

○ 正義曰 : '於戊申後三日庚戌'은 3월 7일이다. 물 안쪽을 '汭'라 하니, 대개 사람이 남쪽으로 얼굴을 향하여 물을 바라본다면 북쪽이 안쪽이 되기 때문에 '洛汭'를 洛水의 북쪽으로 여긴 것이다. 鄭玄은 "물굽이 가운데"라고 하였다. ≪漢書≫ 〈地理志〉에 의하면 河南郡의 治所가 洛陽縣이 있고, 河南城은 따로 河南縣이 되었다. "都邑 자리를 洛水의 북쪽에 닦았으니, 지금의 河南城이다."라는 것이 이곳이다. '所治之位皆成'은 布置하는 처소가 정해진 것이다. 위치를 다스린 자는 바로 周나라 사람인데 '衆殷'이라 말한 것은 그들이 말미암아 온 바를 거슬러 올라가서 말한 것이니, 본시 殷나라 백성들이었는데 지금 와서 우리 周나라의 役事를 하고 있음을 말한 것이다.

≪春秋左氏傳≫ 莊公 29년 조에서 例를 내놓기를 "무릇 토목공사는 水星이 初昏에 南方에 나타나는 시절에 기둥이나 판자를 세워 공사를 시작하고, 태양이 冬至 지점에 달하는 시절에 공사를 끝마친다."라고 하였다. 이것은 周나라의 3월 농사철에 민중을 役事시키는 것인데, 저기서는 예사로운 토목공사를 말한 것이고, 여기서는 遷都하는 큰일이니, 常制로 구속할 수 없는 것이다.

若翼日乙卯에 周公이 朝至于洛하사

이튿날 乙卯日에 周公이 아침에 洛에 이르러

【傳】 周公順位成之明日而朝至於洛汭라

周公이 仕處에 따라 이루어진 그 다음 날 아침에 洛水 북쪽에 이른 것이다.

則達觀于新邑營하시다

새 도읍터를 닦은 것을 직접 다니며 살펴보셨다.

【傳】 周公通達觀新邑所營이니 言周遍[1)]이라

1) 周公通達觀新邑所營 言周徧 : 兪樾은 "'達觀'은 周遍을 이른 것이 아니다. '達'은 同의 뜻이니, 周公과 召公이 함께 살펴봄을 말한 것이다.〔達觀 非周遍之謂 達者同也 言周公與召公同觀也〕"라고 하였다.

周公이 새 도읍의 조성현장을 직접 다니며 살펴보았다는 것이니, 곧 두루 돌아보았음을 말한 것이다.

越三日丁巳에 用牲于郊하시니 牛二[1]러라

1) 用牲于郊 牛二 : 蔡傳이 "'郊'는 하늘과 땅에 제사 지내는 것이다. 그러므로 두 마리의 소를 썼다.〔郊祭天地也 故用二牛〕"라고 한 것에 대하여, 金長生은 "蔡氏가 하늘과 땅에 제사 지낸 것으로 여긴 것은 잘못이다. 소 두 마리는 上帝에게 한 마리, 后稷에게 한 마리를 쓴 것이다.〔蔡氏以爲祭天地非也 牛二 帝牛稷牛〕"라고 하였다.(≪經書辨疑≫ 〈書傳〉)

3일이 지난 丁巳日에 郊祭에 犧牲을 쓰시니, 소 두 마리였다.

【傳】 於乙卯三日에 用牲告立郊位於天하되 以后稷配라 故로 二牛니라 后稷貶於天하니 有羊豕이언만 羊豕不見을 可知라

乙卯日에서 3일 지난 날에 犧牲을 제물로 써서 郊祭 지낼 자리를 세운 것을 하늘에 고하되 后稷을 배향했기 때문에 소가 두 마리였던 것이다. 后稷은 하늘보다 낮으니, 〈祭法상〉 양과 돼지가 〈당연히 제물로 올라야 할 것이나 여기서는 하늘을 따라 소를 썼기 때문에〉 양과 돼지가 보이지 않은 것을 알 수 있다.

越翼日戊午에 乃社于新邑하시니 牛一과 羊一과 豕一이러라

이튿날인 戊午日에 새 도읍에서 社祭를 지내시니, 〈희생은〉 소 한 마리와 양 한 마리와 돼지 한 마리였다.

【傳】 告立社稷之位엔 用太牢也라 共工氏子曰句龍은 能平水土하니 祀以爲社하고 周(祀)〔祖〕[1]后稷은 能殖百穀하니 祀以爲稷이라 社稷은 共牢라

1) (祀)〔祖〕: 저본에는 '祀'로 되어 있으나, 宋兩浙東路茶鹽司本・宋慶元間建安魏縣尉宅本・汲古閣本에 의거하여 '祖'로 바로잡았다.

社稷의 위치를 세우는 일을 고할 때에는 太牢를 썼다. 共工氏의 아들 '句龍'은 水土를 잘 다스렸기 때문에 그를 제사 지내어 '社'로 삼고, 周나라의 시조인 后稷은 百穀을 잘 가꾸었기 때문에 그를 제사 지내어 '稷'으로 삼았다. 社와 稷의 제사에는 다 같이 太牢를 썼다.

越七日甲子에 周公이 乃朝用書로 命庶殷侯甸男邦伯하시다

이레가 지난 甲子日에 周公이 아침에 〈부역에 관한〉 글로써 여러 殷나라 백성들과 侯服과 甸服과 男服의 邦伯에게 명하셨다.

【傳】 於戊午七日甲子니 是時에 諸侯皆會라 故로 周公乃昧爽에 以賦功屬役書로 命衆殷侯甸男服之邦伯하여 使就功이라 邦伯은 方伯이니 卽州牧也라

戊午日에서 7일 지난 날은 甲子日인데 이때에 諸侯들이 모두 모였다. 그러므로 周公이 이른 새벽에 '賦功屬役書'로써 여러 殷나라 백성들과 侯服과 甸服과 男服의 邦伯에게 명하여 일을 하게 하였다. '邦伯'은 方伯이니 곧 州牧이다.

厥既命殷庶하시니 **庶殷**이 **丕作**[1]하니라

1) 丕作 : 蔡傳은 "모두 일하러 달려갔다.〔皆趨事赴功〕"라고 풀이하였다.

이미 여러 殷나라 백성들에게 명하시니, 여러 殷나라 백성들이 크게(모두) 일어났다.

【傳】 其已命殷衆하니 衆殷之民이 大作이니 言勸事라

이미 殷나라의 민중에게 명하였더니, 여러 殷나라의 백성들이 크게(모두) 일어났으니, 일을 권면함을 말한 것이다.

太保乃以庶邦冢君으로 **出取幣**하여 **乃復入**하여

太保는 여러 나라 冢君(大君)들과 함께 나가서 幣帛을 취해가지고 다시 들어와,

【傳】 諸侯公卿이 竝覲於王이라 王與周公俱至언만 文不見王은 無事라 召公與諸侯出取幣하니 欲因大會顯周公이라

諸侯와 公卿이 모두 王을 뵈었다. 王이 周公과 함께 이르렀지만, 經文에서 王을 나타내지 않은 것은 아무것도 한 일이 없었기 때문이다. 召公이 諸侯들과 함께 나가서 폐백을 취하였으니, 큰 모임을 인하여 周公을 나타내고 싶어서였다.

錫周公하고 **曰 拜手稽首**하여 **旅王若公**[1]하노이다

1) 旅王若公 : 孔傳은 '旅'를 陳의 뜻으로, '若'을 順의 뜻으로 보아 "成王이 마땅히 周公을 따라야 할 일을 진달한다.〔陳王所宜順周公之事〕"라고 풀이하였고, 蘇軾(≪書傳≫)은 '旅'는 陳의 뜻으로, '若'은 及(및)의 뜻으로 보아 "'旅'는 ≪春秋左氏傳≫ 莊公 22년 조에 있는 '庭實旅百'이라는 말로 '뜰 가운데 진열된 물품이 많다.'는 뜻의 旅와 같이 읽어야 하니, 諸侯들의 폐백을 成王 앞에 진열하여 周公에게 미치게 한 것은 周公을 존중하기 위해서다.〔旅讀如庭實旅百之旅 諸侯之幣 旅王而及公者 尊周公〕"라고 하였는데, 宋代 楊簡(≪五誥解≫)은 孔安國과 蘇軾의 해석을 호의적으로 받아들였고, 林之奇(≪尙書全解≫)도 孔傳을 긍정적으로 수용하고, 蘇軾의 說에 대해서는 "이 말이 더 좋다.〔此說爲好〕"라고까지 하였으며, 元代 吳澄(≪書纂言≫)도 蘇軾의 說을 따랐는데, 蔡傳은 '陳'을 陳達의 뜻으로, '若'을 及(및)의 뜻으로 보아 "王(成王)과 公(周公)에게 陳達한다."라고 풀이한 呂祖謙의 說을 따랐다.

丁若鏞은 "朱子는 '孔傳에서 「成王이 周公과 함께 이르렀다.」고 하였는데, 아랫篇에서 거북점을 고한 일을 가지고 보면, 그런 것 같지 않다.'고 하였고, 陳氏는 '成王은 鎬에 있고 諸侯들은 洛에 있었는데, 폐백을 成王과 周公에게 베푼 것은 周公이 王의 일을 攝行했기 때문이다.'고 하였으니, 이 말이 가장 양호하다. -朱子의 〈召誥說〉에 보인다.- 朱子가 여기에서 이처럼 분명하게 변별하였는데도 仲默은 친히 門徒로서 그 설을 버리고 사용하지 않았으니, 또한 무슨 뜻인지 모르겠다.〔朱子曰 傳以爲王與公俱至 以下篇告卜事觀之 恐不然也 陳氏以爲成王在鎬 而諸侯在洛 以幣陳於王及周公者 周公攝王事故也 此說最善 -見朱子召誥說- 朱子於此若是明辨 而仲默親以門徒棄之不用 亦獨何矣〕"라고 하였다.

주공에게 주고서 말하였다. "손을 이마에 얹고 머리를 땅에 대어 큰절을 하옵고 王께서 마땅히 周公을 따라야 할 일을 진달하노이다.

【傳】 召公以幣入하여 稱成王命錫周公曰 敢拜手稽首하고 陳王所宜順周公之事라하니라

召公이 폐백을 가지고 들어와서 成王의 命이라 칭하며 周公에게 주면서 〈成王을 경계하기를〉 "감히 손을 이마에 얹고 머리를 땅에 대어 큰절을 하며 王께서 마땅히 周公을 따라야 할 일을 진언합니다."라고 한 것이다.

【疏】 '若翼'至'若公' ○正義曰 : 順位成之明日乙卯, 三月十二日也. 周公以此朝旦至於洛, 則通達而徧觀於新邑所經營, 其位處皆無所改易. 於乙卯三日丁巳, 三月十四日也. 用牲於郊, 告立祭天之位, 牛二, 天與后稷所配各用一牛. 於丁巳明日戊午, 乃祭社於新邑, 用太牢牛一・羊一・豕一. 於戊午七日甲子, 二十一日也. 周公乃以此朝旦用策書, 命衆殷在侯・甸・男服之內諸國之長, 謂命州牧, 使告諸國就功作. 其已命殷衆, 衆殷皆(勤)〔歡〕[1]樂(勤)〔勸〕[2]事而大作矣. 太保召公, 乃以衆國大君諸侯出取幣, 乃復入, 稱成王命以錫周公, 曰 "我敢拜手稽首, 以戒王. 陳說王所宜順周公之事."

1) (勤)〔歡〕: 저본에는 '勤'으로 되어 있으나, 汲古閣本・武英殿本에 의거하여 '歡'으로 바로잡았다.

2) (勤)〔勸〕: 저본에는 '勤'으로 되어 있으나, 汲古閣本・武英殿本에 의거하여 '勸'으로 바로잡았다.

經의 〔若翼〕에서 〔若公〕까지

○ 正義曰 : 住處에 따라 이루어진 그 다음 날 乙卯日은 3월 12일이다. 周公이 이날 아침 일찍이 洛에 이르러서 새 도읍이 경영되는 곳을 직접 다니면서 두루 살펴보니, 그 位處가 모두 改易할 바가 없었다. 乙卯日에서 3일 지난 丁巳日은 3월 14일이다. 犧牲을 郊祭에 제물로 써서 하늘에 제사 지낼 자리를 세웠음을 고하였으니, 소 두 마리는 하늘과 后稷을 배향한 자리에 각각 소 한 마리씩을 쓴 것이다.

丁巳日 그 다음 날인 戊午日에는 새 도읍에서 社에 제사를 지내되 太牢인 소 한 마리와 양 한 마리와 돼지 한 마리를 썼다. 戊午日에서 7일 지난 甲子日은 21일이다. 周公이 이날 아침에 일찍이 策書를 써서 여러 殷나라 侯服・甸服・男服의 안에 있는 여러 나라의 우두머리에게 명하였으니, 州牧에 명하여 여러 나라에 고해서 일터로 나가 작업하게 함을 이른 것이다. 이미 여러 殷나라 사람들에게 명하니, 여러 殷나라 사람들이 모두 즐거운 마음으로 일을 권하며 크게 일어났다.

太保 召公은 곧 여러 나라 冢君・諸侯들을 데리고 나가서 幣帛을 취해가지고 다시 들어와서 成王의 命이라 일컬어 周公에게 주면서 "나는 감히 손을 이마에 얹고 머리를 땅에 대어 큰절을 하며 王을 경계하니 王께서 마땅히 周公을 따라야 할 일을 진언합니다."라고 말했다.

【疏】 ○ 傳'周公'至'洛汭' ○ 正義曰 : 周公以順(立)〔位〕[1]成之明日而朝至, 則是三月十(三)〔二〕[2]日也. 其到洛汭, 在召公之後七日, 不知初發鎬京以何日也. 成王蓋與周公俱來. 鄭云 "史不書王往者, 王於相宅無事也."

1) (立)〔位〕: 저본에는 '立'으로 되어 있으나, 諸本에 의거하여 '位'로 바로잡았다.

2) (三)〔二〕: 저본에는 '三'으로 되어 있으나, 諸本에 의거하여 '二'로 바로잡았다.

○ 傳의 〔周公〕에서 〔洛汭〕까지

○ 正義曰 : 周公이 住處에 따라 이루어진 그 다음 날 아침에 이르렀으니, 곧 이때는 3월 12일이었다. 그가 洛汭에 이른 것은 召公이 이른 지 7일 뒤에 있었으나 처음 鎬京에서 출발한 것이 며칠인지 모르겠다. 成王은 아마 周公과 함께 왔을 것이다. 鄭玄은 "史官이 王이 간 것을 기록하지 않은 것은 王이 거주할 곳을 살펴보는 데에 〈아무 것도〉 한 일이 없었기 때문이다."라고 하였다.

【疏】 ○ 傳'於乙'至'可知' ○ 正義曰 : 知此用牲是"告立郊位於天"者, 此郊與社, 於攻位之時已經營之, 今非常祭之月, 而特用牲祭天, 知是郊位旣定, 告天使知, 而今後常以此處祭天也. 禮郊用特牲, 不應用二牛, "以后稷配, 故二牛"也. 郊特牲及公羊傳皆云"養牲必養二, 帝牛不吉, 以爲稷牛." 言用彼爲稷牛者, 以之祭帝, 其稷牛隨時取用, 不在滌養. 是帝稷各用一牛, 故二牛也. 先儒皆云"天神尊, 祭天明用犢, 貴誠之義." 稷是人神, 祭用太牢, 貶於天神. 法有羊豕, 因天用牛. 遂云"牛二." 擧其大者. 從天言之, 羊豕不見, 可知也. 詩頌我將祀文王於明堂云 "惟羊惟牛." 又月令云"以太牢祠于高禖." 皆據配者有羊豕也.

○ 傳의 〔於乙〕에서 〔可知〕까지

○ 正義曰 : 여기서 犧牲을 쓴 것이 바로 "郊祭 지낼 위치를 세운 일을 하늘에 고하기 위한 것"임을 〈孔安國이〉 알았던 것은, 이 郊와 社는 위치를 닦을 때에 이미 經營하였거니와 지금은 일상적으로 제사 지내는 달이 아니건만 특별히 犧牲을 써서 하늘에 제사 지냈으며, 이 郊의 위치가 이미 정해졌으므로 하늘에 고해서 알게 하였고 이후로는 항상 이곳에서 하늘에 제사 지낸다는 것을 알 수 있었기 때문이다.

≪禮≫에 郊祭에는 特牲(소 한 마리의 희생)을 쓰는 것으로 되어 있으니, 응당 두 마리의 소를 쓰지 않을 터이므로 "后稷을 배향했기 때문에 소가 두 마리였던 것이다."라고 한 것이다. ≪禮記≫ 〈郊特牲〉 및 ≪春秋公羊傳≫에 모두 "犧牲으로 올릴 소를 기를 때에는 반드시 두 마리의 소를 기른다. 上帝에게 犧牲으로 올릴 소가 不吉함이 있으면 〈配享인〉 后稷의 제사에 희생으로 바칠 소로 대신한다."라고 하였으니, 저기 社稷에 희생으로 올릴 소를 써서 上帝에게 제사 지내는 것을 말한다. 그 社稷에 희생으로 올릴 소는 임시로 취해 쓰고 특별히 깨끗한 곳에서 길러진 소를 쓰지 않는다. 이는 상제와 사직에 각각 한 마

리의 소를 쓰기 때문에 '두 마리 소'가 된 것이다.

先儒들은 모두 "天神은 높은 존재라 하늘에 제사 지낼 때 송아지를 쓰는 것은 誠慤함을 귀하게 여기는 뜻이다."라고 하였다. 稷은 바로 人神이라 제사에 太牢를 쓰는 것은 天神보다 낮기 때문이다. 祭法에 양과 돼지를 올리는 것으로 되어 있으나 하늘로 인하여 소를 쓴 것이다. 드디어 "소가 둘이다."라고 한 것은 그 큰 것을 든 것이다. 하늘을 따라 말하였기 때문에 양과 돼지가 보이지 않는 것을 알 수 있다.

≪詩經≫ 〈頌 我將〉에서 文王을 明堂에 제사 지낼 때 "양과 소니."라고 하였고, 또 ≪禮記≫ 〈月令〉에 "太牢로 高禖(남녀의 생산을 맡은 神)에 제사를 지냈다."라고 한 것은 모두 배향인 자에게 양과 돼지를 두는 점에 의거한 것이다.

【疏】 ○ 傳'告立'至'共牢' ○ 正義曰 : 經有社無稷, 稷是社類, 知其同告之. 告立社稷之位, 其祭用太牢, 故牛羊豕各一也. 句龍能平水土, 祀之以爲社, 后稷能殖百穀, 祀以爲稷. 左傳・魯語・祭法皆有此文. 漢世儒者說社稷有二. 左氏說社稷惟祭句龍后稷人神而已, 是孔之所用. 孝經說社爲土神, 稷爲穀神, 句龍后稷配食者, 是鄭之所從. 而武成篇云 "告于皇天后土." 孔以后土爲地, 言"后土, 社也"者, 以泰誓云 "類于上帝, 宜于冢土." 故以后土爲社也. 小劉云 "后土與皇天相對." 以后土爲地. 若然, 左傳云 "句龍爲后土." 豈句龍爲地乎. 社亦名'后土', 地名'后土', 名同而義異也. '社稷共牢', 經無明說, 郊特牲云 "社稷太牢." 二神共言'太牢', 故傳言"社稷共牢"也. 此經上句言'于郊', 此不言'于社'. 此言'社于新邑'. 上句不言'郊于新邑'. 上句言'用牲'. 此言牛羊豕, 不言'用', 告天不言告地, 告社不言告稷, 皆互相足, 從省文也. 洛誥云 "王在新邑烝祭, 王入太室祼." 則洛邑亦立宗廟, 此不云'告廟', 亦從省文也.

○ 傳의 〔告立〕에서 〔共牢〕까지

○ 正義曰 : 經에는 社만 있고 稷은 없으나 稷이 바로 社의 종류이기 때문에 함께 고했다는 점을 〈孔安國이〉 알았던 것이다. 社稷의 위치를 세운 일을 고하고 그 제사에 太牢를 썼기 때문에 소와 양과 돼지가 각각 하나씩이었던 것이다. '句龍'은 水土를 잘 다스렸기 때문에 그를 제사 지내어 '社'로 삼고, 后稷은 百穀을 잘 가꾸었기 때문에 그를 제사 지내어 '稷'으로 삼은 것이다. ≪春秋左氏傳≫・≪國語≫ 〈魯語〉・≪禮記≫ 〈祭法〉에 모두 이와 같은 글이 있다.

漢나라 세대 儒者들의 社稷에 대한 說은 둘로 나누어졌다. 左氏가 말한 社稷은 오직

句龍과 后稷의 人神에게만 제사 지냈을 뿐이었는데, 이는 孔安國이 수용한 바요, ≪孝經≫의 說은 社는 土神이 되고 稷은 穀神이 되고 句龍과 后稷은 配食者가 된 것이었는데, 이는 鄭玄이 따른 바이다. 그리고 〈武成〉에서 "皇天과 后土에게 고했다."라고 하였는데, 孔安國이 后土를 땅으로 삼고서 "后土는 社이다."라고 말한 것은 〈泰誓〉에서 "上帝에게 類祭를 지내고, 冢土에게 宜祭를 지낸다."라고 했기 때문에 后土를 社로 삼은 것이다. 小劉(劉炫)는 "后土와 皇天을 서로 對했다."라고 하여 后土를 땅으로 삼았다. 만일 그렇다면 ≪春秋左氏傳≫에 "句龍이 后土가 되었다."란 것은 그 句龍이 그 땅이 된 것인가. 社를 또한 '后土'라 명명하고, 땅을 '后土'라 명명한 것은 이름은 같으나 뜻은 다른 것이다.

〔社稷共牢〕 經에는 분명한 설명이 없고, 〈郊特牲〉에 "社稷의 제사에는 太牢를 쓴다."라고 하였으니, 두 神에 대하여 함께 '太牢'를 말했기 때문에 傳에서 "社稷의 제사에는 다같이 太牢를 썼다."라고 말한 것이다.

이 經의 윗句에서는 '于郊'라 말하고, 여기서는 '于社'라 말하지 않았으며, 여기서는 '社于新邑'이라 말하고 윗句에서는 '郊于新邑'이라 말하지 않았다. 윗句에서는 '用牲'이라 말하고, 여기서는 牛・羊・豕를 말하면서 '用'을 말하지 않았으니, 하늘에 고하는 데서는 땅에 고하는 것을 말하지 않고, 社에 고하는 데에서는 稷에 고하는 것을 말하지 않았는데, 그것은 모두 互文으로 서로 족하기 때문에 省文法을 따른 것이다.

〈洛誥〉에 "王이 새로 세운 도읍에 있으면서 烝祭를 지냈는데, 王이 太室에 들어가서 강신을 했다."라고 하였으니, 洛邑에도 또한 宗廟를 세운 것인데 여기서 '告廟'를 말하지 않은 것은 또한 省文法을 따른 것이다.

【疏】 ○傳'於戊'至'牧也' ○正義曰：康誥云"周公初基, 作新大邑于東國洛, 四方民大和會. 侯・甸・男邦・采・衛, 百工播民和見, 士于周." 與此一事也. 故知"是時諸侯皆會, 故周公乃昧爽以賦功屬役書, 命衆殷(在)[1]侯・甸・男服之邦伯, 使就築作功"也. 康誥五服, 此惟三服者, 立文有詳略耳. 昭三十二年, 晉合諸侯城成周. 左傳稱"命役(書)[2]於諸侯, 屬役賦(文)〔丈〕[3]." 此傳言"賦功屬役", 其意出於彼也. '賦(斂)〔功〕[4]'謂賦(功)〔斂〕[5]諸侯之功, 科其人夫多少. '屬役', 謂付屬役之處, 使知得地之尺丈也. '邦伯', 諸國之長, 故爲方伯. -州牧.- 王制云"千里之外設方伯."〔方伯〕[6]卽州牧也. 周公命州牧, 使州牧各命其所部.

1) (在) : 위아래의 文義로 보아 衍字로 처리하였다.
2) (書) : ≪春秋左氏傳≫에 의거하여 衍字로 처리하였다.
3) (文)〔丈〕: 저본에는 '文'으로 되어 있으나, ≪春秋左氏傳≫에 의거하여 '丈'으로 바로잡았다.
4) (斂)〔功〕: 저본에는 '斂'으로 되어 있으나, 宋刊 單疏本에 의거하여 '功'으로 바로잡았다.
5) (功)〔斂〕: 저본에는 '功'으로 되어 있으나, 宋刊 單疏本에 의거하여 '斂'으로 바로잡았다.
6) 〔方伯〕: 저본에는 '方伯'이 없으나, 宋刊 單疏本에 의거하여 보충하였다.

○ 傳의 〔於戊〕에서 〔牧也〕까지

○ 正義曰 : 〈康誥〉에 "周公이 처음 터를 닦아 새로운 큰 도읍을 東國인 洛에 만드시니, 사방의 백성들이 크게 和悅하며 모였다. 〈여기에 모인 백성들은〉 侯服·甸服·男服邦·采服·衛服의 〈백성들이었는데,〉 百工(百官)이 백성들을 거느리고 와서 和悅한 마음으로 朝見하고 周나라에서 일을 하니"라고 한 것은 여기와 더불어 한 일이기 때문에 "이때에 諸侯들이 모두 모였다. 그래서 周公이 이른 새벽에 '賦功屬役書'로 여러 殷나라의 백성들과 侯服과 甸服과 男服의 邦伯에게 명하여 건축하는 곳으로 나가서 작업하게 하였다."라는 것을 〈孔安國이〉 알았던 것이다. 〈康誥〉에서는 '五服'을 다 들었는데 여기에서는 '三服'만을 든 것은 立文에 詳略이 있기 때문이다.

〈魯나라〉 昭公 32년에 晉나라가 諸侯를 모아 成周에 성을 쌓게 한 일이 있었다. 이에 대하여 ≪春秋左氏傳≫에서 "諸侯에게 出役을 명하되 나라의 대소에 따라 役人의 수와 築造할 工程을 배정했다."라고 일컬었는데, 이 傳에서 말한 '賦功屬役'은 그 뜻이 저기에서 나왔다. '賦功'은 諸侯에게 역사를 부여하는 공정과 그 인부의 다소를 배당하는 것을 이르고, '屬役'은 역사할 곳을 배당하여 땅을 얻은 尺丈을 알게 함을 이른 것이다. '邦伯'은 諸國의 우두머리이기 때문에 方伯 -州牧-이 되는 것이다. ≪禮記≫ 〈王制〉에 "천리의 밖에 方伯을 설치한다."라고 하였으니, 方伯이 곧 州牧이다. 周公이 州牧에게 명하여 州牧으로 하여금 각각 그 소속 부서에 명하도록 한 것이다.

【疏】 ○ 傳'諸侯'至'周公' ○ 正義曰 : 上云 "周公朝用書命庶殷"者, 周公自命之, 其事不由王也. 庶殷既已大作, 諸侯公卿乃竝覲君王. 其時蓋有行宮, 王在位而諸侯公卿竝覲之. 既入見王, 乃出取幣. 初不言'入', 而經言'出'者, 下云"乃復入", 則上以入可知, 從省文也. 下賜周公言"旅王若公", 明此出入是覲王之事, 而經文不見王至, 故傳辯之, "王與周公俱至, 自此已上, 於王無事, 故不見也." 正以經文不見王至, 知與周公俱至也. 周公居攝功成, 將歸政於成王, 召公與諸侯出取幣, 欲因大會顯周公之功旣成. 將令王自知政, 因賜周公, 遂以戒王, 故出取幣, 復入以待王命. 其幣蓋玄纁束帛也. 鄭玄云"所賜之幣, 蓋璋以皮, 及寶玉大弓, 此時所賜." 案鄭注周禮云"璋以皮, 二王之後享后所用." 寧當以賜臣也. 寶玉大弓, 魯公之分[1], 伯禽封魯, 乃可賜之, 不得以此時賜周公也.

1) 分 : 分器를 말한다. ≪春秋左氏傳≫ 昭公 15년 조에 "諸侯로 봉해지면 모두 王室에서 明器를 받는다.〔諸侯之封也 皆受明器於王室〕"라고 하였는데, 杜預의 注에 "明德의 分器를 이른다."라고 하였다.

○ 傳의 〔諸侯〕에서 〔周公〕까지

○ 正義曰 : 위에서 말한 "周公이 아침에 글을 써서 여러 殷나라 백성들에게 명했다."란 것은 周公이 스스로 명한 것이지, 그 일이 王에게서 말미암은 것이 아니었다. 여러 殷나라 사람들이 이미 크게 일어나서, 諸侯와 公卿이 아울러 君王을 뵈었다. 그때에 아마 行宮이 있어서 王은 자리에 있고 諸侯와 公卿이 아울러 뵌 것이리라. 이미 들어가서 王을 뵙고 곧 나와서 폐백을 취한 것이다. 당초에 '들어간 것〔入〕'을 말하지 않았는데 經에서 '나온 것〔出〕'을 말한 것은 아래에서 "곧 다시 들어갔다."라고 하였은즉 위에서 들어간 것을 알 수 있으니, 省文法을 따른 것이다.

아래에서 〈취한 폐백을〉 周公에게 주면서 말하기를 "王께서 마땅히 周公을 따라야 할 일을 진언합니다."라고 하였다. 여기의 '나가고 들어간 것'이 바로 王을 뵙는 일을 밝힌 것인데, 經文에서 王이 이른 것을 보이지 않았기 때문에 傳에서 변별하여 "王이 周公과 함께 이르렀지만 여기서부터 이상은 王에게 〈아무것도〉 한 일이 없기 때문에 經文에서 보이지 않은 것이다."라고 한 것인데, 바로 經文에서 王이 이른 것을 보이지 않았기 때문에 周公과 함께 이르렀다는 것을 〈孔安國이〉 알았던 것이다.

周公이 攝政하여 功이 이루어지자 장차 정권을 成王에게 돌려주려고 하였는데, 召公이 諸侯들과 함께 나가서 폐백을 취한 것은 큰 모임을 통하여 周公의 功이 이미 이루어졌음을 나타내려 한 것이다. 장차 王으로 하여금 스스로 정사를 알게 하기 위해 周公에게 〈폐백을〉 주는 기회를 타서 결국 王을 경계하고자 하였기 때문에 나가서 폐백을 취해가지고 다시 들어가서 王命을 기다리게 된 것이다.

그 폐백은 아마 검은 비단과 묶음 비단이었을 것이다. 鄭玄은 "〈周公에게〉 준 폐백은 아마 璋에 곁들이는 가죽(虎皮와 豹皮) 및 寶玉과 大弓이 이때에 주어진 것이리라."고 하였는데, 상고하건대 鄭玄이 ≪周禮≫에 注를 달기를 "豹皮의 폐백을 곁들인 璋은 二王(夏禹과 殷湯)의 後裔가 皇后에게 드릴 때 쓰는 것이다."라고 하였으니, 어떻게 신하에게 주어야 할 것이겠는가. 寶玉과 大弓은 魯公의 分器이니, 伯禽이 魯나라에 봉해질 때에 줄 수 있는 것이지, 이때에 周公에게 줄 수 있는 것은 아니다.

【疏】○傳'召公'至'之事' ○正義曰：'太保以庶邦冢君出取幣'者, 以上太保之意, 非王命. 幣既入, 卽云"賜周公"者, 下言召公, 不得賜周公, 知召公旣以幣入, 乃稱成王命以賜周公. 於時政在周公, 成王未得賜周公也. 但召公見周公功成作邑, 將反王政, 欲尊王而顯周公, 故稱成王之命以賜周公. 鄭玄云 "召公見衆殷之民大作, 周公德隆功成, 有反政之期, 而欲顯之, 因大戒天下, 故與諸侯出取幣, 使戒成王立於位, 以其命賜周公." 王肅云 "爲戒成王錫周公."是也. 曰 '拜手稽首'者, 召公自言己與冢君等, 敢拜手稽首, 陳王所宜順周公之事. '宜順之事', 自此以下皆是也.

○傳의 〔召公〕에서 〔之事〕까지

○正義曰：'太保가 여러 나라의 冢君들을 데리고 나가서 폐백을 취했다.'는 것은 이상이 太保의 뜻이고 王命이 아니었기 때문이다. 폐백이 이미 들어오자 곧 "周公에게 주었다."라고 한 것은 아래에서 召公이 周公에게 직접 줄 수 없음을 말하였으니, '召公이 이미 폐백을 가지고 들어와서 곧 成王의 命이라 칭하며 周公에게 주었다'는 점을 〈孔安國이〉 알았던 것이다. 이때에 정권이 周公에게 있으니, 成王이 周公에게 줄 수 없었다. 단지 召公은 周公이 도읍을 세우는 일을 성공하고 장차 王政을 〈성왕에게〉 돌려주려고 한 것만을 보고서 王을 높이고 周公을 드러내려 했기 때문에 成王의 命이라 칭하며 周公에게 주었던 것이다. 鄭玄이 "召公이 여러 殷나라 백성들이 크게 일어나자, 周公의 德이 융성하고 功이 이루어져 정권을 돌려줄 기회가 있음을 보았기 때문에 〈周公을〉 드러내려고 한 것이고, 따라서 天下를 크게 경계시켜야 하기 때문에 諸侯들과 함께 나가서 폐백을 취해다가 成王이 王位에 서는 것을 경계시키기 위하여 成王의 命을 가지고 周公에게 폐백을 주었다."라고 하고, 王肅이 "成王을 경계하기 위하여 周公에게 〈폐백을〉 주었다."라고 한 것이 이것이다.

'拜手稽首'라는 것은 召公이 스스로 말하기를 "나는 冢君 등과 함께 '감히 손을 이마에 얻고 머리를 땅에 대어 큰절을 하며 王께서 마땅히 周公의 일을 따라야 할 바를 진언합니다.' 한다."라고 한 것이다. '宜順之事(마땅히 〈周公을〉 따라야 할 일)'는 여기서부터 이하가 모두 이것이다.

誥告庶殷인댄 越自乃御事[1)]니이다

1) 誥告庶殷 越自乃御事 : 蔡傳은 呂祖謙(≪增修東萊書說≫)이 "殷나라 백성들에게 誥告하려고 할진댄 그 근본은 바로 당신의 御事로부터 해야 함을 이른 것이다. 감히 成王을 가리켜 말하지 않고 '御事'라고 이른 것은 지금 남을 '執事'라고 칭하는 것과 같다.〔欲誥告殷民 其根本 乃自爾御事 不敢指言成王 謂之御事 猶今稱人爲執事也〕라고 풀이한 것을 인용하였다. 吳澄(≪書纂言≫)은 "御事는 商나라의 舊臣으로 그들 백성의 우두머리가 되어 함께 洛邑으로 옮겨온 자이다.……周公이 돌아가는 편에 成王에게 전달하고, 따라서 洛邑으로 옮겨온 殷나라 사람들도 참여하여 듣게 해야 할 문제이기 때문에 '여러 殷나라 백성들에게 고하는 것은 너희 御事로부터 하라.'고 한 것이니, 곧 殷나라 백성들에게 고하고 또 우두머리를 통해서 백성들에게 고하도록 함을 이른 것이다.〔御事 商之舊臣 長其民而同遷於洛者……因公歸 以達於王 而俾遷洛之殷人與聞之 故曰 誥告庶殷 越自乃御事 謂告殷民 而又自其長以達於民〕"라고 풀이하였다.

여러 殷나라의 諸侯들에게 誥告할진댄 당신 일을 다스리는 이로부터 해야 합니다.

【傳】 召公이 指戒成王하되 而以衆殷諸侯인댄 於自乃御治事爲辭는 謙也라 諸侯在故로 託焉이라

召公이 成王을 지목하여 경계하되 '여러 殷나라의 諸侯들에게 경계할진댄 당신 일을 다스리는 이로부터 해야 한다고 말한 것은 겸손을 부리는 것이다. 諸侯들이 그 자리에 있기 때문에 빗대서 말한 것이다.

嗚呼라 皇天上帝가 改厥元子는 茲大國殷之命[1)]이니

1) 改厥元子 茲大國殷之命 : 蔡傳은 "元子는 바꿀 수가 없는 것인데도 하늘이 갈아치웠고, 大國은 망하기가 쉽지 않은 것인데도 하늘이 망가뜨렸으니, 皇天上帝는 그 命의 믿을 수 없는 것이 이와 같다.〔元子不可改 而天改之 大國未易亡 而天亡之 皇天上帝 其命之不可恃如此〕"라고 풀이하였다.

아! 皇天上帝가 그 〈하늘의〉 元子(紂)를 갈아치운 것은 곧 이 大國인 殷나라의 天命〈을 갈아치운 것〉이니,

【傳】 歎皇天이 改其大子는 此大國殷之命이니 言紂雖爲天所大子[1]나 無道(尢)〔猶〕[2]改之니 言不可不愼이라

1) 爲天所大子 : 阮校에서 "살펴보건대, 아랫글의 '元子哉'에 대한 孔傳에는 '大爲天所子'라고 하여 여기와 같지 않게 풀이하였으니, 아마 모두 오류가 있는 듯한데, 孔疏에서도 발명한 바가 없다.〔案下文元子哉 傳云 大爲天所子 與此不同 疑皆有誤 疏亦無所發明〕"라고 하였다.

2) (尢)〔猶〕 : 저본에는 '尢'으로 되어 있으나, 宋兩浙東路茶鹽司本·宋慶元間建安魏縣尉宅本·汲古閣本·武英殿本에 의거하여 '猶'로 바로잡았다.

"아! 皇天이 그 큰아들을 갈아치운 것은 곧 이 大國인 殷나라의 命〈을 갈아치운 것〉이다."라고 한 것은 紂가 비록 하늘의 큰아들이었지만 무도하면 외려 갈아치웠다고 말한 것이니, 삼가지 않을 수 없음을 말한 것이다.

惟王受命이 無疆惟休시나 亦無疆惟恤이시니

王께서 〈대신〉 天命을 받으신 것이 무궁히 아름다운 복이시나, 〈오늘 받은 것이 다른 날 갈아치움이 될지 모르므로〉 이것이 또한 무궁히 걱정을 하셔야 할 일이니

【傳】 所以戒成王은 天改殷命하여 惟王受之하시니 乃無窮惟美나 亦無窮惟當憂之라

成王을 경계한 까닭은 하늘이 殷나라의 命을 갈아치워서 王이 그 天命을 받으시니 무궁한 아름다움이지만, 또한 무궁히 걱정을 해야 할 일이라는 것이다.

嗚呼曷其[1]오 奈何弗敬이리오

1) 曷其 : 宋代 夏僎(≪尙書詳解≫)은 "'曷其'는 응당 ≪禮記≫에서 말한 '何居'나 ≪詩經≫에서 말한 '子曰何其'와 같이 보아야 할 것이니, 곧 '何哉'란 말과 같다.〔曷其 當如禮記言何居 詩言子曰何其 猶言何哉〕"라고 하였다.

아! 어찌하리오. 어찌 우려하고 공경하지 않을 수 있겠습니까.

【傳】何其오 奈何不憂敬之는 欲其行敬이라

'어찌하리오. 어찌 우려하고 공경하지 않을 수 있겠습니까.'라고 한 것은 공경을 행하게 하고자 해서였다.

【疏】'誥告'至'弗敬' ○正義曰：召公所陳戒王宜順周公之事云"我爲言誥，以告汝庶殷之諸侯，下自汝御事."欲令君臣皆聽之，其實指以戒王．諸侯皆在，(故)〔託〕[1]以爲言也．乃曰"嗚呼．有皇天上帝，改去其大子所受者，卽此大國殷之王命也．以其無道，故改命．有德惟王，受得此命，乃無窮惟美，亦無窮惟當憂之．旣憂之無窮，嗚呼何其．奈何不敬乎."欲其長行敬也．'告庶殷'者，告諸侯也．'庶殷'，通尊卑之辭，故民與諸侯同云'庶殷'，皆謂所受於殷之衆也．

1) (故)〔託〕: 저본에는 '故'로 되어 있으나, 宋刊 單疏本・宋兩浙東路茶鹽司本・宋慶元間建安魏縣尉宅本에 의거하여 '託'으로 바로잡았다.

經의 〔誥告〕에서 〔弗敬〕까지

○ 正義曰：召公이 王에게 마땅히 周公을 따라야 하는 일을 경계하기 위하여 진언하기를, "내가 言誥하여 당신의 여러 殷나라 諸侯들에게 고할진댄 아래로 당신 일을 다스리는 이들로부터 해야 한다."라고 하여 임금과 신하로 하여금 모두 듣게 하려고 하였지만 기실은 王을 지적해서 경계한 것이다. 諸侯들이 모두 그 자리에 있기 때문에 이를 빗대서 말을 한 것이다.

이에 말하기를 "아! 皇天上帝가 그 큰아들이 받은 바를 갈아치운 것은 곧 이 大國인 殷나라의 王命〈을 갈아치운 것〉이다. 그가 無道하기 때문에 천명을 갈아치운 것이다. 德을 가지면 王을 하는지라 이 天命을 받게 되었으니, 무궁한 아름다움이지만, 또한 무궁히 걱정을 해야 하는 것이다. 이미 걱정이 무궁해진 것이거늘, "아! 어찌하리오. 어찌 공경하지 않을 수 있겠는가."라고 하였으니, 길이 공경을 행하게 하려고 한 것이다.

'告庶殷'은 諸侯에게 고하는 것이다. '庶殷'은 尊卑를 통틀어 하는 말이기 때문에 백성과 諸侯를 다 같이 '庶殷'이라 한 것이니, 모두 殷나라에서 받은 衆庶를 이른 것이다.

【疏】○傳'歎皇'至'不愼' ○正義曰：釋詁云"皇，君也."天地尊之大，故皇天后土，皆以君言之也．'改其大子'，謂改天子之位與他姓，卽此大國殷之命，謂紂也．言紂雖爲天所大子，無道，(尤)〔猶〕[1]改之，不可不愼也．以託戒諸侯，故言天子雖大(尤)〔猶〕改之，況已下乎. 釋詁云 "元, 首也." '首'是體之大, 故傳言'大子'. 鄭云 "言首子者, 凡人皆云天之子, 天子爲之首耳."

1) (尢)[猶] : 저본에는 '尢'으로 되어 있으나, 宋兩浙東路茶鹽司本·宋慶元間建安魏縣慰宅本·汲古閣本·武英殿本에 의거하여 '猶'로 바로잡았다. 아래도 같다.

○ 傳의 [歎皇]에서 [不愼]까지

○ 正義曰 : ≪爾雅≫ 〈釋詁〉에 "皇은 君(임금)의 뜻이다."라고 하였다. 天地는 尊大한 것이기 때문에 '皇天后土'는 모두 임금을 가지고 말한 것이다. '改其大子'는 天子의 자리를 갈아치워 다른 성씨에게 주는 것을 이른다. '卽此大國殷之命'은 紂를 이른다. 紂는 비록 하늘의 큰아들이었지만 무도하면 외려 갈아치웠으니, 삼가지 않을 수 없음을 말한 것이다. 諸侯를 빗대서 경계했기 때문에 天子가 비록 막대한 존재이나 외려 갈아치웠거늘 하물며 그 이하야 말할 것 있겠는가라고 말한 것이다. ≪爾雅≫ 〈釋詁〉에 "元은 首의 뜻이다."라고 하였다. '首'는 바로 신체의 큰 부위이기 때문에 傳에서 '大子'라 말한 것이다. 鄭玄은 "首子라고 말한 것은 사람들이 모두 '하늘의 아들'이라 하는데, 天子가 〈신체의〉 머리 부위가 되기 때문이다."라고 하였다.

天既遐終大邦殷之命이라 茲殷多先哲王도 在天이요

하늘이 이미 大邦인 殷나라의 命을 영영 끊으셨습니다. 이때에는 殷나라의 많은 先哲王도 하늘에 계셨고,

【傳】 言天已遠終殷命이라 此殷多先智王精神도 在天이언마는 不能救者는 以紂不行敬故라

하늘이 이미 殷나라의 命을 영영 끊었다. 이때에는 殷나라의 많은 先智王의 精神도 하늘에 계시건마는, 구제할 수 없는 것은 紂가 공경을 행하지 않았기 때문이라고 말한 것이다.

越厥後王後民은 茲服厥命[1)]이러니

1) 越厥後王後民 茲服厥命 : 蔡傳은 服을 受의 뜻으로 보아 "紂가 殷나라의 命을 받아"로 풀이하였다.

그 後王과 後民은 그 命을 服行하더니

【傳】 於其後王後民은 謂先智王之後繼世君(自)〔臣〕[1]이요 此服其命은 言不忝이라

1) (自)〔臣〕: 저본에는 '自'로 되어 있으나, 諸本에 의거하여 '臣'으로 바로잡았다.

그 '後王'과 '後民'은 先智王의 후예로서 세대를 계승한 임금과 신하를 이르고, '그 命을 服行했다.'는 것은 〈그 선조를〉 욕되지 않게 함을 말한 것이다.

厥終에 **智藏瘝在**어늘

마지막(紂의 때)에 어질고 지혜로운 사람은 몸을 숨기고 백성을 병들게 만드는 자가 직위에 있거늘

【傳】 其終은 後王之終이니 謂紂也라 賢智隱藏하고 瘝病者在位는 言無良臣이라

그 '終'은 後王의 마지막이니 紂를 이른다. 어질고 지혜로운 사람은 숨어버리고 백성을 병들게 하는 사람은 직위에 있었다는 것은 어진 신하가 없었음을 말한 것이다.

夫知[1]**保抱携持厥婦子**하여 **以哀籲天**하고 **徂厥亡出執**하니이다

1) 夫知 : 王肅은 '夫'를 '匹夫'로 보아 "匹夫도 그 가정을 편안하게 지킬 줄을 알고〔匹夫知欲安其室〕"라고 풀이하였다.

누구나 애를 안고 부인을 이끌 줄 알아서 슬픔으로 하늘을 부르짖고 나가 도망다니다가 출현함에 붙잡혀서 〈죽임을 당하였습니다.〉

【傳】 言困於虐政하여 夫知保抱其子하고 攜持其妻하여 以哀號呼天하여 告冤無辜하고 往其逃亡이라가 出見執殺하여 無地自容하니 所以窮이라

虐政에 시달린 나머지 누구나 애를 안고 아내를 이끌 줄 알아서 슬픔으로 하늘을 부르짖어 원통함과 무고함을 호소하고 나가 도망다니다가 출현함에 붙잡혀서 죽임을 당하여 몸을 용납할 땅이 없으니, 이 때문에 궁한 점을 말한 것이다.

嗚呼라 **天亦哀于四方民**하여 **其眷命用懋**하시니

아! 하늘 또한 사방의 백성들을 불쌍히 여기어 〈천하를 둘러보아 공경을〉 힘쓰는 자를 명하여 쓰시었으니,

【傳】 民哀呼天하니 天亦哀之하여 其顧視天下有德者하고 命用勉敬者하여 爲民主라

백성들이 슬피 하늘을 부르짖으니 하늘도 슬퍼하여 천하에 德이 있는 자를 둘러보고 공경을 힘쓰는 자를 명하여 써서 백성들의 군주로 삼았다는 것이다.

【疏】 '天旣'至'用懋' ○ 正義曰 : 更述改殷之事. 天旣遠終大國殷之王命矣. 此殷多有先智之王, 精神在天, 不能救紂, 以紂不行敬故也. 於其智王之後人, 謂繼世之君及其時之人. 皆服行其君之命, 由其亦能行敬, 故得不忝其先祖. 其此後王之終, 謂紂之時. 賢智者隱藏, 瘝病者在位, 言其時無良臣. 多行無禮暴虐, 於時之民, 困於虐政, 夫知保抱攜持其婦子, 以哀號呼天, 告冤枉無辜, 往其逃亡, 出見執殺. 言無地自容, 以困窮也. 天亦哀矜於四方之民, 其眷顧天下, 選擇賢聖, 命用勉力行敬者以爲民主, 故王今得之也.

經의 〔天旣〕에서 〔用懋〕까지

○ 正義曰 : 다시 殷나라를 갈아치운 일을 서술한 것이다. 하늘이 이미 大國인 殷나라의 王命을 영영 끊으셨다. 이때에는 殷나라에 많이 계시던 先智王의 영혼들도 하늘에 계시겠지만, 紂를 구제할 수 없는 것은 紂가 공경을 행하지 않았기 때문이다. 그 智王의 後人은 세대를 잇는 임금과 그때의 사람들을 이른다. 모두 그 임금의 命을 服行하였는데, 또한 공경을 잘 행했기 때문에 그 선조를 욕되게 하지 않았다. 그 後王의 마지막은 紂의 때를 이른다. 어질고 지혜로운 사람은 숨어버리고 백성을 병들게 하는 사람은 직위에 있어 그때에 어진 신하가 없었음을 말한 것이다. 무례하게 暴虐을 많이 행했기 때문에 그때의 백성들이 虐政에 시달린 나머지 누구나 애를 안고 부인을 이끌 줄 알아서 슬픔으로 하늘을 부르짖어 원통함과 무고함을 호소하고 나아가 도망다니다가 출현함에 붙잡혀서 죽임을 당하였다. 몸을 용납할 땅이 없으니, 이 때문에 곤궁함을 말한 것이다. 하늘 또한 사방의 백성들을 불쌍히 여기어 천하를 둘러보아 賢聖한 이를 선택하되 힘써서 공경을 행하는 이를 명하여 써서 백성들의 王으로 삼았기 때문에 王께서 지금 그것을 얻을 수 있게 된 것이다.

【疏】 ○ 傳'言天'至'敬故' ○ 正義曰 : "天旣遠終殷命", 言其去而不復反也. 說天終殷之命, 而言智王在天者, 言先智王, 雖精神在天, 而不能救紂者, 以紂不行敬故也. 戒王使行敬.

○ 傳의 〔言天〕에서 〔敬故〕까지

○ 正義曰 : "하늘이 이미 殷나라의 命을 영영 끊었다."는 것은 떠나가고 다시 돌아오지 않음을 말한 것이다. 하늘이 殷나라의 命을 끊은 것을 설명하면서 智王이 하늘에 계신 점을 말한 것은, 先智王은 비록 精神이 하늘에 있으나 능히 紂를 구제하지 못함은 紂가 공경을 행하지 않기 때문이란 점을 말한 것이다. 王을 경계하여 공경을 행하도록 한 것이다.

【疏】 ○ 傳'於其'至'不忝' ○ 正義曰 : '先智王之後繼世君臣', 謂智王之後, 紂已前能守位不失者. 經言'後王後民', 傳言'君臣'者, 見民內有臣. "民於此皆服行君之命", 言不忝辱父祖也.

○ 傳의 〔於其〕에서 〔不忝〕까지

○ 正義曰 : '先智王之後繼世君臣'은 智王의 이후, 紂의 이전에 능히 자리를 지키어 잃지 않은 자를 이른다. 經에서는 '後王後民'이라 말하고, 傳에서는 '君臣'이라 말한 것은 백성 가운데에 신하가 있음을 보인 것이다. "백성들이 여기에서 모두 임금의 命을 服行했다."는 것은 父祖를 욕되게 하지 않았음을 말한 것이다.

【疏】 ○ 傳'其終'至'良臣' ○ 正義曰 : 旣言'後王', 又復言'其終', 知是"後王之終, 謂紂也." 以'瘝'從病類, 故言'瘝病'也. 鄭·王皆以'瘝'爲病, 小人在位, 殘暴在下, 故以病言之.

○ 傳의 〔其終〕에서 〔良臣〕까지

○ 正義曰 : 이미 '後王'이라 말하고 또다시 '其終'이라 말했기 때문에 이 "後王의 마지막이 紂를 이른다."는 점을 〈孔安國은〉 알았던 것이다. '瘝'이 病類를 따랐기 때문에 '瘝病'이라 말한 것이다. 鄭玄과 王肅은 모두 '瘝'을 病으로 여겼으니, 小人이 직위에 있고 殘暴가 아래에 있기 때문에 病을 가지고 말한 것이다.

【疏】 ○ 傳'言困'至'以窮' ○ 正義曰 : 言困於虐政, 抱子攜妻欲去之. '夫', (尢)〔猶〕[1] 人人, 言天下盡然也. '保', 訓安也. 王肅云 "匹夫知欲安其室, 抱其子, 攜其妻, 以悲呼天也."

1) (尢)〔猶〕: 저본에는 '尢'으로 되어 있으나, 宋兩浙東路茶鹽司本·宋慶元間建安魏縣尉

宅本·汲古閣本·武英殿本에 의거하여 '猶'로 바로잡았다.

○ 傳의 〔言困〕에서 〔以窮〕까지

○ 正義曰 : 虐政에 시달린 나머지 애를 안고 아내를 이끌고서 떠나가려고 함을 말한 것이다. '夫'는 人人(사람마다)과 같으니 온 천하가 다 그러함을 말한 것이다. '保'는 安의 뜻으로 풀이한다. 王肅은 "匹夫도 그 가정을 편안하게 할 줄 알아서 그 애를 안고 그 아내를 이끌고서 슬픔으로 하늘을 부르짖었다."라고 하였다.

王其疾敬德[1)]하사 相古先民有夏하소서

1) 王其疾敬德 : 蔡傳은 윗글에 붙여서 풀이하였다.

왕께서는 빨리 德을 공경하여 옛 先民인 有夏를 살펴보소서.

【傳】 言王當疾行敬德하사 視古先民有夏之王하여 以爲法戒之라

王께서는 응당 빨리 德을 공경하여 옛 先民인 有夏의 王(禹)을 살펴보아 法戒로 삼아야 한다고 말한 것이다.

天迪從子保[1)]하고 面稽天若[2)]이언마는 今時[3)]旣墜厥命하니이다

1) 天迪從子保 : 蔡傳은 '迪'을 啓迪의 뜻으로 보아 "하늘이 진실로 인도해주시고 또 그 아들까지 보호해주시며〔天固啓迪之 又從其子而保佑之〕"라고 풀이하였다.
2) 若 : 孔傳에서 '若'을 順의 뜻으로 본 데 대하여 丁若鏞은 "枚氏의 解釋法은 매양 '若'자만 만나면 번번이 順의 뜻으로 풀이하니, 이것이 그 큰 병통이다.〔枚法 每遇若字 輒訓爲順 是其大病也〕"라고 하였다.
3) 時 : 蔡傳은 如字로 보았다.

天道가 따라서 자식처럼 보호해주었으며, 〈또한 禹임금이〉 天心을 향해 상고해서 경건히 순종하여 어김이 없었건만, 지금 이 〈桀이〉 이미 그 天命을 실추시켰습니다.

【傳】 夏禹能敬德하니 天道從而子安之하고 禹亦面考天心而順之[1)]언마는 今是桀棄禹之道하니 天已墜其王命이라

1) 禹亦面考天心而順之 : 兪樾(≪群經平議≫)은 "'若'은 順의 뜻이고, '順'은 곧 道의 뜻이다. 古人은 '順'을 道의 뜻으로 여겼으니, '天若'은 곧 天順이고, '天順'은 곧 天道인데,

枚氏는 단지 '若'이 順인지만 알고, '順'이 道인지는 알지 못하였으니, 옛 뜻이 湮滅되었다.〔若順也 順卽道也 古人謂順爲道 天若卽天順 天順卽天道也 枚但知若之爲順 不知順之爲道 而古義湮矣〕"라고 하였다.

夏禹가 능히 德을 공경하니, 天道가 따라서 자식처럼 보호해주었으며, 禹임금 또한 天心을 향해 상고해서 순종하였거늘, 지금 이 桀은 禹임금의 道를 버리니, 하늘이 이미 그 王命을 실추시켰다는 것이다.

今相有殷건대

지금 有殷를 살펴보건대

【傳】 次復觀有殷이라

그 다음 다시 有殷를 살펴보겠다는 것이다.

天迪格保는 面稽天若[1)]이어신마는

1) 天迪格保 面稽天若 : 蔡傳은 '格'을 正(바로잡음)의 뜻으로 보아 "하늘이 진실로 인도해주고 또 그 아들까지 바로잡아 보호해주시며, 禹임금 또한 天心을 향해 상고하여 경건하게 따라 어김이 없었으니〔天固啓迪之 又從其子而保佑之 禹亦面考天心 敬順無違〕"라고 풀이하였다.

天道가 湯임금을 保安함에 이르게 한 것은 〈또한 湯임금이〉 天心을 향해 상고하여 순종했기 때문이었건만,

【傳】 言天道所以至於保安湯者를 亦如禹라

天道가 湯임금을 보안함에 이르게 하기를 또한 禹임금을 보안한 것처럼 하였음을 말한 것이다.

今時 旣墜厥命[1)]하니이다

1) 相古先民有夏……今時旣墜厥命 : 朱子는 "이 일절은 중간에 이해할 수 없는 곳이 있다.〔此一節 間有不可曉處〕"라고 하였는데, 陳師凱는 "'그 아들까지 보호했다.'는 것은 곧 ≪孟子≫에 '하늘이 〈王位를〉 아들에게 주면 아들에게 주었다.'라고 한 뜻이다. 만세토록 아들에게

전하는 단서를 연 것은 禹임금에서부터 시작되었다. 그러므로 夏나라에서는 '아들까지 보호했다.'라고 말하였고, 商나라에서는 단지 '格保'라고만 말하였으니, 윗글을 이어받은 문장이다. 두 '面稽天若'은 곧 '對越在天'이라는 뜻이다. 이 一節은 대개 하늘과 祖宗도 믿을 수 없음을 이른 것이다.〔從其子而保之 卽孟子天與子則與子之意 開萬世傳子之端 自禹始 故於夏言從子保 而於商只言格保 蒙上文也 兩面稽天若 卽對越在天之意 此一節 蓋謂天與祖宗 皆不可恃也〕"라고 풀이하였다.(≪書蔡氏傳旁通≫)

지금 이 〈紂가〉 이미 그 王命을 실추시켰습니다.

【傳】 墜其王命이라

그 王命을 실추시켰다는 것이다.

今沖子嗣하시니 則無遺壽耇하소서

지금 沖子(어린이)께서 왕위를 이으셨으니, 老成한 사람들〈의 말〉을 버리지 마소서.

【傳】 童子는 言成王이 少嗣位治政이라 無遺棄老成人之言은 欲其法之라

'童子'는 成王이 어려서 왕위를 계승하여 정사를 다스림을 말한 것이다. 老成한 사람의 말을 유기하지 말라는 것은 그것을 법으로 삼게 하려는 뜻에서다.

曰其稽我古人之德이어늘 矧曰其有能稽謀自天[1)]이온여

1) 曰其稽我古人之德 矧曰其有能稽謀自天 : 蔡傳은 "古人의 德을 능히 상고한다고만 말하더라도 진실로 버릴 수 없거늘, 하물며 능히 상고하고 謀慮함을 하늘로부터 한다고 말한다면 더욱 버릴 수 없는 것이다. 古人의 德을 상고하면 일에 증빙할 바가 있을 것이고, 상고하고 謀慮함을 하늘로부터 하면 이치에 빠뜨릴 바가 없을 것이다.〔言其能稽古人之德 是固不可遺也 況言其能稽謀自天 是尤不可遺也 稽古人之德 則於事有所證 稽謀自天 則於理無所遺〕"라고 풀이하였다.

우리 옛사람의 德을 상고해서 〈행하신다면 善한 일이거늘〉 하물며 능히 모책을 상고하여 天道를 따르는 일이 있기까지 하신다면 더할 나위 있겠습니까.

【傳】 沖子成王이 其考行古人之德則善矣어늘 況曰其有能考謀從天道乎아 言至善이라

沖子 成王이 그 옛사람의 德을 상고해서 행한다면 善한 일어거늘, 하물며 능히 모책을 상고하여 天道를 따르는 일이 있기까지 한다면 더할 나위 있겠는가. 지극히 善함을 말한 것이다.

【疏】‘王其’至‘自天’ ○ 正義曰：旣言皇天眷顧, 命用勉敬者爲人主, 故戒王, 言其疾行敬德, 視古先民有夏之君, 取大禹以爲法戒. 禹以能敬之故, 天道從而子安之, 禹能面考天心而順以行敬. 今是桀棄禹之道, 已墜失其王命矣. 更復視有殷之君, 取成湯以爲法戒, 湯以能敬之故, 天亦從而子安之. 天道所以至於保安湯者, 亦以湯面考天心而順以行敬也. 今是紂棄湯之道, 已墜失其王命矣. 夏殷二代, 能敬則得之, 不敬則失之. 今童子爲王, 嗣位治政, 則無遺棄壽考成人, 宜用老成人之言, 法古人爲治. 曰王其考行古人之德, 則已善矣, 況曰其有能考行所謀以順從天道乎. 若能從順天道, 則與禹湯同功. 言其善不可加也.

經의 〔王其〕에서 〔自天〕까지

○ 正義曰：“皇天이 돌보아주어 공경을 힘쓰는 이를 명하여 써서 백성의 군주로 삼았다.”라고 이미 말했기 때문에 왕을 경계하기 위하여 다음과 같이 말한 것이다. “빨리 德을 공경하여 옛 先民인 有夏의 임금을 살펴보아 大禹를 취하여 法戒로 삼으소서. 禹임금이 능히 德을 경건히 행하였기 때문에 天道가 따라서 자식처럼 보호해주었으며, 禹임금이 능히 天心을 향해 상고하여 순종해서 덕을 경건히 행하였거늘, 지금 이 桀은 禹임금의 道를 버리니, 하늘이 이미 그 王命을 실추시켰습니다.

다시 有殷의 임금을 살펴보아 成湯을 취하여 法戒로 삼으소서. 湯임금이 능히 덕을 경건히 행했기 때문에 하늘도 따라서 자식처럼 보호해주었습니다. 天道가 湯임금을 보안함에 이르게 한 것은 또한 湯임금이 天心을 향해 상고해서 순종하여 덕을 경건히 행했기 때문입니다. 그런데 이 紂는 湯임금의 道를 버리어 이미 그 王命을 실추시켰습니다. 夏나라와 殷나라 두 世代는 능히 덕을 경건히 행했을 경우는 왕명을 얻었고, 덕을 경건히 행하지 않았을 경우는 왕명을 잃었습니다.

지금 童子로서 王이 되어 왕위를 계승해서 정사를 다스리게 되셨으니, 곧 壽考하여 老成한 사람을 遺棄하지 마시어 노성한 사람의 말을 쓰고 옛사람을 본받아 정사를 다스려야 합니다. 왕께서 그 옛사람의 德을 상고해서 행한다면 이미 善한 일어거늘, 하물며 그 모책한 바를 능히 상고해 행하여 天道를 순종하는 일이 있기까지 한다면 더할 나위 있겠습니까." 만일 능히 天道를 순종한다면 禹임금·湯임금과 功이 같을 것이니, 그 善이 이 이상 더할 수 없음을 말한 것이다.

【疏】○傳'夏禹'至'王命' ○正義曰:勸王疾行敬德, 乃言天道安夏, 知夏禹能行敬德, 天道從而子安之, 天旣子愛禹, 禹亦順天心. 鄭云 "面, (尢)〔猶〕[1]迴向也." 則'面'爲向義. 禹亦志意向天, 考天心而順安之. 言能同於天心也. 禹興夏而桀滅之, 知天道子保者是禹也, 旣墜厥命者是桀也. 今桀廢禹之道, 已墜失其王命矣.

1) (尢)〔猶〕: 저본에는 '尢'으로 되어 있으나, 宋兩浙東路茶鹽司本·宋慶元間建安魏縣慰宅本·汲古閣本·武英殿本에 의거하여 '猶'로 바로잡았다.

○傳의 〔夏禹〕에서 〔王命〕까지

○正義曰: 王에게 빨리 德을 경건히 행할 것을 권하면서 天道가 夏나라를 편안하게 했음을 말하였으므로 "夏禹가 능히 덕을 경건히 행하니, 天道가 따라서 자식처럼 편안하게 해주었다."는 점을 〈孔安國이〉 알았던 것이니, 하늘이 이미 禹임금을 자식처럼 사랑하고, 禹임금 또한 天心에 순종한 셈이다. 鄭玄은 "'面'은 迴向과 같다."고 하였으니, '面'은 向의 뜻이다. 禹임금 또한 뜻이 하늘을 향해가 天心을 상고해서 順安히 한 것이니, 능히 天心과 같았음을 말한 것이다. 禹임금은 夏나라를 일으키고 桀은 멸망시켰기 때문에, 天道가 자식처럼 안보한 대상은 바로 禹임금이고 이미 그 命을 실추시킨 장본인은 바로 桀이었다는 점을 〈공안국이〉 알았던 것이다. 지금 桀이 禹임금의 道를 폐기한 것은 이미 그 王命을 실추한 것이다.

【疏】○傳'言天'至'如禹' ○正義曰:此說二代興亡, 其意同也. 於禹言"從而子安之", 則天於湯亦子安之. 故於湯因上略文, 直言'格保'. '格', 至也, 言至於保安湯者, 亦如禹也.

○傳의 〔言天〕에서 〔如禹〕까지

○正義曰: 여기서 두 세대의 興亡을 말한 것은 그 뜻이 같다. 禹임금에 대해서 "따라서 자식처럼 편안하게 해주었다."라고 하였으니 하늘이 湯임금에 대해서도 자식처럼 편안하게 해준 것이다. 그러므로 湯임금에 대해서는 위를 인하여 글을 생략하고, 단지 '格保'라고만 말한 것이다. '格'은 至(이름)의 뜻이니, 〈그래서 孔安國이〉 "〈天道가〉 湯임금을 보안함에 이르게 하기를 또한 禹임금〈을 보안한 것〉처럼 하였음을 말한 것이다."라고 한 것

이다.

【疏】 ○ 傳'童子'至'法之' ○ 正義曰 : '嗣位治政', 謂周公歸政之後. 此時王未涖政, 而言"今沖子嗣"者, 召公此戒, 戒其卽政之後故也. '壽'謂長命, '耇'是老稱. "無遺棄長命之老人", 欲其取老人之言而法效之. 老人之言, 卽下云 "古人之德"也.

○ 傳의 〔童子〕에서 〔法之〕까지

○ 正義曰 : '嗣位治政'은 周公이 정권을 돌려준 후의 일을 이른다. 이때는 王이 아직 집정을 하지 못한 때인데, "지금 沖子(어린이)께서 왕위를 계승하셨으니"라고 말한 것은 召公의 이 경계가 집정을 하고 난 뒤에 경계했기 때문이다. '壽'는 長命을 이르고 '耇'는 바로 노인의 칭호이니, "長命한 老人을 遺棄하지 말라."고 한 것은 그 노인의 말을 취하여 본받게 하려고 한 것이다. 老人의 말은 곧 아래 "古人의 德"이란 것이다.

嗚呼라 有[1)]王은 雖小나 元子哉시니 其[2)]丕能諴于小民하여 今休하소서

1) 有 : 蔡傳은 조사로 보았다.
2) 其 : 蔡傳은 "기대하는 말〔期之辭〕"로 보았다.

아! 〈지금〉 계신 왕께서는 비록 나이는 어리시나 하늘의 元子이므로 〈책임이 막중하시니,〉 그 백성들을 잘 화합시켜서 오늘날의 아름다운 세상을 만들도록 하소서.

【傳】 召公歎曰 有成王雖少나 而大爲天所子시니 其大能和於小民하여 成今之美라하니 勉之라

召公이 탄식하며 "〈지금〉 계신 成王이 비록 어리시나 크게 하늘이 자식처럼 사랑하는 대상이 되셨으니, 크게 능히 백성들을 화합시켜 오늘날의 아름다운 세상을 만들도록 하소서."라고 하였으니, 권면한 것이다.

王不敢後하시고 用顧畏于民碞[1)2)]하소서

1) 王不敢後 用顧畏于民碞 : 蔡傳은 '後'를 緩(느슨하다)의 뜻으로, '碞'을 險의 뜻으로 보아 "王께서는 응당 감히 德을 공경하는 것을 느슨히 하지 마시어 백성들의 험악한 마음을 돌아보고 두려워해야 합니다.〔王當不敢緩於敬德 用顧畏于民之險〕"라고 풀이하였다.

2) 碞 : 兪樾은 多言의 뜻을 나타낸 글자로 보았다.

王께서는 감히 〈쓸 만한 인사는〉 뒷전에 두지 마시고, 백성들이 禮義를 고르게 하지 않는 점을 돌아보고 두려워하소서.

【傳】 王爲政에 當不敢後能用之士하고 必任之爲先이라 碞은 僭也라 又當顧畏於下民僭差禮義니 能此二者면 則德化立하고 美道成也라

王은 정사를 함에 있어서 감히 쓸 만한 인사를 뒷전에 두지 말고 반드시 우선으로 임용해야 한다는 것이다. '碞'은 僭의 뜻이다. 또한 백성들이 禮義를 고르게 하지 않는 점을 돌아보고 두려워해야 한다는 것이다. 이 두 가지를 능란히 처리하면 德化가 서고 美道가 이루어질 게란 것이다.

【疏】 '嗚呼'至'民碞' ○ 正義曰 : 召公歎以戒王, "嗚呼, 今所有之王, 惟今雖復少小, 而大爲天所子愛哉. - 言任大也. - 若其大能和同於天下小民, 則成今之美. - 以勉之. - 故王當不敢後其能用之士, 必任以爲先. 又當顧念畏于下民僭差禮義. 能此二者, 則德化立, 美道成矣."

經의 〔嗚呼〕에서 〔民碞〕까지

○ 正義曰 : 召公이 탄식하며 王에게 다음과 같이 경계하였다. "아! 지금 계신 왕께서는 지금 비록 어리시나 크게 하늘이 자식처럼 사랑하는 대상이 되셨으니, - 책임이 큼을 말한 것이다. - 만일 크게 능히 천하 백성들을 화합시킨다면 오늘날의 아름다운 세상을 이룰 것입니다. - 힘쓰도록 하는 것이다. - 그러므로 왕께서는 마땅히 감히 쓸 만한 인사를 뒷전에 두지 말고 반드시 우선으로 임용해야 합니다. 또한 백성들이 禮義를 고르게 하지 않는 점을 돌아보고 두려워해야 합니다. 이 두 가지를 능란히 처리하면 德化가 서고 美道가 이루어질 것입니다."

【疏】 ○ 傳'王爲'至'道成' ○ 正義曰 : 王者爲政, 任賢使能, 有能有用, 宜先任之. 故"王者爲政, 當不敢後其能用之士, 必任之爲先"也. '碞', 卽巖也, 參差(참치)不齊之意, 故爲僭也. 旣任能人, 復憂下民, 故"又當顧畏於下民僭差禮義." 畏其僭差, 當治之使合禮義也. 能此二者, 則德化立, 美道成. '美道成', 卽'今休'是也.

○ 傳의 〔王爲〕에서 〔道成〕까지

○ 正義曰 : 王者는 정사를 함에 있어서 어진 이를 임용하고 유능한 이를 부리는 법이니, 능함이 있고 쓸 만함이 있으면 마땅히 먼저 임용해야 한다. 그러므로 "王者는 정사를 함에 있어서 마땅히 감히 유능하고 쓸 만한 인사를 뒷전에 두지 말고 반드시 우선으로 임용해야 하는 것"이다. '碞'은 곧 巖의 뜻이니, 들쭉날쭉 가지런하지 않은 뜻이기 때문에 '僭'이라고 한 것이다. 이미 유능한 사람을 임용하였지만, 다시 백성들을 걱정하기 때문에 "또한 마땅히 백성들이 禮義를 고르게 하지 않는 점을 돌아보고 두려워해야 한다는 것"이니, 그 고르지 않음을 두려워하여 다스려 禮義에 합하게 해야 한다. "能此二者 則德化立 美道成"에서 '美道成'은 바로 '今休(오늘날의 아름다운 세상을 만들다.)'가 이것이다.

王이 來紹上帝하사 自服于土中하소서

왕께서 이곳으로 오셔서 上帝의 뜻을 이어받아 천하의 중앙인 〈洛邑에서〉 몸소 정사를 행하소서.

【傳】 言王今來居洛邑하여 繼天爲治하니 躬自服行教化於地勢正中이라

王이 지금 洛邑에 와서 거주하며 하늘을 계승하여 정치를 하게 되었으니, 몸소 스스로 教化를 地勢가 正中한 곳에서 服行해야 한다고 말한 것이다.

旦曰 其作大邑하여 其自時[1)]하여 配皇天하며

1) 其自時 : 蔡傳은 時를 是의 뜻으로 보아 '이로부터'로 풀이하였다. 아래의 其自時도 같다.

旦(周公의 이름)도 〈洛邑을 건설할 당시에〉 '큰 도읍을 만들어 이 큰 도읍을 이용해서 皇天을 대하고,

【傳】 稱周公言하여 其爲大邑於土中하여 其用是大邑하여 配上天而爲治라

周公의 말이라 칭해서 큰 도읍을 토지의 正中한 곳에 만들어 이 큰 도읍을 이용해서 上天을 대하여 정사를 해야 한다고 하였다.

毖祀于上下하며 其自時中乂라하나니

上天下地에 삼가 제사를 지내며, 이 正中한 곳을 이용해서 다스려야 한다.'고 말하였으니,

【傳】 爲治에 當愼祀于天地하면 則其用是土中하여 大致治라

정치를 함에 있어서 마땅히 하늘과 땅에 삼가 제사를 지내면, 곧 이 토지의 正中한 곳을 이용해서 크게 정사를 해야 한다는 것이다.

王이 厥有成命하고 治民하여 今休하리이다

왕께서 하늘의 이루어진 밝은 命을 가지고 백성을 다스려 지금 〈태평의〉 아름다운 이름을 얻을 것입니다.

【傳】 用是土中致治면 則王其有天之成命하고 治民하여 今獲太平之美라

이 토지의 중정한 곳을 이용해서 정사를 한다면 王은 하늘의 이루어진 밝은 命을 가지고 백성을 다스려 지금 太平의 아름다운 이름을 얻을 것이란 말이다.

【疏】 '王來'至'今休' ○正義曰：周公之作洛邑, 將以反政於王, 故召公述其遷洛之意. 今王來居洛邑, 繼上天爲治, 躬自服行敎化於土地正中之處, 故周公旦言曰"其作大邑於土中, 其令成王用是大邑, 配大天而爲治. 爲治之道, 當事神訓民, 謹愼祭祀上下神祇, 其用是土中大致治也. 旣能治, 則王其有天之成命, 治理下民, 今獲太平之美矣."

經의 〔王來〕에서 〔今休〕까지

○正義曰：周公이 洛邑을 만들어 장차 王에게 정권을 돌려주려고 하기 때문에 召公이 洛邑으로 옮기는 뜻을 다음과 같이 기술하였다. "王께서 지금 洛邑에 오셔 거주하며 하늘을 이어받아 다스림을 하게 되셨으니, 몸소 스스로 敎化를 地勢가 正中한 곳에서 服行하기 때문에 周公 旦도 말하기를 '큰 도읍을 지세가 正中한 곳에 만들어 成王으로 하여금 이 큰 도읍을 이용해서 上天을 대하여 정사를 하게 하려 한다. 정사를 하는 방도는 응당 神을 섬기고 백성을 교훈해야 하므로 上下 神祇에게 삼가 제사 지내며, 이 토지의 정중한 곳을 이용해서 나라를 크게 다스려야 한다.'고 하였습니다. 이미 능히 정사를 한다면 왕이 하늘의 이루어진 밝은 命을 가지고 백성을 다스려 지금 태평의 아름다운 이름을 얻을 것입니다."

【疏】○傳'言王'至'正中' ○正義曰：傳言"躬自服行", 則不訓自也. 鄭·王皆以'自'爲用.

○ 傳의 〔言王〕에서 〔正中〕까지

○ 正義曰：傳에서 "몸소 스스로 服行한다."고 말하였으니, '自'자를 풀이하지 않았다.[1] 鄭玄과 王肅은 다 '自'자를 '用'자로 여겼다.

1) '自'자를……않았다：孔傳이 '몸소 스스로'라고 한 것은 '自'자를 풀이한 것이 아닌가. 무슨 뜻으로 말한 것인지 모르겠다.

【疏】○傳'稱周'至'爲治' ○正義曰：王肅云 "旦, 周公名也. 禮, 君前臣名, 故稱周公之言爲'旦曰'." 王者爲天所子, 代天治民, 天有其意, 天子繼天使成, 謂之'紹上帝'也. 天子設法, 其理合於天道, 是爲'配皇天'也. 天子將欲配天, 必宜治居土中, 故稱周公之言, 其爲大邑於土之中, 其當令此成王, 用是大邑行化, 配上天而爲治也. 說周公之意然, 戒成王使順公也. 周禮大司徒云 "以土圭之法測土深, 正日影, 以求地中. 日南則影短多暑, 日北則影長多寒, 日東則影夕多風, 日西則影朝多陰.[1] 日至之影尺有五寸, 謂之地中, 天地之所合也, 四時之所交也, 風雨之所會也, 陰陽之所和也. 然則百物阜安, 乃建王國焉." 馬融云 "王國, 東都王城, 今河南縣是也."

1) 日南則影短多暑……日西則影朝多陰：宋代 朱申의 ≪周禮句解≫에 의하면, '日東則景夕多風'은 "그림자가 表(標木)의 동쪽에 있으면 이 땅은 해의 동쪽에 있는 것이다. '景(影)夕'은 해가 중천에 있을 때 그 그림자는 이미 저녁때와 같은 것이다. 이와 같으면 그 땅에는 바람이 많이 분다.〔景在表之東 是地在日東也 景夕 謂日中時 其景已如夕時也 如此則其地多風〕"라고 하였고, '日西景朝多陰'은 "그림자가 表의 서쪽에 있으면 이 땅은 해의 서쪽에 있는 것이다. '景朝'는 해가 중천에 있을 때에도 그 그림자는 외려 아침때와 같은 것이다. 이와 같으면 그 땅에는 비가 많이 내린다.〔景在表之西 是地在日西也 景朝 謂日中時 其景尙如朝時也 如此則其地多陰〕"라고 하였고, '日南則景短多暑'는 "夏至의 해가 한 중천에 있을 때에 여덟 자의 表를 세워 해의 그림자가 나타나기를 기다려서 土圭法으로 헤아려 그 그림자가 土圭보다 짧으면 그 땅이 해의 남쪽에 있어서 더위가 많다.〔夏至日正中時 立八尺之表 以俟日景 以土圭量之 其景短於土圭 則其地在日南而多暑〕"라고 하였고, '日北則景長多寒'은 "그 그림자가 土圭보다 길면 그 땅이 해의 북쪽에 있어서 추위가 많다.〔其景長於土圭 則其地在日北而多寒〕"라고 하였다.

○ 傳의 〔稱周〕에서 〔爲治〕까지

○ 正義曰 : 王肅은 "'旦'은 周公의 이름이다. 禮에 임금의 앞에서는 신하 이름을 부르게 되어 있기 때문에 周公의 말이라 칭하면서 '旦曰'이라 했다."라고 하였다. 王者는 하늘이 자식처럼 여기는 대상이 되어 하늘을 대신하여 백성을 다스리는 존재이기 때문에 하늘이 뜻을 가지면 天子는 하늘의 뜻을 이어받아 이루어지게 하는 것이니, 이를 일러 '上帝의 뜻을 이어받는 것'이라 이른다. 天子가 법을 설정함에 있어서는 그 이치가 天道에 합해야 하니, 이것이 '皇天을 대하는 것'이다. 天子가 장차 하늘을 대하려고 한다면 반드시 토지의 중앙에 거주하여 정사를 해야 하기 때문에 周公의 말이라 칭하여 "토지의 중앙에 큰 도읍을 만들어 마땅히 成王으로 하여금 이 큰 도읍을 이용해서 교화를 행하고 上天을 대하여 정사를 하게 해야 한다."라고 하였으니, 周公의 뜻이 그러함을 말하여 成王을 경계해서 周公을 따르도록 한 것이다.

≪周禮≫ 〈地官 大司徒〉에 "土圭의 法을 가지고 땅의 깊이를 측량하고 해의 그림자를 바르게 해서 땅의 중앙을 구한다. 〈土圭로 해 그림자를 재는〉 지역이 남쪽에 치우쳐 있으면 해 그림자가 짧으니 매우 덥고, 지역이 북쪽에 치우쳐 있으면 해 그림자가 기니 매우 춥고, 지역이 동쪽에 치우쳐 있으면 해 그림자가 이미 저녁때와 같으니 바람이 많이 불어 〈건조하다.〉 지역이 서쪽에 치우쳐 있으면 해 그림자가 외려 아침때와 같으니 비〔陰〕가 많이 내려 〈습하다.〉 夏至에 그림자가 1자 5치가 되면 이를 '地中(땅의 중앙)'이라 이르는데 하늘과 땅이 합하는 곳이고, 네 계절이 교차하는 곳이고, 바람과 비가 모이는 곳이고, 음과 양이 화합하는 곳이다. 그렇다면 온갖 사물이 풍부하고 안정하여 이에 王國을 건설한다."라고 하였다. 馬融은 "王國은 東都王城으로 지금의 河南縣이 이곳이다."라고 하였다.

【疏】 ○ 傳'爲治'至'致治' ○ 正義曰 : 祭法云 "有天下者祭百神." 天地爲大, '上下', 卽天地也, 故"爲治當愼祀於天地." 擧天地則百神之祀皆愼之也. 能事神訓民, 則其用是土中大致治也.

○ 傳의 〔爲治〕에서 〔致治〕까지

○ 正義曰 : ≪禮記≫ 〈祭法〉에 "천하를 가진 이는 온갖 神에게 제사를 지낸다."라고 하였다. 天地가 가장 큰 것이니, '上下'는 곧 天地이기 때문에 "정사를 함에 있어서는 마땅히 하늘과 땅에 삼가 제사를 지내야 한다."라고 하였다. 하늘과 땅을 들면 온갖 神의 제사를 모두 삼가게 되는 것이다. 능히 神을 섬기고 백성을 교훈하려면 이 토지의 正中한 곳을

이용해서 크게 정사를 해야 한다.

【疏】 ○ 傳'用是'至'之美' ○ 正義曰 : 用是土中致治, 當於天心, 則王其有天之成命, 降福與之, 使多歷年歲治民, 今獲太平之美. 自'旦曰'至此, 述周公之意也.

○ 傳의 〔用是〕에서 〔之美〕까지

○ 正義曰 : 이 토지의 正中한 곳을 이용해서 정사를 하려는 데가 하늘의 중심에 맞닿는 곳이라면 王은 하늘의 이루어진 밝은 命을 가짐으로써 복을 내려주어 장구한 세월을 누리며 백성을 다스리게 하여 지금 太平의 아름다운 이룸을 얻을 것이다. '旦曰'로부터 여기까지가 周公의 뜻을 기술한 것이다.

王이 先服殷御事하사 比介于我有周御事하사

왕께서는 먼저 殷나라의 일을 다스리던 신하들을 복종시켜 우리 周나라의 일을 다스리는 신하들과 가까이 지내게 하여

【傳】 召公은 旣述周公所言하고 又自陳己意하여 以終其戒니 言當先服治殷家御事之臣하여 使比近於我有周治事之臣하여 必和協이라야 乃可一이라 ○ 近은 附近之近이라

召公은 이미 周公이 한 말을 기술하고 또 자기의 의사를 개진하여 그 경계함을 마무리하였으니, 마땅히 먼저 殷나라의 일을 맡은 신하들을 잘 다스려서 우리 周나라의 일을 다스리는 신하들과 친근해져, 반드시 和協하도록 하여야 하나가 될 수 있음을 말한 것이다.

○ 近은 '附近'의 近이다.

節性하시면 惟日其邁[1)]하리이다

1) 節性惟日其邁 : 顧炎武는 "≪書經≫ 〈湯誥〉에 '모든 사람들에게 衷을 내리어 有恒한 性을 따라〔降衷于下民 若有恒性〕'라고 했으니, 이는 性善說이 그로부터 나온 것이고, 〈召誥〉에 '나쁜 성질을 절제하도록 하시면 날로 善에 매진할 것입니다.〔節性惟日其邁〕'라고 했으니, 이는 性相近說이 그로부터 나온 것이다. ≪詩經≫ 〈大雅 卷阿〉에 '화평한 군자야! 그대로 하여금 그대의 性命을 잘 마쳐서 先公의 마침과 같게 하리로다.〔豈弟君子 俾爾彌爾性 似先公酋矣〕'라고 했고, ≪孟子≫ 〈盡心 下〉에 '명이지만 본성에 있다. 그러므로 군자는 명이라 이르지 않는다.〔命也有性焉 君子不謂命也〕'라고 했다.〔降衷于下民 若有恒性 此性善之說 所自出也 節性惟日其邁 此性相近之說 所自出也 豈弟君子 俾爾彌爾性 似先公酋矣 命也有性焉 君子不謂

命也〕" 하였다.(≪日知錄≫〈節性〉)

성질을 절제하도록 하시면 〈道化가〉 날로 행해질 것입니다.

【傳】 和比殷周之臣하고 時節其性하여 令不失中이면 則道化惟日其行이라

殷나라 신하들과 周나라 신하들을 화협하여 친근해지게 하고, 수시로 그들의 성질을 절제하여 중정을 잃지 않게 한다면, 道化가 날로 행해질 것이란 말이다.

王敬作所不可不敬德[1]이니이다

1) 王敬作所不可不敬德：蘇軾(≪書傳≫)은 所와 德에 句를 끊어 "'作所'란 바로 '所作政事'이니, 이미 그 일을 경건히 행하고 또 그 덕을 공경하면 지극하다.〔作所者 所作政事也 既敬其事 又敬其德則至矣〕"라고 풀이하였는데, 林之奇(≪尙書全解≫)는 蘇軾의 풀이에 대하여 "'所'자에 억지로 의미를 부여하여 말만 늘어놓은 것이니, 마땅히 先儒(孔安國과 孔穎達)의 說을 따라야 한다.〔於所字强生義理 其辭爲費 當從先儒之說〕"라고 하였다. 朱子도 孔安國을 따랐는데, 蔡傳은 '所'를 處所로 풀이하여 2句로 보아 "'所'는 바로 處所이니, 〈無逸〉의 '所其無逸'의 所와 같은 것이다. 왕이 능히 '敬'을 處所로 삼으면 動靜과 語默, 出入과 起居가 어디를 가나 敬에 거하지 않음이 없을 것이다. '不可不敬德'이란 것은 德을 공경하지 않으면 안 됨을 심하게 말한 것이다.〔所 處所也 猶所其無逸之所 王能以敬爲所 則動靜語默 出入起居 無往而不居敬矣 不可不敬德者 甚言德之不可不敬也〕"라 풀이하고 있다. 呂祖謙은 일찍이 〈無逸〉의 '所其無逸'의 所를 居의 뜻으로 풀이한 바 있어, 蔡沈은 이를 따랐는데, 이에 대하여 陳師凱(≪書蔡氏傳旁通≫)는 "'所其無逸'과 '王敬作所不可不敬德'을 朱子가 모두 處所와 安居의 뜻으로 풀이하려고 하지 않은 것은 그 교묘한 천착이 古人의 本意가 아닐 것임을 두려워한 것이다. 그러나 呂氏의 說이 산뜻한 맛이 난다. 그러므로 朱子는 그를 비난하고 蔡氏는 그를 따르게 된 것이다.〔所其無逸與王敬作所不可不敬德 朱子皆不欲以處所安居之意釋之 懼其巧鑿非古人之本意也 然呂說可喜 所以朱子非之 而蔡氏仍本之〕"라고 밝히고 있고, 洪奭周(≪尙書補傳≫)도 "蔡傳에서 〈無逸〉을 해석할 때에 이미 呂祖謙의 說을 썼고, 또 그 뜻을 취하여 〈召誥〉의 '王敬作所'를 해석하였으니, 그 說은 또한 볼 만하지만, 그 朱子의 뜻에 있어서 어떨지 모르겠다.〔蔡傳釋無逸 既用呂說 又取其意 以釋召誥之王敬作所 其說則亦可觀矣 未知其於朱子之意何如也〕"라고 하였다.

왕께서는 마땅히 공경하지 않을 수 없는 德을 공경히 해야 합니다.

【傳】 敬爲所不可不敬之德이면 則下敬奉其命矣리라

공경하지 않을 수 없는 德을 공경히 하면 아래에서 그 命을 공경히 받들 것이다.

【疏】 '王先'至'敬德' ○ 正義曰：召公旣述周公所言, 又自陳己意戒王, 今爲政, 先服治殷家御事之臣, 使之比近於我有周治事之臣, 令新舊和協, 政乃可一. 和比殷周之臣, 時節其性命, 令不失其中, 則王之道化惟日其行矣. 王當敬爲所不可不敬之德, 其德爲下所敬, 則下敬奉其上命, 則化必行矣. 化在下者, 常(若)〔苦〕[1]命之不行, 故以此爲戒.

1) (若)〔苦〕: 저본에는 '若'으로 되어 있으나, "盧文弨는 '若'을 '苦'로 고쳤으니, 옳다."라고 한 阮元의 校勘記에 의거하여 '苦'로 바로잡았다.

經의 〔王先〕에서 〔敬德〕까지

○ 正義曰：召公이 이미 周公이 한 말을 기술하고 또 자기의 뜻을 스스로 진언하여 王을 다음과 같이 경계하였다. "지금 정사를 함에 있어서 먼저 殷나라의 일을 맡은 신하들을 잘 다스려서 우리 周나라의 일을 다스리는 신하들과 친근해지게 하여, 새로 들어온 신하들과 예전에 있던 신하들로 하여금 和協하도록 하여야 정치노선이 하나가 될 수 있을 것입니다.

殷나라 신하들과 周나라 신하들을 화협하여 친근해지게 하고, 수시로 그들의 性命을 절제하여 중정을 잃지 않게 한다면, 王의 道化가 날로 행해질 것입니다. 왕께서는 마땅히 공경하지 않을 수 없는 德을 공경히 해야 하니, 그 덕이 아래서 공경하는 바가 되어 아래에서 上命을 받들면 道化가 반드시 행해질 것입니다." 아랫자리에 있는 사람을 교화함은 命이 행해지지 않는 것을 항상 고민하기 때문에 이를 가지고 경계한 것이다.

【疏】 ○傳'召公'至'可一' ○ 正義曰：自'今休'已上, 文義相連, 知皆是稱周公言也. 此一句意異於上, 知是"召公自陳己意, 以終其戒." '殷家治事之臣', 謂殷朝舊人, 常被殷家任使者也. '周家治事之臣', 謂西土新來翼贊周家初基者也. 周臣恃功, 或加陵殷士, 殷人失勢, 或疏忌周臣, 新舊不和, 政必乖戾. 故召公戒王當先治殷臣, 使比近周臣, 必和協, 政乃可一也. 不使周臣比殷, 而令殷臣比周臣者, 周臣奉周之法, 當使殷臣從之, 故治殷臣使比周臣也.

○ 傳의 〔召公〕에서 〔可一〕까지

○ 正義曰：'今休'로부터 이상은 文義가 서로 연해졌으므로 모두 바로 周公의 말을 일

컬었음을 〈孔安國이〉 알았던 것이다. 이 한 句는 뜻이 위와 다르므로 이것은 "召公이 자기의 의사를 개진하여 그 경계함을 마무리했다."라는 것을 〈孔安國이〉 알았던 것이다. '殷家治事之臣'은 殷나라 王朝의 옛 사람으로서 항상 殷나라에서 책임을 맡겨 부림을 입은 이를 이른다. '周家治事之臣'은 西土에서 새로 와서 周나라의 처음 기반을 다지는 것을 돕는 이를 이른다. 周나라 신하들이 공로를 믿고 더러 殷나라 인사들에 능멸을 가하기도 하고, 殷나라 사람들이 세력을 잃고 더러 周나라 신하들을 꺼리기도 하니, 새로 들어온 신하들과 예전에 있던 신하들이 화합하지 못하면 정사가 반드시 乖戾하기 때문에 召公은 王을 경계하여 "마땅히 먼저 殷나라 신하들을 다스려 周나라 신하들과 가까이 지내게 해야 합니다."라고 하였으니, 반드시 화협해야 정치노선이 동일할 수 있기 때문이다. 周나라 신하들로 하여금 殷나라 신하들을 가까이 하도록 하지 않고 殷나라 신하들로 하여금 周나라 신하들을 가까이 하도록 한 것은 周나라 신하들은 周나라의 법을 받듦으로 응당 殷나라 신하들로 하여금 따르게 해야 하기 때문에 殷나라 신하들을 다스려 周나라 신하들을 가까이 하도록 한 것이다.

【疏】○傳'和比'至'其行' ○正義曰：文承殷周之下，故知"和比殷周之臣." 人各有性，嗜好不同，各恣所欲，必或反道．故以禮義時節其性命，示之限分，令不失中．皆得中道，則各奉王化，故王之道化惟日其行，言日日當行之，日益遠也．顧氏云"和協殷周新舊之臣，制其性命，勿使怠慢也."

○傳의 〔和比〕에서 〔其行〕까지

○正義曰：글이 殷나라와 周나라의 아래를 이어받았기 때문에 "殷나라 신하들과 周나라 신하들을 화협하여 친근해지게 한다."는 점을 〈孔安國이〉 알았던 것이다. 사람은 각각 성품이 있어 嗜好가 같지 않으므로 각각 하고 싶은 것을 자행하여 반드시 더러 道를 이반하기 때문에 수시로 禮義로 그 性命을 절제하여 分限을 보여서 중정을 잃지 않게 하는 것이다. 모두 中道를 얻으면 각각 王化를 받들기 때문에 王의 道化가 날로 행해질 것이다. 날마다 행하면 날로 더욱 멀리 진전됨을 말한 것이다.

顧氏(顧彪)는 "殷나라의 예전에 있던 신하들과 周나라의 새로 들어온 신하들을 화협시키고 그 性命을 절제하여 怠慢하지 말도록 하는 것이다."라고 하였다.

【疏】○傳'敬爲'至'命矣' ○正義曰：聖王爲政，當使易從而難犯，故令行如流水，民從如順風. 若使設難從之敎, 爲易犯之令, 雖迫以嚴刑, 而終不用命. 故爲其德不可不敬也. 王必敬爲此不可不敬之德, 則下民無不敬奉其命矣. 民奉其王命, 是化行也.

○ 傳의 〔敬爲〕에서 〔命矣〕까지

○ 正義曰 : 聖王은 정사를 함에 있어서 응당 따르기는 쉽고 범하기는 어렵게 하는 정책을 쓰기 때문에 令이 행해짐은 유수와 같고, 백성이 따름은 순풍과 같다. 만일 따르기 어려운 가르침을 베풀고 범하기 쉬운 令을 한다면 비록 엄한 형벌로 핍박한다 하더라도 끝내 命을 쓰지 않을 것이다. 그러므로 그 德을 공경하지 않을 수 없는 것이다. 王이 반드시 이 공경하지 않을 수 없는 德을 공경히 하면 백성들이 그 命을 공경히 받들지 않음이 없을 것이니, 백성들이 그 王命을 받드는 것이 바로 道化가 행해지는 것이다.

我는 不可不監于有夏며 亦不可不監于有殷이니다

우리는 夏나라를 살펴보지 않을 수 없으며, 또한 殷나라를 살펴보지 않을 수 없습니다.

【傳】 言王當視夏殷하여 法其歷年하고 戒其不長이라

王은 마땅히 夏나라와 殷나라를 살펴보아서 歷年이 긴 것은 본받고 역년이 짧은 것은 경계해야 함을 말한 것이다.

我不敢知라 曰有夏服天命하여 惟有歷年이니다

나만 감히 알 것이 아니라 〈왕도 알아야 할 일입니다.〉 이르건대, 夏나라는 天命을 服行해서 歷年을 많이 가지게 된 것입니다.

【傳】 以能敬德이라 故로 多歷年數니 我不敢獨知요 亦王所知라

능히 德을 공경했기 때문에 歷年數가 많았으니, 그것은 나만 감히 알 것이 아니라 또한 王도 알아야 한다는 것이다.

我不敢知라 曰不其延은 惟不敬厥德하여 乃早墜厥命이니다

나만 감히 알 것이 아니라, 〈왕께서도 아셔야 할 일입니다.〉 이르건대, 역년이 연

장되지 못한 것은 德을 공경하지 아니하여 일찍 天命을 떨어뜨린 것입니다.

【傳】 言桀不謀長久는 惟以不敬其德이라 故로 乃早墜失其王命이니 亦王所知라

桀이 長久〈할 계책〉을 도모하지 않은 것은 그 德을 공경하지 않았기 때문이다. 그러므로 일찍 그 王命을 떨어뜨린 것이니, 또한 王이 알아야 할 바라고 말한 것이다.

我不敢知라 曰有殷이 受天命하여 惟有歷年이니다

나만 감히 알 것이 아니라, 〈왕께서도 아셔야 할 일입니다.〉 이르건대, 殷나라가 天命을 받아서 역년을 오래 가지게 된 것입니다.

【傳】 夏言服하고 殷言受는 明受而服行之니 互相兼也라 殷之賢王은 猶夏之賢王이니 所以歷年은 亦王所知라

夏나라에 대해서는 '服'을 말하고 殷나라에 대해서는 '受'를 말한 것은 받아서 服行함을 밝힌 것이니, 상호간에 겸한 것이다. 殷나라의 賢王은 夏나라의 賢王과 같으니, 歷年이 긴 것은 또한 王도 알아야 할 바라고 한 것이다.

我不敢知라 曰不其延은 惟不敬厥德하여 乃早墜厥命[1]이니다

1) 我不敢知……乃早墜厥命 : 林之奇(≪尙書全解≫)는 "옛사람은 天命에 대하여 꼭 있는 것이라 여기지도 않고 꼭 없는 것이라 여기지도 않았다. 그러므로 召公은 역년의 길과 짧음에 대해 모두 감히 알지 못할 것으로 의심하였다. 德을 공경하면 역년을 누리고 德을 공경하지 않으면 그 命을 떨어뜨린다는 사실만은 의심할 나위가 없는 것이다.〔古人於天命 不以爲必有 不以爲必無 故召公於歷年不其延 皆不敢知者疑之也 至於敬德則有歷年 不敬德則墜厥命 蓋無可疑者〕"라고 하였고, 蔡傳은 "夏나라와 商나라의 歷年의 길고 짧음에 대해서는 감히 알 수 없고, 내가 알 수 있는 것은 오직 〈그 德을 공경하면 연년을 길게 누리고,〉 그 德을 공경하지 아니하면 즉시 天命을 떨어뜨린다는 사실이다.〔夏商歷年長短 所不敢知 我所知者 惟不敬厥德 卽墜其命也〕"라고 하였다.

나만 감히 알 것이 아니라, 〈왕께서도 아셔야 할 일입니다.〉 이르건대, 역년을 연장하지 못한 것은 그 德을 공경치 아니하여 일찍 그 命을 떨어뜨린 것입니다.

【傳】 紂早墜其命은 猶桀不敬其德이니 亦王所知라

紂가 일찍 그 命을 떨어뜨린 것은 桀이 그 德을 공경치 않은 것과 같으니, 또한 王이 알아야 할 일이라고 한 것이다.

今王이 **嗣受厥命**하시니 **我亦惟茲二國命**에 **嗣若功**이라하노니

지금 왕께서는 이어서 天命을 받으셨으니, 나 또한 이 두 나라의 천명을 받은 분 중에 공덕이 있는 분을 이어야 할 것으로 여깁니다.

【傳】 其는 夏殷也라 繼受其王命이니 亦惟當以此夏殷長短之命으로 爲監戒요 繼順其功德者하여 而法則之라

'其(厥)'는 바로 夏나라와 殷나라이다. 〈지금 王은〉 그 王命을 이어받았으니, 또한 마땅히 이 夏나라와 殷나라의 歷年의 길고 짧은 命을 監戒로 삼고, 그중에서 功德이 있는 분을 이어 순종하여 본받아야 한다고 한 것이다.

【疏】 '我不'至'若功' ○ 正義曰：言王所以須愼敬所爲[1]不可不敬之德者, 以我不可不監視于有夏, 亦不可不監視于有殷, 皆有歷年, 長(不與)〔與不〕[2]長, 由敬與不敬故也. 王當法其歷年, 戒其不長. 更說宜監之意, 我不敢獨知, 亦王所知, 曰有夏之君, 服行天命, 以敬德之故, 惟有多歷年數. 謂桀父已前也. 其末亦我不敢獨知, 亦王所知, 曰有夏桀不其長久, 惟不敬其德, 乃早墜失其王命. 是爲敬者長, 不敬者短, 所以我不可不監夏也. 我不敢獨知, 亦王所知, 曰有殷之君受天命, 以敬德之故, 惟有多歷年數. 謂紂父已前也. 其末亦我不敢獨知, 亦王所知, 曰殷紂不其長久, 惟不敬其德, 乃早墜失其王命. 亦是所敬者長, 不敬者短, 所以我不可不監殷也. 夏殷短長既如此矣, 今王繼受其命, 我亦惟當用此二國夏殷長短之命以爲監戒, 繼順其功德者而法則之. 勸王爲敬也.

1) 敬所爲：앞의 經文 "王敬作所不可不敬德"과 傳文 "敬爲所不可不敬之德"을 보면 이 疏文도 "敬爲所"가 되어야 할 듯하다. 경문은 고치지 않고 "敬爲所"로 번역하였다.

2) (不與)〔與不〕：저본에는 '不與'로 되어 있으나, 宋刊 單疏本・宋兩浙東路茶鹽司本・宋慶元間建安魏縣尉宅本에 의거하여 '與不'로 바로잡았다.

經의 〔我不〕에서 〔若功〕까지

○ 正義曰："王은 모름지기 공경하지 않을 수 없는 德을 삼가 공경히 해야 한다."라고

말한 것은 우리는 夏나라를 살펴보지 않을 수 없으며, 또한 殷나라를 살펴보지 않을 수 없기 때문이니, 모두 歷年의 길고 짧음이 공경하고 공경치 않음에 매여 있기 때문이다. 王은 응당 그 歷年의 긺을 본받고 그 길지 않음을 경계해야 한다.

다시 살펴보아야 할 뜻을 말한다면 나만 감히 알 것이 아니라, 또한 王도 알아야 할 것이니, 이르건대, 夏나라 임금이 天命을 服行하여 德을 공경했기 때문에 年數를 많이 누린 것이다. 이는 桀의 아버지 이전을 이른다. 그 끄트머리도 또한 나만 감히 알 것이 아니라, 또한 王도 알아야 할 것이니, 이르건대, 夏나라 桀이 역년이 장구하지 못한 것은 그 덕을 공경치 아니하여 일찍 그 王命을 실추시켰기 때문이다. 이는 덕을 공경한 자는 영년이 길고 덕을 공경치 않은 자는 역년이 짧았으니, 그래서 나는 夏나라를 살펴보지 않을 수 없다고 한 것이다.

나만 감히 알 것이 아니라, 또한 王도 알아야 할 것이니, 이르건대, 殷나라의 임금이 天命을 받아 덕을 공경했기 때문에 年數를 많이 누린 것이다. 이는 紂의 아버지 이전을 이른다. 그 끄트머리도 또한 나만 감히 알 것이 아니라, 또한 왕도 알아야 할 것이니, 이르건대, 殷나라 紂가 역년이 장구하지 못한 것은 그 덕을 공경치 아니하여 일찍 그 王命을 실추시켰기 때문이다. 역시 덕을 공경한 자는 역년이 길고 덕을 공경치 않은 자는 역년이 짧았으니, 그래서 나는 殷나라를 살펴보지 않을 수 없다고 한 것이다.

夏나라와 殷나라의 짧고 긺이 이미 이와 같다. 지금 王은 이어서 그 命을 받았으므로 우리도 또한 마땅히 이 두 나라인 夏나라와 殷나라의 길고 짧은 命을 監戒로 삼고, 그중에서 功德이 있는 분을 이어 순종하여 본받아야 할 것이다. 王에게 덕을 공경하도록 권면한 것이다.

【疏】 ○傳'言王'至'不長' ○正義曰：'相'・'監'俱訓爲視, 上言'相有夏'・'相有殷', 今復重言'監有夏'・'監有殷'者, 上言順天則興, 棄命則滅, 此言敬則歷年, 不敬則短, 故重言視夏殷, 欲令王法其歷年, 戒其不長故也.

○傳의 〔言王〕에서 〔不長〕까지

○正義曰：相과 監은 모두 視(보다)의 뜻으로 풀이하는데 위에서는 '相有夏'・'相有殷'이라 말하고 지금 다시 '監有夏'・'監有殷'이라 말한 것은 위에서는 천명을 순종하면 흥성하고 천명을 버리면 멸망한다는 것을 말하였고, 여기서는 덕을 공경하면 역년이 길고 덕을 공경치 않으면 역년이 짧다는 것을 말하였기 때문에 거듭 夏나라와 殷나라를 살펴보

라고 말해서 王으로 하여금 그 歷年의 긺을 본받고 그 역년이 길지 못함을 경계하도록 하기 위해서였다.

【疏】 ○ 傳'以能'至'所知' ○ 正義曰 : 下云 "不敬厥德, 乃早墜厥命." 知其"以能敬德者, 故多歷年數"也. 上言'相夏'・'相殷', 皆云 "天迪從子保, 面稽天若."[1] 言上天以道安人, 人主考天順之. 非創業之君不能如是, 故傳以禹湯當之. 此言'敬德'・'歷年', 則繼體賢君亦能如此, 所言'歷年'非獨禹湯而已. 下傳云 "殷之賢王, 猶夏之賢王", 則此多歷年數者, 夏則桀前之賢王, 殷則紂前之賢王, 不失位者皆是也. 召公此誥, 指以告王, 故知言 "我不敢獨知"者, 其意言亦是王所知也. 王說亦然.

1) 皆云 天迪從子保 面稽天若 : 天迪……天若은 '相夏'에 딸린 말이고 '相殷'에 딸린 말은 "天迪格保 面稽天若"이 따로 있으니, '皆云'은 잘못된 것이다.

○ 傳의 〔以能〕에서 〔所知〕까지

○ 正義曰 : 아래에서 "그 덕을 공경치 아니하여 일찍 그 命을 실추시켰다."라고 했기 때문에 "능히 덕을 공경했기 때문에 歷年數가 많았다."라는 것을 〈孔安國이〉 알았던 것이다. 위에서 '相夏'・'相殷'이라 말할 때에는 모두 "天道가 따라서 자식처럼 편안하게 해주었으며, 〈또한 禹임금이〉 天心을 향해 상고해서 경건히 순종하여 어김이 없었다."라고 하였으니, 上天이 道로써 사람을 편안하게 하므로 군주는 하늘을 상고하여 순종한다는 점을 말한 것이다. 創業한 임금이 아니면 이와 같을 수 없기 때문에 傳에서 禹임금과 湯임금으로 해당시킨 것이다.

여기서 말한 '敬德'・'歷年'은 왕통을 이은 〈임금이면 聖君이 아닌〉 賢君도 또한 이와 같을 수 있으니, 이른바 '歷年'은 꼭 禹임금과 湯임금이어야만 할 수 있는 것은 아니다. 아랫傳에서 "殷나라의 賢王은 夏나라의 賢王과 같다."라고 하였으니, 여기의 年數를 많이 누린 분은, 夏나라의 경우는 桀 이전의 賢王과 殷나라의 경우는 紂 이전의 賢王으로서 왕위를 잃지 않은 분이 모두 이에 해당하는 것이다. 召公의 이 誥는 가리켜 王에게 고하기 위한 것이기 때문에 "나만이 감히 알 것이 아니다."라고 말한 것이, 그 뜻은 역시 王도 알아야 할 바란 것임을 〈공안국이〉 알았던 것이다. 王肅의 말도 또한 그러하다.

王乃初服[1]이라 **嗚呼**라 **若生子 罔不在厥初生**하여 **自貽哲命**[2]하니

1) 王乃初服 : 蔡傳은 윗글에 붙여서 "하물며 왕께서는 새로 세운 도읍에서 처음으로 정무를 보아 敎化를 服行하기 시작하시는 때가 아닙니까.〔況王乃新邑初政 服行敎化之始乎〕"라고 풀이하였다.
2) 哲命 : 呂祖謙과 林之奇는 '性命'으로, 宋代 葉夢得은 '하늘이 命한 것'으로 보았는데, 陳師凱(≪書蔡氏傳旁通≫)는 葉夢得이 바르게 본 것으로 여겼다.

왕께서 처음으로 집정하신지라, 아! 태어나는 아이가 그 갓 태어남에 있어 스스로 哲命을 부여받지 아니치 않음과 같아야 하니,

【傳】 言王新卽政이라 始服行敎化를 當如子之初生이니 習爲善이면 則善矣라 自遺智命이 無不在其初生이니 爲政之道도 亦猶是也라

王은 새로 집정한지라. 비로소 敎化를 服行하기를 마땅히 어린애가 갓 태어났을 때와 같아야 하니, 善을 익히면 善해질 것이다. 스스로 智命을 부여받는 것이 갓 태어날 때에 있지 않음이 없는 것이니, 정사를 하는 방법도 역시 이와 같음을 말한 것이다.

今天은 其命哲가 命吉凶가 命歷年가

지금 하늘은 왕에게 명철을 명할 것인지, 吉을 명할 것인지, 凶을 명할 것인지, 歷年을 명할 것인지.

【傳】 今天制此三命은 惟人所修라 修敬德하면 則有智하고 則常吉하고 則歷年하며 爲不敬德이면 則愚凶不長이라 雖說之[1]나 其實在人이니라

1) 雖說之 : "岳本에는 '之' 아래에 '於天'이란 두 글자가 있다."라고 한 阮元의 校勘記에 의거하여 번역하였다.

지금 하늘이 이 '三命'을 제정한 것은 오직 사람이 닦는 바에 따를 뿐이다. 德을 공경하는 일을 닦으면 곧 智가 있고, 곧 항상 吉하고 곧 歷年이 길게 되는 것이며, 德을 공경치 아니하면 愚하고 凶하고 역년이 길지 않게 되는 것이다. 비록 하늘에 의탁해서 말했지만 기실은 사람에게 달려 있는 것이다.

知今我初服[1]하여 宅新邑이라 肆惟王은 其疾敬德하소서

1) 知今我初服 : 蔡傳은 윗글에 붙여서 "〈그것들은 모두 알 수 없고,〉 알 수 있는 것은 지금

우리가 처음부터 정사를 어떻게 하느냐 그것일 뿐입니다."라고 풀이하였다.

〈하늘은 이미〉 우리 왕께서 지금 처음 집정하여 새로 세운 都邑에 거주하심을 알고 있습니다. 그러므로 왕께서는 빨리 德을 공경하소서.

【傳】 天已知我王今初服政하여 居新邑洛都[1]라 故로 惟王其當疾行敬德이라

1) 天已知我王今初服政 居新邑洛都 : 兪樾은 "枚氏가 '知'자의 뜻을 해석한 것은 자못 迂曲하다. 孫氏 星衍이 '「知」는 혹 語詞일 것이다.'라고 하였으니, 이 말이 옳다.〔枚解知字之義 殊爲迂曲 孫氏星衍曰 知或語詞 此說是也〕"라고 하였다.

하늘은 이미 우리 王이 지금 처음 집정하여 새로 세운 도읍인 洛都에 거주한 것을 알고 있다. 그러므로 王은 마땅히 빨리 德을 공경하는 일을 행해야 한다는 것이다.

王其德之用이 祈天永命이니이다

왕께서 그 德을 쓰는 것이 바로 하늘에 영원한 命을 비는 것입니다.

【傳】 言王當其德之用하여 求天長命以歷年이라

王은 마땅히 그 德을 써서 하늘에게 長命을 구하여 歷年을 누려야 함을 말한 것이다.

其惟王은 勿以小民淫用非彝[1]하시고

1) 勿以小民 淫用非彝 : 蔡傳은 아랫句까지 포함하여 "백성들이 불법을 자행하는 것을 가지고 또한 刑戮을 감행해서 다스리지 마소서.〔勿以小民過用非法之故 亦敢於殄戮用治之也〕"라고 풀이하였다.

왕께서는 백성들에게 비정상적인 勞役을 지나치게 시키지 마시고,

【傳】 勿用小民過用非常은 欲其重民秉常이라

백성들을 부리되 비정상적 勞役을 지나치게 시키지 말라는 것은 백성들이 가진 常性을 소중히 여기고자 하기 때문이다.

亦敢殄戮하여 用乂民[1]하소서

1) 亦敢殄戮 用乂民 : 蔡傳은 '民'을 아랫句에 붙여 '亦敢殄戮用乂 民若 有功'으로 句를 끊어서 "또한 刑戮을 감행해서 다스리지 마소서. 백성들을 순하게 인도하여야 공을 이룰 수 있을 것입니다.〔惟順導民 則可有功〕"라고 풀이하였고, '用乂民'을 孔傳은 '用治民'으로 풀이하였는데, 丁若鏞은 "응당 梅傳(孔傳)에 따라 읽어야 한다.〔當從梅讀〕"라고 하였다.

또한 刑戮을 과감하게 끊어 백성들을 다스리소서.

【傳】 亦當果敢絶刑戮之道하여 用治民이라 戒以愼罰이라

또한 마땅히 刑戮의 길을 과감하게 끊어 백성들을 다스려야 한다는 것이다. 곧 형벌을 신중히 할 것으로 경계한 것이다.

若有功이면 其惟王位하여 在德元이리다

〈禹임금과 湯임금이〉 소유한 성공을 따라 행하신다면 王께서 〈天子의〉 자리에 거하여 德의 정상에 놓일 것입니다.

【傳】 順行禹湯所(以)〔有〕[1]成功이면 則其惟王居位 在德之首라

1) (以)〔有〕 : 저본에는 '以'로 되어 있으나, 宋兩浙東路茶鹽司本에 의거하여 '有'로 바로잡았다.

禹임금과 湯임금이 소유한 성공을 따라 행한다면 王이 〈天子의〉 자리에 거하여 德의 정상에 놓일 것이란 말이다.

小民이 乃惟刑하여 用于天下라 越王에 顯[1]하리이다

1) 小民乃惟刑用于天下 越王顯 : 蔡傳은 윗글의 '其惟王位 在德元'을 포함해서 "〈位와 德은 걸맞아야 하므로〉 천하의 제일 높은 곳에 있으면 반드시 천하에 으뜸가는 德을 가져야 하니, 왕의 자리가 德의 정상에 놓이면 백성들이 모두 그것을 본받아 아래에서 德을 쓸 것이니, 왕의 德에 더욱 빛날 것이다.〔居天下之上 必有首天下之德 王位在德元 則小民 皆儀刑 用德于下 於王之德 益以顯矣〕"라고 풀이하였다.

백성들이 그것을 본받아 德을 천하에 쓸 것인지라, 왕의 德에 더욱 빛이 날 것입니다.

【傳】王在德元하면 則小民이 乃惟用法於天下라 言治政이 於王에 亦有光明이라

王이 德의 정상에 놓인다면 백성들이 法을 천하에 쓸 것인지라, 곧 治政이 王道에 또한 光明이 있음을 말한 것이다.

【疏】'王乃'至'王顯' ○ 正義曰：旣言當法則賢王, 又戒王爲政之要. 王乃初始卽政, 服行敎化. 嗚呼, 王行敎化, 當如初生之子. 子之善惡, 無不在其初生, 若習行善道, 此乃自遺智命. -'智命', 謂身有賢智, 命由己來, 是自遺也. - 爲政之道, 亦猶是矣. 爲政初則能善, 天必遺王多福, 使王有智則常吉, 歷年長久也. 今天觀人所爲, 以授之命, 其命(者)〔有〕[1]智與愚也, 其命吉與凶也, 其命歷年與不長也. 若能敬德, 則有智常吉, 歷年長久也. 若不敬德, 則愚凶不長也. 天已知我王今初始服政, 居此新邑, 觀王善惡, 欲授之命, 故惟王其當疾行敬德. '王其德之用', 言爲行當用德, 則能求天長命以歷年也. 其惟王勿妄役小人, 過用非常之事, 亦當果敢絶刑戮之道, 以治下民, 順行禹湯所有成功, 則惟王居天子之位, 在德行之首矣. 王能如是, 小民乃惟法則於王, 行用王德於天下, 如是則於王道, 亦有光明也.

1) (者)〔有〕: 저본에는 '者'로 되어 있으나, "岳本에는 '者'가 '有'로 되어 있으니 옳다."라고 한 阮元의 校勘記에 의거하여 '有'로 바로잡았다.

經의 〔王乃〕에서 〔王顯〕까지

○ 正義曰：'응당 賢王을 본받아야 할 점'을 이미 말하였고, 또한 왕에게 정사를 하는 요령으로 다음과 같이 경계하였다. "왕께서는 처음 집정하여 敎化를 服行하시니, 아! 왕께서는 교화를 행하기를 갓 태어난 어린애처럼 해야 할 것입니다. 어린애의 善惡은 갓 태어났을 때에 갈림길이 있지 않음이 없으니, 만일 善道를 익혀 행한다면 이것이 바로 智命을 스스로 부여받는 것입니다. -'智命'은 자신에게 賢智가 있어 命이 자기로 말미암아 오는 것, 바로 스스로 부여받는 것임을 이른다.- 정사를 하는 방도 또한 이와 같은 것입니다.

정사를 하는 초두에 능히 정사를 잘하면 하늘이 반드시 王에게 多福을 부여해주는데, 가사 王이 智를 가지면 항상 吉하여 歷年이 長久하게 되는 것입니다. 지금 하늘이 사람의 행위를 보아 命을 부여해주는데, 그 命에는 지혜와 어리석음이 있고 그 命에는 吉과 凶이 있고 그 命에는 歷年의 길과 짧음이 있습니다. 만일 능히 德을 공경하면 지혜가 있고 항상 吉하며, 歷年이 長久할 것입니다. 만일 德을 공경하지 않는다면 어리석고 흉하며 역년

이 짧을 것입니다. 하늘은 이미 우리 王이 지금 처음 집정하여 새로 세운 도읍에 거주한 것을 알고 있으니, 王의 善惡을 보아 命을 부여해주려고 합니다. 그러므로 王은 마땅히 빨리 德을 공경하는 일을 행해야 합니다. -왕께서 그 德을 쓰는 것이 〈바로 하늘에 영원한 命을 비는 것이다.〉"라고 한 것은 행함에 있어서 응당 德을 써야 하는 것이니, 그렇게 하면 능히 하늘의 長命을 구하여 역년을 누릴 게라 말한 것이다.-

王께서는 백성들을 함부로 使役하여 비정상적인 일을 지나치게 시키지 말고, 또한 마땅히 刑戮의 길을 과감하게 끊어 백성들을 다스려야 합니다. 그리고 禹임금과 湯임금이 소유한 성공을 따라 행한다면 王께서 王子의 자리에 거하여 德行의 정상에 놓일 것입니다. 王께서 능히 이와 같이 하시면 백성들이 王에게서 본받아 왕의 덕을 천하에 행할 것이니, 이와 같으면 王道에 또한 光明이 있을 것입니다."

【疏】 ○傳'言王'至'猶是' ○正義曰：以此新卽政, 始行教化, 比子之初生. 始欲學習爲善則善矣. 若能爲善, 天必授之以賢智之命. 是此賢智之命, 由己行善而來, 是自遺智命矣. 初習爲惡則惡矣. 若其爲惡, 天必授之以頑愚之命, 亦是自遺愚命也. 方欲勸王慕善, 故惟擧智命而不言愚命者, 愚智由學習而至, 是無不在其初生. 此初生謂年長, 以解習學, 非初始生也. 爲政之道亦猶是. 爲善政得福, 爲惡政得禍, 亦如初生之子習善惡也.

○傳의 〔言王〕에서 〔猶是〕까지

○正義曰：이처럼 새로 집정하여 비로소 教化를 行하였기 때문에 어린애가 갓 태어났을 때에 비유하였다. 비로소 학습하여 善을 하려고 하면 善해지는 것이다. 만일 능히 善을 하면 하늘이 반드시 賢智한 命을 부여해줄 것이다. 이 賢智한 命은 자기가 善을 행함으로 말미암아 오는 것이니 이는 스스로 智命을 부여받는 셈이다. 비로소 학습하여 惡을 하려고 하면 惡해지는 것이다. 만일 능히 惡을 하면 하늘이 반드시 頑愚한 命을 부여해줄 것이니, 또한 이것은 스스로 완우한 命을 부여받는 셈이다.

바야흐로 王에게 善을 사모할 것을 권하려고 하기 때문에 오직 智命만을 들고 愚命을 말하지 않은 것이지만, 愚와 智는 學習으로 말미암아 이르는 것이므로 갓 태어날 때에 있지 않음이 없는 것이다. 여기 '初生'은 年長하여 학습할 줄 아는 시점을 이른 것이지 실제로 갓 태어난 시점은 아니다. 정사를 하는 방법도 역시 이와 같은 것이다. 善政을 하면 福을 얻고, 惡政을 하면 禍를 얻는 것이 또한 갓 태어난 어린애가 善·惡을 익히는 것과 같은 셈이라는 것이다.

【疏】 ○ 傳'今天'至'在人' ○ 正義曰：命由天授, 遠擧天心, 故言"今天制此三命." 有'哲'當有'愚', 有'歷年'當有'不長', 文不備者, 以'吉凶'相反, 言'命吉凶', 則'哲'對'愚', '歷年'對'不長'可知矣. 天制此三命, 善惡由人, 惟人所修習也. 此篇所云, 惟勸修敬德. 故云"修敬德則有智, 則常吉, 則多年, 惟不敬德則愚凶不長也." 愚智夭壽之外, 而別言吉凶, 於凡人則康强爲吉, 病患爲凶, 於王者則太平爲吉, 禍亂爲凶, 三者雖以託天說之, 其實行之在人. 人行之有善惡, 天隨以善惡授之耳. 此是立敎誘人之辭, 不可以賢智夭枉爲難也.

○ 傳의 〔今天〕에서 〔在人〕까지

○ 正義曰：命은 하늘로 말미암아 부여된 것인즉 멀리 天心을 들기 때문에 "지금 하늘이 이 세 가지 命을 제정한 것은……"이라고 하였으니, '哲'이 있으면 응당 '愚'가 있기 마련이고 '歷年'이 있으면 응당 '不長'이 있기 마련인데 글을 구비하지 않은 것은 '吉凶'이 상반이 되기 때문에, '命'과 '吉'과 '凶'을 말했으면 '哲'은 '愚'를 對하고 '歷年'은 '不長'을 對한다는 점을 알 수 있다. 하늘이 이 세 가지 命을 제정한 것은 善惡이 사람에 말미암으므로 오직 사람이 修習하는 바에 따를 뿐이다.

이 篇에서 말한 바는 오직 德을 경건히 닦기만을 권하기 때문에 "德을 경건히 닦으면 곧 智가 있고 곧 항상 吉하고 곧 年數가 많기 마련이며, 德을 경건히 닦지 아니하면 곧 愚하고 凶하고 不長하다."라고 한 것이다. 愚智와 夭壽의 밖에서 별도로 吉凶을 말한 것은 凡人의 경우에는 康强이 吉이 되고 病患이 凶이 되며, 王者의 경우에는 太平이 吉이 되고 禍亂이 凶이 되니, 이 세 가지는 비록 하늘에 의탁하는 것을 가지고 말하였지만 기실은 행함이 사람에게 달려 있는 것이다. 사람이 행함에 善惡이 있으므로 하늘은 〈사람이 행한 것을〉 따라 그 善惡(吉凶)을 부여해줄 뿐이다. 그러나 이것은 바로 敎化를 세워서 사람을 깨우치기 위해 한 말이니, 賢智와 夭枉을 가지고 논란거리로 삼아서는 아니 될 것이다.

【疏】 ○ 傳'言王'至'歷年' ○ 正義曰：'其德之用', 言爲行當用德, 用德與'疾敬德'爲一事也. 故上傳云 "王(者)〔其〕[1)]當疾行敬德", 則此文是也.

1) (者)〔其〕: 저본에는 '者'로 되어 있으나, 傳文에 의거하여 '其'로 바로잡았다.

○ 傳의 〔言王〕에서 〔歷年〕까지

○ 正義曰 : '其德之用'은 행함에 응당 德을 써야 함을 말한 것인데, '用德'은 '疾敬德'과 하나의 일이 되기 때문에 윗傳에서 "王은 마땅히 빨리 德을 공경하는 일을 행해야 한다." 라고 하였으니, 이 글이 바로 해당한다.

【疏】 ○ 傳'勿用'至'秉常' ○ 正義曰 : 勿用小民非常役, 用爲非常之義, 戒王當使民以時, 莫爲非常勞役, 欲其重民秉常也.

○ 傳의 〔勿用〕에서 〔秉常〕까지

○ 正義曰 : 백성들을 부리되 비정상적 勞役을 시키지 말라는 것은 비정상적으로 이용한다는 뜻이니, 王에게 응당 제때에 부리고 비정상적인 勞役을 시키지 말아야 한다고 경계한 것은 백성들이 가진 常性을 소중히 여기고자 하기 때문이다.

【疏】 ○ 傳'亦當'至'愼罰' ○ 正義曰 : 聖人作法, 以刑止刑, 以殺止殺, 若直犯罪之人, 亦當果敢致罪之, 以此絶刑戮之道, 用治民, 謂獄事無疑, 決斷得理, 則果敢爲絶刑戮之道, 若其獄情疑惑枉濫者多, 是爲不能果敢絶刑戮之道也. 上戒王以明德, 此戒王以愼罰, 故言'亦'也.

○ 傳의 〔亦當〕에서 〔愼罰〕까지

○ 正義曰 : 聖人이 法을 만든 목적은 형벌로 형벌을 그치게 하고 죽임으로 죽임을 그치게 하는 것이니, 만일 직접 죄를 범한 사람이면 또한 마땅히 과감하게 죄를 주어서 이것으로 刑戮의 길을 끊어 백성들을 다스려야 하니, 獄事에 의심할 것이 없고 決斷이 이치를 얻었다고 한다면 과감하게 刑戮의 길을 끊을 것이고, 만일 獄情이 疑惑스럽고 법을 잘못 적용한 것이 많으면 이는 과감하게 刑戮의 길을 끊지 못하는 것이다. 위에서는 王에게 德을 밝힐 것을 경계하였고, 여기서는 王에게 罰을 삼갈 것을 경계하였기 때문에 '亦(또한)'이라 말한 것이다.

【疏】 ○ 傳'順行'至'之首' ○ 正義曰 : '若有功', 必順前世有功者也. 上文所云'相夏'·'相殷', 〔謂〕[1]禹湯之功, 故知此"順行禹湯所有成功." 能順禹湯之功, 則惟王居位在德之首. 禹湯爲有德之首, 故王亦爲首.

1) 〔謂〕 : 저본에는 없으나, 宋刊 單疏本·宋兩浙東路茶鹽司本에 의거하여 '謂'를 보충하

였다.

○ 傳의 〔順行〕에서 〔之首〕까지

○ 正義曰 : '若有功'은 전세에 공이 있는 분을 따른다는 것이다. 윗글에서 말한 '相夏'와 '相殷'은 禹임금과 湯임금의 功을 이르기 때문에 이 "禹임금과 湯임금이 소유한 成功을 따른다."는 것을 〈孔安國이〉 알았던 것이다. 능히 禹임금과 湯임금의 功을 따르면 王이 〈天子의 자리에〉 거하여 德의 정상에 놓일 것이다. 禹임금과 湯임금이 德을 가진 정상이 되기 때문에 王도 또한 정상이 된다는 것이다.

【疏】 ○ 傳'王在'至'光明' ○ 正義曰 : 詩稱"民之秉彛, 好是懿德." 故王在德元, 則小民乃惟法則於王, 行王政於天下. 王之爲政, 民盡行之, 是"言治政於王道有光明"也.

○ 傳의 〔王在〕에서 〔光明〕까지

○ 正義曰 : ≪詩經≫ 〈大雅 烝民〉에 "백성이 가진 常性인지라 이 아름다운 德을 좋아하도다."라고 칭했기 때문에 王이 德의 정상에 놓인다면 백성들이 王에게 본받아 王政을 천하에 행할 것이다. 王이 정사를 하면 백성들이 모두 행하니, 이래서 "治政이 王道에 光明이 있음을 말한다."라고 한 것이다.

上下勤恤하여 其曰호되 我受天命이 丕若[1)]有夏歷年하며 式勿替有殷歷年이라하나니

1) 若 : 蔡傳은 같다〔如〕의 뜻으로 보았다.

윗사람과 아랫사람이 모두 노력하고 걱정하여 〈기대하는 마음으로〉 '우리는 天命을 받은 것이 크게 夏나라의 歷年을 따를 것이며, 殷나라의 歷年도 폐기하지 말 것이다.'라고 해야 할 것이니,

【傳】 言當君臣勤憂敬德하여 曰我受天命이 大順有夏之多歷年하고 勿用廢有殷歷年이니 庶幾兼之라

응당 임금과 신하가 근로하고 우려하여 德을 경건히 닦아 〈기대하는 마음으로〉 '우리는 天命을 받은 것이 크게 夏나라의 많은 역년을 따를 것이며, 殷나라의 역년도 폐기하지 말 것이다.'라고 말한 것이니, 〈夏나라와 殷나라의 역년을〉 겸하기를 바란 것이다.

欲王이 以小民으로 受天永命하노이다

왕께서 백성들을 데리고 하늘의 영원한 命을 받기를 원하옵니다."

【傳】 我欲王用小民으로 受天長命이니 言常有民이라

우리는 王께서 백성들을 데리고 하늘의 영원한 命을 받기를 원한다는 것이니, 항상 백성들을 소유함을 말한 것이다.

拜手稽首曰 予小臣[1]은 敢以王之讐民[2]과 百君子와

1) 拜手稽首曰 予小臣 : 孔疏는 召公이 절한 것으로 여겼고, 蔡傳은 "召公이 篇의 끄트머리에서 공경을 다해서〔召公 於篇終致敬〕"라고 풀이하였는데, 이에 대하여 丁若鏞은 "'拜手稽首'를 한 분은 周公이고, '曰予小臣'은 신하의 분수를 엄하게 한 것이다. 召公이 앞에서 이미 拜手稽首를 한 다음, 폐백을 드리고 誥語를 드렸는데, 또 무슨 절을 하였겠는가. '予小臣' 이하 46字를 자세히 살펴보면 바로 周公의 말이고 召公의 말이 아님을 알 수 있다.〔拜手稽首者 周公也 曰予小臣者 嚴臣分也 召公前旣拜手稽首 獻幣進誥 又何拜矣 予小臣以下四十六字 詳味細玩 是周公語 不是召公語〕"라고 하였다.

2) 讐民 : 孔傳은 匹民으로, 蔡傳은 三監과 함께 반란을 일으킨 殷나라의 頑民으로 보았다.

〈召公은〉 손을 이마에 얹고 머리를 땅에 대어 큰절을 하면서 아뢰었다. "나 小臣은 감히 왕의 讐民(匹民)과 여러 君子와

【傳】 拜手는 首至手요 稽首는 首至地라 盡禮致敬은 以入其言이라 言我小臣은 謙辭요 敢以王之匹民百君子는 治民者非一人이니라 言民在下하니 自上匹之라 ○ 讐는 字或作酬라

'拜手'는 머리가 손에 닿는 것이고, '稽首'는 머리가 땅에 닿는 것이다. 예의를 다하고 공경을 다하는 것은 자신의 말을 받아들여주기를 바라기 때문이다. '나 小臣'이란 말은 謙辭이다. '감히 王의 匹民과 百君子'라는 것은 백성을 다스리는 자가 한 사람뿐이 아니라는 것을 〈알 수 있다.〉 백성이 아래에 있으니 위로부터 짝을 함을 말한 것이다.

○ '讐'는 글자가 더러 '酬'로 적히기도 하였다.

越友民[1]으로 保受王威命明德하노니

1) 友民 : 蔡傳은 周나라의 友順한 백성들〔周之友順民〕로 풀이하였다.

백성을 사랑하는 자들과 더불어 왕의 威命과 明德을 편안히 받아 〈奉行하려고 하니〉

【傳】 言與匹民百君子와 於友愛民者로 共安受王之威命明德하여 奉行之라

匹民과 百君子와 백성을 사랑하는 자들과 함께 王의 威命과 明德을 편안히 받아 奉行하겠다고 말한 것이다.

王이 末有成命하니 王亦顯하시리이다

〈그렇게 하면〉 왕께서 끝내 成命을 소유하게 될 것이니 왕의 명성 또한 드러나실 것입니다.

【傳】 臣下安受王命이면 則王終有天成命하니 於王亦昭著라

신하들이 王命을 편안히 받는다면 王은 끝내 하늘의 成命을 소유하게 될 것이니, 王의 명성 또한 밝게 드러날 것이란 말이다.

我非敢勤[1]이라 惟恭奉幣하여 用供王의 能祈天永命하노이다

1) 我非敢勤 : 孔傳은 "나만 근로할 뿐 아니라, 〈여러 군자들이 모두 근로한다.〉"라고 풀이하였고, 蔡傳은 "〈이것은 왕이 하실 일이니〉 내가 감히 근로할 것이 아닙니다.〔我非敢以此爲勤〕"라고 풀이하였다.

나만 감히 근로할 뿐 아니라 〈여러 군자들이 모두 근로하여〉 폐백을 공손히 받들어 왕께서 하늘의 영원한 命을 비시는 일에 이바지하옵니다."

【傳】 言我非敢獨勤而已라 惟恭敬奉其幣帛하여 用供待王能求天長命은 將以慶王多福이니 必上下勤恤하여 乃與小民受天永命이라

나만 감히 근로할 뿐 아니라, 〈여러 군자들이 모두 근로하여〉 공경히 폐백을 받들어 王이 능히 하늘의 長命을 구하는 데 供待하는 것은 장차 王의 多福을 경하하기 위한 것이니, 반드시 위아래가 근로하고 걱정하여 백성들과 함께 하늘의 永命을 받아야 한다는 말

이다.

【疏】'上下'至'永命' ○正義曰：上旣勸王敬德, 又言臣當助君. 言君臣上下勤憂敬德, 所以勤者, 其言曰"我周家旣受天命, 當大順有夏之多歷年歲, 用勿廢有殷之多歷年歲. 夏殷勤行敬德, 故多歷年長久. 我君臣亦當行敬德, 庶幾兼之. 如此者, 我欲令王用小民受天長命." 言愛下民, 則歷年多也. 召公旣言此, 乃拜手稽首, 盡禮致敬, 欲王納用其言. 旣拜而又曰"我小臣, 敢以王之匹配(於)[1]民衆百君子於友愛民者, 共安受王之威命明德, 敬奉行之, 是上〔下〕[2]勤恤也. 臣下安受王命, 則王終有天之成命, 於王亦爲昭著也. 我非敢獨勤而已, 衆百君子皆然. 言我與衆百君子, 惟恭敬奉其幣帛, 用供待王能求天長命, 將以此慶王受天多福也.

1) (於)：孔傳에 의거하여 衍字로 처리하였다.
2) 〔下〕：저본에는 없으나, 宋刊 單疏本・宋兩浙東路茶鹽司本・宋慶元間建安魏縣尉宅本에 의거하여 '下'를 보충하였다.

經의 〔上下〕에서 〔永命〕까지

○正義曰：위에서 이미 王에게 德을 공경하도록 권하였고, 또 신하는 마땅히 임금을 도와야 한다고 말하였다. "君臣과 上下가 근로하고 우려하여 德을 공경해야 한다."라고 말하였는데, 근로해야 할 점에 대해 한 말은 이러하였다.

"우리 周나라가 이미 天命을 받았으니, 마땅히 夏나라의 역년수가 많은 것을 크게 따르고, 殷나라의 많은 역년도 폐기하지 말아야 할 것이다. 夏나라와 殷나라는 德을 공경하는 일을 열심히 행하였기 때문에 역년이 무척 장구하였다. 우리 君臣도 또한 응당 德을 경건히 행하는 것은 〈夏나라와 殷나라의 장구한 역년을〉 겸하기를 바란 것이다. 이와 같이 하는 것은 우리가 王께서 백성들을 데리고 하늘의 장구한 命을 받게 하고자 함이다." 백성을 사랑하면 역년이 많게 된다는 점을 말한 것이다.

召公은 이미 이렇게 말하고 나서 곧 손을 이마에 얹고 머리를 땅에 대어 예의를 다하고 공경을 다한 것은 王이 자기의 말을 받아들여 써주기를 바라는 뜻에서였다. 이미 절하고 나서 또 말하였다. "나 小臣은 감히 王의 匹配한 民衆과 百君子와 백성들을 友愛하는 자(관리)와 함께 王의 威命과 明德을 편안히 받아 공경스럽게 奉行할 것이니, 이는 윗사람과 아랫사람이 모두 노력하고 걱정하는 것이다. 신하들이 王命을 편안히 받는다면 王은 끝내 하늘의 成命을 소유하게 될 것인즉 王의 명성이 또한 〈후세에〉 밝게 드러날 것입니다. 나만 감히 근로할 뿐 아니라, 여러 군자들이 다 그러합니다.” 내가 여러 百君子와 함께 공경히 폐백을 받들어 王이 능히 하늘의 長命을 구하는 데 供待하는 것은 장차 이로써 王이 하늘의 多福을 받음을 경하하기 위한 때문이란 말이다.

【疏】 ○ 傳‘言當’至‘兼之’ ○ 正義曰 : 王者不獨治, 必當以臣助之. 上句惟指勸王, 故此又言臣助君. ‘上下’, 謂君臣, 故言當君臣共勤憂敬德, 不獨使王勤也. 我周(王)〔家〕[1] 承夏殷之後受天明命, 欲其年過二代. 旣言大順有夏歷年, 又言勿廢有殷歷年, 庶幾兼彼二代歷年長久. 勤行敬德, 卽是大順勿廢也.

1) (王)〔家〕 : 저본에는 ‘王’으로 되어 있으나, “宋板·閩本·明監本은 같고 毛本에는 ‘王’이 ‘公’으로 되어 있다. 살펴보건대 이것은 모두 오류이다. 浦鏜은 ‘家’로 교감하여 고쳤으니, 옳다.”라고 한 阮元의 校勘記에 의거하여 ‘家’로 바로잡았다.

○ 傳의 〔言當〕에서 〔兼之〕까지

○ 正義曰 : 王者는 단독으로 다스리지 못하니 반드시 마땅히 신하로써 도움을 받아야 한다. 윗句에서 王을 지목해서 권하였기 때문에 여기에서 또 신하가 임금을 도울 일을 말한 것이다. ‘上下’는 君臣을 이르기 때문에 응당 君臣이 함께 근로하고 걱정하여 德을 경건히 행해야 하는 것이고, 王만이 근로하게 하는 것이 아니다. 우리 周나라가 夏나라와 殷나라의 뒤를 이어 하늘의 밝은 命을 받아서 그 역년의 수가 二代보다 많게 하고자 하는 것이다. 이미 夏나라의 歷年을 크게 따를 것을 말하였고, 또 殷나라의 歷年을 폐기하지 말 것을 말한 것은 저 二代의 歷年의 長久함을 겸하기를 바란 것이다. 德을 공경하는 일을 열심히 행하는 것이 곧 크게 따르고 폐기하지 않는 게라는 것이다.

【疏】 ○ 傳‘拜手’至‘匹之’ ○ 正義曰 : ‘拜手’, 頭至手, ‘稽首’, 頭至地. 謂旣爲拜, 當頭至手, 又申頭以至地, 故拜手稽首重言之. 諸言拜手稽首者, 義皆然也, 就此文詳而解之. 周禮 太祝 “辨九拜, 一曰稽首.” 施之於極尊. 召公爲此拜者, 恐王忽而不聽, 盡禮致敬以入其言於王. 此‘拜手稽首’一句, 史錄其事, 非召公語也. 召公設言未盡, 爲此拜乃更言. 鄭云 “拜手稽首者, 召公旣拜, 興曰 ‘我小臣’以下, 言召公拜訖而復言也.” 王肅云 “我小臣, 召公自謂.” 是小臣, 爲召公之謙辭. 讐, 訓爲匹, 敢以王之匹民百君子, 百者, 擧其成數, 言治民者非一人. 鄭玄云 “王之諸侯與群吏, 是非一人也.” 嫌‘匹’爲齊等, 故云"民在下, 自上匹之."

○ 傳의 〔拜手〕에서 〔匹之〕까지

○ 正義曰 : '拜手'는 머리가 손에 닿는 것이고, '稽首'는 머리가 땅에 닿는 것이다. 이미 절을 했으면 응당 머리가 손에 닿고 또 거듭 머리가 땅에 닿음을 이르기 때문에 '拜手稽首'를 거듭해서 말한 것이다. 모든 '拜手稽首'를 말한 것은 뜻이 다 그러한데, 이 글에 입각해서 자세하게 밝혀 해석한 것이다.

≪周禮≫ 〈太祝〉에 "아홉 가지 절을 변별함에 있어 첫 번째는 '稽首'이다."라고 하였으니, 極尊한 자리에 베푸는 예절이다. 召公이 이와 같은 절을 한 것은 王이 소홀히 생각하고 듣지 않을까 염려하여 예의를 다하고 공경을 다해서 王에게 자기의 말을 받아들이게 한 것이다. 이 '拜手稽首' 1句는 史官이 그 일을 기록한 것이지, 召公의 말이 아니다. 召公이 말을 베푸는 것을 아직 다하지 못하였기 때문에 이와 같이 절을 하고 나서 다시 말을 하는 것이다.

鄭玄은 "'拜手稽首'란 것은 召公이 이미 절을 하고 일어나서 '나 小臣'이라고 한 이하이니, 召公이 절을 마치고 다시 말한 것을 이른다."라고 하였고, 王肅은 "'나 小臣'은 召公이 스스로를 이른 것이다."라고 하였으니, 여기의 小臣은 召公의 謙辭가 된 셈이다. 讎는 匹의 뜻으로 풀이한다. '감히 王의 匹民과 百君子와'라고 한 '百'은 그 成數를 든 것인데, 백성을 다스리는 자가 한 사람뿐만이 아님을 말한 것이다." 鄭玄은 "王의 諸侯와 群吏가 바로 한 사람이 아니다."라고 하였다. '匹'이 동등한 등위가 될까 혐의쩍기 때문에 "백성이 아래에 있으니 위로부터 짝을 한 것이다."라고 한 것이다.

【疏】 ○ 傳'言我'至'永命' ○ 正義曰 : '我非敢勤', 召公自道, 言我非敢獨勤而已. '必上下勤恤', 言與衆百君子皆勤也. 禮執贄必用幣帛. 惟恭敬奉其幣帛, 用供待王能求天長命, 將以執贄慶王多福, (毛)〔王〕[1]能愛養小民, 卽是求天長命, 待王能愛小民, 卽欲慶之.

1) (毛)〔王〕: 저본에는 '毛'로 되어 있으나, 諸本에 의거하여 '王'으로 바로잡았다.

○ 傳의 〔言我〕에서 〔永命〕까지

○ 正義曰 : '我非敢勤'은 召公이 스스로 말한 것으로 나만 감히 근로할 뿐이 아님을 말한 것이다. '必上下勤恤'은 여러 百君子와 함께 모두 근로함을 말한 것이다. 禮에 執贄할 때는 반드시 幣帛을 쓰는 법이다. 폐백을 공경히 받들어서 王이 능히 하늘의 長命을 구하

는 데 供待하는 것은 장차 執贄하여 王의 多福을 경하하기 위한 것이고, 王이 능히 백성을 愛養하는 것이 곧 하늘의 長命을 구하는 것이니, 王이 능히 백성을 사랑하는 것을 기다려서 곧 경하하고자 하는 것이다.

尙書注疏 제15권

周書

洛誥 第十五

孔氏 傳　孔穎達 疏

書序 召公旣相宅하니 周公往營成周하고 使來告卜하니라

召公이 이미 거주할 곳을 살펴보고 나자 周公이 가서 成周를 경영하고 使者를 보내와 점괘를 고하였다.

【傳】 召公先相宅卜之하고 周公自後至하여 經營作之하고 遣使以所卜吉兆逆告成王하니라

召公이 먼저 거주할 곳을 살펴보고서 거북점을 쳤고, 周公이 뒤에 와서 經營(측량하고 설계함)하여 구획을 확정하고서 使者를 보내와 거북점을 친 吉兆를 成王에게 逆告(上奏)하였다.

作洛誥라

〈史官이 그 일을 서술하여〉〈洛誥〉를 지었다.

洛誥

【傳】 旣成洛邑에 將致政成王하고 告以居洛之義라

이미 洛邑을 완성함에 장차 成王에게 정권을 돌려주고 洛邑에 거주하려는 뜻을 고한 것이다.

【疏】'召公'至'洛誥' ○正義曰：序自上下相顧爲文，上篇序云"(周)〔召〕[1]公先相宅." 此承其下，故云"召公旣相宅." 召公以三月戊申相宅而卜，周公自後而往，以乙卯日至，經營成周之邑. 周公卽遣使人來告成王以召公所卜之吉兆. 及周公將欲歸〔政〕[2]於成王，乃陳本營洛邑之事，以告成王，王因請敎誨之言，周公與王更相報答，史敍其事，作洛誥. 史錄此篇，錄周公與王相對之言，以爲後法，非獨相宅告卜而已. 但周公因致政，本說往前告卜，經文旣具，故序略其事，直擧其發言之端耳.

1) (周)〔召〕：저본에는 '周'로 되어 있으나, 〈召誥〉의 書序 및 宋刊 單疏本·宋兩浙東路茶鹽司本·宋慶元間建安魏縣尉宅本에 의거하여 '召'로 바로잡았다.

2) 〔政〕：저본에는 없으나, 宋刊 單疏本·宋兩浙東路茶鹽司本·宋慶元間建安魏縣尉宅本에 의거하여 '政'을 보충하였다.

書序의 〔召公〕에서 〔洛誥〕까지

○ 正義曰：序文은 위아래를 서로 고려해서 글을 지은 것이니, 윗篇의 서문에서는 "召公이 먼저 거주할 곳을 살펴보았다."라고 하였고, 여기서는 그 아래를 이어받았기 때문에 "召公이 이미 거주할 곳을 살펴보았다."라고 한 것이다. 召公은 3월 戊申日에 거주할 곳을 살펴보아 거북점을 쳤고, 周公은 〈召公보다〉 뒤에 가서 乙卯日에 도착하여 成周의 都邑을 경영하였다. 周公은 곧 使者를 보내와서 成王에게 召公이 점친 吉兆를 고하였다. 周公이 장차 成王에게 정권을 돌려주려고 할 때에 가서 본래 洛邑을 경영한 일을 진술하여 成王에 고하고, 王은 따라서 敎誨의 말을 청하여 周公과 王이 다시 서로 報答을 하였는데, 史官이 그 일을 서술하여 〈洛誥〉를 지었다. 사관은 이 篇을 기록할 때에 周公과 王이 서로 대하는 말을 기록하여 후세의 법으로 삼았으니, 유독 거주할 곳을 살펴보고 점괘를 고하는 일만 했을 뿐이 아니었다. 다만 周公은 정권을 돌려줄 때에 이전 점괘를 고하던 일로 돌아가서 말한 것이었는데, 經文이 이미 구비하고 있기 때문에 서문은 그 일을 생략하고 단지 그 발언의 단서만을 들었을 뿐이다.

【疏】○傳'召公'至'成王' ○正義曰：上篇云"三月戊申，太保朝至于洛，卜宅. 厥旣得卜，則經營." 是召公先相宅則卜之. 又云"乙卯日，周公朝至于洛，則達觀于新邑營." 是周公自後至，經營作之. 召公相洛邑，亦相成周，周公營成周，亦營洛邑，各擧其一，互以相明. '卜'者，召公卜也. 周公旣至洛邑，案行所營之處，遣使以所卜吉兆，逆告成王也. 案上篇傳云"王與周公俱至." 何得周公至洛逆告王者. 王與周公，雖(與相)〔相與〕[1)]俱行, 欲至洛之時, 必周公先到行處所, 故得逆告也. 顧氏云 "周公旣至洛邑, 乃遣以所卜吉兆來告於王." 是也. 經稱成王言 "公旣定宅, 伻來, 來視予卜休恒吉." 是以得吉兆告成王也. 上篇召公以戊申至, 周公乙卯至, 周公在召公後七日也. 至洛較七日, 其發鎬京, 或亦較七日.

1) (與相)〔相與〕: 저본에는 '與相'으로 되어 있으나, 宋刊 單疏本・宋兩浙東路茶鹽司本에 의거하여 '相與'로 바로잡았다.

○ 傳의 〔召公〕에서 〔成王〕까지

○ 正義曰 : 윗篇의 "3월 戊申日에 太保가 아침에 洛邑에 이르러 거주할 곳에 대한 거북점을 쳤다. 이미 吉한 점괘를 얻었으므로 곧 經營(측량하여 설계함)하였다."라고 한 것이 바로 召公이 먼저 거주할 곳을 살펴보고 곧 거북점을 친 일이다. 또 "乙卯日에 周公이 아침에 洛에 이르러 새 도읍터를 닦은 것을 직접 다니며 살펴보셨다."라는 것이 바로 周公이 뒤에 이르러 경영한 것을 확정한 것이다. 召公은 洛邑을 살펴보고 또한 成周를 살펴보았으며, 周公은 成周를 경영하고 또한 洛邑을 경영하였으니, 각각 그 하나를 들어서 互文으로 서로 밝힌 것이다. '卜'이란 것은 召公이 점친 것이다. 周公이 이미 洛邑에 이르러 〈召公이 이미〉 경영한 곳을 살펴보며 다녔고, 使者를 보내와 점친 吉兆를 成王에게 상주하였다.

살펴보면 윗篇의 傳에 "王과 周公이 함께 이르렀다."라고 하였는데, 어떻게 周公이 洛에 이르러서 王에게 上奏할 수 있었을까. 王과 周公이 비록 서로 더불어 함께 갔다 하더라도 洛에 이르려고 할 무렵에는 필시 周公이 먼저 行處所(行在所)에 이르렀기 때문에 上奏할 수 있었을 것이다. 顧氏가 "周公이 이미 洛邑에 이르러 사람을 보내 점친 吉兆를 와서 王에게 고했다."라는 것이 이것이다. 經文에서 成王의 말로 칭하여 "公께서 이미 거주할 곳을 정하고 나서 使者를 보내 와 나에게 점괘가 아름다움과 항상 吉祥할 거주지임을 보여주셨다."라고 한 것이 바로 吉兆를 얻은 것을 成王에게 고한 것이다. 윗篇에 의하면 召公은 戊申日에 이르고 周公은 乙卯日에 이르렀으니, 周公이 〈이른 날은〉 召公이 이른 7일 뒤에 있었다. 洛에 이른 날이 7일 차이가 나니, 鎬京을 출발한 날도 아마 7일 차이가 날 듯하다.

【疏】 ○ 傳'旣成'至'之義' ○ 正義曰 : 周公攝政七年三月經營洛邑, 旣成洛邑, 又歸向西都, 其年冬將致政成王, 告以居洛之義, 故名之曰洛誥, 言以居洛之事告王也. 篇末乃云"戊辰, 王在新邑", 明戊辰已上, 皆是西都時所誥也.

○ 傳의 〔旣成〕에서 〔之義〕까지

○ 正義曰 : 周公이 攝政한 7년 3월에 洛邑을 경영하였고, 이미 洛邑을 이루고 나서는 또 西都로 돌아갔고 그 해 겨울에는 장차 成王에게 정권을 돌려주려고 하였으며, 洛邑에 거주할 뜻을 고하였기 때문에 명명하기를 〈洛誥〉라 하였으니, 洛邑에 거주할 일을 王에게 고했음을 말한 것이다. 篇 끄트머리에서 "戊辰日에 王이 새로 세운 도읍에 계시면서"라고 하였으니, 戊辰日 이상은 모두 西都 시절에 誥한 것임을 밝힌 것이다.

周公이 拜手稽首曰 朕은 復[1)]子明辟[2)]하노이다

1) 復 : 漢代의 孔安國, 唐代의 孔穎達, 宋代의 蘇軾・胡士行, 元代의 朱祖義, 淸代의 朱鶴齡 등은 復歸(돌려줌)의 뜻으로, 宋代의 王安石・葉夢得・林之奇・蔡沈, 元代의 吳澄, 明代의 劉三五 등은 復命의 뜻으로 보았다.

2) 朕復子明辟 : 孔傳에서는 "'나는 명철한 임금의 정사를 그대(成王)에게 되돌려준다.'라고 말한 것이니, '子'는 바로 成王이다.〔言我復還明君之政於子 子成王〕"라고 풀이하였고, 王安石(≪書傳大傳≫ 小註)은 "復은 '復逆'의 復과 같으니, 成王이 周公에게 명하여 가서 成周를 경영하게 하자, 周公이 거북점을 쳐서 吉卦를 얻어 成王에게 復命하였다. '子'는 친근히 하는 것이고, '明辟'은 높이는 것이다. 先儒(孔安國)는 周公이 成王을 대신해서 임금 노릇을 하다가 이때에 와서 정권을 돌려준 것으로 보았으나 ≪書經≫을 가지고 상고하면 周公은 冢宰가 되어 百官을 통솔했을 뿐이고 일찍이 성왕을 대신해서 임금 노릇을 한 적이 없었는데 무슨 돌려줄 것이 있었겠는가.〔復如復逆之復 成王命公往營成周 公得卜 復命于王 曰子親之也 曰明辟 尊之也 先儒以周公代王爲辟 至是反政 以書攷之 周公爲冢宰正百工而已 未嘗代王爲辟 何復之有〕"라고 하였고, 葉夢得은 "復은 ≪孟子≫에 있는 '王에게 사뢰다.〔復于王〕'라고 한 復과 같다. 孔氏(孔安國)가 '復子明辟'을 周公이 攝政하다가 정권을 돌려주었다는 말을 한 뒤로부터 고금의 儒者들이 그 말을 따르고 감히 바꾸지 못하였는데, 유독 王氏(王安石)만이 그것이 아니라고 하였으나 세상에서 더러 그 말을 믿지 못하였다. 나는 상고하건대, 周公이 天子의 자리에 앉아 천하를 다스렸다는 사실은 애당초 經에 보인 적이 없었다. 다만 ≪禮記≫ 〈明堂位〉에서 그런 말을 했을 뿐이나 〈明堂位〉는 우리 夫子(孔子)에게서 나온 것이 아니다. 대개 武王이 승하했을 때에 周公이 冢宰로서 攝政을 하였는데, 이것은 禮에 있어서의 상례적 攝政이니, 그 일을 攝行한 것이지 王位를 섭행한 것은 아니었다. 그런데 세상에서는 周公이 상중에 섭정한 것을 보고 그것이 成王이 어리기 때문에 섭정한 것이 아니라는 것은 알지 못했기 때문에 洛에 대한 거북점을 칠 때에 가서 외려 정권을 돌려주었다는 말이 있게 된 것이니, 王氏의 말이 신빙성 있는 말이다.〔復如孟子有復于王之復 自孔氏以

復子明辟 謂周公攝而歸政之辭 古今儒者從之 不敢易 獨王氏以爲不然 世或未之信焉 以予考之 周公踐天子位 以治天下 初無經見 獨明堂位云爾 明堂位非出吾夫子也 蓋武王崩 周公以冢宰攝政 此禮之常攝者 攝其事非攝其位 世見周公在喪之攝 不知其非以成王幼而攝 故至卜洛 猶有歸政之言 則王氏之言爲有證〕"라고 하였다.

蘇軾(≪書傳≫)은 "周公이 비록 王位에 앉아 王이라 칭하지는 않았지만, 실은 王의 일을 행하다가 이에 와서 정권을 돌려주었다. 成王의 德이 비로소 天下에 밝아졌기 때문에 '그대에게 明辟(明君)의 정권을 돌려준다.'라고 했다. '子'라고 한 것은 叔父 집 사람이란 말이다.〔周公雖不居位稱王 然實行王事 至此歸政 則成王之德 始明於天下 故曰復子明辟 曰子者 叔父家人之辭〕"라고 하였다.

蔡傳은 "'復'은 '逆復'에서의 復과 같은 것이다. 成王이 周公에게 가서 成周를 조성하도록 명하니, 周公이 좋은 점괘를 얻어 成王에게 復命한 것이다. 成王을 일러 '子'라 한 것은 친근히 대한 것이고, 成王을 일러 '明辟'이라 한 것은 높이기 위한 것이다. 周公은 成王을 도왔으니, 尊으로 말하면 임금이고, 親으로 말하면 兄의 아들인 것이다. '明辟'은 밝은 임금을 이른다. 先儒가 "成王이 어려서 周公이 成王을 대신하여 임금이 되었다가 이때에 와서 정권을 成王에게 돌려주었기 때문에 '復子明辟'이라 한 것이다."라고 하였으나, 잃음이 있어야 회복함이 있는 법인데, 武王이 승하하자 成王이 즉위하여 하루도 임금의 자리에 있지 않은 적이 없었거늘, 무슨 회복할 일이 있겠는가. 〈蔡仲之命〉에 '周公이 冢宰의 자리에 올라 百工(百官)을 바로잡았다.'라고 하였으니, 周公은 총재로서 백관을 총괄만 하였던 것이 너무도 분명하지 않은가. 王莽이 攝政하여 거의 漢室을 전복시킬 뻔한 것은 儒者가 啓導함이 있었기 때문이니, 이것을 변별하지 않을 수 없다.〔復 如逆復*)之復 成王命周公往營成周 周公得卜 復命于王也 謂成王爲子者 親之也 謂成王爲明辟者 尊之也 周公相成王 尊則君 親則兄之子也 明辟者 明君之謂 先儒謂 成王幼 周公代王爲辟 至是反政成王 故曰復子明辟**) 夫有失然後有復 武王崩 成王立 未嘗一日不居君位 何復之有哉 蔡仲之命 言 周公位冢宰 正百工 則周公以冢宰 總百工而已 豈不彰彰明甚矣乎 王莽居攝 幾傾漢鼎 皆儒者有以啓之***) 是不可以不辨〕"라고 하였다.

*) 逆復 : '逆'은 上奏, '復'은 復命을 가리킨다. ≪周禮≫ 〈天官 宰夫〉의 "諸臣之復 萬民之逆"에 대하여 鄭司農(鄭衆)은 "'復'은 請의 뜻이요, '逆'은 王命을 맞이해 받는 것이다.〔復 請也 逆迎受王命者〕"라고 풀이한 반면, 鄭玄은 "'復'이란 말은 報와 反의 뜻을 다 아우르므로, 왕에게 그 결과를 보고하는 것이니, 곧 조정에서 일을 아뢰는 것을 이른다. 아래에서 위로 올리는 것을 '逆'이라 하니, '逆'은 上書를 이른다.〔復之言 報也反也 反報於王 謂於朝廷奏事 自下而上曰逆 逆謂上書〕"라고 풀이하였다.

**) 先儒……復子明辟 : 林之奇의 ≪尙書全解≫에 "漢나라 孔氏(孔安國)가 '내가 밝은 임금의 정권을 그대에게 돌려준다는 것을 말한다.'라고 하였는데, 王氏(王安石)가 그 說을 깨뜨리기를 '先儒가 「成王이 어려서 周公이 王을 대신하여 임금 노릇을 하다가 이때에 와서 그 정권을 成王에게 돌려주었기 때문에, 밝은 임금의 〈정권을〉 그대에게 돌려준다고 한 것이

다.」 했다.'라고 하였다.〔漢孔氏曰 言我復還明君之政於子 而王氏破其說曰 先儒謂成王幼 周公代王爲辟 至是乃反政于成王 故曰復子明辟〕"란 말이 보인다.

***) 王莽居攝……儒者有以啓之 : 王莽이 周公의 고사를 따른답시고 攝政하다가 帝位를 찬탈한 것은, 先儒가 周公이 총재로서 백관을 총괄만 한 것을 천자의 일을 攝行한 것으로 잘못 풀이한 데서 발생했다고 지적한 것이다.

'復子明辟'을 孔安國이 周公이 成王에게 정권을 돌려준 것으로 풀이함으로부터 고금의 儒者들은 거의 그를 따랐는데, 王安石만은 부정하였다. "周公이 攝位했다."는 말은 戰國時代부터 전해왔다. ≪禮記≫ 〈明堂位〉는 아마 魯나라의 고루한 선비의 작품일 터이니, 믿을 것이 못되지만, 漢代의 伏生의 ≪尙書大傳≫과 司馬遷의 ≪史記≫에서 모두 그 일을 자세히 다루고 있으니, '復子明辟'을 정권을 돌려준 것으로 풀이한 것은 孔傳에서 끝나지 않았다. 王莽은 漢 平帝를 시해하고 겨우 두 살 된 孺子 嬰을 세운 다음, 이 글을 끌어다 구실로 삼아 攝政하다가 帝位를 찬탈하여 국호를 '新'으로 고치기까지 하였다.

明代 王夫之(≪尙書稗疏≫)는 "'復辟'의 說에 대하여 漢儒가 訛傳을 계승함으로부터 王莽의 禍를 계도하였는데, 王介甫(王安石)가 맨 처음 그 잘못을 변별하였고, 程氏와 蔡氏가 뒤이어서 周公이 居攝한 일이 없었음을 더욱 증명하였다.〔復辟之說 自漢儒承訛以啓王莽之禍 王介甫首辨其非 程蔡因之 以益證周公無居攝之事〕"라고 하였다.

周公은 손을 이마에 얹고 머리를 땅에 대어 큰절을 하고 나서 말씀하였다. "나는 명철한 임금의 정권을 당신에게 돌려줍니다.

【傳】 周公盡禮致敬하여 言我復還明君之政於子라 子는 成王이라 年二十 成人이라 故로 必歸政而退老[1)2)]라

1) 退老 : 늙어서 벼슬을 내놓고 물러감을 뜻한다.

2) 周公盡禮致敬……必歸政而退老 : 兪樾(≪群經平議≫)은 "王氏 應麟의 ≪困學紀聞≫에 '〈洛誥〉의 「復子明辟」에 대하여 荊公(王安石)은 「周公이 점괘를 얻어 成王에게 복명하였다.」고 하자, 漢儒가 주장한 「居攝還政」의 說이 이에 싹 씻어졌다.'고 하였다. 이 蔡傳의 說은 荊公에 근거하면서도 그 출처를 말하지 않은 것은 그 說을 답습한 것이 부끄러워서였다. 그러나 荊公의 說도 실은 또한 漢儒의 舊說이다. 枚氏의 이 해석은 스스로 통할 수 없지만, 漢儒의 舊說은 원래 그렇지 않았다. 荊公의 독창적인 해석이 우연히 漢儒의 舊說과 합하였다. 근래에 漢學을 종주하는 자들이 도리어 枚說을 따르는 것은 잘못이다.〔王氏應麟困學紀聞曰 洛誥復子明辟 荊公謂周公得卜 復命於成王也 漢儒居攝還政之說 於是一洗矣 枚氏此解 自不可通 而漢儒舊說 則固不爾也 荊公刱解 適與漢儒舊說暗合 近來宗漢學者 反循用枚說誤矣〕"라고 하였다.

周公이 예의를 다하고 공경을 다해서 '나는 밝은 임금의 정권을 子(成王)에게 돌려준다.'라고 말한 것이다. '子'는 成王이다. 〈성왕이〉 나이 20으로 성인이 되었기 때문에 반드시 정권을 돌려주고 연로를 이유로 관직에서 물러간 것이다.

王이 如弗敢及[1]天基命定命[2]이실새

1) 及 : 孔疏에서 '及'을 '與'로 풀이하였다. ≪春秋左氏傳≫ 宣公 7년 조에 "모의에 참여한 것을 '及'이라고 한다.〔與謀曰及〕"라는 말이 보인다.

2) 王如弗敢及天基命定命 : 蔡傳은 '如'를 似의 뜻으로 보아 "성왕이 어리고 退託하여 감히 하늘의 基命과 定命을 미처 알지 못한 듯이 하시어〔成王 幼沖退託 如不敢及知天之基命定命〕"라고 풀이하였다. '基命'과 '定命'에 대해 宋代 王炎(≪書傳大全≫ 小註)은 "하늘의 명을 이어받아 새 도읍을 이루는 이것을 '基命'이라 이르고, 도읍이 이미 이루어져 오래 안정되고 길이 다스려지는 이것을 '定命'이라 이른다.〔承天命以作新邑 是謂基命 都邑旣成 久安長治 是謂定命〕"라고 풀이하였다.

王께서 지난날 〈어려서〉 감히 하늘이 비로소 周나라에 명하여 천하를 안정시키도록 한 命에 참여하여 알 수 없었기 때문에

【傳】 如는 往也라 言王往日幼少하여 不敢及知天始命周家安定天下之命이라 故로 己攝이라

'如'는 往의 뜻이다. "王이 지난날 어려서 감히 하늘이 비로소 周나라에 명하여 천하를 안정시키도록 한 命에 참여하여 알 수 없었기 때문에 자기가 섭정하게 되었다."라고 말한 것이다.

予乃胤保[1]하여 大相東土하니 其基作民明辟이로소이다

1) 予乃胤保 : 蔡傳에는 "내가 太保를 이어 가서〔予乃繼太保而往〕"라고 풀이하였는데, 丁若鏞은 "〈君奭〉 書序에 '召公이 保가 되었다.'고 하였으니, 太保 또한 保라 칭할 수 있으므로, 蔡氏의 풀이가 옳다.〔君奭序曰 召公爲保 太保亦可稱保 蔡訓是也〕"라고 하였다.

내가 〈文王과 武王께서 천하를〉 안정시킨 도리를 계승하여 크게 東土를 살펴보아 〈새 도읍을 조성하였으니,〉 처음에는 〈왕께서 새 도읍에 거주하여〉 백성들의 명철한 임금다운 정사를 하게 하려 한 것이었습니다.

【傳】我乃繼文武安天下之道하여 大相洛邑하니 其始爲民明君之治라

내가 文王과 武王께서 천하를 안정시킨 도리를 계승하여 크게 洛邑을 살펴보아 〈새 도읍을 조성하였으니,〉 처음에는 백성의 명철한 임금다운 정사를 하게 하려 한 것이었다.

【疏】'周公'至'民明辟' ○正義曰：周公將反歸政, 陳成王將居其位, 周公拜手稽首, 盡禮致敬於王, 旣拜乃興而言曰, "我今復還子明君之政, 言王往日幼少, 其志意未成, 不敢及知天之始命我周家安定天下之命. 故我攝王之位, 代王爲治. 我乃繼文王・武王安定天下之道, 以此故大視東土洛邑之居, 其始欲王居之, 爲民明君之治. 言欲爲民明君, 必當治土中, 故爲王營洛邑也.

經의 〔周公〕에서 〔民明辟〕까지

○正義曰：周公이 장차 정권을 돌려주려고 하면서 成王이 장차 그 자리에 거할 것임을 진술하되, 周公이 손을 이마에 얹고 머리를 땅에 대어 왕에게 예의를 다하고 공경을 다하였으며, 이미 절을 하고 이에 일어나서 다음과 같이 말하였다. "나는 지금 밝은 임금의 정권을 당신께 되돌려줍니다. 왕이 지난날 어려서 뜻이 이루어지지 못하여 감히 하늘이 비로소 우리 周나라에 명하여 천하를 안정시키도록 한 命을 미처 알 수 없었기 때문에 내가 임시로 왕위에 올라 왕을 대신해서 정사를 하였습니다. 나는 곧 文王과 武王께서 천하를 안정시킨 도리를 계승하였으니, 이 때문에 東土 洛邑의 거주할 곳을 크게 살펴보아 〈새 도읍을 조성하였으니,〉 그 처음에는 왕께서 거기에 거주하여 백성들의 명철한 임금다운 정사를 하시게 하려는 것이었습니다." 백성들의 명철한 임금이 되게 하려면 반드시 마땅히 국토의 중앙에서 정사를 하여야 하기 때문에 왕을 위하여 洛邑을 경영하였다고 말한 것이다.

【疏】○傳'周公'至'退老' ○正義曰：周公還政而已, 明闇在於人君, 而云"復還明君之政"者, 其意欲令王明, 故稱"復子明辟"也. 正以此年還政者, 以成王年已二十成人, 故必歸政而退老也. 傳說成王之年, 惟此而已. 王肅於金縢篇末云"武王年九十三, 而已冬十一月崩. 其明年稱元年, 周公攝政, 遭流言, 作大誥而東征. 二年克殷, 殺管叔. 三年歸, 制禮作樂, 出入四年, 六年而成. 七年營洛邑, 作康誥・召誥・洛誥, 致政成王. 然則武王崩時, 成王年已十三矣. 周公攝政七年, 成王適滿二十." 孔於此言成王年二十, 則其義如王肅也. 又家語云"武王崩時, 成王年十三." 是孔之所據也.

○ 傳의 〔周公〕에서 〔退老〕까지

○ 正義曰 : 周公은 정권만을 돌려줄 뿐이지, 명철함과 혼암함은 임금에게 달려 있는 것이기 때문에 "명철한 임금의 정권을 돌려줍니다."라고 한 것은 그 뜻이 王으로 하여금 명철하게 하려는 것이다. 그렇기 때문에 "명철한 임금의 정권을 당신에게 돌려줍니다."라고 칭한 것이다. 꼭 이해에 정권을 돌려주었던 것은 成王의 나이가 이미 20세로 成人이 되었기 때문이다. 그러므로 반드시 정권을 돌려주고 벼슬에서 물러난 것이다.

孔傳에서 成王의 나이를 말한 것은 오직 여기뿐이다. 王肅이 〈金縢〉의 끄트머리에서 "武王의 나이 93세가 되어 그해 겨울 11월에 승하〔崩〕하였다. 그 이듬해에 元年을 칭하고 周公이 攝政하였다가 流言蜚語를 만나 〈大誥〉를 짓고 東征하였다. 2년에 殷나라를 쳐서 이겼고 管叔을 죽였다. 3년에 돌아와서 禮와 樂을 제작하였는데 出將入相한 것이 4년이라, 6년에 〈이르러 禮樂을〉 완성하였다. 7년에 洛邑을 경영하고 나서 〈康誥〉·〈召誥〉·〈洛誥〉를 짓고 成王에게 정권을 돌려주었다. 그렇다면 武王이 승하할 때에 成王의 나이 이미 13세였다. 周公이 攝政한 것이 7년이니 成王의 나이가 마침 20이 찼다."라고 하였다. 孔安國이 여기에서 成王의 나이 20이라고 하였으니 그 뜻이 王肅과 같다. 또 ≪孔子家語≫에 "武王이 승하할 당시 成王의 나이 13이었다."라고 하였으니, 孔安國이 의거한 바였다.

【疏】 ○ 傳'如往'至'己攝' ○ 正義曰 : "如往", 釋詁文. '及', 訓與也, 言王往日幼少, 志意未成, 不敢與知上天始命我周家安定天下之命, 故己攝也. "天命周家安定天下"者, 必令天下太平, 乃爲安定, 成王幼少, 未能使之安定, 故不敢與知之, 周公所以攝也.

○ 傳의 〔如往〕에서 〔己攝〕까지

○ 正義曰 : "'如'가 往의 뜻이다."란 것은 ≪爾雅≫ 〈釋詁〉의 글이다. '及'은 與(참여)의 뜻으로 풀이하니, "王이 지난날 어려서 뜻이 이루어지지 못하여 감히 하늘이 비로소 周나라에 명하여 천하를 안정시키도록 한 命에 참여하여 알 수 없었기 때문에 자기가 섭정하게 되었음을 말한 것이다."라고 하였다. "하늘이 周나라에 명하여 천하를 안정시키도록 했다."는 것은 반드시 천하로 하여금 태평하게 하여야 이에 안정될 수 있는 것인데, 成王이 어려서 안정시킬 수 없었기 때문에 감히 참여하여 알 수 없으므로 周公이 섭정하게 된 것이다.

【疏】 ○ 傳'我乃'至'之治' ○ 正義曰 : '胤', 訓繼也, 文王受命, 武王伐紂, 意在安定天下, 天下未得安定, 故周公言我乃繼續文武安定天下之道, 大相洛邑之地, 其處可行敎化, 始營此都, 爲民明君之政治. 言欲爲民明君, 其意當在此.

○ 傳의 〔我乃〕에서 〔之治〕까지

○ 正義曰 : '胤'은 繼의 뜻으로 풀이하니, 文王이 천명을 받고 武王이 紂를 친 것은 뜻이 천하를 안정시키는 데 있었는데, 천하가 아직 안정되지 못했기 때문에 周公이 "나는 곧 文王과 武王께서 천하를 안정시킨 도리를 계속하였으니, 洛邑의 땅을 크게 살펴보아 그 곳이 敎化를 행할 수 있었기에 비로소 이 도읍을 경영하여 백성들의 명철한 임금다운 정사를 하게 하였습니다."라고 말한 것이다. 백성들의 명철한 임금이 되려고 하면 마땅히 그 뜻이 여기에 있어야 함을 말한 것이다.

予惟乙卯에 **朝至于洛師**하여

나는 乙卯日 아침 일찍 洛師에 이르러서

【傳】 致政在冬이나 本其春來至洛衆하여 說始卜定都之意라

정권을 돌려준 일은 겨울에 있었지만, 봄에 와서 洛衆(師)에 이른 시점으로 되돌아가 비로소 점을 쳐서 도읍을 정하게 된 뜻을 말하였다.

我卜河朔黎水하며 **我乃卜澗水東**과 **瀍水西**하니 **惟洛食**하며

나는 黃河 북쪽의 黎水 위쪽을 점쳐보고, 나는 澗水의 동쪽과 瀍水의 서쪽을 점쳐보았더니, 오직 洛水만 그어놓은 먹의 획과 합치하였고,

【傳】 我使人卜河北黎水上한대 不吉이라 又卜澗瀍之間南近洛한대 吉하니 今河南城也라 卜必先墨畫龜하고 然後灼之하니 兆順食墨이라 ○ 河朔의 朔은 北也요 近은 附近之近이라

내가 사람을 시켜서 河水 북쪽의 黎水의 윗쪽을 점쳐보게 하였더니 吉하지 못했다. 또 澗水와 瀍水의 사이, 남쪽으로 洛水 부근을 점쳐보게 하였는데 吉하였으니, 지금의 河南城이다. 거북점은 반드시 먼저 먹으로 거북껍질에 획을 긋고 나서 불로 지지는데, 조짐이 순조롭게 그어놓은 먹의 획과 합치하였다.

○ '河朔'의 朔은 北이고, 近은 '附近'의 近이다.

我又卜瀍水東하니 **亦惟洛食**[1)]할새 **伻來以圖及獻卜**[2)]하노이다

1) 惟洛食……惟洛食 : 宋代 陳經(≪書傳大全≫ 小註)는 "먼저 말한 '惟洛食'은 지금의 河南이고, 뒤에 말한 '惟洛食'은 지금의 洛陽이다."라고 하였다.

2) 伻來以圖及獻卜 : '伻來獻以圖及卜'을 변형하여 쓴 것이다.

나는 또 瀍水의 동쪽을 점쳐보았더니 또한 오직 洛水 쪽만 〈그어놓은 먹의 획과〉 합치하였기 때문에 使者를 〈王이 계신 곳으로 보내〉 와서 地圖와 占卦를 올렸나이다."

【傳】 **今洛陽也**라 **將定下都**하여 **遷殷頑民**이라 **故**로 **竝卜之**라 **遣使以所卜地圖及(獻)**[1)]**所卜吉兆**하여 **來告成王**이라

1) (獻) : 글의 내용을 감안하여 衍字로 처리하였다.

지금의 洛陽이다. 장차 下都를 정하여 殷나라의 완악한 백성들을 옮기려고 했기 때문에 〈召公에게 명해서〉 아울러 거북점을 치게 한 것이다. 使者를 보내어 거북점을 쳐본 지도와 거북점을 쳐본 吉兆를 가지고 成王에게 와서 고하였다는 것이다.

【疏】 **'予惟'至'獻卜'** ○ **正義曰 : 周公追述立東都之事, 我惟以七年三月乙卯之日, 朝至于洛邑衆作之處, 經營此都. 其未往之前, 我使人卜河北黎水之上, 不得吉兆. 乃卜澗水東・瀍水西, 惟近洛, 而其兆得吉, 依規食墨. 我亦使人卜瀍水東, 亦惟近洛, 其兆亦吉, 依規食墨. 我以乙卯至洛, 我卽使人來以所卜地圖及獻所卜吉兆於王. 言卜吉立此都, 王宜居之爲治也.**

經의 〔予惟〕에서 〔獻卜〕까지

○ 正義曰 : 周公이 東都를 세운 일에 대하여 다음과 같이 追述하였다. "내가 7년 3월 乙卯日에 아침 일찍 洛邑의 여러 사람이 기거 동작하는 곳에 이르러 이 도읍을 경영하였다. 아직 〈黃河 북쪽으로〉 가기에 앞서서 내가 사람을 시켜 黃河 북쪽에 있는 黎水의 윗쪽을 점쳐보게 하였으나 吉한 조짐을 얻지 못하였으므로 이에 澗水의 동쪽과 瀍水의 서쪽을 점쳐보게 하였더니, 洛水의 부근이어서, 그 조짐이 또한 吉함을 얻어 〈거북껍질의〉 구획대로 〈그어놓은〉 먹의 획과 합치하였다. 내가 또한 사람을 시켜 瀍水의 동쪽을 점쳐보게 하였더니, 또한 洛水의 부근이어서, 그 조짐이 또한 吉함을 얻어 규칙에 의해 먹줄

을 먹어 들어갔다.

나는 乙卯日에 洛邑에 이르렀는데, 나는 곧 사람을 시켜 와서 거북점을 쳐본 地圖와 거북점을 쳐본 吉兆를 王에게 올렸다. 점괘가 吉하므로 이 도읍을 세웠으니, 王이 마땅히 여기에 거하여 정사를 해야 할 점을 말한 것이다.

【疏】 ○ 傳'致政'至'之意' ○ 正義曰：下文總結周公攝政之事云 "在十有二月", 是"致政在冬"也. '在冬'發言, 嫌此事是冬, 故辨之云 "本其春來至洛衆, 追說始卜定都之意"也. 周公至洛之時, 庶殷已集於洛邑, 故云 "至于洛師."

○ 傳의 〔致政〕에서 〔之意〕까지

○ 正義曰：아랫글에서 周公이 攝政한 일을 모두 매듭짓기를 "12월에 있었다."라고 한 것은 바로 "정권을 돌려준 일이 겨울에 있었다."라는 것이다. '在冬'에 대한 발언이 혹여 '이 일이 바로 겨울에 한 일인가'라는 의심을 살까 싶기 때문에 변별하기를 "봄에 와서 洛衆(師)에 이른 시점으로 되돌아가 비로소 점을 쳐서 도읍을 정하게 된 뜻을 나중에 말한 것이다."라고 하였다.

周公이 洛邑에 이를 때에 여러 殷나라 사람들이 이미 洛邑에 모였기 때문에 "洛師에 이르렀다."라고 한 것이다.

【疏】 ○ 傳'我使'至'食墨' ○ 正義曰：嫌周公自卜, 故云"我使人", 謂使召公也. 案上篇 "召公至洛", 其日卽卜, 而得「卜河朔黎水」者, 以地合龜, 非就地內, 此言所卜三處, 皆一時事也. '黎水'之下, 不言吉凶者, '我乃' 是改卜之辭, 明其不吉乃改, 故知"卜河北黎水之上, 不吉"也. 武王[1]定鼎於郟鄏(협욕), 已有遷都之意, 而先卜黎水上者, 以帝王所都, 不常厥邑, 夏殷皆在河北, 所以博求吉地, 故令先卜河北, 不吉乃卜河南也. 其"卜澗瀍之間, 南近洛, 吉. 今河南城也." 基趾仍在, 可驗而知. 所卜黎水之上, 其處不可知矣. 凡卜之者, 必先以墨畫龜, 要坼依此墨, 然後灼之, 求其兆, 順食此墨畫之處, 故云 "惟洛食." 顔氏[2]云 "先卜河北黎水者, 近於紂都, 爲其懷土重遷, 故先卜近以悅之." 用鄭康成之說, 義或然也.

1) 武王：≪春秋左氏傳≫ 宣公 3년 조에는 '成王'으로 되어 있다.
2) 顔氏：≪尙書全解≫과 ≪增修東萊書說≫에는 顧氏(顧彪)로 되어 있다.

○ 傳의 〔我使〕에서 〔食墨〕까지

○ 正義曰 : 周公은 자기 스스로 거북점을 쳤다고 의심을 살까 싶기 때문에 "내가 사람을 시켰다."라고 하였으니, 召公을 시킨 것을 이른다. 윗篇에서 "召公이 洛邑에 이르렀다."라는 것을 살펴보면, 그날로 즉시 거북점을 치되 황하 북쪽의 黎水를 점치게 되었다는 것은 땅이 거북점에 합당하였기 때문에 그 땅 안쪽으로 나아가지 않았던 모양인데, 여기서 말한 점쳐본 세 곳은 모두 한때의 일이었다.

'黎水'의 아래에서 吉凶을 말하지 않은 것은 '我乃'란 〈두 글자가〉 바로 고쳐서 점쳐본다는 말로서 거기가 길하지 못하므로 이에 고쳐서 〈다시 점쳐볼 것임을〉 밝혔기 때문에 "황하의 북쪽 黎水의 위쪽을 점쳐보았으나 吉하지 못했다."라는 것을 〈孔安國이〉 알았던 것이다.

≪春秋左氏傳≫ 宣公 3년 조에 "武王이 서울을 郟鄏에 정하고 그곳에 솥을 가져다놓았다."라고 하였은즉 이미 遷都할 뜻을 가졌거니와, 먼저 黎水의 위쪽을 점쳐본 것은, 帝王이 도읍을 세우는 데에는 그 고을이 일정하게 정해져 있는 것이 아닐 뿐더러, 夏나라와 殷나라의 〈도읍지는〉 모두 황하의 북쪽에 있었으니, 吉한 땅을 널리 구하려고 했기 때문에 황하 북쪽을 먼저 점쳐보게 하였으나 吉하지 못해서 이에 황하 남쪽을 점쳐보게 하였던 것이다. "澗水와 瀍水의 사이, 남쪽으로 洛水의 부근을 점쳐보게 하였는데 吉하였으니, 지금의 河南城이다."라고 하였은즉 基趾가 그대로 남아 있으니 징험해 알 수 있는 것이다. 점쳐본 黎水의 윗쪽이란 그 곳은 알 수가 없다.

대체로 거북점을 치는 방법은 반드시 먹으로 거북껍질에 획을 그어 이 먹선대로 벌어지기를 바란 뒤에 거북껍질을 불로 지져서 그 벌어진 조짐을 구하는 것인데, 순조롭게 이 먹으로 획을 그은 곳에 합치하였기 때문에 "오직 洛水만 합치하였다."라고 한 것이다.

顔氏는 "먼저 황하 북쪽의 黎水를 점쳐보게 한 것은 紂의 도읍에 가까우므로 그 본토에 연연하여 옮기기를 중난하게 여기는 〈殷나라 사람들을〉 고려했기 때문에 먼저 가까운 곳을 점쳐서 그들을 기쁘게 하려는 생각에서였다."라고 하였으니, 鄭康成의 말을 이용한 것이지만, 뜻이 혹 그랬을 것이다.

【疏】 ○ 傳'今洛'至'成王' ○ 正義曰 : 洛陽卽成周, 敬王自王城遷而都之. 春秋昭三十二年 "城成周."是也. 周公慮此頑民未從周化, 故旣營洛邑, 將定下都, 以遷殷之頑民. 故命召公卽竝卜之. 周公旣至, 卽遣使以所卜地圖, 及(獻)[1]所卜吉兆, 來告於成王. 言已重其事, 竝獻卜兆者, 使王觀兆, 知其審吉也.

1) (獻) : 글의 내용으로 보아 衍文으로 처리하였다.

○ 傳의 〔今洛〕에서 〔成王〕까지

○ 正義曰 : 洛陽이 곧 成周인데 敬王(周나라 제26대 왕)이 王城으로부터 옮겨가 도읍을 세웠으니, ≪春秋≫ 昭公 32년에 "成周에 성을 쌓았다."는 곳이 이곳이다. 周公은 이 완악한 백성들이 周나라를 따라 교화되지 못할까 염려했기 때문에 이미 洛邑을 경영하고서는 장차 下都를 정하여 殷나라의 완악한 백성들을 옮기려고 하였다. 그러므로 召公에게 명하여 곧 아울러 점쳐보게 하였던 것이다.

周公은 이미 이르러서 곧 使者를 보내어 점쳐본 地圖와 점쳐본 吉한 조짐을 가지고 成王에게로 와서 고하게 하였다. 이미 그 일을 중히 여기고 아울러 점쳐본 조짐을 올린 것은 王으로 하여금 조짐을 보고 그 길함을 살펴보는 방식을 알도록 하려는 것이었음을 말한 것이다.

王이 拜手稽首曰 公이 不敢不敬天之休하사 來相宅하시니 其作周에 匹休[1)]샷다

1) 匹休 : 蔡沈은 匹을 配의 뜻으로 보아 "'와서 거주할 곳을 살펴보았으니, 周나라에 아름다운 命에 배합할 땅을 만들려고 했기 때문이다.'라고 한 것은 洛邑에 거북점을 쳐서 周나라의 命을 무궁히 이어지도록 하려 함을 말한 것이다.〔來相宅 爲周匹休之地 言卜洛 以配周命於無窮也〕"라고 풀이하였고, 呂祖謙는 "洛邑을 튼튼하게 하는 것은 실은 宗周를 配匹하려는 것이니, '匹'은 宗周를 對하는 말이다.〔鞏洛實配宗周 匹者對宗周之辭〕"로, 王十朋은 "鎬京은 周나라 王室을 일으킨 땅이니, 이미 아름답다. 洛邑을 세워 중앙에 거주해서 정사를 함은 그 아름다움을 배필하기 위한 것이다.〔鎬京興王之地 旣休矣 作洛以宅中圖治 爲匹其休〕"로 풀이하였는데, 朱鶴齡(≪尙書埤傳≫)은 "이 해석들이 蔡傳보다 낫다.〔此解勝蔡〕"라고 평하였다.

왕도 손을 이마에 얹고 머리를 땅에 대어 큰절을 하고 나서 말씀하였다. "公(周公)께서는 감히 하늘의 아름다운 命을 공경하지 않을 수 없으시어, 〈洛邑으로〉 와서 〈臣民이 편안히〉 거주할 곳을 살펴보셨으니, 周나라에 하늘에 필적한 아름다움을 지으셨습니다.

【傳】 成王이 尊敬周公하여 答其拜手稽首而受其言하고 述而美之하여 言公不敢不敬天之美하사 來相宅하시니 其作周에 以配天之美라하니라

成王이 周公을 존경하여 그의 拜手稽首에 답하고 나서 그의 말을 받아들이고 술회하여 아름답게 여기면서 말씀하기를 "公은 감히 하늘의 아름다운 命을 공경하지 않을 수 없으시어 오셔서 거주할 곳을 살펴보셨으니, 周나라에 하늘에 필적한 아름다움을 지으셨습니다."라고 하였다.

公既定宅하시고 伻來하여 來[1)]視予卜休恒吉[2)]하시니 我二人이 共貞[3)]이로다

1) 伻來來 : 鄭玄은 두 사람을 심부름시킨 것으로 보았다.
2) 卜休恒吉 : 蔡傳은 "점괘가 아름다워 항상 吉祥할 것〔卜之休美而常吉者〕"이라고 풀이하였다.
3) 共貞 : 朱鶴齡(≪尙書埤傳≫)은 "'貞'은 바르고 굳은 것으로 풀이되는 글자이다.……馬融이 '「貞」은 「當」의 뜻이다.'고 하였는데, 蔡傳에서 그것을 따른 것은 합당하지 못하다.〔貞訓正而固也……馬融云 貞 當也 蔡傳從之 未合〕"라고 평하였다.

公께서 이미 거주할 곳을 정하고 나서 使者를 보내와 나에게 점괘의 아름다움과 항상 吉祥할 거주지를 보여주시니, 우리 두 사람이 그 아름다움을 함께 누릴 것입니다.

【傳】 言公前已定宅하시고 遣使來하여 來視我以所卜之美와 常吉之居하시니 我與公共正其美로다하니라 ○ 貞은 正也라 馬云 當也라하니라

"公은 전에 이미 거주할 곳을 정하고 나서 使者를 보내와 나에게 점괘의 아름다움과 항상 吉祥할 거주지를 보여주시니 나는 公과 함께 그 아름다움을 누릴 것이다."라고 말씀하였다.

○ '貞'은 正의 뜻이다. 馬融은 "當의 뜻이다."라고 하였다.

公其以予로 萬億年을 敬天之休하실새

또한 公께서 나로 하여금 만억년토록 하늘의 아름다운 命을 공경히 받들도록 하시므로

【傳】 公其當用我萬億年敬天之美라 十千爲萬이요 十萬爲億이니 言久遠이라

"公은 응당 나로 하여금 만억년을 하늘의 아름다운 命을 공경히 받들도록 하신다."라고 한 것이다. 10의 千이 萬이고, 10의 萬이 億이니 久遠함을 말한 것이다.

拜手稽首誨言[1)]하노이다

1) 公旣定宅……拜手稽首誨言 : 蔡傳은 "周公이 洛邑에 거주할 곳을 정하되 規模가 宏遠하게 한 것은 나로 하여금 만억년토록 하늘의 아름다운 命을 공경히 받들도록 한 것이다. 그러므로 또 손을 이마에 얹고 머리를 땅에 대어 큰절을 하여 周公이 점괘를 알리기 위해 가르쳐 준 말에 사례한 것이다.〔周公宅洛 規模宏遠 以我萬億年敬天休命 故又拜手稽首 以謝周公告卜之誨言〕"라고 풀이하였다.

손을 이마에 얹고 머리를 땅에 대어 큰절을 하며 敎誨의 말씀을 구하노이다."

【傳】 成王盡禮致敬於周公하여 (來)〔求〕[1)]敎誨之言이라

1) (來)〔求〕 : 저본에는 '來'로 되어 있으나, 宋兩浙東路茶鹽司本 · 武英殿本에 의거하여 '求'로 바로잡았다.

成王이 周公에게 예의를 다하고 공경을 다하여 敎誨의 말씀을 구하였다.

【疏】 '王拜手'至'誨言' ○ 正義曰 : 成王尊敬周公, 故亦盡禮致敬, 拜手稽首, 乃受公之語, 述公之美曰 "不敢不敬天之美, 來至洛相宅, 其意欲作周家配天之美故也. 公旣定洛邑, 卽使人來告, 亦來視我以所卜之美 · 常吉之居, 我當與公二人, 共正其美. 公定其宅, 其當用我萬億年敬天之美故也." 王旣言此, 又拜手稽首於周公, 求敎誨之言.

經의 〔王拜手〕에서 〔誨言〕까지

○ 正義曰 : 成王이 周公을 존경하기 때문에 또한 예의를 다하고 공경을 다하여 손을 이마에 얹고 머리를 땅에 대어 큰절을 하고 나서, 公의 말을 받아들였으며, 公의 아름다운 점을 술회하였다. "감히 하늘의 아름다운 命을 공경하지 않을 수 없어서 洛邑에 오셔서 거주할 곳을 살펴보신 것은 그 뜻이 周나라에 하늘에 필적한 아름다움을 지으려고 하셨기 때문입니다. 公이 이미 洛邑을 정하고 나서 곧 使者를 보내와 고하시고 또한 나에게 점괘의 아름다움과 항상 吉祥할 거주지를 보여주시니 나는 마땅히 公과 함께 두 사람이 그 아름다움을 누릴 것입니다. 公이 그 거주할 곳을 정하신 것은 응당 나로 하여금 만억년토록 하늘의 아름다운 命을 공경히 받들게 하셨기 때문입니다."

王은 이미 이렇게 말씀하고 나서 또 손을 이마에 얹고 머리를 땅에 대어 周公에게 큰절을 하면서 敎誨의 말씀을 구하였다.

【疏】○傳'成王'至'之美' ○正義曰：拜手稽首, 施於極敬. 哀十七年左傳云 "非天子, 寡君無所稽首." 諸侯小事大尙不稽首, 況於臣乎. 成王尊敬周公, (答言)〔故答〕[1]其拜手稽首而受其言, 又述而美之. 天命文武使王天下, 是天之美事, 言公不敢不敬天之美, 來相洛邑之宅.

1) (答言)〔故答〕: 저본에는 '答言'으로 되어 있으나, 宋刊 單疏本・宋兩浙東路茶鹽司本・宋慶元間建安魏縣尉宅本에 의거하여 '故答'으로 바로잡았다.

○ 傳의 〔成王〕에서 〔之美〕까지

○ 正義曰 : 손을 이마에 얹고 머리를 땅에 대어 큰절을 함으로써 지극한 경의를 표하였다. ≪春秋左氏傳≫ 哀公 17년 조에 "天子가 아니고서는 寡君이 머리를 땅에 대어 큰절을 할 데가 없다."라고 하였으니, 諸侯가 작은 나라로 큰 나라를 섬김에 있어서도 오히려 머리를 땅에 대어 큰절을 하지 않거늘, 하물며 신하에 있어서야 더할 나위 있겠는가. 그런데도 成王은 周公을 존경하였기 때문에 그 拜手稽首에 답하고 그의 말을 받아들였으며, 또 술회하여 아름답게 여겼다. 하늘이 文王과 武王에게 명하여 천하에 왕 노릇을 하게 한 것이 바로 하늘의 아름다운 일이니, "公은 감히 하늘의 아름다운 命을 공경하지 않을 수 없어서 洛邑의 집터를 와서 살펴보았다."라고 말한 것이다.

【疏】○傳'言公'至'其美' ○正義曰：周公追述往前遣使獻卜, (於)〔故〕[1]成王復(疑)〔述〕[2]公言, 言公前已定宅, 遣使來, 來視我所卜之吉兆・常吉之居. 自言前已知其卜, 旣有此美. 我當與公二人共正其美. 意欲留公輔己, 共公正此美事. '來來'重文者, 上'來'言使來, 下'來'爲視我卜也. 鄭云 "伻來來者, 使二人也." 與孔意異.

1) (於)〔故〕: 저본에는 '於'로 되어 있으나, 諸本에 의거하여 '故'로 바로잡았다.
2) (疑)〔述〕: 저본에는 '疑'로 되어 있으나, 諸本에 의거하여 '述'로 바로잡았다.

○ 傳의 〔言公〕에서 〔其美〕까지

○ 正義曰 : 周公이 이전에 使者를 보내 점괘를 드린 일을 追述하기 때문에 成王이 다시 公의 말을 追述하기를 "公께서 이전에 이미 거주할 곳을 정하고 나서 使者를 보내와 나에게 점괘의 길한 조짐과 항상 吉祥할 거주지를 보여주셨습니다."라고 하였다. "말하기 전부터 이미 그 점괘를 알았거니와 이미 이런 아름다운 일이 있으니, 나는 마땅히 公과 두 사람이 그 아름다움을 누려야 할 것입니다."라고 스스로 말하였으니, 아마도 公을 머물려 자기를 보필케 하면서 公과 함께 이 아름다운 일을 누리

고자 한 것이리라.

'來來'는 중복된 글인데 위의 '來'는 使者가 온 것을 말하고, 아래의 '來'는 나(成王)에게 점괘를 보이기 위한 것이다. 鄭玄은 "'伻來來'는 두 사람을 使者로 보낸 것이다."라고 하였으니, 孔安國의 뜻과 다르다.

【疏】 ○ 傳'公其'至'久遠' ○ 正義曰：言居洛爲治，可以永久，公意其當用我使萬億年敬天之美，言公欲令己(作)〔祚〕[1]胤[2]久遠，美公意之深也．王制云 "方百里者，爲方十里者百，爲田九十億畝(묘)．" 方里者萬，則是爲田九百萬畝．今記乃云"九十億畝．" 是名十萬爲億也．楚語云 "百姓・千品・萬官・億醜．[2]" 每數相十，是古十萬曰億．今之算術乃萬萬爲億也．

1) (作)〔祚〕: 저본에는 '作'으로 되어 있으나, 宋刊 單疏本・宋兩浙東路茶鹽司本・宋慶元間建安魏縣慰宅本・武英殿本에 의거하여 '祚'로 바로잡았다.
2) 祚胤 : 福祚가 隆盛하고 자손이 繁昌한 일을 말한다.
3) 百姓千品萬官億醜 : 百姓은 姓을 하사받거나 관직을 성씨로 삼기 때문에 百官을 이르고, 千品은 천 개의 종류라는 뜻으로 존귀한 성씨를 이르고, 萬官은 百官에 배속된 만 명의 관리를 이르고, 億醜는 억 명의 僚屬을 이른다.

○ 傳의 〔公其〕에서 〔久遠〕까지

○ 正義曰 : "洛邑에 거주하여 정사를 하면 영구한 역년을 누릴 수 있으므로 公의 뜻은 응당 나로 하여금 만억년토록 하늘의 아름다운 命을 공경히 받들도록 하신 것이다."라고 말한 것이다. 곧 "公은 자기로 하여금 祚胤이 영원하게 하고자 한다."는 말이니, 公의 뜻이 깊음을 아름답게 여긴 것이다. ≪禮記≫ 〈王制〉에 "사방 100리라고 하는 것은 사방 10리 되는 것이 100이니, 田地로 환산하면 90억 畝가 된다."라고 하였으니, 사방 1리인 것이 1만이니 이것을 田地로 환산하면 900만 畝가 된다.

지금 ≪禮記≫에 "90억 畝다."라고 한 것은 10만을 억이라고 명명한 것이다. ≪國語≫ 〈楚語〉에 "百姓・千品・萬官・億醜"라는 것은 매 數마다 서로 10으로 하니, 옛날에는 10만을 억이라고 하였다. 그러나 오늘날의 算術은 萬萬을 억이라 한다.

【疏】 ○ 傳'成王'至'之言' ○ 正義曰：此一段史官所錄，非王言也．王求教誨之言，必有求教誨之辭，史略取其意，故直云'誨言'．爲求誨言而拜，故言 "成王盡禮致敬於周公，求教誨之言"也．

○ 傳의 〔成王〕에서 〔之言〕까지

○ 正義曰 : 이 1段은 史官이 기록한 것이지, 王이 말한 것이 아니다. 王이 教誨의 말을 구했으면 반드시 教誨를 구하는 말이 있었을 것인데 사관이 그 뜻을 대강 취했기 때문에 단지 '誨言'이라고만 한 것이다. 誨言을 구하기 위해서 절을 하였기 때문에 "成王이 周公에게 예의를 다하고 공경을 다하여 教誨의 말씀을 구하였다."라고 말한 것이다.

周公曰 王이 肇稱殷[1)]禮하사 祀于新邑하사되 咸秩無文[2)]하소서

1) 殷 : 孔傳은 나라 이름으로, 王安石・蘇軾・呂祖謙・林之奇・史浩・蔡沈 등은 盛의 뜻으로 보았다.

2) 周公曰……咸秩無文 : 朱子는 "여기서부터는 점점 뜻을 이해할 수가 없다. 대개 어느 때에 한 말인지 모르겠다. 孔傳과 孔疏에서는 '成王과 周公이 모두 洛邑에 있을 때 문답한 말이다.'라고 하였고, 葉氏(葉夢得)는 '成王이 점괘를 얻고 洛邑에 갔다가 이미 제사를 지내고는 다시 鎬京으로 돌아왔고, 따라서 周公을 머물러 居守하게 했다.'고 하였는데, 周公이 이 말을 한 것은 모두 상고할 수 없다. 그러나 葉氏의 說이 뒤의 몇 章을 貫穿하니, 지금 그를 따르겠다.〔自此以下 漸不可曉 蓋不知何時所言 傳疏以爲王與公 俱在洛對問之言 葉氏以爲王得卜而至洛 既祭復歸鎬 因留周公居守 而周公有此言 皆不可考 然葉氏說後數章貫穿 今從之〕"라고 하였다.

周公이 말씀하였다. "왕께서는 비로소 殷나라의 禮를 들어 새로 세운 都邑에서 제사를 지내시되, 禮文에 없는 것까지도 모두 차례대로 제사 지내소서.

【傳】 言王當始擧殷家祭祀하여 以禮典으로 祀於新邑하되 皆次秩不在禮文者而祀之케하라

王은 응당 비로소 殷나라의 祭祀를 들어 禮典으로써 새로 세운 도읍에서 제사를 지내되 禮文에 들어있지 않는 것까지도 모두 차례지어 제사 지내야 한다고 말한 것이다.

予齊百工하여 伻從王于周하고 予惟曰庶有事[1)]라하이다

1) 庶有事 : 蔡傳은 "〈이번 걸음에〉 아마도 왕께서 직접 하시는 일이 있을 것이다.〔庶幾其有所事乎〕"라고 풀이하였다.

나는 백관들을 정제하여 왕을 周邑에서 따라 〈洛邑에 가도록 하고서,〉 내가 말하기를 '〈이번 걸음은 우리 왕께서 처음으로 정치를 시작하시는 것이니, 반드시〉 거의

善政의 일이 있을 것입니다.'고 하였습니다.

【傳】 我整齊百官하여 使從王於周하여 行其禮典하고 我惟曰 庶幾有善政事라하니다하니라

나는 百官을 정제하여 王을 周邑에서 따라 〈洛邑에 가서〉 그 禮典을 행하게 하고, 내가 말하기를 "'거의 善政의 일이 있을 것이다.'라고 했습니다."라고 한 것이다.

今王이 卽命曰 記功하고 宗以功으로 作元祀[1)]라하시고

1) 記功……作元祀 : 蔡傳은 宗, 功, 祀에 句를 끊어서 "공로가 높이 나타난 사람은 반드시 기록해〈두었다가 뒷날 配享할 자료로 삼을 것이고, 뒷날 제사 지낼 때에는 반드시〉 공로가 높이 나타난 사람을 큰 제사로 제사를 지낼 것이다.〔記功之尊顯者 以功作元祀矣〕"라고 풀이하였다.

이제 王께서 곧 王命을 행하여, '사람의 공을 기록할 것이고, 사람을 높이는 것도 응당 공의 크고 작음을 가지고 〈차서를 해서 큰 공이 있으면〉 큰 제사를 지내도록 하겠다.'고 하시고,

【傳】 今王就行王命於洛邑하여 曰當記人之功하고 尊人亦當用功大小爲序하여 有大功則列大祀라하니 謂功施於民者라

이제 王은 洛邑에 가서 왕명을 행하여, 이르기를 "응당 사람의 공을 기록할 것이고, 사람을 높이는 것도 응당 공의 크고 작음으로 차서를 해서 큰 공이 있으면 큰 제사를 지내도록 하겠다."고 하라는 것이니, 백성에게 공이 베풀어진 것을 이른다.

惟命이라 曰汝受命篤이니 弼丕하시고 視功載[1)]니 乃汝其悉自敎工이니이다

1) 汝受命篤……視功載 : 蔡傳은 弼, 載에 句를 끊어서 "'너희 功臣들이 이미 이와 같은 포상의 명을 받았을진댄 〈더욱 특별한 은혜에 감격하여 王室을〉 돈독히 보필하도록 하라.'고 하소서. 功을 문적에 기록한 것이 〈공정했는가 사심을 썼는가를 조정 신하들에게〉 숨김없이 다 보여줄 것이니,〔汝功臣 受此褒賞之命 當益厚輔王室 大視功載〕"라고 풀이하였다.

〈하늘이 우리 周나라에〉 명하였는지라 당신이 天命을 후하게 받은 것이니, 마땅히 하늘의 命을 도와 키워야 하고, 신하들 중에 공이 있는 자를 살펴보아서 기재해

야 할 것이니, 이에 당신이 〈새로 집정하였는지라 마땅히〉 모두 스스로 여러 관리들을 가르쳐야 합니다.

【傳】 惟天命我周邦이라 汝受天命厚矣니 當輔大天命이요 視群臣有功者하여 記載之니 乃汝新卽政이라 其當盡自敎衆官하여 躬化之니라

하늘이 우리 周나라에 명하였는지라 당신이 하늘의 命을 후하게 받은 것이니 마땅히 하늘의 命을 도와 키워야 하고, 신하들 중에 공이 있는 자를 살펴보아서 기재해야 할 것이니, 이에 당신이 새로 집정하였는지라 마땅히 모두 스스로 여러 관리들을 가르쳐 몸소 교화해야 한다는 것이다.

孺子는 其朋이니 孺子其朋을 其往이리니다

孺子께서는 朋黨을 〈삼가야〉 하니, 孺子께서 朋黨을 〈삼가는 것을〉 지금부터 이후로 해야 합니다.

【傳】 少子愼其朋黨이니 少子愼朋黨을 戒其自今已往이라

少子는 朋黨을 삼가야 하니, 少子는 朋黨을 삼가는 것을 지금부터 이후로 경계해야 한다는 것이다.

無若火始燄燄이나 厥攸灼敍하면 弗其絶[1)]이니다

1) 孺子……弗其絶 : 蔡傳은 '無'를 '有'로 바꾸어서 "論功行賞에서 孺子는 조금이라도 比黨의 私를 따를 수 있겠는가. 孺子가 조금이라도 比黨의 私를 따른다면 이로부터 이후로는 마치 불이 타기 시작하여 처음에는 비록 타는 것이 미미하나 그 활활 타는 것이 장차 차례로 번져나가면 박멸할 수 없는 경우와 같음이 있다는 것이다.〔論功行賞 孺子其可少徇比黨之私乎 孺子其少徇比黨之私 則自是而往 有若火然 始雖燄燄尙微 而其灼爍 將次第延爇 不可得而撲滅矣〕"라고 풀이하였다.

불이 처음 타오를 때에는 불꽃이 미미하지만 활활 타나가는 것이 차례를 이루면 禁絶하지 못하는 것처럼 하게 해서는 안 됩니다.

【傳】 言朋黨敗俗이니 所宜禁絶하여 無令若火始然엔 燄燄尙微나 其所及에 灼然有次序면

不其絶이라 事從微至著하니 防之宜以初라 ○ 敍絶句인데 馬讀敍(句)字屬下〔句〕[1]라

1) 敍(句)字屬下〔句〕 : 저본에는 '句'자가 '敍'자 밑에 있으나, 문의에 의하여 '句'자를 '下'자 밑으로 옮겼다.

朋黨은 풍속을 망치는 것이니 마땅히 禁絶하여 불이 처음 타오를 때에는 타오르는 불꽃이 외려 미미하지만 번져감에 활활 타나가는 것이 차례를 이루고 있으면 禁絶하지 못하는 것처럼 하게 해서는 안 된다고 말하였다. 일은 미미한 데서부터 나타나기에 이르는 법이니, 아예 시초에 꽉 막아버려야 한다는 것이다.

○ '敍'에서 句를 끊어야 하는데, 馬融은 '敍'자를 아랫句에 붙여서 읽었다.

厥若彝及撫事[1]를 如予니 惟以在周工으로

1) 若彝撫事 : '若彝'는 常道인 곧 綱常과 倫理를 모두 順布하는 것이고, '撫事'는 國事인 禮樂과 刑政을 모두 修明하는 것이다.

〈朋黨을 삼가기 위해서는〉 그 常道를 따르는 것과 및 國事를 어루만지는 것을 내가 攝政할 때에 하던 것처럼 하셔야 하니, 오직 周나라에 있는 관리들만을 쓰고,

【傳】 其順常道와 及撫國事를 如我所爲니 惟用在周之百官이라

그 常道를 따르는 일과 및 國事를 어루만지는 것을 내가 섭정할 때에 하던 것처럼 해야 하니, 오직 周나라에 있는 百官만을 써야 한다는 것이다.

往新邑하여 伻嚮卽有僚[1]하여 明作有功하며 惇大成裕하면 汝永有辭하리이다

1) 惟以在周工……嚮卽有僚 : 蔡傳은 '嚮'을 의향으로 보아 "오직 현재의 周邑 관리만을 쓰고 사적인 사람을 참여시키지 만 채, 새로 세운 도읍으로 가 백관들로 하여금 윗분의 의향을 알아 각각 직소로 가게 하여〔惟用見在周官 勿參以私人 往新邑 使百工 知上意嚮 各就有僚〕"로 풀이하였다.

새로 세운 도읍으로 가시어 신하들로 하여금 職所로 향해 가서 분명하게 일하여 공을 세우게 하며 厚大하게 寬裕한 德을 이루게 하면, 당신은 영원히 감탄하여 기리는 말을 남길 수 있을 것입니다."

【傳】 往行政化於新邑하되 當使臣下各嚮就有官하여 明爲有功하며 厚大成寬裕之德이면 則汝長有歎譽之辭於後世리라

새로 세운 도읍에 가서 정치교화를 행하되, 마땅히 신하들로 하여금 각각 職所로 향해 가서 분명하게 일하여 공을 세우게 하며 厚大하게 寬裕한 德을 이루게 하면, 당신은 감탄하여 기리는 말을 후세에 길이 남길 수 있을 것이란 말이다.

【疏】 '周公'至'有辭' ○正義曰：王求教誨之言, 公乃誨之. 周公曰 "王居此洛邑, 當始擧殷家祭祀以爲禮典, 祀於洛之新邑, 皆次秩在禮無文法應祀者, 亦次秩而祀之. 我雖致政, 爲王整齊百官, 使從王於周, 行其禮典. 若能如此, 我惟曰 '庶幾有善政事.' 今王就行王命於洛邑, 曰 '王當記人之功, 尊人亦當用功大小爲次序, 有大功者則列爲大祀.'" 又申述所以祀神(功)〔記〕[1]臣功者, 政事由臣而立, 惟天命我周邦之故, 曰 "汝受天命厚矣, 當輔大天命, 故須視群臣有功者記載之. 君知臣功, 則臣皆盡力. 欲令群臣盡力, (於)〔宜〕[2]於初卽教之. 乃汝新始卽政, 其當盡自教誨衆官." 令王躬自化之, 使之立功. 又以朋黨害政, 尤宜禁絶, 故丁寧戒之. "少子愼其朋黨, 少子愼其朋黨, 戒其自今已往." 令常愼此朋黨之事. "若欲絶止, 禁其未犯, 無令若火始然. 燄燄尙微, 火旣然燄, 其火所及, 將灼然有次序矣, 不其復可絶也. 汝成王其當順此常道, 及撫循國事, 如我攝政所爲. 惟當用我此事, 在周之百官則當畏服, 各立功矣. 汝當以此往行政化於新邑, 當使臣下百官各嚮就有官, 明爲有功, 厚大成寬裕之德, 則汝長有歎譽之辭於後世." 此周公誨王之言也.

1) (功)〔記〕: 저본에는 '功'으로 되어 있으나, 諸本에 의거하여 '記'로 바로잡았다.
2) (於)〔宜〕: 저본에는 '於'로 되어 있으나, 宋刊 單疏本·宋兩浙東路茶鹽司本·宋慶元間建安魏縣慰宅本에 의거하여 '宜'로 바로잡았다.

經의 〔周公〕에서 〔有辭〕까지

○正義曰：王이 教誨의 말을 구하므로 公이 그를 가르쳐주었다. 周公은 다음과 같이 말씀하였다. "王께서 이 洛邑에 거주하시니 응당 비로소 殷나라의 祭祀를 거행하는 것으로 禮典을 삼아 洛의 새 도읍에서 제사를 지내되 모두 禮文에 조문이 없지만 응당 제사 지내야 할 것까지도 차례대로 제사 지내야 합니다. 나는 비록 정계에서 은퇴했으나 王을 위해 百官을 정제하여 그들로 하여금 王을 周邑에서 따라 〈洛邑으로 가서〉 그 禮典을 행하게 하였습니다. 만일 능히 이와 같이 하면 내가 말하기를 '거의 善政의 일이 있을 것이

다.' 했습니다. 이제 王께선 洛邑에 가서 왕명을 행하되, 이르기를 '왕은 응당 사람의 공을 기록할 것이고, 사람을 높이는 것도 응당 공의 크고 작음을 가지고 차서를 해서 큰 공이 있는 자는 큰 제사를 지내도록 하겠다.'라고 하소서."

또 神에게 제사 지내며 신하들의 공을 기재할 것을 거듭 기술한 것은 정사가 신하로 말미암아 성립되기 때문인데, 하늘이 우리 周나라에 명했기 때문에 "당신이 天命을 후하게 받은 것이니 마땅히 天命을 도와 키워야 합니다. 그러므로 모름지기 신하들 중에 공이 있는 자를 살펴보아서 기재해야 합니다. 임금이 신하를 알아주면 신하들은 모두 힘을 다하기 마련이니, 신하들로 하여금 힘을 다하게 하려면 마땅히 처음에 곧 가르쳐야 하는데, 이에 당신께서 새로 처음 집정하였으니, 마땅히 모두 스스로 여러 관원을 가르쳐야 합니다."라고 하였으니 왕으로 하여금 몸소 스스로 교화하여 그들이 공을 세우도록 한 것이다.

또 朋黨으로 정사를 해치는 것은 더욱 마땅히 禁絶해야 할 일이기 때문에 정녕코 경계하였다. "少子는 朋黨을 삼가야 하니, 少子는 朋黨을 삼가는 것을 지금부터 이후로 경계해야 합니다."라고 하였으니 항상 朋黨의 일을 삼가도록 한 것이다. "만일 절단하려고 할진댄 아직 범하기 전에 금해야 할 것이니, 마치 불이 타기 시작할 때에는 외려 불꽃이 미미하지만 불이 이미 붙어 번져감에 장차 활활 타나가는 차례를 이루면 다시 禁絶할 수 없는 것처럼 하게 해서는 안 됩니다.

그리고 당신 成王은 응당 常道를 따르는 일과 國事를 어루만지는 것을 내가 攝政할 때에 일을 설시하던 것처럼 해야 하니, 응당 내가 하던 일을 하면 周나라에 있는 百官의 경우는 응당 畏服하여 각각 공을 세울 것입니다. 당신은 마땅히 이로써 새로 세운 도읍에 가서 정치교화를 행하되, 마땅히 신하 백관들로 하여금 각각 職所로 향해 가서 분명하게 일을 하여 공을 세우게 하며 厚大하게 寬裕한 德을 이루게 한다면, 당신은 감탄하여 기리는 말을 후세에 길이 남길 수 있을 것입니다." 이것이 바로 周公이 王을 가르친 말이다.

【疏】 ○傳'言王'至'祀之'〔○〕[1]正義曰：於時制禮已訖, 而云'殷禮'者, 此'殷禮' 卽周公所制禮也. 雖有損益, 以其從殷而來, 故稱'殷禮', 猶上篇云 "庶殷, 本其所由來." 孔於上傳已具, 故於此不言. 必知殷禮卽周禮者, 以此云"祀於新邑", 卽下文"烝祭歲"也, 旣用'騂牛', 明用周禮. 云'始'者, 謂於新邑始爲此祭. 顧氏云 "擧行殷家舊祭祀, 用周之常法.” 言周禮卽殷家之舊禮也. 鄭玄云 “王者未制禮樂, 恒用先王之禮樂.” 是言伐紂以來, 皆用殷之禮樂, 非始成王用之也. 周公制禮樂旣成, 不使成王卽用周禮, 仍令用殷禮者, 欲待明年卽政, 告神受職, 然後班行周禮. 班訖始得用周禮, 故告神且用殷禮也. 孔義或然, 故復存之. 神數多而禮文少, 應祭之神名有不在禮文者, 故令皆次秩不在禮文而應祀者, 皆擧而祀之.

1) 〔○〕: 저본에는 없으나, 福建本·汲古閣本에 의거하여 ‘○’을 보충하였다.

○ 傳의 〔言王〕에서 〔祀之〕까지

○ 正義曰 : 이때에 제작하던 禮가 이미 완성되었는데도 ‘殷나라 禮’라고 한 것은 이 ‘殷나라 禮’가 바로 周公이 제작한 禮였던 것이다. 비록 덜고 보탠 것은 있었지만 그것이 殷나라로부터 왔기 때문에 ‘殷나라 禮’라 칭한 것이니, 윗篇에서 “‘여러 殷나라 백성’이라 말한 것은 그들이 말미암아 온 바를 되짚은 것이다.”라는 것과 같다. 孔安國은 윗傳에서 이미 말했기 때문에 여기에서는 말하지 않은 것이다. 〈孔安國이〉 殷나라 禮가 곧 周나라 禮라는 점을 반드시 알게 된 것은 여기에 “새로 세운 도읍에 제사를 지내되”란 것이 바로 아랫글에 “烝祭를 올리시니, 해마다 한 번씩 거행하는 제사였는데”라는 것이기 때문이다. 이미 ‘붉은 소’를 썼으니 周나라 禮를 쓴 것이 분명하다.

‘始’라 이른 것은 새로 세운 도읍에서 비로소 이 제사를 지냈음을 이른 것이다. 顧氏(顧彪)가 “殷나라의 옛 祭祀를 거행함에 周나라의 常法을 썼다.”라고 한 것은 周나라의 禮가 곧 殷나라의 옛 禮라는 점을 말한 것이다. 鄭玄이 “王者가 아직 禮樂을 제정하지 못했을 때에는 항상 先王의 禮樂을 썼다.”라고 하였으니, 이것은 紂를 친 이래로 모두 殷나라의 禮樂을 쓴 것이지, 처음으로 成王이 쓴 것은 아니었다.

周公이 제작한 禮樂이 이미 이루어졌으나 成王으로 하여금 즉시 周나라의 禮를 쓰게 하지 않고 그대로 殷나라의 禮를 쓰게 한 것은 명년 집정하기를 기다려, 神에게 고하고 職을 받은 연후에 周나라의 禮를 班行(宣布)하고자 한 것이다. 班行이 끝나면 비로소 周나라의 禮를 쓸 수 있었기 때문에 神에게 고할 때 또 殷나라의 禮를 썼던 것이다. 공안국의 생각도 혹 그렇게 여겼기 때문에 다시 존치시킨 것이리라. 神의 숫자는 많고 禮文은 적으므로 응당 제사 지낼 神의 이름이 禮文에 들어있지 않은 것이 있기 때문에 禮文에 들어있지 않은 것까지도 모두 차례로 제사 지내되, 제사 지내야 할 神은 모두 들어서 제사 지내게 한 것이다.

【疏】 ○ 傳'我整'至'政事' ○ 正義曰：時成王未有留公之意, 公以成王初始卽政, 自慮百官不齊. 故雖卽致政, 猶欲整齊百官, 使從王於周, 謂從至新邑, 行其典禮. 周公以成王賢君, 今復成長, 故言 "我惟曰 '庶幾有善政事.'" 言己私爲此言, 冀王爲政善也.

○ 傳의 〔我整〕에서 〔政事〕까지

○ 正義曰 : 당시 成王은 公을 만류할 생각을 가지지 못하였었는데, 公은 成王이 처음 비로소 집정했기 때문에 百官이 정제되지 못함을 스스로 염려하였다. 그러므로 비록 정계에서 은퇴한 처지였지만 외려 百官을 정제하여 王을 周邑에서 따르게 하고자 하였으니 새로 세운 도읍에 따라가서 그 禮典을 행하게 하려고 하였다는 것이다. 周公은 成王이 賢君인데다 지금 다시 성장하였기 때문에 "내 말하기를 '거의 善政의 일이 있을 것이다.'라고 했습니다."라고 하였던 것이니, 사적으로 이런 말을 해서 王이 정사를 잘하기를 바랐음을 말한 것이다.

【疏】 ○ 傳'今王'至'民者' ○ 正義曰：記臣功者, 是人主之事, 故言 "今王就行王命於洛邑." 謂正位爲王, 臨察臣下, 知其有功以否, 恐王輕忽此事, 故曰 "當記人之功." 更言'曰'者, 所以致殷勤也. 尊人必當用功大小爲次序, 令功大者居上位, 功小者處下位也. '有大功則列爲大祀', 謂有殊功, 堪載祀典者. 祭法云 "聖王之制祭祀也, 法施於民則祀之, 以死勤事則祀之, 以勞定國則祀之, 能禦大災則祀之, 能捍大患則祀." 是爲大祀, 謂功施於民者也. 或時立其祀配享廟(廷)〔庭〕[1], 亦是也.

1) (廷)〔庭〕: 저본에는 '廷'으로 되어 있으나, 諸本에 의거하여 '庭'으로 바로잡았다.

○ 傳의 〔今王〕에서 〔民者〕까지

○ 正義曰 : 신하의 功을 기록하는 것은 임금의 일이기 때문에 "이제 王은 洛邑에 가서 왕명을 행하되"라고 말한 것이다. 位를 바로잡아 王이 되었으니, 신하들을 굽어 살펴 그들에게 공이 있는지 여부를 알아야 함을 이른 것인데, 왕이 이 일을 경홀히 여길까 두렵기 때문에 "응당 사람의 공을 기록해야 합니다."라고 한 것이다. 다시 '曰'을 말한 것은 은근한 뜻을 다하기 위해서였다. 사람을 높이는 것도 반드시 응당 공의 크고 작음을 가지고 차서를 해서 공이 큰 사람은 윗자리에 거하고 공이 작은 사람은 아랫자리에 처하게 해야 한다.

'有大功則列爲大祀'는 특수한 공이 있어 祀典에 충분히 기재할 만한 자를 이른다. ≪禮記≫ 〈祭法〉에 "聖王이 祭祀를 제정하는 데에는 法이 백성에게 베풀어지면 이를 제사 지내고, 사력을 다해 일을 부지런히 했으면 이를 제사 지내고, 노력을 다해 나라를 안정시켰으면 이를 제사 지내고, 능히 큰 재난을 막아냈으면 이를 제사 지내고, 능히 큰 환난을 막아냈으면 이를 제사 지내도록 했다."라고 하였다. 여기의 '大祀'는 功이 백성에게 베풀어진 것을 이른다. 혹 수시로 그 제사를 설립해서 廟庭에 배향하는 것도 또한 옳다.

【疏】 ○ 傳'惟天'至'化之' ○ 正義曰 : '惟天命我周邦', 謂天命我文武, 故及汝成王, 復受天命爲天子, 是天之恩德深厚矣. 天以厚德被汝, 汝當輔大天命, 任賢使能, 行合天意, 是輔大天也. 汝當輔大天命, 故宜視群臣有功者記載之, 覆上'記功, 宗以功'言之也. 欲令群臣有功, 必須躬自敎化之在於初始, 故言 "乃汝新卽政, 其當盡自敎衆官." 欲令王'躬化之'者, 正己之身, 使群臣法之, 非謂以辭化之也. 言"盡自敎"者, 政有大小, 恐王輕大略小, 令王盡自親化之. 言'惟命曰', 亦是致殷勤. '乃'者, 緩辭也. 義異上句, 故言'乃'耳. 王肅云 "此其盡自敎百官, 謂正身以先之."

○ 傳의 〔惟天〕에서 〔化之〕까지

○ 正義曰 : '惟天命我周邦'은 하늘이 우리 文王과 武王에게 명한 것을 이르기 때문에 당신 成王에게 미쳐 다시 하늘의 명을 받아 天子가 되었으니, 곧 하늘의 恩德이 深厚한 것이다. 하늘이 후한 덕을 당신에게 입혔기 때문에 당신은 응당 하늘의 명을 도와 키워야 하니, 어진 이를 임용하고 유능한 이를 부리어 행하는 것이 하늘의 뜻에 합하게 함이 바로 하늘을 도와 키우는 것이다. 당신은 응당 하늘의 명을 도와 키워야 하기 때문에 여러 신하들을 살펴보아 功이 있는 자를 기재해야 한다는 것은 위의 "사람의 공을 기록할 것이고, 사람을 높이는 것도 응당 공의 크고 작음을 가지고 해야 한다."란 것을 반복해서 말한 것이다.

여러 신하에게 공이 있게 하고자 할진댄 반드시 모름지기 스스로 교화시키는 일이 집정 초에 있어야 하기 때문에 "이에 당신이 새로 집정하였으므로 마땅히 모두 스스로 여러 관리들을 가르쳐야 한다."라고 한 것이다. 王으로 하여금 몸소 '교화하게 하는 것'은 자기의 몸을 바로잡아 여러 신하들로 하여금 본받게 하는 것이지, 말만 가지고 교화시킴을 이른 것은 아니다.

"모두 스스로 가르친다."고 말한 것은 정사에 크고 작은 것이 있는데, 王이 큰 것은 가볍게 여기고 작은 것은 궐략할까 두려워서 王으로 하여금 모두 스스로 직접 교화시키도록 한 것이다. '惟命曰'이라 말한 것도 또한 은근한 뜻을 다한 것이다. '乃'란 느슨하게 말한 것이다. 뜻이 윗句와 다르기 때문에 '乃'를 말했을 뿐이다.

王肅은 "이는 모두 스스로 百官을 가르치는 것이므로 몸을 바르게 해서 솔선수범함을 이른 것이다."라고 하였다.

【疏】 ○傳 '少子'至'已往' ○正義曰：鄭云 "孺子, 幼少之稱, 謂成王也." 此上皆云成王, 此句特言少子者, 以明朋黨敗俗, 爲害尤大, 恐年少所忽, 故特言'孺子'也. '朋黨', 謂臣相朋黨. '愼其朋黨', 令禁絶之. '戒其自今已往', 謂從卽政以後, 常以此事爲戒也.

○ 傳의 〔少子〕에서 〔已往〕까지

○ 正義曰：鄭玄은 "孺子는 幼少의 호칭이니 成王을 이른다."라고 하였다. 이 위에서는 모두 '成王'이라 이르고 이 句에서는 특별히 '少子'라 말한 것은 朋黨이 풍속을 무너뜨려 해가 더욱 심함을 밝히기 위한 때문인데, '年少'가 소홀히 여길 대상이 될까 두려워했기 때문에 특별히 '孺子'라 말한 것이다. '朋黨'은 신하들이 서로 朋黨을 함을 이른 것이다. '愼其朋黨'은 禁絶하도록 한 것이다. '戒其自今已往'은 집정함으로부터 이후로는 항상 이 일을 경계로 삼을 것을 이른 것이다.

【疏】 ○傳'言朋'至'以初' ○正義曰：'無令若火始然', 以喩無令朋黨始發, 若火旣然, 初雖餤餤尙微, 其火所及, 灼然有次序, 不其復可絶也. 以喩朋黨若起, 漸漸益大, 群黨旣成, 不可復禁止也. '事從微至著 防之宜以初', 謂朋黨未發之前, 防之使不發.

○ 傳의 〔言朋〕에서 〔以初〕까지

○ 正義曰：'無令若火始然'은 朋黨이 애초에 일어나지 못하게 함을 비유한 것이니, 불이 이미 타기 시작해서 처음에는 비록 화염이 외려 미미하지만 그 불이 미쳐가는 바가 활활 타나가는 차서가 있으면 다시 禁絶시킬 수 없는 것과 같다. 이것으로 朋黨이 만일 일어나서 점점 더욱 커져가 群黨이 이미 이루어지면 다시 금지할 수 없음을 비유한 것이다. '事從微至著 防之宜以初'는 朋黨이 아직 일어나기 전에 방지하여 일어나지 못하게 함을 이른 것이다.

【疏】 ○傳'其順'至'百官' ○正義曰：考古依法, 爲'順常道', 號令治民, 爲'撫國事'. 周公大聖, 動成軌則. '如我所爲', 謂如攝政之時事所施爲也. "惟當用我所爲在周之百官", 令其行周公之道, 法於百官也.

○ 傳의 〔其順〕에서 〔百官〕까지

○ 正義曰 : 옛것을 상고하고 法에 의거하는 것이 '常道를 따르는 것'이고, 호령하여 백성을 다스리는 것이 '국사를 어루만지는 것'이다. 周公은 大聖人이기 때문에 걸핏하면 軌則을 이루었다. '如我所爲'는 攝政할 때에 일을 설시하던 것과 같음을 이른다. "응당 내가 하던 것처럼 周나라에 있는 百官만을 써야 한다."는 것은 〈成王이〉 周公의 도리를 행하여 百官에게 본보기가 되게 하고자 해서였다.

【疏】 ○ 傳'往行'至'後世' ○ 正義曰 : 此時在西都戒王, 故云 "往行政化於新邑, 當使臣下各嚮就所有之官, 令其各守其職, 思不出其位, 自當陳力就列, 明爲有功." 在官者當以褊小急躁爲累, 故令臣下厚大成寬裕之德. 臣下旣賢, 君必明聖, 則汝長有歎譽之辭於後世矣. 今周頌所歌, 卽歎譽成王之辭也.

○ 傳의 〔往行〕에서 〔後世〕까지

○ 正義曰 : 이때에 西都에 있어서 王을 경계했기 때문에 "새로 세운 도읍에 가서 정치 교화를 행하되, 마땅히 신하들로 하여금 각각 職所로 향해 가서 각각 그 職을 지키어 생각이 그 직위를 벗어나지 않고 스스로 마땅히 능력을 펴서 官位에 나아가 분명하게 일을 하여 공을 세우게 하소서."라고 한 것이다. 관직에 있는 자는 응당 褊小하고 急躁함으로 잘못을 저지르기 때문에 신하들로 하여금 厚大하게 寬裕한 德을 이루게 한 것이다. 신하가 이미 어질면 임금이 반드시 明聖해지므로 당신은 장구히 후세에 감탄하여 기리는 말이 있을 게란 것이다. 지금 ≪詩經≫ 周頌에 노래 부른 것이 곧 成王을 감탄하여 기리는 말이다.

公曰 已[1)]아 汝惟沖子 惟終[2)]이어다

1) 已 : 蔡傳은 "그만둘 수 있겠는가."로 풀이하였다.

2) 汝惟沖子 惟終 : 兪樾은 '終'을 尊(높음)의 뜻으로 보아 "당신은 비록 어리지만 당신의 지위가 매우 높기 때문에 마땅히 경건한 마음으로 제후들이 공물을 바치는 것을 알아야 함을 말한 것이다. 枚傳처럼 풀이한다면 아랫글의 뜻과 관통하지 않는다.〔言汝雖沖幼 然汝位甚尊 故宜敬識百辟享也 如枚傳 則與下意不貫矣〕"라고 하였다.

公(周公)이 말씀하였다. "아! 당신 沖子께서는 마무리를 잘 하셔야 합니다.

【傳】已乎라 汝惟童子는 嗣父祖之位하니 惟當終其美業이라

아! 당신 童子는 父祖의 자리를 이었으니 마땅히 그 아름다운 業을 마무리해야 한다는 것이다.

汝其敬識百辟享[1]하며 亦識其有不享이니다 享은 多儀하니 儀不及物하면 惟曰不享[2]이니

1) 汝其敬識百辟享 : 蔡傳은 敬, 享에 句를 끊어서 "오직 임금이 능히 경건한 마음을 가진 자라야만이 이것을 알아서 공물을 바치는 것이 성의로 바치는 것인가를 알 수 있고〔惟人君克敬者 能識之 識其誠於享者〕"라고 풀이하였다.

2) 享多儀……惟曰不享 : 朱子는 "'享'은 조회하고 나서 폐백을 王에게 드리는 것이니 성심으로 윗사람을 받드는 말이다. 폐백은 유여하고 예의는 부족한 자가 이따금 윗사람을 경멸하는 마음을 가지고 '폐백으로 교제하면 된다.'고 여기면서 '나의 폐백이 풍족한데 무슨 예의를 갖출 필요 있는가.'라고 하는 경우가 있는데, 이와 같이 하면 공물을 드리지 않는 것이나 마찬가지다.〔享 朝而以幣享王 誠以奉上之辭 幣有餘而禮不及者 往往有輕上之心 以爲可以幣交也 曰吾幣足矣 何以禮爲 如是者 猶不享也〕"라고 하였다.(≪朱子語類≫)

당신은 경건하게 百官과 諸侯들이 윗사람을 받드는 것을 알아야 하고, 또한 그중에 윗사람을 받들지 않는 자가 있는 것도 알아야 합니다. 윗사람을 받드는 데에는 威儀가 많아야 하는 법인데, 威儀가 예물에 미치지 못하면 이르건대 '윗사람을 받드는 도리가 아니다.'라고 말하니,

【傳】奉上謂之享이라 言汝爲王이니 其當敬識百君諸侯之奉上者하고 亦識其有違上者라 奉上之道多威儀하니 威儀不及禮物하면 惟曰不奉上이라

윗사람을 받드는 것을 '享'이라 이른다. 당신은 王이 되었으니 응당 공경히 百君(百官)과 諸侯들이 윗사람을 받드는 것을 알아야 하고, 또한 그중에 윗사람을 어기는 자가 있는 것도 알아야 한다. 윗사람을 받드는 도리에는 威儀가 많아야 하는 법인데, 威儀가 禮物에 미치지 못하면 이르건대 '윗사람을 받드는 도리가 아니다.'라고 말한다고 한 것이다.

惟不役志于享[1]하면 凡民이 惟曰不享이라하여 惟事 其爽侮하리이다

1) 享 : 孔安國은 범연하게 윗사람을 받드는 것〔奉上〕으로 풀이한 반면, 鄭玄은 '朝聘'으로 국한하였기 때문에 孔疏에서 "무릇 공손하게 받드는 것이 모두 윗사람을 받드는 것이지, 朝覲과 貢獻만이 윗사람을 받드는 것이 아니니, 鄭玄이 오로지 朝聘만을 말한 것은 이치가 미진한 것이다."라고 하였다. 그러나 蔡傳은 鄭玄을 따라 '朝享'으로 풀이하였다.

〈제후들이〉 윗사람을 받드는 데에 마음을 쓰지 않는다면 모든 백성들이 '윗사람을 받들 필요가 없다.'라고 말하게 되어, 政事가 어그러지고 소홀해질 것입니다.

【傳】 言人君惟不役志於奉上이면 則凡人化之하여 惟曰不奉上矣리니 如此면 則惟政事其差錯侮慢하여 不可治理리라

임금(諸侯)이 윗사람(天子)을 받드는 데에 마음을 쓰지 않는다면 모든 사람들이 거기에 물들어서 '윗사람을 받들 필요가 없다.'라고 말할 것이니, 이와 같이 된다면 정사가 어그러지고 소홀해져 다스릴 수 없는 점을 말한 것이다.

【疏】 '公曰'至'爽侮' ○正義曰 : 周公復誨王曰 "嗚呼, 前言已如是." 更復教誨 "汝惟童子, 嗣父祖之位, 惟當終其美業. 天子居百官諸侯之上, 須知臣下恭之與慢. 奉上謂之享. 汝爲天子, 其當恭敬記識百官諸侯奉上者, 亦當記識其有不奉上者. 奉上之道多威儀, 威儀不及禮物, 則人惟曰不奉上之道矣. 所以須記之者, 百官諸侯爲下民之君, 惟爲政教, 不肯役用其志於此奉上之事, 則凡民化之, 亦惟曰不奉上矣. 百官不承天子, 民復不奉百官, 上下不相畏敬, 惟政事其皆差錯侮慢, 不可治理矣. 故天子須知百官奉上與否也."

經의 〔公曰〕에서 〔爽侮〕까지

○正義曰 : 周公이 다시 王을 교훈하기를 "아! 앞에서 드린 말씀이 이미 이와 같았습니다."라고 하고, 또다시 교훈의 말씀을 드렸다. "당신 童子께서는 父祖의 자리를 이었으니 마땅히 그 아름다운 業을 잘 마무리하셔야 합니다. 天子는 百官과 諸侯의 위에 거하니 모름지기 신하들의 공손함과 거만함을 알아야 합니다. 윗사람을 받드는 것을 '享'이라 이릅니다. 당신은 天子가 되셨으니 응당 공경히 百君(百官)과 諸侯들이 윗사람을 받드는 것을 기억해야 하고, 또한 그중에 윗사람을 받들지 않는 자가 있는 것도 기억해야 합니다. 윗사람을 받드는 도리에는 威儀가 많아야 하는 법인데, 威儀가 禮物에 미치지 못하면 사람들이 '윗사람을 받드는 도리가 아니다.'라고 할 것입니다.

모름지기 기억해야 할 것은 百官과 諸侯는 下民의 임금이 되었는데, 政敎를 함에 있어서 그 뜻을 윗사람(天子)을 받드는 데에 쓰려 하지 않는다면 모든 사람들이 거기에 물들어서 또한 '윗사람을 받들 필요가 없다.'라고 말할 것입니다. 百官이 天子를 받들지 않고 백성들이 다시 百官을 받들지 않아, 위아래가 서로 畏敬하지 않으면 정사가 모두 어그러지고 소홀해져 다스릴 수 없을 것입니다. 그러므로 天子는 모름지기 百官이 윗사람을 받드는지의 여부를 알아야 하는 것입니다."

【疏】 ○傳'已乎'至'美業' ○正義曰：周公止而復言, 故更言'公曰'. '已乎'者, 道前言已如是矣, 爲後言發端也. '童子'者, 言其年幼而任重. '嗣父祖之位 當終其美業', 能致太平, 是終之也.

○ 傳의 〔已乎〕에서 〔美業〕까지

○ 正義曰：周公이 중지했다가 다시 말씀하였기 때문에 다시 '公曰'이라 말한 것이다. '已乎'란 것은 앞에서 말씀한 것이 이미 같았음을 말하고 뒤의 말을 하기 위해 단서를 낸 것이다. '童子'란 것은 그의 나이는 어린데 책임이 무거움을 말한 것이다. '嗣父祖之位 當終其美業'은 능히 태평성세를 이루는 것이 바로 마무리를 잘한다는 것이다.

【疏】 ○傳'奉上'至'奉上' ○正義曰：'享', 訓獻也, 獻是奉上之辭, 故"奉上謂之享." 百官諸侯, 上事天子, 凡所恭承, 皆是奉上, 非獨朝覲貢獻, 乃爲奉上. 鄭玄專以朝聘說之, 理未盡也. 言汝爲王, 當敬識百官諸侯之奉上者, 亦識其有違上者, 察其恭承王命如法以否, 奉上違上, 皆須記之. 奉上者, 當以禮接之, 違上者, 當以刑威之, 所謂賞慶刑威. 爲君之道, 奉上之道, 其事非一, 故云"多威儀." 威儀旣多, 皆須合禮, 其威儀不及禮物, 惟曰不奉上矣, 謂旁人觀之, 亦言其不奉上也. 鄭云"朝聘之禮至大, 其禮之儀不及物, 所謂貢篚多而威儀簡也. 威儀旣簡, 亦是不享也."

○ 傳의 〔奉上〕에서 〔奉上〕까지

○ 正義曰：'享'은 獻의 뜻으로 풀이하니, 獻이 바로 윗사람을 받드는 것을 이르는 말이기 때문에 "윗사람을 받드는 것을 '享'이라 이른다."라고 한 것이다. 百官과 諸侯는 위로 天子를 섬기는 관직이니, 무릇 공손한 태도로 받드는 것이면 모두가 윗사람을 받드는 것이니, 비단 朝覲과 貢獻만이 윗사람을 받드는 것이 아니다. 그런데 鄭玄은 오로지 朝聘만을 가지고 말하였으니, 이치상 미진한 것이다.

"당신은 王이 되었으니 응당 공경히 百官과 諸侯들이 윗사람을 받드는 것을 알아야 하고, 또한 그중에 윗사람을 어기는 자가 있는 것도 알아야 함을 말한 것이다."라고 한 것은 그들이 王命을 법규대로 공경히 받드는가 여부를 살펴서 윗사람을 받들고 윗사람을 어기는 것을 모두 모름지기 기억해야 한다는 것이다. 그래서 윗사람을 받드는 자는 응당 禮로써 대접해야 하고 윗사람을 어기는 자는 응당 형벌로써 위엄을 보여야 하는 것이 이른바 "賞으로 축복하고 형벌로 위엄을 보인다."라는 것이다. 임금이 되는 도리와 윗사람을 받드는 도리는 그 일이 한 가지뿐이 아니기 때문에 "威儀가 많다."라고 한 것이다. 威儀가 이미 많으니 모두 모름지기 禮에 합해야 하고 威儀가 禮物에 미치지 못하면 이르건대 '윗사람을 받드는 도리가 아니다.'라고 하니, 곁의 사람이 보아도 또한 "윗사람을 받드는 도리가 아니다."라고 말함을 이른다.

鄭玄은 "朝聘하는 禮는 至大한 것이니 그 禮의 의식이 물건에 미치지 못하면 이른바 '貢物은 매우 많으나 威儀는 간소하다.'라는 것이다. 威儀가 이미 간소하다면 역시 '받들지 않는 것이나 마찬가지이다.'라는 것이다."라고 하였다.

乃惟孺子는 頒朕의 不暇하고 聽朕의 敎汝于棐民彝[1)]어다

1) 棐民彝 : 蔡傳은 '백성의 常性을 돕는 것〔輔民常性〕'으로 보았다.

당신 孺子께서는 내가 겨를을 내지 못한 일들을 나누어다가 〈행하고,〉 내가 당신에게 백성을 돕는 常性을 가르쳐준 것을 새겨들으소서.

【傳】 我爲政常若不暇니 汝(爲)〔惟〕[1)]小子當分取我之不暇而行之[2)]하고 聽我敎汝於輔民之常而用之라 ○ 頒은 馬云 猶也라하니라

1) (爲)〔惟〕 : 저본에는 '爲'로 되어 있으나, 諸本에 의거하여 '惟'로 바로잡았다.
2) 我爲政……行之 : 蔡傳은 "'頒朕不暇'는 未詳이다. 어떤 이는 '成王은 마땅히 나의 바빠서 겨를을 내지 못한 것들을 나누어 布陳해야 한다.'고 한다.〔頒朕不暇 未詳 或曰 成王 當頒布我汲汲不暇者〕"라고 하였는데, 이에 대하여 丁若鏞(≪尙書知遠錄≫)은 "梅說이 정확해서 조금도 의심할 것이 없는데, 仲默(蔡沈)은 까닭 없이 이를 위배하고 별도로 왜곡된 論을 지어내 '或說'이라 이르니, 망령스럽기 그지없다.〔梅說的確 毫無可疑 仲默無故違之 別作乖曲之論 謂之或說 妄矣〕"라고 하였다.

나는 정사를 함에 있어 항상 겨를을 내지 못할 듯이 하였으니, 당신 小子는 마땅히 나

의 겨를을 내지 못한 일들을 나누어다가 행하고, 내가 당신에게 백성을 돕는 常性을 가르쳐준 것을 새겨들어 이용해야 한다고 말한 것이다.

○ '頒'은 馬融이 "猶의 뜻이다."라고 하였다.

汝乃是不蘉(망)하면 乃時惟不永哉인저

당신께서 힘쓰지 않으신다면 당신은 〈나라를〉 영원히 누리지 못할 것입니다.

【傳】 汝乃是不勉爲政이면 汝是惟不可長哉인저 欲其必勉爲可長이라 ○ 蘉은 馬云 勉也라하니라

당신이 힘써 정사를 하지 않으신다면 당신은 〈나라를〉 길이 누리지 못할 것이란 말이니, 반드시 힘써서 나라를 길이 누리게 하려고 한 것이다.

○ '蘉'은 馬融이 "勉의 뜻이다."라고 하였다.

篤敍乃正父[1]하며 罔不若予하면 不敢廢乃命하리니

1) 正父 : 孔疏와 蔡傳은 다같이 武王으로 보았는데, 이에 대하여 丁若鏞은 "'正父(정보)'란 것은 〈酒誥〉에서 말한 '圻父(기보)'·'農父(농보)'·'宏父(굉보)'와 같은 따위인데, '正父'를 武王으로 여기면 되겠는가. 만일 '正父'가 바로 武王이라고 한다면, 묻겠는데 '罔不若予'의 予는 누구이겠는가? 〈周誥〉가 비록 어려워 뜻을 통하기 어렵다 하더라도 또한 모름지기 조리가 있게 말해야 하지, 앞뒤가 뒤틀리게 하기를 註에서 말한 것처럼 해서는 안 된다.〔正父者 若酒誥所云 圻父農父宏父之類也 以正父爲武王可乎 若云正父是武王 請問罔不若予者爲誰 周誥雖聱牙難通 亦須言有條理 不當首尾橫決 如註所言也〕"라고 하였다.(≪尙書知遠錄≫)

당신 正父의 도리를 돈독히 생각하고 차서대로 행하며, 내가 〈섭정할 때〉 하던 바를 따르지 않음이 없으면 〈백성들 또한〉 감히 당신의 命을 폐기하지 않을 것이니,

【傳】 厚次序汝正父之道而行之하고 無不順我所爲면 則天下不敢棄汝命하고 常奉之리라

당신 正父의 도리를 돈독히 생각하고 차서대로 행하며, 내가 〈섭정할 때〉 하던 바를 따르지 않음이 없다면 천하가 감히 당신의 命을 폐기하지 않고 항상 받들 것이라고 말한 것이다.

汝往敬哉[1]어다 茲予는 其明農哉[2]이리다 彼裕하면 我民은 無遠用戾[3][4]하리이다

1) 汝往敬哉 : 孔安國은 "당신은 새로 세운 도읍으로 가서 거주하며 教化를 경건하게 행할진저."로, 朱子는 "당신은 宗周로 돌아가십시오. 나는 여기에 머물겠습니다.〔汝往歸宗周 我留於此〕"로, 蔡沈은 "왕께서는 洛邑에 가서 경건하게 하소서.〔王往洛邑 其敬之哉〕"로 풀이하였는데, 이에 대하여 丁若鏞은 "〈召誥〉와 〈洛誥〉는 모두 成王더러 洛邑에 거주하도록 권면하는 내용인데, 周公이 어찌 '당신은 宗周로 돌아가시오. 나는 成周에 머물겠소.'라고 말하려 하였겠는가. '往敬哉'는 〈堯典〉의 '往欽哉'와 같은 것이다. 成王과 周公이 비록 함께 洛邑에 있다 하더라도 그 '往'이라 말하는 것은 해롭지 않다.〔召誥洛誥 皆是勸成王宅洛之戒 周公豈肯曰汝歸宗周 我留成周乎 往敬哉 如堯典之往欽哉 王與公 雖同在洛邑 不害其言往也〕"라고 하였다. (≪尚書知遠錄≫)

2) 玆予 其明農哉 : 孔安國은 "나는 退老(늙어서 벼슬에서 물러나 은퇴함)하여 농민들을 의리로써 밝게 가르칠 것입니다.〔我其退老 明教農人以義哉〕"로, 蔡沈은 "'나는 물러가 田野에서 쉬면서 오직 농사만을 밝힐 것이다.'라고 하였으니, 아마 公은 歸老(벼슬을 그만두고 고향에 돌아가 老後를 보냄)할 뜻을 가졌던 것이다.〔我其退休田野 惟明農事 蓋公有歸老之志矣〕"로, 朱子는 "나는 여기에 머물러 后稷 先公의 業을 닦아 농사일을 밝혀서 백성을 가르칠 것입니다.〔我留於此 修后稷先公之業 明農事以教民〕"로 풀이하였는데, 이에 대하여 丁若鏞은 "'明農'의 뜻은 종래에 잘못 풀이하였다. 이때에 周公이 어떻게 田野로 물러가 쉴 수 있었겠는가. 정말 成王이 周公과 召公의 말을 잘 들어서 洛邑에 거주하며 親政을 펼친다면 周公은 응당 輔相을 할 것이고, 그렇지 않으면 豊鎬를 가서 지켰을 것이니, 周公의 지극한 소원은 다만 노고를 분담하는 데 있을 뿐이고, 退老는 그의 본뜻이 아니었을 것이다. 〈君奭〉 1篇을 살펴보면 周公의 마음을 알 수 있다.〔明農之義 從來誤解 此時 周公安得退休田野 誠使成王能聽二公之言 宅洛親政 周公當留輔相 不然 往守豊鎬 公之至願 只在分勞 退老非其志也 觀於君奭一篇 可知公心〕"라고 하였다. (≪尚書知遠錄≫)

3) 彼裕……無遠用戾 : 呂祖謙(≪增修東萊書說≫)은 "王이 洛邑에서 백성들을 和裕하게 하면 백성들이 장차 먼 것을 따지지 않고 올 것이다.〔王於洛邑 和裕其民 則民特無遠而至焉〕"라고 풀이하였다.

4) 乃惟孺子……無遠用戾 : 陳師凱는 "이 1節은 '汝往敬哉 玆予其明農哉' 두 글귀를 제외한 그 밖의 것들은 다 이해할 수 없으니 모두 빼놓아야 한다. 이 두 글귀를 음미하면, 周公이 이때 鎬京에 있으면서 成王이 새로 세운 도읍으로 가도록 하고 자기는 장차 退老하고자 한 것을 볼 수 있다. 이 章의 아래에 응당 반드시 '周公이 成王을 따라 새로 세운 도읍으로 가서 제사를 거행하고 명령을 발표한 일'이 있어야 할 것인데 지금 빠졌다.〔此一節 除汝往敬哉 玆予其明農哉二句外 皆不可曉 皆當缺之 味此二句 可見公時在鎬欲王往新邑 而己將退老也 此章之下 當必有公從王至新邑 擧祀發命之事 而今缺矣〕"라고 하였다. (≪書蔡氏傳旁通≫)

당신은 〈洛邑으로〉 가서 경건하게 〈교화를 행〉하소서. 이와 같이 하면 나는 〈퇴로하여〉 농민을 〈의리로써〉 밝게 가르칠 것입니다. 저 〈천하 사람들이 당신의〉 寬裕한 정사의 혜택을 입는다면 우리 백성들은 먼 거리를 따지지 않고 모두 몰려올 것입니다.”

【傳】 汝往居新邑하여 敬行教化哉인저 如此면 我其退老하여 明教農人以義哉인저 彼天下被寬裕之政이면 則我民無遠用來라하니 言皆來라

당신은 새로 세운 도읍으로 가서 거주하며 教化를 경건하게 행하소서. 이와 같이 하면 저는 退老하여 농민들을 의리로써 밝게 가르칠 것입니다. 저 천하 사람들이 〈당신의〉 寬裕한 정사의 혜택을 입는다면 우리 백성들은 먼 거리를 따지지 않고 모두 몰려 올 것이라고 한 것이니, 모두 올 것임을 말한 것이다.

【疏】 ‘乃惟’至‘用戾’ ○ 正義曰：又曰 “己居攝之時, 爲政常若不暇, 汝惟小子, 當分取我之不暇而施行之. 又聽我教汝於輔民之常而用之. 汝乃於是事, 不勉力爲政, 則汝是惟不可長久哉. 必須勉力爲之, 乃可長久. 此所言, 皆是汝父所行, 汝欲勉之, 但厚次序汝正父之道而行之, 無不順我所爲, 則天下不敢廢棄汝命, 必常奉而行之. 汝往居新邑, 敬行教化哉. 如此我其退老, 明教農人以義哉. 汝若能使彼天下之民, 被寬裕之政, 則我天下之民無問遠近者, 悉皆用來歸汝矣.”

經의 〔乃惟〕에서 〔用戾〕까지

○ 正義曰：또 말씀하였다. “내가 居攝(왕을 대신하여 정무를 봄)할 때에 정사를 함에 있어 항상 겨를을 내지 못할 듯이 하였으니, 당신 小子는 마땅히 나의 겨를을 내지 못한 일들을 나누어 가져다가 시행하고, 또 내가 당신에게 백성을 돕는 常性을 가르쳐준 것들을 새겨들어 이용해야 합니다.

당신이 이 일에 힘써 정사를 하지 않는다면 당신은 〈나라를〉 영원히 누릴 수 없을 것입니다. 반드시 모름지기 힘써서 해야만 장구히 누릴 수 있을 것입니다. 이에 말한 것은 모두 당신 아버지가 행했던 것이니, 당신이 힘쓰려고 할 것은 다만 당신 正父의 도리를 돈독히 생각하고 차서대로 행하며, 내가 〈섭정할 때〉 하던 바를 따르지 않음이 없다면 천하가 감히 당신의 命을 폐기하지 않고 반드시 항상 받들어 행할 것입니다.

당신은 새로 세운 도읍으로 가서 거주하며 教化를 경건하게 행하소서. 이와 같이 하면

나는 退老하여 농민들을 의리로써 밝게 가르칠 것입니다. 당신이 만일 능히 저 천하의 백성들로 하여금 寬裕한 정사의 혜택을 입게 한다면 우리 천하의 백성들은 거리의 멀고 가까움을 따지지 않고 모두 당신에게로 몰려 올 것입니다."

【疏】 ○ 傳'我爲'至'用之' ○ 正義曰 : '爲政常若不暇', 謂居攝時也. 聖人爲政, 務在(知)〔和〕[1]人, 雖復治致太平, 猶恨意之不盡, 故謙言己所不暇, 若言猶有美事未得施者然. 故戒之成王"汝惟小子, 當分取我之不暇而行之." 言己所不暇行者, 欲令成王勉行之. 鄭玄云"成王之才, 周公倍之, 猶未而言分者, 誘掖之言也." 生民之爲業, 雖復志有經營, 不能獨自成就, 須王者設教以輔助之. '聽我教汝輔民之常法而用之', 謂用善政以安民. 說文云"頒, 分也."

1) (知)〔和〕: 저본에는 '知'로 되어 있으나, 宋刊 單疏本·宋兩浙東路茶鹽司本·宋慶元間建安魏縣尉宅本에 의거하여 '和'로 바로잡았다.

○ 傳의 〔我爲〕에서 〔用之〕까지

○ 正義曰 : '爲政常若不暇'는 居攝할 때를 이른다. 聖人이 정사를 함에 있어 힘쓰는 일이 사람들을 화평하게 하는 데에 있으므로 비록 잘 다스려서 태평성세를 이루었다 하더라도 외려 뜻이 다하지 못함을 한스럽게 여긴다. 그러므로 자기의 겨를을 내지 못한 것을 겸손하게 말하여 마치 오히려 아름다운 일이 있어도 시행할 수 없다고 말하는 것처럼 한 것이다. 그러므로 成王을 경계하기를 "당신 小子는 마땅히 나의 겨를을 내지 못한 일들을 나누어 가져다가 행하소서."라고 하였으니, 자기가 겨를을 내서 행하지 못한 것을 成王으로 하여금 힘써 행하게 하고자 함을 말한 것이다.

鄭玄은 "成王의 재주를 周公이 배나 가졌어도 외려 못하는 판인데, 나누어 가져가라고 말한 것은 이끌어 도와주기 위한 말이다."라고 하였다.

生民의 業은 비록 뜻을 경영에 두더라도 독자적으로 성취할 수 없으니, 王者를 위하여 가르침을 베풀어서 輔助하는 것이 필요하다. '聽我教汝輔民之常法而用之'는 善政을 써서 백성들을 편안하게 함을 이른 것이다. ≪說文解字≫에 "'頒'은 分의 뜻이다."라고 하였다.

【疏】 ○ 傳'汝乃'至'可長' ○ 正義曰 : 成王言 "公其以予萬億年." 言欲己長久也. 故周公於此戒之"汝乃於是不勉力爲政, 汝惟不可長哉." 欲其必勉力勤行政教, 爲可長久之道, 然後可至萬億年耳. '亹'之爲勉, 相傳訓也. 鄭·王皆以爲勉.

○ 傳의 〔汝乃〕에서 〔可長〕까지

○ 正義曰 : 成王이 말하기를 "公은 나로 하여금 萬億年토록 〈하늘의 아름다운 命을 공경히 받들도록 하신다.〉"라고 하였으니, 자기에게 장구한 역년을 누리도록 하려고 함을 말한 것이다. 그러므로 周公이 여기에서 경계하기를 "당신이 이에 힘써 정사를 하지 않으신다면 당신은 나라를 영원히 누리지 못할 것이다."라고 하였으니, 반드시 힘써 정치교화를 부지런히 행하여 장구한 역년을 누릴 수 있는 도리를 실천한 연후에야 萬億年에 이를 수 있는 것이다. '蘉'이 勉의 뜻이기 때문에 서로 전하여 그렇게 풀이한다. 鄭玄·王肅이 모두 勉의 뜻으로 여겼다.

【疏】 ○ 傳'厚次'至'奉之' ○ 正義曰 : '正父', 謂武王, 言其德正, 故稱'正父'. '厚次序汝正父之道而行之', 令其爲武王之政也. 武王·周公俱是大聖, '無不順我所爲', 又令法周公之道. 既言法武王, 又法周公, 則天下不敢棄汝命, 常奉行之.

○ 傳의 〔厚次〕에서 〔奉之〕까지

○ 正義曰 : '正父'는 武王을 이르니 그 德이 바르기 때문에 '正父'라 칭함을 말한 것이다. '厚次序汝正父之道而行之'는 武王의 정사를 하도록 한 것이다. 武王과 周公은 모두 大聖人이니, '無不順我所爲'는 또 周公의 도리를 본받게 한 것이다. 이미 武王을 본받을 것을 말하였으니, 또 周公을 본받는다면 天下가 감히 당신의 命을 폐기하지 않고 항상 받들어 행할 것이다.

【疏】 ○ 傳'汝往'至'皆來' ○ 正義曰 : 歸其王政令, 汝往居新邑, 敬行教化哉. 公既歸政, 則身當無事, 如此我其退老於州里, 明教農人以義哉. 又令成王行寬裕之政, 以治下民, 民被寬裕之政, 則天下之民無問遠近者, 用來歸王, 言遠處皆來也. 上文使之"惇大成裕." 故此言裕政來民, 結上事也. 伏生書傳稱"禮致仕之臣, 教於州里, 大夫爲父師, 士爲少師, 朝夕坐於門塾, 而教出入之子弟." 是"教農人以義"也.

○ 傳의 〔汝往〕에서 〔皆來〕까지

○ 正義曰 : 王의 政令을 돌려주었기 때문에 "당신은 새로 세운 도읍으로 가서 거주하며 教化를 경건히 행하소서."라고 하였고, 公은 이미 政令을 돌려주었으면 몸에 응당 일이 없을 것이므로 "이와 같이 하면 나는 州里로 退老하여 농민들을 의리로써 밝게 가르칠 것입니다."라고 하였으며, 또 成王으로 하여금 寬裕한 정사를 행하여 下民

을 다스리게 해서 백성들이 寬裕한 정사의 혜택을 입는다면 천하의 백성들은 멀고 가까움을 따질 것 없이 모두 몰려와 王에게 돌아갈 게란 것이니, 먼 곳에서 모두 몰려옴을 말한 것이다.

윗글에서 "돈후하고 관대한 德政으로 풍속을 넉넉하게 이루도록 하시면"이라고 했기 때문에 여기서 寬裕한 정사가 백성들을 몰려오게 함을 말하여 위의 일을 맺은 것이다. 伏生의 ≪尙書大傳≫에서 칭한 "禮에 致仕한 신하는 州里에서 가르치고, 大夫는 父師가 되고 士는 少師가 되어 조석으로 門塾에 앉아서 출입하는 子弟들을 가르친다고 했다."라는 것이 바로 "農人을 의리로써 가르친다."라는 것이다.

王若曰 公은 明保予沖子하시며

왕께서 이렇게 말씀하였다. "公께서는 나 沖子를 밝게 깨우치고 안정시켜야 하며,

【傳】 成王順周公意하고 請留之自輔라 言公當明安我童子니 不可去之라

成王은 周公의 뜻을 따르고 〈公이〉 머물러서 스스로 도와주기를 청한 것이다. "公께서는 응당 나 童子를 밝게 깨우치고 힘써 안정시켜야 하니, 떠나가셔서는 안 됩니다."라고 말한 것이다.

公은 稱丕顯德하사 以予小子로 揚文武烈하며

公께서는 크게 밝은 德을 거행하여 나 小子로 하여금 文王과 武王의 功烈을 드날리게 하고,

【傳】 言公當留하여 擧大明德하사 用我小子褒揚文武之業而奉順天이라

公께서는 응당 머물러서 크게 밝은 德을 들어 가르쳐 나 小子로 하여금 文王과 武王의 功業을 널리 드날려 하늘을 받들어 따르게 하소서라고 말한 것이다.

奉答天命[1)]하며 和恒四方民하여 居師하며

1) 奉答天命 : 蔡傳은 "우러러 하늘에 부끄럽지 않고 굽어 사람에게 부끄럽지 않게〔仰不愧天俯不人也〕"라고 풀이하였다.

하늘의 命을 받들어 딱 맞게 하며, 사방의 백성들을 화평하게 다스리고 꾸준히 도와서, 그 대중을 〈洛邑에서〉 편안히 살 수 있게 해야 하며

【傳】 又當奉當天命하며 以和常四方之民하여 居處其衆이라

또 마땅히 하늘의 命을 받들어 딱 맞게 하며, 사방의 백성들을 화평하게 다스리고 꾸준히 도와, 그 대중을 〈洛邑에서 편안히〉 거처할 수 있게 해야 한다는 것이다.

惇宗將禮[1)]하고 **稱秩元祀**하되 **咸秩無文**하리니다

1) 惇宗將禮 : 蔡傳은 宗을 '功宗(공로가 높이 나타난 사람)'의 宗으로 보아 "宗의 큰 禮를 돈독히 하여"로 풀이하였다.

큰 禮를 돈독히 높이고 큰 제사를 거행하여 차례로 제사를 지내되, 모두 禮文에 없는 것까지도 차례로 제사를 지내도록 할 것입니다.

【傳】 厚尊大禮하고 擧秩大祀하되 皆次秩無禮文而宜在祀典者는 凡此待公而行이라

큰 禮를 돈독히 높이고 큰 제사를 거행하여 차례로 제사를 지내되, 모두 禮文에 없는 것까지도 차례로 제사를 지내어 의당 祀典에 두어야 할 것은 公을 기다려서 행할 것이란 말이다.

惟公德明이 **光于上下**[1)]하며 **勤施于四方**하여

1) 惟公德明……施于四方 : 蔡傳은 '德', '下', '方'에 句를 끊어서 "周公의 德이 上下에 밝게 드러나고 四方에 부지런히 베풀어져서〔周公之德 昭著於上下 勤施于四方〕"라고 풀이하였다.

公의 밝은 德이 上下에 밝게 빛나고 부지런히 행한 〈政教가〉 四方에 베풀어져서,

【傳】 言公明德이 光於天地하며 勤政施於四海하니 萬邦四夷 服仰公德而化之라

公의 밝은 德이 天地에 밝게 빛나고 부지런히 행한 政教가 四海에 베풀어지니, 萬邦과 四夷가 公의 德에 감복하여 교화되었다고 말한 것이다.

旁作穆穆하여 **迓衡**하여 **不迷文武勤教**[1)]라

1) 旁作穆穆……不迷文武勤教 : 蔡傳은 '作'은 "짓다"의 뜻으로, '穆穆'을 和敬의 뜻으로 보아 "널리 穆穆(和敬)함을 지어 治平함을 맞이해서, 文王과 武王이 애써 베푼 敎化를 천하에 迷失하지 않게 하셨으니〔旁作穆穆 以迎治平 不迷失文武所勤之敎於天下〕"라고 풀이하였다.

〈사방의 백성들이〉 널리 와서 공경하고 공경하는 도리를 해서 태평의 정치를 맞이하여 文王과 武王이 애써 베푼 敎化에 미혹되지 않았다.

【傳】 四方旁來爲敬敬之道하여 以迎太平之政하여 不迷惑於文武所勤之敎니 言化(治)〔洽〕[1]이라

1) (治)〔洽〕: 저본에는 '治'로 되어 있으나, 宋刊 單疏本에 의거하여 '洽'으로 바로잡았다.

사방〈의 백성들이〉 널리 와서 공경하고 공경하는 도리를 해서 태평의 정치를 맞이하여 文王과 武王이 애써 베푼 敎化에 미혹되지 않았다는 것이니, 교화가 〈백성들에게〉 젖어들었음을 말한 것이다.

予沖子는 夙夜에 毖祀로다

나 沖子는 아침이 되면 일찍 일어나고 밤이 깊으면 잠이나 자면서 제사 지내는 일이나 삼가 행할 뿐입니다."

【傳】 言政化由公而立하니 我童子는 徒早起夜寐하여 愼其祭祀而已요 無所能이라

정치 교화가 公으로 말미암아 세워졌으니, 나 童子는 한갓 아침이 되면 일찍 일어나고 밤이 깊으면 잠이나 자면서 제사 지내는 일이나 삼가 행할 뿐이지, 다른 할 바가 없음을 말한 것이다.

【疏】 '王若'至'毖祀' ○正義曰 : 王以周公將退, 因誨之而請留公, 王順周公之意而言曰 "公當留住而明安我童子, 不可去也. 所以不可去者, 當擧行大明之德, 用使我小子褒揚文武之業, 而奉當天命, 以和常四方之民, 居處其衆故也. 其厚尊大禮, (謂)[1]擧秩大祀, 皆次秩禮所無文者而皆祀之, 凡此皆待公而行, 非我能也." 更述居攝時事 "惟公明德光于天地, 勤政施於四方, 使四方旁來爲敬敬之道, 以迎太平之政, 下民皆不復迷惑於文武所勤之敎." 言公化洽使如此也. "今若留輔我童子, 惟當早起夜寐, 愼其祭祀而已." 言政化由公而立, 我無所能也.

1) (謂) : 저본에는 있으나, 傳文에 의거하여 衍字로 처리하였다.

經의 〔王若〕에서 〔毖祀〕까지

○ 正義曰 : 王은 周公이 장차 물러가려고 하기 때문에 주공이 자기를 가르쳐줌을 인하여 公에게 머물러주기를 청하였다. 王은 周公의 뜻에 따라 다음과 같이 말씀하였다. "公께서는 응당 머물러서 나 동자를 밝게 깨우치고 안정시켜야 하지 떠나가셔서는 안 됩니다. 떠나가서는 안 될 이유는 응당 크게 밝은 德을 거행하여 나 小子로 하여금 文王과 武王의 功業을 널리 드날려 하늘의 命을 받들어 딱 맞게 하며, 사방의 백성들을 화평하게 다스리고 꾸준히 도와, 그 대중을 〈洛邑에서 편안히〉 거처할 수 있게 해야 하기 때문입니다. 그리고 큰 禮를 돈독히 높이고 큰 제사를 거행하여 차례로 제사를 지내되, 모두 禮에 조문이 없는 것까지도 차례로 제사를 지내는 모든 이와 같은 것들은 모두 公을 기다려서 행할 일이고 내가 할 바가 아닙니다."

다시 攝政할 때의 일을 다음과 같이 술회하였다. "公은 밝은 덕을 천지에 빛내고 부지런히 행한 政教를 사방에 베풀어, 사방〈의 백성들로〉 하여금 널리 와서 공경하고 공경하는 도리를 해서 태평의 정치를 맞이하게 하니, 下民이 모두 다시는 文王과 武王이 애써 행한 교훈에 미혹되지 않았습니다." 公의 정치교화가 〈백성들에게〉 젖어들어 이와 같은 결과를 가져왔음을 말한 것이다. "지금 만일 머물러서 나 동자를 보필하시면 나는 응당 아침이 되면 일찍 일어나고 밤이 깊으면 잠이나 자면서 그 제사 지내는 일이나 신중히 할 뿐입니다." 정치 교화가 公으로 말미암아 확립된 것이고, 나는 아무 하는 바가 없다는 점을 말한 것이다.

【疏】 ○ 傳'成王'至'去之' ○ 正義曰 : 成王以周公誨己爲善, 順周公之意, 示己欲行善政, 而請留之自輔. 王以公若捨我而去, 則己政闇而治危, 故云"公當明安我童子, 不可去"也.

○ 傳의 〔成王〕에서 〔去之〕까지

○ 正義曰 : 成王은 周公이 자기더러 善政을 하도록 교훈하였기 때문에 周公의 뜻에 따라 자기가 善政을 행하려는 뜻을 보이면서 〈公이〉 머물러서 스스로 도와주기를 청하였다. 王은 公이 만일 나를 버리고 떠나가면 자기의 정치가 암담하고 위태롭기 때문에 "公께서는 응당 나 동자를 밝게 깨우치고 안정시켜야 하지, 떠나가셔서는 안 됩니다."라고 한 것이다.

【疏】○傳'言公'至'順天' ○正義曰：文武受命，功德盛隆，成王自量己身不能繼業，言"公當留，擧大明德，以佑助我."'用我小子褒揚文武之業而奉順天'者，下句"奉答天命."是也. 孔分經爲傳，故探取下句以申之.

○傳의 〔言公〕에서 〔順天〕까지

○正義曰：文王과 武王은 천명을 받아 功德이 융성했기 때문에 成王은 자신이 그 功業을 계승할 수 없음을 스스로 헤아리고 "公께서는 응당 머물러서 크게 밝은 德을 들어 가르쳐 나를 도와주십시오."라고 말한 것이다. '用我小子褒揚文武之業而奉順天'이란 것은 아랫句의 "하늘의 命을 받들어 딱 맞게 한다."라는 것이 이것이다. 孔安國은 經文을 나누어 가지고 傳을 달았기 때문에 아랫句를 탐색해 취하여 거듭 밝힌 것이다.

【疏】○傳'又當'至'其衆' ○正義曰：天命周家，欲令民治，故"又當奉當天命，以和常四方之民，居處其衆"也. '奉當'者，尊天意，使允當天心，和協民心，使常行善也. '居處其衆'，使之安土樂業也.

○傳의 〔又當〕에서 〔其衆〕까지

○正義曰：하늘이 周나라에 명하여 백성들이 다스려지게 하려고 하기 때문에 "또 마땅히 하늘의 命을 받들어 딱 맞게 하며, 사방의 백성들을 화평하게 다스리고 꾸준히 도와, 그 대중을 〈洛邑에서 편안히〉 거처할 수 있게 해야 한다."라고 한 것이다.

'奉當'이란 하늘의 뜻을 존중하여 天心에 딱 맞게 하고, 民心을 和協하여 항상 善을 행하도록 한 것이다. '居處其衆'은 민중으로 하여금 그 땅에 편히 살며 그 本業을 즐기도록 한 것이다.

【疏】○傳'厚尊'至'而行' ○正義曰：釋詁云"將，大也."'厚尊大禮'，謂祭祀之禮. 祭統云"禮有五經[1)]，莫重於祭."是祭禮最尊大. 公誨成王，令"肇稱殷禮，祀于新邑，咸秩無文."欲答公誨己之事，還述公辭. '擧秩大祀 皆次秩無禮文而宜在祀典者'，其祀事非我所爲，凡此皆待公而行者也. 言公不可捨我以去也.

1) 五經：吉禮·凶禮·軍禮·賓禮·嘉禮의 다섯 가지 예법을 말한다.

○傳의 〔厚尊〕에서 〔而行〕까지

○正義曰：≪爾雅≫〈釋詁〉에 "將은 大의 뜻이다."라고 하였다. '厚尊大禮'는 祭祀의 禮를 이른다. ≪禮記≫〈祭統〉에 "禮에는 五經이 있으나 제사보다 중한 것은 없다."라고

하였으니, 이는 祭禮가 가장 尊大한 것이다. 公이 成王을 교훈한 것은 "비로소 殷나라의 禮를 들어 새로 세운 都邑에서 제사를 지내되, 모두 禮文에 없는 것까지도 모두 차례로 제사 지내라."고 하려는 것이다. 〈성왕은〉 公이 자기를 교훈한 일에 답하기 위하여 다시 公의 말을 술회한 것이다. '擧秩大祀 皆次秩無禮文而宜在祀典者'는 그 제사는 나의 할 바 아니고 이것은 모두 公을 기다려서 행할 일이란 것이다. 公은 나를 버리고 떠나가서는 안 됨을 말한 것이다.

【疏】 ○傳'言公'至'化之' ○正義曰：此與下經皆追述居攝時事. 堯典訓'光'爲充, 此'光'亦爲充也. 言公之明德充滿天地, 卽堯典"格于上下." 勤政施於四方, 卽堯典 "光被四表"也, 意言萬邦四夷, 皆服仰公德而化之. 上言待公乃行之, 此言公有是德. 言其將來, 說其已然, 所以深美公也.

○ 傳의 〔言公〕에서 〔化之〕까지

○ 正義曰：이는 아래 經文과 함께 모두 〈周公이〉 居攝할 때의 일을 追述한 것이다. 〈堯典〉에서 '光'을 充의 뜻으로 풀이하였으니, 여기의 '光' 또한 充의 뜻이다. 公의 明德이 천지에 충만함을 말한 것이니, 곧 〈堯典〉의 "上下(天地)에 이르렀다."라는 것이다. "부지런히 한 政敎가 사방에 베풀어졌다."라는 것은 곧 〈堯典〉의 "〈명성이〉 충만하여 사방의 밖에 넘친다."라는 것이니, 뜻은 萬邦과 四夷가 모두 公의 德에 감복하고 교화되었음을 말한 것이다. 위에서는 "公을 기다려서 행한다."라는 점을 말하였고, 여기서는 "公이 이 德을 가졌다."라는 점을 말하였다. 그 장래를 말하고 그 이미 그러한 점을 말한 것은 公을 깊이 아름답게 여기기 위해서였다.

【疏】 ○傳'四方'至'化洽' ○正義曰：上言施化在公, 此言民化公德, 四方旁來爲敬敬之道, 民皆敬嚮公, 以迎太平之政. 言'迎'者, 公政從上而下, 民皆自下迎之, 言其慕化速也. 文武勤行敎化, 欲以敎訓利民, 民蒙公化, 識文武之心, 不復迷惑文武所勤之敎, 言公居攝之時, 政化已洽於民也.

○ 傳의 〔四方〕에서 〔化洽〕까지

○ 正義曰：위에서는 교화를 베푼 일이 公에게 있었음을 말하였고, 여기서는 백성들이 公의 德에 감화되어 사방〈의 백성들〉이 널리 와서 공경하고 공경하는 도리를 함과 백성들이 모두 公을 경건하게 向慕하여 태평의 정치를 맞이함을 말하였다. '迎'이라 말

함은 公의 정치영향이 위로부터 내려가면 백성들이 모두 아래로부터 맞이한다는 것이니, 그 사모하여 교화됨이 빠름을 말한 것이다. 文王과 武王이 부지런히 教化를 행한 것은 교훈으로 백성들을 이롭게 하려는 것이었는데, 백성들이 公의 교화를 입어 文王과 武王의 마음을 알았기 때문에 다시는 文王과 武王이 부지런히 베푼 교훈에 미혹되지 않았다는 것이니, 公이 居攝할 때에 정치교화가 이미 백성들에게 젖어들었음을 말한 것이다.

【疏】 ○ 傳'言政'至'所能' ○ 正義曰 : 此述留公之意, 陳自今已後之事. 言公若留住, 政化由公而立, 我童子徒早起夜寐, 愼其祭祀而已, 於政事無所能. 欲惟典祭祀, 以政事委公. 襄二十六年 左傳云, 衛獻公使與寧喜言曰"苟得反國, 政由寧氏, 祭則寡人." 亦猶是也.

○ 傳의 〔言政〕에서 〔所能〕까지

○ 正義曰 : 여기서는 公을 머물게 한 뜻을 기술하고 지금 이후의 일들을 진술하였으니, "公이 만일 머무른다면 정치교화가 公으로 말미암아 확립될 것이니, 나 동자는 한갓 아침이 되면 일찍 일어나고 밤이 깊으면 잠이나 자면서 그 제사 지내는 일이나 신중히 할 따름이고, 정사에는 능할 바가 없다."는 점을 말한 것이다. 오직 제사 지내는 일이나 주관하고 정사는 公에게 위임하고 싶다는 것이다. ≪春秋左氏傳≫ 襄公 26년 조에 "衛 獻公이 사람을 시켜 寧喜에게 말하기를 '혹 衛나라로 돌아오신다면 정사는 寧喜 당신이 관장하고 제사는 寡人이 맡도록 합시다.' 했다."라는 것이 또한 이와 같은 뜻이다.

王曰 公功은 棐迪이 篤하니 罔不若은 時[1)]이니다

1) 罔不若時 : 蔡傳은 "응당 언제나 이와 같이 해주시고 떠나겠다는 말씀은 해서는 안 된다. 〔當常如是 未可以言去〕"라고 풀이하였다.

王은 말씀하였다. "公의 功은 나를 돕고 인도함이 매우 篤厚하니, 天下가 순종하지 않음이 없음은 바로 〈公의 功 때문입니다.〉"

【傳】 公之功은 輔道我已厚矣니 天下無不順은 而是公之功이라

公의 功은 나를 돕고 인도함이 매우 篤厚하니, 天下가 순종하지 않음이 없음은 바로 公의 功 때문이란 것이다.

【疏】 '王曰公功'至'若時' ○ 正義曰：王又重述前言，還說居攝時事也. 曰 "公之功，輔道我已厚矣，天下無有不順，而是公之功者，公所以須留也."

經의 〔王曰公功〕에서 〔若時〕까지

○ 正義曰：王은 또 앞의 말을 거듭 기술하고, 〈周公이〉 居攝할 때의 일을 다시 말하였다. 〈王은〉 말씀하였다. "公의 功은 나를 돕고 인도함이 매우 篤厚하니, 天下가 순종하지 않음이 없음은 바로 公의 功 때문인 바, 公은 필수적으로 머물러 계셔야 합니다."

【疏】 ○ 傳'公之'至'之功' ○ 正義曰：王意言公之居攝，天下若爲非，則可捨我而去，公之居攝，天下無不順，而是公之功，不可捨我去.

○ 傳의 〔公之〕에서 〔之功〕까지

○ 正義曰：王의 뜻은, 公의 居攝을 天下가 만일 그르다고 한다면 나를 놓아두고 떠나가도 되겠지만, 公의 居攝을 天下가 순종하지 않음이 없음은 바로 公의 功 때문인데, 나를 놓아두고 떠나가서는 안 된다고 말한 것이다.

王曰 公아 予小子는 其退하여 卽辟于周하고 命公後[1)]하리니다

1) 命公後：蔡傳은 "周公을 머물려 洛邑을 다스리게 한 것이니, 곧 후세에 칭하는 '留守'·'留後'의 뜻과 같은 것이다.〔命公留後治洛 猶後世留守留後之義〕"라고 풀이하였다.

王은 말씀하였다. "公아! 나 小子는 물러가 곧 周(洛邑)에서 임금 노릇을 하고 公의 〈封地를 다스릴〉 후계자를 임명하겠소이다.

【傳】 我小子는 退坐之後에 (使)〔便〕[1)]就君於周하고 命立公後[2)]하리니 公當留佑我라

1) (使)〔便〕：저본에는 '使'로 되어 있으나, 福建本·汲古閣本·武英殿本에 의거하여 '便'으로 바로잡았다.

2) 命立公後：丁若鏞은 "이는 큰 송사거리이다. 古經을 읽을 적에는 먼저 字例를 밝혀야 한다. 後人은 글만 배우기 때문에 글자에 잘못 씀이 많고, 古人은 글자까지 -곧 小學- 배우기 때문에 글자에 定例가 있으니, 어지럽히는 일이 없다. 죽은 뒤에 '先'이라 칭하니, 이를테면 '先祖'·'先考'·'先人'·'先大夫'의 따위가 이것이다. 죽은 뒤에 '後'라 칭하니, 이를테면 '立後'·'置後'·'予有後'의 따위가 이것이다. 살아서 '後'라 칭할 수 없음은 살아서 '先'이라 칭할 수 없음과 같으니, 이치상 그러한 것이다. 周公이 뚜렷이 살아있는데, 成王이 어떻게 後를 세울 수 있겠는가. 이는 無學人이 하는 말이니, 재론할 거리

가 못된다.〔此大訟也 讀古經 先明字例 後人學書 故字多誤用 古人學字 - 卽小學 - 故字有定例 未嘗亂也 死而後稱先 若先祖先考先人先大夫之類是也 死而後稱後 若立後置後予有後之類是也 生而不得稱後 猶生而不得稱先 理則然也 周公赫然生存 成王胡爲立後 此無學人之所言 不容再說〕"라고 하였다.(≪尙書知遠錄≫)

나 小子는 자리에서 물러난 뒤에 곧 周(洛邑)로 가서 임금 노릇을 하겠고, 공의 후계자를 명하여 세워 〈國君으로 삼을 것이니,〉 公은 응당 머물러 나를 도와주셔야 한다고 말한 것이다.

四方이 迪亂이어늘 未定于宗禮라 亦未克敉[1]公功[2]이로라

1) 敉 : 古本에는 '撫'로 되어 있다.
2) 敉公功 : 蔡傳에는 "'敉功'이란 것은 그 功을 안정함을 이르니, 곧 아랫글의 '命寧'이란 것이다.〔敉功者 安定其功之謂 卽下文命寧者也〕"라고 풀이하였다.

四方이 잘 다스려졌지만 아직 功이 있는 이를 높이는 禮를 정하지 못하였는지라, 또한 능히 公의 功을 어루만지지 못하고 있는 것입니다.

【傳】 言四方雖道治나 猶未定於尊禮라 禮未彰하여 是亦未能撫順公之大功이니 明不可以去라

四方이 비록 잘 다스려졌다 하나 외려 〈功이 있는 이를〉 높이는 禮를 정하지 못했는지라 禮가 드러나지 못해서 또한 公의 큰 功을 어루만지지 못하고 있다는 말이니, 떠나서는 안 된다는 점을 밝힌 것이다.

迪將其後하고 監我士師工하며

〈머물러서 敎道하시어〉 나의 지금 이후의 정사를 도우시고 나의 정사를 하는 여러 관리들을 감독하시며,

【傳】 公留敎道하여 將助我其今已後之政하고 監篤我政事衆官이니 委任之言이라

公은 머물러서 敎道하시어 나의 그 지금 이후의 정사를 도우시고 나의 정사를 하는 여러 관리들을 감독하시란 것이니, 위임시킨다는 말이다.

誕保文武受民하여 **亂爲四輔**[1]어다

1) 迪將其後……亂爲四輔：蔡傳은 "周公이 洛邑에 거주하여 그 뒤의 功業을 확대하여 우리 士·師와 百官들로 하여금 본보기할 바가 있게 하면서, 文王과 武王이 하늘로부터 받은 백성들을 크게 보호해 다스려 宗周의 四方의 보조가 되게 하라는 것이다. 漢나라의 '三輔'는 아마 여기에 근거한 것인 듯하다.〔周公居洛 啓大其後 使我士師工 有所監視 大保文武所受於天之民 而治爲宗周之四輔也 漢三輔 蓋本諸此〕"라고 풀이하였다.

우리 文王과 武王께서 〈하늘로부터〉 받으신 백성들을 크게 보호하여 다스려서 四方의 輔助가 될 수 있게 할지어다."

【傳】 大安文武所受之民治之하여 爲我四維之輔니 明當依倚公이라

文王과 武王께서 〈하늘로부터〉 받으신 백성들을 크게 보호해 다스려서 우리 四方의 輔助가 될 수 있게 하라고 한 것이니, 응당 公에게 의지해야 할 점을 밝힌 것이다.

【疏】 '王曰公予'至'四輔' ○正義曰：王呼周公曰"我小子其退此坐, 就爲君於周." 謂順公之言, 行天子之政於洛邑也. "至洛邑當命公後, 立公之世子爲國君, 公當留輔我也. 公之攝政, 四方雖已道治理, 猶自未能定於尊禮, 是亦未能撫順公之大功. 公當待其定大禮, 順公之大功, 此時未可去也. 公當留教道, 將助我其今已後之政, 監篤我政事衆官. 以此大安文武所受之民而治之, 爲我四維之輔助." 明己當依倚公也.

經의 〔王曰公予〕에서 〔四輔〕까지

○正義曰：王이 周公을 불러서 다음과 같이 말씀하였다. "나 小子는 여기 〈洛邑의〉 자리에서 물러난 뒤에 周(洛邑)로 가서 임금 노릇을 하겠다." 公의 말에 따라 天子의 정사를 洛邑에서 행할 것임을 이른다. "洛邑에 이르면 응당 公의 후계자를 명하여 公의 世子(伯禽)를 세워 國君으로 삼을 것이니, 公은 응당 머물러 나를 도와주셔야 합니다. 公이 攝政할 때에 四方이 비록 잘 다스려졌다 하나 외려 능히 〈功이 있는 이를〉 높이는 禮를 정하지 못했기 때문에 또한 능히 公의 큰 功을 어루만지지 못하고 있습니다. 公은 응당 큰 禮가 정해지기를 기다려야 할 것이니, 〈예가 정해지면〉 公의 큰 공을 어루만질 터인즉, 지금 떠나가셔서는 안 됩니다. 公은 응당 머물러서 教道하여 나의 지금 이후의 정사를 도우시고 나의 정사를 하는 여러 관리들을 감독하여주소서. 이로써 우리 文王과 武王께서 〈하늘로부터〉 받으신 백성들을 크게 보호해 다스려서

우리 四方의 輔助가 될 수 있게 해주십시오." 자기는 응당 公에게 의지할 것임을 밝힌 것이다.

【疏】 ○ 傳'我小'至'佑我' ○ 正義曰 : '退'者, 退朝也. 周公於時令成王坐王位而以政歸之, 成王順周公言, 受其政也. 言我小子退坐之後, 便就君位於周. '周'謂洛邑, 許其從公言, 適洛邑而行新政也. 古者臣有大功, 必封爲國君, 今周公將欲退老, 故命立公後, 使公子伯禽爲國君, 公當留佑我. 王肅云"成王前春亦俱至洛邑, 是顧無事, 旣會而還宗周. 周公往營成周, 還來致政成王也."

○ 傳의 〔我小〕에서 〔佑我〕까지

○ 正義曰 : '退'라는 것은 조정에서 물러나는 것이다. 周公이 이때에 成王으로 하여금 王位에 앉게 하고서 정권을 돌려주었으므로 成王은 周公의 말에 따라 그 정권을 받은 것이다. '나 小子는 자리에서 물러난 뒤에 곧 周로 가서 임금 노릇 하겠다.'는 것을 이른다. '周'는 洛邑을 이르니, 公의 말에 따라 洛邑으로 가서 新政을 행할 것을 허락한 것이다. 옛날에는 신하에게 큰 공이 있으면 반드시 봉하여 國君을 삼았는데, 지금 周公이 장차 退老하려고 하기 때문에 公의 후계자를 명하여 세울 것이라고 한 것이다. 公의 아들 伯禽으로 하여금 國君으로 삼을 것이니, 公은 응당 머물러서 나를 도와야 한다는 것이다.

王肅은 "成王이 지난봄에 또한 함께 洛邑에 이르렀는데, 할 일이 없어서 일단 모였다가 宗周로 돌아간 것이다. 周公은 가서 成周를 경영하고 도로 와서 정권을 成王에게 돌려준 것이다."라고 하였다.

【疏】 ○ 傳'言四'至'以去' ○ 正義曰 : 王意恐公意以四方旣定, 不須更留, 故謂公云"四方雖已道治, 而猶未能定於尊大之禮." 言其禮樂未能彰明也. "禮旣未彰, 是天下之民, 亦未能撫安順行公之大功. 公當待其禮法明公功順, 乃可去耳." 明今不可以去.

○ 傳의 〔言四〕에서 〔以去〕까지

○ 正義曰 : 王의 생각은 혹여 公이 四方이 이미 정해져서 다시 머물 필요가 없다고 여길까 염려하기 때문에 公에게 이르기를 "四方이 비록 잘 다스려졌다 하나 외려 〈功이 있는 이를〉 높이는 禮를 정하지 못하였습니다."라고 하였으니, 禮樂이 능히 彰明하지 못함을 말한 것이다. "禮가 이미 드러나지 못하였으니, 이래서 천하의 백성들이 또한 公

의 큰 功을 어루만지지 못하고 있습니다. 公은 응당 그 禮法이 밝혀지고 公의 功이 어루만져지기를 기다려서 떠나 가셔야 합니다."라 하였으니, 지금은 떠나갈 수 없음을 밝힌 것이다.

【疏】 ○ 傳'大安'至'倚公' ○ 正義曰 : "文武受民, 〔受〕之於天(下)[1], 今大安文武所受之民, 助我治之, 爲我四維之輔. 明己當依倚公也. '維'者, 爲之綱紀, 猶如用繩維持之. 文王世子云 "設四輔[2]", 謂設衆官爲四方輔助. 周公一人, 事無不統, 故一人爲四輔. 管子云 "四維不張, 國乃滅亡." 傳取管子之意, 故言 '四維之輔'也.

1) 文武〔受〕民之於天(下) : 浦鏜의 ≪十三經注疏正字≫ "當作文武受民 受之於天"에 의거하여 '受'는 보충하고 '下'는 衍文으로 처리하였다.
2) 四輔 : 師·保·疑·丞의 네 가지 보필자를 가리킨다. 일설에는 前疑·後丞·左輔·右弼이라고도 한다.

○ 傳의 〔大安〕에서 〔倚公〕까지

○ 正義曰 : "文王과 武王이 받은 백성들은 하늘에서 받은 것이니, 지금 文王과 武王께서 하늘로부터 받으신 백성들을 크게 안보해야 하므로 나를 도와 다스려서 우리 四維(四方)의 輔助가 될 수 있게 해주시오."라 하였으니, 자기는 응당 公에게 의지해야 할 것임을 밝힌 것이다.

'維'는 綱紀를 하는 것이니, 노끈을 써서 유지하는 것과 같다. ≪禮記≫ 〈文王世子〉에 "四輔를 설치한다."라고 한 것은 衆官을 설치하여 四方의 輔助를 삼음을 이른 것이다. 周公 한 사람이 통솔하지 않는 일이 없기 때문에 한 사람이 四輔가 된 것이다. ≪管子≫에 "四維가 펼쳐지지 않으면 나라가 멸망한다."라고 하였으니, 傳은 ≪管子≫의 뜻을 취했기 때문에 '四維의 輔'라고 말한 것이다.

王曰 公定[1]이어든 **予往已**이니다 **公功**이 **肅將**하니 **祗歡[2]**이니다

1) 公定 : 蔡傳은 '定'을 '止'의 뜻으로 보아 "公이 이곳에 머물거든"으로 풀이하였다.
2) 公功肅將祗歡 : 蔡傳은 '功', '歡'에 句를 끊어서 "周公의 事功을 사람들이 모두 엄숙히 받들어 공경하고 기뻐하니, 마땅히 洛邑을 鎭撫하여 사람들의 마음을 위로하고 기쁘게 할 것이요〔周公之功 人皆肅而將之 欽而悅之 宜鎭撫洛邑 以慰懌人心〕"라고 풀이하였다.

王은 말씀하였다. "公이 〈나를〉 안정시키시거든 나는 〈洛邑으로〉 갈 것입니다. 公

의 功이 進大(진취되고 장대함)하니 〈천하 사람들이 모두 公의 功을〉 공경하고 기뻐하였습니다.

【傳】 公留以安定我이어든 我從公言하여 往至洛邑已矣라 公功以[1]進大하니 天下咸敬樂公功이라

1) 以 : 孔疏에서는 '已'로 적고 있다.

公이 머물러 나를 안정시키거든 나는 公의 말씀에 따라 洛邑으로 갈 것입니다. 公의 功이 進大하니 천하 사람들이 모두 公의 功을 공경하고 즐거워했다는 것이다.

公無困哉[1]어다 **我惟無斁其康事[2]**하노니 **公勿替刑**하면 **四方**이 **其世享**하리니다

1) 公無困哉 : 蘇軾(≪書傳≫)은 "나를 버리고 가면 나를 피곤하게 한다.〔去我則困我也〕"로, 林之奇(≪尚書全解≫)는 "公은 마땅히 여기에서 게으름을 부리지 말아야 한다.〔公當無倦于此也〕"로, 朱子(≪朱子語類≫)는 "公은 일을 가지고 스스로 피곤하지 말라.〔公無以事自困〕"로 풀이하였는데, 蔡傳은 '哉'자를 '我'자로 바꾸어서 孔傳을 따랐다.

2) 公無困哉我惟無斁其康事 : 兪樾(≪群經平議≫)은 '哉'와 '我'가 倒置된 것으로 보아 '我'에 句를 끊어서 "公은 나를 피곤하게 하지 말고, 백성들을 편안하게 하는 일을 게을리 하지 말라고 당부하는 것이다.〔公無困我哉 無斁其康事〕"라고 풀이하였다.

公은 〈반드시 머무시고〉 나를 피곤하게 하지 말지어다. 나는 〈지금 洛邑으로 가서〉 백성들을 편안하게 하는 일을 게을리 하지 않을 것이니, 公이 〈떠나가〉 법을 폐기하지 마시면 사방의 백성들이 대대로 〈公의 德을〉 누릴 것입니다."

【傳】 公必留하고 無去以困我哉어다 我惟無厭其安天下事하노니 公勿去以廢法하면 則四方이 其世世享公之德하리라

公은 꼭 여기에 머무시고 떠나감으로써 나를 피곤하게 하지 말지어다. 나는 〈지금 洛邑으로 가서〉 천하를 편안하게 하는 일을 게을리 하지 않을 것이니, 公이 떠나감으로써 법을 폐기하지 마신다면 사방의 백성들이 대대로 公의 德을 누릴 것이라고 말한 것이다.

【疏】 '王曰公定'至'世享' ○ 正義曰 : 王又呼公 "公留以安定我, 我從公言, 往至洛邑已矣. 公功(已)〔以〕[1]進且大矣, 天下皆樂公之功, 敬而歡樂. 公必留, 無去以困我哉. 公留助我, 我惟無厭其安天下之事. 公勿去以廢法, 則四方之民, 其世世享公之德矣."

1) (已)〔以〕: 저본에는 '已'로 되어 있으나, 孔傳에 의거하여 '以'로 바로잡았다.

經의 〔王曰公定〕에서 〔世享〕까지

○ 正義曰 : 王은 또 公을 불러서 말씀하였다. "公이 머물러 나를 안정시키거든 나는 公의 말씀에 따라 洛邑으로 갈 것입니다. 公의 功이 이미 진취하고 장대하니 천하 사람들이 모두 公의 功을 좋아하여 공경하면서 기뻐하고 즐거워하였습니다. 公은 꼭 여기에 머무시고 떠나감으로써 나른 피곤하게 하지 말지어다. 公이 머물러 나를 도와주시면 나는 〈지금 洛邑으로 가서〉 천하를 편안하게 하는 일을 게을리 하지 않을 것입니다. 公이 떠나감으로써 법을 폐기하지 마신다면 사방의 백성들이 대대로 公의 德을 누릴 것입니다."

【疏】 ○ 傳'公留'至'公功' ○ 正義曰 : 讀文以'公定'爲句, 王稱'定'者, 言定已也, 故傳言"公留以安定我." '我'字傳加之. '我從公言', 是經之'予'也. '往至洛邑已矣', 言己順從公命, 受歸政也. '公功已進大 天下咸敬樂公之功', 亦謂居攝時也. 釋詁云"肅, 進也."

○ 傳의 〔公留〕에서 〔公功〕까지

○ 正義曰 : 經文을 읽을 때에 '公定'을 句로 삼으면 王이 '定'이라 칭한 것은 자기를 안정시킴을 말한 것이기 때문에 傳에서 "公이 머물러 나를 안정시키거든"이라고 말하였으니, '我'자를 傳에서 보탠 것이다. '我從公言'〈의 我는〉 바로 經文의 '予'인 것이다. '往至洛邑已矣'는 자기가 公의 命에 순종하여 〈周公이〉 돌려준 정권을 받은 것을 말한다. '公功已進大 天下咸敬樂公之功'은 또한 居攝할 때를 이른 것이다. ≪爾雅≫ 〈釋詁〉에 "'肅'은 進의 뜻이다."라고 하였다.

【疏】 ○ 傳'公必'至'之德' ○ 正義曰 : 王言己才智淺短, 公去則困, 故請公"無去以困我哉." 我意欲(置)〔致〕[1]太平, 惟無厭倦其安天下之事. 是以留公, 公勿去以廢治國之法, 則天下四方之民, 蒙公之恩, 其世世享公之德. '享', 謂荷負之.

1) (置)〔致〕: 저본에는 '置'로 되어 있으나, 宋刊 單疏本에 의거하여 '致'로 바로잡았다.

○ 傳의 〔公必〕에서 〔之德〕까지

○ 正義曰 : 王은 자기는 才智가 淺短하므로 公이 떠나가면 피곤하게 될 것을 말하기

때문에 公에게 "떠나감으로써 나를 피곤하게 하지 말지어다."라고 청한 것이다. 나(成王)의 뜻은 太平을 이루려 하므로 "천하를 편안하게 하는 일을 게을리 하지 않을 것입니다. 이런 때문에 公을 머물게 하는 것이니, 公은 떠나감으로써 나라를 다스리는 법을 폐기하지 마신다면 천하 사방의 백성들이 公의 은혜를 입어 대대로 公의 德을 누릴 것입니다."라고 한 것이니, '享'은 받아 입음을 이른다.

周公이 拜手稽首曰 王命予來하사 承保乃文祖受命民하고

周公이 손을 이마에 얹고 머리를 땅에 대어 큰 절을 하고 나서 말씀하였다. "王께서 나를 〈洛邑으로〉 오도록 명하시어 당신의 文祖(文王)께서 〈하늘의〉 命을 받은 백성을 이어받아 안정시키고,

【傳】 拜而後言하여 許成王留라 言王命我來하여 承安汝文德之祖文王所受命之民하니 是所以不得去라

절하고 나서 말하여 成王의 만류를 허락하였다. "王이 나를 〈洛邑으로〉 오도록 명하여 당신 文德의 할아버지인 文王이 〈하늘의〉 命을 받은 백성을 이어받아 안정시키게 했다."라고 말하였으니, 이것이 떠나갈 수 없는 이유이다.

越乃光烈考武王[1)]에 弘朕恭[2)]이샷다

1) 承保乃文祖受命民 越乃光烈考武王 : 蔡傳은 '越'을 '及'의 뜻으로 보아 이상의 "誕保文武受民"이란 말에 답한 것으로 풀이하였다.
2) 弘朕恭 : 蔡傳은 "이 이하는 周公이 成王이 洛邑에 머물게 하는 등의 일을 허락한 것이다.〔此下 周公 許成王留等事也〕"로 풀이하는 동시에 또한 "'임금에게 어려운 일을 하도록 권면하는 것'을 공손함이라 이르니, '나의 공손한 태도를 대단하게 여긴다.'는 것은 어려운 일을 하도록 권면하는 의리를 대단하게 여긴다는 것이다.〔責難於君 謂之恭 弘朕恭 大其責難之義也〕"라고 하였는데, 이에 대하여 丁若鏞(≪尙書知遠錄≫)은 "周公이 아직 머물기를 허락하지 않았으니, 蔡說이 잘못된 것이다.〔周公尙未許留 蔡說非也〕"라고 하였다.

당신의 光烈한 考이신 武王에 대하여, 크게 나로 하여금 그 도리를 공손히 받들게 하신 것입니다.

【傳】 於汝大業之父武王에 大使我恭奉其道라하니 敍成王留己意라

큰 功業을 이루신 당신의 아버지인 武王에 대하여 크게 나로 하여금 그 도리를 공손히 받들게 하신 것이라 하였으니, 成王이 자기를 만류한 뜻을 서술한 것이다.

孺子來相宅은 其大惇典殷獻民하고

孺子께서 이곳에 오시어 거주할 곳을 살펴보신 것은 殷나라의 어진 백성들에게 典常을 매우 돈후하게 행하고

【傳】 少子今所以來相宅於洛邑은 其大厚行典常於殷賢人이라

少子가 지금 洛邑에 와서 거주할 곳을 살펴본 이유는 殷나라의 어진 백성들에게 典常을 매우 돈후하게 행하기 위한 것이란 말이다.

亂爲四方新辟하사 作周恭先[1)]하소서

1) 作周恭先 : 蔡傳은 "'周나라에 공손한 王의 솔선이 되소서.'라는 것은 임금이 공손함으로 아랫사람들을 접하고 공손함으로 뒤의 임금을 倡導하라는 것이다.〔作周恭先者 人君 恭以接下 以恭而倡後王也〕"라고 풀이하였다.

〈부디 새로 세운 도읍에서 천하를〉 다스려 사방의 새 임금님이 되시어, 周나라의 공경을 받는 왕이 으뜸으로 존중할 대상이 되소서."

【傳】 言當治理天下하여 新其政化하여 爲四方之新君하여 爲周家見恭敬之王이 後世所推先也라

마땅히 천하를 다스려 그 정치교화를 새롭게 해서 사방의 새 임금이 되어, 周나라의 공경을 받는 왕이 후세에 으뜸으로 존중할 대상이 되어야 한다고 말한 것이다.

曰[1)] 其自時中乂[2)]하여 萬邦이 咸休하면 惟王이 有成績하시리이다

1) 曰 : 陳師凱(≪書蔡氏傳旁通≫)는 周公이 成王에게 期望(기대)하는 말로 보았다.
2) 其自時中乂 : 蔡傳은 '自'를 如字로 '時'를 是의 뜻으로 보고 '時', '乂'에 句를 끊어서 "이로부터 중앙에 거주하여 나라를 잘 다스릴 수 있을 것이다.〔自是 可以宅中圖治〕"로 풀이하였다.

거듭 말씀드립니다. "이 土中(중앙)을 이용해 다스려서 萬邦이 모두 아름다운 〈德을 입게 하면〉 王께서는 훌륭한 공적을 이룸이 있을 것입니다.

【傳】 曰 其當用是土中爲治하여 使萬國皆被美德이니 如此면 惟王乃有成功이라

거듭 말씀드리건대, 마땅히 이 土中을 이용해 다스려서 萬邦이 모두 아름다운 德을 입게 해야 하니, 이와 같이 하면 王께서는 훌륭한 공적을 이룸이 있을 것이란 말이다.

予旦은 **以多子**와 **越御事**로 **篤前人成烈**하여 **答其師**하고 **作周孚先**[1)]이리이다

1) 作周孚先 : 蔡傳은 "'周나라에 신실한 신하의 솔선이 된다.'라는 것은 신하가 믿음으로 윗사람을 섬기고 믿음으로 뒷사람을 창도하는 것이다.〔作周孚先者 人臣 信以事上 以信而倡後人也〕"라고 풀이하였다.

나 旦은 여러 卿大夫와 일을 다스리는 신하들과 함께 前人(文王과 武王)께서 이룩하신 功烈을 돈독히 〈솔선으로〉 행하여 민중의 마음에 딱 맞게 하고, 周나라의 믿음을 세우는 〈어진 신하가〉 으뜸으로 존중할 대상이 되게 할 것입니다.

【傳】 我旦以衆卿大夫와 於御治事之臣으로 厚率行先王成業하여 當其衆心하고 爲周家立信者之所推先이라

나 旦은 여러 卿大夫와 일을 다스리는 신하들과 함께 先王이 이룩한 功業을 돈독히 솔선으로 행하여 민중의 마음에 딱 맞게 하고, 周나라의 믿음을 세우는 신하가 으뜸으로 존중할 대상이 되게 하라는 것이다.

【疏】 '周公'至'孚先' ○正義曰：周公拜手稽首, 盡禮致敬, 許王之留, 乃興而爲言曰 "王今命我來居臣位, 承安汝文德之祖文王所受命之民, (今)〔令〕[1)]我繼文祖大業, 我所以不得去也. 又於汝大業父武王, 大使我恭奉其道, 王意以禮留我, 其事甚大, 我所以爲王留也." 公呼成王云 "小子今所以來相宅於洛邑者, 欲其大厚行常道於殷賢人. 王當治理天下, 新其政化, 爲四方之新君, 爲周家後世見恭敬之王所推先也." 重誨王曰 "其當用是土中爲治, 使萬國皆被美德, 如此惟王乃有成功也." 公自稱名曰 "若王居洛邑, 則我旦以多衆君子卿大夫等及於御治事之臣, 厚率行前人先王成業, 使當其衆心, 爲周家後世人臣立信者之所推先." 言我留輔王, 使君臣皆爲後世所推先, 期於上下俱顯也.

1) (今)〔令〕: 저본에는 '今'으로 되어 있으나, 宋刊 單疏本에 의거하여 '令'으로 바로잡았다.

經의 〔周公〕에서 〔孚先〕까지

○ 正義曰 : 周公이 손을 이마에 얹고 머리를 땅에 대어 큰 절을 하여 예의와 경의를 다해서 王의 만류를 허락하고 이에 일어나서 말하기를 "王이 지금 나를 신하의 자리로 와서 거하도록 명하여 당신의 文德이 있는 할아버지인 文王이 〈하늘의〉 命을 받은 백성들을 이어받아 안정하게 하고, 나로 하여금 文德이 있는 할아버지의 큰 功業을 계승하게 하므로 내가 이 때문에 떠나갈 수 없습니다. 또 당신의 큰 功業을 이루신 아버지인 武王에 대하여 크게 나로 하여금 그 도리를 공손히 받들게 하니, 王의 뜻이 禮로써 나를 만류함은 그 일이 매우 큰 것 때문이니, 내가 그래서 王을 위하여 머뭅니다."라고 하였다.

公은 成王을 부르며 말하기를 "少子가 지금 洛邑에 와서 거주할 곳을 살펴본 것은 殷나라의 어진 백성들에게 常道를 매우 돈후하게 행하기 위한 것입니다. 王은 마땅히 천하를 다스려 정치교화를 새롭게 해서 사방의 새로운 임금이 되어, 周나라의 후세에 〈덕이 있어 사람들로부터〉 공경을 받는 왕이 으뜸으로 존중할 대상이 되어야 합니다."라고 하였다.

거듭 王을 교훈하기를 "마땅히 이 土中을 이용하여 다스려 萬邦이 모두 아름다운 德을 입게 해야 하니, 이와 같이 하면 王은 훌륭한 공적을 이룸이 있을 것입니다."라고 하였다.

公은 스스로 자기 이름을 일컬으며 말하기를 "만일 王이 洛邑에 거주한다면 나 旦은 여러 君子인 卿大夫 등과 일을 다스리는 신하들과 함께 前人이신 先王이 이룩한 功業을 돈독히 솔선으로 행하여 민중의 마음에 딱 맞게 하고, 周나라의 후세에 믿음을 세우는 신하가 으뜸으로 존중할 대상이 되게 할 것이다."라고 하였다. 내가 머물러 王을 보필하여 임금과 신하로 하여금 모두 후세에 으뜸으로 존중할 대상이 되게 해서 위아래가 모두 드러나게 함을 기할 게라 말한 것이다.

【疏】 ○傳'拜而'至'得去' ○正義曰 : '拜'是從命之事, 故云 "拜而後言, 許成王留"也. 以'退'爲去, 以'留'爲來, 故言"王令我來." 來居臣位, 爲太師也. "承安汝文德之祖文王所受命之民.” 天命文王, 使爲民主, 天以民命文王, 故民是“文王所受命之民.” ‘承安’者, 承文王之意, 安定此民. 言王之留己, 乃爲此事, 其事旣大, 是所以不得去也.

○ 傳의 〔拜而〕에서 〔得去〕까지

○ 正義曰 : ‘拜’는 바로 命을 따르는 일이기 때문에 “절하고 나서 말하여 成王의 만류를 허락했다.”라고 한 것이다. ‘退’를 去의 뜻으로, ‘留’를 來의 뜻으로 여겼기 때문에, “王이 나로 하여금 오게 했다.”라고 말한 것은 신하의 자리에 와 거하여 太師가 되었다는 것이다.

“너의 文德이 있는 할아버지인 文王이 〈하늘의〉 命을 받은 백성을 이어받아 안정시키게 했다.”는 것은 하늘이 文王에게 명하여 백성의 임금이 되게 하였으니, 하늘이 백성을 文王에게 명했기 때문에 백성은 바로 “文王이 〈하늘의〉 명을 받은 백성”이란 것이다. ‘承安’이란 것은 文王의 뜻을 이어받아 이 백성을 안정시키는 것이다. 王이 자기를 만류함은 바로 이 일을 하기 위함을 말한 것이니, 그 일이 이미 크기 때문에 이것이 곧 떠나갈 수 없는 이유이다.

【疏】 ○ 傳‘於汝’至‘已意’ ○ 正義曰 : 於汝成王大功業之父武王, 王意大使我恭奉其道, 敍成王留己之意也. 王於文王・武王, 皆欲令周公奉其道, 安其民, 其意一也, 周公分言之耳. 承安其文王之民, 恭奉其武王之道, 互相通也.

○ 傳의 〔於汝〕에서 〔已意〕까지

○ 正義曰 : 큰 功業을 이루신 당신 成王의 아버지인 武王에 대하여 王의 뜻은 크게 나로 하여금 그 도리를 공손히 받들게 하신 것이라 하였으니, 成王이 자기를 만류한 뜻을 서술한 것이다. 王은 文王과 武王에 대하여 모두 周公으로 하여금 그 도리를 받들고 그 백성을 안정시키도록 하였으니, 그 뜻은 동일한 것인데, 周公이 나누어서 말했을 뿐이다. 그 ‘文王의 백성을 이어받아 안정시킨다.’는 것과 그 ‘武王의 도리를 공손히 받든다.’는 것은 〈그 뜻이〉 서로 통한다.

【疏】 ○ 傳‘少子’至‘賢人’ ○ 正義曰 : ‘少子’者, 呼成王之辭. 言“我今所以來相宅於洛邑”者, 欲令王居洛, 其大厚行典常於殷賢人, 而據洛爲政, 故言‘來’. 訓‘典’爲常, 故連言‘典常’, 言其行常道也. 周受於殷, 故繼之於殷, 人有賢性, 故稱‘賢人’.

○ 傳의 〔少子〕에서 〔賢人〕까지

○ 正義曰 : '少子'란 것은 成王을 부르는 말이다. "내(少子)가 지금 洛邑에 와서 거주할 곳을 살펴본다."고 말한 것은 王으로 하여금 洛邑에 거주하여 殷나라의 어진 백성들에게 典常을 매우 돈후하게 행하게 하고자 한 것이고, 洛邑에 의거하여 정사를 하기 때문에 '와서'라고 말한 것이다. '典'을 常의 뜻으로 풀이하기 때문에 연달아서 '典常'이라 말하였는데, 그 常道를 행함을 말한 것이다.

周나라가 殷나라에서 〈命을〉 받았기 때문에 殷나라를 계승한 것이 되고, 사람에게 어진 성품이 있기 때문에 '賢人'이라 칭한 것이다.

【疏】 ○ 傳'言當'至'推先' ○ 正義曰 : 易稱"日新之謂盛德." 雖舊有美政, 令王更復新之. 言'當治理天下, 新其政化, 爲四方之新君', 與後人爲軌訓. '爲周家見恭敬之王, 後世所推先也', 謂周家後世子孫有德之王, 被人恭敬推先. (王)〔已〕[1]戒成王, 使爲善政, 令後王崇重之.

1) (王)〔已〕 : 저본에는 '王'으로 되어 있으나, 宋刊 單疏本・宋兩浙東路茶鹽司本・上海古籍出版社 整理本에 의거하여 '已'로 바로잡았다.

○ 傳의 〔言當〕에서 〔推先〕까지

○ 正義曰 : ≪周易≫ 〈繫辭傳 上〉에 "날로 새로워지는 것을 '盛德'이라 이른다."라고 칭하였다. 비록 예전에 아름다운 정사가 있었으나 王으로 하여금 다시 새로운 정사를 하도록 한 것이다. '마땅히 천하를 다스려 그 정치교화를 새롭게 해서 사방의 새 임금이 되어야 한다.'고 말한 것은 뒷사람과 함께 軌訓을 삼는 것이다. '周나라에 공경을 받는 왕이 후세에 으뜸으로 존중할 대상이 되어야 한다고 말한 것이다.'라고 한 것은 周나라 후세 자손 중에 덕이 있어 사람들로부터 공경을 받는 왕의 으뜸으로 존중할 대상이 됨을 이른 것이다. 이미 成王에게 善政을 하도록 경계해서 후세 王으로 하여금 존중할 대상이 되도록 한 것이다.

【疏】 ○ 傳'曰其'至'成功' ○ 正義曰 : 重以誨王, 成其上事, 故言'曰'以起之.

○ 傳의 〔曰其〕에서 〔成功〕까지

○ 正義曰 : 거듭 王을 교훈하여 위의 일을 이루었기 때문에 '曰'자를 말하여 일으킨 것이다.

【疏】○傳'我旦'至'推先' ○正義曰：'旦'是周公之名，故自稱'我旦'也．'子'者，有德之稱，大夫皆稱'子'，故以'多子'爲衆卿大夫．同欲令成王行善政，爲後世賢王所推先．公與群臣盡誠節，爲後世賢臣所推先．故欲以衆卿大夫及於御治事之臣，深厚率行先王之業，使當其人衆之心，爲周家後世賢臣立信者之所推先也．傳於此不言'後世'，從上省文也．於君言'見恭敬'，於臣言'立信'者，以君尊言人敬，臣卑言自立信，因其所宜以設文也．

○傳의 〔我旦〕에서 〔推先〕까지

○正義曰：'旦'은 바로 周公의 이름이기 때문에 자칭 '나 旦'이라고 한 것이다. '子'는 德을 가진 자의 칭호이니, 大夫를 모두 '子'라고 칭하기 때문에 〈孔安國은〉 '多子'를 여러 卿大夫로 여긴 것이다. 〈周公이〉 그들과 함께 成王으로 하여금 善政을 행해서 후세의 어진 王이 으뜸으로 존중할 대상이 되게 하고자 한 것이다.

公은 여러 신하들과 함께 성심과 절의를 다하여 후세 어진 신하들이 으뜸으로 존중할 대상이 되게 하려 했기 때문에 여러 卿大夫와 일을 다스리는 신하들과 함께 先王의 功業을 深厚하게 솔선으로 행하여 민중의 마음에 딱 맞게 하고, 周나라의 후세에 믿음을 세우는 어진 신하가 으뜸으로 존중할 대상이 되게 하고자 하였다. 傳이 여기에서 '後世'를 말하지 않은 것은 위를 따라 글을 생략한 것이다.

임금에 대해서는 '見恭敬'을 말하고, 신하에 대해서는 '立信'을 말한 것은 임금은 높기 때문에 사람이 공경함을 말하고, 신하는 낮기 때문에 스스로 믿음을 세움을 말하였으니, 그 알맞은 바를 인하여 문장을 설정한 것이다.

考朕昭子刑은 乃單文祖德이니이다 伻來毖殷이시니 乃命寧[1)2)]이니다

1) 考朕昭子刑……乃命寧：蔡傳은 "우리 昭子의 儀刑을 이루어 文祖의 德을 다할 것입니다. 왕께서는 使者를 보내와 殷나라 사람들을 경계하시고, 命하여 나를 편안하게 하시되"라고 풀이하였다.

2) 乃命寧：孔傳은 '乃命寧'에 句를 끊어 '乃命寧'을 "周公이 文王과 武王의 명을 받아서 殷나라 백성들을 편안하게 해준 것〔乃見命而安之〕"으로 풀이하고, '予'는 아래에 붙여서 "周公 자신이 7년 동안 섭정하여 태평시대를 이루고 鬱鬯酒를 가지고 文王과 武王에게 제사를 올리는 것"으로 풀이하였으며, 蔡傳은 "이는 殷나라 백성들을 삼가 경계하고 명하여 周公을 편안하게 한 것이다.〔此 謹毖殷民 而命寧周公也〕"로 풀이하였는데, 이에 대하여 丁若鏞은 "蔡氏의 왜곡된 해석은 우선 그만두고라도 먼저 梅氏에게 물어보겠는데, 단지 '乃命寧'이라

고만 한 것은 무슨 말인가. 또한 周公이 어떻게 평소에 秬鬯酒를 가질 수 있겠는가. 祖考를 받드는 諸侯에게는 天子가 혹시 秬鬯酒를 하사할 수도 있지만, 周公은 魯나라의 始祖이므로 제사 지낼 데가 없는데, 어떻게 秬鬯酒를 하사했겠는가. 만일 '天子가 하사하지 않았는데 周公이 스스로 간직했다'면 周公이 크게 무례한 짓을 한 것이다. 秬鬯酒를 비축해두고 쓰지 않는 것도 외려 큰 罪가 되는데, 하물며 감히 이것을 가지고 文王과 武王에게 禋祭를 지낼 수 있겠는가. 支子가 제사를 지내지 못하는 것은 禮로 정해놓은 것이다. 成王이 명한 바가 없는데도 周公이 스스로 文王과 武王에게 제사를 지냈다면 周公이 직접 秬鬯酒를 주관한 셈이다. 成王이 뚜렷이 在位 중인데, 周公이 감히 이런 일을 했겠는가. '乃命寧'으로 句를 끊으면 하늘과 땅이 번복되는 것이다.〔蔡曲姑捨 先問梅直乃命寧 何說也 且周公安得素有秬鬯 諸侯之承事祖考者 天子或賜秬鬯 周公魯邦之始祖也 無所爲祭 何賜秬鬯 若云天子不賜而周公自有之 則周公大無禮矣 蓄而不用 猶爲大罪 況敢以此禋于二王乎 支子不祭禮也 成王無所命而周公自祭文武 則周公主鬯矣 成王赫然在位 周公敢爲是乎 乃命寧絶句 則天地翻覆矣〕"라고 하였다.(≪尙書知遠錄≫)

내가 明子(明君)의 法을 이룬 것은 바로 文祖(文王)의 德을 다한 것입니다. 〈文王과 武王이〉 나로 하여금 여기에 와서 殷나라 백성들을 신중히 가르치도록 하셨으니, 〈그 命을〉 받아 백성들을 편안하게 한 것입니다.

【傳】 我所成明子法은 乃盡文祖之德이니 謂典禮也라 所以(君)〔居〕[1]土中은 是文武使己來愼敎殷民이니 乃見命而安之라 ○ 單은 信也라

1) (君)〔居〕: 저본에는 '君'으로 되어 있으나, 宋兩浙東路茶鹽司本・宋慶元間建安魏縣尉宅本에 의거하여 '居'로 바로잡았다.

〈周公이 또 禮法을 만들어 王에게 주어 행하도록 하면서〉 내가 明子의 法을 이룬 것은 바로 文祖의 德을 다한 것이니, 典禮를 이른다. 土中(중앙 곧 洛邑)에 거주하는 이유는 바로 文王과 武王이 나로 하여금 여기에 와서 殷나라 백성들을 신중히 가르치도록 해서이니, 곧 그 명을 받아 백성들을 편안하게 한 것이란 말이다.

○ '單'은 信의 뜻이다.

予[1]以秬鬯二卣로 曰明禋[2]하여 拜手稽首하고 休享[3]이라하니다

1) 予 : 蔡傳은 위에 붙여 '乃命寧予'로 1句를 이루어서 "이는 殷나라 백성들을 삼가 경계하고 명하여 周公을 편안하게 한 것이다.〔此謹毖殷民而命寧周公也〕"라고 풀이하였다.

2) 明禋 : 蔡傳은 鬱鬯酒가 明潔하여 神明에게 제사 지낼 수 있는 물건으로 보았다.
3) 休享 : 蔡傳은 成王이 아름다운 鬱鬯酒로 周公에게 享禮를 올리는 것으로 보았다.

나는 秬鬯酒 두 동이를 가지고 말씀드리기를 '정결한 마음으로 공경을 다하여 손을 이마에 얹고 머리를 땅에 대어 큰 절을 하고서 〈文王과 武王께 태평의〉 아름다운 일로써 고유제를 올립니다.'라고 합니다.

【傳】 周公攝政七年에 致太平하고 以黑黍酒二器로 明絜致敬하여 告文武以美享이라 既告而致政하니 成王留之라 本說之[1]라 ○ 秬鬯은 香酒也요 卣는 中樽也라

1) 本說之 : 宋代 岳珂의 ≪九經三傳沿革例≫에 "'本說之' 三字도 이해할 수 없었는데, 疏의 '故本而說之'란 뜻에 의하여 비로소 밝혀졌다.〔本說之三字 亦不可曉 依疏云 故本而說之意 始明〕"라고 하였다.

周公이 攝政한 지 7년 만에 태평시대를 이룩하고, 검은 기장으로 빚은 술 두 그릇을 가지고 명결(정결)한 마음으로 공경을 다하여 문왕과 무왕에게 〈태평의〉 아름다운 일로써 고유제를 지냈다. 이미 고유제를 지내고 나서 정권을 돌려주고 〈물러가려고 하니,〉 成王이 만류하였다. 근본적인 일을 말한 것이다.

○ '秬鬯'은 향기 나는 술이고, '卣'는 중간 크기의 동이다.

予不敢宿[1]하고 則禋于文王武王이니다

1) 汝不敢宿 : 蔡傳은 '宿'을 〈顧命〉에 있는 '三宿'의 宿과 같이 보아 "周公이 감히 이 享禮를 받을 수가 없어서 文王과 武王에게 제사를 올린 것이다.〔周公 不敢受此禮 而祭於文武也〕"라고 풀이하였는데, 이에 대하여 丁若鏞은 "〈顧命〉에 있는 '三宿'의 뜻을 仲默이 자세하게 알았을까. 馬融·鄭玄·王肅·梅賾의 異說이 어지럽게 일어났으나 결국 무슨 법인지 알 수 없다.〔顧命三宿之義 仲默詳知之乎 馬鄭王梅異說紛興 不知何法〕"라고 하였다.(≪尙書知遠錄≫) 〈顧命〉의 '宿'은 孔疏에 의하면, '神에게 술잔을 올린다.'는 뜻으로 풀이되는 것이지, '받는다.'는 뜻으로 풀이되는 것이 아니니, 곧 周公은 '三宿'의 宿처럼 하는, 그러한 享禮를 감히 받을 수 없다는 것이다.

나는 감히 하룻밤을 경과하지 않고 곧 文王과 武王께 고유하였습니다.

【傳】 言我見天下太平하니 則絜告文武일새 不經宿이라

나는 천하가 태평함을 보았으니, 명결한 마음으로 문왕과 무왕에게 고유해야 하겠기에 하룻밤을 경과하지 않았다고 말한 것이다.

惠篤敍하니 **無有遘自疾**하면 **萬年**에 **厭〔于〕**[1]**乃德**하며 **殷乃引考**[2]하리니다

1) 〔于〕: 저본에는 없으나, 宋兩浙東路茶鹽司本・宋慶元間建安魏縣尉宅本에 의거하여 '于'를 보충하였다.

2) 惠篤敍……殷乃引考 : 蔡傳은 이 문단을 제사 지낼 때의 祝辭, 곧 周公이 成王을 위하여 기도한 것으로 보아 "文王과 武王의 道를 따라 돈독히 생각하여 잊지 않고 문란하지 않게 차서에 따라 행하여 임금은 몸이 康强해서 스스로 질병과 재해에 걸림을 만나는 일이 없고, 자손들은 만년토록 조상의 德을 포식하며, 殷나라 사람들도 〈모두 그 德을 따라〉 壽命이 연장되게 해주소서.〔順篤敍文武之道 身其康强 無有遘遇自罹疾害者 子孫萬年 厭飽乃德 殷人亦永壽考也〕"라고 풀이하였다. 丁若鏞은 제사 지낼 때의 축사로 본 蔡氏의 說이 극히 옳다고 하였다.(≪尙書知遠錄≫)

〈정사를 함에 있어서〉 典常을 따라 돈독히 행하여 차서가 있게 해야 하니, 질병의 정사를 하는 이를 등용하지 않으면 만년토록 〈백성들이〉 당신의 덕을 포식하며, 殷나라는 장성하여 〈周나라가〉 될 것입니다.

【傳】 汝爲政에 當順典常하여 厚行之하여 使有次序하니 無有遇用患疾之道者면 則天下萬年에 厭於汝德하며 殷乃長成爲周라 ○ 馬云 厭은 飫也라하니라

당신은 정사를 함에 있어서 응당 典常을 따라 돈독히 행하여 차서가 있게 해야 하니 患疾(暴惡)의 정사를 하는 이를 등용하지 않으면 천하 사람들이 만년토록 당신의 덕을 포식하며, 殷나라가 장성하여 周나라가 될 것이란 말이다.

○ 馬融은 "'厭'은 飫의 뜻이다."라고 하였다.

王이 **伻殷**으로 **乃承敍**하시면 **萬年**을 **其永觀朕子**[1]하여 **懷德**[2)3]하리다

1) 朕子 : 孔安國은 '우리 자손〔我子孫〕', 蘇軾과 蔡沈은 '우리 孺子〔我孺子〕'로, 楊簡(≪五誥解≫)은 '伯禽'으로 보았다.

2) 惠篤敍……懷德 : 蔡傳에서 "惠篤敍"章에 대해서는 "이는 제사의 祝辭다."라고 밝혔지만, "王伻殷"章에 대해서는 밝히지 않았는데, 林之奇(≪尙書全解≫)가 "'惠篤敍' 이하는 先儒(孔安國 등)와 王氏(王安石)는 모두 周公이 成王을 경계한 말로 여겼으니, 이것을 成王을 경

계한 말로 삼는다면 윗글과 서로 관통되지 않는다. 오직 蘇氏(蘇軾)만은 周公이 文王과 武王에게 비는 말로 여겼으니, 이것이 맞다. 다만 蘇氏는 '其永觀朕子懷德'으로부터 이상을 모두 祝辭로 여겼으니, 그 뜻이 또 결속되지 않는다. 나는 생각하건대, '殷乃引考' 이상은 周公의 祝辭요, '王伻殷' 이하는 成王을 경계한 말로 여긴다.〔惠篤敍以下 先儒王氏 皆以爲 周公戒成王之言 以此爲戒成王之言 則與上文不相貫 惟蘇氏以爲 周公祝文武之辭 此得之矣 但蘇氏 自其永觀朕子懷德以上 皆以爲祝辭 則其義又不結 竊謂殷乃引考以上 則周公之祝辭 王伻殷以下 則戒王之言也〕"라고 하였으니, 蔡傳이 ≪尙書全解≫를 바탕으로 한 것을 감안하면, 당연히 林之奇와 같이 구분했을 것으로 본다. 王夫之는 '伻來毖殷'에서 '懷德'까지에 대하여 "상고하건대, 이는 윗글과 서로 접속되지 않는데, 孔氏는 '사관이 말한 것이다.'라고 하였고, 蔡氏는 분명하게 이해하지 못하였는데, 그 文詞가 簡質함을 자세히 음미하면 별도로 한 文體가 된다.〔按此與上文不相屬 孔氏曰 史說之 蔡氏殊未分曉 詳其文詞簡質 別爲一體〕"라고 하였다.

3) 王伻殷……懷德 : 蔡傳은 '敍'는 敎條의 次第로 보고 '殷', '年', '子', '德'에 句를 끊어서 "王은 殷나라 사람들로 하여금 만년토록 敎條의 次第를 경청하여 우리 孺子〈의 몸소 실천함을〉 보고 본받아서 그 德敎를 길이 사모하게 하라는 것이다.〔王使殷人 承敍萬年 其永觀法我孺子 而懷其德也〕"라고 풀이하였다.

王께서 殷나라 사람들로 하여금 〈上下가〉 이어받아 차서가 있게 하시면 만년〈의 道를 백성들이〉 길이 우리 子孫에게 보고서 그 德으로 懷歸할 것입니다."

【傳】 王使殷民으로 上下相承有次序면 則萬年之道를 民其長觀我子孫하고 而歸其德矣라 勉使終之라

王이 殷나라 백성들로 하여금 上下가 서로 이어받아 차서가 있게 하면 만년의 道를 백성들이 길이 우리 자손에게 보고서 그 德으로 돌아올 게란 것이니, 마무리를 잘 하도록 권면한 것이다.

【疏】 '考朕'至'懷德' ○ 正義曰 : 周公又說制禮授王, 使王奉之. 我所成明子之法, 乃盡是汝文祖之德, 言用文王之道制禮, 其事大不可輕也. 又言所以須善治殷獻民者, 文武使己來居土中, 愼敎殷民, 乃是見命於文武而安之故也. 制典當待太平, 我以時旣太平, 卽以秬黍鬯酒, 盛於二卣罇內, 我言曰 "當以此酒, 須明潔致敬於文武, 我則拜手稽首, 告文武以美享." 告云 "今太平, 卽速告廟, 我不敢經宿, 則禋告文王武王以致太平之事." 汝王爲政, 當順典常厚行之, 使有次序, 則諸爲政者, 無云有遇用患疾之道, 苦毒下民, 則天下萬年, 厭飽於汝王之德, 殷乃長成爲周. 王使殷民上下相承有次序, 則萬年之道, 下民其長觀我子孫, 而歸其德矣. 勸王使終之, 皆是誨王之言也.

經의 〔考朕〕에서 〔懷德〕까지

○ 正義曰 : 周公은 또 禮를 지어 王에게 주어서 王으로 하여금 받들도록 할 것에 대해 말하였다. “내가 明子의 法을 이룬 것은 바로 당신 文祖의 德을 다한 것입니다.”라고 하였는데, 그것은 文王의 道를 써서 禮를 지었으니, 그 일이 크므로 가볍게 할 수 없음을 말한 것이다. 또 모름지기 殷나라의 어진 백성들을 잘 다스려야 하는 이유는 文王과 武王이 나로 하여금 土中에 와서 거주하며 殷나라 백성들을 신중히 가르치도록 하였으니, 곧 문왕과 무왕에게 명을 받아 백성들을 편안하게 해야 했기 때문입니다. 典禮를 지은 것은 태평시대를 기다려야 하는 것이니, 나는 때가 이미 태평시절이 되었다고 여겼기 때문에 곧 기장으로 빚은 鬱鬯酒를 두 개의 그릇에 담아 〈고유제를 지낼 준비를 하였습니다.〉 그리고 나는 말하기를 ‘응당 이 술을 가지고 모름지기 정결한 마음으로 文王과 武王에게 공경을 다해야 하겠기에 나는 손을 이마에 얹고 머리를 땅에 대어 큰절을 하고서 문왕과 무왕에게 〈태평의〉 아름다운 일로 고유제를 올립니다.’라고 하였는데, 고유하기를 ‘지금 태평시대를 이룩하였으므로 곧바로 속히 사당에 고유해야 하겠기에 나는 감히 하룻밤을 경과하지 않고 곧 文王과 武王에게 태평시대를 이룩한 일을 고유합니다.’라고 하였습니다.

〈周公은 이어서〉 당신 王은 정사를 함에 있어서 응당 典常을 따라 돈독히 행하여 차서가 있게 해야 하니, 여러 위정자 중에 患疾(暴惡)의 정사를 하여 下民을 苦毒하는 이를 등용하지 않으면 천하 사람들이 만년토록 당신 王의 덕을 포식할 것이며, 殷나라가 장성하여 周나라가 될 것입니다. 王이 殷나라 백성들로 하여금 上下가 서로 이어받아 차서가 있게 하면, 만년의 道를 下民들이 길이 우리 자손에게 보고서 그 德으로 돌아올 것입니다.”라고 하였다. 王을 권면하여 마무리를 잘 하도록 한 것이니, 모두 이 王을 교훈한 말이다.

【疏】 ○ 傳‘我所’至‘安之’ ○ 正義曰 : 典禮治國, 事資聖人, 前聖後聖, 其終一揆, 故言所欲成明子之法, 乃盡是汝祖文王之德也. ‘(予)〔子〕[1]’, 斥成王[2]. 下句竝告文武, 兼用武王可知. 又述居洛邑之意. 所以居土中者, 是文武使己來居此地, 周公自〔言〕[3]非己意也. 文武令我營此洛邑, 欲使居土中, 愼敎殷民, 乃是見命於文武而安殷民也. 顧氏

云'文武使我來愼教殷民, 我今受文武之命以安民也.'

1) (予)〔子〕: 저본에는 '予'로 되어 있으나, 宋刊 單疏本·宋兩浙東路茶鹽司本·宋慶元間建安魏縣尉宅本에 의거하여 '子'로 바로잡았다.
2) 王 : 宋刊 單疏本에는 '王' 아래에 '言用文王之道 制爲典法 以明成王行之爲明君也 特擧文祖 不言武王' 28字가 있다.
3) 〔言〕: 저본에는 없으나, 宋刊 單疏本·宋兩浙東路茶鹽司本·宋慶元間建安魏縣尉宅本에 의거하여 '言'을 보충하였다.

○ 傳의 〔我所〕에서 〔安之〕까지

○ 正義曰 : 典禮로 나라를 다스리는, 그런 일은 聖人에게 힘입게 되는 것인데, 전대의 성인과 후대의 성인이 종당에는 한 법칙이기 때문에 "明子의 法을 이루려고 함은 당신 할아버지인 文王의 德을 다하려는 것이다."라고 말한 것이다.

'子'은 成王을 지칭한 것이다. 아랫句에서 文王과 武王에게 아울러 고하였기 때문에 武王을 겸용했다는 점을 〈孔安國은〉 알 수 있었던 것이다.

또 洛邑에 거주한 내력을 기술하되, '土中에 거주한 까닭은 바로 文王과 武王이 자기로 하여금 이 땅에 와서 거주하게 했기 때문'이라고 하였으니, 周公이 스스로 자기의 뜻이 아니라고 말한 것이다. "문왕과 무왕이 나로 하여금 이 洛邑을 경영하여 土中에 거주하며 殷나라 백성들을 신중히 가르치도록 하였으니, 곧 문왕과 무왕에게 명을 받아 殷나라 백성들을 안정시킨 것이다."라고 하였다.

顧氏는 "'문왕과 무왕이 나로 하여금 〈洛邑에〉 와서 殷나라 백성들을 신중히 가르치게 하였으니, 내가 지금 문왕과 무왕의 명을 받아 백성들을 안정시킨 것이다.' 했다."라고 하였다.

【疏】 ○ 傳'周公'至'說之' ○ 正義曰 : 康誥之作, 事在七年, 云"四方民大和會." '和會'卽太平之驗, 是"周公攝政七年致太平"也. 釋草云"秬, 黑黍." 釋器云"卣, 中罇也." 以黑黍爲酒, 煮鬱金之草, 築而和之, 使芬香調暢, 謂之'秬鬯'. 〔鬯〕[1]酒二器, 明絜致敬, 告文王武王以美享. 謂以太平之美事享祭也. 國語稱"精意以享謂之禋." 釋(註)〔詁〕[2]云"禋, 敬也." 是'明禋'爲"明絜致敬"也. 太平是王之美事, 故太平告廟, 是以美享祭也. 公旣告太平而致政成王, 成王留之, 故本而說之此事者[3], 欲令成王重其事厚行之. 周禮鬱鬯之酒, 實之於彝, 此言在卣者, 詩大雅江漢及文侯之命 皆言"秬鬯一卣, 告於文人."[4] 則未祭實之於卣, 祭時實之於彝. 彼'一卣', 此'二卣'者, 此一告文王, 一告武王,彼王賜臣使告其太祖, 故惟一卣耳. 此經'卣'下言'曰'者, 說本, 盛酒於罇, 乃爲此辭, 故言'曰'也.

1) 〔鬯〕: 저본에는 없으나, 宋刊 單疏本에 의거하여 '鬯'을 보충하였다.
2) (註)〔詁〕: 저본에는 '註'로 되어 있으나, 宋刊 單疏本에 의거하여 '詁'로 바로잡았다.
3) 此事者 : 阮元의 校勘記에서는 이 3자가 잘못된 것으로 보았다.
4) 秬鬯一卣 告於文人 : ≪詩經≫에 있는 말이고, 〈文侯之命〉에는 "用賚爾秬鬯一卣(당신에게 秬鬯酒 한 동이를 하사한다.)"라고 되어 있다.

○ 傳의 〔周公〕에서 〔說之〕까지

○ 正義曰 : 〈康誥〉가 지어진, 그 일이 7년에 있었으므로 "사방의 백성들이 크게 和悅하며 모이거늘"이라고 한 것이다. '和悅하며 모이는 것'이 곧 太平의 징험이니, 이래서 "周公이 攝政한 지 7년 만에 태평시대를 이룩하였다."라고 한 것이다. ≪爾雅≫ 〈釋草〉에 "'秬'는 검은 기장이다."라고 하였고, ≪爾雅≫ 〈釋器〉에 "'卣'는 중간 크기의 동이다."라고 하였다. 검은 기장으로 술을 빚고 鬱金草를 삶아 절구로 찧어 알맞게 섞어 향기가 진하게 나도록 했는데, 이를 일러 '秬鬯'이라 하였다. 秬鬯酒 두 그릇을 가지고 정결한 마음으로 공경을 다하여 문왕과 무왕에게 〈태평의〉 아름다운 일을 가지고 고유제를 지냈다. 〈美享은〉 태평의 아름다운 일을 가지고 제사를 지냈음을 이른 것이다.

≪國語≫ 〈周語〉에 "정성스런 뜻(마음)으로 제사 지내는 것을 '禋'이라 한다."라고 칭하였고, ≪爾雅≫ 〈釋詁〉에 "'禋'은 敬의 뜻이다."라고 하였으니, 이래서 '明禋'을 "명결한 마음으로 공경을 다한다."라고 한 것이다. 太平은 바로 王의 아름다운 일이기 때문에 태평한 일을 사당에 고유한 것이니, 이것이 바로 태평의 아름다운 일로써 고유제를 올린 것이다. 公이 이미 태평을 고하고 나서 成王에게 정권을 돌려주니, 成王이 〈周公의 떠남을〉 만류하였기 때문에 근본적인 일을 말한 것이니, 成王으로 하여금 그 일을 중시하여 도탑게 행하게 하려는 것이었다.

≪周禮≫ 〈春官 鬱人〉에 "鬱鬯酒를 단지에 채운다."라는 것은 여기의 "동이에 둔다."라는 것이고, ≪詩經≫ 〈大雅 江漢〉 및 ≪尙書≫ 〈文侯之命〉에는 모두 "秬鬯酒 한 동이를 내려주며 文人(文王)에게 아뢰어"라고 하였으니, 아직 제사 지내기 전에는 동이에 채워두고, 제사 지낼 때에는 단지에 채워두는 것이다. 저기서는 '한 단지'라 하고 여기서는 '두 단지'라 한 것은 여기서는 하나는 文王에게 고하고 다른 하나는 武王에게 고한 것이며, 저기서는 王이 신하에게 주어서 그 太祖에게 고하게 한 것이기 때문에 한 동이였을 뿐이다. 이 經의 '卣' 아래에서 '曰'을 말한 것은 근본적인 것을 말하되 술을 동이에 담으면서

곧 이 말을 하기 때문에 '曰'을 말하게 된 것이다.

【疏】 ○ 傳'言我'至'經宿' ○ 正義曰：此申述上'明禋'之事, 言'我見天下太平, 則絜告文武, 不敢經宿.' 示虔恭之意也. 此三月營洛邑, 民已和會, 則三月之時, 已太平矣. 旣告而致政, 則告在歲末, 而云"不經宿"者, 蓋周公營洛邑, 至冬始成, 得還鎬京, 卽〔告〕[1] 文武, 是爲"不經宿"也. 且太平非一日之事, 公云"不經宿"者, 示虔恭之意耳, 未必旦見太平, 卽此日告也. 鄭玄以文祖爲明堂, 曰 "明禋者, 六典成祭於明堂, 告五帝. - 太皥之屬也. - 旣告明堂, 則復禋於文武之廟, 告成洛邑."

1) 〔告〕: 저본에는 없으나, "宋板에는 '卽' 아래에 '告'자가 있으니, 옳다."라고 한 阮元의 校監記에 의거하여 '告'를 보충하였다.

○ 傳의 〔言我〕에서 〔經宿〕까지

○ 正義曰 : 이것은 위에 있는 '明禋'의 일을 거듭 기술한 것인데, '나는 천하가 태평함을 보았으니, 명결한 마음으로 문왕과 무왕에게 고유해야 하겠기에 감히 하룻밤을 경과하지 않았다.'라고 말한 것은 경건한 뜻을 보인 것이다. 이는 3월에 洛邑을 경영하자 백성들이 벌써 화열하며 모였으니, 3월의 시점이 이미 태평시절이었던 것이다. 이미 고유하고 나서 정권을 돌려주었으니, 고유한 일은 연말에 있었는데, "하룻밤을 경과하지 않았다."라고 한 것은 아마 周公이 洛邑을 경영한 것이 겨울에 가서 비로소 이루어지고, 鎬京으로 돌아와 곧 文王과 武王에게 고유하게 되었으므로 이것이 "하룻밤을 경과하지 않았다."는 것이 된 셈이리라. 또한 태평시절은 하루의 일이 아닌데, 公이 "하룻밤을 경과하지 않았다."라고 한 것은 경건한 뜻을 보였을 뿐, 꼭 旦(周公) 자신이 태평시절을 본 즉시 이날로 고유한 것은 아니었다.

〈明禋에 대하여〉 鄭玄은 '文祖'를 明堂으로 삼고서 "'明禋'이란 것은 六典에 '明堂에서 제사를 이루어 五帝 - 太皥의 등속 - 에게 고한다.'고 하였으니, 이미 明堂에 고했으면 다시 文王과 武王의 사당에 禋祭를 지내서 洛邑을 이룬 일을 고유한 것이다."라고 하였다.

【疏】 ○ 傳'汝爲'至'爲周' ○ 正義曰：釋言云 "惠, 順也." 此經述上'惇典', 故言"汝爲政當順典常, 厚行之, 使有次序." 釋詁云 "遘, 遇也." 患疾之道, 謂虐政, 使人患疾之. 厚行典常, 使有次序, 則百官諸侯凡爲政者, 皆無有遇用患疾之政以害下民, 則經歷萬年, 厭飽於汝德, 則殷國乃長成爲周.

○ 傳의 〔汝爲〕에서 〔爲周〕까지

○ 正義曰 : ≪爾雅≫ 〈釋言〉에 "'惠'는 順의 뜻이다."라고 하였다. 이 經은 위의 '惇典'을 기술하기 때문에 "당신은 정사를 함에 있어서 응당 典常을 따라 돈독히 행하여 차서가 있게 하라."고 말한 것이다.

≪爾雅≫ 〈釋詁〉에 "'遘'는 遇의 뜻이다."라고 하였다. '患疾之道'는 虐政이 사람들로 하여금 患疾을 앓게 함을 이른다. 典常을 돈독히 행하여 차서가 있게 해야 하니, 百官과 諸侯 등 위정자들 중에 모두 患疾의 정사를 하여 下民을 해치는 이를 등용하지 않으면 만년이 지나도록 당신의 德을 포식할 것이고, 그렇게 되면 殷나라가 장성해서 周나라가 될 것이란 말이다.

【疏】 ○ 傳'王使'至'終之' ○ 正義曰 : 上言天下民萬年厭飽王德, 此敎爲王德, 使萬年令民厭飽王德也. 能使殷民上下有次序, 則王德堪至萬年之道. 王之子孫, 當行不怠, 則民其長觀我子孫, 知其有德, 而歸其德矣, 此則長成爲周. 勸勉王使終之.

○ 傳의 〔王使〕에서 〔終之〕까지

○ 正義曰 : 위에서는 '천하의 백성들이 만년토록 王의 德을 포식할 것'에 대해 말하였고, 여기서는 王의 德을 행하여 만년토록 백성들로 하여금 王의 德을 포식할 수 있도록 할 것에 대해 교훈한 것이다. 능히 殷나라 백성들로 하여금 上下에 차서가 있게 하면 王의 德이 萬年의 道에 이를 수 있다. 王의 자손들이 응당 게을리 하지 않으면 백성들이 길이 우리 자손들을 보아 德이 있음을 알고서 그 德으로 돌아올 것이니, 이렇게 되면 〈殷나라가〉 장성하여 周나라가 될 것이란 말이다. 곧 王을 권면하여 마무리를 잘 하도록 한 것이다.

戊辰에 **王**이 **在新邑**하사

戊辰日에 王이 새로 세운 도읍에 계시면서

【傳】 成王旣受周公誥하고 遂就居洛邑하니 以十二月戊辰晦到라 ○ 王在新邑은 馬孔絶句요 鄭讀王在新邑烝이라

成王이 이미 周公의 誥를 받아들이고 드디어 洛邑으로 가서 거주하였으니, 12월 戊辰

日 그믐에 당도한 것이었다.

○'王在新邑'은 馬融과 孔安國이 句를 끊은 것이고, 鄭玄은 '王在新邑烝'으로 句를 끊어 읽었다.

烝祭를 **歲**[1)2)]러니 **文王**에 **騂牛一**이며 **武王**에 **騂牛一**이러라 **王命作冊**하신대 **逸**이 **祝冊**하니 **惟告周公其後**[3)]러라

1) 烝祭歲 : 蘇軾(≪書傳≫)은 "이해에 비로소 겨울 烝祭를 洛邑에서 지냈다.〔是歲 始冬烝於洛〕"로, 朱祖義(≪尙書句解≫)는 "친히 烝禮를 행하여 文王과 武王을 한 해가 다하는 날에 제사 지냈다.〔親行烝禮 祭文武於歲盡之日〕"라고 풀이하였다.

2) 歲 : 林之奇(≪尙書全解≫)는 "'歲'를 先儒(孔安國)가 '明月'은 夏나라의 仲冬이다.'고 한 것은 그의 생각이 아마 夏나라의 仲冬이 周나라의 正月이니 바로 歲首이기 때문에 '歲'라 한 모양이다.〔歲先儒以爲明月夏之仲冬 其意以謂夏之仲冬於周之正月是爲歲首 故曰歲〕"라고 하였고, 蔡傳은 '해마다 거행하는 제사〔歲擧之祭〕'로 보았다.

3) 惟告周公其後 : 蔡傳은 "'惟告周公其後'란 것은 祝冊에 기재한 내용이 다른 것은 언급하지 않고 오직 周公이 뒤에 머물러서 지키는 뜻만을 고한 것이니, 그 일을 중히 여긴 때문이다.〔惟告周公其後者 祝冊所載 更不他及 惟告周公留守其後之意 重其事也〕"라고 풀이하였다.

烝祭를 歲首에 지내되, 文王에게는 붉은 소 한 마리이고, 武王에게도 붉은 소 한 마리였다. 王이 命하여 冊書를 지으라 하시니, 史官인 逸이 祝文을 冊書를 적었는데, 周公을 〈높이고〉 그 후계자를 세운다는 것만을 고하였을 뿐이다.

【傳】 **明月**은 **夏之仲冬**이니 **始於新邑烝祭**라 **故曰烝祭歲**라하니라 **古者**엔 **褒德賞功**을 **必於祭日**하여 **示不專也**라 **特加文武各〔一〕**[1)]**牛**하고 **告(曰)〔白〕**[2)]**尊周公**하여 **立其後爲魯侯**라

1) 〔一〕 : 저본에는 없으나, 宋兩浙東路茶鹽司本·宋慶元間建安魏縣尉宅本에 의거하여 '一'을 보충하였다.

2) (曰)〔白〕 : 저본에는 '曰'로 되어 있으나, "古本·葛本에는 '曰'이 '白'으로 되어 있으니, 疏와 부합한다."라고 한 阮元의 校勘記에 의거하여 '白'으로 바로잡았다.

'明月(다음달)'은 夏나라의 〈달력으로 계산하면〉 '仲冬'이니, 처음으로 새로 세운 도읍에서 烝祭를 지냈기 때문에 "烝祭歲"라고 한 것이다. 옛날에는 德을 포장하고 功을 포상하는 일을 반드시 제삿날에 해서 專擅하지 않는다는 것을 보였다. 특별히 文王과 武王에게 각각 소 한 마리씩을 올리고서 "周公을 높이고 그 후계자를 세워 魯侯로 삼는다."는 것만

을 사뢰었다는 것이다.

王賓하고 殺禋하되 咸格[1)]하여 王이 入太室하여 祼하시다

1) 王賓……咸格 : 蔡傳은 "제후들은 왕이 犧牲을 잡아 조상의 사당에 〈정결하게〉 제사 지내기 때문에 모두 이른 것이다.〔諸侯 以王殺牲祭祖廟 故咸至也〕"라고 풀이하였다.

王이 〈周公을〉 손님으로 삼고서 희생을 잡아 정성어린 뜻을 담아가지고 모두 〈그 사당에〉 이르러서, 王이 太室에 들어가 직접 降神禮를 행하셨다

【傳】 王賓異周公하고 殺牲精意以享文武하되 皆至其廟親告也라 太室은 淸廟요 祼는 鬯告神이라 ○ 王賓絶句요 殺禋絶句라 一讀連咸格絶句라 太室은 馬云廟中之夾室이라하니라

王이 周公을 손님으로 삼아 다른 신하들과 다르게 대우하고, 희생을 잡아 정성어린 뜻을 담아서 文王과 武王에게 제향을 올리되 모두 그 사당에 이르러서 친히 고하였다는 것이다. '太室'은 바로 淸廟요, '祼'는 울창주를 가지고 神에게 고하는 것이다.

○ '王賓'에서 句를 끊고, '殺禋'에서 句를 끊었다. 한편에서는 '咸格'까지 연결해서 句를 끊어 읽었다. '太室'은 馬融이 "사당 안의 夾室이다."라고 하였다.

王이 命周公後하시고 作冊하사 逸로 誥하시니

王이 周公의 후계자를 명하시고, 〈有司에게〉 冊書를 짓게 하고서 〈史官인〉 逸로 하여금 誥하게 하셨으니,

【傳】 王爲冊書하여 使史逸誥伯禽封命之書하니 皆同在烝祭日이라 周公拜前하고 魯公拜後라

王이 〈有司에게〉 冊書를 짓게 하고서 史官인 逸로 하여금 伯禽의 封命書를 誥하게 하였으니, 모두 烝祭 올린 날 함께 있었던 일이다. 周公은 앞에서 절하고 魯公(伯禽)은 뒤에서 절하였다.

在十有二月이러라 惟周公이 誕保文武受命을 惟七年이셨다

12월에 있었다. 周公이 文王과 武王이 〈하늘로부터〉 받은 명을 크게 보안하기를

7년 동안 하셨다.

【傳】 言周公攝政이 盡此十二月이라 大安文武受命之事를 惟七年하니 天下太平이라 自戊辰已下는 史所終述[1]이라 ○受命絶句니 馬同이라 惟七年은 周公攝政七年에 天下太平하니 馬同하고 鄭云文王武王受命及周公居攝이 皆七年이라하니라

1) 史所終述 : 蔡傳은 "史臣이 맨 마지막에 그 연도를 계산하여 말하기를……〔史臣於其終計其年曰……〕"이라고 적었다.

周公의 攝政이 이해 12월에 끝났음을 말한 것이다. 文王과 武王이 〈하늘로부터〉 받은 명을 크게 보안하기를 7년 동안 하시니 天下가 太平하여졌다. 戊辰 이하는 史官이 마지막으로 기술한 것이다.

○'受命'에서 句를 끊었는데, 馬融도 같은 생각이었다. '惟七年'은 周公이 攝政한 지 7년 만에 天下가 太平해졌다는 연도인데, 馬融도 같은 생각이었고, 鄭玄은 "文王과 武王이 천명을 받은 기간과 周公이 섭정한 기간이 모두 7년이었다."라고 하였다.

【疏】 '戊辰'至'七年' ○正義曰 : 自此以下, 史終述之. 周公歸政, 成王既受(言)誥(之)[1], 王卽東行赴洛邑. 其年十二月晦戊辰日, 王在新邑. 後月是夏之仲冬, 爲冬節烝祭, 其月節是周之歲首, 特異常祭, 加文王騂牛一, 武王騂牛一. 王命有司作策書, 乃使史官名逸者祝讀此策, 惟告文武之神, 言周公有功, 宜立其後爲國君也. 其時王尊異周公, 以爲賓, 殺牲享祭文王武王, 皆親至其廟, 王入廟之大室, 行祼鬯之禮. 言其尊異周公而禮敬深也. 於此祭時, 王命周公後, 令作策書, 使逸讀此策辭以告伯禽, 言封之於魯, 命爲周公後也. 又總述之, 在十有二月, 惟周公大安文武受命之事, 於此時惟攝政七年矣.

1) 受(言)誥(之) : ≪儀禮續通解≫에 의거하여 '言'과 '之'를 衍字로 처리하였다.

經의 〔戊辰〕에서 〔七年〕까지

○正義曰 : 여기서부터 이하는 史官이 마지막에 기술한 것이다. 周公이 정권을 돌려줄 때 成王은 이미 〈周公의〉 誥를 받아들이고 동쪽으로 행차하여 洛邑으로 갔다. 그해 12월 그믐인 戊辰日에 王은 새로 세운 도읍에 있었다. 다음 달은 곧 夏나라의 〈달력으로 계산하면〉 仲冬이므로 冬節의 烝祭를 지내고, 그 月節은 周나라의 歲首이므로 특별히 여느 제사와는 다르게 文王에게도 붉은 소 한 마리, 武王에게도 붉은 소 한 마리를

더 올렸다.

王이 有司에게 명하여 策書를 짓게 하고 곧 이름이 '逸'이라는 史官으로 하여금 이 策書를 祝으로 읽어서 文王과 武王의 神에게 고하도록 하였으니, 周公이 功을 세웠으므로 그 후계자를 세워서 國君으로 삼는 것이 마땅함을 말한 것이다. 그 때에 王은 周公을 손님으로 삼아 존경하여 〈다른 신하들과〉 다르게 대우하였고, 희생을 잡아 文王과 武王에게 제향을 올리되 모두 친히 그 사당에 이르러서, 王은 사당의 太室에 들어가 降神禮를 행하였다. 周公을 남달리 존경하여 禮敬이 깊음을 말한 것이다. 이 제사 때에 王이 명하여 周公의 후계자를 세우고 策書를 짓도록 하여 逸로 하여금 이 策辭를 읽어 伯禽에게 고하게 하였으니, 魯나라에 봉하고 명하여 周公의 후계자로 삼음을 말한 것이다.

또 총체적으로 기술한 것은 12월에 있는데, 周公이 文王과 武王이 〈하늘로부터〉 받은 命을 크게 보안하였으니, 이때는 攝政한 지 7년이었다.

【疏】 ○傳'成王'至'晦到' ○正義曰：周公告成王令居洛邑爲治, 王旣受周公之誥, 遂東行就居洛邑, 以十二月戊辰晦日到洛. 指言戊辰王在新邑. 知其晦日始到者, 此歲入戊午蔀五十六年, 三月云丙午朏, 以算術計之, 三月甲辰朔大, 四月甲戌朔小, 五月癸卯朔大, 六月癸酉朔小, 七月壬寅朔大, 八月壬申朔小, 九月辛丑朔大, 又有閏九月辛未朔小, 十月庚子朔大, 十一月庚午朔小, 十二月己亥朔大, 計十二月三十日戊辰晦到洛也.

○ 傳의 〔成王〕에서 〔晦到〕까지

○ 正義曰：周公이 成王에게 고하여 洛邑에 거주하며 정치를 하도록 하자, 王이 이미 周公의 誥를 받아들이고 드디어 동쪽으로 행차하여 洛邑으로 가서 거주하였으니, 12월 戊辰 그믐날 洛邑에 도착한 것이다. "戊辰日에 王이 새로 세운 도읍에 있었다."는 점을 가리켜 말한 것이다. 그 그믐날 비로소 도착했다는 사실을 〈孔安國이〉 알았던 것은 이해가 戊午蔀 56년에 들고, 3월 丙午日인 초사흘이라고 하였으니, 산술로 계산하면 3월 甲辰朔은 크고, 4월 甲戌朔은 작고, 5월 癸卯朔은 크고, 6월 癸酉朔은 작고, 7월 壬寅朔은 크고, 8월 壬申朔은 작고, 9월 辛丑朔은 크고, 또 閏9월 辛未朔은 작고, 10월 庚子朔은 크고, 11월 庚午朔은 작고, 12월 己亥朔은 크니, 12월 30일 戊辰 그믐에 洛邑에 도착했다는 계산이 나온다.

【疏】○傳'明月'至'魯侯' ○正義曰：下云"在十有二月"者, 周之十二月, 建亥之月也. 戊辰是其晦日, 故明月[1]卽是夏之仲冬建子之月也. 言'明月'者, 此烝祭非朔日, 故言'月'也. 自作新邑已來, 未嘗於此祭祀, 此歲始於新邑烝祭, 故曰"烝祭歲"也. 周禮大司馬'仲冬教大閱, 遂以享烝'是也. 王者冬祭, 必用仲月, 此是周之歲首, 故言'歲'耳. 王旣戊辰晦到, 又須戒日致齊, 不得以朔日卽祭之. 祭統云"古者明君爵有德而祿有功, 必賜爵祿於太廟, 示不敢專也." 故云"古者褒德賞功, 必於祭日, 示不專也." 因封之, 特設祭烝之禮. 宗廟用大牢, 此文武皆言'牛一', 知於太牢之外特加一牛. 告白文武之神, 言爲尊周公, 立其後爲魯侯. 魯頌所云"王曰叔父, 建爾元子, 俾侯於魯." 是此時也. '王命作策'者, 命有司作策書也. 讀策告神謂之'祝'. '逸祝策'者, 使史逸讀策書也. 鄭玄以'烝祭'上屬, "歲文王騂牛一"者, '歲'是成王元年正月朔日, 特告文武封周公也. 案周頌烈文序云"成王卽政, 諸侯助祭." 鄭箋云"新王卽政, 必以朝享之禮祭於祖考, 告嗣位也." 則鄭意以朝享之後, 特以二牛告文武, 封周公之後, 與孔義不同.

1) 月：諸本에는 모두 '日'로 되어 있다.

○ 傳의 〔明月〕에서 〔魯侯〕까지

○ 正義曰：아래에 "在十有二月"이라고 한 것은 周나라의 12월인 建亥의 달이다. 戊辰이 바로 그믐날이기 때문에 明月(다음 달)이 곧 夏나라의 仲冬인 建子의 달이다. '明月'이라 말한 것은 이 烝祭가 朔日이 아니기 때문에 '月'이라 말한 것이다. 새로 도읍을 세운 이래로 한 번도 여기에서 제사를 지낸 적이 없다가 이해에 처음으로 새로 세운 도읍에서 烝祭를 지냈기 때문에 "烝祭歲"라고 말한 것이다. ≪周禮≫ 〈大司馬〉에 "仲冬에는 크게 사열하는 것을 교육시키고 드디어 烝祭를 지낸다."라고 한 것이 이것이다. 王者가 겨울에 제사 지낼 경우는 반드시 仲月을 이용하는데, 이는 바로 周나라의 歲首이기 때문에 '歲'를 말했을 뿐이다.

王은 이미 戊辰 그믐 날 도착하였지만, 또한 필수적으로 재계할 날짜가 있어야 하기 때문에 朔日로 즉시 제사 지낼 수는 없는 것이다. ≪禮記≫ 〈祭統〉에 "옛날에 명철한 임금은 덕이 있는 자에게 벼슬을 주고 공이 있는 자에게 녹봉을 주었는데, 반드시 太廟에서 벼슬과 녹봉을 주어서 감히 專擅하지 않는다는 것을 보였다."라고 했기 때문에 "옛날에는 德을 포장하고 功을 포상하는 일을 반드시 제삿날에 해서 專擅하지 않는다는 것을 보였다."라고 한 것이다.

봉해주는 일로 인하여 특별히 烝祭를 지내는 禮를 베풀었다. 宗廟에는 太牢를 쓰는데,

여기에서 文王과 武王에게 모두 '소 한 마리'를 말하였으니, 太牢 이외에 소 한 마리를 특별히 더 올렸음을 알 수 있다. 文王과 武王의 神에게 고한 것은 周公을 높이기 위해 그 후계자를 세워 魯侯를 삼는다는 점을 말한 것이다. ≪詩經≫ 〈魯頌 閟宮〉에 이른바 "王께서 말씀하기를 숙부야! 당신의 元子를 세워 魯나라에 임금이 되게 하노니."라고 하였으니, 이것이 바로 이때였던 것이다.

'王命作策'이란 有司에게 명하여 策書를 짓도록 한 것이다. 策書를 읽어 神에게 고하는 것을 '祝'이라 이른다. '逸祝策'이란 史官 逸로 하여금 策書를 읽게 한 것이다.

鄭玄은 '烝祭'를 윗句에 붙였으니, "歲文王騂牛一"이란 '歲'는 바로 成王의 元年이 된 셈이다. 〈그 元年〉 正月 朔日에 특별히 文王과 武王에게 고해서 周公을 봉한 것이다. 상고하면 ≪詩經≫ 〈周頌 烈文〉의 小序에 "成王이 집정하니, 諸侯들이 제사를 도왔다."라고 하였는데, 그에 대한 鄭箋에 "새 王이 집정하면 반드시 朝享의 禮로 祖와 考에 제사를 지내 왕위를 이었음을 고한다."라고 하였으니, 鄭玄의 생각은 朝享한 뒤에 특별히 두 마리의 소를 가지고 文王과 武王에 고해서 周公의 후계자를 봉한 것으로 여겼으니, 孔安國의 뜻과 같지 않다.

【疏】 ○傳'王賓'至'告神' ○正義曰："王賓異周公"者, 王尊周公爲賓, 異於其臣. 王肅云 "成王尊周公, 不敢臣之, 以爲賓, 故封其子." 是也. 周語云 "精意以享謂之禋." 旣殺二牲, 精誠其意以享祭文武. '咸', 皆也. '格', 至也. "皆至其廟." 言王重其事, 親告之也. '太室', 室之大者, 故爲淸廟. 廟有五室, 中央曰'太室'. 王肅云 "太室, 淸廟中央之室." '淸廟', 神之所在, 故王入太室, 祼獻鬯酒, 以告神也. '祼'者, 灌也. 王以圭瓚酌鬱鬯之酒以獻尸, 尸受祭而灌於地, 因奠不飮謂之'祼'.[1] 郊特牲云 "旣灌, 然後迎牲." 則殺在祼後. 此經先言'殺', 後言'祼'者, '殺者'・'咸格' 表王敬公之意, 非行事之次也. 其"王入太室祼", 乃是祭時行事耳. 周人尙臭, 祭禮以祼爲重, 故言王祼. 其封伯禽, 乃是祭之將末, 非祼時也. 祭統賜臣爵祿之法云 "祭之日, 一獻, 君降立于阼階之南, 南嚮, 所命者北面, 史由君右, 執策命之." 鄭云 "一獻, 一酳尸也." 禮酳尸, 尸獻而祭畢. 是祭末乃命之, 以祼爲重, 故特言之.

1) 尸受祭而灌於地 因奠不飮謂之祼 : 잘못된 부분이 있는지 말이 잘 되지 않는데, 夏僎의 ≪尙書詳解≫에는 "尸受酒而不飮 因灌于地 故謂祼也(시동이 술을 받아 마시지 않고 그대로 땅에 붓기 때문에 '祼'이라고 이른 것이다.)"라고 알 수 있게 적었기 때문에 우선 夏僎의

해석으로 번역해둔다.

○ 傳의 〔王賓〕에서 〔告神〕까지

○ 正義曰 : "王賓異周公"이란 王이 周公을 높여 賓으로 삼아서 다른 신하와 다르게 대했다는 것이다. 王肅이 "成王은 周公을 높일 생각에 감히 신하라 못하고 賓으로 삼았기 때문에 그 아들을 〈魯侯로〉 봉한 것이다."라고 한 것이 이것이다.

≪國語≫ 〈周語〉에 "정성스런 마음으로 제사 지내는 것을 '禋'이라 한다."라고 하였다. 이미 두 마리의 희생(소)을 잡고 정성스런 뜻을 다하여 文王과 武王에게 제향을 올린 것이다. '咸'은 皆의 뜻이고 '格'은 至(이름)의 뜻이다. "모두 그 사당에 이르렀다."는 것은 王이 그 일을 중시하여 친히 고한 점을 말한 것이다. '太室'은 방의 큰 것이기 때문에 '淸廟'라고 한 것이다. 廟에는 5室이 있는데 중앙에 있는 방을 '太室'이라고 한다.

王肅은 "'太室'은 淸廟의 중앙에 있는 방이다."라고 하였다. '淸廟'는 神이 있는 곳이기 때문에 王이 太室에 들어가서 降神하려고 鬱鬯酒를 드려 神에게 고하였다. '祼'이란 술을 땅에 붓는 것이다. 王이 圭瓚으로 鬱鬯酒를 떠서 尸童에게 드리면 尸童은 술을 받아서 마시지 않고 그대로 땅에 붓기 때문에 '祼'이라 이른 것이다.

≪禮記≫ 〈郊特牲〉에 "鬱鬯酒를 땅에 부은 뒤에 희생을 맞아들인다."라고 하였으니, 희생을 잡는 일은 강신을 한 뒤에 있다. 그런데 이 經에서 '殺'을 먼저 말하고 '祼'을 뒤에 말한 것은 '殺禋(희생을 잡은 것)'과 '咸格(모두 〈사당에〉 이른 것)'이 王이 公을 공경하는 뜻을 표한 것이지 行事의 차서는 아니다. "王이 太室에 들어가 강신을 하였다."라고 한 것은 바로 제사 때의 행사일 뿐이다. 周나라 사람은 냄새를 숭상하므로 祭禮에서 강신을 중히 여기기 때문에 王이 강신을 한 것을 말하였다. 伯禽을 봉한 일은 바로 제사가 끝나갈 무렵에 한 것이고 강신할 때 한 것은 아니다.

≪禮記≫ 〈祭統〉의 신하에게 爵祿을 주는 법에 "제사 지내는 날 한 번 드리고 임금이 내려와 阼階의 남쪽에 서서 남쪽으로 향하고, 命을 받은 자는 북쪽으로 향하며, 史는 임금의 오른 편에서 策을 잡고 命을 한다."라고 하였는데, 鄭玄은 "'한 번 드린다.'는 것은 尸童에게 한 번 드린 것이다."라고 하였다. ≪儀禮≫ 〈特牲饋食禮〉에 尸童에게 드리면 시동이 〈그 술을〉 받아 〈땅에 부어서〉 祭를 지내 끝내는 것으로 되어 있다. 이것은 제사 끄트머리에 〈周公의 후계자를〉 명한 것인데, 강신을 중시하기 때문에 특별히 말한 것이다.

【疏】 ○ 傳'王爲'至'拜後' ○ 正義曰 : "王爲策書." 亦命有司爲之也. 上云'作策', 作告神之策. 此言'作策', 誥伯禽之策. 祭於神謂之'祝', 於人謂之'誥', 故云 "使史逸誥伯禽封命之書." 封康叔謂之康誥, 此命伯禽, 當云伯禽之誥. 定四年左傳云 "命以伯禽." 卽史逸所讀之策也. 上言'逸祝策', 此'誥'下不言'策'者, '祝'是讀書之名, 故上云'祝策', 此'誥'是誥伯禽使知, 雖復讀書以誥之, 不得言'誥策'也. 上告周公, 其後已言告神封周公, 嫌此'逸誥' 以他日告之, 故云 "皆同在烝祭日." 以祭統言一獻命之, 知此亦祭日也. 文十三年公羊傳曰 "封魯公以爲周公[1]也, 周公拜乎前, 魯公拜乎後.[2] 曰生以養周公, 死以爲周公主.[3]"

1) 以爲周公 : 何休 注에 "周公을 위한 것이다.〔爲周公〕"라고 하였다.
2) 周公拜乎前 魯公拜乎後 : 何休 注에 "처음 봉함을 받을 때에 文王의 사당에 절한 것이다.〔始受封時 拜于文王廟〕"라고 하였다.
3) 生以養周公 死以爲周公主 : 何休 注에 "周公이 살았을 때에는 魯國으로 周公을 공양하고, 만일 周公이 죽으면 응당 魯公으로 祭祀의 주관자를 삼는다는 것이다.〔生以魯國供養周公 如周公死 當以魯公爲祭祀主〕"라고 하였다.

○ 傳의 〔王爲〕에서 〔拜後〕까지

○ 正義曰 : "王이 策書를 지었다."는 것도 역시 有司에게 명해서 지은 것이다. 위에서 말한 '作策'은 神에게 고할 策書를 지은 것이고, 여기서 말한 '作策'은 伯禽에게 고할 策書이다. 神에게 祭 지내는 것을 '祝'이라 이르고, 사람에게 하는 것은 '誥'라 이르기 때문에 "史官 逸로 하여금 伯禽의 封命書를 고하게 했다."라고 한 것이다. 康叔을 봉한 것을 '康誥'라고 일렀으니, 여기서 伯禽을 명한 것도 응당 '伯禽之誥'라고 했어야 할 것이다. ≪春秋左氏傳≫ 定公 4년 조에 "伯禽으로써 명했다."라고 한 것은 곧 史官 逸이 읽은 策書이다. 위에서는 '逸祝策'이라 말하고, 여기서는 '誥' 아래에 '策'을 말하지 않았는데, 그것은 '祝'은 바로 글을 읽는 이름이기 때문에 위에서는 '祝策'이라 하였고, 여기의 '誥'는 바로 伯禽에게 고하여 알도록 한 것이니, 비록 다시 글을 읽어 고한다 하더라도 '誥策'이라 말할 수 없다. 위에서 周公에게 고하고, 그 뒤에 神에게 고하여 周公을 봉할 것을 이미 말하였으니, 이 '逸誥'가 다른 날 고한 것인가 하는 혐의를 살까 싶기 때문에 "모두 함께 烝祭 날 있었다."라고 한 것이다. ≪禮記≫ 〈祭統〉에서 한 번 드려 명한 것을 가지고 이 또한 제삿날이란 점을 〈孔安國은〉 알았던 것이다.

≪春秋公羊傳≫ 文公 13년 조에 "魯公을 봉함으로써 周公을 위하였으니, 周公은 앞에

서 절하고 魯公은 뒤에서 절하였다. 이르건대 〈周公이〉 살아 있을 때에는 周公을 봉양하고, 〈周公이〉 죽었을 때에는 〈魯公을〉 周公의 제사의 주관자를 삼았다."라고 하였다.

【疏】 ○ 傳'言周'至'終述' ○ 正義曰 : 自'戊辰'已上, 周公與成王相對語, 未有致政年月, 故史於此總結之. 自'戊辰'已下, 非是王與周公之辭, 故辨之云 "史所終述"也.

○ 傳의 〔言周〕에서 〔終述〕까지

○ 正義曰 : '戊辰'으로부터 이상은 周公과 成王이 서로 대하여 말하였으므로 정권을 돌려준 年月이 있지 않았기 때문에 史官이 여기에서 총체적으로 끝맺음을 한 것이다. '戊辰'으로부터 이하는 王과 周公의 말이 아니기 때문에 변별하기를 "史官이 마지막에 기술한 것이다."라고 하였다.

尙書注疏 제16권

周書

多士 第十六

孔氏 傳　孔穎達 疏

書序 **成周旣成**에

成周가 이미 이루어짐에

【傳】 洛陽이니 下都라

〈成周는 지금(唐나라)의〉 洛陽이니 下都이다.

遷殷頑民[1)]하고

1) 成周旣成 遷殷頑民 : 蔡沈(蔡傳)이 "書序는 공자가 지은 것이 아니다."라고 한 것에 대하여 丁若鏞(≪尙書知遠錄≫)은 "자신이 글을 정밀하게 읽지 못하고서 매번 '書序는 孔子가 지은 것이 아니다.'라고 하는 것은 또한 곤란한 일이 아니겠는가. 洛邑이 둘이 있는데, 하나는 '王城'이고 다른 하나는 '下都'이니, '成周'란 곳이 바로 '下都'이다.……그 王城이 이미 修治된 뒤에 가서 또 下都를 修治하고, 下都가 이미 완성되자, 이에 室家를 옮겼기 때문에 孔子께서 '成周가 이미 완성됨에 殷나라의 頑民을 옮겼다.'라고 하셨는데, 孔子에게 무슨 잘못이 있는가. 孔子의 서문은 조금도 잘못된 바가 없는데, 마음대로 찍고 쪼고 해서 贋物로 돌렸으니, 또한 망령스런 짓이 아닌가. 書序는 詩序와 같은 것이 아니어서, 이미 伏生의 벽에서 나오고 또 孔子의 벽에서 나오자, 둘을 서로 비교하였고, 傳授에 계통이 있었는데, 어떻게 贋物이라 할 수 있겠는가. 仲默은 贋物을 잘 변별하는 분인데, 梅仲眞의 25篇과 姚方興의 28字에 대하여 머리를 수그리고 몸을 구부려서 註를 달되 오직 그 好惡, 取舍만을 근신하였을 뿐인데, 어찌 이처럼 常道를 뒤집었을까.〔我讀書不精 每云書序非孔子所作 不亦難乎 洛邑有二 一是王城 一是下都 成周者 下都也……及其王城旣治 又治下都 下都旣成 乃以室遷 故孔子曰 成周旣成 遷殷頑民 孔子其有誤乎 孔子之序 毫無所誤 而恣所斲啄 歸之贋物 不亦妄乎 書序

非如詩序 旣出伏壁 又出孔壁 兩相比勘 傳授有統 何以謂贋 仲默善辨贋物 而梅仲眞二十五篇 姚方興二十八字 俯首屈躬註之 惟謹其好惡取舍 何若是反常也〕"라고 하였다.

殷나라 頑民을 이주시키고,

【傳】殷大夫士가 心不則德義之經이라 故로 徙近王都敎誨之라 ○ 近는 附近之近이라

殷나라 大夫와 士가 진심으로 德義의 經常을 법 삼지 않기 때문에 王都 부근으로 이주시켜 가르쳤다.

○ 近은 '附近'의 近이다.

周公이 以王命으로 誥라

周公이 王命으로 誥하였다.

【傳】稱成王命告令之라

成王의 命이라 칭하며 고한 것이다.

作多士라

〈史官이 그 일을 서술하여〉〈多士〉를 지었다.

多士

【傳】所告者卽衆士라 故로 以名篇이라

고할 대상이 여러 士들이었기 때문에 〈多士로〉 편명을 한 것이다.

【疏】'成周'至'多士' ○ 正義曰：成周之邑旣成，乃遷殷之頑民，令居此邑. '頑民'，謂殷之大夫士從武庚叛者，以其無知，謂之'頑民'. 民性安土重遷，或有怨恨，周公以成王之命誥此衆士，言其須遷之意. 史敍其事，作多士.

書序의 〔成周〕에서 〔多士〕까지

○ 正義曰：成周의 邑이 이미 이루어지자, 殷나라의 頑民들을 옮겨 이 邑에 거주하도

록 하였다. '頑民'은 殷나라의 大夫와 士로서 武庚을 따라 반역한 자들을 이르는데, 無知하기 때문에 '頑民'이라 이른 것이다. 民性은 고향에서 편히 지내며 다른 곳으로 떠나기 싫어하여 더러 원한을 가지므로 周公이 成王의 命을 가지고 이 여러 士들에게 고하였으니, 필수적으로 옮겨야 할 뜻을 말한 것이다. 史官이 그 일을 서술하여 〈多士〉를 지었다.

【疏】 ○ 傳'洛陽下都' ○ 正義曰：周之成周, 於漢爲洛陽也. 洛邑爲王都, 故謂此爲'下都'. 遷殷頑民, 以成周道, 故名此邑爲成周.

○ 傳의 〔洛陽下都〕

○ 正義曰：周나라의 成周는 漢나라 때에 洛陽이 되었다. 洛邑이 王都가 되었기 때문에 이를 일러 '下都'라고 한 것이다. 殷나라의 頑民을 옮겨 周道를 이루었기 때문에 이 邑을 '成周'라고 명명한 것이다.

【疏】 ○ 傳'殷大'至'誨之' ○ 正義曰：經云 "商王士"·"殷遺多士", 皆非(在官)〔民事〕[1], 謂之'頑民', 知是殷之大夫士也. 經止云'士', 而知有大夫者, 以經云 "迪簡在王庭, 有服在百僚." 其意言將任爲王官, 以爲大臣, 不惟告士而已, 故知有大夫也. '士'者, 在官之總號, 故言'士'也. '心不則德義之經', 僖二十四年 左傳文, 引之以解釋'頑民'之意.[2] 經云 "移爾遐逖, 比事臣我宗多遜." 是言"徙近王都敎誨之"也. 漢書地理志及賈逵注左傳, 皆以爲 "遷邶鄘之民於成周, 分衛民爲三國." 計三國俱是從叛, 何以獨遷邶鄘. 邶鄘在殷畿三分有二, 其民衆矣, 非一邑能容. 民謂之爲'士', 其名不類, 故孔意不然.

1) (在官)〔民事〕: 저본에는 '在官'으로 되어 있으나, 宋刊 單疏本에 의거하여 '民事'로 바로잡았다.
2) 引之以解釋頑民之意 : ≪春秋左氏傳≫ 僖公 24년 조에 "마음으로 德義의 常道를 법 삼지 않는 것을 '頑'이라 한다.〔心不則德義之經爲頑〕"라고 보인다.

○ 傳의 〔殷大〕에서 〔誨之〕까지

○ 正義曰：經에서 말한 '商王士'와 '殷遺多士'는 모두 民事(士)가 아니고 '頑民'을 이른 것이니, 〈그래서 孔安國은〉 이것이 殷나라의 大夫와 士라는 것을 알았던 것이다. 經에는 '士'라고만 말했는데 大夫가 있음을 〈공안국이〉 알았던 것은 經에 "迪簡在王庭 有服在百

僚(계도하여 선발해서 商나라 王의 조정에 두니, 일을 맡은 이가 여러 관직에 있었다.)"라고 하였기 때문이니, 그 뜻은 장차 王의 관원으로 임용하여 大臣을 시켜줄 일을 말한 것이고, 士에게만 고한 것이 아닐 뿐이기 때문에 大夫가 있음을 알았던 것이다. '士'란 것은 벼슬에 있는 자의 총칭이기 때문에 '士'라고 말한 것이다.

'心不則德義之經'은 ≪春秋左氏傳≫ 僖公 24년 조의 글인데, 이를 인용해서 '頑民'의 뜻을 해석한 것이다. 經에 "移爾遐逖 比事臣我宗多遜(너희들을 먼 곳으로 옮겨서 京師를 가까이 하여 服事하고 우리 宗周에 신하 노릇 하여 공손한 도리를 많이 하게 하였노라.)"이라고 하였으니, 이래서 〈공안국은〉 "王都 부근으로 이주시켜 가르쳤다."라고 말한 것이다.

≪漢書≫ 〈地理志〉 및 賈逵가 ≪春秋左氏傳≫을 주석한 곳에서 모두 "邶나라와 鄘나라의 백성들을 成周로 옮기고, 衛나라 백성들을 나누어 세 나라로 만들었다."라고 하였으나 따져보면 세 나라가 모두 〈武庚을〉 따라서 반역을 하였는데, 어떻게 유독 邶나라와 鄘나라의 백성들만 옮겼을까. 邶나라와 鄘나라는 殷나라의 畿甸에 있어 3분의 2를 차지했으므로 그 백성들이 많아서 1邑으로는 수용할 수 있는 것이 아니었기 때문이다. 백성을 '士'라 이른 것은 그 이름이 같지 않기 때문에 공안국의 생각이 그렇게 여기지 않은 것이다.

惟三月에 周公이 初于新邑洛에서 用告商王士[1)2)]하시다

1) 王士 : 兪樾(≪群經平議≫)은 '王臣'·'王人'·'王官'처럼 連文으로 보았다.
2) 用告商王士 : 王安石은 "殷나라 백성들이 成周로 옮긴 것은 舊長이 다스린 곳을 따르기 때문에 먼저 그들에게 고한 것이다.〔殷民遷于成周 從舊長所治 故先告之〕"라고 하였다.

3월에 周公이 처음으로 새로 세운 도읍인 洛邑에서 商王의 士들에게 고하셨다.

【傳】 周公致政明年三月에 始於新邑洛에서 用王命告商王之衆士라

周公이 정권을 돌려준 이듬해 3월에 비로소 새로 세운 도읍인 洛邑에서 王命을 써서 商王의 여러 士들에게 고하였다는 것이다.

【疏】 '惟三月'至'王士' ○ 正義曰 : 惟成王卽政之明年三月, 周公初始於所造新邑之洛, 用成王之命, 告商王之衆士. 言周公親至成周, 告新來者.

經의 〔惟三月〕에서 〔王士〕까지

○ 正義曰 : 成王이 집정한 이듬해 3월에 周公이 비로소 새로 세운 도읍인 洛邑에서 成王의 命을 써서 商王의 여러 士들에게 고하였다. 周公이 친히 成周에 이르러서 새로 온 자들에게 고하였다는 말이다.

【疏】 ○ 傳'周公'至'衆士' ○ 正義曰 : 以洛誥之文, 成周與洛邑同時成也. 王以周公攝政七年十二月來至新邑, 明年卽政, 此篇繼王居洛之後, 故知是"致政明年之三月"也. 成周南臨洛水, 故云 "新邑洛." 周公旣以致政在王都, 故'新邑', 成周. 以成王之命, 告商王之衆士. 鄭云 "成王元年三月, 周公自王城初往成周之邑, 用成王命, 告殷之衆士以撫安之." 是也.

○ 傳의 〔周公〕에서 〔衆士〕까지

○ 正義曰 : 〈洛誥〉의 글로 보면 成周와 洛邑이 동시에 이루어진 것이다. 王은 周公이 攝政한 7년 12월에 새로 세운 도읍에 와 이르렀고 이듬해에 집정하였으니, 이 篇은 王이 洛邑에 거주한 뒤를 이은 것이기 때문에 〈孔安國은〉 이것이 "정권을 돌려준 이듬해 3월"임을 알았던 것이다. 成周는 남쪽으로 洛水에 임해있기 때문에 "新邑洛"이라고 한 것이다. 周公이 이미 정권을 돌려주고 王都에 있었기 때문에 '新邑'이 바로 成周이다. 成王의 命을 가지고 商王의 여러 士들에게 고한 것이다. 鄭玄이 "成王 원년 3월에 周公이 王城으로부터 처음 成周의 邑에 가서 成王의 命으로 殷나라의 여러 士들에게 고하여 어루만져 안정시켰다."란 것이 이것이다.

王若曰 爾殷遺多士아

王께서 이처럼 말씀하셨노라. "너희 殷나라의 남아 있는 여러 士들아!

【傳】 順其事하여 稱以告殷遺餘衆士아하니 所順은 在下라

그 일을 따라서 〈王命이라〉 칭하며 고하기를 "殷나라의 남아 있는 여러 士들아!"라고 하였으니, 그 일을 따른 내용은 아래에 있다.

弗弔(적)[1]하니 旻天이 大降喪于殷이어시늘

1) 弗弔(적) : 蔡傳은 "'弗弔'는 미상하나 짐작컨대 탄식하고 민망히 여기는 말인 듯하니, 당시 方言일 것이다.〔弗弔未詳 意其爲歎憫之辭 當時方言爾也〕"라고 풀이하였다.

〈殷나라의 道教가〉 이르지 못하니, 旻天이 크게 殷나라에 〈災害〉를 내려 망하게 하시거늘,

【傳】 稱天以愍下는 言愍道〔不〕[1]至者니 殷道不至라 故로 旻天이 下喪亡於殷이라 ○ 仁覆愍下를 謂之旻이라 馬云 秋曰旻天은 秋氣殺也라 方言降喪이라 故로 稱旻天也라하니라

1) 〔不〕: 저본에는 없으나, 孔疏에 의거하여 '不'을 보충하였다.

하늘을 아래를 민망히 여기는 것으로 칭한 것은 道教가 이르지 않음을 민망히 여김을 말한 것이니, 殷나라의 道教가 〈하늘에〉 이르지 않기 때문에 旻天이 殷나라에 喪亡을 내렸다는 것이다.

○ 인자한 마음으로 덮어서 아래를 민망히 여기는 것을 '旻'이라 이른다. 馬融이 "가을〈하늘〉을 '旻天'이라 한 것은 가을 기운이 肅殺하기 때문이다. ≪方言≫에 '喪을 내린다.' 고 하였기 때문에 '旻天'이라 칭한다."라고 하였다.

我有周佑命일새 將天明威하여

우리 周나라가 〈하늘이〉 도와주신 명을 받았기 때문에 하늘의 밝은 위엄을 받들어

【傳】 言我有周受天佑助之命이라 故로 得奉天明威라

우리 周나라가 하늘이 도와준 命을 받았기 때문에 하늘의 밝은 위엄을 받들게 되었다고 말한 것이다.

致王罰[1]하니 勅殷命하여 終于帝[2]하노라

1) 將天明威 致王罰 : 呂祖謙은 "하늘을 가지고 말하면 '明威'라 하고, 사람을 가지고 말하면 '王罰'이라 했다.〔以天言之曰明威 以人言之曰王罰〕"라고 구분하였다.(≪增修東萊書說≫)
2) 致王罰……終于帝 : 蔡傳은 '勅'을 正의 뜻으로, '帝'를 上帝의 뜻으로 보아 "王者의 誅罰을 공정하게 행하여 殷나라의 명을 바로잡아 개혁하여 上帝의 일을 마무리했다.〔致王罰之公 勅正殷命而革之 以終上帝之事〕"라고 풀이하였다.

왕자의 誅罰을 이루게 하시니 殷나라의 명을 바로잡아 帝王의 일을 마무리하였노라.

【傳】 天命周致王者之誅罰하니 (王)〔正〕[1]黜殷命하여 終周於帝王이라

1) (王)〔正〕: 저본에는 '王'으로 되어 있으나, 孔疏에 의거하여 '正'으로 바로잡았다.

하늘이 周나라에 명하여 王者의 誅罰을 이루게 하니, 殷나라의 命을 바로잡아 퇴출하여 周나라가 帝王의 일을 마무리하였다는 것이다.

肆爾多士아 非我小國이 敢弋殷命이라

그러므로 너희 여러 士들아! 우리 작은 周나라가 감히 殷나라의 명을 취하려고 한 것이 아니다.

【傳】 天佑我라 故로 汝衆士臣服我니라 弋은 取也니 非我敢取殷王命이라 乃天命이라 ○ 弋은 馬本作翼하니 義同이라

하늘이 우리를 도왔다. 그러므로 너희 여러 士가 우리에게 臣服한 것이다. '弋'은 取의 뜻이니, 우리가 감히 殷나라의 王命을 취한 것이 아니라 바로 하늘의 命이었다는 것이다. ○ '弋'은 馬本에 '翼'으로 되어 있는데, 뜻은 같다.

惟天不畀允罔固亂[1]이라 弼我시니 我其敢求位아

1) 惟天不畀允罔固亂 : 蔡傳은 "하늘이 殷나라에게 명을 주지 않으신 것은 〈殷나라의〉 혼란을 굳히지 않기 위한 것임을 믿겠다."라고 풀이하였다.

하늘은 정말 굳게 다스릴 능력이 없는 자에게 주시지 않았다. 그러므로 우리를 도우신 것이니, 우리가 감히 〈천자의〉 자리를 구하였겠는가.

【傳】 惟天不與(言)〔信〕[1]無堅固治者라 故로 輔佑我니 我其敢求天位乎아

1) (言)〔信〕: 저본에는 '言'으로 되어 있으나, 宋兩浙東路茶鹽司本에 의거하여 '信'으로 바로잡았다.

하늘은 정말 굳게 다스릴 능력이 없는 자에게 주지 않았다. 그러므로 우리를 도운 것이니, 우리가 감히 천자의 자리를 구하였겠는가라는 것이다.

惟帝不畀일새 惟我下民秉爲니 惟天明畏[1)2)]일새니라

1) 惟天明畏 : 〈皐陶謨〉·〈大誥〉·〈多士〉의 '天明畏'를 孔傳은 다 같이 "하늘의 밝은 德을 두려워하는 것〔天明德可畏〕"으로 풀이한 반면, 蔡傳은 〈皐陶謨〉에서는 "'明'은 선한 자를 드러내는 것이고, '畏'는 악한 자를 위협하는 것이다.〔明者顯其善 畏者威其惡〕"로, 〈大誥〉에서는 "하늘의 밝은 命이 두렵다.〔天之明命可畏〕"로, 〈多士〉에서는 "하늘의 위엄의 밝고 두려운 것〔天威之所明畏者〕"으로 각각 다르게 풀이하였다.

2) 惟帝不畀……惟天明畏 : 蔡傳은 "'天命이 주어지지 않음은 곧 民心의 굳게 가져 하는 바 때문이고, 민심의 굳게 가져 하는 바는 곧 하늘의 위엄의 밝고 두려운 것'임을 말한 것이다. 하늘과 백성의 상호 관련된 이치를 반복해서, 천심은 결코 민심에서 벗어나지 않고 민심은 결코 천심에서 벗어나지 않음을 나타낸 것이다. ≪詩經≫에서는 '秉彝'라고 말하고, 여기서는 '秉爲'라고 말하였는데, '彝'는 理를 가지고 말한 것이고 '爲'는 用을 가지고 말한 것이다.〔言天命之所不與 卽民心之所秉爲 民心之所秉爲 卽天威之所明畏者也 反覆天民相因之理 以見天之果不外乎民 民之果不外乎天也 詩言秉彝 此言秉爲者 彝以理言 爲以用言也〕"라고 풀이하였다.

상제께서 紂에게 〈命을〉 주지 않았기 때문에 우리 백성들이 마음을 굳게 가져 〈우리를〉 위하〈여 우리가 얻은〉 것이니, 하늘의 밝은 德을 두려워한 효험 때문이다.

【傳】 惟天不與紂일새 惟我周家下民秉心爲我니 皆是天明德可畏之效라

하늘이 紂에게 〈命을〉 주지 않았기 때문에 우리 周나라 백성들이 마음을 굳게 가져 우리를 위하〈여 우리가 얻은〉 것이니, 모두 하늘의 밝은 德을 두려워한 효험 때문이라는 것이다.

【疏】 '王若'至'明畏' ○正義曰 : 周公以王命順其事而呼之曰 "汝殷家遺餘之衆士, 汝殷家道敎不至, 旻天以殷道不至之故, 天下喪亡於殷, 將欲滅殷. 我有周受天祐助之命, 奉天明白之威, 致王者之誅罰, 正黜殷命, 終我周家於帝王之事, - 謂使我周家代殷爲天子也. - 天旣助我周王, 故汝衆士來爲我臣. 由天助我, 我得爲之, 非我小國敢取殷之王命以爲己有, 此乃天與我. 惟天不與信無堅固於治者, 以是故輔弼我. 若其不然, 我其敢妄求天子之位乎. - 言此位天自與我, 非我求而得之. - 惟天不與紂, 故惟我周家下民秉心爲我, 故我得之, 惟天明德可畏之效也. 亦旣得喪由天, 汝等不得不服. - 以殷士未服, 故以天命喩之. -"

經의 〔王若〕에서 〔明畏〕까지

○ 正義曰 : 周公이 王命을 가지고 그 일을 따라서 부르기를 "너희 殷나라의 남은 여러 士들아! 너희 殷나라의 道敎가 이르지 않으니, 旻天이 殷나라의 道敎가 이르지 않았기 때문에 殷나라에 喪亡을 내려 장차 殷나라를 멸망시키려고 하였느니라. 우리 周나라가 하늘이 도와준 命을 받아서 하늘의 밝은 위엄을 받들어 王者의 誅罰을 이루어 殷나라 命을 바로잡아 퇴출하여 周나라가 帝王의 일을 마무리하게 되었느니라. －우리 周나라로 하여금 殷나라를 대신해서 天子가 되게 함을 이른 것이다.－ 하늘이 우리 周나라 왕을 돕기 때문에 너희 여러 士들이 와서 우리의 신하가 된 것이다. 하늘이 우리를 도움으로 말미암아 우리가 얻게 된 것이니, 우리 小國이 감히 殷나라의 王命을 취하여 소유로 삼은 것이 아니고 이것은 바로 하늘이 우리에게 준 것이니라. 하늘은 정말 굳게 다스릴 능력이 없는 자에게 주지 않았으니, 이런 때문에 우리를 도운 것이다. 만일 그렇지 않았다면 우리가 감히 망령되이 천자의 자리를 구하였겠는가. －이 王位는 하늘이 스스로 우리에게 준 것이지 우리가 구해서 얻은 것이 아니었다는 말이다.－ 하늘이 紂에게 주지 않았기 때문에 우리 周나라 백성들이 마음을 굳게 가져 우리를 위한 것이고, 그러므로 우리가 얻은 것이니, 하늘의 밝은 德을 두려워한 효험 때문이니라. 또한 이미 喪亡하게 된 것은 하늘로 말미암은 것이니, 너희들은 복종하지 않을 수 없느니라. －殷나라 士들이 복종하지 않기 때문에 天命으로써 깨우친 것이다.－"

【疏】 ○ 傳'順其'至'在下' ○ 正義曰 : 順其殷亡之事, 稱王命以告之. 從紂之臣, 或有身已死者, 遺餘在者遷於成周, 故"告殷遺餘衆士." '所順在下', 下文皆是順之辭.

○ 傳의 〔順其〕에서 〔在下〕까지

○ 正義曰 : 殷나라가 망한 일을 따라 王命이라고 칭하면서 고하였다. 紂를 따르던 신하들 중에는 혹 이미 죽은 자도 있지만, 남아 있는 자들은 成周로 옮겼기 때문에 "殷나라의 남아 있는 여러 士들에게 고한다."라고 한 것이다. '所順在下'는 아랫글 모두가 바로 따른다는 말이다.

【疏】 ○ 傳'稱(王)〔天〕[1]'至'於殷' ○ 正義曰 : 此經先言'弗弔', 謂殷道不至也. '不至'者, 上不至天, 事天不以道, 下不至民, 撫民不以理也. 天有多名, 獨言'旻天'者, '旻', 愍也, "稱天以愍下." 言天之所愍, 愍道〔不〕[2]至者也. "殷道不至, 故旻天下喪亡於殷", 言將覆滅之.

1) (王)〔天〕: 저본에는 '王'으로 되어 있으나, 傳文에 의거하여 '天'으로 바로잡았다.
2) 〔不〕: 저본에는 없으나, 孔疏에 의거하여 '不'을 보충하였다.

○ 傳의 〔稱天〕에서 〔於殷〕까지

○ 正義曰 : 이 經에서 먼저 '弗弔'을 말한 것은 殷나라의 道敎가 이르지 않음을 이른 것이다. '不至'란 위로 하늘에 이르지 않은 것은 하늘을 도리로써 섬기지 않는 것이고, 아래로 백성에게 이르지 않은 것은 백성을 이치로써 어루만지지 않는 것이다. 하늘에는 많은 이름들이 있는데, 유독 '旻天'이라 말한 것은 '旻'은 愍의 뜻이니, "하늘을 아래를 민망히 여기는 것으로 칭한다."는 것은 하늘이 민망히 여기는 것은 道敎가 이르지 않은 점을 민망히 여김을 말한 것이다. "殷나라의 道敎가 이르지 않기 때문에 旻天이 喪亡을 殷나라에 내렸다."라고 한 것은 장차 覆滅할 것을 말한 것이다.

【疏】 ○ 傳'天命'至'帝王' ○ 正義曰 : "天命周致王者之誅罰", 謂奉上天之命, 殺無道之王, 此乃王者之事, 故爲"王者之誅罰." '勅', 訓正也, "正黜殷命", 謂殺去虐紂, 使周受其終事, 是"終周於帝王." '終', 猶舜受堯終, 言殷祚終而歸於周.

○ 傳의 〔天命〕에서 〔帝王〕까지

○ 正義曰 : "하늘이 周나라에 명하여 王者의 誅罰을 이루게 했다."란 것은 하늘의 명을 받들어 無道한 王을 죽이는 것을 이르니, 이것이 바로 王者의 일이기 때문에 "王者의 誅罰"이라고 한 것이다. '勅'은 正의 뜻이니, "殷나라의 命을 바로잡아 퇴출했다."라는 것은 포학한 紂를 죽여 없애 周나라로 하여금 그 마무리한 일을 받게 함을 이르니, 이 "周나라가 帝王의 일을 마무리하였다."에서의 '終'은 "舜임금이 堯임금이 마무리한 〈帝位를〉 받았다."라는 終과 같은 것이다. 곧 殷나라의 국운이 마무리되어 周나라로 돌아온 점을 말한 것이다.

【疏】 ○ 傳'天祐'至'天命' ○ 正義曰 : '肆', 訓故也, 直云 "故爾多士." 辭無所結. 此經大意, 敍其去殷事周, 知其故爾衆士, 言其臣服我. '弋', 射也, 射而取之, 故'弋'爲取也. 鄭玄・王肅本'弋'作翼, 王亦云 "翼, 取也." 鄭云 "翼, 猶驅也, 非我周敢驅取汝殷之王命." 雖訓爲驅, 亦爲取義. 周本殷之諸侯, 故周公自稱'小國'.

○ 傳의 〔天祐〕에서 〔天命〕까지

○ 正義曰 : '肆'는 故(그러므로)의 뜻으로 풀이하니, 단지 "그러므로 너희 많은 士들아."

라고만 해놓고 말에는 맺는 바가 없다. 이 經의 大意는 殷나라를 버리고 周나라를 섬기도록 하는 내용을 서술한 것이니, "그러므로 너희 많은 士들아."라고 한 것이 우리에게 臣服함을 말한 것임을 〈孔安國은〉 알았던 것이다.

'弋'은 射의 뜻이니, 쏘아서 취하는 것이기 때문에 '弋'이 取의 뜻이 된 것이다. 鄭玄本과 王肅本에는 '弋'이 翼으로 되어 있는데, 王肅은 또한 "'翼'은 取의 뜻이다."라고 하였고, 鄭玄은 "'翼'은 驅와 같으니, 우리 周나라가 감히 너희 殷나라의 王命을 휘몰아 취한 것이 아니다."라고 하였다. 비록 訓은 驅로 하였지만 역시 取의 뜻이다. 周나라는 본래 殷나라의 諸侯였기 때문에 周公이 자칭 '小國'이라고 한 것이다.

我聞하니 曰上帝引逸이어시늘 有夏不適逸1)한대 則惟帝降格하시니

1) 上帝引逸有夏不適逸 : 蔡傳은 "上帝께서는 〈임금에 대하여 항상〉 안일한 쪽으로 인도하였건만, 夏나라 〈桀은〉 안일한 쪽으로 가지 않자"라고 하여 안일을 누릴 대상을 임금으로 보았고, 兪樾(≪群經平議≫)은 '引'은 收斂, '適'은 節制의 뜻으로 보아 "'上帝引逸'은 上帝는 사람의 逸樂을 놓아두지 않으므로 逸樂이 있으면 수렴해서 너무 지나치지 못하게 함을 말한 것이고, '有夏不適逸'은 '適'은 節의 뜻이므로 夏桀이 그 逸樂을 스스로 절제하지 않음을 말한 것이다.〔上帝引逸者 言上帝不縱人逸樂 有逸樂 則收引之 勿使大過也 有夏不適逸者 適之言節也 言夏桀不自節其逸樂也〕"라고 풀이하였다.

나는 듣건대 '上帝께서는 〈백성이 길이〉 안락을 누리게 하고자 한다.'고 하였는데, 夏나라 〈桀이〉 안락을 누리지 못하게 하자, 上帝께서 〈災異 같은〉 지극한 경계를 내리시었으니,

【傳】 言上天欲民長逸樂이언만 有夏桀爲政不之逸樂이라 故로 天下至戒하여 以譴告之라

하늘은 백성들이 길이 안락을 누리게 하고자 하는데, 夏나라 桀은 정사를 함에 있어서 안락을 누리지 못하게 하였다. 그러므로 하늘이 〈災異 같은〉 지극한 경계를 내려서 譴告하였다고 말한 것이다.

嚮于時夏언만 弗克庸帝하고 大淫泆有辭1)2)한대

1) 有辭 : 宋代 呂祖謙(≪增修東萊書說≫)은 "惡이 사람들의 입에 전파되어 수군거리는 말이 있기까지 하였다.〔惡播人口 至於有辭〕"라고 풀이하였다.

2) 嚮于時夏……大淫泆有辭 : 蔡傳은 "夏나라 桀에게 의향을 보이셨는데도 능히 上帝의 命을

따르지 않고 크게 淫泆하여 조작한 말을 늘어놓았으나〔以示意嚮於桀 不能敬用帝命 乃大肆淫逸 雖有矯誣之辭〕"라고 풀이하였는데, 洪奭周(≪尙書補傳≫)는 "蔡傳은 '大淫泆有辭'를 조작한 말을 늘어놓은 것으로 여기고, 孔傳은 惡한 말이 세상에 들리는 것으로 여겼는데, 가만히 생각하건대, '矯誣之辭'는 '淫泆'과 너무도 서로 친속하지 않고, 또 아랫글에 이른바 '有辭于罰'이란 것이 정말 이와 서로 호응하니, 응당 孔傳을 따르는 것이 옳다.〔蔡傳以大淫泆有辭 爲有矯誣之辭 孔傳以爲有惡辭聞於世 竊謂矯誣之辭 與淫泆不甚相屬 且下文所謂有辭于罰者 正與此相應 當從孔傳爲是〕"라고 하였다.

이 夏나라에 두남을 둔 것이건만, 〈桀은〉 능히 하늘의 경계를 받아들이지 않고 크게 過逸한 행동을 하여 惡한 말이 세상에 알려졌다.

【傳】 天下至戒하니 是嚮於時夏하여 不背棄언만 桀不能用天戒하고 大爲過逸之行하여 有惡辭聞於世라 ○ 時夏絶句라 馬以時字絶句라 泆은 又作佾이니 注同이라 馬本作屑하니 云 過也라

하늘이 지극한 경계를 내렸으니, 이 夏나라에 두남을 두어 背棄하지 않은 것이건만, 桀은 능히 하늘의 경계를 받아들이지 않고 크게 過逸한 행동을 하여 惡하다는 말이 세상에 알려졌다는 것이다.

○ '時夏'에 句를 끊었다. 馬融은 '時'자에 句를 끊었다. '泆'은 또 '佾'로도 되어 있으니, 注도 같다. 馬本에는 '屑'로 적었으니, "過의 뜻이다."라고 하였다.

惟時天은 罔念聞하시고 厥惟廢元命[1]하니 降致罰하시니라

1) 厥惟廢元命 : 蔡傳은 元命을 나라의 운명으로 보아 "〈하늘이〉 그 大命을 폐기하여"라고 풀이하였다.

이에 하늘은 유념하지도 듣지도 않고서 〈桀이〉 그 元命을 폐기하니 벌을 내리셨느니라.

【傳】 惟是桀惡有辭라 故로 天無所念聞이니 言不佑라 其惟廢其天命하니 下致天罰이라

桀의 惡에 대한 말이 있었기 때문에 하늘은 유념하지도 듣지도 않았다는 것이니, 도와주지 않음을 말한 것이다. 그가 그 天命을 폐기하니 天罰을 내렸다는 것이다.

乃命爾先祖成湯하사 **革夏**하사 **俊民**으로 **甸四方**하시니라

〈그래서 하늘은〉 이에 너희 선조인 成湯에게 명하여 夏나라를 혁파해서 준수한 사람들로 사방을 다스리게 하셨다.

【傳】 天命湯更代夏하여 用其賢人治四方이라

하늘이 湯임금에게 명하여 夏나라의 명을 대신해서 어진 사람들을 써서 사방을 다스리게 하였다는 것이다.

【疏】 '我聞'至'四方' ○ 正義曰：既言天之效驗, 法惡與善, 更追說往事, 比而喩之. "我聞人有言曰 '上天之情, 欲民長得逸樂.' 而有夏王桀逆天害民, 不得使民之適逸樂. 以此則惟上天下災異至戒以譴告之, 欲使夏王桀覺悟, 改惡爲善, 是天歸嚮於是夏家, 不背棄之. 而夏桀不能用天之明戒, 改悔已惡, 而反大爲過逸之行, 致有惡辭以聞於世. 惟是桀有惡辭, 故天無復愛念, 無復聽聞." 言天不復助桀. 其惟廢其大命, 欲絶夏祚也. 下致天罰, 欲誅桀身也. "乃命汝先祖成湯, 使之改革夏命, 用其賢俊之人, 以治四方之國." 擧桀滅湯興以譬之.

經의 〔我聞〕에서 〔四方〕까지

○ 正義曰：이미 하늘의 효험이 악한 사람은 법으로 다스리고 착한 사람은 도와주는 것임을 말하고, 다시 지난 일로 돌아가 설명을 해서 비유하였다. "나는 듣건대, 어떤 사람이 말하기를, '하늘의 심정은 백성들이 길이 안락을 누리게 하고자 한다.'고 하였는데, 夏나라의 王 桀은 하늘을 거역하고 백성을 해쳐서 백성들로 하여금 안락을 누리지 못하게 하였다. 이 때문에 하늘은 災異 같은 지극한 경계를 내려서 譴告하여 夏나라의 王 桀로 하여금 깨닫고 惡을 고쳐 善을 하도록 하였으니, 하늘이 이 夏나라에 두남을 두어 背棄하지 않은 것이었건만, 夏나라 桀은 능히 하늘의 밝은 경계를 받아들여 자기의 惡을 悔改하지 않고 도리어 크게 過逸한 행동을 하여 惡하다는 말이 세상에 알려지게 하였다. 桀에게 惡한 말이 있었기 때문에 하늘은 다시 愛念하지도 않고 하늘이 다시 聽聞하지도 않았다." 하늘이 다시 桀을 도와주지 않음을 말한 것이다.

그가 그 大命(天命)을 폐기하니, 夏나라의 운수를 끊으려고 한 것이다. 天罰을 내림은 桀의 몸을 베려고 한 것이다. "〈그래서 하늘은〉 이에 너희 선조인 成湯에게 명하여 夏나라의 천명을 개혁해서 賢俊한 사람들을 등용하여 사방의 나라들을 다스리게 하였다."라

하였으니, 桀은 멸망하고 湯임금은 흥기함을 들어 비유한 것이다.

【疏】 ○傳'言上'至'告之' ○正義曰：襄十四年左傳稱 "天之愛民甚矣." 又曰 "天生民而立之君, 使司牧之." 是言上天欲民長得逸樂, 故立君養之, 使之長逸樂也. 夏桀爲政, 割剝夏邑, 使民不得之適逸樂, 故上天下此至戒以譴告之. '降', 下, '格', 至也. 直言下至, 明是"天下至戒." 天所下戒, 惟下災異以譴告人主, 使之見災而懼, 改修德政耳. 古書亡失, 桀之災異, 未得盡聞.

○傳의 〔言上〕에서 〔告之〕까지

○正義曰：≪春秋左氏傳≫ 襄公 14년 조에 "하늘이 백성을 사랑함이 甚大하다."라고 일컫고, 또 말하기를 "하늘은 백성을 내고서 임금을 세워서 백성들을 양육하도록 했다."라고 하였다. 이는 하늘은 백성들이 길이 안락을 누리게 하고자 했기 때문에 임금을 세워서 양육하여 백성들로 하여금 길이 안락을 누리게 한 것이다.

夏나라 桀은 정사를 함에 있어서 夏邑을 割剝하여 백성들로 하여금 길이 안락을 누릴 수 없게 했기 때문에 하늘이 이처럼 지극한 경계를 내려 譴告한 것이다. '降'은 下(내림)의 뜻이고, '格'은 至(지극)의 뜻이다. 단지 '下至'라고만 말하였는데, 〈孔傳에서〉 "하늘이 지극한 경계를 내린 것이다."라고 밝혔다. 하늘이 경계를 내린 것은 災異를 내려 군주를 譴告해서 災異를 보고 두려워하여 德政을 改修하도록 했던 것이다. 그런데 古書가 亡失되어 桀의 災異를 다 들을 수는 없다.

【疏】 ○傳'惟是'至'天罰' ○正義曰：桀惡流毒於民, 乃有惡辭聞於世. 惡旣有辭, 是惡已成矣. 惟是桀惡有辭, 故天無所念聞, 言天不愛念不聽聞, 是其全棄之, 不佑助也. 棄而不佑, 則當更求賢主. '其惟廢大命', 欲奪其王位也. '下致天罰', 欲殺其凶身也. 廢大命, 知'降致', 是下罰也.

○傳의 〔惟是〕에서 〔天罰〕까지

○正義曰：桀의 惡이 백성들에게 毒을 흘리니, 이에 惡하다는 말이 세상에 알려진 것이다. 惡에 이미 말이 있으니, 惡이 이미 이루어진 것이다. 桀의 惡에 말이 있기 때문에 하늘은 유념하는 바도 들은 바도 없었다. 하늘이 愛念하지 않고 聽聞하지 않음을 말하니, 이는 전연 버리고 돕지 않는 것이다. 버리고 돕지 않으면 응당 다시 어진 군주를 구하는 것이다.

'其惟廢大命'은 그 王位를 빼앗고자 한 것이다. '下致天罰'은 그 凶身을 죽이고자 한 것이다. 大命을 폐기하였으니, '降致'가 바로 罰을 내린 것임을 〈孔安國은〉 알았던 것이다.

自成湯으로 至于帝乙히 罔不明德[1)]恤祀하시니라

1) 明德 : 蔡傳은 "'明德'이란 것은 몸을 닦는 것이다.〔明德者 所以修其身〕"라고 풀이하였다.

成湯으로부터 帝乙에 이르기까지 德이 있는 이를 드러내 쓰고 제사를 공경히 받들지 않음이 없으셨느니라.

【傳】 自帝乙以上은 無不顯用有德[1)]하고 憂念齊敬하여 奉其祭祀라하니 言能保宗廟社稷이라

1) 顯用有德 : 經文의 '明德'을 말한다.

帝乙 이상은 德이 있는 이를 드러내 쓰고 憂念하고 齊敬하여 그 祭祀를 받들지 않음이 없었다는 것이니, 능히 宗廟와 社稷을 보존하였음을 말한 것이다.

亦惟天이 丕建保乂有殷이어시늘 殷王도 亦罔敢失帝일새 罔不配天其澤하시니라

또한 하늘이 크게 殷나라를 세워 安治시키시거늘, 殷나라의 先王들 또한 감히 上帝의 道를 잃은 분이 없었기 때문에 하늘을 짝해서 그 덕택을 펴지 않음이 없으셨느니라.

【傳】 湯旣革夏하고 亦惟天이 大立安治於殷이어늘 殷家諸王도 皆能憂念祭祀하여 無敢失天道者라 故無不配天布其德澤이라

湯임금이 이미 夏나라를 개혁하였고 또한 하늘이 크게 殷나라를 세워 安治시켰거늘, 殷나라의 여러 王들도 모두 능히 憂念하여 祭祀를 받들어 감히 天道를 잃은 분이 없었다. 그러므로 하늘을 짝하여 그 德澤을 펴지 않음이 없었다는 것이다.

在今後嗣王하여 誕罔顯于天이온 矧曰其有聽念于先王勤家아

지금 後嗣王에 있어서는 크게 天道에 밝지 못하거늘, 하물며 先王들이 國家에 勤勞한 일을 경청하고 유념함이 있다고 하겠는가.

【傳】 後嗣王紂는 大無明于天道하여 行昏虐하니 天且忽之온 況曰其有聽念先祖勤勞國家之事乎아

後嗣王 紂는 크게 天道에 밝지 못하여 昏虐을 행하니 하늘도 홀대하거늘, 하물며 先祖들이 國家에 勤勞한 일을 경청하고 유념함이 있다고 하겠는가라는 것이다.

誕淫厥泆하여 罔顧于天顯民祗[1]하니라

1) 罔顧于天 顯民祗 : 蔡傳은 "다시는 하늘의 나타난 도리와 백성의 경외할 것을 顧念하지 않았다.〔無復顧念天之顯道 民之敬畏者也〕"라고 풀이하였다.

크게 그 愆過를 지나치게 해서 하늘을 돌아봄과 백성을 분명하게 드러내 공경함이 없었다.

【傳】 言紂大過其過하여 無顧於天하고 無能明人爲敬하니 暴亂甚이라

紂는 그 愆過를 크게 지나치게 해서 하늘을 돌아보지 않고, 인민을 드러내 공경하지 않았음을 말한 것이니, 暴亂이 심했던 것이다.

惟時上帝不保하사 降若茲大喪하시니라

이에 上帝께서 편안히 여기지 않으시어 이와 같은 큰 喪亡을 내리신 것이니라.

【傳】 惟是紂惡을 天不安之라 故로 下若此大喪亡之誅라

紂의 惡을 하늘이 불안하게 여겼기 때문에 이와 같은 큰 喪亡의 주벌을 내렸다는 것이다.

惟天이 不畀不明厥德[1]이니 凡四方小大邦이 喪함은 罔非有辭[2]于罰[3]이니라

1) 惟天不畀不明厥德 : 官吐는 "惟天不畀는 不明厥德일새니라"로 토를 달고, 諺解는 "하늘이 〈天命을〉 주지 않으심은 그 德을 밝히지 않았기 때문이다."로 풀이하였다.

2) 辭 : 蘇軾(≪書傳≫)은 '主張'으로, 林之奇(≪尙書全解≫)·夏僎(≪尙書詳解≫)·呂祖謙(≪增修東萊書說≫)·金履祥(≪資治通鑑前編≫)·蔡傳·元代 朱祖義(≪尙書句解≫)·明代 岳虞巒은 '구실(죄목)'로 보았다.

3) 罔非有辭於罰 : 蔡傳은 "그 처벌함이 모두 말할 만한 〈죄목이〉 있었거늘, 하물며 商나라

〈紂는〉 죄가 꽉 차서 周나라가 죄목을 가지고 친 것이 아니었던가.〔其致罰 皆有可言者 況商罪貫盈 而周奉辭以伐之者乎〕"라고 풀이하였다.

하늘이 그 德을 밝히지 않는 이에게는 〈天命을〉 주지 않으니, 무릇 사방의 작고 큰 나라들이 喪亡함은 惡하다는 소문이 〈하늘에 알려져 하늘의〉 誅罰한 바 되지 않음이 없었다."

【傳】 惟天이 不與不明其德者라 故로 凡四方小大國喪滅은 無非有辭於天所罰이라하니 言皆有闇亂之辭라

하늘이 그 德을 밝히지 않는 이에게는 〈天命을〉 주지 않았다. 그러므로 무릇 사방의 작고 큰 나라들이 喪亡함은 惡하다는 소문이 〈하늘에 알려져 하늘의〉 誅罰한 바 되지 않음이 없었다는 것이니, 모두 闇亂하다는 소문이 있었음을 말한 것이다.

【疏】 '自成'至'于罰' ○ 正義曰：既言命湯革夏, 又說後世皆賢, 至紂始惡, 天乃滅之. 自成湯至於帝乙, 無不顯用有德. 憂念祭祀, 後世亦賢, 非獨成湯以用其行合天意, 亦惟天大立安治有殷. 殷家諸王, 皆能明德憂祀, 亦無敢失天道者, 無不皆配天而布其德澤, 以此得天下, 久爲民主. 在今後嗣王紂, 大無明於天道, 敢行昏虐之政於天〔下〕[1], 天猶且忽之, 況曰其有聽念先王父祖勤勞國家之事乎. 乃復大淫過其泆, 無所顧於上天, 無能明民爲敬, 以此反於先王, 違逆天道. 惟是上天不安紂之所爲, 下若此大喪亡之誅, 惟天不與不明其德之人故也. 天不與惡, 豈獨紂乎. 凡四方諸侯小大邦國, 其喪滅者, 無非皆有惡辭, 是以致至於天罰. 汝紂以惡而見滅, 汝何以不服我也.

1) 〔下〕: 저본에는 없으나, 〈商書 湯誥〉의 "以布行虐政於天下百官"에 의거하여 '下'를 보충하였다.

經의 〔自成〕에서 〔於罰〕까지

○ 正義曰：〈하늘이〉 湯임금에게 명하여 夏나라를 개혁한 일에 대해 이미 말하고 나서 또 후대에도 모두 어진 〈임금들이었는데,〉 紂에 와서 비로소 惡을 하자, 하늘이 이에 멸망시켰다는 것을 말하였다.

"成湯으로부터 帝乙에 이르기까지는 德이 있는 이를 드러내 쓰고 憂念하여 祭祀를 받들지 않음이 없었으며, 그 후대에도 또한 어진 임금들이었으니, 유독 成湯만이 행한 바가 하늘의 뜻에 합치된 것은 아니었다. 또한 하늘이 크게 殷나라를 세워 安治시켰고, 殷나라

의 여러 王들도 모두 능히 德이 있는 이를 드러내 쓰고 憂念하여 祭祀를 받들어 감히 天道를 잃은 분이 없었기 때문에 모두 하늘을 짝하여 그 德澤을 펴지 않음이 없었으니, 이 때문에 천하를 얻어 오랫동안 백성들의 임금이 된 것이다.

그런데 지금 後嗣王 紂는 크게 天道에 밝지 못하여 감히 昏虐한 정사를 천하에 행하니 하늘도 오히려 홀대하거늘 하물며 先王인 父祖가 國家에 勤勞한 일을 경청하여 유념함이 있다고 하겠는가. 〈紂는〉 다시 크게 그 愆過를 지나치게 해서 하늘을 돌아보지(두려워하지) 않고, 백성을 드러내 공경하지 아니하였으니, 이로써 先王과 반대되게 하고, 天道를 어기었다.

하늘이 紂의 하는 일을 불안하게 여기어 이와 같은 큰 喪亡의 誅罰을 내렸으니, 하늘이 그 德을 밝히지 않은 사람에게 〈천명을〉 주지 않았기 때문이다. 하늘이 惡한 사람에게 〈천명을〉 주지 않은 것은 어찌 유독 紂에게만 그랬겠느냐. 사방 諸侯의 작고 큰 나라들이 喪滅한 경우는 모두 악하다는 소문이 있지 않음이 없었으니, 이 때문에 하늘의 주벌에 이르게 된 것이다. 너희 紂는 惡 때문에 멸망을 당하였는데, 너희는 어찌하여 우리에게 복종하지 아니하느냐."

【疏】 ○傳'自帝'至'社稷' ○正義曰：下篇說中宗・高宗・祖甲三王以外, 其後立王, 生則逸豫, 亦罔或能壽. 如彼文, 則帝乙以上非無僻王, 而此言無不顯用有德, 憂念祭祀者, 立文之法, 辭有抑揚, 方說紂之不善, 盛言前世皆賢正, 以守位不失, 故得美而言之. 憂念祭祀者, 惟有齊肅恭敬, 故言"憂念齊敬, 奉其祭祀." 言能保宗廟社稷, 爲天下之主, 以見紂不恭敬, 故喪亡之.

○傳의 〔自帝〕에서 〔社稷〕까지

○正義曰：아랫篇에서는 中宗・高宗・祖甲 등 3王 이외에, 그 뒤로 卽位한 王들은 태어나면 안일을 탐하고 또한 장수를 누린 이도 없었다고 설명하였다. 저 글의 경우는, 帝乙 이상은 邪僻한 王이 없지 않았으나 여기서는 德이 있는 이를 드러내 쓰고 憂念하여 祭祀를 받들지 않은 자가 없었다고 말하였으니, 立文의 방법이 말에 抑揚이 있기 때문에 바야흐로 紂의 不善을 말할 때에는 "전대는 모두 賢良하고 方正하여 왕위를 지키어 잃지 않았다."라고 풍성하게 말하였기 때문에 아름답게 말할 수가 있었던 것이다.

憂念하여 祭祀를 받들었다는 것은 齊肅하고 恭敬하기 때문에 "憂念하고 齊敬하여 제사를 받들었다."라고 말한 것이니, 능히 宗廟와 社稷을 보존하여 天下의 君主가 된 것을 말해서 紂가 恭敬치 않았기 때문에 喪亡되었다는 점을 보인 것이다.

【疏】○傳'湯旣'至'德澤' ○正義曰：帝乙已上諸王，所以長處天位者，皆由湯之聖德延及後人．"湯旣革夏，亦惟天大立安治於殷"者，謂天安治之，故殷家得治理也．殷家諸王自成湯之後，皆能憂念祭祀，無敢失天道者．故得常處王位，無不配天布其德澤於民．爲天之子，是'配天'也．號令於民，是"布德"也．

○傳의 〔湯旣〕에서 〔德澤〕까지

○正義曰：帝乙 이상 여러 王들이 길이 天位에 처하게 된 것은 모두 湯임금의 聖德이 後人에게 뻗쳤기 때문이다. "湯임금이 이미 夏나라를 개혁하였고 또한 하늘이 크게 殷나라를 세워 安治시켰다."라고 한 것은 하늘이 安治시켰기 때문에 殷나라가 다스려지게 된 점을 이른 것이다. 殷나라 여러 王들은 成湯으로부터 이후가 모두 능히 憂念해서 祭祀를 받들어 감히 天道를 잃은 자가 없었다. 그러므로 항상 王位에 처하게 되어 하늘을 짝하여 그 德澤을 백성에게 펴지 않음이 없었다. 하늘의 아들이 된 것이 바로 '하늘을 짝한 것'이고, 백성에게 호령을 하는 것이 바로 '德을 편 것'이다.

【疏】○傳'言紂'至'亂甚' ○正義曰：'淫'·'泆'，俱訓爲過，'言紂大過其愆過 無顧於天'，言其縱心爲惡，不畏天也．'無能明民爲敬'，言其多行虐政，不憂民也．不畏於天，不愛於民，言其'暴亂甚'也．此經'顧於天'與'顯民祗'，共蒙上'罔'文，故傳再言'無'也．

○傳의 〔言紂〕에서 〔亂甚〕까지

○正義曰：'淫'과 '泆'은 모두 過(지나침)로 풀이하니, "紂는 크게 그 愆過를 지나치게 해서 하늘을 돌아보지 않았다."라고 말한 것은 마음대로 惡을 하여 하늘을 두려워하지 않은 점을 말한 것이고, "인민을 드러내 공경하지 않았다."라고 한 것은 포학한 정사를 많이 행해서 백성을 걱정하지 않은 점을 말한 것이다.

하늘을 두려워하지 않고 백성을 사랑하지 않은 것이 그 '暴亂이 심했던 점'을 말한 것이다. 이 經의 '顧於天'과 '顯民祗'가 함께 위의 '罔'자를 이어받았기 때문에 傳에서 두 번 '無'자를 말한 것이다.

【疏】○傳'惟天'至'之辭' ○正義曰：能明其德，天乃與之，惟天不與，不明其德者，紂不明其德，故天喪之．因卽廣言天意，凡四方小大邦國，謂諸侯有土之君，其爲天所喪滅者, 無非皆有惡辭聞於天, 乃爲上天所罰. 言被天罰者, 皆有闇亂之辭, 上天不罰無辜, 紂有闇亂之辭, 故天滅之耳. 天旣滅不明其德, 我有明德, 爲天所立, 汝等殷士, 安得不服我乎. 以其心仍不服, 故以天道責之.

○ 傳의 〔惟天〕에서 〔之辭〕까지

○ 正義曰 : 능히 그 德을 밝히면 하늘이 〈천명을〉 주는 법인데 하늘이 〈천명을〉 주지 않은 것은 덕을 밝히지 않은 자이기 때문이니, 紂가 덕을 밝히지 않았기 때문에 하늘이 喪亡시킨 것이다. 따라서 하늘의 뜻을 넓혀서 말하기를 "무릇 사방의 작고 큰 나라"라고 한 것은 諸侯로서 토지를 가진 임금을 이른 것이니, 하늘에게 喪滅된 것은 모두 惡의 소문이 하늘에 알려져 하늘이 주벌한 대상이 된 것이다. 하늘의 주벌을 입었다고 말한 것은 모두 闇亂의 소문이 있었기 때문이다. 하늘은 무고한 사람을 주벌하지 않는데, 紂는 闇亂의 소문이 있었기 때문에 하늘이 멸망시킨 것이다. 하늘이 이미 덕을 밝히지 않은 자를 멸망시켰으니, 나는 明德을 가져 하늘이 〈왕으로〉 세운 대상이 되었는데, 너희 殷나라 士들은 어찌하여 나에게 복종하지 아니하느냐라는 것이다. 그들 마음이 이내 복종하지 않기 때문에 天道를 가지고 꾸짖은 것이다.

王若曰 爾殷多士아 今惟我周王이 丕靈承帝事[1)]하시니라

1) 丕靈承帝事 : 蔡傳은 '靈'을 善의 뜻으로 보아 "하늘의 하는 일을 크게 잘 받든다는 것이니, 〈武成〉에 '上帝를 경건히 받들어 어지러운 謀略을 못하게 막았다.'라는 그것이다.〔大善承天之所爲也 武成 言祗承上帝 以遏亂略 是也〕"라고 풀이하였다.

王께서 이렇게 말씀하였다. "너희 殷나라의 여러 士들아! 지금 우리 周王께서 上帝를 크게 神으로 여겨서 열심히 받들어 섬기셨느니라.

【傳】 周王은 文武也라 大神奉天事니 言明德恤祀라

'周王'은 文王과 武王이다. 하늘을 크게 神으로 여겨서 열심히 받들어 섬겼다는 것이니, '덕이 있는 이를 드러내 쓰고 제사를 공경히 받듦'을 말한 것이다.

有命曰 割殷이실새 告勅于帝하시니라

〈上帝께서〉 명을 내리시기를 '殷나라의 命을 베어버리도록 하라.' 하시므로 닦달해서 바로잡았음을 상제께 고하셨던 것이다.

【傳】 天有命하여 命周割絶殷命일새 告正於天[1]이라 謂旣克紂하고 柴於牧野하여 告天不頓兵傷士라

1) 告正於天 : 蔡傳은 "닦달해서 바로잡을 일을 상제께 고하셨던 것이다."로 풀이하고는, 〈武成〉의 "皇天과 后土에 고하여 장차 商나라를 크게 바로잡으려고 합니다.〔告于皇天后土 將有大正于商〕"라고 한 말을 예로 들었으니, 蔡傳은 앞으로 紂를 칠 일을 고유한 것으로 보고, 孔傳은 이미 紂를 치고 나서 고유한 것으로 본 점이 다를 뿐이다.

하늘이 명을 내리어 周나라에게 '殷나라의 命을 베어 끊도록 하라.' 명하므로 하늘에게 닦달해서 바로잡았음을 고하였다는 것이다. 이미 紂를 쳐서 승리하고 牧野에서 나무를 태워 望祭를 지내어 하늘에 군사를 고생시키거나 군사를 상하게 하지 않은 일을 고했던 것을 이른다.

•

惟我事는 不貳適이라 惟爾王家 我適[1]이니라

1) 惟我事……惟爾王家我適 : 蘇軾(≪書傳≫)은 "우리가 사방에 일을 거행함이 있으면 〈단번에 평정했지〉 어찌 일찍이 두 번 거행한 뒤에 평정된 적이 있었던가. 그러므로 '우리 일은 두 번 가지 않는다.'라고 한 것이니, '貳適'은 再往의 뜻이다.〔我有事于四方 曷嘗有再擧而後定者乎 故曰惟我事不貳適 貳適再往也〕"로 풀이한 데 대하여 林之奇(≪尙書全解≫)는 "대개 王者의 用兵은 저기에 반드시 패할 이치가 있고 나에게 반드시 이길 방도가 있는 것을 세심히 살피고 나서 일을 거행하면 〈단번에 평정되는 것이지,〉 어찌 재차 가야만 평정되겠는가. 그러니 蘇氏의 말이 옳다. '惟爾王家我適'은 응당 아랫글의 말과 연결해서 보아야 한다. '爾王家'는 殷나라를 가리킨다. '우리의 거사는 재차 가서 평정한 적이 없었다. 지금 너희들 王家에 가서 정벌을 하는 것은 대개 내가 말한 것처럼 「너희 殷紂가 크게 法度를 무너뜨려서 하늘과 사람이 함께 버렸기 때문이니, 우리가 商나라를 이길 것은 어찌 재차까지 가야 될 일이겠는가.」라는 점'을 말한 것이다.〔蓋王者之用兵 彼有必敗之理 已有必勝之道 計之之審而後 有事焉 則豈有再往而定乎 蘇氏之言是也 惟爾王家我適 當連下文說 爾王家 指殷也 言凡我之事 未嘗再往而後定 今於爾王家 所以往而伐之者 蓋我之言曰 惟爾殷紂大無法度 天人之所共棄 則我之勝商 豈至於再乎〕"라고 하였고, 呂祖謙(≪增修東萊書說≫)은 "'우리가 殷나라를 꺾는 일은 조금도 私意를 가지지 않고 한결같이 上帝의 명만 따르지, 다른 것을 따르지 않으니, 너희들 殷나라 王家는 자연 우리를 따르지 않을 수 없을 것이다. 周나라는 上帝에게 의심을 품지 않았는데, 殷나라는 周나라에 의심을 품을 수 있겠는가.'라는

것이다. ≪詩經≫ 〈大雅 大明〉에 '上帝께서 너희에게 임하시니, 너희의 마음에 의심을 품지 말지어다.'는 '惟我事不貳適'을 이른 것이고, '上帝께서 이미 〈周나라에〉 명하신지라. 周나라에 복종하도다.'는 '惟爾王家我適'을 이른 것이다.〔惟我割殷之事 未嘗容少私意 一於從帝 而無貳適 惟爾有殷王家 自不得不惟我之適矣 周不貳於帝 殷其可貳於周乎 上帝臨汝 無貳爾心 惟我事不貳適之謂也 上帝旣命 侯于周服 惟爾王家我適之謂也〕"라고 풀이하였는데, 蔡傳은 呂祖謙의 說을 따랐다.

우리 〈천하의〉 일은 〈이미 周나라로 돌아왔으므로〉 다른 데로 돌아가지 않으니, 너희 王家(殷)는 이미 우리에게 돌아왔다.

【傳】 言天下事는 已之我周矣니 不貳之他라 惟汝殷王家는 已之我하니 不復有變이라

천하의 일은 이미 우리 周나라로 돌아왔으므로 다시 다른 데로 돌아가지 않는다. 너희 殷나라 王家는 이미 우리에게 돌아왔으니 다시 變改해서는 안 된다고 말한 것이다.

予其曰 惟爾洪無度하니 我不爾動이라 自乃邑이니라

내가 〈너희들을 위해〉 말하기를 '너희들이 크게 법도를 무시하였으니, 내가 먼저 움직여서 〈너희들을 誅伐한 것이〉 아니라, 변란이 너희들 邑으로부터 일어나서 〈너희 紂가 화를 자초한 것이다.〉'라고 하였다.

【傳】 我其曰 惟汝大無法度는 謂紂無道라 我不先動誅汝라 亂從汝邑起는 言自召禍라

내가 〈너희들을 위해〉 말하기를 '너희들은 크게 법도를 무시했다.'라고 한 것은 紂의 無道함을 이른 것이다. '내가 먼저 움직여서 너희를 誅伐한 것이 아니라, 변란이 너희 邑으로부터 일어나서다.'라고 한 것은 〈너희 紂가〉 禍를 자초함을 말한 것이다.

予亦念건대 天卽于殷하사 大戾는 肆오 不正[1)]일새라

1) 予亦念天……肆不正 : 蘇軾(≪書傳≫)은 "'나 또한 天命을 생각함에 정벌하지 않을 수 없어서 그 으뜸으로 반란하여 죄가 큰 자만을 주살하였다.' 함은 武庚과 管叔을 죽인 일을 이르고, '肆不正'은 그 나머지는 다 치죄하지 않음을 말한 것이다.〔予亦念天命 不可不征 卽於其首亂罪大者而誅之 謂殺武庚管叔也 肆不正者 言其餘不盡繩治也〕"라고 풀이하였는데, 林之奇는 蘇軾을 따랐고, 呂祖謙(≪增修東萊書說≫)은 "나 또한 생각하건대, 하늘이 殷나라 妹土의 땅에다가 누차 큰 재앙을 내리니 紂가 이미 죽었다. 그러므로 지금 〈그 땅은〉 邪慝하여 바르

지 못하므로 요컨대 응당 옮겨가야 한다.〔予亦念天就殷邦妹土之地 屢降大戾 紂旣死焉 故今邪慝不正 要當遷徙〕"라고 풀이하였는데, 蔡傳은 呂祖謙을 따라 "내 또한 생각하건대, 하늘이 殷나라에 나아가(殷나라 妹土의 땅에다가) 누차 큰 재앙을 내리니, 紂는 이미 죽고 武庚이 또 죽었다. 그러므로 〈妹土의 땅이〉 '사특하여 바르지 못하였다(오염되었다).'라고 한 것이니, 응당 옮겨야 함을 말한 것이다.〔予亦念 天就殷邦 屢降大戾 紂旣死 武庚又死 故邪慝不正 言當遷徙也〕"라고 풀이하였다.

내 또한 생각하건대, 하늘이 殷나라에 나아가 크게 죄를 준 것은 무슨 까닭인가. 〈紂가 능히 몸을〉 바르게 하지 않았기 때문이니라."

【傳】我亦念컨대 天就於殷하여 大罪而加誅者는 故로 以紂不能正身念法일새라

내 또한 생각하건대, 하늘이 殷나라에 나아가 크게 죄를 주어 주벌을 가한 것은 무슨 까닭인가. 紂가 능히 몸을 바르게 하고 법을 생각하지 않았기 때문이란 것이다.

【疏】'王若'至'不正' ○正義曰：周公又稱王順而言曰 "汝殷衆士, 今惟我周家文武二王, 大神能奉天事, 故天有命, 命我周王曰 '當割絶殷命.' 告正於天." 我受天命, 已滅殷告天. "惟我天下之事, 不有二處之適." 言已之適周, 不更適他也. "惟汝殷王家事, 亦於我之適, 不復變改." 又追說初伐紂之事. "我其爲汝言曰 '惟汝殷紂大無法度, 故當宜誅絶之. 伐紂之時, 我不先於汝動, 自往誅汝, 其亂從汝邑先起, 汝紂自召禍耳.' 我亦念天所以就於殷致大罪者, 故, 以紂不能正身念法故也."

經의 〔王若〕에서 〔不正〕까지

○正義曰：周公은 또 王께서 〈일에〉 따라 말씀하셨다고 일컬으며 다음과 같이 말씀하였다. "너희 殷나라의 여러 士들아! 지금 우리 周나라 文王과 武王 두 분 王께서 하늘을 크게 神으로 여겨 능히 받들어 섬겼기 때문에 하늘이 命을 내리어 우리 周王에게 '응당 殷나라의 命을 베어 끊도록 하라.' 명하므로 하늘에 닦달해서 바로잡았음을 고하였다." 우리가 하늘의 命을 받아 이미 殷나라를 멸하고 하늘에 고하였다는 것이다. "우리 천하의 일이 두 곳으로 돌아가지 않는다." 이미 周나라로 돌아왔으니, 다시 다른 데로 가지 않는다고 말한 것이다. "너희 殷나라 王家의 일은 또한 우리에게 돌아왔으니 다시 變改해서는 안 된다."고 한 것은 또 처음 紂를 칠 때의 일로 돌아가서 말한 것이다. "내가 너희들을 위해 말하기를 '너희 殷나라 紂는 크게 법도를 무시했기 때문에 응당 베어

끊어야 한다. 紂를 칠 때에 내가 먼저 움직여서 〈너희들을 誅伐한 것이〉 아니라, 스스로 가서 주벌한 것은 그 변란이 너희의 邑으로부터 먼저 일어났으니, 너희 紂가 禍를 자초했을 뿐이다.'라고 한 것이다. 내 또한 생각하건대, 하늘이 殷나라에 나아가 크게 죄를 준 이유는 무슨 까닭인가. 紂가 능히 몸을 바르게 하고 법을 생각하지 않았기 때문이니라."

【疏】 ○ 傳'周王'至'恤祀' ○ 正義曰：文王受命, 武王伐紂, 故知'周王'兼文武也. '大神奉天事', 謂以天爲神而勤奉事之, 勞身敬神, 言亦如湯明德恤祀也.

○ 傳의 〔周王〕에서 〔恤祀〕까지

○ 正義曰：文王은 天命을 받았고 武王은 紂를 쳤기 때문에 '周王'이 文王과 武王을 겸한 것임을 〈孔安國이〉 알았던 것이다. '大神奉天事'는 하늘을 神으로 여겨서 열심히 받들어 섬김을 이른 것이니, 몸을 수고롭게 하고 神을 공경히 섬김을 또한 湯임금이 德이 있는 이를 드러내 쓰고 제사를 경건히 받든 것처럼 함을 말한 것이다.

【疏】 ○ 傳'天有'至'傷士' ○ 正義曰：以周王奉天之故, 故天有命, 命我周使割絶殷命, 告正於天. 謂武成之篇所云, 旣克紂, 柴於牧野, 告天不頓兵傷士是也. 前敵卽服, 故無"頓兵傷士." 師以正行, 故爲"告正." 武成正告功成, 功成無害, 卽是不頓傷也. '頓兵'者, 昭十五年左傳文. '頓', 折也.

○ 傳의 〔天有〕에서 〔傷士〕까지

○ 正義曰：周王이 하늘을 받들었기 때문에 하늘이 命을 내리어 우리 周나라에 '殷나라의 命을 베어 끊도록 하라.' 명하므로 하늘에 닦달해서 바로잡았음을 고하였다는 것이니, 〈武成〉에 이른바 "이미 紂를 쳐서 승리하고 牧野에서 나무를 태워 望祭를 지내어 하늘에 군사를 고생시키거나 군사를 상하게 하지 않은 일을 고했던 것"을 이른다는 것이 이것이다. 앞에 있는 敵이 즉시 굴복했기 때문에 "군사를 고생시키거나 군사를 상하게 한 일이 없다."라고 한 것이다. 군사는 바로잡는 일을 행하는 것이기 때문에 "닦달해서 바로잡았음을 고하였다."라고 한 것이다. '武成'은 바로 武功이 이루어짐을 고한 것이니, 무공이 이루어져 害가 없는 것이 바로 '군사를 고생시키거나 군사를 상하게 하지 않았다.'는 것이다. '頓兵'이란 것은 ≪春秋左氏傳≫ 昭公 15년 조의 글이다. '頓'은 折(꺾음)의 뜻이다.

【疏】 ○ 傳'我亦'至'念法' ○ 正義曰：言"我亦念天"者，以紂雖無法度，若使天不命我，我亦不往誅紂. 以紂旣爲大惡，上天命我，我亦念天所遣. 我就殷加大罪者，何故. 以紂不能正身念法也.

○ 傳의 〔我亦〕에서 〔念法〕까지

○ 正義曰："我亦念天"이라고 말한 것은，紂가 비록 法度를 무시한 때문이라 하더라도 만일 하늘이 나에게 명하지 않았다면 내 또한 가서 紂를 주벌하지 않았을 것이다. 紂가 이미 大惡을 저질렀기 때문에 하늘이 나에게 명한 것이므로 내 또한 하늘이 〈紂를 치기 위해 나를 殷나라에〉 보낸 것을 생각하였다. 내가 殷나라에 나아가 큰 죄를 가한 것은 무슨 까닭인가. 紂가 능히 몸을 바르게 하고 법을 생각하지 않았기 때문이란 것이다.

王曰 猷[1)]告爾多士는 予惟라 時로 其遷居西爾[2)3)]니라

1) 猷：蔡傳은 '感歎'의 뜻으로 보았다.
2) 惟時 其遷居西爾：蔡傳은 "이런 때문에 너희들을 서쪽으로 옮겨 〈洛邑에〉 거주시킨 것을 이른다.〔謂惟是之故 所以遷居西爾〕"라고 풀이하였다.
3) 遷居西爾：蘇軾은 "이미 너희들을 洛邑으로 옮겨 편안히 살게 하였으니，뒤에 딴 명령을 하지 않을 것이다.〔旣遷爾于洛 乃安居 無後命矣〕"라 풀이하였는데，林之奇는 "先儒(孔安國)는 '遷'을 遷善으로 삼아 그 說이 왜곡되었으니，蘇氏만 못하였다."라고 하였다.

王께서 말씀하였다. "道를 가지고 너희 여러 士들에게 고한 것은，내가 〈너희들이 德義에 달통하지 못하였다고〉 생각한 것이다. 이러므로 너희들을 서쪽(洛邑)으로 옮겨 거주시킨 것이니라.

【傳】 以道告汝衆士는 我惟汝未達德義라 是以로 徙居西汝於洛邑은 敎誨汝라

道를 가지고 너희 여러 士들에게 고한 것은 내가 너희들이 德義에 달통하지 못하였다고 생각한 것이다. 이러므로 너희들을 서쪽으로 옮겨 洛邑에 거주시킨 것은 너희들을 가르치려는 목적이란 것이다.

非我一人이 奉德不康寧[1)]이라 時惟天命이시니

1) 非我一人 奉德不康寧：蔡傳은 "나 한 사람이 이와 같이 옮겨 진동시킨 것을 좋아해서가 아

니다.〔非我一人 樂如是之遷徙震動也〕"로 풀이하였으니, 아마 "〈나 한 사람이 德을 받들기 위하여〉 이처럼 〈너희들을〉 옮겨 진동시켜 〈편안치 못하게 만든 것을〉 좋아해서가 아니다." 라고 풀이한 것으로 보아야 할 것 같다.

나 한 사람이 德을 봉행하기 위하여 〈백성들로 하여금〉 편안하지 못하도록 하는 것이 아니라 이는 天命이 의당 그리하시는 것이니,

【傳】 我徙汝는 非我天子奉德하여 不能使民安之라 是惟天命宜然이라

내가 너희들을 이사시킨 목적은 나 天子가 德을 받들기 위하여 능히 백성들로 하여금 편안하지 못하도록 한 것이 아니라 바로 天命이 의당 그리하는 게란 것이다.

無違하라 **朕**은 **不敢有後**[1)]하리니 **無我怨**[2)]하라

1) 後 : 蘇軾은 '뒤에 딴 명령〔後命〕'으로, 呂祖謙과 金履祥은 '헐후(늦추다)'로 풀이하였는데, 蔡傳은 蘇軾을 따랐다.

2) 非我一人……無我怨 : 林之奇(≪尙書全解≫)는 "이 편과 〈盤庚〉은 모두 옮겨 살 뜻을 가지고 고한 것이다. 그러므로 그 말뜻이 대부분 서로 같다.……〔此篇與盤庚 皆是告以遷居之意 故其辭意多相類……〕"라고 하여 이 篇에는 錯簡으로 인해 문의가 통하지 않는 부분이 많이 있는 것으로 보았는데, 蔡傳은 "'나 한 사람이 〈德을 받들기 위하여〉 이와 같이 옮겨 진동시켜 〈편치 못하게 만든 것을〉 좋아해서가 아니다. 이는 하늘의 명령이 이와 같기 때문이니, 너희들은 어기지 말도록 하라. 나는 감히 뒤에 딴 명령을 하지 않을 것이다.'라고 하였으니, 이는 딴 誅罰이 있더라도 너희들은 나를 원망하지 말라고 이른 것이다.〔非我一人 樂如是之遷徙震動也 是惟天命如此 汝毋違越 我不敢有後命 謂有他罰 爾無我怨也〕"라고 풀이하여 아무 문제가 없는 것으로 풀이하고 있다.

어기지 말도록 하라. 짐은 감히 뒤의 誅罰이 있지 않을 것이니, 나를 원망하지 말도록 하라.

【傳】 汝無違命하라 我亦不敢有後誅니 汝無怨我[1)]하라

1) 後誅 汝無怨我 : 後誅와 怨我가 어울리지 않아 經文의 '後'를 제대로 풀이하지 못한 것 같으므로 孔疏에서 "너희들은 나에게 원망을 보이지 말도록 하라.〔汝等無於我之見怨〕"고 바로잡아서 풀이하였다.

너희는 命을 어기지 말도록 하라. 나 또한 감히 뒤의 誅罰이 있지 않을 것이니, 너희는

나를 원망하지 말도록 하라는 것이다.

惟爾知惟殷先人의 **有冊有典**하나니 **殷革夏命**하니라

너희는 殷나라 先人들의 서책이 있고 典籍이 있었음을 아는 바이니, 거기에 殷나라가 夏나라 王의 天命을 바꾼 일이 적혀 있느니라.

【傳】 言汝所親知殷先世의 有冊書典籍이니 說殷改夏王命之意라

너희는 殷나라 先人들의 서책과 典籍이 있음을 친히 아는 바이니, 거기에 殷나라가 夏나라 王의 天命을 바꾼 뜻을 설명한 사실이 있다고 말한 것이다.

今爾又曰 夏迪을 **簡**[1]**在王庭**하니 **有服**이 **在百僚**[2]라하나

1) 迪簡 : 蘇軾은 '迪'은 道, '簡'은 選用의 뜻으로, 林之奇와 呂祖謙은 '迪'은 啓迪, '簡'은 選擇의 뜻으로 보았는데, 蔡傳은 林之奇와 呂祖謙을 따랐다.

2) 今爾其曰……在百僚 : 蔡傳은 "周公이 이미 商나라가 夏나라의 천명을 고친 일을 들어 頑民들을 개유하니, 頑民들은 다시 商나라가 夏나라의 천명을 고친 일을 가지고 周나라를 나무라기를 '商나라가 夏나라의 천명을 고친 초기에는 모든 夏나라의 士들을 계도하고 선발하여 商나라 王의 조정에 두니, 그들은 일을 맡아 百僚의 사이에 나열되어 있었는데, 지금 周나라는 商나라의 士들에 대하여 선발한 바가 있다는 말을 듣지 못했다.'고 하였다.〔周公旣擧商革夏事 以諭頑民 頑民 復以商革夏事 責周 謂商革夏命之初 凡夏之士 皆啓迪簡拔 在商王之庭 有服 列于百僚之間 今周於商士 未聞有所簡拔也〕"라고 풀이하였다.

지금 너희는 또 '〈殷나라가 혁명할 때에는〉 夏나라의 여러 士로서 道를 이행한 자들을 크게(몽땅) 〈殷나라〉 王의 조정에 두니, 일을 맡은 이가 여러 관직에 있었다.'고 말하나,

【傳】 簡은 大也라 今汝又曰 夏之衆士蹈道者를 大在殷王庭하니 有服職이 在百官은 言見任用이라

'簡'은 大의 뜻이다. 지금 너희는 또 말하기를 '夏나라의 여러 士로서 道를 이행하는 자들을 크게 殷나라 王의 조정에 두니, 일을 맡은 이가 여러 관직에 있었다.'고 함은 임용되었음을 말한 것이다.

予一人은 **惟聽用德**이니라 **肆予敢求爾于天邑商**1)은

1) 天邑商 : 鄭玄은 "'天邑商'이란 것도 본래 하늘이 세운 것이다.〔天邑商者 亦本天之所建〕"로, 王肅은 "商나라는 지금 우리의 天邑이 되었다.〔商今爲我之天邑〕"로 보았고, 呂祖謙은 "'商'을 외려 '天邑'이라 이른 것은 그 땅이 옛날 천자의 도읍지였으므로 응당 賢德한 이가 많았을 터이고, '감히 구한다'는 것 또한 어진 이를 공경하는 뜻이니, 그 일을 중히 여겨서 그 말을 경건하게 한 것이다.〔商猶謂之天邑者 蓋言其地舊爲天子之都 理當富於賢德 敢求亦敬賢之意 重其事而敬其辭〕"라고 하였다.

나 한 사람은 오직 德 있는 사람만을 쓰고 있을 뿐이다. 그러므로 내 감히 너희들을 天邑인 商에서 찾은 것은

【傳】 言我周亦法殷家하여 惟聽用有德이라 故로 我敢求汝於天邑商은 將任用之라

우리 周나라에서도 역시 殷나라를 본받아 오직 德 있는 사람만을 쓰고 있을 뿐이다. 그러므로 내 감히 너희들을 저 天邑인 商에서 구한 것은 장차 임용하려는 것이라고 말한 것이다.

予惟率肆矜爾1)니 **非予罪**라 **時惟天命**이시니라

1) 予惟率肆矜爾 : 兪樾(≪群經平議≫)은 '率'은 用의 뜻으로, '肆'는 어조사로 보아 "'予惟率肆矜爾'는 나는 너희들을 애처롭게 여겨서라는 뜻인데, 枚傳에서 '率肆'를 '殷나라의 故事에 따라'라고 풀이하였으니, 그 〈經의〉 뜻을 잃은 것이다.〔予惟率肆矜爾者 予惟率矜爾也 枚傳解率肆爲循殷故事 失其義矣〕"라고 하였다.

내가 殷나라의 故事에 따라 너희들을 애처롭게 여기는 것이니, 나의 죄가 아니라 이는 하늘의 명령이시니라."

【傳】 惟我循殷故事하여 憐愍汝라 故徙教汝니 非我罪咎라 是惟天命이라

내가 殷나라의 故事에 따라 너희들을 애처롭게 여긴다. 그러므로 너희들을 옮겨다가 가르치는 것이니, 나의 죄가 아니라 이는 하늘의 명령이다.

【疏】 '王曰猷'至'天命' ○正義曰：又言曰 "我以道告汝衆士. 我惟(是以,)1) 汝未達德義之故耳. 〔是以,〕 今徙居西汝, 置於洛邑, 以教誨汝. 我之徙汝, 非我一人奉行德義, 不能使民(安而)[2]安之, 是惟天命宜然. 汝無違我. 我亦不敢更有後誅罰, 汝等無於我見怨. 汝旣來遷, 當爲善事. 惟汝所親知, 惟汝殷先人往世有策書, 有典籍, 說殷改夏王命之意, 汝當案省知之. 汝知先人之故事, 今(往)〔汝〕[3]又有言曰 '夏之諸臣蹈道者, 大在殷王之庭, 有服行職事, 在於百官.' - 言其見任用, 恐我不任汝. - 我一人惟聽用有德之者, 故我敢求汝有德之人於彼天邑商都, 欲取賢而任用之. 我惟循殷故事, 憐愍汝, 故徙敎汝. 此徙非我有罪, 是惟天命當然." 聖人動合天心, 故每事惟託天命也.

1) (是以) : 孔傳에 의거하여 '今徙' 앞으로 옮겼다.
2) (安而) : 저본에는 있으나, 孔傳에 의거하여 衍文으로 처리하였다.
3) (往)〔汝〕: 저본에는 '往'으로 되어 있으나, 宋刊 單疏本에 의거하여 '汝'로 바로잡았다.

經의 〔王曰猷〕에서 〔天命〕까지

○ 正義曰 : 또 말씀하였다. "내가 道를 가지고 너희 여러 士들에게 고한 것은 내가 너희들이 德義에 달통하지 못했다고 생각하였다. 이러므로 지금 너희들을 서쪽으로 옮겨 洛邑에 거주시킨 것은 너희들을 가르치려는 것이다. 내가 너희들을 이사시킨 것은 나 한 사람이 德義를 봉행하기 위하여 능히 백성들로 하여금 편안하지 못하도록 한 것이 아니라, 이는 天命이 응당 그리하는 것이다. 너희들은 命을 어기지 말도록 하라. 나 또한 감히 다시 뒤의 誅罰이 있지 않을 것이니, 너희들은 나에게 원망을 보이지 말도록 하라. 너희들은 이미 옮겨왔으니 착한 일을 하도록 하라.

너희들도 친히 아는 바이지만 너희 殷나라 先人들에게는 지난 세대에 策書가 있고 典籍이 있어, 殷나라가 夏나라 王命을 고친 뜻이 설명되었으니, 너희들은 마땅히 살펴서 알아야 할 것이다. 너희들은 先人의 故事를 아는 처지인데, 지금 너희들은 또 말하기를 '夏나라의 여러 신하로서 道를 이행하는 자들이 크게 殷나라 王의 조정에 있으니, 職事를 服行하는 자들이 여러 관직에 있었다.'라고 하는데, - 그 임용됨을 보고 내가 너희들을 임용하지 않을까 싫어 함을 말한 것이다. - 나 한 사람은 오직 德 있는 사람만을 쓰고 있을 뿐이다. 그러므로 내가 감히 너희 德 있는 사람들을 저 天邑인 商의 도읍에서 구한 것은 어진 사람을 취해 임용하려고 한 것이다. 내가 殷나라의 故事에 따라 너희들을 애처롭게 여기기 때문에 너희들을 옮겨다가 가르치는 것이다. 이처럼 이사시킨 것은 나의 죄가 아니라 바로 천명이 응당 그리하는 것이다." 聖人은 걸핏하면 天心에 합하기 때문에 매사를 天命에 붙인 것이다.

【疏】 ○ 傳'以道'至'誨汝' ○ 正義曰 : '猷', 訓道也, 故云 "以道告汝衆士." 上言(惟是)〔我惟〕[1]', 不言其故, 故傳辨之, (惟是)〔'我惟'〕者, 未達德義也. 遷使居西, 正欲教以德義. 是以徙居西汝, 置於洛邑, 近於京師教誨汝也. 從殷適洛, 南行而西廻, 故爲'居西'也.

1) (惟是)〔我惟〕 : 저본에는 '惟是'로 되어 있으나, 孔傳에 의거하여 '我惟'로 바로잡았다. 아래도 같다.

○ 傳의 〔以道〕에서 〔誨汝〕까지

○ 正義曰 : '猷'는 道의 뜻으로 풀이하기 때문에 "道를 가지고 너희 여러 士들에게 고한다."라고 한 것이다. 위(經文)에서는 '我惟'라고만 말하고 그 까닭은 말하지 않았기 때문에 傳에서 변별하기를 "'我惟'란 것은 德義를 달통하지 못하였다고 〈생각했다.〉"라고 한 것이다. '옮겨 서쪽에 거주하게 한 것'은 정말 德義를 가지고 가르치려고 한다는 것이다. 이러므로 '너희들을 서쪽으로 옮겨 거주시켜 洛邑에 둔 것'은 京師를 가까이해서 너희들을 가르치려 한 게란 것이다. 殷나라로부터 洛으로 가는 것은 남쪽으로 가서 서쪽으로 돌기 때문에 '서쪽에 거주한다.'라고 한 것이다.

【疏】 ○ 傳'汝無'至'怨我' ○ 正義曰 : 周旣伐紂, 又誅武庚, 殷士懼更有誅, 疑其欲違上命, 故設此言以戒之. 知'無違(朕)[1]'者, 謂戒之使汝無違命也. 汝能用命, 我亦不敢有後誅, 必無後誅, 汝無怨我也.

1) (朕) : 저본에는 있으나, 문의로 보아 衍字로 처리하였다.

○ 傳의 〔汝無〕에서 〔怨我〕까지

○ 正義曰 : 周나라가 이미 紂를 친데다 또 武庚을 주벌하니, 殷나라 士들이 다시 주벌하는 일이 있을까 두려워하므로 그들이 혹여 上命을 어기려고 할까 의심되기 때문에 이런 말을 베풀어서 경계를 한 것이다. 〈經文의〉 '無違'란 것이 바로 경계하여 "너희는 命을 어기지 말도록 하라."를 이른 것임을 〈孔安國이〉 알았던 것이다. 너희들이 명을 따르면 나 또한 감히 다시 뒤의 誅罰이 있지 않을 것이니, 반드시 뒤의 주벌이 없을 것이니 너희는 나에게 원망을 〈보이는 일이〉 없도록 하라는 것이다.

【疏】 ○ 傳'言我'至'用之' ○ 正義曰 : 夏人簡在王庭, 爲其有德見用. 言我亦法殷家, 惟聽用有德, 汝但有德, 我必任用. 故我往前敢求汝有德之人於天邑商都, 將任用之也.

鄭玄云 "言天邑商者, 亦本天之所建." 王肅云 "言商今爲我之天邑." 二者其言雖異, 皆以'天邑商', 爲殷之舊都. 言未遷之時, 當求往, 遷後有德任用之必矣.

○ 傳의 〔言我〕에서 〔用之〕까지

○ 正義曰 : 夏나라 사람이 王의 조정에 뽑혀 있었던 것은 德이 있는 자가 임용되었기 때문이다. 〈그래서〉 "우리도 역시 殷나라를 본받아서 오직 德이 있는 사람만을 쓰고 있을 뿐이니, 너희에게 덕만 있다면 내가 반드시 임용할 것이다. 그러므로 내가 전번에 감히 너희 덕이 있는 사람들을 저 天邑인 商의 도읍에서 구한 것은 장차 임용하려 한 것이다."라고 말한 것이다.

鄭玄은 "'天邑商'이라 말한 것도 또한 본시 하늘이 세운 것이다."라고 하고, 王肅은 "商이 지금 우리의 天邑이 되었음을 말한 것이다."라고 하였으니, 둘의 경우, 그 말이 비록 다르나 모두 '天邑商'을 殷나라의 舊都로 삼은 것이다. 아직 옮기기 전에 응당 구해 갔으니, 옮긴 뒤에 덕이 있으면 임용할 것은 필연적임을 말한 것이다.

【疏】 ○ 傳'惟我'至'天命' ○ 正義曰 : '循殷故事', 此'故', 解經中'肆'字, 謂殷用夏人, 我亦用殷人. '憐湣汝故徙之敎汝', 此'故', 解義之言, 非經中'肆'. 遷汝來西者, 非我罪咎, 是惟天命也.

○ 傳의 〔惟我〕에서 〔天命〕까지

○ 正義曰 : '循殷故事'의 이 '故'자는 經文 중의 '肆'자를 풀이한 것이니, 殷나라가 夏나라 사람을 임용하였으므로 나도 또한 殷나라 사람을 임용할 것임을 이른 것이다. '憐湣汝故徙之敎汝'의 이 '故'자는 뜻을 풀이한 말이니, 經文 중의 '肆'자가 아니다. 너희들을 서쪽으로 옮겨 온 것은 나의 罪咎가 아니고 바로 하늘의 명령이란 것이다.

王曰 多士아 昔朕이 來自奄할새 予大降爾四國民命[1)]하여

1) 大降爾四國民命 : 蔡傳은 "네 나라(殷·管·蔡·霍)의 백성들 목숨에 대한 형벌을 크게 낮추어 살려준 것"으로 보았는데, 洪奭周(≪尙書補傳≫)는 "'大降爾四國民命'은 네 나라 백성들에게 크게 명령을 내린 것을 말한다. '降命'은 '下令'이나 '降詔'와 같은 것이다. 그런데 孔傳은 '民命'을 '君'으로 보아 '大降民命'을 네 나라의 임금을 誅伐하는 것으로 여겼으니, 본디 文理를 이루지 못하였고, 蔡傳은 '降'을 '降等'으로 보고 '降命'을 차마 誅戮하지 못하는 것으로 여겼으니, 아마 죽을죄를 한 등급 내리는 것으로 생각한 모양인데, 그 뜻에 있어서는 또한 견강부회해서 통하지 않는다.〔大降爾四國民命 言大降命于四國民也 降命猶言下令降詔

也 孔傳以民命爲君 大降民命爲誅四國之君 固不成文理 蔡傳以降爲降等 降命爲不忍誅戮 蓋謂降死罪一等也 其於義 亦牽强而不通矣〕"라고 하였다.

王께서 말씀하였다. "많은 士들아! 예전에 朕이 奄나라로부터 올 적에 나는 너희네 나라(殷·管·蔡·霍)의 民命(임금)을 크게 黜降하여

【傳】 昔我來從奄은 謂先誅三監하고 後伐奄淮夷라 民命은 謂君也니 大下汝民命은 謂誅四國君이라

"예전에 내가 奄나라로부터 올 적에"란 먼저 三監을 베고 뒤에 奄나라·淮夷를 친 것을 이르며, '民命'은 임금을 이르니, "너희 民命을 크게 黜下하였다."란 네 나라 임금을 주벌한 것을 이른다.

我乃明致天罰하고 **移爾遐逖**하여 **比事**하고 **臣我宗多遜**[1]케하니라

1) 比事臣我宗多遜 : 蘇軾(≪書傳≫)은 "너희들은 화협한 마음으로 친근히 하여 우리 宗臣을 섬기되 공손한 태도를 많이 지어 어기지 않도록 하라.〔爾協比以事我宗臣 多遜不違也〕"로, 林之奇(≪尙書全解≫)는 "王室을 가까이 하여 친절히 함으로써 우리 周家를 신하의 도리로 섬겨서 순한 태도를 많이 지어 그 불선한 버릇을 고치게 한 것이다.〔以密邇王室 使之親比 以臣事於我家 以多爲遜順 革其不善之習也〕"로, 陳經(≪尙書詳解≫)은 "우리에게 친근히 하고 우리에게 열심히 복역하고 우리 周나라의 순한 풍속과 周나라 백성들이 서로 공손히 대하는 태도를 본받아야 할 것이니, 너희들을 이곳으로 옮긴 것은 너희들로 하여금 점점 물들어서 또한 손순한 태도를 많이 짓도록 하기 위함이다.〔親比于我 服事于我 宗師于我周家多遜之風 周之民濟濟相遜 遷汝于此 使爾漸染 亦爲多遜也〕"로, 呂祖謙(≪增修東萊書說≫)은 "내가 天罰을 밝혀 너희들을 먼 곳으로 옮겨 황량한 변방으로 귀양을 보내야 옳을 일이나 지금 너희들을 洛邑으로 옮겨 王室을 가까이 하게 한 것은 바로 너희들을 친절히 대하여 복역하도록 해서 우리 宗周에 신하 노릇을 하고 成周의 손순한 태도를 많이 짓는 성대한 풍속을 본받아 점점 훈화되어 그 덕을 이루게 하려는 것이다.〔我乃明致天罰 移爾遐逖 流竄荒裔可也 今遷爾洛邑 密邇王室 是以親比爾爲事 俾臣于我宗 法成周濟濟多遜之盛 漸染薰陶 以成其德〕"로 풀이하였다.

그리고 元代 吳澄(≪書纂言≫)은 "너희들을 옮긴 목적은 너희들로 하여금 친절히 복역하면서 우리 周나라 손순한 태도를 많이 짓는 宗을 신하의 도리로 손순이 섬기어 거기에 물들어서 습성을 이루게 하려고 한 것이다. '宗'은 士大夫의 집에 각각 宗이 있어 서로 통솔하는 것을 이른다.〔遷爾者 欲俾爾親比服事 臣順于我周多遜之宗 薰染以成習也 宗謂士大夫之家

各有宗以相統]"로 풀이하였다.

내 天罰만을 밝혔고, 너희들을 먼 곳으로 옮겨서 〈京師를〉 가까이 하여 服事하고 우리 宗周에 신하 노릇을 하여 공손한 도리를 많이 하게 하였노라."

【傳】 四國君叛逆에 我下其命은 乃所以明致天罰이요 今移徙汝於洛邑은 使汝遠於惡俗하고 比近하고 臣我宗周하여 多爲順道라

네 나라의 임금들이 반역함에 내가 그들 목숨을 黜下한 것은 천벌을 밝히기 위한 것이었고, 지금 너희들을 洛邑에 이사시킨 것은 너희들로 하여금 악한 풍속을 멀리하고서 〈京師를〉 가까이 하고 우리 宗周에 신하 노릇을 하여 공손한 도리를 많이 하게 한 것이다.

【疏】 '王曰多士'至'多遜' ○正義曰：王復言曰"衆士, 昔我來從奄國, 大黜下汝管蔡商奄四國民命. -民之性命, 死生在君, 誅殺其君, 是下民命.- 由四國叛逆, 我乃明白致行天罰. 汝等(遣)〔遺〕[1]餘, 當敎之爲善, 故移徙汝居於遠. 令汝遠於惡俗, 比近服事臣我宗周, 多爲順道. 翼汝相敎爲善, 永不爲惡也."

1) (遣)〔遺〕: 저본에는 '遣'으로 되어 있으나, 문의에 따라 '遺'로 바로잡았다.

經의 〔王曰多士〕에서 〔多遜〕까지

○ 正義曰：王이 다시 말씀하였다. "여러 士들아! 예전에 내가 奄나라로부터 올 적에 너희 管·蔡·商·奄 네 나라의 民命(임금)을 크게 黜下하였노라. -백성의 性命은 死生이 임금에게 달려 있으므로 그 임금을 誅殺하는 것이 바로 民命을 黜下한 것이다.- 네 나라가 叛逆함으로 말미암아 내가 곧 명백히 天罰을 행하였다. 너희 遺餘民은 응당 가르쳐 善을 하도록 해야 하기 때문에 너희들을 먼 데로 옮겨 거주시켜서 너희들로 하여금 惡한 풍속을 멀리하고 〈京師를〉 가까이해서 우리 宗周를 服事하고 신하 노릇을 하여 순한 도리를 많이 하게 하겠다. 너희들을 도와 서로 가르쳐 善을 하고 영원히 惡을 하지 않도록 하겠다."

【疏】 ○傳'昔我'至'國君' ○正義曰：金縢之篇, 說周公東征, 言"居東二年, 罪人斯得." 則"昔我來從奄"者, 謂攝政三年時也. 於時王不親行, 而王言 "我來自奄"者, 周公以王命誅四國, 周公師還, 亦是王來還也. 一擧而誅四國, 獨言 "來自奄"者, 謂先誅三監, 後伐奄與淮夷, 奄誅在後, 誅奄卽來, 故言 "來自奄"也. 民以君爲命, 故"民命謂君也." '大下汝民命', 謂誅四國君. 王肅云 "君爲民命, 爲君不能順民意, 故誅之也."

○ 傳의 〔昔我〕에서 〔國君〕까지

○ 正義曰 : 〈金縢〉편에서 周公의 東征을 설명할 때에 "居東하여 2년 중에 죄인들을 이제야 포획하였다."라고 말하였으니, "예전에 내가 奄나라로부터 올 적에"라고 한 것은 攝政한 지 3년 된 시기를 이른 것이다. 이때에 王이 직접 간 것이 아닌데 王이 "내가 奄나라로부터 올 적에"라고 말한 것은 周公이 王命으로 네 나라를 주벌하였으니, 周公의 군사가 돌아온 것은 역시 王이 돌아온 것이었다. 한번 군사를 움직여 네 나라를 주벌하였는데, 유독 "奄나라로부터 올 적에"라고 말한 것은 먼저 三監을 주벌하고, 뒤에 奄나라와 淮夷를 주벌하였은즉 奄나라의 주벌이 뒤에 있었으니 奄나라를 주벌하고 곧 왔기 때문에 "奄나라로부터 왔다."라고 말한 것이다.

백성은 임금을 命으로 삼기 때문에 "民命을 임금이라 이른 것이다."라고 한 것이다. '大下汝民命'은 네 나라 임금을 주벌한 것을 이른다.

王肅은 "임금을 民命으로 삼는데, 임금이 되어 능히 백성의 뜻을 순종하지 않았기 때문에 주벌한 것이다."라고 하였다.

【疏】 ○ 傳'四國'至'順道' ○ 正義曰 : 王之所罰, 罰有罪也, 四國之君, 有叛逆之罪. "我下其命, 乃所以明致天罰", 言非苟爲之也. '遐'·'逖', 俱訓爲遠, '今移徙汝於洛邑', 令去本鄉遠也, '使汝遠於惡俗', 令去惡俗遠也. (此)〔比〕[1]近京師, 臣我周家, 使汝從我善化, 多爲順道, 所以救汝之性命也.

1) (此)〔比〕: 저본에는 '此'로 되어 있으나, 宋刊 單疏本에 의거하여 '比'로 바로잡았다.

○ 傳의 〔四國〕에서 〔順道〕까지

○ 正義曰 : 王이 주벌함은 죄가 있는 자를 주벌하는 것인데, 네 나라의 임금에게는 반역한 죄가 있는 것이다. "내가 그들 목숨을 黜下한 것은 천벌을 밝히기 위한 것이었다."라고 한 것은 구차스럽게 한 것이 아님을 말한 것이다. '遐'와 '逖'은 모두 遠(멀다)의 뜻으로 풀이하니, '今移徙汝於洛邑'은 本鄉을 멀리 떠나도록 한 것이고, '使汝遠於惡俗'은 惡한 풍속을 멀리 떠나도록 한 것이다.

京師를 가까이 하고 우리 周家에 신하 노릇을 하여 너희들로 하여금 우리를 따라 잘 교화되어 순한 도리를 많이 하게 한 것은 너희들의 性命을 구하기 위한 것이었다는 말이다.

王曰 告爾殷多士하노니 今予惟不爾殺하여 予惟時命을 有申하노라

王께서 말씀하였다. "너희 殷나라의 많은 士들에게 고하노니, 지금 나는 너희들을 죽이고자 하지 아니하여 내가 이 命을 거듭 경계하노라.

【傳】 所以徙汝는 是我不欲殺汝라 故로 惟是敎命申戒之라

너희들을 이사시킨 까닭은 내가 너희들을 죽이고자 하지 않기 때문에 〈내가〉 이 敎命을 거듭 경계한다는 것이다.

今朕이 作大邑于茲洛은 予惟四方罔攸賓[1)]이며

1) 四方罔攸賓 : 蘇軾은 "내가 洛邑을 경영한 것은 사방 제후가 이르러서 수용될 바가 없기 때문이다.〔我所以營洛者 以四方諸侯至而無所容〕"로, 林之奇는 "사방 제후가 朝覲과 貢賦를 하면서 賓禮를 행할 바가 없기 때문이다.〔蓋以四方諸侯朝覲貢賦而無以賓之〕"로, 夏僎은 "사방 제후가 王을 賓見할 곳이 없기 때문이다.〔以四方諸侯無所賓見于王〕"로, 呂祖謙은 "사방 제후가 賓禮할 곳이 없기 때문이다.〔蓋爲四方諸侯罔有所賓禮之地〕"로, 吳澄은 "사방 제후가 賓貢할 곳이 없기 때문이다.〔爲四方諸侯無所賓貢之地〕"로 풀이하였다.

지금 朕이 큰 도읍을 이 洛邑에 만든 이유는 바로 내가 사방에서 온 제후들이 賓禮를 행할 곳이 없고,

【傳】 今我作此洛邑은 以待四方에 無有遠近하고 無所賓外[1)]라 ○ 賓은 馬云 却也라하니라

1) 賓外 : 宋代 胡士行의 ≪尙書詳解≫에 "'賓外'는 일설에 賓禮를 행할 外朝란 것이다.〔賓外 一云賓禮外朝者〕"라고 하였다.

지금 내가 이 洛邑을 만든 이유는 四方을 대우함에 있어서 遠近의 거리를 없앰을 고려하고 賓禮를 행할 外朝가 없음을 고려한 것이다.

○ '賓'을 馬融은 "'却'의 뜻이다."라고 하였다.

亦惟爾多士攸服하여 奔走臣我하여 多遜이니라

또한 너희 많은 士들이 服行하여 분주하게 우리 〈宗周에〉 신하 노릇을 하며 순종할 일을 많이 할 것을 고려했기 때문이니라.

【傳】 非但待四方이라 亦惟汝衆士가 所當服行하여 奔走臣我하여 多爲順事라

단지 사방을 대우할 뿐만 아니라, 또한 너희 많은 士들이 마땅히 服行하여 분주하게 우리 周나라에 신하 노릇을 하며 순종할 일을 많이 할 것을 고려했기 때문이란 것이다.

爾乃尙有爾土하며 爾乃尙寧幹止[1]니라

1) 爾乃尙有爾土 爾乃尙寧幹止 : 蔡傳은 '幹'은 事, '止'는 居의 뜻으로 보아 "너희들은 거의 너희들의 田業을 소유하게 될 것이며, 거의 너희들은 일할 바를 편안히 가지고 거처할 바를 편안히 정하게 될 것이다.〔爾乃庶幾有爾田業 庶幾安爾所事 安爾所居也〕"라고 풀이하였다.

너희들은 〈순종할 일을 많이 하여야〉 너희들은 거의 本土를 도로 소유하게 될 것이며, 너희들은 거의 예전에 일하던 것과 거처하던 곳을 편안히 가지게 될 것이니라.

【傳】 汝多爲順事하면 乃庶幾還有汝本土하며 乃庶幾安汝故事止居니 以反所生[1]으로 誘之라

1) 以反所生 : 蔡傳은 孔傳에서 앞으로 그렇게 될 것으로 풀이한 점에 대하여 "孔氏(孔安國)는 그에 대한 설명할 말을 얻어내지 못하였기 때문에 '살던 고향으로 돌아가게 해준다.'고 풀이하였으니, 글 뜻은 그럴 듯하지만 사실인즉 아니다.〔孔氏不得其說 而以得反所生釋之 於文義似矣 而事則非也〕"라고 하였다.

너희들이 순종할 일을 많이 하면 너희들은 거의 本土를 도로 소유하게 될 것이며, 너희들은 거의 예전에 일하던 것과 거처하던 곳을 편안히 가지게 될 것이란 말이니, 곧 "살던 고향으로 돌아가게 해준다."는 조건을 가지고 달랜 것이다.

爾克敬하면 天惟畀矜爾어시니와

너희들이 능히 공경한다면 하늘이 너희들에게 복을 주고 가긍히 여기시겠지만,

【傳】 汝能敬行順事면 則爲天所與하고 爲天所憐이라

너희들이 능히 순종할 일을 공경히 행한다면 하늘이 복을 주고 하늘이 가엾게 여긴다는 것이다.

爾不克敬하면 **爾不啻不有爾土**라 **予亦致天之罰于爾躬**하리라

너희들이 능히 공경하지 않는다면 너희들의 땅을 소유하지 못할 뿐만 아니라, 나 또한 하늘의 벌을 너희들 몸에 가할 것이다.

【傳】 汝不能敬順하면 其罰深重하여 不但不得還本土而已라 我亦致天罰於汝身이니 言刑殺이라

너희들이 능히 순종할 일을 공경히 행하지 않는다면 그 罰이 深重하여 단지 본토로 돌아가지 못하게 될 뿐만 아니라, 나 또한 天罰을 너희 몸에 가할 게란 것이니, 곧 刑殺을 말한 것이다.

今爾惟時宅爾邑하며 **繼爾居**[1)]하면 **爾厥有幹有年**[2)]**于茲洛**하니

1) 繼爾居 : 孔傳은 "너희 본토의 사업을 계속 이어간다면〔繼汝所當居爲〕"으로, 蔡傳은 "'繼'는 이어서 편안히 거주함을 이른다.〔繼者 承續安居之謂〕"로 풀이하였는데, 兪樾(≪群經平議≫)은 "枚傳의 뜻은 몹시 말이 안 되니, 經의 뜻이 아니다."라고 지적하고는 '繼'를 綏의 뜻으로 보아 "'綏爾居'는 너희 거처를 편안케 한다는 뜻이다.〔綏爾居者 安爾居也〕"라고 풀이하였다.

2) 年 : 蔡傳은 '壽考'로 보았다.

지금 너희들은 너희들 邑에 살며 너희들 본토의 사업을 계속 이어간다면 너희들은 이 洛邑에서 주간할 일을 가지고 풍년을 가질 것이니,

【傳】 今汝惟是敬順居汝邑하고 繼汝所當居爲면 則汝其有安事有豐年於此洛邑이리라 言由洛修善하여 得還本土하면 有幹有年이리라

지금 너희들이 공경하고 순종하여 너희들 邑에 살면서 너희들이 응당 살며 하던 일을 계속 이어간다면 너희들은 이 洛邑에서 편안할 일을 가지고 풍년을 가질 게란 것이니, 곧 洛邑에서 善을 닦음에 말미암아 本土로 돌아가게 된다면 주간할 일을 가지고 풍년을 가지게 될 것이라는 점을 말한 것이다.

爾小子乃興이 **從爾遷**[1)]이니라

1) 爾小子乃興 從爾遷 : 孔傳은 "너희들이 능히 공경한다면 자손들의 흥기함이 너희들이 변화

하여 개과천선함으로 좇아 시작될 것이란 말이다."로, 蘇軾(≪書傳≫)은 "'너희들이 능히 하늘을 공경하여 거처를 안정한다면 너희 자손들의 일어남이 있는 그 유래하는 바가 모두 洛邑으로 옮기는 그 시점으로부터 시작될 것이다.'고 한 것은 殷나라 사람들이 王庭의 百僚에 있지 못한 것을 원망하기 때문에 成王이 이것을 가지고 그들의 의사에 답한 것이다.〔汝能敬天安居 汝子孫其有興者 其所由來 皆自於遷洛 殷人怨不在王庭百僚 故成王以此答其意也〕"라고 풀이하였는데, 林之奇(≪尙書全解≫)는 "先儒(孔安國)는 '遷'을 遷善으로 여겨 그 說이 왜곡되었으니, 蘇氏의 풀이만 못하였다.〔先儒以遷爲遷善 其說爲曲 不如蘇氏〕"라고 하였다.

너희 자손들의 일어남이 너희들의 개과천선함으로 좇아 일어날 것이다."

【傳】 汝能敬이면 則子孫乃起 從汝化而遷善이리라

너희들이 능히 공경한다면 〈너희〉 자식과 손자들의 일어남이 너희들이 변화하여 개과천선함으로 좇아 일어날 게란 것이다.

【疏】 '王曰告'至'爾遷' ○ 正義曰：王又言曰 "告汝殷之多士, 所以遠徙汝者, 今我惟不欲於汝刑殺, 我惟是教命有所申戒由此也. 今我作大邑於此洛, 非但爲我, 惟以待四方, 無所賓外, 亦惟爲汝衆士所當服行臣事我宗周, 多爲順事故也. 汝若多爲順事, 汝乃庶幾還有汝本土, 乃庶幾安汝故事止居, 可不勉之也. 汝能敬行順事, 天惟與汝憐汝, 況於人乎. 汝若不能敬行順事, 則汝不啻不得還汝本土, 我亦致天之罰於汝身. 今汝惟是敬順, 居汝所受新邑, 繼汝舊日所居爲, 我當聽汝還歸本鄕, 有幹事, 有豐年, 乃由於此洛邑行善也. 汝能敬順, 則汝之小子與孫等乃起, 從汝化而遷善矣."

經의 〔王曰告〕에서 〔爾遷〕까지

○ 正義曰：王은 또 말씀하였다. "너희 殷나라의 많은 士들에게 고하노니, 너희들을 멀리 이사시킨 까닭은 지금 내가 너희들을 刑殺하고자 해서가 아니니, 내가 이 教命에 거듭 경계한 바가 있는 것은 이런 이유에서다. 지금 내가 이 洛邑에 큰 도읍을 만든 것은 비단 우리만을 위한 것이 아니라, 사방을 대우함에 있어서 賓禮를 행할 外朝가 없음을 고려한 것이고, 또한 너희 많은 士들이 마땅히 服行하여 우리 宗周에 신하 노릇을 하며 순종할 일을 많이 해야 할 것을 고려했기 때문이다.

너희들이 만일 순종할 일을 많이 하면 너희들은 거의 너희들의 本土를 도로 소유하게 될 것이며, 너희들은 거의 너희들의 예전에 일하던 것과 거처하던 곳을 편안히 가지게 될 것인데, 힘쓰지 않을 수 있겠는가. 너희들이 능히 순종할 일을 공경히 행한다면 하늘이 너희에게 복을 주고 너희를 가엾게 여길 것인데, 하물며 사람에 있어서야 말할 것이 있겠느냐.

너희들이 능히 순종할 일을 공경히 행하지 않는다면 너희들은 너희들의 본토로 돌아가지 못하게 될 뿐만 아니라, 나 또한 天罰을 너희 몸에 가할 것이다. 지금 너희들은 공경하고 순종하여 너희들이 받은 새로 세운 도읍에 살면서 너희들이 옛날 살며 하던 일들을 계속 이어간다면 나는 응당 너희들이 本鄕으로 돌아가는 것을 들어줄 것이니, 주간할 일을 가지고 풍년을 가질 것은 곧 이 洛邑에서 善을 행함에 말미암을 것이다. 너희들이 공경하고 순종하면 너희들의 자식과 손자들의 일어남이 너희들이 변화하여 개과천선함으로 좇아 일어날 것이다."

【疏】 ○ 傳'今汝'至'有年' ○ 正義曰：殷士遠離本鄕, 新來此邑, 或當居不安, 爲棄舊業, 故戒之. "今汝惟是敬順, 居汝新所受邑, 繼汝舊日所當居爲." 謂繼其本土之事業也. 但能如此, 得還本土, 其有安事, 有豐年也. "有幹有年." 謂歸本土. 有幹年而言於洛者, "言由在洛修善, 得還本土, 有幹有年"也. 王肅云 "汝其有安事, 有長久年於此洛邑." 王解於文甚便, 但孔上句爲云 "爾乃尙有爾本土", 是誘引之辭, 故止爲"得還本土, 有幹有年"也.

○ 傳의 〔今汝〕에서 〔有年〕까지

○ 正義曰：殷나라 士들이 本鄕을 멀리 떠나 이 邑에 새로 왔으니, 혹은 응당 거주함에 있어 불안을 느끼고 옛 業을 버리게 될 수도 있기 때문에 경계한 것이다. "지금 너희들은 공경하고 순종하여 너희들이 새로 받은 邑에 살며 너희들이 옛날 응당 살며 하던 일들을 계속 이어가야 한다." 本土의 事業을 계속 이어가는 것을 이른다. 다만 능히 이와 같이 하면 本土로 돌아가게 되어 거기서 편안한 일을 가지고 풍년을 가질 거란 것이다.

'有幹有年'은 本土로 돌아가면 주간할 일과 풍년을 갖게 될 점을 이른 것인데 그것을 洛邑에 말한 것은 〈孔傳에서 이른바〉 "洛邑에서 善을 닦음에 말미암아 本土로 돌아가게 된다면 주간할 일을 가지고 풍년을 가지게 될 것이란 점을 말한 것이다."라는 것이다.

王肅은 "너희들은 이 洛邑에서 편안한 일을 가지고 장구한 연수를 가질 것이다."라고 하였으니, 王肅의 해석은 글(經文)에 아주 편리하게 하였다. 다만 孔安國은 윗 글귀에 "거의 너희들의 本土를 도로 소유하게 될 것이며"라는 것이 바로 誘引하는 말이기 때문에 "本土로 돌아가게 된다면 주간할 일을 가지고 풍년을 가지게 될 것이다."라고만 풀이하였을 뿐이다.

王曰 又曰 時予乃或言이어든 爾攸居[1)]니라

1) 王曰……爾攸居 : 蔡傳은 '居'를 居處의 뜻으로 보아 "'王曰'의 아래에 응당 缺文이 있을 것이니, 〈多方〉의 끝에 있는 '王曰'과 '又曰'로 미루어보면 알 수 있을 것이다. '이에 내가 혹 말하는 바가 있는 것은 모두 너희들의 居止를 염려해서이다.'라고 하였으니, 이는 윗글에 있는 '爾居(너희들은 편안히 거주하여)'의 뜻을 거듭 맺은 것이다.〔王曰之下 當有缺文 以多方篇末王曰又曰 推之 可見 時我或有所言 皆以爾之所居止爲念也 申結上文爾居之意〕"라고 풀이하였다.

王은 말씀하고 또 말씀하였다. "이에 내가 혹 교훈의 말을 함이 있거든 너희들은 마음에 간직해야 한다."

【傳】 言汝衆士는 當是我요 勿非我也라 我乃有教誨之言이어든 則汝所當居行이라

너희 여러 士들은 응당 나를 옳게 여겨야 하고 나를 그르게 여기지 말아야 한다. 내가 교훈의 말을 함이 있거든 너희들은 응당 마음에 간직하여 행해야 한다고 말한 것이다.

【疏】 '王曰又'至'攸居' ○正義曰：王之所云, 又復稱曰 "汝當是我, 勿非我也. 我乃有教誨之言, 則汝所當居行之."

經의 〔王曰又〕에서 〔攸居〕까지

○ 正義曰 : 王의 이른 것을 또 다시 일컬어 "너는 응당 나를 옳게 여겨야 하고 나를 그르게 여기지 말아야 한다. 내가 교훈의 말을 함이 있거든 너희들은 응당 마음에 간직하여 행해야 한다."라고 한 것이다.

【疏】 ○傳'言汝'至'居行' ○正義曰：王以誨之已終, 故戒之云 "汝當是我, 勿非我. 旣不非我, 我乃有教誨汝之言, 則汝所當居行." 令其居於心而行用之. 鄭玄論語注云"或之言有." 此亦'或', 爲有也. 凡言'王曰', 皆是史官錄辭, 非王語也. 今史錄稱王之言曰,以前事未終, 故言'又曰'也.

○ 傳의 〔言汝〕에서 〔居行〕까지

○ 正義曰 : 王은 교훈이 이미 끝났기 때문에 경계하기를 "너는 응당 나를 옳게 여겨야 하고 나를 그르게 여기지 말아야 한다. 이미 나를 그르게 여기지 않을진댄 내가 너희들에게 교훈의 말을 함이 있거든 너희들은 응당 마음에 간직하여 행해야 한다."라고 하였으니, 그들로 하여금 마음에 간직하여 行用하게 한 것이다.

鄭玄이 단 ≪論語≫의 注에 "'或'이란 말은 有의 뜻이다."라고 하였으니, 여기의 '或'자도 有의 뜻으로 보아야 한다. 무릇 '王曰'이라 말한 것은 모두가 바로 史官이 기록한 말이고, 王의 말이 아니다. 지금 史官이 王의 말로 기록해 칭해 이르되, 앞의 일이 끝나지 못했기 때문에 '又曰'이라고 말한 것이다.

尙書注疏 제16권

周書

無逸 第十七

孔氏 傳　孔穎達 疏

[書序] **周公作無逸**이라

周公이 〈無逸〉을 지었다.

【傳】 中人之性은 好逸豫이라 故로 戒以無逸이라

중급 사람의 성품은 安逸을 좋아하기 때문에 안일하지 말 것을 가지고 경계하였다.

無逸

【傳】 成王卽政에 恐其逸豫니 本以所戒로 名篇이라

成王이 집정함에 〈周公은 成王이 행여〉 安逸할까 염려했으니, 본래 경계한 바를 가지고 편명을 한 것이다.

【疏】 傳'中人'至'無逸' ○ 正義曰：上智不肯爲非, 下愚戒之無益, 故中人之性, 可上可下, 不能勉强, 多好逸豫, 故周公作書以戒之, 使無逸. 此雖指戒成王, 以爲人之大法. 成王以聖賢輔之, 當在中人以上, 其實本性亦中人耳.

傳의 〔中人〕에서 〔無逸〕까지

○ 正義曰：상등 가는 지혜로운 사람은 아예 못된 짓을 하려 하지 않고, 하등 가는 어리석은 사람은 아무리 경계해봤자 소용이 없다. 그나마 중등 가는 사람의 성품은 상등 가

는 사람이 될 수도, 하등 가는 사람이 될 수도 있는 위치에 있건만, 능히 힘을 쓰지 않고 대부분 안일함을 좋아하기 때문에 周公이 글을 지어 경계하여 安逸을 탐함이 없도록 하였다. 이는 비록 成王을 지정해서 경계한 것이지만, 사람의 大法이 되는 것이다. 成王은 聖賢의 보필을 받으면 응당 중등 가는 사람 이상에 놓일 것이지만, 기실은 본성이 중등 가는 사람일 뿐이다.

【疏】 ○傳'成王'至'名篇' ○正義曰：篇之次第, 以先後爲序. 多士・君奭, 皆是成王卽位之初, 知此篇, 是成王始初卽政, 周公恐其逸豫, 故戒之, 使無逸, 卽以所戒名篇也.

○ 傳의 〔成王〕에서 〔名篇〕까지

○ 正義曰：篇의 차제는 선후를 가지고 차서를 정하는 법이다. 〈多士〉와 〈君奭〉은 모두 成王의 집정 초의 것이므로 이 篇이 成王의 최초 집정 때의 것임을 알겠는데, 周公은 성왕이 행여 안일할까 염려했기 때문에 경계하여 안일함이 없게 하려고 하였으니, 곧 경계한 것을 가지고 편명을 한 것이다.

周公曰 嗚呼라 君子는 所其無逸[1)2)]이니다

1) 嗚呼君子所其無逸：蘇軾(≪書傳≫)은 '所'를 處의 뜻으로 보아 "군자는 직위에 처하여 정사를 하니 거기에는 스스로 안일함이 없다.〔君子處位爲政 其無自逸豫也〕"로, 呂祖謙(≪增修東萊書說≫)은 "君子가 無逸을 처소로 삼는 것은 이를테면 물고기가 물에서, 짐승이 숲에서 떠날 수 없는 경우와 같은 것이다.〔惟君子以無逸爲所 如魚之於水 獸之於林 有不可得而離者焉〕"라고 하였는데, 蔡傳은 呂祖謙을 따랐다.

袁仁(≪尙書砭蔡編≫)은 "蔡註에서 '所'를 處의 뜻으로 풀이한 것은 呂東萊(呂祖謙)의 說에 근거한 것인데, 당시 朱晦翁(朱熹)도 그 풀이가 너무 교묘한 점을 조롱하였다. 살펴보면, ≪說文解字≫에서 ≪詩≫의 '伐木所所(漢代 사람은 '許許'를 '所所'로 발음함)'를 인용하여 '所'를 '힘쓰는 것〔用力〕'으로 풀이하였다. 楊用修(明代 楊愼)는 '所는 勉과 같다.'고 하였다. 西土 사람들은 일에 힘쓰는 것을 '所'라고 일렀다. 〈召誥〉의 '王敬作所'는 이와 뜻이 같으니, 明順함을 깨달을 것 같다.〔註訓所爲處 本呂東萊之說 當時朱晦翁亦譏其太巧 按說文引詩伐木所所 訓所爲用力 楊用修云 所猶勉也 西土人謂用力于有事爲所 召誥王敬作所 與此義同 似覺明順〕"라고 하였다.

2) 所其無逸：明代 王夫之(≪尙書引義≫)는 "≪書≫에서 말한 '所其無逸'은 안일해서는 안 될 바를 안일하지 말라고 말한 것인데, 東萊 呂氏는 이를 해석하기를 '임금은 無逸을 처소로 삼아야 한다.'고 하니, 蔡氏는 그 말의 교묘함을 기뻐하고 따라서 〈召誥〉의 '作所不可不敬

德'이란 글을 구부러뜨리고 글귀를 쪼개서 부회하기를 '왕은 공경을 처소로 삼는다.'고 했다.〔書云所其無逸 言勿逸其所不可逸者也 而東萊呂氏爲之釋曰 君以無逸爲所 蔡氏喜其說之巧 因屈召誥作所不可不敬德之文 破句以附會之曰 王敬作所〕"라고 하였다.

周公이 말씀하였다. "아! 군자는 어디에서나 〈德을 유념하여〉 안일함이 없는 것입니다.

【傳】 歎美君子之道는 所在念德하여 其無逸豫라 君子且猶然이온 況王者乎아

군자의 道는 어디에서나 德을 유념하여 안일함이 없음을 歎美한 것이다. 군자도 외려 그러하거든 하물며 王者야 말할 것 있겠는가라는 것이다.

先知稼穡之艱難이오사 **乃逸**하면 **則知小人之依**하리이다

먼저 농사짓는 어려움을 알고 나서야 안일에 처한다면 小人(小民)들이 의지하는 것을 알 수 있을 것입니다.

【傳】 稼穡은 農夫之艱難事니 先知之오사 乃謀逸豫이면 則知小人之所依怙리라

'稼穡'은 농부들의 어려운 일이니 그것을 먼저 알고 나서야 안일을 도모한다면 小人들이 의지하는 것을 알 수 있을 것이란 말이다.

相小人한대 **厥父母勤勞稼穡**이나 **厥子乃不知稼穡之艱難**하고

소인들을 살펴보건대, 그 부모는 농사짓는 일에 근로하지만 그 자식은 농사짓는 어려움을 알지 못하고

【傳】 視小人不孝者면 其父母躬勤艱難이나 而子乃不知其勞라

소인들의 불효한 경우를 살펴보면 그 부모는 몸소 어려운 농사일에 勤勞하지만 자식은 그 勞苦를 알지 못한다는 것이다.

乃逸하며 **乃諺**하며 **旣誕**하나니다 **否則侮厥父母曰 昔之人**이 **無聞知**[1]라하나니이다

1) 旣誕……無聞知 : 兪樾(≪群經平議≫)은 "'誕'자는 漢 石經에 '延'자로 되어 있고, '否'자는 漢

石經에 '不'자로 되어 있으니, 모두 그를 따라야 한다. ≪爾雅≫ 〈釋詁〉에 '「延」은 「長」의 뜻이다.'라고 하였으니, '長'과 '久'는 같은 뜻이다. 이는 '乃逸乃諺'을 이어서 말한 것으로, 처음에는 안일하고 遊戲하며 반항하고 상말을 하는 등 불공스러운 짓만 할 뿐이었다가 오랜 뒤에 가서는 또한 부모를 경멸하고 업신여긴다는 것이다. '不'자는 바로 어조사인데 枚傳에서는 '속이지 않은 것〔不欺〕'으로 해석하였으니, 그 본뜻을 터득하지 못한 것이다. 〔誕字 漢石經作延 否字 漢石經作不 俱當從之 爾雅釋詁 延長也 長與久同義 此承乃逸乃諺而言 其始逸豫遊戲 叛諺不恭而已 及既長久 則且輕侮其父母也 不乃語詞 枚傳以不欺解之 未得其旨〕" 라고 하였다.

안일하고 상말을 하며 벌써 속이는 짓을 합니다. 그렇지 않으면 그 부모를 업신여겨 '옛날 사람은 문견도 없고 아는 것도 없다.'고 말합니다."

【傳】 小人之子는 既不知父母之勞하고 乃爲逸豫遊戲하며 乃叛諺不恭하며 已欺誕父母라 不欺면 則輕侮其父母曰 古老之人無所聞知라하니라

小人의 자식들은 이미 부모의 노고를 알지 못하고서 안일하고 遊戲하며 叛諺을 하고 불공스러우며, 벌써 부모를 속이는 짓을 한다. 속이지 않으면 그 부모를 업신여기기를 "옛날 노인네는 견문도 없고 아는 것도 없다."라고 말한다는 것이다.

【疏】 '周公'至'聞知' ○正義曰：周公歎美君子之道以戒王曰："嗚呼. 君子之人, 所在其無逸豫. 君子必先知農人稼穡之艱難, 然後乃謀爲逸豫, 如是則知小人之所依怙也. 視彼小人不孝者, 其父母勤勞稼穡, 其子乃不知稼穡之艱難, 乃爲逸豫遊戲, 乃叛諺不恭. 既爲欺誕父母矣, 不欺, 則又侮慢其父母曰 '昔之人無所聞知.' 小人與君子如此相反, 王宜知其事也."

○經의 〔周公〕에서 〔聞知〕까지

○正義曰：周公이 君子의 道를 歎美하여 다음과 같이 王을 경계하였다. "아! 君子다운 사람은 어디에서나 안일함이 없는 것입니다. 君子는 반드시 먼저 농부들의 농사짓는 어려움을 알고 나서야 안일을 도모할 것이니, 이와 같이 한다면 小人들이 의지하는 것을 알 수 있을 것입니다. 저 小人들의 불효한 자식을 살펴보면, 그 부모가 농사일에 勤勞하지만 자식은 농사짓는 어려움을 알지 못하고 안일하고 遊戲하며 叛諺을 하고 불공스럽게 합니다. 그리고 벌써 부모를 속이니, 속이지 않으면 또 부모를 업신여겨 '옛날 사람은 견문도 없고 아는 것도 없다.'고 말합니다. 소인과 군자는 이와 같이 상반되니, 王은 마땅히 그

일을 알아야 합니다."

【疏】○傳'歎美'至'者乎' ○正義曰：周公意重其事, 故歎而爲言. 鄭云 "嗚呼者, 將戒成王, 欲求以深感動之." 是欲深感成王, 故"歎美君子之道." '君子'者, 言其可以君正上位, 子愛下民, 有德則稱之, 不限貴賤. 君子之人, 念德不怠, 故"所在念德, 其無逸豫"也. "君子且猶然, 而況王者乎", 言王者日有萬幾, 彌復不可逸豫. 鄭云 "君子止謂在官長者. 所, 猶處也. 君子處位爲政, 其無自逸豫也."

○ 傳의 〔歎美〕에서 〔者乎〕까지

○ 正義曰：周公은 의중에 그 일을 소중히 여기려 했기 때문에 탄미하며 말씀하신 것이다. 鄭玄은 "'嗚呼'란 것은 장차 成王을 경계하려고 하면서 깊은 감동을 주기 위해서였다." 라고 하였다. 이는 成王을 깊이 감동시키려고 했기 때문에 "君子의 道를 탄미한 것이다." 라고 한 것이다. '君子'란 임금으로서 윗자리를 바르게 자리 잡고 앉아서 백성을 자식처럼 사랑해야 됨을 말하는 것이므로 德이 있으면 칭하는 것이지, 貴賤으로 한정해놓은 것이 아니다. 君子다운 사람은 〈늘〉 德을 생각하느라 게으르지 않기 때문에 "어디에서나 德을 생각하므로 안일함이 없다."라고 한 것이다. "군자도 외려 그러하거든 하물며 王者야 말할 것 있겠는가."라고 한 것은 王者는 하루 사이에도 만 가지 일의 기미가 생기므로 더욱더 안일할 수 없음을 말한 것이다.

鄭玄은 "君子는 官長으로 있는 자만을 말한 것이다. '所'는 處와 같은 것이다. 君子가 位에 처하여 정사를 하자면 자연 안일함이 없어야 한다."라고 하였다.

【疏】○傳'稼穡'至'依怙' ○正義曰：民之性命, 在於穀食, 田作雖苦, 不得不爲. 寒耕熱耘, 沾體塗足, 是稼穡爲農夫艱難之事. 在上位者, 先知稼穡之艱難, 乃可謀其逸豫, 使家給人足, 乃得思慮不勞, 是爲"謀逸豫"也. "能知稼穡之艱難, 則知小人之所依怙." 言小人依怙此稼穡之事, 不可不勤勞也. 上句言君子當無逸, 此言"乃謀逸豫"者, 君子之事, 勞心與形. 盤于遊畋, 形之逸也, 無爲而治, 心之逸也. 君子無形逸而有心逸, 既知稼穡之艱難, 可以謀心逸也.

○ 傳의 〔稼穡〕에서 〔依怙〕까지

○ 正義曰：백성의 생명은 곡식에 달려 있기 때문에 농사일이 비록 괴롭다 하더라도 하지 않을 수 없는 것이다. 추울 때에도 밭을 갈고 더운 날씨에도 김을 매느라 몸은 땀

에 흠뻑 젖고 발은 질흙에 발리니, 이것이 바로 稼穡이 농부들의 어려운 일이다. 윗자리에 있는 이는 먼저 稼穡의 어려움을 알아야 이에 안일을 도모할 수 있으니, 어느 집, 어느 사람이나 의식이 풍족하게 하여야 思慮가 고되지 않으므로, 이것이 "안일을 도모한다."라는 것이다. "능히 稼穡의 어려움을 안다면 小人들이 의지하는 것을 알 수 있다."라는 것은 小人들은 이 稼穡의 일을 의지해 살아가므로 勤勞하지 않을 수 없음을 말한 것이다.

윗句에서는 君子는 안일함이 없어야 함을 말하였고, 여기서는 "이에 안일을 도모한다."라고 말한 것은 君子의 일은 마음과 형체를 고되게 하는 것이지만, 遊戱와 田獵을 즐기는 것은 형체의 안일함이요, 無爲而治는 마음의 안일함이다. 君子는 형체의 안일함은 없고 마음의 안일함은 있는 것이니, 이미 稼穡의 어려움을 알았으면 마음의 안일을 도모할 수 있다는 것이다.

【疏】 ○ 傳'視小人'至'其勞' ○ 正義曰：視小人不孝者, 其父母勤苦艱難, 勞於稼穡, 成於生業, 致富以遺之, 而其子謂已自然得之, 乃不知其父母勤勞.

○ 傳의 〔視小人〕에서 〔其勞〕까지

○ 正義曰：小人들의 불효한 자식을 살펴보면, 그 부모가 온갖 勤苦와 艱難을 겪으며 稼穡에 노력하고 生業에 성취하여 富를 이루어 남겨주면 그 자식은 자기가 자연히 얻은 것으로 생각하고 그 부모의 勤勞를 알지 못한다.

【疏】 ○ 傳'小人'至'聞知' ○ 正義曰：上言視小人之身, 此言小人之子者, '小人', 謂無知之人, 亦是賤者之稱, 躬爲稼穡, 是賤者之事, 故言"小人之子", 謂賤者之子, 卽上所視之小人也. 此子旣不知父母之勞, 謂已自然得富, 恃其家富, 乃爲逸豫遊戱, 乃爲叛諺不恭, 已是欺誕父母矣. 若不欺誕, 則輕侮其父母曰 "古老之人無所聞知." 言其罪之深也. 論語曰 "由也諺." 諺則叛諺, 欺誕不恭之貌. '昔', 訓久也, 自今而道遠久, 故爲 "古老之人." 詩云 "召彼故老."

○ 傳의 〔小人〕에서 〔聞知〕까지

○ 正義曰：위에서는 小人(小民) 자신을 살펴봄에 대해 말하였고, 여기서는 小人의 자식에 대해 말한 것은, '小人'은 無知한 사람을 이르니 역시 賤者의 칭호인 셈이요, 몸소 稼穡의 일을 하니, 이는 賤者의 일이기 때문에 "小人의 자식이다."라고 말하여 賤者의 자

식을 일렀으니, 곧 위에서 살펴본 小人인 것이다.

이 자식은 이미 부모의 노고를 알지 못한 채 자기가 자연히 富를 얻은 것으로 생각한 나머지, 그 집의 富를 믿고 이에 안일과 유희를 일삼고 이에 叛諺과 불공을 자행하니, 이미 부모를 속인 것이다. 만일 속이는 일을 하지 않을 경우는 그 부모를 업신여기기를 "옛날 사람은 견문도 없고 아는 것도 없다."라고 하니, 그 죄의 심각함을 말한 것이다.

≪論語≫ 〈先進〉에 "由(子路)는 거칠고 속되다."라고 하였으니, 諺은 叛諺이고, 欺誕은 불공한 모습이다. '昔'은 久의 뜻이니 지금으로부터 멀고 오램을 이르는 것이기 때문에 "古老의 사람이다."라고 한 것이다. ≪詩經≫ 〈小雅 正月〉에 "저 故老들을 부른다."라고 하였다.

周公曰 嗚呼라 我聞하니 曰昔在殷王中宗은

周公이 말씀하였다. "아! 내가 듣자옵건대, '옛날 殷나라 王 中宗에 있어서는

【傳】 太戊也라 殷家中世尊其德이라 故稱宗이라

〈中宗은〉 太戊이다. 殷나라가 중세에 그의 德을 존숭하였기 때문에 '宗'이라 칭한 것이다.

嚴恭寅하사 畏天命하고 自度[1)]하시며

1) 嚴恭寅畏天命自度 : 蔡傳은 "엄숙하고 공손하고 공경하고 두려워함으로 〈자신을 검속하시고〉 天命으로써 스스로 법도를 썼다."로 풀이하였다.

엄숙하고 공손하고 공경하사 天命을 두려워하고 法度를 썼으며,

【傳】 言太戊嚴恪恭敬하사 畏天命하고 用法度라 ○ 嚴은 馬作儼이라

太戊는 嚴恪하고 恭敬하사 天命을 두려워하고 法度를 썼다고 말한 것이다.

○ '嚴'은, 馬融은 '儼'으로 적었다.

治民祗懼하사 不敢荒寧하시니

백성을 다스릴 때에는 공경하고 두려워하여 감히 거칠고 안일하지 않으셨으니,

【傳】 爲政엔 敬身畏懼하여 不敢荒怠自安이라

정사를 할 때에는 몸을 경건히 하고 두려워하여 감히 거칠고 게을러서 스스로 안일함을 취하지 않았다는 것이다.

肆中宗之享國이 七十有五年이시니이다

그러므로 중종의 享國(在位) 기간이 75년이나 되었습니다.

【傳】 以敬畏之故로 得壽考之福이라

경건하고 두려워했기 때문에 壽考의 福을 얻었다는 것이다.

【疏】 '周公'至'五年' ○ 正義曰：既言君子不逸, 小人反之, 更擧前代之王以夭壽爲戒. 周公曰 "嗚呼. 我所聞曰, '昔在殷王中宗, 威儀嚴恪, 貌恭心敬, 畏天命, 用法度, 治民敬身畏懼, 不敢荒怠自安, 故中宗之享有殷國七十有五年.'" 言不逸之故, 而得歷年長也.

經의 〔周公〕에서 〔五年〕까지

○ 正義曰：君子는 안일하지 않고 小人은 정반대였다는 점을 이미 말하고 나서 다시 前代의 王들을 들어서 夭壽를 가지고 경계하였다. 周公은 다음과 같이 말씀하였다. "아! 내가 듣자옵건대, '옛날 殷나라 王 中宗에 있어서는 威儀가 嚴恪하고, 용모는 공손하고 마음은 공경하며, 天命을 두려워하고 法度를 썼으며, 백성을 다스릴 때에는 몸을 경건히 가지고 두려워하여 감히 거칠고 게을러서 스스로 안일하지 않았기 때문에 中宗이 殷나라를 享有한 기간이 75년이었다.' 합니다." 안일하지 않았기 때문에 歷年을 얻음이 길었음을 말한 것이다.

【疏】 ○ 傳'太戊'至'稱宗' ○ 正義曰：'中宗', 廟號. '太戊', 王名. 商自成湯已後, 政教漸衰, 至此王而中興之. 王者祖有功, 宗有德, 殷家中世尊其德, 其廟不毁, 故稱'中宗'.

○ 傳의 〔太戊〕에서 〔稱宗〕까지

○ 正義曰：'中宗'은 廟號요, '太戊'는 王名이다. 商나라는 成湯 이후로 政教가 점점 쇠퇴했다가 이 王(中宗)에 이르러 中興하였다. 王者는 功이 있으면 '祖'라 하고, 德이 있으면 '宗'이라 하니, 殷나라는 중간 시기에 그의 德을 존숭하여 그의 사당을 헐지 않았기 때

문에 '中宗'이라 칭한 것이다.

【疏】○傳'言太'至'法度' ○正義曰：祭義云 "嚴威儼恪." 故引'恪'配'嚴'. 鄭玄云 "恭在貌, 敬在心." 然則'嚴'是威, '恭'是貌, '敬'是心, 三者各異, 故累言之.

○傳의 〔言太〕에서 〔法度〕까지

○正義曰：≪禮記≫ 〈祭義〉에 "嚴威·儼恪"이라 했기 때문에 '恪'을 끌어서 '嚴'에 배당한 것이다. 鄭玄은 "恭은 모습에 있고 敬은 마음에 있다."라고 하였다. 그렇다면 '嚴'은 위의요, '恭'은 모습이요, '敬'은 마음이니, 세 가지가 각각 다르기 때문에 여러 번 말한 것이다.

其在高宗時[1)]하얀 舊勞于外하사 爰暨小人이러시니

1) 時：蔡傳은 아직 즉위하지 못했을 때〔未卽位之時〕로 보았다.

高宗 때에 있어서는 오랜 기간 밖의 민간에서 노역하며 小人(小民)들과 함께 지내다가

【傳】武丁이니 其父小乙이 使之久居民間하여 勞是稼穡하여 與小人出入同事라

〈高宗은〉 武丁이니, 그 아버지인 小乙이 그로 하여금 오랜 기간 민간에 살며 稼穡에 노역을 하여 小人(小民)들과 더불어 드나들면서 농사일을 함께하도록 했다는 것이다.

作其卽位하사 乃或亮陰(암)[1)]하고 三年을 不言하시니

1) 亮陰(암)：蔡傳은 天子의 居喪室로 보았다.

일어나 즉위하사 〈아버지 상을 당하여 居喪 중에 冢宰를〉 믿어 〈일임하고서〉 침묵을 지키고 3년을 말하지 않으셨는데,

【傳】武丁起其卽王位하니 則小乙死라 乃有信默하고 三年不言이라 言孝行(者)〔著〕[1)]라

1) (者)〔著〕：저본에는 '者'로 되어 있으나, 宋兩浙東路茶鹽司本·汲古閣本에 의거하여 '著'로 바로잡았다.

武丁이 일어나 王位에 오르니 小乙이 죽었다. 〈그래서 居喪 중에 冢宰를〉 믿어 〈정무

를 일임하고서〉 침묵을 지키고 3년을 말하지 않았다는 것이다. 孝行이 드러남을 말한 것이다.

其惟不言하시나 言乃雍하시며 不敢荒寧하사

〈居喪 中에는〉 말씀 없이 조용히 지내셨으나 〈免喪 後에는〉 말씀을 했다 하면 〈천하가〉 화평하였으며, 감히 거칠고 안일하지 아니하시어

【傳】 在喪則其惟不言이나 喪畢發言하면 則天下和라 亦法中宗하여 不敢荒怠自安이라

거상 중에는 말씀하지 않았으나 면상 후에는 말씀을 하였다 하면 천하가 화평하였다. 또한 中宗을 본받아서 감히 거칠고 태만하여 스스로 안일을 취하지 않았다는 것이다.

嘉靖殷邦하사 至于小大[1)]히 無時或怨하니

1) 小大 : 蔡傳은 '大小人'으로 보았다.

殷나라를 아름답고 편안하게 다스려서 크고 작은 정사에 이르기까지 이에 혹시라도 원망하는 사람이 없었으니,

【傳】 善謀殷國하니 至于小大之政히 人無是有怨者라 言無非라

殷나라를 잘 도모해서 크고 작은 정사에 이르기까지 사람이 원망하는 자가 없었다는 것이다. 곧 잘못이 없었음을 말한 것이다.

肆高宗之享國이 五十有九年이시니이다

그러므로 高宗이 나라를 향유한 기간이 59년이나 되었다 합니다.

【傳】 高宗爲政에 小大無怨이라 故로 亦享國永年이라

高宗이 정사를 함에 있어서 작고 큰 것을 막론하고 원망을 산 일이 없었기 때문에 또한 오랜 기간 나라를 향유하게 되었다는 것이다.

【疏】'其在'至'九年' ○ 正義曰：其殷王高宗，父在之時，久勞於外，於時與小人同其事. 後爲太子，起其卽王之位，乃有信默，三年不言. 在喪其惟不言，喪畢發言，言得其道，乃天下大和. 不敢荒怠自安，善謀殷國，至於小大之政，莫不得所. 其時之人，無是有怨恨之者. 故高宗之享殷國五十有九年. 亦言不逸得長壽也.

經의 〔其在〕에서 〔九年〕까지

○ 正義曰：殷나라 王 高宗은 아버지가 계실 때에 오랜 동안 밖에서 노역하였는데, 이때에 小人들과 더불어 일을 함께하였다. 뒤에 太子가 되어 일어나 왕위에 올라서는 이에 〈冢宰를〉 믿어 〈정무를 일임하고서〉 침묵을 지키고 3년을 말하지 않았다. 거상 중에는 말씀하지 않았으나 喪이 끝나고 나서 말씀을 하면 말씀이 그 도리를 얻었으므로 이에 천하가 크게 화평하였다. 감히 거칠고 태만하여 스스로 안일을 취하지 않고, 殷나라를 잘 도모하였기 때문에 작고 큰 정사에 이르기까지 그 처소를 얻지 않음이 없었으니, 그 당시 사람들 중에 원한을 가진 자가 없었다. 그러므로 高宗이 殷나라를 향유한 기간이 59년이었다고 하였으니, 또한 안일하지 않음이 長壽를 얻게 되었음을 말한 것이다.

【疏】○ 傳'武丁其'至'同事' ○ 正義曰：'舊'，久也. 在卽位之前，而言久勞於外，知是其父小乙使之久居民間，勞是稼穡，與小人出入同爲農役，小人之艱難事也. 太子使與小人同勞，此乃非常之事，不可以非常怪之. 於時蓋未爲太子也，殷道雖質，不可旣爲太子，更得與小人雜居也.

○ 傳의 〔武丁其〕에서 〔同事〕까지

○ 正義曰：'舊'는 久의 뜻이다. 즉위하기 전에 오랜 기간 밖의 민간에서 노역했다고 말하였기 때문에 그 아버지인 小乙이 그로 하여금 오랜 기간 밖의 민간에 살며 稼穡에 노역을 하여 小人(小民)들과 더불어 드나들면서 농사일을 함께하도록 한 것이 小人의 어려운 일이었다는 점을 〈孔安國은〉 알았던 것이다.

太子가 가사 小人들과 더불어 노역을 함께하였다면 이것은 바로 비상한 일이니, 비상한 일을 가지고 괴이쩍게 여겨서는 안 될 것이다. 그러나 이때에는 아마 아직 太子가 되지 못하였던 모양이다. 殷나라의 道가 아무리 질박했다 하더라도 이미 太子가 된 몸으로는 다시 小人들과 더불어 섞여 살게 할 수 없었을 것이다.

【疏】○傳'武丁起'至'行著' ○正義曰：以上言久勞於外, 爲父在時事, 故言"起其卽王位, 則小乙死"也. '亮', 信也, '陰', 默也. '三年不言', 以舊無功, 而今有, 故言'乃有.' 說此事者, 言其孝行著也. 禮記喪服四制引書云"'高宗諒闇, 三年不言.' 善之也. 王者莫不行此禮, 何以獨善之也. 曰, 高宗者, 武丁, 武丁者, 殷之賢王也. 繼世卽位, 而慈良於喪. 當此之時, 殷衰而復興, 禮廢而復起. 故載之於書中而高之, 故謂之高宗. 三年之喪, 君不言也." 是說此經'不言'之意也.

○ 傳의 〔武丁起〕에서 〔行著〕까지

○ 正義曰：이상에서 말한 오랜 기간 밖의 민간에서 노역한 것은 아버지가 살아있을 때의 일이었기 때문에 "일어나 王位에 오르니 小乙이 죽었다."라고 말한 것이다. '亮'은 信의 뜻이고, '陰'은 默의 뜻이다. '3년을 말하지 않았다.'는 것은 전에는 功이 없었는데 이제는 있기 때문에 '乃有'라고 말한 것이다. 이 일을 말한 것은 그 孝行이 드러남을 말한 것이다. ≪禮記≫ 〈喪服四制〉에서 ≪書≫의 "'高宗이 〈居喪 중에 冢宰를〉 믿어 〈정무를 일임하고서〉 침묵을 지키고 3년을 말씀하지 않으셨다.'라는 대목을 인용하여 〈'高宗이……3년을 말씀하지 않으셨다.'라고 하였으니,〉 칭찬하기 위한 것이었다. 王者는 이 禮를 행하지 않음이 없었는데 무엇 때문에 유독 〈高宗만을〉 칭찬하였을까. 이르건대, 高宗은 武丁이고 武丁은 殷나라의 어진 王이었다. 세대를 이어 즉위하여 喪에 慈良한 마음을 다하였다. 이때에 殷나라의 運이 쇠퇴했다가 다시 흥기하고 禮가 폐기되었다가 다시 일어났다. 그러므로 ≪書≫ 속에 기재해서 높였기 때문에 高宗이라 일렀다. 3년의 喪에 임금은 말하지 않는다."라고 하였으니, 이는 經의 '말하지 않은' 뜻을 말한 것이다.

【疏】○傳'在喪'至'自安' ○正義曰：鄭玄云"其不言之時, 時有所言, 則群臣皆和諧." 鄭玄意謂此"言乃雍"者, 在三年之內, 時有所言也. 孔意則爲出言在三年之外, 故云"在喪其惟不言, 喪畢發言, 則天下大和." 知者, 說命云"王宅憂, 亮陰三祀. 旣免喪, 其惟不言." 除喪猶尙不言, 在喪必無言矣, 故知喪畢乃發言也. 高宗不敢荒寧, 與中宗正同, 故云"亦法中宗, 不敢荒怠自安." 殷家之王, 皆是明王, 所爲善事, 計應略同. 但古文辭有差異, 傳因其文同, 故言"法中宗"也.

○ 傳의 〔在喪〕에서 〔自安〕까지

○ 正義曰：鄭玄은 "말씀하지 않을 때에 때로 말씀하신 바가 있으면 신하들이 모두 和諧했다."라고 하였으니, 鄭玄의 생각은 아마 이 "말씀을 했다 하면 天下가 화평하였다."는

것을 3년 안에 때로 말씀한 바가 있었던 것으로 여긴 것이리라. 그러나 孔安國의 생각은 말씀한 것이 3년 밖에 있었던 것으로 여겼기 때문에 "거상 중에는 말씀하지 않았으나 면상 후에는 말씀을 하였다 하면 천하가 크게 화평하였다."라고 한 것이다. 이 점을 안 것은 〈說命〉에 "王(高宗)이 居喪 중에 〈冢宰를〉 신임하여 〈정무를 일임하고서〉 침묵을 지키고 3년 동안 말씀하지 않으셨다. 이미 喪을 마치고 나서도 〈정사에 대하여〉 말씀하지 않으셨다."라고 했기 때문이다. 喪을 면하고도 오히려 말씀하지 않았다면 거상 중에 있어서는 반드시 말씀이 없었을 것이기 때문에 居喪이 끝나고 나서 말씀한 것임을 〈孔安國이〉 알았던 것이다.

高宗은 감히 거칠고 안일하지 아니한 태도가 中宗과 꼭 닮았기 때문에 "또한 中宗을 본받아서 감히 거칠고 태만하여 스스로 안일을 취하지 않았다."라고 한 것이다. 殷나라의 王은 모두 명철한 王들이었기 때문에 그들이 한 훌륭한 일은 응당 대충 같았을 것이다. 다만 옛 文辭에 차이가 있을 뿐이니, 傳은 그 글의 같음을 따랐기 때문에 "中宗을 본받은 것이다."라고 말한 것이다.

【疏】 ○ 傳'善謀'至'無非' ○ 正義曰：釋詁云 "嘉, 善也, 靖, 謀也." '善謀殷國', 謀爲政教, 故至於小大之政, 皆允人意. 人無是有怨高宗者, 言其政無非也. 鄭云 "小大, 謂萬人, 上及群臣, 言人臣小大皆無怨王也."

○ 傳의 〔善謀〕에서 〔無非〕까지

○ 正義曰：≪爾雅≫ 〈釋詁〉에 "'嘉'는 善의 뜻이고, '靖'은 謀의 뜻이다."라고 하였다. '善謀殷國'은 政敎를 잘 도모했기 때문에 작고 큰 정사에 이르기까지 모두 인민들의 뜻에 딱 맞았던 것이다. 그 당시 사람들 중에 高宗을 원망한 자가 없었던 것은 그 정사에 잘못이 없었음을 말한 것이다.

鄭玄은 "'小大'는 萬人으로부터 위로 신하들까지 미침을 이르니, 작고 큰 신하들이 모두 王을 원망한 이가 없었음을 말한 것이다."라고 하였다.

其在祖甲하여는 不義惟王하여 舊爲小人[1)]이러시니

1) 其在祖甲……舊爲小人：孔傳은 祖甲을 太甲으로 보아 太甲의 행적으로 풀이한 반면, 蔡傳은 祖甲의 행적으로 보아 "祖甲에 있어서는 자기가 王이 되는 것이 의롭지 않다 하여 오랜 기간 小民으로 있었는데"로 풀이하였다.

祖甲에 있어서는 왕이 되어 의롭지 못하여 오랜 기간 小人의 행동을 하니,

【傳】 湯孫太甲이 爲王不義하여 久爲小人之行하니 伊尹이 放之桐이라

湯의 손자인 太甲이 王이 되어 의롭지 못하여 오랜 기간 小人의 행동을 하자, 伊尹이 그를 桐宮으로 내쳤다.

作其卽位하사 爰知小人之依하사 能保惠于庶民하시며 不敢侮鰥寡하시니

일어나 즉위하시자 이에 小民들의 의지하는 바를 아셔서 능히 庶民을 安順하게 해주었으며, 감히 鰥寡를 업신여기지 않으셨으니,

【傳】 在桐三年에 思集用光하여 起就王位하니 於是知小人之所依는 依仁政이라 故로 能安順於衆民하고 不敢侮慢惸(경)獨이라

3년 동안 桐宮에 있으면서 〈그 몸을〉 安集하여 〈王政을〉 光顯할 것을 생각했기 때문에 일어나 王位에 나아가자 이에 小民들이 의지하는 바를 알았다. 仁政에 의지하기 때문에 능히 衆民(庶民)을 安順하게 해주고, 감히 고독한 사람들을 업신여기거나 오만을 부리지 않았다는 것이다.

肆祖甲之享國이 三十有三年이시니이다

그러므로 祖甲이 나라를 향유한 기간이 33년이나 되었던 것입니다.

【傳】 太甲亦以知小人之依라 故로 得久年이라 此以德優劣과 立年多少로 爲先後라 故祖甲在下라 殷家亦祖其功이라 故로 稱祖라

太甲 또한 小民들이 의지하는 것을 알았기 때문에 오랜 기간 나라를 누릴 수 있었다. 이는 德의 優劣과 재위 연도의 多少를 가지고 先後를 삼았기 때문에 祖甲이 맨 아래에 놓인 것이다. 殷나라에서도 역시 그 功이 있는 이를 祖로 표시했기 때문에 '祖'라 칭한 것이다.

【疏】 '其在'至'三年' ○ 正義曰：其在殷王祖甲，初遭祖喪，所言行不義，惟亦爲王，久爲小人之行[1]，伊尹廢諸桐．起其卽王之位，於是知小人之所依．依於仁政，乃能安順於衆民, 不敢侮鰥寡惸獨, 故祖甲之享有殷國三十有三年. 亦言不逸得長壽也.

1) 初遭祖喪……久爲小人之行 : 孔傳은 經文의 "不義惟王 舊爲小人"을 단순히 "王이 되어 의롭지 못하여 오랜 기간 小人의 행동을 하자〔爲王不義 久爲小人之行〕"로 풀이하였는데, 孔疏는 "不義惟王"을 복잡하게 두 句로 나누어 '不義'는 '所言行不義'로, '惟王'은 '惟亦爲王'으로 만들고 있다.

經의 〔其在〕에서 〔三年〕까지

○ 正義曰 : 殷나라 王 祖甲에 있어서는 처음 할아버지의 喪을 당했을 때에는 言行을 한 바가 의롭지 못했고, 또한 王이 되었을 때에는 오랜 기간 小人의 행동을 하였으므로 伊尹이 桐宮에 유폐시켰었는데, 일어나 王의 자리에 올라서는 이에 小人(小民)의 의지하는 바를 알았다. 仁政에 의지하기 때문에 이에 능히 衆民(庶民)을 安順하게 해주고, 감히 鰥寡·惸獨을 업신여기지 않았다. 그러므로 祖甲이 殷나라를 향유한 기간이 33년이나 되었다. 또한 안일하지 않음이 長壽를 얻었음을 말한 것이다.

【疏】 ○ 傳'湯孫'至'之桐' ○ 正義曰 : 以文在'高宗'之下, 世次顚倒, 故特辨之, 此祖甲是湯孫太甲也. '爲王不義', 謂湯初崩, '久爲小人之行, 故伊尹放之於桐', 言其廢而復興, 爲下'作其卽位'起本也. 王肅亦以祖甲爲太甲. 鄭玄云 "祖甲, 武丁子帝甲也. 有兄祖庚賢, 武丁欲廢兄立弟, 祖甲以此爲不義, 逃於人間, 故云久爲小人." 案殷本紀云 "武丁崩, 子祖庚立. 祖庚崩, 弟祖甲立. 是爲帝甲, 淫亂, 殷道復衰." 國語說殷事云 "帝甲亂之, 七代而殞."[1] 則帝甲是淫亂之主, 起亡殷之源, 寧當與二宗齊名, 擧之以戒無逸. 武丁賢王, 祖庚復賢, 以武丁之明, 無容廢長立少. 祖庚之賢, 誰所傳說. 武丁廢子, 事出何書. 〔妄〕[2] 造此語, 是負武丁而誣祖甲也.

1) 帝甲亂之 七代而殞 : 韋昭의 注에 "帝甲은 湯임금의 후손 25세인데, 湯임금의 法을 어지럽혀서 紂에 이르러 7세 만에 망했다.〔帝甲 湯後二十五世也 亂湯之法 至紂七世而亡〕"라고 풀이하였다.

2) 〔妄〕 : 저본에는 없으나, 諸本에 의거하여 '妄'을 보충하였다.

○ 傳의 〔湯孫〕에서 〔之桐〕까지

○ 正義曰 : 글이 '高宗'의 아래에 놓여있어 世次가 顚倒되었기 때문에 특별히 변별을 한 것인데, 이 祖甲은 바로 湯임금의 손자인 太甲이다. '爲王不義'는 湯임금이 처음 승하〔崩〕했을 시점에 〈있는 일〉을 이르고, '久爲小人之行 故伊尹放之於桐(오랜 기간 小人의

행동을 하기 때문에 伊尹이 그를 桐宮으로 내쳤다.)'은 유폐되었다가 다시 일어남을 말한 것이니, 아래 '作其卽位'의 원인이 된 것이다. 王肅도 祖甲을 太甲으로 여겼다. 鄭玄은 "祖甲은 武丁의 아들 帝甲이다. 兄 祖庚이란 이가 있어 현명했건만, 武丁이 兄을 폐기하고 아우를 세우려고 하자, 祖甲이 이것을 불의로 여기고 민간으로 도피했기 때문에 오랜 기간 小人이 되었다."라고 하였다. ≪史記≫ 〈殷本紀〉를 상고해 보면 "武丁이 승하〔崩〕하자 아들 祖庚이 즉위하였다. 祖庚이 승하하자 아우 祖甲이 즉위하였으니, 이가 바로 帝甲인데 淫亂하므로 殷나라 道가 다시 쇠퇴하였다."라고 하였다. ≪國語≫ 〈周語 下〉에서 殷나라의 일을 설명하기를 "帝甲이 〈殷나라의 道를〉 어지럽혀 7代에 망했다."라고 하였으니, 帝甲은 바로 淫亂한 군주로 殷나라를 망하게 한 근원을 일으켰으니, 어찌 二宗(中宗과 高宗)과 더불어 이름을 나란히 두고 그를 들어서 안일함이 없도록 경계해서야 되겠는가.

武丁은 어진 王이고 祖庚은 다시 어질었으니, 武丁의 명철로써 큰아들을 폐기하고 작은 아들을 세운 일이 없었을 것이다. 祖庚이 어질었다는 것은 누가 전한 말인가. 武丁이 아들을 폐기했다는 것은 그 사실이 어떤 책에서 나왔는가. 망령스럽게 이런 말을 조작했으니, 이것은 武丁을 저버리고 祖甲을 속인 꼴이다.

【疏】 ○ 傳'在桐'至'惸獨' ○ 正義曰 : '在桐三年', 太甲序文, '思集用光', 詩大雅文. 彼'集'作'輯', '輯', 和也. 彼鄭言公劉之遷豳, "思在和其民人, 用光大其道." 此傳之意, 蓋言太甲之在桐也, 思得安集其身, 用光顯王政, 故起卽王位, 於是知小人之依. 依於仁政, 故能施行政敎, 安順於衆民, 不敢侮慢惸獨. 鰥寡之類, 尤可憐愍, 故特言之.

○ 傳의 〔在桐〕에서 〔惸獨〕까지

○ 正義曰 : '在桐三年'은 〈太甲〉 書序의 글이고, '思集用光'은 ≪詩經≫ 〈大雅 公劉〉의 글이다. 저 ≪詩經≫에는 '集'이 '輯'으로 되어 있는데, '輯'은 和의 뜻이다. 저 ≪詩經≫에서 鄭玄은 公劉가 豳으로 옮기는 데 대해 말하기를 "그 인민을 和輯하고 그 道를 光大할 것에 생각을 두었다."라고 하였는데, 이 傳의 뜻은 아마 太甲이 桐宮에 있을 때에 그 몸을 安集하여 王政을 光顯할 것을 생각했기 때문에 일어나 王位에 나아가자 이에 小民들이 의지하는 바를 알았다. 仁政에 의지하기 때문에 능히 政敎를 시행하고 衆民(庶民)을 安順하게 해주며, 감히 고독한 사람들을 업신여기거나 오만을 부리지 않았던 것으로 여긴 것이리라. 鰥寡의 類는 더욱 가련하고 민망하기 때문에

특별히 말하였던 것이다.

【疏】 ○ 傳'太甲'至'稱祖' ○ 正義曰：傳於中宗云 "以敬畏之故, 得壽考之福." "高宗之爲政, 小大無怨, 故亦享國永年." 於此云 "太甲亦以知小人之依, 故得久年." 各順其文而爲之說, 其言行善而得長壽, 經意三王同也. 以其世次顚倒, 故解之云, "此以德優劣·立年多少爲先後, 故祖甲在太戊·武丁之下. 諸書皆言'太甲', 此言'祖甲'者, 殷家亦祖其功, 故稱之'祖甲'." 與二宗爲類, 惟見此篇, 必言祖其功, 亦未知其然. 殷之先君有祖乙·祖辛·祖丁, 稱祖多矣, 或可號之爲祖, 未必祖其功而存其廟也.

○ 傳의 〔太甲〕에서 〔稱祖〕까지

○ 正義曰：傳은 中宗에 대해서는 "경건하고 두려워했기 때문에 壽考의 福을 얻었다." 라고 하고, 〈高宗에 대해서는〉 "高宗이 정사를 함에 있어서 작고 큰 것을 막론하고 원망을 산 일이 없었기 때문에 또한 오랜 기간 나라를 향유하게 되었다."라고 하고, 여기서는 "太甲 또한 小民들의 의지하는 것을 알았기 때문에 오랜 기간 나라를 누릴 수 있었다."라고 하였다. 각각 그 글에 따라서 설명을 하였는데, 그 言行이 착해서 長壽를 얻었다는 것이니 經의 뜻은 세 분 王이 동일하였다. 다만 그 世次가 顚倒되었기 때문에 풀이하기를 "이는 德의 優劣과 재위 연도의 多少를 가지고 先後로 삼았기 때문에 祖甲이 太戊와 武丁의 아래에 놓인 것이다. 여러 책에서 모두 '太甲'이라 말하였는데, 여기에서 '祖甲'이라 말한 것은 殷나라에서도 역시 그 功이 있는 이를 祖로 표시했기 때문에 '祖甲'이라 칭한 것이다."라고 했을 뿐이다.

二宗(中宗과 高宗)과 더불어 類를 한 것은 오직 이 篇에서만 볼 수 있는데, 반드시 그 功을 '祖'로 표시했다고 말했으니, 또한 그런 것인지 모르겠다. 殷나라의 先君 중에 祖乙·祖辛·祖丁이 있어 祖라 칭한 분이 많았으니, 혹 祖를 號로 할 수도 있는 문제이므로, 꼭 그 功이 있는 이를 祖로 표시해서 그 사당을 존재시킬 필요는 없었을 것이다.

自時厥後로 立王이 生則逸하니

이로부터 그 뒤로는 王에 오른 이들은 태어나면 안일하였으니,

【傳】 從是三王은 各承其後而立者니 生則逸豫無度라

이 세 분 王으로부터는 각각 그 뒤를 이어서 왕에 오른 이들이었으니, 태어나면 안일하여 법도가 없었다는 것이다.

生則逸이라 **不知稼穡之艱難**하며

태어나면 안일하였는지라 농사짓는 어려움을 알지 못하며,

【傳】 言與小人之子로 同其敝라

小民의 자식과 더불어 그 못된 짓을 함께한 점을 말한 것이다.

不聞小人之勞하고 **惟耽樂之從**하니

小民들의 노고를 듣지 못하고 오직 지나친 樂만을 추구하였으니,

【傳】 過樂을 謂之耽이니 惟樂之從은 言荒淫이라

지나치게 樂을 추구하는 것을 '耽'이라 이르니, "오직 지나친 樂만을 추구했다."는 것은 거칠고 음탕함을 말한 것이다.

自時厥後로 **亦罔或克壽**하여

이로부터 그 뒤로는 아무도 오랫동안 壽考(享國)한 이가 없어

【傳】 以耽樂之故로 從是其後는 亦無有能壽考라

지나치게 樂을 추구했기 때문에 이로부터 그 뒤로는 또한 壽考를 누린 이가 없었다는 것이다.

或十年하며 **或七八年**하며 **或五六年**하며 **或四三年**하니이다

〈在位 기간이〉 혹은 10년, 혹은 7~8년, 혹은 5~6년, 혹은 3~4년이었습니다."

【傳】 高者十年이요 下者三年이라 言逸樂之損壽라

높은 경우는 10년이고, 낮은 경우는 3년이었다는 것이다. 곧 逸樂이 壽를 감손한다는

점을 말한 것이다.

【疏】 '自時'至'三年' ○正義曰：從是三王其後所立之王，生則逸豫，不知稼穡之艱難，不聞小人之勞苦，惟耽樂之事則從而爲之．故從是其後諸王，無有能壽考者．或十年，或七八年，或五六年，或四三年．言逸樂之損壽，故擧以戒成王也．

經의 〔自時〕에서 〔三年〕까지

○正義曰：이 세 분 王으로부터 그 뒤 왕위에 오른 王들은 태어나면 안일하였는지라 농사짓는 어려움을 알지 못하며, 小民들의 노고를 듣지 못하고 오직 지나치게 즐거움을 탐하는 일만을 따라서 하기 때문에 이로부터 그 후 여러 왕들에서는 능히 壽考(享國)한 자가 없었다. 〈在位 기간이〉 혹은 10년, 혹은 7~8년, 혹은 5~6년, 혹은 3~4년이었다. 안일이 수명을 감손하기 때문에 이를 들어서 成王을 경계한 것이다.

周公曰 嗚呼라 厥亦惟我周에도 太王王季 克自抑畏[1)]하시니이다

1) 抑畏：蔡傳은 단순히 "대저 '抑畏'는 '無逸'의 근본이다.〔大抵抑畏者 無逸之本〕"라고만 풀이하였는데, 宋代 陳大猷(≪書傳大全≫ 小註)는 "'抑'은 忿欲을 억제하고 奢侈를 제거하는 것이 모두 그것이다. '畏'는 바로 敬畏이다. 사람이 두려움 없이 멋대로 행동하는 것은 스스로 억제하지 않기 때문이다. 그 私欲을 억제하고 오직 의리만을 따른다면 반드시 天命을 두려워하고 祖宗을 두려워하고 小民을 두려워할 것이다.〔抑者 制忿欲去奢侈 皆是也 畏敬畏也 人所以肆行無畏 不能自抑故也 抑其私欲 惟義是從 則必畏天命 畏祖宗 畏小民矣〕"라고 알기 쉽게 풀이하였다.

周公이 말씀하였다. "아! 또한 우리 周나라에서도 太王과 王季께서 능히 스스로 억제하여 〈天命을〉 경외하셨습니다.

【傳】 太王은 周公曾祖요 王季는 卽祖라 言皆能以義自抑하여 長敬天命이라 將說文王이라 故로 本其父祖라

'太王'은 周公의 曾祖요, '王季'는 곧 祖父이다. 모두 능히 '義'로써 스스로 억제하여 길이 天命을 공경하였다고 말한 것이다. 장차 文王을 설명하려고 하기 때문에 그의 아버지와 할아버지로 돌아가서 말한 것이다.

文王이 卑服[1)]으로 卽[2)]康功田功하시니이다

1) 卑服 : 蔡傳은 "'卑服'은 禹임금이 말씀한 '나쁜 의복'과 같은 것이다.〔卑服 猶禹所謂惡衣服也〕"라고 풀이하였다.
2) 卽 : 蔡傳은 專意로 풀이하였다.

文王께서는 허름한 옷을 입고서 오직 백성을 편안하게 할 일과 농사짓는 일에만 종사하였습니다.

【傳】 文王節儉하고 卑其衣服[1]하여 以就其安人之功하고 以就田功은 以知稼穡之艱難[2]일새라
○ 卑는 馬本作俾니 使也라

1) 文王節儉 卑其衣服 : 兪樾(≪群經平議≫)은 "衣服은 宮室이 아니므로 '卑'라고 말할 수 없으니, 枚傳의 뜻은 잘못된 것이다.〔衣服非宮室 不可言卑 枚義非也〕"라고 비판하고는 ≪詩經≫·≪論衡≫·≪周禮≫ 등에 의거하여 '卑'는 比의 뜻으로, '服'은 事의 뜻으로 보아 "文王이 그 일을 질서 있게 행함을 말한 것이다.〔言文王比敘其事也〕"라고 하였다.
2) 以就田功 以知稼穡之艱難 : 經文의 '卽康功田功'을 풀이한 孔傳에 대하여 陳師凱(≪書蔡氏傳旁通≫)는 '매우 좋은 해석'이라고 크게 칭찬하면서 "농사짓는 어려움을 아는 것이 바로 '無逸'의 근본이요, 한 篇의 강령이다.〔知稼穡艱難 乃無逸之根本 一篇之綱領也〕"라고 하였다.

文王이 근검절약하여 허름한 옷을 입고서 백성들을 편안하게 하는 일에 종사하고 농사짓는 일에 종사한 것은 稼穡의 어려운 점을 알았기 때문이다.
○ 卑는 馬本에 '俾'로 되어 있으니 使(하여금)의 뜻이다.

徽柔懿恭하사 懷保小民하시며 惠鮮鰥寡[1]하사

1) 惠鮮鰥寡 : 兪樾(≪群經平議≫)은 "'惠鮮鰥寡'는 윗句의 '懷保小民'과 語法이 본래 서로 對인데, 만일 '鮮鰥寡' 3자를 連文으로 한다면 윗句와 一律이 되지 않는다. 蔡傳에 '小民에 대해서는 품어 보호해주고 鰥寡에 대해서는 은혜를 입혀 생기가 나게 하였다.'고 한 것은 經의 뜻에 딱 맞게 풀이하였다. 그러나 그 「惠鮮」이라 말한 것은 홀아비와 과부의 신세가 된 사람들이 머리를 떨어뜨려 기운을 잃고 있을 때에 구호품 등을 지급해서 살 마음을 가지게 한 것이다.'고 한 풀이는 대충 글만 보고 풀이해낸 것이니, 크게 말이 되지 않는다. '鮮'과 '賜'는 발음이 서로 가깝다. '惠鮮鰥寡'는 '鰥寡에게 은혜를 베풀어주었다.'란 말과 같으니, '懷保小民'과 똑같이 一律이 된다. 枚傳에서 '궁핍한 鰥寡에게는 은혜를 입혔다.'고 한 풀이는 도저히 따를 수 없다.〔惠鮮鰥寡 與上句懷保小民語本相對 若以鮮鰥寡三字連文 則與上句不一

律矣 蔡傳曰 於小民則懷保之 於鰥寡則惠鮮之 甚得經旨 然其解惠鮮云 鰥寡之人 垂首喪氣 賚予賙給之 使之有生意 則望文生訓 大不詞矣 鮮與賜聲相近 惠鮮鰥寡 猶云惠賜鰥寡 正如懷保小民 一律 枚傳鮮乏之訓 不可從也〕"라고 하였다. 蔡傳은 '鮮'을 生意의 뜻으로 보아 "鰥寡에게는 은혜를 입혀서 생기가 나게 했다."라고 풀이하였다.

아름다운 도리로써 柔和정책을 쓰고, 아름다운 정책으로써 공손하게 대하여 小民은 품어 보호해주시며, 궁핍한 鰥寡에게는 은혜를 입혀서,

【傳】 以美道和民이라 故로 民懷之요 以美政恭民이라 故로 民安之라 又加惠鮮乏鰥寡之人이라

아름다운 도리로써 백성들에게 柔和정책을 썼기 때문에 백성들이 포근함을 누렸고, 아름다운 정책으로써 백성들을 공손히 대했기 때문에 백성들이 편안함을 누렸다. 게다가 또 궁핍한 鰥寡의 사람들에게는 은혜를 입혔다는 것이다.

自朝로 至于日中昃히 不遑暇食하사 用咸和萬民[1)]하시니이다

1) 用咸化萬民 : 兪樾(≪群經平議≫)은 "'咸' 또한 和의 뜻이다. '咸'은 곧 '諴'자의 생략인데, ≪說文解字≫ 〈言部〉에 '「諴」은 和의 뜻이다.'라고 하였으니, '用咸和萬民'은 바로 '用諴和萬民'이다. 傳에서 '만백성을 모두 화합하게 하였다는 것이다.'라고 풀이한 것은 말이 되지 않는다.〔咸亦和也 咸卽諴字之省 說文言部 諴和也 用咸和萬民者 用諴和萬民也 傳以爲皆和萬民 則不辭矣〕"라고 하였다.

아침부터 해가 중천에 솟을 때까지 또 중천에서 서쪽으로 기울 때까지 밥 먹을 겨를도 없이 만백성을 모두 화평하게 하셨습니다.

【傳】 從朝至日昳(질)히 不暇食하사 思慮政事하여 用皆和萬民이라

아침부터 해가 기울 때까지 밥 먹을 겨를도 없이 정사에 심혈을 기울여 만백성을 모두 화평하게 하였다는 것이다.

文王이 不敢盤于遊田은 以庶邦이니 惟正之供[1)2)]이시니다

1) 惟正之供 : 王夫之(≪尙書稗疏≫)는 蔡傳에서 '供'을 '供賦'의 供으로 본 것을 부정하면서 "蔡傳이 '위에서 함부로 낭비하지 않았기 때문에 아래에서 지나치게 취하는 일이 없었다.'라고

하였는데, 한 차례 놀고 한 차례 일예하는 것이 도대체 무슨 큰 비용이 든다고 과다하게 취해야 될 문제였겠는가. 또 〈多方〉에서 말한 '惟進之恭(공손함으로 나아감)'은 그 문체가 여기의 문체와 서로 같으니, '惟進之恭'은 대개 '惟恭之進'이라 한 것이고, '惟正之供' 또한 待(供待)하기를 바른 도리로써 할 뿐임을 이른 것이다. 당시에 이런 문체가 있어 한 글자를 역으로 놓아서 문장을 이루었던 것이다.〔蔡云上不濫費 故下無過取 不知一遊一逸 何所費而須過取耶 且多方云 惟進之恭 文與此相類 惟進之恭 蓋云惟恭之進 惟正之供 亦謂惟待之以正而已 當時自有此文體 逆一字以成章〕'라고 하였다.

2) 文王……惟正之供 : 蔡傳은 '王', '田', '供'에 句를 끊어서 "유람과 사냥은 나라에 일정한 제도가 있으니, 文王은 감히 편히 노는 일을 법도 없이 하지 않아, 위에서 함부로 낭비하지 않았기 때문에 아래에서 지나치게 취하는 일이 없어, 여러 나라에서 정액으로 바치는 공물만을 받았으니, 일정한 공물의 正數 외에 함부로 거두는 일이 없었던 것이다.〔遊田 國有常制 文王 不敢盤遊無度 上不濫費 故下無過取 而能以庶邦惟正之供 於常貢正數之外 無橫斂也〕"라고 풀이하였다.

文王께서 감히 유람과 사냥을 즐기지 않으신 것은 여러 나라가 〈법칙으로 취할 것이기〉 때문이니, 마땅히 바른 도리로써 供待해야 하는 이유입니다.

【傳】 文王不敢樂於遊逸田獵은 以衆國所取法則이니 當以正道供待之故라

文王이 감히 遊逸과 田獵을 즐기지 않으신 것은, 여러 나라가 법칙으로 취할 것이기 때문이니, 마땅히 바른 도리로써 供待해야 하는 이유이다.

文王受命이 惟中身이러시니 厥享國이 五十年이시니이다

文王이 天命을 받은 시기가 중년이었는데, 나라를 향유하신 기간이 50년이나 되었습니다."

【傳】 文王九十七而終이라 中身卽位하니 時年四十七이라 言中身은 擧全數라

文王은 97세에 별세하였다. 中身에 즉위하였으니, 당시 나이가 47세였다. '中身'이라 말한 것은 全數를 든 것이다.

【疏】 '周公'至'(七)〔十〕[1]年' ○正義曰 : 殷之三王既如此矣, 周公又言曰 "嗚呼, 其惟我周家大王・王季, 能以義自抑而畏敬天命, 故王迹從此起也. 文王又卑薄衣服, 以就其安人之功與治田之功. 以美道柔和其民, 以美政恭待其民, 以此民歸之. 以美政恭民之故, 故小民安之, 又加恩惠於鮮乏鰥寡之人. 其行之也, 自朝旦至于日中及昃, 尙不遑暇食, 用善政以諧和萬民故也. 文王專心於政, 不敢逸樂於遊戲畋獵, 以己爲衆國所取法, 惟當正身行己以供待之. 由是文王受命, 嗣位爲君, 惟於中身受之, 其享國五十年, 亦以不逸得長壽也."

1) (七)〔十〕: 저본에는 '七'로 되어 있으나, 經文 및 諸本에 의거하여 '十'으로 바로잡았다.

經의 〔周公〕에서 〔十年〕까지

○ 正義曰 : 殷나라의 세 분 王은 이미 이와 같았는지라, 周公이 또 다음과 같이 말씀하였다. "아! 우리 周나라에서도 太王과 王季께서 능히 義로써 스스로 억제하여 天命을 두려워하고 공경하였기 때문에 王의 자취가 이로부터 일어났던 것입니다. 文王께서 또 허름한 옷을 입고서 오직 백성들을 편안케 할 일과 농사짓는 일에 종사하였습니다. 아름다운 도리로써 백성들에게 柔和정책을 쓰고, 아름다운 정책으로써 백성들을 공손히 대하니, 이 때문에 백성들이 歸依하였습니다. 아름다운 정책과 백성들을 공손히 대하는 방법을 썼기 때문에 小民들이 편안함을 누렸습니다. 게다가 또 궁핍한 鰥寡에게는 은혜를 입혔습니다. 이 일들을 행함에 있어서 아침 일찍부터 해가 중천에 솟을 때까지 또 중천에서 서쪽으로 기울 때까지 오히려 밥 먹을 겨를도 없으셨으니, 善政을 베풀어 만백성을 화평하게 하려 했기 때문입니다.

文王께서 정사에 전심하고 감히 遊戲와 田獵을 즐기지 않으신 것은, 자기를 여러 나라가 법칙으로 취할 대상으로 삼았기 때문이니 마땅히 자신의 몸을 바르게 행동해서 여러 나라들을 供待해야 하셨던 것입니다. 이로 말미암아 文王께서 천명을 받아 자리를 이어 임금이 되셨는데, 중년에 천명을 받아 나라를 향유하신 기간이 50년이었으니, 또한 안일을 하지 않음으로써 長壽를 얻으셨던 것입니다."

【疏】 ○ 傳'大王'至'父祖' ○ 正義曰 : "大王, 周公曾祖. 王季卽祖也." 此乃經傳明文, 而須詳言之者, 此二王之下, 辭無所結, 陳此不爲無逸, 周公將說文王, 故本其父祖, 是以傳詳言也, 解其言此之意. '以義自抑'者, 言其非無此心, 以義自抑而不爲耳.

○ 傳의 〔大王〕에서 〔父祖〕까지

○ 正義曰 : "'太王'은 周公의 曾祖요, '王季'는 곧 祖父이다."라고 하였다. 이것은 바로 經傳에서 밝힌 글인데, 필수적으로 자세하게 말한 것은, 이 두 분 王의 아래에 말이 맺어

진 바가 없으므로 이를 베푼 것은 無逸을 위함이 아니고, 〈孔安國의 말처럼〉 "周公이 장차 文王을 설명하려고 하기 때문에 그의 아버지와 할아버지로 돌아가서 말한 것"인 바, 이래서 傳에서 자세하게 말한 것이니, 이(太王과 王季)를 말한 뜻을 풀이한 것이다. '以義自抑'은 이 〈안일에 대해〉 마음이 없지 않으나 義를 가지고 억제하여 하지 않음을 말한 것이다.

【疏】 ○ 傳'文王'至'艱難' ○ 正義曰 : "文王卑其衣服, 以就安人之功." 言儉於身而厚於人也. 立君所以牧人, 安人之功, 諸有美政皆是也. 就安人之內, 田功最急, 故特云 '田功', 以示知稼穡之艱難也.

○ 傳의 〔文王〕에서 〔艱難〕까지

○ 正義曰 : "〈文王이〉 허름한 옷을 입고 백성들을 편안케 하는 일에 종사했다."라고 한 것은 자신에게는 검소하고 남에게는 후하게 함을 말한 것이다. 임금을 세운 것은 인민을 牧養하기 위해서고, 사람을 편안하게 하는 일은 모든 아름다운 정사를 하는 것이 다 이것이다. 사람을 편안하게 하는 일에 종사하는 속에는 농사짓는 일이 가장 급하기 때문에 특별히 "농사짓는 일"이라고 해서 稼穡의 어려운 점을 알았던 것을 보였다.

【疏】 ○ 傳'以美'至'之人' ○ 正義曰 : '徽'·'懿', 皆訓爲美. '徽柔懿恭', 此是施人之事, 以此柔恭懷安小民, 故傳分而配之. '徽柔'配'懷', "以美道和民, 故民懷之." '懿恭'配'保', "以美政恭民, 故民安之." '徽懿', 言其美而已, 不知何所美也. 人君施於民, 惟有道與政耳, 故傳以'美道'·'美政'言之, 政與道亦互相通也. 少乏鰥寡尤是可憐, 故別言"加惠於鮮乏鰥寡之人"也.

○ 傳의 〔以美〕에서 〔之人〕까지

○ 正義曰 : '徽'와 '懿'는 다 美의 뜻으로 풀이한다. '徽柔懿恭'은 바로 사람에게 베푸는 일이니, 이 柔恭을 가지고 小民을 懷安하기 때문에 傳에서 나누어 배당하였다. '徽柔'에는 '懷'를 배당하여 "아름다운 도리로써 백성들에게 柔和정책을 썼기 때문에 백성들이 포근함을 누렸다."라고 하고, '懿恭'에는 '安'을 배당하여 "아름다운 정책으로써 백성들을 공손히 대했기 때문에 백성들이 편안함을 누렸다."라고 하였다. '徽懿'는 그 아름다움만 말했을 뿐이니, 무슨 아름다움인지 알 수가 없다.

임금이 백성에게 베푸는 것에는 도리와 정책이 있을 뿐이기 때문에 傳에서 '아름다운 도리'와 '아름다운 정책'으로써 말하였으니, 정책과 도리는 또한 서로 통하는 것이다. 궁핍한 鰥寡는 더욱 가련하기 때문에 별도로 "궁핍한 鰥寡의 사람들에게 은혜를 입혔다."라고 말한 것이다.

【疏】 ○傳'從朝'至'萬民' ○正義曰：昭五年左傳云 "日上其中, 食日爲二, 旦日爲三." 則人之常食, 在日中之前, 謂辰時也. 易豐卦彖曰 "日中則昃", 謂過中而斜昃也. '昃'亦名'昳', 言日蹉跌而下, 謂未時也. 故日之十位, 食時爲辰, 日昳爲未. 言文王勤於政事, 從朝不食, 或至於日中, 或至於日昃, 猶不暇食. 故經'中'·'昃'竝言之. 傳擧晩時, 故惟言'昳'. '遑'亦'暇'也, 重言之者, 古人自有複語, 猶云'艱難'也. 所以不暇食者, 爲思慮政事, 用皆和萬民. 政事雖多, 皆是爲民, 故言'咸'. '咸', 訓皆也.

○傳의 〔從朝〕에서 〔萬民〕까지

○正義曰：≪春秋左氏傳≫ 昭公 5년 조에 "해는 中天에 뜬 해가 最上位로 〈王에 해당하고,〉 조반 먹을 때에 뜬 해가 2位로 〈公에 해당하고,〉 새벽에 뜬 해가 3位로 〈卿에 해당된다.〉"라고 하였다. 사람의 정상 식사 시간은 해가 중천에 뜨기 전에 있으니 辰時를 이른다. ≪易經≫ 豐卦 〈彖傳〉에 "해는 中天을 지나면 기운다."라고 한 것은 중천을 지나면 기울어지는 것을 이른다. '昃'도 또한 '昳'이라 명명하므로 해가 넘어져 내려감을 말하니 未時를 이른다. 그러므로 해의 10位는 조반 먹을 때가 辰時가 되고, 해가 기울 때가 未時가 된다.

文王이 정사에 부지런함을 말할 때에 아침부터 식사를 못했다느니, 혹은 해가 중천에 뜰 때까지도, 혹은 해가 기울 때까지도 오히려 식사할 겨를이 없었다느니 하였다. 그러므로 經文에는 '中'과 '昃'을 아울러 말하였다. 傳에서는 늦은 때를 들기 때문에 오직 '昳'만 말했을 뿐이다. '遑' 또한 '暇'의 뜻인데 거듭 말한 것은, 옛 사람은 스스로 複語를 쓰기 때문이니, '艱難'이라고 한 것과 같다. 식사할 겨를이 없다고 한 것은 정사를 思慮하여 모두 만백성을 화평하게 하기 위함이다. 정사가 아무리 많다 하더라도 모두 백성을 위한 것이기 때문에 '咸'이라 말하였다. '咸'은 皆의 뜻으로 풀이한다.

【疏】 ○傳'文王'至'之故' ○正義曰：釋詁云 "盤, 樂也." '遊'謂遊逸, '田'謂畋獵, 二者不同, 故竝云 "遊逸田獵." 以衆國皆於文王所取其法則, 文王當以正義供待之故也. 言文王思爲政道以待衆國, 故不敢樂於遊田. 文王世爲西伯, 故當爲衆國所取法則. 禮有田獵而不敢者, 順時蒐狩, 不爲取樂, 故不敢非時畋獵以爲樂耳.

○ 傳의 〔文王〕에서 〔之故〕까지

○ 正義曰 : ≪爾雅≫ 〈釋詁〉에 "'盤'은 樂(즐거움)의 뜻이다."라고 하였다. '遊'는 遊逸을 이르고 '田'은 畋獵을 이르니 두 가지는 같지 않은 것이기 때문에 아울러 "遊逸과 田獵"이라고 한 것이다. "여러 나라가 모두 文王에게서 그 법칙을 취할 것이기 때문에 마땅히 正義를 가지고 供待해야 하는 이유이다."라고 한 것은 文王이 政道(正道)를 해서 여러 나라를 待(供待)할 것을 생각했기 때문에 감히 遊逸과 田獵을 즐기지 않았음을 말한 것이다.

文王이 당세에 西伯이 되었기 때문에 응당 여러 나라가 법칙을 취할 대상이 되었던 것이다. 禮에 사냥을 하는 조항이 있으나 감히 하지 않은 것은, 때에 따라 사냥을 하는 것이고 즐김을 취하는 것이 아니기 때문에 감히 때가 아닌 사냥으로 즐김을 하지 않았을 뿐이다.

【疏】 ○ 傳'文王'至'全數' ○ 正義曰 : '文王年九十七而終', 禮記文王世子文也. 於九十七內減享國五十年, 是未立之前有四十七. 在禮諸侯踰年卽位, 此據代父之年, 故爲"卽位時年四十七"也. 計九十七年半折以爲中身, 則四十七時於身非中, 言'中身'者, 擧全數而稱之也. 經言'受命'者, 鄭玄云 "受殷王嗣位之命." 然殷之末世, 政敎已衰, 諸侯嗣位何必皆待王命, 受先君之命亦可也. 王肅云 "文王受命, 嗣位爲君." 不言受王命也.

○ 傳의 〔文王〕에서 〔全數〕까지

○ 正義曰 : '文王年九十七而終'은 ≪禮記≫ 〈文王世子〉의 글이다. 97세 내에서 나라를 향유한 50년을 빼면 이는 아직 즉위하기 전에 이미 47세를 먹은 셈이다. ≪禮≫에 諸侯는 해를 넘겨서 즉위하는 것으로 되어 있으니, 이는 아버지를 대신한 연도에 의거하기 때문에 "즉위할 때 나이 47세였다."라고 한 것이다. 97년을 계산하여 절반을 중년으로 삼으면 47세 때가 몸에 중년이 아니니, '중년'이라 말한 것은 全數를 들어서 칭한 것이다. 經文에 '受命'이라 말한 것은, 鄭玄은 "殷나라 王이 嗣位한 命을 받은 것이다."라고 하였다. 그러나 殷나라의 末世에 政敎가 이미 쇠퇴했는데, 諸侯의 嗣位가 어찌 꼭 모두 王命을 기다릴 필요가 있었겠는가. 先君의 命을 받는 것도 또한 괜찮다. 王肅은 "文王이 命을 받은 것은 嗣位를 이어 임금이 된 것이다."라고 하였고, 王命을 받은 것을

말하지 않았다.

周公曰 嗚呼라 繼自今으로 嗣王은

周公이 말씀하였다. "아! 이어서 지금으로부터 세대를 계승하는 王들은

【傳】 繼從今已往으로 嗣世之王은 皆戒之라

이어서 지금으로부터 이후로 세대를 계승하는 王들은 모두 경계해야 한다는 것이다.

則[1)]其無淫于觀于逸于遊于田은 以萬民이니 惟正之供[2)]이니다

1) 則 : 蔡傳은 '法(본받음)'의 뜻으로 보았다.
2) 以萬民惟正之供 : 蔡傳은 "만백성이 正賦로 바친 것만을 받으소서."로 풀이하였다.

곧 그 관람과 안일과 놀이와 사냥을 지나치게 함이 없어야 하는 이유는 만백성이 〈왕명을 따르기〉 때문이니, 〈자신을〉 바르게 가져서 그들을 供待하여야 하는 이유입니다.

【傳】 所以無敢過於觀遊逸豫田獵者는 用萬民이니 當惟正身以供待之故라

감히 관람과 놀이와 안일과 사냥을 지나치게 함이 없어야 하는 이유는 만백성이 〈왕명을 따르기〉 때문이니, 마땅히 자신을 바르게 가져서 그들을 供待하여야 하는 이유이다.

無皇曰今日에 耽樂이라하소서 乃非民攸訓이며 非天攸若[1)]이라 時人은 丕則有愆[2)]하리니

1) 乃非民攸訓 非天攸若 : 兪樾(≪群經平議≫)는 "'若'은 順의 뜻이요, '訓' 또한 順의 뜻이다. ≪廣雅≫ 〈釋詁〉에 '「訓」은 順의 뜻이다.'고 하였다. '非民攸訓'은 백성들의 순종할 바 아님을 말한 것이고, '非天攸若'은 하늘의 따라줄 바 아님을 말한 것이다. 글은 달라도 뜻은 실제로 다르지 않다. 枚氏는 〈洪範〉편의 여러 '訓'자에 대해서는 모두 '順'자를 가지고 풀이했는데, 여기의 '訓'자는 教로 풀이한 것은 무엇 때문인가. 아랫글에서 말한 '此厥不聽 人乃訓之 乃變亂先王之正刑'은 '사람들이 그 뜻을 순종하여 옛 법을 變亂할 것'이라고 말한 것이다. 그런데 枚傳에서는 '사람들이 법답지 못한 것을 가르쳐서'라고 하였으니, 또한 잘못 풀이한 것이다.〔若順也 訓亦順也 廣雅釋詁曰 訓順也 非民攸訓 言非民所順也 非天攸若 言非天所

順也 文異而義實不異也 枚氏於洪範篇諸訓字 皆以順字釋之 此訓字 乃以爲敎何也 下文曰此厥不聽人乃訓之 乃變亂先王之正刑 言人乃順從其意 以變亂舊法也 枚傳曰 人乃敎之以非法 亦失之矣〕"라고 하였다.

2) 乃非民……有愆 : 蔡傳은 '訓'을 法의 뜻으로, '時'를 如字로 보아 "아래로는 백성들의 본받을 바 아니고, 위로는 하늘의 따라줄 바 아니다. 시속 사람들이 그 지나친 안일의 행동을 크게 본받을 것이니〔下非民之所法 上非天之所順 時人 大法其過逸之行〕"라고 풀이하였다.

틈을 내서 말씀하기를 '오늘만 즐기겠노라.'고 하지 마소서. 이는 백성을 가르치는 바가 아니며, 하늘을 순종하는 바가 아닙니다. 이런 사람에게는 크게 과오가 있을 것이니,

【傳】無敢自暇曰 惟今日樂하고 後日止라하소서 夫耽樂者는 乃非所以敎民이며 非所以順天이라 是人則大有過矣리다

감히 스스로 틈을 내서 말하기를 '오늘만 즐기고 후일은 그만두겠노라.'고 하지 마소서. 무릇 즐김을 탐하는 것은 백성을 가르치는 바가 아니며, 하늘을 순종하는 바가 아닙니다. 이런 사람에게는 크게 과오가 있을 것이란 말이다.

無若殷王受之迷亂하여 酗于酒德哉하소서

殷나라 王 受가 迷亂하여 술에 빠져 주정하는 것을 德으로 삼은 것처럼 하지 마소서."

【傳】以酒爲凶을 謂之酗라 言紂心迷政亂하여 以酗酒爲德하니 戒嗣王無如之라

술로 흉한 짓을 하는 것을 '酗(술주정)'라 이른다. 紂는 마음이 혼미하고 정사가 어지러워서 술에 빠져 주정을 부리는 것을 德으로 삼았음을 말하니, 嗣王은 그와 같이 하지 말라고 경계한 것을 말한다.

【疏】'周公'至'德哉' ○正義曰 : 周公又言而歎曰 "嗚呼, 繼此後世, 自今以後嗣位之王, 則其無得過於觀望, 過於逸豫, 過於遊戲, 過於田獵. 所以不得然者, 以萬民聽王者之敎命, 王當正己身以供待萬民, 必當早夜恪勤, 無敢自閑暇曰'今日且樂, 後日乃止.' 此爲耽樂者, 非民之所以敎訓也, 非天之所以敬順也. 若是之人, 則有大愆過矣. 王當自勤政事, 莫如殷王受之(述)〔迷〕[1]亂國政, 酗醟於酒德哉. 殷紂藉酒爲凶, 以酒爲德, 由是喪亡殷國, 王當以紂爲戒, 無得如之."

1) (述)〔迷〕: 저본에는 '述'로 되어 있으나, 諸本에 의거하여 '迷'로 바로잡았다.

經의 〔周公〕에서 〔德哉〕까지

○ 正義曰 : 周公은 또 말씀하며 탄식하였다. "아! 이를 이어 후세인, 곧 지금으로부터 이후로 王位를 이은 王들은 구경을 지나치게 하거나 안일함을 지나치게 하거나 놀이를 지나치게 하거나 사냥을 지나치게 하지 말아야 합니다. 〈구경과 안일과 놀이와 사냥을 지나치게〉 할 수 없는 까닭은 만백성이 王者의 敎命을 듣기 때문입니다. 王은 응당 자기의 몸을 바르게 가져서 만백성을 供待해야 하니, 반드시 밤낮으로 삼가고 근면해야 하고, 감히 스스로 한가한 겨를을 내며 말하기를 '오늘만 즐기고 후일에는 그만두겠노라.'고 하지 마소서. 樂을 탐하는 것은 백성을 敎訓하는 바가 아니고, 하늘을 경건히 순종하는 바가 아닙니다. 이와 같은 사람은 큰 愆過를 범함이 있을 것입니다. 王은 마땅히 스스로 정사에 근면해서 殷나라 王 受가 國政을 迷亂하여 술에 빠져 주정부리는 것을 德으로 삼은 것처럼 하지 마소서. 殷나라 紂는 술을 빙자하여 주정을 부리고 술을 德으로 삼았기 때문에 이로 말미암아 殷나라를 喪亡시켰으니, 王은 마땅히 紂로써 경계를 삼고 그와 같이 하지 말아야 합니다."

【疏】○ 傳'繼從'至'戒之' ○ 正義曰 : 先言'繼'者, 謂繼此後人, 卽從今以後嗣世之王也. 周公思及長遠後王, 盡皆戒之, 非獨成王也.

○ 傳의 〔繼從〕에서 〔戒之〕까지

○ 正義曰 : '繼'를 먼저 말한 것은 이를 이은 뒷사람을 이른 것으로 곧 지금으로부터 이후 세대를 이은 王이다. 周公은 생각이 장원한 後王에까지 미쳐가 모두 다 경계한 것이지, 유독 成王만을 대상으로 한 것이 아니었다.

【疏】○ 傳'所以'至'之故' ○ 正義曰 : 傳意訓'淫'爲過, 鄭玄云 "淫, 放恣也." '淫'者, 侵淫不止, 其言雖殊, 皆是過之義也. 言'觀'爲非時而行, 違禮觀物, 如春秋隱公 "如棠觀魚." 莊公"如齊觀社." 穀梁傳曰 "常事曰視, 非常曰觀." 此言"無淫于觀." 禁其非常觀也. '逸'謂逸豫, '遊'謂遊蕩, '田'謂田獵, 四者皆異, 故每事言'於'. '以', 訓用也. 用萬民皆聽王命, 王者惟當正身待之, 故不得淫於觀逸遊田也.

○ 傳의 〔所以〕에서 〔之故〕까지

○ 正義曰 : 傳의 뜻은 '淫'을 지나침으로 풀이하였고, 鄭玄은 "'淫'은 放恣함이다."라고 하였다. '淫'은 侵淫해 마지않는 것이니, 그 말들이 비록 다르나 모두 지나침의 뜻이다. '觀'이라 말함은 제때가 아닌데 가서 禮를 어기며 물건을 구경함을 이르니, 이를테면 ≪春秋≫에 魯 隱公이 棠이란 지방에 가서 고기 잡는 일을 구경하고, 莊公이 齊나라에 가서 土地神에게 제사 지내는 일을 구경한 것과 같은 것이다. ≪春秋穀梁傳≫에서는 "常事(일상적인 일)를 보는 것을 '視'라 하고, 常事가 아닌 것을 보는 것을 '觀'이라 한다."라고 하였다. 여기서 말한 "구경을 지나치게 하지 말라."는 것은 비일상적인 구경을 금한 것이다. '逸'은 逸豫를 이르고, '遊'는 遊蕩을 이르고, '田'은 田獵을 이르니, 이 네 가지는 다 다른 것이기 때문에 일마다 각각 '於'를 말하였다. '以'는 用의 뜻으로 풀이한다. 만백성이 모두 王命을 듣기 때문에 王者는 마땅히 자신을 바르게 가져서 공대해야 한다. 그러므로 구경·안일·놀이·사냥을 지나치게 할 수 없다는 것이다.

【疏】 ○ 傳'無敢'至'過矣' ○ 正義曰 : '無敢自暇', 謂事不寬不暇, 而以爲原王之意而爲辭, 故言曰 "耽以爲樂, 惟今日樂, 而後日止." 惟言"今日樂", 明知"後日止"也. 夫'耽樂'者, 乃非所以教民, 教民當恪勤也, 非所以順天, 順天當肅恭也. 是此耽樂之人, 則大有愆過矣. 戒王不得如此也.

○ 傳의 〔無敢〕에서 〔過矣〕까지

○ 正義曰 : '無敢自暇'는 일이 여유롭지 않은 상태에서 王의 뜻을 추구해서 말했기 때문에 "탐하여 즐김을 하되 오늘만 즐기고 후일은 그만두겠노라."라고 말한 것인데 "오늘만 즐기겠노라."라고 했을 뿐인데도, "후일은 그만두겠노라."라는 것까지를 〈孔安國은〉 분명하게 알았던 것이다.

무릇 '즐김을 탐하는 것'은 백성을 가르치는 바가 아니며, 백성을 가르침은 마땅히 삼가고 근면해야 한다. 하늘을 순종하는 바가 아니니, 하늘을 순종함은 마땅히 엄숙하고 공손해야 한다. 이런 즐김을 탐하는 사람에게는 크게 愆過가 있을 게란 것이다. 곧 王은 이와 같이 해서는 안 된다는 점을 경계한 것이다.

【疏】 ○ 傳'以酒'至'如之' ○ 正義曰 : '酗'從酉, 以凶爲聲. 是'酗'爲凶酒之名, 故"以酒爲凶謂之酗." '酗'是飮酒而益凶也. 言紂心迷亂, 以酗酒爲德, 飮酒爲政, (心)[1]以凶酒爲己德, 紂以此亡殷. 戒嗣王無如之.

1) (心) : 諸本에는 있으나 문의로 보아 衍字로 처리하였다.

○ 傳의 〔以酒〕에서 〔如之〕까지

○ 正義曰 : '酗'자는 酉를 좇아 이루어지고 凶로 발음을 한다. 이 '酗'는 술주정한다는 명칭이기 때문에 "술로써 흉한 짓을 하는 것을 '酗'라 이른다."라고 한 것이니, '酗'는 바로 술을 마시고 더욱 흉한 짓을 하는 것이다. 紂는 마음이 迷亂하여 술주정하는 것을 德으로 삼고 술 마시는 것을 정사로 삼았음을 말한 것이니, 술주정하는 것을 자기의 德으로 삼았기 때문에 紂는 이것으로 殷나라를 망가뜨렸다는 것이다. 嗣王은 그와 같이 하지 말라고 경계한 것이다.

周公曰 嗚呼라 我聞하니 曰古之人이 猶胥訓告[1]하며 胥保惠하며 胥教誨할새

1) 古之人 猶胥訓告 : 呂祖謙(≪增修東萊書說≫)은 "옛날 사람은 그 德業이 이미 우뚝 솟았으나 신하가 외려 서로 교훈으로 고했다.〔古之人 其德業已巍巍乎其大矣 臣猶相與訓告〕"로 풀이하였다. "古之人"이란 '人'을 孔安國은 '君臣'으로 풀고, 呂祖謙은 단순히 '사람'으로 풀었다. '君臣'으로 푼 쪽은 '胥'자가 순하게 해결되지만, '사람'으로만 푼 쪽은 '胥'자가 어설프게 해결되니, 呂祖謙의 풀이가 孔安國만 못한 것 같다. 그런데도 蔡傳은 呂祖謙을 따랐다.

周公이 말씀하였다. "아! 내가 듣자오니, 옛날 사람은 외려 서로 도리로써 고해주며 서로 편하게 해주며, 서로 가르쳐주기 때문에

【傳】 歎古之君臣하여 雖君明臣良이라도 猶相道告하며 相安順하며 相教誨以義方이라

옛날의 임금과 신하를 탄미하여 비록 임금은 명철하고 신하는 현량하였으나 외려 서로 도리로써 고해주며, 서로 편안하게 해주며, 서로 의로운 방법으로써 가르쳐주었다는 것이다.

民이 無或胥譸張[1]爲幻하니이다

1) 譸張 : 蔡傳은 '譸'는 誑, '張'은 誕의 뜻으로 보았는데, 洪奭周(≪尙書補傳≫)는 "≪爾雅≫에 '「譸張」은 誑의 뜻을 나타낸다.'고 하였다. 나의 생각에는 무릇 사물의 본래 작은 것을 과장해서 크게 하는 것을 '張'이라 이른 것으로 여긴다. ≪詩經≫ 〈小雅 巷伯〉에 이른바 '조금 벌어진 것으로 남쪽 箕星을 이루도다.〔哆兮侈兮 成是南箕〕'라고 한 것이 곧 그 뜻이다. 蔡傳

에서 곧장 '張'을 誕의 뜻으로 풀이한 것은 어디에 근거한 것인지 모르겠다.〔爾雅曰 譸張誑也 愚謂凡物之本小而侈之使大者 謂之張 詩所謂哆兮侈兮 成是南箕者 即其義也 蔡傳直訓張爲誕 未知何據〕"라고 하였다.

백성들은 아무도 서로 속이거나 현혹시키는 일이 없었답니다.

【傳】 譸張은 誑也라 君臣以道相正이라 故로 下民無有相欺誑幻惑也라

'譸張'은 誑의 뜻이다. 임금과 신하가 도리로써 서로 바로잡았기 때문에 下民 중에 서로 속이거나 현혹시킨 자가 없었다는 것이다.

此厥不聽은 人乃訓之[1]하면 乃變亂先王之正刑하여 至于小大하니

1) 此厥不聽 人乃訓之 : 蔡傳은 '訓'을 法則으로 보아 "成王이 만일 윗글에서 말한 '옛날 사람이 서로 訓告하고 保惠하고 教誨한 일'에 대하여 새겨듣지 않는다면 사람들이 이것을 본받게 되고〔成王 於上文古人胥訓告保惠教誨之事 不聽信 則人乃法則之〕"라고 풀이하였다.

그 〈中正한 사람의 말을〉 듣지 않는 〈임금은〉 사람이 〈법답지 못한 것을〉 가르치면 이에 先王의 正刑(正法)을 變亂시켜 작고 큰일에 이르기까지 〈모두 어지럽혔으니,〉

【傳】 此其不聽中正之君은 人乃教之以非法하면 乃變亂先王之正法하여 至于小大히 無不變亂이니 言已有以致之라

그 中正〈한 사람의 말을〉 듣지 않는 임금은 사람이 법답지 못한 것을 가르치면 이에 先王의 正法을 變亂시켜 작고 큰일에 이르기까지 변란하지 않음이 없었다는 것이니, 자기가 그렇게 만듦을 말한 것이다.

民이 否則厥心違怨하며 否則厥口詛祝(저주)하니이다

백성들이 〈고통스러워하였고〉 그렇지 않으면 그 마음으로 어기고 원망하였으며, 그렇지 않으면 그 입으로 저주하였습니다."

【傳】 以君變亂正法이라 故로 民否則其心違怨하고 否則其口詛祝하니 言皆患其上이라

임금이 正法을 변란시켰기 때문에 〈그 당시 백성들이 고통스러워했고,〉 그렇지 않으면 그 마음으로 어기고 원망하였으며, 그렇지 않으면 그 입으로 저주하였다는 것이니, 모두 그 윗사람에 대해 걱정함을 말한 것이다.

【疏】'周公'至'詛祝' ○正義曰：周公言而歎曰 "我聞人之言曰, '古(人之)〔之人〕[1]雖君明臣良, 猶尙相訓告以善道, 相安順以美政, 相敎誨以義方. 君臣相正如此, 故於時之民順從上敎, 無有相誑欺爲幻惑者. 此其不聽中正之君, 人乃敎訓之以非法之事, 乃從其言, 變亂先王之正法, 至於小大之事, 無不皆變亂之. 君旣變亂如此, 其時之民疾苦, 否則其心違上怨上, 否則其口詛祝之.'" 言人患之無已, 擧此以戒成王, 使之君臣相與養下民也.

1) (人之)〔之人〕: 저본에는 '人之'로 되어 있으나, 宋刊 單疏本·宋兩浙東路茶鹽司本·武英殿本에 의거하여 '之人'으로 바로잡았다.

經의 〔周公〕에서 〔詛祝〕까지

○正義曰：周公이 말씀하면서 다음과 같이 탄식하였다. "나는 사람의 말을 들으니, 옛날 사람은 비록 임금은 명철하고 신하는 현량하였으나 외려 서로 착한 도리로써 고해주며, 서로 아름다운 정사로써 편안하게 해주며, 서로 의로운 방법으로써 가르쳐주었다. 임금과 신하가 서로 바로잡기를 이와 같이 했기 때문에 당시 백성들이 윗사람의 가르침을 따라 서로 속이거나 현혹시킨 자가 없었다는 것이다.

그 中正〈한 사람의 말을〉 듣지 않는 임금은 사람이 법답지 못한 일을 가르치면 이에 그 말을 따라 先王의 正法을 變亂시켜 작고 큰일에 이르기까지 모두 변란하지 않음이 없었다. 임금이 이미 이처럼 變亂시키니, 그 당시 백성들은 고통스러워하였으며, 그렇지 않으면 그 마음으로 윗사람을 어기고 윗사람을 원망하였으며, 그렇지 않으면 그 입으로 저주하였다 한다." 사람들이 걱정해 마지않음을 말한 것이니, 이를 들어서 成王을 경계하여 임금과 신하들로 하여금 서로 더불어 백성들을 보양하도록 한 것이다.

【疏】○傳'歎古'至'義方' ○正義曰：此章二事, 善惡相反. 下句'不聽人'者, 是愚闇之君, 知此言'古之人'者, 是賢明之君. '相'是兩人相與, 故知兼有'臣良', 更相敎告. 隱三年左傳 石碏曰 "臣聞愛子, 敎之以義方." 故知'相敎誨'者, 使"相敎誨以義方"也, 則知'相訓告'者, 告之以善道也, '相保惠'者, 相安順以美政也.

○ 傳의 〔歎古〕에서 〔義方〕까지

○ 正義曰 : 이 章의 두 일은 善惡이 상반되게 다루어졌다. 아랫句의 '不聽人'은 愚闇한 임금이니, 여기서 말한 '古之人'은 賢明한 임금임을 알 수 있다. '相'은 두 사람이 서로 어울리는 것이기 때문에 '臣良'을 兼有하여 서로 敎告하였다는 점을 〈孔安國은〉 알았던 것이다. ≪春秋左氏傳≫ 隱公 3년 조에 "石碏이 간하기를 '臣은 들으니, 자식을 제대로 사랑하려면 의로운 방법으로써 가르친다 합니다.'라고 했다."고 하였다. 그러므로 '相敎誨'는 서로 의로운 방법으로써 가르쳐주었다."라는 점을 〈공안국은〉 알았던 것이니, '相訓告'는 착한 도리로써 고해준 것이며, '相保惠'는 서로 아름다운 정사로써 편안하게 해주었다는 것임을 알 수 있었을 것이다.

【疏】 ○ 傳'譸張'至'惑也' ○ 正義曰 : "譸張, 誑也." 釋訓文. 孫炎曰 "眩惑誑欺人也." 民之從上, 若影之隨形, 君臣以道相正, 故下民無有相欺誑幻惑者. '幻', 卽眩也, '惑', 亂之名, 漢書稱西域有幻人是也.

○ 傳의 〔譸張〕에서 〔惑也〕까지

○ 正義曰 : "譸張은 誑의 뜻이다."라고 한 것은 ≪爾雅≫ 〈釋訓〉의 글이다. 孫炎이 말하기를 "眩惑하고 誑欺한 사람이다."라고 하였다. 백성이 윗사람을 따르는 것은 마치 그림자가 형체를 따르는 것과 같으니, 임금과 신하가 도리로써 서로 바로잡기 때문에 백성들 중에 서로 속이고 현혹시키는 자가 없었던 것이다. '幻'은 곧 眩의 뜻이고, '惑'은 亂의 명칭이다. ≪漢書≫에서 "西域에 幻人이 있다."라고 칭한 것이 이것이다.

【疏】 ○ 傳'此其'至'致之' ○ 正義曰 : 上言善事, 此說惡事. '如此其不聽'者, 是不聽中正之君也. 旣不聽中正, 則好聽邪佞, 知此'(則)〔乃〕[1]訓之'者, 是邪佞之人訓之也. 邪佞之人, 必反正道, 故言人乃教之以非法, 闇君卽受用之, 變亂先王之正法. "至於小大無不變亂", 言皆變亂正法盡也. 闇君所任同已, 由已之闇, 致此佞人, 言此闇君已身有以致之也. 上"君明臣良", 由君明而有良臣, 亦是已有致. 上之言'胥', 此不言者, 君在佞臣, 國亡滅矣, 不待相教爲惡, 故不言'胥'也.

1) (則)〔乃〕 : 저본에는 '則'으로 되어 있으나, 宋刊 單疏本에 의거하여 '乃'로 바로잡았다.

○ 傳의 〔此其〕에서 〔致之〕까지

○ 正義曰 : 위에서는 善한 일을 말하고 여기서는 惡한 일을 말하였다. '如此其不聽'은

中正〈한 사람의 말을〉 듣지 않는 임금이다. 이미 中正〈한 사람의 말을〉 듣지 않았다면 邪佞〈한 사람의 말을〉 듣기를 좋아했을 테니, 이 '乃訓之'가 邪佞한 사람의 교훈이란 점을 알 수 있다. 邪佞한 사람은 반드시 正道를 뒤집기 때문에 "사람이 법답지 못한 일을 가르치면 혼암한 임금이 곧 받아들여 써서 先王의 正法을 變亂시킨다."는 점을 말한 것이다.

"작고 큰 일에 이르기까지 변란하지 않음이 없었다."는 것은 正法을 모두 변란시켜 모두 없앤 점을 말한 것이다. 혼암한 임금이 임용하는 사람은 자기와 같은 사람이기 마련이므로 자기의 혼암함으로 말미암아 이런 邪佞한 사람을 초래한 셈이므로 이 혼암한 임금이 몸소 그들을 초래한 것임을 말한 것이다.

위의 "임금은 명철하고 신하는 현량하다."라고 한 것은 임금의 밝음으로 말미암아 어진 신하를 두게 된 것이니, 역시 임금 자신이 초래한 셈이다. 위에서는 '胥'를 말하고 여기서는 말하지 않은 것은, 임금이 邪佞한 신하를 두면 으레 나라가 멸망하는 법이라 서로 가르쳐 惡을 함을 기다릴 필요가 없기 때문에 '胥'를 말하지 않은 것이다.

【疏】 ○傳'以君'至'其土' ○正義曰：君既變亂正法，必將困苦下民，民不堪命，忿恨必起，故民忿君乃有二事，否則心違怨，否則口詛祝，言皆患(土)〔上〕[1]而爲此也．'違怨'，謂違其命而怨其身，'詛祝'，謂告神明令加殃咎也．以言告神謂之'祝'，請神加殃謂之'詛'．襄十七年左傳曰"宋國區區，而有詛有祝．"詩曰"侯詛侯祝．"是'詛'·'祝'，意小異耳．

1) (土)〔上〕: 저본에는 '土'로 되어 있으나, 諸本에 의거하여 '上'으로 바로잡았다.

○傳의 〔以君〕에서 〔其土〕까지

○正義曰：임금이 이미 正法을 변란시켰다면 반드시 백성들을 괴롭게 할 터라, 백성들은 그 명을 견디지 못하여 忿恨이 반드시 일어날 것이므로 백성들은 임금에 대한 울분에 두 가지 일이 있으니, 곧 그렇지 않으면 그 마음으로 윗사람을 어기고 원망하는 것과 그렇지 않으면 그 입으로 저주하는 것인 바, 모두 윗사람을 걱정해서 이렇게 함을 말한 것이다. '違怨'은 그 命을 어기고 그 몸을 원망함을 이른 것이며, '詛祝'는 神明에게 고하여 殃咎를 가하도록 함을 이른 것인데, 말로 神에게 고하는 것을 '祝'라 하고, 神에게 재앙을 가하도록 청하는 것을 '詛'라 이른다. ≪春秋左氏傳≫ 襄公 17년 조에 "〈우리〉 宋나라와 같이 작은 나라에서 저주하는 자들도 있고 頌祝하는 자들도 있다."라고 하고, ≪詩經≫ 〈大雅 蕩〉에 "저주함이 〈끝도 없도다.〉"라고 하였으니, 이 '詛'와 '祝'는 뜻이 조금 다를 뿐

이다.

周公曰 嗚呼라 自殷王中宗으로 及高宗과 及祖甲과 及我周文王茲四人이 迪哲하시니이다

周公이 말씀하였다. "아! 殷나라 王 中宗으로부터 高宗과 祖甲과 우리 周 文王에 이르기까지 이 네 분이 명철한 지혜를 이행하였습니다.

【傳】 言此四人은 皆蹈智明德以臨下라

이 네 사람은 모두 지혜를 이행하고 덕을 밝혀 아래에 임하였다는 것이다.

厥或告之曰 小人이 怨汝詈汝라커든 則皇自敬德하사

혹시 고하는 자가 말하기를 '小民이 당신을 원망하고 당신을 꾸짖는다.'고 하거든 크게 스스로 德을 공경하여

【傳】 其有告之하여 言小人怨詈汝者면 則大自敬德하여 增修善政이라

고하는 자가 있어 '小民이 당신을 원망하고 꾸짖는다.'고 말하거든 크게 스스로 德을 공경하여 善政을 더 닦았다는 것이다.

厥愆을 曰 朕之愆이라하니이다 允若時[1)]면 不啻不敢含怒이니다

1) 允若時 : 林之奇는 "임금이 진실로 능히 이와 같이하면〔人君信能如是〕"으로 풀이하였다.

그 허물을 '朕의 허물이다.'라고 하였습니다. 진실로 이와 같다면 감히 노여움을 머금지 않을 뿐만이 아닐 것입니다.

【傳】 其人有(禍)〔過〕[1)]면 則曰 我過라하고 百姓有過면 在予一人이라하소서 信如是怨詈면 則四王은 不啻不敢含怒以罪之라 言常和悅이라

1) (禍)〔過〕 : 저본에는 '禍'로 되어 있으나, 諸本에 의거하여 '過'로 바로잡았다.

"그 사람에게 과오가 있으면 곧 '朕의 과오니라.'라고 하고, 백성에게 과오가 있으면 '나 한 사람에게 있다.'라고 하소서. 진실로 이와 같은 원망과 꾸짖음이 있다면 네 임금은 감

히 노여움을 머금어 죄주지 않을 뿐만이 아닐 것입니다."라 하였으니, 〈꾸짖는 말을 듣기 원하여 얼굴빛을〉 항상 화열하게 가질 터라고 말한 것이다.

【疏】'周公'至'含怒' ○ 正義曰：既言明君闇君, 善惡相反, 更述二者之行. 周公言而歎曰 "嗚呼. 自殷王中宗, 及高宗, 及祖甲, 及我周文王, 此四人者, 皆蹈明智之道以臨下民. 其有告之曰 '小人怨恨汝, 罵詈汝.' 既聞此言, 則大自敬德, 更增修善政. 其民有過, 則曰 '是我之過.' 民信有如是怨詈, 則不啻不敢含怒以罪彼人, 乃欲得數聞此言, 以自改悔." 言寬弘之若是.

經의 〔周公〕에서 〔含怒〕까지

○ 正義曰：명철한 임금과 혼암한 임금은 善惡이 상반된다는 점을 이미 말하였고, 명철한 임금과 혼암한 임금의 행실을 다시 기술하였다. 周公은 말씀하면서 탄식하고 말씀하였다. "아! 殷나라 王 中宗으로부터 高宗과 祖甲과 우리 周 文王에 이르기까지 이 네 분이 모두 명철한 지혜의 道를 이행하여 백성에게 임하였습니다.

고하는 자가 있어 말하기를 '小民이 당신을 원한하고 당신을 꾸짖는다.'라고 하거든 이미 이 말을 들었다면 크게 스스로 德을 공경하여 다시 더욱 善政을 닦았습니다. 그 백성에게 허물이 있으면 이르기를 '이는 나의 허물이다.'라고 하였습니다. 백성이 진실로 이와 같은 원망과 꾸짖음을 한 적이 있었다면 감히 노여움을 머금어 저 사람을 죄책하지 않을 뿐만 아니라 이에 이런 말을 자주 들어서 스스로 悔改하려고 했습니다." 도량의 寬弘이 이와 같음을 말한 것이다.

【疏】○ 傳'其有'至'善政' ○ 正義曰：釋詁云 "'皇', 大也." 故傳言, "大自敬德"者, 謂增修善政也. 鄭玄以'皇'爲暇, 言寬暇自敬. 王肅本'皇'作'況', 況滋, 益用敬德也.

○ 傳의 〔其有〕에서 〔善政〕까지

○ 正義曰：≪爾雅≫ 〈釋詁〉에 "'皇'은 大의 뜻이다."라고 했기 때문에 傳에서 "크게 스스로 德을 공경하여"라고 말한 것은 善政을 더 닦았음을 이른 것이다. 鄭玄은 '皇'을 暇의 뜻으로 여겨서 寬暇히 스스로 공경한다는 점을 말하였다. 王肅本에는 '皇'이 '況'으로 되어 있은 즉, '況'은 滋의 뜻이니, 〈皇自敬德은〉 더욱 德을 공경한다는 뜻이다.

【疏】○ 傳'其人'至'和悅' ○ 正義曰：或告之曰 "小人怨汝, 詈汝." 其言有虛有實. 其言若虛, 則民之愆也. 民有愆過, 則曰 "我過." 不責彼爲虛言, 而引過歸己者, 湯所云 "百姓有過, 在予一人." 故若信有如是怨詈, 小人聞之, 則含怒以罪彼人. 此四王卽不啻不敢含怒以罪彼人, 乃自願聞其愆言, 其顏色常和悅也. 鄭玄云 "不但不敢含怒, 乃欲屢聞之, 以知己政得失之源也."

○ 傳의 〔其人〕에서 〔和悅〕까지

○ 正義曰 : 혹 고하는 자가 말하기를 "小民이 당신을 원망하고 당신을 꾸짖는다."라고 했다면 그 말에는 허위도 있고 사실도 있는 것이다. 그 말이 만일 허위라면 백성의 허물이다. 백성에게 허물이 있으면 이르기를 "나의 허물이다."라고 하고, 저 사람이 허위로 말한 것을 책망하지 않고 그 허물을 끌어서 자기에게로 돌리는 것은 湯임금이 이른바 "백성에게 허물이 있는 것은 나 한 사람에게 있는 것이다."라는 셈이다. 그러므로 만일 진실로 이와 같은 원망과 꾸짖음이 있었을진댄, 소민은 들으면 노여움을 머금고 저 사람을 죄책할 것이다. 그러나 이 네 분 王은 곧 감히 노여움을 머금어 저 사람을 죄책하지 않을 뿐만 아니라 이에 자원하여 그 愆過의 말을 듣고 그 顏色이 항상 和悅하였다는 것이다.

鄭玄은 "단지 감히 노여움을 머금지 않을 뿐만 아니라 이에 자주 들어서 자기의 정치득실의 근원을 알려고 하였던 것이다."라고 하였다.

此厥不聽은 **人乃或譸張爲幻**하여 **曰小人怨汝詈汝**커든 **則信之**니

그 〈中正한 사람의 말을〉 듣지 않는 〈임금은〉 사람이 혹 속이거나 현혹시켜서 '小人이 당신을 원망하고 당신을 꾸짖는다.'고 하거든 그 말을 믿었으니,

【傳】 此其不聽中正之君은 有人誑惑之하니 言小人怨憾詛詈汝면 則信受之라

그 中正〈한 사람의 말〉을 듣지 않는 임금은 사람이 속이거나 현혹시킨다는 것이니, 소민이 당신을 원망하고 꾸짖는다고 말하면 믿고 받아들인다.

則若時하면 **不永念厥辟**이며 **不寬綽厥心**하여

이와 같으면 임금 된 도리를 길이 생각하지 않으며 마음을 너그럽게 가지지 아니하여,

【傳】 則如是信讒者는 不長念其爲君之道며 不寬綏其心이라 言含怒라

이와 같이 참소를 믿는 자는 그 임금 된 도리를 길게 생각하지 아니하며 그 마음을 너그럽게 가지지 않는다는 것이다. 노여움을 머금음을 말한다.

亂罰無罪하고 殺無辜하니 怨有同하여 是叢于厥身이니다

죄 없는 사람을 어지럽게 형벌에 처하고 무고한 사람을 죽였으니, 〈온 천하가〉 함께 원망하여 〈그 원망들이〉 한 몸에 집중되었습니다."

【傳】 信讒含怒하여 罰殺無罪하니 則天下同怨讐之하여 叢聚於其身이라

참소를 믿고 노여움을 머금어 죄 없는 사람을 처벌하거나 죽였으니, 온 천하 사람들이 함께 원망하고 원수로 여기어 원성이 그 한 몸에 집중되었다는 것이다.

【疏】 '此厥'至'厥身' ○正義曰：此其不聽中正之人, 乃有欺誑爲幻惑以告之曰"小人怨汝詈汝." 不原其本情, 則信受之, 則知是信讒者, 不長念其爲君之道, 不審虛實, 不能寬緩其心, 而徑卽含怒於人. 是亂其正法, 罰無〔罪〕[1], 殺無辜. 罰殺欲以止怨, 乃令人怨益甚, 天下之民有同怨君, 令怨惡聚於其身. 言褊急使民之怨若是, 教成王勿學此也.

1) 〔罪〕: 저본에는 없으나, 宋刊 單疏本에 의거하여 '罪'를 보충하였다.

經의 〔此厥〕에서 〔厥身〕까지

○正義曰：그 中正〈한 사람의 말〉을 듣지 않는 사람은 속이고 현혹시키는 자가 있어 고하기를 "소민이 당신을 원망하고 당신을 꾸짖는다."라고 하면 그 본의가 무엇인지 깊이 살펴보지도 않은 채 믿고 받아들이니, '이와 같이 참소를 믿는 자는 그 임금된 도리를 길게 생각하지 아니하며 虛實을 살피지 아니하며 능히 그 마음을 너그럽게 가지지 않고 지레 곧 사람에 대해 노여움을 머금는다.'는 점을 〈孔安國은〉 알았던 것이다. 이것이 바로 그 正法을 어지럽혀 무죄한 사람을 처벌하고 무고한 사람을 죽이는 것이다. 처벌과 죽임으로 원한을 그치게 하려고 하나, 이에 사람으로 하여금 원한이 더욱 심해져서 천하의 백성들이 다 함께 임금을 원망하게 만들어 怨惡이 몸에 집중되도록 한 것이다. 급한 성질이 백성의 원한을 이와 같게 만든 점을 말하여 成王으로 하여금 이런 것을 배우지 말도록 한

것이다.

【疏】○傳'則如'至'含怒' ○正義曰：君人者察獄必審其虛實, 然後加罪. '不長念其爲君之道', 謂不審察虛實也, '不寬綏其心', 言徑卽含怒也. 王肅讀'辟'爲辟, - 扶亦反.- "不長念其刑辟, 不當加無罪也."

○傳의 〔則如〕에서 〔含怒〕까지

○正義曰：임금은 獄事를 살필 때에 반드시 그 虛實을 깊이 살펴본 연후에 죄를 가해야 하는 것이다. '不長念其爲君之道'는 虛實을 살피지 않음을 이르고, '不寬綏其心'은 지레 곧 노여움을 머금음을 말한다.

王肅은 '辟'을 辟(벽)의 뜻으로 읽어서 -〈辟은〉扶와 亦의 反切音이다.- "刑辟을 길게 생각하지 아니하여 無罪한 사람에게 가하는 것은 마땅치 않은 일이다."라고 하였다.

周公曰 嗚呼라 嗣王은 其監于玆[1)]하소서

1) 玆：蔡傳은 윗글을 가리켜 말하는 것으로 보았다.

周公이 말씀하였다. "아! 嗣王은 이것을 잘 살펴보소서."

【傳】視此亂罰之禍하여 以爲戒라

이 亂罰의 禍를 살펴보아 경계로 삼으라는 것이다.

尙書注疏 제16권

周書

君奭 第十八

孔氏 傳　孔穎達 疏

書序 召公爲保하고 周公爲師하니 相成王爲左右라

召公은 保가 되고 周公은 師가 되었으니, 成王을 보필하는 左右大臣이 된 것이다.

○ (傳)〔保〕[1)]는 太保也요 師는 太師也라 馬云 保氏와 師氏는 皆大夫官이라하니라 左右는 馬云 分陝(섬)爲二伯하여 東爲左하고 西爲右라하니라

1) (傳)〔保〕: 저본에는 '傳'으로 되어 있으나, 諸本 및 ≪經典釋文≫에 의거하여 '保'로 바로잡았다.

○ 保는 太保요 師는 太師다. 馬融은 "保氏와 師氏는 모두 大夫 벼슬이다."라고 하였다. 左右는 馬融이 "陝 땅을 나누어 두 伯을 만들고 東을 左伯, 西를 右伯으로 삼았다."라고 하였다.

召公不說(열)하니 周公作君奭이라

召公이 좋아하지 않자, 周公이 〈君奭〉을 지었다.

君奭

【傳】 尊之曰君이라 奭은 名이요 同姓也라 陳古以告之라 故로 以名篇이라

그를 높혀 '君'이라 한 것이다. '奭'은 〈召公의〉 이름이고, 같은 姬姓이다. 옛 道를 베풀

어서 고하였기 때문에 편명을 한 것이다.

【疏】'召公'至'君奭' ○ 正義曰：成王卽政之初, 召公爲保, 周公爲師, 輔相成王爲左右大臣. 召公以周公嘗攝王之政, 今復在臣位, 其意不說. 周公陳己意以告召公, 史敍其事, 作君奭之篇也. 周官篇云 "立太師・太傅・太保, 玆惟三公." 則此'爲保'・'爲師' 亦爲三公官也. 此實太師・太保而不言'太'者, 意在師法保安王身, 言其實爲左右爾, 不爲擧其官名, 故不言'太'也. 經傳皆言武王之時, 太公爲太師, 此言"周公爲師", 蓋太公薨, 命周公代之. 於時太傅, 蓋畢公爲之, 於此無事, 不須見也. 三公之次, 先師後保, 此序先言保者, 篇之所作, 主爲召公不說, 故先言召公, 不以官位爲次也. 案經周公之言, 皆說己留在王朝之意, 則召公不說周公之留也. 故鄭・王皆云 "周公旣攝王政, 不宜復列於臣職, 故不說." 然則召公大賢, 豈不知周公留意而不說者. 以周公留在臣職, 當時人皆怪之, 故欲開道周公之言, 以解世人之惑, "召公疑之, 作君奭." 非不知也. 史記燕世家云 "成王旣幼, 周公攝政, 當國踐阼, 召公疑之, 作君奭." 此篇是致政之後, 言留輔成王之意, 其文甚明, 馬遷妄爲說爾.[1] 鄭玄不見周官之篇, 言此師・保, 爲周禮師氏・保氏, 大夫之職, 言賢聖兼此官, 亦謬矣.

1) 周公旣攝王政……馬遷妄爲說爾：蔡傳에서 이 대문을 인용한 것에 대하여 李瀷(≪書疾書≫)은 "正義에 '召公은 周公이 일찍이 王의 정사를 섭행하다가 이제 신하의 직위로 돌아와 있게 되자 그 의중이 좋지 않았다.'고 하였는데, 正義는 鄭玄이 지은 것이고 孔氏가 인용한 것이니, 孔氏의 말이 아니다. 孔氏는 '召公은 大賢인데 어찌 周公이 머무른 뜻을 몰라서 심기가 좋지 않았겠는가. 周公이 신하의 직위에 머물러 있는 것을 당시 사람들이 모두 괴상히 여기기 때문에 周公의 말을 꺼내게 해서 세상 사람들의 의혹을 풀려고 했던 것이다.'라고 하였다. 또 司馬遷이 의심한 論을 망령된 말로 여겼는데, 蔡傳은 무엇을 상고해서 그렇게 말했을까.〔正義曰 召公以周公嘗攝王之政 而復在臣位 其意不悅 正義者 鄭玄所著 而孔氏引之 非孔氏說也 孔氏則曰 召公大賢 豈不知而不悅者 以周公留在臣職 當時人皆怪之 故欲開道周公之言 以解世人之惑 又以馬遷疑之之論爲妄說 蔡傳何考而云然〕"라고 하였다.

書序의 〔召公〕에서 〔君奭〕까지

○ 正義曰：成王의 집정 초에 召公은 保가 되고, 周公은 師가 되었으니, 곧 成王을 보필하는 左右大臣이 된 것이다. 召公은 周公이 일찍이 王의 정사를 섭행하다가 이제 다시 신하의 직위에 있게 되므로 그 의중이 좋지 않았다. 周公이 자기의 생각을 펼쳐서 召公에

게 고하니, 史官이 그 일을 서술하여 〈君奭〉편을 지은 것이다.

〈周官〉편에 "太師・太傅・太保를 세우니, 이것이 '三公'이다."라고 하였으니, 여기의 '爲保'・'爲師' 역시 三公의 벼슬인 셈이다. 이는 실로 太師와 太保이지만, '太'를 말하지 않은 것은 주된 뜻이 王의 몸에 대하여 스승으로 본보기가 되고 保安을 하는 데 있었기 때문이나 기실은 左右가 된 점을 말했을 뿐, 그 官名을 들기 위한 것이 아니었기 때문에 '太'를 말하지 않은 것이다. 經傳에서 모두 武王의 때에 太公이 太師가 된 것을 말하였으니, 여기서 "周公이 師가 되었다."라고 말한 것은 아마 太公이 薨하자, 周公에게 명하여 그를 대신하게 했던 것이리라. 이때에 太傅는 아마 畢公이 맡았을 것이나 이에 특별한 일이 없었기 때문에 그를 나타내 보일 필요가 없었을 것이리라. 三公의 차서는 먼저가 師요 뒤가 保인데, 이 書序에서 먼저 保를 말한 것은 篇의 지어진 것이 주로 召公이 좋아하지 않은 점에 맞추어졌기 때문에 먼저 召公을 말한 것이지, 官位를 가지고 차서를 한 것은 아니다.

經文을 살펴보면 周公의 말은 모두 자기가 王朝에 머물러있게 된 속내를 말한 것들이었으니, 그것은 召公이 周公의 머물러있는 것을 좋아하지 않았기 때문이었다. 그러므로 鄭玄과 王肅은 모두 "周公이 이미 王政을 섭행한 몸으로 다시 신하의 직위에 앉는 것은 마땅치 않는 일이기 때문에 좋아하지 않았다."라고 하였다. 그렇다면 召公은 大賢인데 어찌 周公이 머물게 된 속내를 몰라서 좋아하지 않았겠는가. 周公이 신하의 직위에 머물러 있으므로 당시 사람들이 모두 괴이하게 여기기 때문에 周公의 말을 유도해서 세상 사람들의 의혹을 풀어주려고 했던 것이니, "召公이 의심하자 〈君奭〉을 지었다."라고 한 것은 모른 것이 아니었다.

≪史記≫ 〈燕世家〉에 "成王이 아직 어리고 周公이 攝政하여 나라를 담당하니, 召公이 의심하자 〈君奭〉을 지었다."라고 하였으나, 이 篇은 정권을 돌려준 뒤에 머물러 成王을 보필할 뜻을 말한 것으로 그 글이 매우 분명하니, 司馬遷이 망령되이 말했을 뿐이다.

鄭玄은 〈周官〉편을 보지 않고서 이 師와 保를 말할 때에 ≪周禮≫의 師氏와 保氏인 大夫의 職이라 여기고는 賢聖한 사람이 이 벼슬을 겸했다고 말하였으니, 또한 틀린 말이다.

【疏】 ○傳'尊之'至'名篇' ○正義曰：周公呼爲'君奭', 是周公尊之曰君也. '奭'是其名, '君'非名也. 僖二十四年左傳, 富辰(신)言文王之子一十六國, 無名'奭'者, 則召公必非文王之子. 燕世家云 "召公奭與周同姓姬氏." 譙周曰 "周之支族." 譙周考校古史, 不能知

其所出. 皇甫謐云 "原公名豐, 是其一也, 是爲文王之子一十六國." 然文王之子, 本無定數, 竝原・豐爲一, 當召公於中以爲十六, 謬矣. 此篇多言先世有大臣輔政, 是"陳古道以告之." 呼君奭以告之, 故以'君奭'名篇.

○ 傳의 〔尊之〕에서 〔名篇〕까지

○ 正義曰 : 周公이 '君奭'이라 불렀으니, 이는 周公이 그를 높여 '君'이라 한 것이다. '奭'은 바로 그의 이름이고, '君'은 이름이 아니다. ≪春秋左氏傳≫ 僖公 24년 조에서 富辰이 말한 文王의 아들 16國 속에 '奭'이란 이름을 가진 자가 없었으니, 召公은 필시 文王의 아들이 아니었을 것이다. ≪史記≫ 〈燕世家〉에 "召公 奭은 周나라와 同姓인 姬氏이다."라고 하였고, 譙周는 "周나라의 支族이다."라고 하였으니, 譙周는 古史를 상고하여 召公의 출처를 잘 알지 못했던 것이다. 皇甫謐은 "原公은 이름이 '豐'으로 그중 하나이니, 이가 文王의 아들 16國이 된다."라고 하였다. 그러나 文王의 아들은 본래 정해진 숫자가 없으니, 原・豐을 아울러 하나로 만들어 召公을 그중에 해당시켜 16을 만든 것은 틀린 것이다.

이 篇에는 先世에 大臣이 정사를 보필한 적이 있음을 많이 말하였으니, 이래서 "옛 道를 베풀어 고했다."라고 한 것이다. 君奭을 불러서 고했기 때문에 '君奭'으로 편명을 한 것이다.

周公이 若曰 君奭아

周公이 옛 道를 따라 말씀하였다. "君奭아!

【傳】 順古道하여 呼其名而告之라

옛 道를 따라 그 이름을 불러서 고한 것이다.

弗弔(적)[1]이라 天이 降喪于殷하사 殷旣墜厥命이어늘 我有周旣受하소니

1) 弗弔(적) : 孔傳은 '弗弔'을 '道不至'로 보아 〈大誥〉의 '弗弔'은 "周道不至"로, 〈多士〉의 '弗弔'은 "殷道不至"로, 〈君奭〉의 '弗弔'도 "殷道不至"로 일관성 있게 풀이한 반면, 蔡傳은 〈大誥〉에서는 "'弔'는 恤(가엾음)의 뜻이니, 우리가 하늘에게 가엾게 여김을 받지 못함을 말한 것이다."라고 하고, 〈多士〉에서는 "'弗弔'는 未詳하나 아마 歎憫의 말인가 본데 당시 방언이었으리라."고 하였을 뿐, 그 밖에는 설명이 없으니, 아마 歎辭로 본 듯하다. 元代 吳澄은

不幸의 뜻으로 보았다.

〈殷나라의 治道가〉 이르지 않은지라, 하늘이 殷나라에 喪亡을 내려서 殷나라가 이미 王命을 실추하였거늘, 우리 周나라가 벌써 〈王命을〉 받았으니,

【傳】 言殷道不至라 故로 天下喪亡於殷하여 殷已墜失其王命이어늘 我有周道至已受之라

殷나라의 道가 이르지 않았기 때문에 하늘이 殷나라에 喪亡을 내려서 殷나라가 이미 그 王命을 실추하였거늘 우리 周나라의 道가 이르러서 벌써 〈왕명을〉 받게 된 것임을 말한 것이다.

我不敢知曰厥基 永孚于休하고 若天棐忱이니라

'〈殷나라의〉 基業이 〈시초에는〉 아름다운 도리를 길이 믿고 하늘의 道를 순종하여 그 誠信을 보필하였음'을 나만 감히 아는 일이 아니다.

【傳】 廢興之跡은 亦君所知라 言殷家其始는 長信於美道하고 順天輔誠하여 所以國也라

廢하고 興한 자취 또한 그대도 아는 바다. 殷나라가 그 시초에는 아름다운 도리를 길이 믿고 하늘의 道를 순종하여 그 誠信을 보필하여 나라를 세우게 된 것임을 말한 것이다.

我亦不敢知曰其終이 出于不祥[1)]이라

1) 我不敢知……出于不祥 : 蔡傳은 "하늘이 殷나라에 喪亡을 내려서 殷나라가 이미 天命을 떨어뜨렸거늘, 우리 周나라가 벌써 天命을 이어받았노라. 그러나 내 감히 알 수 없노니, 그 基業은 아름다움에 길이 보장된 것으로 믿어도 될 것인지, 과연 하늘이 우리의 정성을 도와줄 것인지, 내 또한 감히 알 수 없노니, 〈뒷날 또 떨어뜨려서〉 종말에 상서롭지 못한 쪽으로 나갈 것인지.〔我不敢知 曰其基業 長信於休美乎 如天果輔我之誠耶 我亦不敢知 曰其終 果出於不祥乎〕"라고 풀이하였다.

종말에 〈王命을 잃음이〉 不善에서 나온 것을 나만이 또한 감히 아는 것이 아니다.

【傳】 言殷紂其終墜厥命이 以出於不善之故는 亦君所知라

殷紂가 종말에 그 王命을 실추한 것이 不善에서 나온 까닭은 또한 그대도 아는 바라고 말한 것이다.

【疏】'周公'至'不祥' ○正義曰：周公留在王朝，召公不說. 周公爲師，順古道而呼曰"君奭，殷道以不至之故，故天下喪亡於殷. 殷旣墜失其王命，我有周已受之矣. 今雖受命，貴在能終，若不能終，與殷無異，故視殷以爲監戒. 我不敢獨知殷家其初始之時，能長信於美道，能安順於上天之道，輔其誠信，所以有國，此亦君之所知. 我亦不敢獨知曰，殷紂其終墜失其王命，由出於不善之故，亦君所知也."

經의 〔周公〕에서 〔不祥〕까지

○正義曰：周公이 王朝에 머물러있자, 召公이 좋아하지 않았다. 周公이 太師가 되어 옛 道를 따라 〈召公을〉 불러서 다음과 같이 말씀하였다. "君奭아! 殷나라의 道가 이르지 않았기 때문에 하늘이 殷나라에 喪亡을 내렸다. 殷나라가 이미 그 王命을 실추시켰거늘 우리 周나라가 벌써 〈왕명을〉 받았다. 지금 비록 왕명을 받았지만 귀한 가치는 마무리를 잘 하는 데에 있는 것이니, 만일 마무리를 잘 하지 못한다면 殷나라와 다를 것이 없기 때문에 殷나라를 보아 監戒로 삼는 것이다. 殷나라가 그 시초에는 능히 아름다운 도리를 길이 믿고 능히 하늘의 道를 순종하여 그 誠信을 보필하여 나라를 가지게 된 것을 나만 감히 아는 것이 아니라 이는 또한 그대도 아는 바이다. 殷나라 紂가 종말에 그 王命을 실추한 것이 不善에서 나온 까닭은 나만 또한 감히 아는 것이 아니라 또한 그대도 아는 바이다."

【疏】○傳'廢興'至'以國' ○正義曰：孔以召誥云"我不敢知"者，其意召公言我不敢獨知，亦王所知，則此言"我不敢知"，亦是周公言我不敢獨知，是君奭所知. 故以此及下句爲說殷之興亡，言與君奭同知，擧其殷興亡爲戒. 鄭玄亦然也.

○傳의 〔廢興〕에서 〔以國〕까지

○正義曰：孔安國이 〈召誥〉에서 "나만 감히 알 것이 아니라"라고 한 것은 그 뜻이 召公이 "나만 감히 알 것이 아니라 또한 王도 알아야 할 바이다."라고 말한 것이기 때문에 여기서 말한 "나만 감히 아는 것이 아니라"라고 한 것 역시 周公이 "나만 감히 아는 것이 아니라 이것은 君奭도 아는 바이다."라고 한 것이다. 그러므로 여기에서 아랫句까지 殷나라의 興亡을 말한 것은 君奭과 함께 안다는 점을 말한 것이니, 그 殷나라의 興亡을 들어서 경계한 것이다. 鄭玄도 역시 그렇게 여겼다.

嗚呼라 **君已**아 **曰時我**[1)]하라 **我亦不敢寧于上帝命**이니라

1) 君已曰時我 : 蔡傳은 '君'은 그대, '已'는 旣, '時'는 是, '我'는 우리의 뜻으로 보아, "아! 그대가 전에 이미 '〈小民을 공경하고 天命을 기원하는〉 바로 이 일은 우리들에게 달려 있다.' 말했다."라고 풀이하였다.

아, 君아! 나의 〈머묾을〉 옳게 여기도록 하라. 나 또한 감히 上帝의 命을 안정한 것으로 여기지 않는다.

【傳】 歎而言曰 君(也)〔已〕[1]아 當是我之留하라 我亦不敢安于上天之命이라 故로 不敢不留라

1) (也)〔已〕: 저본에는 '也'로 되어 있으나, "'也'는 古本·岳本·宋板本·≪纂傳≫에 모두 '已'로 되어 있으니, 疏와 부합한다."라고 한 阮元의 校勘記에 의거하여 '已'로 바로잡았다.

탄식하고 나서 말하기를 "君아! 마땅히 나의 머묾을 옳게 여기도록 하라. 나 또한 감히 上天의 命을 안정한 것으로 여기지 않기 때문에 감히 머물지 않을 수 없다."라고 한 것이다.

弗永遠念天威하고 越我民罔尤違아

하늘의 위엄을 길이 생각하고 우리 백성들이 과오로 법을 어기는 일이 없도록 해야 하지 않는가.

【傳】 言君不長遠念天之威하고 而勤化於我民하여 使無過違之闕이라

君은 하늘의 위엄을 길이 생각하고 우리 백성들을 부지런히 교화하여 과오로 법을 어기는 잘못이 없도록 해야 하지 않는가라고 말한 것이다.

惟人[1]은 在我後嗣子孫이어늘 大弗克恭上下하여 遏佚(일)前人光인댄 在家不知니라[2]

1) 惟人 : 孔傳은 아랫句에 붙여서 읽고, 蔡傳은 윗句에 붙여서 읽었는데, 丁若鏞(≪尙書知遠錄≫)은 "'惟人'은 마땅히 아랫句에 붙여야 한다.〔惟人當屬下句〕"라고 하였다.

2) 君已……在家不知 : 蔡傳은 '尤'는 怨, '違'는 背의 뜻으로 보고 '已'자를 아랫句에 붙여서 "召公이 일찍이 이미 말하기를 '〈백성을 공경하여 천명을 기원하는〉 이 일은 우리들에게 달

려 있을 뿐이다.'라고 하기에 周公이 이르기를 '우리들은 또한 〈천명은 무상한 것인데,〉 감히 구차하게 천명을 안정한 것으로만 여기고서, 하늘의 위엄이 무서운 것과 백성들에게 원망하고 위배하는 때가 없도록 하는 것을 길이 생각하지 않을 수 없는데, 천명과 인심은 거취가 일정하지 아니하여 실로 지도하는 사람에게 달려 있을 뿐이다.'라고 하였다. 그런데 지금 召公이 전에 한 말을 잊고 훌쩍 떠나가기를 구하니, 가사 우리 後嗣의 자손에 있어서 크게 능히 하늘과 백성을 공경하지 않고 교만과 사치를 부려 文王과 武王의 光明한 德을 끊어 실추시킨다면 집에 물러가 있다고 모른 체 할 수 있겠는가.〔召公已嘗曰 是在我而已 周公謂我亦不敢苟安天命 而不永遠念天之威 於我民 無尤怨背違之時也 天命民心去就無常 實惟在人而已 今召公乃忘前日之言 飜然求去 使在我後嗣子孫 大不能敬天敬民 驕慢肆侈 遏絶佚墜文武光顯 可得謂在家而不知乎〕"라고 풀이하였다.

사람들은 모두 우리 後嗣의 자손에게 관심을 가지는데, 〈嗣王이 만일〉 크게 능히 天地를 공손히 받들지 않아, 先王의 光大한 道를 실추시킬 경우, 우리가 만약 집에 있게 되면 그것을 알 수 없을 것이다.

【傳】 惟衆人은 共存在我後嗣子孫이어늘 若大不能恭承天地하여 絶失先王光大之道인댄 我老在家면 則不得知니라

여러 사람들은 모두 우리 後嗣의 자손에게 관심을 가지는데, 〈嗣王이〉 만일 크게 능히 天地를 공손히 받들지 않아, 先王의 光大한 道를 실추시킬 경우, 우리가 늙어서 집에 있게 된다면 그것을 알 수 없을 것이란 말이다.

天命은 不易(이)라 天難諶이니 乃其墜命하면 弗克經歷이니

天命은 보전하기 쉽지 않은지라 하늘은 믿기 어려운 것이니, 天命을 실추하면 장구한 歷年을 가질 수 없으니,

【傳】 天命不易라 天難信이니 無德者가 乃其墜失王命하면 不能經久歷遠이니 不可不愼이니라

天命은 보전하기 쉽지 않은지라 하늘은 믿기 어려운 것이니, 德이 없는 자가 王命을 실추하면 장구한 역년을 가질 수 없으니, 삼가지 않을 수 없다는 것이다.

嗣前人하여 恭明德은 在今予小子旦이니라

前人〈의 大業을〉 계승하여 그 밝은 德을 공손히 받드는 것은 지금 나 小子 旦에게 매여 있느니라.

【傳】 繼先王之大業하여 恭奉其明德은 正在(我今)〔今我〕[1]小子旦이라 言異於餘臣이라

1) (我今)〔今我〕: 저본에는 '我今'으로 되어 있으나, 宋兩浙東路茶鹽司本에 의거하여 '今我'로 바로잡았다.

先王의 大業을 계승하여 그 밝은 德을 공손히 받드는 것은 진정 지금 나 小子 旦에게 매여 있다는 것이다. 다른 신하들과는 사정이 다름을 말한 것이다.

非克有正이라 迪惟前人光하여 施于我沖子[1]니라

1) 天難諶……施于我沖子 : 蔡傳은 "하늘은 믿기 어려운 것이니, 天命을 실추하는 것은 능히 前人(先王)이 〈하늘과 백성을〉 공경한 밝은 德을 經歷(遵行)하여 계승하지 못하기 때문이다. '非克有正'은 또한 스스로 겸손을 부리는 말이다. '지금 나 小子 旦에 있어서는 능히 바로잡을 자격을 가지지 않았다. 啓導하는 방법은 오직 前人의 光大한 德을 더욱 빛나게 해서 우리 沖子에게 부여할, 그 일뿐이다.'라는 것이니, 앞에서 말한 '後嗣의 자손이 前人의 光明한 德을 실추할 것이다.'라는 것을 가지고 말한 것이다.〔天難諶信 乃其墜失天命者 以不能經歷繼嗣前人之恭明德也 非克有正 亦自謙之辭也 言在今我小子旦 非能有所正也 凡所開導 惟以前人光大之德 使益燿而付于沖子而已 以前言後嗣子孫佚前人光而言也〕"라고 풀이하였다.

능히 개정하려는 것이 아니라, 前人의 광대한 도덕을 이행하여 우리 沖子에게 〈그 政法을〉 베풀려 할 뿐이다.

【傳】 我留는 非能有改正이라 但欲蹈行先王光大之道하여 施正於我童子라 童子는 成王이라

내가 머문 까닭은 능히 개정하는 일이 있으려는 것이 아니라, 다만 先王의 光大한 도덕을 이행하여 우리 童子에게 政法을 베풀려 할 뿐이란 것이다. '童子'는 成王이다.

【疏】 '嗚呼'至'沖子' ○ 正義曰 : 周公又歎而呼召公曰 "嗚呼, 君已." '已', 辭也. 既歎乃復言曰 "君當是我之留, 勿非我也. 我亦不敢安於上天之命, 故不敢不留. 君何不長遠念天之威罰. 禍福難量, 當勤教於我下民, 使無尤過違法之闕. 惟今天下衆人, 共誠心存在我後嗣子孫, 觀其政之善惡, 若此嗣王大不能恭承上天下地, 絶失先王光大之道,令使衆人失望, 我若退老在家, 則不能得知, 何得不留輔王也. 天命不易, 言甚難也. 天難信, 惡則去之, 不常在一家, 是難信也. 天子若不稱天意, 乃墜失其王命, 不能經久歷遠, 其事可不愼乎. 繼嗣前人先王之大業, 恭奉其明德也. 正在今我小子旦." 周公自言己身當恭奉其先王之明德, 留輔佐王. "非能有所改正, 但欲蹈行先王光大之道, 施政於我童子." 童子謂成王, 意欲奉行先王之事, 以教成王也.

經의 〔嗚呼〕에서 〔沖子〕까지

○ 正義曰 : 周公이 또 탄식하며 召公을 불러서 "아, 君아!"라고 하였다. '已'는 語助辭다. 이미 탄식하고 나서 다시 다음과 같이 말씀하였다. "君은 마땅히 나의 머묾을 옳게 여겨야 하니, 나를 그르게 여기지 말라. 나 또한 감히 上天의 命을 안정한 것으로 여기지 않기 때문에 감히 머물지 않을 수 없다. 君은 어찌하여 하늘의 威罰을 長遠히 생각하지 않는가. 禍福은 헤아리기 어려우므로 마땅히 우리 백성들을 부지런히 가르쳐서 과오로 법을 어기는 잘못이 없도록 해야 할 것이다.

지금 천하 여러 사람들은 誠心으로 모두 우리 後嗣의 자손에게 관심을 가지고 정치의 선악을 지켜보는데, 만일 嗣王이 크게 능히 天地를 공손히 받들지 않아 先王의 光大한 道를 단절하여 여러 사람을 실망시켰을 경우, 우리가 만일 늙어서 집에 있게 되면 그것을 알 수 없을 것인데, 머물러서 王을 보필하지 않을 수 있겠는가. 天命은 보전하기 쉽지 않음은 몹시 어려움을 말한 것이다. 하늘은 믿기 어려우니, 정치가 악하면 떠나가고 한 국가에 계속 머물러있지 않으므로 이것이 믿기 어려운 점이다. 천자가 만일 하늘의 뜻을 맞추지 않아 王命을 실추하게 되면 장구한 역년을 가질 수 없는데, 그 일을 삼가지 않을 수 있겠는가. 前人인 先王의 大業을 계승하여 그 밝은 德을 공손히 받들어야 한다. 그 책임이 진정 지금 나 小子 旦에게 있노라."

周公은 스스로 자신이 마땅히 先王의 밝은 德을 공손히 받들고 머물러서 王을 보좌해야 할 점을 말하면서 "〈내가 머문 까닭은〉 능히 개정하는 일이 있으려는 것이 아니라, 다만 先王의 光大한 도덕을 이행하여 우리 童子에게 政法을 베풀려 할 뿐이다."라고 하였다. '童子'는 成王을 이르는데, 先王의 일을 받들어 행함으로써 成王을 가르치려는 생각을 가진 것이다.

【疏】 ○ 傳'歎而'至'不留' ○ 正義曰 : 歎而言曰 : "嗚呼, 君已." '已' 是引聲之辭, 旣呼君奭, 歎而引聲. 乃復言曰 "君當是我之留." 以其意不說, 故令是我而勿非我. '我不敢安於上天之命', 孔意當謂天旣命周, 我當成就周道, 故不敢不留.

○ 傳의 〔歎而〕에서 〔不留〕까지

○ 正義曰 : 탄식하고 말씀하기를 "아, 君아!"라고 하였다. '已'는 소리를 끄는 말이니, 이미 君奭을 불러놓고 탄식하면서 소리를 끄는 것이다. 이에 다시 말씀하기를 "君은 마땅히 나의 머묾을 옳게 여겨야 한다."라고 한 것은 그의 의중이 좋아하지 않기 때문에 나를 옳게 여기고 나를 그르게 여기지 말게 한 것이다. '我不敢安於上天之命'은 孔安國의 생각은 응당 하늘이 일단 周나라에 명한 것으로 여기고서 "나는 마땅히 周나라의 治道를 성취시켜야 하기 때문에 감히 머물지 않을 수 없다."라고 한 것이다.

又曰[1] 天不可信이니 我道로 惟寧王德延이니라

1) 又曰 : 蔡傳은 "'又曰'은 윗글에서 '天命은 보전하기가 쉽지 않은지라, 하늘을 믿기 어렵다.'라고 말하고, 여기에서 또 '하늘은 믿을 수 없다.'라고 거듭 말하기 때문에 '又曰'이라고 한 것이다.〔又曰者 以上文 言天命不易 天難諶 此又申言天不可信 故曰又曰〕"라고 하였다.

또 말씀하였다. "하늘은 믿을 수 없으니 우리는 도리를 가지고 寧王(文王)의 德을 연장시킬 뿐이니라.

【傳】 無德이면 去之니 是天不可信이라 故로 我以道로 惟安寧王之德하여 謀欲延久라

德이 없으면 떠나가니, 이래서 하늘은 믿을 수 없다는 것이다. 그러므로 우리는 도리를 가지고 寧王의 德을 편안히 행하여 연장시키기를 도모할 뿐이란 것이다.

天不庸釋于文王受命[1]이니라

1) 天命不易……天不庸釋于文王受命 : 蔡傳은 易, 諶, 命, 德, 旦, 有正, 迪, 光, 子, 又曰, 信, 道, 德, 延, 命에 句를 끊어서 "天命은 보전하기 쉽지 않은지라, 하늘은 믿기 어려운 것이니, 天命을 실추하는 것은 능히 前人(先王)이 〈하늘과 백성을〉 공경한 밝은 德을 장구히 계승하지 못하기 때문이다.……지금 나 小子 旦에 있어서는 능히 바로잡을 자격을 가지지 않았다. 啓導하는 방법은 오직 前人의 光大한 德을 더욱 빛나게 해서 우리 沖子에게 부여할 그 일뿐이다.……하늘은 진실로 믿을 수 없으나 우리가 해야 할 도리는 오직 武王의 德을 연장시켜서, 하늘로 하여금 文王께서 받으신 천명을 놓아 버리지 않도록 할 뿐이다.〔命不易保 天難諶信 乃其墜失天命者 以不能經歷繼嗣前人之恭明德也……在今我小子旦 非能有所正也 凡所開導 惟以前人光大之德 使益燿而付于沖子而已……天固

不可信 然在我之道 惟以延長武王之德 使天不容捨文王所受之命也〕"라고 풀이하였는데, 丁若鏞(≪尙書知遠錄≫)은 "이 몇 節은 한결같이 梅句와 梅訓을 따라야 마땅하고, 오직 '寧王'만은 蔡說을 따라 武王으로 보는 것이 마땅하다.〔此數節 宜一從梅句梅訓 惟寧王 宜從蔡說作武王看〕"라고 하였다.

하늘은 文王께서 받으신 천명을 놓아버리지 않으려고 한다."

【傳】 言天不用令釋廢於文王所受命이라 故로 我留佐成王이라

하늘은 文王이 받은 천명을 놓아버리지 않으려고 한다. 그러므로 나는 머물러서 成王을 보좌하려 한다고 말한 것이다.

【疏】 '又曰'至'受命' ○ 正義曰：周公又言曰 "天不可信. 無德則去之, 是其不可信也. 天難信之, 故恐其去我周家, 故我以道惟安行寧王之德, 謀欲延長之. 我原上天之意, 不用令廢於文王所受命, 若嗣王失德, 則還廢之, 故我當留佐成王也."

經의 〔又曰〕에서 〔受命〕까지

○ 正義曰：周公이 또 다음과 같이 말씀하였다. "하늘은 믿을 수 없다. 德이 없으면 떠나가는 것이니, 이래서 믿을 수 없다는 것이다. 하늘은 믿기 어렵기 때문에 우리 周나라를 떠나갈까 두려워한다. 그러므로 우리는 도리를 가지고 寧王의 德을 편안히 행하여 연장시키기를 도모할 뿐이다. 우리는 上天의 뜻을 추구하여 文王이 받은 命을 폐기하지 못하게 할 것이니, 만일 嗣王이 德을 잃는다면 도로 폐기할 것이기 때문에 나는 마땅히 머물러서 成王을 보좌해야 하겠다."

【疏】 ○ 傳'無德'至'延久' ○ 正義曰：此經言'又曰', 傳不明解. 鄭云 "人又云", 則鄭玄以此'又曰'爲周公稱人之言也. 王肅云 "重言天不可信, 明己之留, 蓋畏其天命." 則肅意以周公重言, 故稱'又曰'. 孔雖不解, 當與王肅意同. 言'寧王'者, 卽文王也. 鄭・王亦同.

○ 傳의 〔無德〕에서 〔延久〕까지

○ 正義曰：이 經에서 말한 '又曰'에 대하여 孔傳은 분명하게 해석하지 않았다. 鄭玄은 "사람이 또 이른 것이다."라고 하였으니, 鄭玄은 이 '又曰'을 周公이 남의 말을 칭한 것으로 여겼다. 王肅은 "하늘은 믿을 수 없음을 거듭 말하여 자신이 머물게 된 것을 밝혔으니,

대개 그 天命을 두려워한 것이다."라고 하였으니, 王肅의 생각은 周公이 거듭 말씀했기 때문에 '又曰'이라 칭한 것으로 여겼다. 孔安國은 비록 해석하지 않았으나 응당 王肅의 뜻과 같았을 것이다. '寧王'란 말은 곧 文王이다. 鄭玄과 王肅도 또한 같았다.

公曰 君奭아 我聞하니 在昔成湯이 既受命이어시늘

公이 말씀하였다. "君奭아! 나는 듣건대, 옛날 成湯이 이미 하늘의 命을 받으셨거늘,

【傳】 已放桀하고 受命爲天子라

이미 桀을 추방하고 나서 천명을 받아 天子가 되었던 것이다.

時則有若[1]伊尹이 格于皇天하며

1) 時則有若 : 蔡傳은 '時'자 위에 句를 끊은 孔傳을 따랐고, 呂祖謙과 夏僎 등은 '時'자 아래에서 句를 끊었다.

이때에 伊尹 같은 이가 있어 〈成湯을 보필하여 그 治績이〉 皇天에 이르렀으며,

【傳】 尹摯[1]佐湯하여 功至大(夫)〔天〕[2]이니 謂致太平이라

1) 尹摯 : ≪史記集解≫에는 '尹'이 '伊'로 되어 있다. 山井鼎에 의하면, 古本에 '伊尹'으로 되어 있던 것이 뒤에 '尹摯'로 고쳐졌다고 한다.
2) (夫)〔天〕: 저본에는 '夫'로 되어 있으나, 諸本에 의거하여 '天'으로 바로잡았다.

尹摯가 湯임금을 보좌하여 그 功이 하늘에 이르렀다는 것이니, 곧 태평시대를 이룩한 것을 이른다.

在太甲하여는 時則有若保衡하며

太甲에 있어서는 이때에 保衡 같은 이가 있었으며,

【傳】 太甲繼湯하고 時則有如此伊尹爲保衡하니 言天下所取安과 所取平이라

太甲이 湯임금을 계승하고, 이때에는 이와 같은 伊尹이 保衡으로 있었다고 하였으니,

이는 天下가 안녕을 취한 점과 태평을 취한 점을 말한 것이다.

在太戊하여는

太戊에 있어서는

【傳】 太甲之孫이라

太甲의 손자이다.

時則有若伊陟臣扈하여 格于上帝하며 巫咸[1)]이 乂王家하며

1) 巫咸 : 王夫之는 "孔安國과 蔡沈은 모두 '巫'를 氏로 여겼는데, 상고하건대, 大夫에게 氏를 준 것은 周나라에서 시작되었고, 黃帝에서 殷나라에 이르기까지는 오직 族姓만을 나누고 氏를 드러내지 않았으니, '巫'는 벼슬이었다.〔孔蔡皆以巫爲氏 按大夫賜氏 始於周 黃帝至殷 唯分族姓 而不以氏顯 巫官也〕"라고 하였다.(≪尙書稗疏≫)

이때에 伊陟과 臣扈 같은 이가 있어 〈功이〉 上帝에 이르렀으며, 또 巫咸이 王家를 다스렸으며,

【傳】 伊陟臣扈 率伊尹之職하여 使其君不隕祖業이라 故로 至天之功不隕이라 巫咸治王家는 言不及二臣이라

伊陟과 臣扈가 伊尹의 직무를 이어받아 그 임금으로 하여금 祖業을 떨어뜨리지 않게 했기 때문에 하늘에 이른 功이 떨어지지 않았다. "巫咸이 王家를 다스렸다."라는 것은 두 신하(伊陟·臣扈)에게 미치지 못함을 말한 것이다.

在祖乙하여는 時則有若巫賢하며

祖乙에 있어서는 이때에 巫賢 같은 이가 있었으며,

【傳】 祖乙은 殷家亦祖其功이라 時에 賢臣有如此巫賢이라 賢은 咸子라 巫는 氏라

'祖乙'이라 한 것은 殷나라에서도 그 功이 있는 이를 '祖'로 표시했기 때문이다. 이때에 어진 신하로서 이와 같은 巫賢이 있었다. 賢은 巫咸의 아들이다. 巫는 氏다.

在武丁하여 **時則有若甘盤**[1)]이라하니라

1) 在武丁時則有若甘盤 : 呂祖謙(≪增修東萊書說≫)은 "周公이 召公을 만류하면서 유독 武丁 때에 甘盤 같은 이가 있는 것만 말하고, 傅說을 말하지 않은 것은 아마 發源과 開端을 모두 甘盤이 했기 때문이었을 것이다.〔周公留召公 獨曰在武丁時 則有若甘盤 不曰傅說者 蓋發源開端 皆甘盤也〕"라고 하였고, 袁仁(≪尙書砭蔡編≫)은 "蔡傳에서 蘇氏(蘇軾)가 '武丁 때에 있어서 傅說을 말하지 않은 것은 아마 하늘에 배향된 군주에게 配食되지 않았기 때문인가.'라고 한 말을 인용했는데, 이 말은 잘못된 것이다. 이곳에서는 모두 예전 신하들을 말하기 때문에 오직 甘盤만을 든 것이니, 文王이 太公을 말하지 않고 高宗이 傅說을 말하지 않은 것이 모두 동일한 뜻이다.〔蔡引蘇氏謂在武丁時不言傅說 豈傅說不配食于配天之主乎 此說非也 此處皆說舊臣 故惟擧甘盤 文王不言太公 高宗不言傅說 皆一意也〕"라고 하였다.

武丁에 있어서는 이때에 甘盤 같은 이가 있었다고 한다.

【傳】 高宗卽位에 甘盤佐之하고 後有傅說(열)이라

高宗이 즉위함에 甘盤이 보좌하였고, 뒤에 傅說이 있었다.

【疏】 '公曰君奭'至'甘盤' ○ 正義曰 : 言"時〔則〕[1)]有若"者, 言當其時有如此人也, 指謂如此伊尹・甘盤, 非謂別有如此人也. 以湯是殷之始王, 故言'在昔'・'旣受命', 見其爲天子也. 以下'在太甲'・'在武丁', 亦言其爲天子之時, 有如此臣也. 成湯未爲天子, 已得伊尹, 言'旣受命'者, 以功格皇天, 在受命之後, 故言'旣受命'也. '皇天'之與'上帝', 俱是天也, 變其文爾. 其功至於天帝, 謂致太平而天下和之也. 保衡・伊尹, 一人也, 異時而別號. '伊尹'之下, 已言'格于皇天', '保衡'之下, 不言'格于皇天', 從可知也. 伊陟・臣扈, 言'格于上帝', 則其時亦致太平, 故與伊尹文異而事同. 巫咸・巫賢・甘盤, 蓋功劣於彼三人, 故無格天之言.

1) 〔則〕 : 저본에는 없으나, 經文 및 宋刊 單疏本에 의거하여 '則'을 보충하였다.

經의 〔公曰君奭〕에서 〔甘盤〕까지

○ 正義曰 : "時則有若"이라고 말한 것은 그때를 당하여 이와 같은 사람이 있었음을 말한 것이니 이와 같은 伊尹과 甘盤을 가리켜 이른 것이지, 따로 이와 같은 사람이 있었음을 이른 것이 아니다.

湯임금은 殷나라의 始王이었기 때문에 '在昔'이라고 하고 '旣受命'이라고 말해서 그가 天子가 되었음을 보인 것이다. 아래의 '在太甲'·'在武丁' 역시 그들이 天子가 되었을 때에 이와 같은 신하들이 있었음을 말한 것이다. 成湯은 아직 天子가 되기 전에 이미 伊尹을 얻었는데, '旣受命'이라고 말한 것은 功이 皇天에 이른 것이 命을 받은 뒤에 있었기 때문에 '旣受命'이라고 말한 것이다. '皇天'과 '上帝'는 다 같이 하늘인데 그 글을 변경했을 뿐이다. 그 功이 天帝에 이르렀다는 것은 太平을 이룩하여 天下가 화평함을 이른 것이다.

'保衡'과 '伊尹'은 한 사람인데, 때가 다름에 따라 호칭을 따로 한 것이다. '伊尹'의 아래에서 이미 '格于皇天'이라 말하였기 때문에 '保衡'의 아래에서 '格于皇天'이라 말하지 않은 것을 따라서 알 수 있다. 伊陟과 臣扈의 경우는 '格于上帝'라 말하였으니, 그 때에도 또한 太平을 이룩하였기 때문에 伊尹과 더불어 글은 다르고 일은 같았다. 巫咸·巫賢·甘盤의 경우는 아마 功이 저 세 사람보다 못하였기 때문에 하늘에 이르렀다는 말이 없는 것이리라.

【疏】 ○傳'尹摯'至'太平' ○正義曰：伊尹名摯, 諸子傳記(名)〔多〕[1]有其文. '功至大天', 猶堯"格于上下", 知其謂致太平也.

1) (名)〔多〕: 저본에는 '名'으로 되어 있으나, 諸本에 의거하여 '多'로 바로잡았다.

○ 傳의 〔尹摯〕에서 〔太平〕까지

○ 正義曰：伊尹의 이름이 '摯'라는 것은 諸子와 傳記에 그에 대한 글이 많다. '功至大天'은 堯임금의 '格于上下'와 같기 때문에 太平을 이룩한 점을 이른 것임을 〈孔安國은〉 알았던 것이다.

【疏】 ○傳'太甲'至'取平' ○正義曰：據太甲之篇及諸子傳記, 太甲大臣惟有伊尹, 知卽保衡也. 說命云"昔先正保衡, 作我先王, 佑我烈祖, 格于皇天." 商頌那祀成湯稱爲'烈祖', '烈祖', 湯之號, 言保衡佐湯, 明保衡卽是伊尹也. 詩稱"實維阿衡, 實左右商王." 鄭玄云"阿, 倚, 衡, 平也, 伊尹, 湯所依倚而取平, 至太甲改曰保衡, 保, 安也, 言天下所取安, 所取平. 此皆三公之官, 當時爲之號也." 孔以太甲云"嗣王不惠於阿衡", 則太甲亦曰阿衡, 與鄭異也.

○ 傳의 〔太甲〕에서 〔取平〕까지

○ 正義曰 : 〈太甲〉편 및 諸子와 傳記에 의거하면, 太甲의 大臣에는 오직 伊尹만이 있었기 때문에 〈伊尹이〉 곧 保衡이란 점을 〈孔安國은〉 알았던 것이다. 〈說命 下〉에 “옛날 先正인 保衡이 우리 先王을 흥기시키고, 우리 烈祖를 도와서 〈그 功이〉 皇天에 이르렀다.”라고 하였으며, ≪詩經≫ 〈商頌 那〉에서 成湯에게 제사 지내며 ‘烈祖’라고 칭하였는데, ‘烈祖’는 湯임금의 號이니, 保衡이 湯임금을 도왔다고 말한 것은 保衡이 바로 伊尹임을 밝힌 것이다. ≪詩經≫ 〈商頌 長發〉에 “진실로 阿衡이 商王을 좌우에서 도왔도다.”라고 칭하였는데, 鄭玄이 “‘阿’는 倚의 뜻이고 ‘衡’은 平의 뜻이니, 湯임금이 伊尹에게 의지해서 형평을 취한 바였는데, 太甲에 와서 ‘保衡’이라고 고쳤으니, ‘保’는 安의 뜻으로 天下가 안녕을 취하는 바이고 형평을 취하는 바임을 말한 것이다. 이는 모두 三公의 벼슬인데, 당시에 칭호를 삼은 것이다.”라고 하였고, 孔安國은 “〈太甲〉에 ‘嗣王이 阿衡의 교훈을 따르지 않았다.’ 고 하였은즉 太甲도 또한 ‘阿衡’이라 했다.”라고 하였으니, 鄭玄과 다르다.

【疏】 ○ 傳‘太甲之孫’ ○ 正義曰 : 史記殷本紀云 “太甲崩, 子沃丁立. 崩, 弟太庚立. 崩, 子小甲立. 崩, 弟雍己立. 崩, 弟太戊立.” 是太戊爲太甲之孫, 太庚之子. 三代表云 “小甲, 太庚弟, 雍己・太戊, 又是小甲弟.” 則太戊亦是沃丁弟, 太甲子. 本紀・世表, 俱出馬遷, 必有一誤. 孔於咸乂序傳云 “太戊, 沃丁弟之子.” 是太戊爲太甲之孫也.

○ 傳의 〔太甲之孫〕

○ 正義曰 : ≪史記≫ 〈殷本紀〉에는 “太甲이 승하〔崩〕하자 아들 沃丁이 즉위하였다. 〈沃丁이〉 승하하자 아우 太庚이 즉위하였다. 〈太庚이〉 승하하자 아들 小甲이 즉위하였다. 〈小甲이〉 승하하자 아우 雍己가 즉위하였다. 〈雍己가〉 승하하자 아우 太戊가 즉위하였다.”라고 하였으니, 太戊는 太甲의 손자이자 太庚의 아들이다. 〈三代世表〉에는 “小甲은 太庚의 아우이고, 雍己와 太戊는 또 小甲의 아우이다.”라고 하였으니, 太戊 또한 沃丁의 아우이자 太甲의 아들이다. 〈殷本紀〉와 〈三代世表〉는 모두 司馬遷에게서 나왔으니, 반드시 어느 하나는 잘못일 것이다. 孔安國은 〈咸乂〉의 書序 傳에서 “太戊는 沃丁 아우의 아들이다.”라고 하였으니, 太戊는 太甲의 손자인 셈이다.

【疏】 ○ 傳‘伊陟’至‘二臣’ ○ 正義曰 : 伊尹 “格于皇天”, 此伊陟・臣扈云 “格于上帝”, 其事旣同, 如此二臣, 能率循伊尹之職, 輔佐其君, 使其君不隕祖業, 故至天之功, 亦不隕墜也. 夏社序云 "湯旣勝夏, 欲遷其社, 不可. 作夏社・疑至・臣扈." 則湯初有臣扈, 已爲大臣矣, 不得至今仍在, 與伊尹之子同時立功. 蓋二人名同, 或兩字一誤也. 案春秋范武子光輔五君, 或臣扈事湯而又事太戊也. '格于上帝'之下, 乃言"巫咸乂王家." 則巫咸亦是賢臣, 俱能紹治王家之事而已, 其功不得至天, 言不及彼二臣.

○ 傳의 〔伊陟〕에서 〔二臣〕까지

○ 正義曰 : 伊尹에 대해서는 "格于皇天"이라고 하였고, 이 伊陟과 臣扈에 대해서는 "格于上帝"라고 하였으니, 이 일은 이미 같으나 이와 같은 두 신하는 능히 伊尹의 직무를 이어받아 임금을 보좌하여 그 임금으로 하여금 祖業을 떨어뜨리지 않게 했기 때문에 하늘에 이른 功이 또한 떨어지지 않았다. 〈夏社〉의 書序에 "湯임금이 이미 夏나라를 쳐서 승리하고 나서 그 社를 옮기려 하니, 불가한 일이라 해서 중지하였다. 〈史官이 그 일을 서술하여〉 〈夏社〉・〈疑至〉・〈臣扈〉를 지었다."라고 하였은즉, 湯임금의 즉위 초에 있던 臣扈는 이미 大臣이 되었으므로 지금까지 생존하여 伊尹의 아들과 더불어 동시에 공을 세울 수는 없었을 것이니, 아마 두 사람으로 이름이 같거나 혹 두 글자 중에 하나가 틀렸을 것이다. ≪春秋≫를 상고하면 范武子는 〈文公・襄公・靈公・成公・景公 등〉 다섯 임금을 보필하였으니, 혹시 臣扈도 湯임금을 섬기고 또 太戊를 섬겼는가 보다.

'格于上帝'의 아래에서 "巫咸이 王家를 다스렸다."라고 말하였으니, 巫咸도 역시 어진 신하로서 모두 王家의 일을 이어 잘 다스렸을 뿐, 그 공은 하늘에 이르지 못했으니, 저 두 신하에게 미치지 못함을 말한 것이다.

【疏】 ○ 傳'祖乙'至'巫氏' ○ 正義曰 : 殷本紀云 "中宗崩, 子仲丁立. 崩, 弟外壬立. 崩, 弟河亶甲立. 崩, 子祖乙立." 則祖乙, 是太戊之孫也. 孔以其人稱'祖', 故云 "殷家亦祖其功." 賢是咸子, 相傳云然. 父子俱稱爲'巫', 知'巫'爲氏也.

○ 傳의 〔祖乙〕에서 〔巫氏〕까지

○ 正義曰 : 〈殷本紀〉에 "中宗이 승하〔崩〕하자 아들 仲丁이 즉위하였다. 〈仲丁이〉 승하하자 아우 外壬이 즉위하였다. 〈外壬이〉 승하하자 아우 河亶甲이 즉위하였다. 〈河亶甲이〉 승하하자 아들 祖乙이 즉위하였다."라고 하였으니, 祖乙은 바로 太戊의 손자이다. 孔安國은 그 사람을 '祖'라 칭하였기 때문에 "殷나라에서도 또한 그 공이 있는 이를 '祖'로 표시하였다."라고 한 것이다. 賢이 바로 巫咸의 아들이란 것은 그렇게 서

로 전한 것이다. 父子를 모두 '巫'라 칭하였으므로, '巫'가 '氏'라는 것을 〈孔安國은〉 알았던 것이다.

【疏】 ○傳'高宗'至'傳說' ○正義曰:(孔)〔說〕[1]命篇高宗云 "台小子舊學于甘盤, 既乃遯於荒野." 高宗未立之前, 已有甘盤, 免喪不言, 乃求傅說, 明其卽位之初, 有甘盤佐之, 甘盤卒後有傅說. 計傅說當有大功, 此惟數六人, 不言傅說者, 周公意所不言, 未知其故.

1) (孔)〔說〕: 저본에는 '孔'으로 되어 있으나, 諸本에 의거하여 '說'로 바로잡았다.

○ 傳의 〔高宗〕에서 〔傅說〕까지

○ 正義曰: 〈說命〉편에서 高宗이 "나 小子는 옛날 甘盤에게 〈先王의 道를〉 배우다가 이윽고 〈학업을 중단하고〉 荒野로 물러가 살았다."라고 하였다. 高宗이 아직 즉위하기 전에 이미 甘盤이 있었거니와, 〈高宗은〉 탈상을 하고 나서도 〈정사에 대해〉 말씀하지 않다가 이에 傅說을 만나서 즉위 초에 甘盤이 있어 도와 준 사실을 밝혔으니, 甘盤이 죽은 뒤에 傅說이 있게 된 셈이다. 헤아려보면 傅說은 응당 큰 공이 있었을 텐데, 여기서 오직 여섯 사람만 꼽고 傅說을 말하지 않은 것은 周公이 의중을 말하지 않았기 때문에 그 까닭을 알지 못하겠다.

率惟玆有陳하여 保乂有殷이라 故로 殷禮陟[1]配天[2]하여 多歷年所하니라

1) 陟: 林之奇는 "승하한 것을 '陟'이라 하니, 〈康王之誥〉에 이른바 '新陟王'이란 것이 이것이다. '禮陟'은 '정상적으로 죽었다.'고 말한 것과 같다.〔登遐曰陟 所謂惟新陟王是也 禮陟猶言得正而斃〕"라고 풀이하였다.

2) 配天: 蔡傳은 "殷나라 先王들이 승하하여 德으로써 하늘에 짝이 되어〔殷先王 終以德配天〕"로 풀이하였다.

〈伊尹으로부터 甘盤에 이르기까지 여섯 신하가〉 모두 이 〈신하된 도리를〉 따라 진열한 공을 세워 殷나라를 안보해 다스렸다. 그러므로 殷나라가 禮로써 하늘에 올라가 짝이 되어 연도를 지낸 바가 많았다.

【傳】 言伊尹至甘盤六臣은 佐其君하되 循惟此道하여 有陳列之功하여 以安治有殷이라 故로 殷禮能升配天하여 享國久長하고 多歷年所라

伊尹에서 甘盤에 이르기까지 여섯 신하는 그 임금을 보좌하되, 〈신하된〉 이 도리를 따라 진열한 공을 세워 〈임금으로 하여금〉 殷나라를 안보해 다스리게 하였다. 그러므로 殷나라가 禮로써 하늘에 올라가 짝이 되어 연도를 지낸 바가 많았다고 말한 것이다.

天惟純佑命하여 則商實百姓[1)]하고

1) 百姓 : 蘇軾은 '百族大姓'으로, 林之奇는 '百官族姓'으로, 夏僎과 蔡傳은 '百官著姓者'로 보았다.

하늘이 크게 王命을 도와 商나라의 백성들을 豐實하게 하였고,

【傳】 殷禮配天하니 惟天大佑助其王命하여 使商家百姓豐實하니 皆知禮節이라

殷나라가 禮로써 하늘에 짝하니, 하늘이 크게 그 王命을 도와 商나라 백성들을 豐實하게 만드니, 모두 禮節을 알았다.

【疏】 '率惟'至'百姓' ○ 正義曰 : 此伊尹·甘盤六臣等, 輔佐其君, 率循此爲臣之道, 有陳(烈)〔列〕[1)]之功, 以安治有殷. 故殷有安上治民之禮, 升配上天, 享國多歷年之次所. 天惟大佑助其爲王之命, 則使商家富實百姓, 爲令使商之百姓家給人足, 皆知禮節也.

1) (烈)〔列〕 : 저본에는 '烈'로 되어 있으나, 宋刊 單疏本에 의거하여 '列'로 바로잡았다.

經의 〔率惟〕에서 〔百姓〕까지

○ 正義曰 : 伊尹·甘盤 등 여섯 신하가 그 임금을 보좌하되, 신하된 도리를 따라 진열한 공을 세워 〈임금으로 하여금〉 殷나라를 안보해 다스리게 하였다. 그러므로 殷나라에 上天을 편안하게 하고 백성을 다스리는 禮가 있어 하늘에 올려가 짝하여 나라를 향유함에 연도를 지낸 바가 많았다. 하늘이 크게 그 王이 될 命을 도와 商나라로 하여금 백성들을 富實하게 하니, 商나라의 백성들로 하여금 어느 집 사람이나 모두 〈衣食에 부족함이 없이〉 풍족한 생활을 누리게 하여 모두 禮節을 알게 하였다.

【疏】 ○ 傳'言伊'至'年所' ○ 正義曰 : '率', 訓循也. 說賢臣佐君, 云"循惟此道", 當謂循此爲臣之道. 盡忠竭力以輔其君, 故有陳(烈)〔列〕[1)]於世, 以安治有殷, 使殷王得安治民. 故殷得此安上治民之禮, 能升配上天. 天在人上, 故謂之'升'. 爲天之子, 是'配〔天〕[2)]'也. 享國久長, 多歷年所.

1) (烈)〔列〕: 저본에는 '烈'로 되어 있으나, 宋刊 單疏本에 의거하여 '列'로 바로잡았다.
2) 〔天〕: 저본에는 없으나, 宋刊 單疏本에 의거하여 '天'을 보충하였다.

○ 傳의 〔言伊〕에서 〔年所〕까지

○ 正義曰 : '率'은 循(따름)의 뜻이다. 어진 신하가 임금을 보좌하는 것에 대해 말하기를 "이 도리를 따라서"라고 한 것은 응당 이 "신하된 도리를 따랐다."는 것을 이른다. 충성을 다하고 힘을 기울여서 그 임금을 보필하였기 때문에 공을 세상에 진열하여 殷나라를 편안히 다스렸고, 殷나라 王으로 하여금 백성을 편안히 다스리게 했다. 그러므로 殷나라가 이 上天을 편안하게 하고 백성을 다스리는 禮를 얻어 上天에 올라가 짝할 수 있었던 것이다. 하늘이 사람 위에 있기 때문에 '升'이라 이른 것이다. 하늘의 아들이 되었으니 이것이 "하늘에 짝한다."는 것이다. 나라를 장구히 향유함에 연도를 지낸 바가 많았다는 것이다.

【疏】 ○ 傳'殷禮'至'禮節' ○ 正義曰 : 殷能以禮配天, 故天降福. 天惟大佑助其王命, 風雨以時, 年穀豐稔, 使商家百姓豐實, 家給人足. 管子曰 "衣食足, 知榮辱. 倉廩實, 知禮節."

○ 傳의 〔殷禮〕에서 〔禮節〕까지

○ 正義曰 : 殷나라가 능히 禮로써 하늘에 짝했기 때문에 하늘이 福을 내린 것이다. 하늘이 크게 그 왕이 될 命을 도와 제때에 바람이 불고 제때에 비가 오게 해서 곡식이 풍년이 들어 商나라 백성들로 하여금 豐實하여 어느 집 사람이나 모두 〈衣食에 부족함이 없이〉 풍족한 생활을 누리게 했다. ≪管子≫ 〈牧民〉에 "衣食이 풍족하면 榮辱을 알고, 倉廩이 豐實하면 禮節을 안다."라고 하였다.

王人[1]이 罔不秉德하며 明恤小臣은 屛侯甸이라

1) 王人 : 蔡傳은 미미한 王의 신하로 보았다.

王人이 德을 가지지 않는 이가 없었으며, 소소한 신하들까지도 〈어질지 못할까〉 현저하게 걱정한 것은 〈적격자를 얻어서〉 藩屛侯甸을 삼고자 함이었다.

【傳】 自湯至武丁히 其王人이 無不持德立業하고 明憂其小臣은 使得其人하여 以爲蕃屛侯甸之服이라 小臣且憂得人이면 則大臣可知라

湯으로부터 武丁에 이르기까지 그 王人이 德을 가지고 業을 건립하지 않는 이가 없었으며, 그 소소한 신하들까지도 〈어질지 못할까〉 현저하게 걱정한 것은 적격자를 얻어서 蕃屛侯甸의 服을 삼고자 함이었다. 소소한 신하까지도 적격자를 얻기를 걱정하였다면, 大臣〈도 적격자를 얻으려고 걱정한 것〉은 알 수 있는 일이었다.

矧咸奔走온여 惟茲惟德을 稱하여 用乂厥辟[1)]이라

1) 天惟純佑命……用乂厥辟 : 蔡傳은 '純'을 '純一'의 純, '實'을 '虛實'의 實로 보고 命, 實, 人, 恤, 甸, 走, 稱, 辟에 句를 끊어서 "하늘이 商나라를 도와주는 命이 純一하여 잡되지 않았다. 그러므로 商나라에 훌륭한 사람이 꽉 차있어 안으로는 著姓한 百官 및 미미한 王臣들이 德을 가지고 나라를 걱정하는 마음을 밝게 드러내지 않은 이가 없었고, 밖으로는 小臣과 藩屛의 侯甸들이 하물며 모두 분주하게 일을 하였음에랴. 이와 같았기 때문에 오직 德을 가진 사람들만이 擧用되어 임금을 도와 나라를 다스리게 하였을 뿐이다.〔天佑命有商 純一而不雜 故商國有人而實 內之百官著姓 與夫王臣之微者 無不秉持其德 明致其憂 外之小臣 與夫藩屛侯甸 矧皆奔走服役 惟此之故 惟德是擧 用乂其君〕"라고 풀이하였다.

하물며 〈신하들이〉 모두 분주하게 일을 하였음에랴. 이와 같았기 때문에 오직 德을 가진 〈賢能한〉 사람들만을 등용하여 그 임금의 일을 다스리게 했을 뿐이다.

【傳】 王猶秉德憂臣이온 況臣下得不皆奔走아 惟王此事는 惟有德者擧하여 用治其君事라

王도 오히려 德을 가지고 신하에 대해 걱정하였거늘, 하물며 신하들은 모두 분주하지 않을 수 있었겠는가. 王의 이 일은 오직 德이 있는 이를 등용하여 그 임금의 일을 다스리게 할 뿐이었다.

故一人이 有事于四方이어든 若卜筮하여 罔不是孚하니라

그러므로 한 사람이 사방에서 일을 하게 되면, 마치 거북점이나 시초점과 같이 여겨서 〈온 천하에 한 사람도〉 이를 믿지 않는 이가 없었다."

【傳】 一人은 天子也라 君臣務德이라 故有事於四方이면 而天下化服이 如卜筮하여 無不是而信之라

'一人'은 天子이다. 임금과 신하가 德에 힘썼기 때문에 사방에서 일을 하게 되면 온 천

하 사람들이 감화하여 심복하는 것이 마치 거북점이나 시초점과 같이 여겨서 시인하고 믿지 않는 이가 없었다는 것이다.

【疏】'王人'至'是孚' ○正義曰：'王人', 謂與人爲王, 言此上所說成湯·太甲·太戊·祖乙·武丁, 皆王人也. 無不持德立業, 明憂小臣. 雖則小臣, 亦憂使得其賢人, 以蕃屛侯甸之服. 王恐臣之不賢, 尙以爲憂, 況在臣下, 得不皆勤勞奔走, 惟憂王此求賢之事, 惟求有德者擧之, 用治其君之事乎. 君臣共求其有德, 所在職事皆治, 天子一人, 有事於四方, 天下咸化而服. 如有卜筮之驗, 無不是而信之. 賢臣助君, 致使大治, 我留不去, 亦當如此也.

經의〔王人〕에서〔是孚〕까지

○正義曰：'王人'은 人心을 얻어 王이 된 이를 이르니, 이상에서 말한 成湯·太甲·太戊·祖乙·武丁이 모두 王人이란 점을 말한 것이다. 〈그 王人들은〉 德을 가지고 業을 세우지 않는 이가 없었으며, 그 소소한 신하들까지도 〈어질지 못할까〉 현저하게 걱정하였다. 비록 소소한 신하라 할지라도 또한 어진 사람을 얻어서 蕃屛侯甸의 服을 삼을 것에 대해 걱정하였다. 王은 신하들이 어질지 못할까 싫어 오히려 걱정하였거늘, 하물며 신하들에 있어서는 모두 근로하고 분주하여 王이 이처럼 어진 이를 구하는 일을 걱정하며 오직 德이 있는 이를 구해 천거하여 그 임금의 일을 다스리게 하지 않을 수 있겠는가. 임금과 신하가 다 함께 덕이 있는 이를 구하여 어디서나 職事가 모두 다스려졌으니, 天子 한 사람이 사방에서 일을 하게 되면 천하가 모두 감화하여 복종하는 것이 마치 거북점이나 시초점의 효험이 있어서 시인하고 믿지 않는 자가 없는 것과 같았다. 어진 신하들은 임금을 도와 큰 治世를 이룩하고자 하였으니, 내가 머물고 떠나가지 않는 것 또한 마땅히 이와 같이 해야 하기 때문이다.

【疏】○傳'自湯'至'可知' ○正義曰：王肅云 "王人, 猶君人也." '無不持德立業', 謂持人君之德, 立王者之事業. 人君之德在官賢人, 官得其人, 則事業立, 故傳以'立業'配'持德'. 明憂小臣之不賢, 憂欲使得其人, 以爲蕃屛侯甸之服也. 小臣且憂得人, 則大臣憂之可知. 侯甸尙思得其人, 朝廷思之必矣. 王肅云 "小臣, (巨)〔臣〕[1]之微者, 擧小以明大也."

1) (巨)〔臣〕: 저본에는 '巨'로 되어 있으나, 諸本에 의거하여 '臣'으로 바로잡았다.

○ 傳의 〔自湯〕에서 〔可知〕까지

○ 正義曰：王肅은 "王人은 君人과 같다."라고 하였다. '無不持德立業'은 임금의 德을 가지고 王者의 事業을 건립함을 이른 것이다. 임금의 德은 어진 사람을 벼슬시키는 일에 있으니, 벼슬에 적격자를 등용하면 사업이 건립되기 때문에 傳에서 '立業'으로 '持德'을 짝하였다. 소소한 신하의 어질지 못함을 현저하게 걱정한 것은 적격자를 얻어서 蕃屛侯甸의 服으로 삼으려고 걱정한 것이었다. 소소한 신하도 적격자를 얻기를 걱정하였다면, 大臣도 〈적격자를 얻으려고 걱정한 것〉이야 알 수 있는 일이었다. 侯甸도 오히려 적격자를 얻기를 생각하였으니, 朝廷의 大臣도 〈적격자를 얻기를〉 생각하는 것은 필연적인 일이다. 王肅은 "小臣은 신하 가운데 미세한 것이니, 작은 것을 들어서 큰 것을 밝힌 것이다."라고 하였다.

【疏】 ○ 傳'王猶'至'君事' ○ 正義曰：君之所重，莫重於求賢. 官之所急，莫急於得人. 故此章所陳，惟言君憂得人，臣能擧賢. 以王之尊，猶尙秉德憂臣，況其臣下得不皆奔走，惟王此求賢之事，惟有德者必擧之，置於官位，用治其君事也.

○ 傳의 〔王猶〕에서 〔君事〕까지

○ 正義曰：임금의 중한 일은 어진 이를 구하는 일보다 더 중한 일은 없다. 벼슬의 급한 것은 적격자를 얻는 것보다 더 급한 것은 없다. 그러므로 이 章에서 베푼 것은 오직 임금은 적격자를 얻을 것에 대해 걱정하고 신하는 어진 사람을 천거하는 일만을 말하였다. 王의 지존으로도 외려 덕을 갖는 일과 어진 신하를 구하는 일에 대한 걱정을 하였거늘, 하물며 그 신하들은 모두 분주하여 王이 이처럼 어진 이를 구할 일에 〈대해 걱정하고〉 오직 德이 있는 이를 반드시 천거하여 官位에 두어서 그 임금의 일을 다스리도록 하지 않을 수 있겠는가.

【疏】 ○ 傳'一人'至'信之' ○ 正義曰：禮天子自稱曰予一人[1)]，故爲天子也. 君臣務求有德，衆官得其人，從上至下，遞相師法，職無大小，莫不治理，故天子有事於四方，發號出令，而天下化服，譬如卜筮，無不是而信之，事旣有驗，言如是則人皆信之.

1) 禮天子自稱曰予一人：≪禮記≫ 〈玉藻〉에 "凡自稱 天子曰予一人"이라고 하였다.

○ 傳의 〔一人〕에서 〔信之〕까지

○ 正義曰：≪禮≫에 天子가 스스로를 칭하기를 '予一人'이라 한다고 되어 있기 때문에

〈孔傳에서 一人을〉 天子로 여긴 것이다. 임금과 신하가 덕이 있는 이를 구하기에 힘써 여러 벼슬에 적격자를 얻어서 위로부터 아래에 이르기까지 서로 번갈아 모범을 보여, 관직이 대소를 막론하고 다스려지지 않음이 없었기 때문에 天子가 사방에 일이 있을 때 호령을 한다면 온 천하 사람들이 감화하여 심복하는 것이, 비유하자면 마치 거북점이나 시초점을 시인하고 믿지 않는 자가 없는 것과 같다. 일에 이미 징험이 있기 때문에 이와 같으면 사람들이 모두 믿는다는 점을 말한 것이다.

公曰 君奭아 天壽平格[1]이라 保乂有殷하더시니 有殷嗣로 天滅威[2]니라

1) 平格 : 孔傳은 "平至"로, 鄭玄은 "格者 格於天"으로, 孔疏는 "'平'은 政敎가 均平함을 이르고, '至(格)'는 道가 이르는 바가 있음을 이른다.〔平謂政敎均平 至謂道有所至〕"로 풀이하였는데, 宋代 黃倫(≪尙書精義≫)은 孔疏를 따랐으며, 蘇軾(≪書傳≫)은 "和平至道"로, 錢時(≪融堂書解≫)는 '格'을 "感格"의 '格'으로 풀이하였다. 또한 吳澄은 "'平格'은 한 가지 일도 하늘과 통하지 않음이 없음을 이른다.〔平格 謂無一事不與天通者〕"로, 元代 朱祖義(≪尙書句解≫)는 "능히 그 백성들을 화평하게 해서 善에 이르도록 한다.〔能和平其民 使至於善〕"로 풀이하였다.

2) 天壽平格……嗣天滅威 : 蔡傳은 "하늘은 〈반드시 大臣이〉 공평무사하여 하늘의 마음과 일치하여야 그 국가의 수명을 연장시킨다. 〈여섯 신하들은 모두 공평무사하여 하늘의 마음과 일치하였기 때문에〉 殷나라를 보존해 다스려 오랜 동안 治安의 수명을 누리게 하였는데, 殷紂가 天位를 이어 〈공평무사하여 하늘의 마음과 일치하는 노성한 신하들을 버렸기 때문에〉 하늘이 벌을 내려서 멸망시킨 〈하늘의〉 威命에 걸렸다."로 풀이하였다.

公은 말씀하였다. "君奭아! 하늘은 平至한 德을 가진 임금을 장수하게 하기 때문에 殷나라를 안보해 다스렸었는데, 殷나라 嗣子인 〈紂가 平至하지 못하였으므로〉 하늘이 멸망시키고 위엄을 가하였다.

【傳】 (信)〔言〕[1]天壽有平至之君이라 故로 安治有殷이어늘 有殷嗣子紂 不能平至일새 天滅亡하고 加之(有)〔以〕[2]威라

1) (信)〔言〕: 저본에는 '信'으로 되어 있으나, 宋刊 單疏本에 의거하여 '言'으로 바로잡았다.

2) (有)〔以〕: 저본에는 '有'로 되어 있으나, 宋刊 單疏本에 의거하여 '以'로 바로잡았다.

하늘이 平至한 德을 가진 임금을 장수하게 하기 때문에 殷나라를 안보해 다스렸었는

데, 殷나라 嗣子인 紂가 능히 平至하지 못하므로 하늘이 멸망시키고 게다가 위엄을 가하였다고 말한 것이다.

今汝永念하면 **則有固命**하여 **厥亂**이 **明我新造邦**하리라

그러니 지금 당신이 길이 생각한다면 王命을 견고히 해서 그 다스림의 성과가 우리가 새로 조성한 나라를 밝게 할 것이다."

【傳】 今汝長念平至者安治요 反是者滅亡하여 以爲法戒면 則有堅固王命하여 其治理 足以明我新成國矣리라

지금 당신이 平至한 이는 편안히 다스리고 이와 반대로 하는 이는 멸망한다는 사실을 길이 생각하여 法戒로 삼는다면 王命을 견고히 해서 그 治理가 족히 우리가 새로 조성한 나라를 밝게 하리라고 한 것이다.

【疏】 '公曰君奭天'至'造邦' ○ 正義曰：周公呼召公曰 "君奭, 皇天賦命, 壽此有平至之君. - 言有德者, 必壽考也. - 殷之先王, 有平至之德, 故能安治有殷. - 言故得安治也. - 有殷嗣子紂不能平至, 故天滅亡而加之以威. 今汝奭當長念天道平至者安治, 不平至者滅亡. 以此爲法戒, 則有堅固王命, 其治理足以明我新成國矣."

經의 〔公曰君奭天〕에서 〔造邦〕까지

○ 正義曰：周公이 召公을 불러 다음과 같이 말씀하였다. "君奭아! 皇天이 命을 부여하되 平至한 德을 가진 임금을 장수하게 하였다. - 德을 가진 이는 반드시 壽考함을 말한 것이다. - 殷나라의 先王은 平至한 德을 가졌기 때문에 殷나라를 편안히 다스릴 수 있었다. - 그러므로 편안히 다스리게 되었음을 말한 것이다. - 殷나라 嗣子인 紂가 능히 平至하지 못하므로 하늘이 멸망시키고 게다가 위엄을 더하였다. 지금 당신 奭은 응당 天道가 平至한 이는 편안히 다스리고 平至하지 않은 이는 멸망한다는 사실을 길이 생각하여야 한다. 이를 法戒로 삼는다면 王命을 견고히 해서 그 治理가 족히 우리가 새로 조성한 나라를 밝게 하리라."

【疏】 ○ 傳'言天'至'以威' ○ 正義曰：'格', 訓至也. '平', 謂政教均平, '至', 謂道有所至也. 言'不弔', 謂道有不至者. 此言'格', 謂道至者. "天壽有平至之君", 有平至之德, 則天與之長壽, 則知中宗高宗之屬身是也. 由其君有平至之德, 故能安治有殷, 言有殷國安而民治也. 有殷嗣子紂, 其德不能平至, 國不安, 民不治, 故天滅亡之而加之以威也. 孔傳之意, 此經專說君之善惡, 其言不及臣也. 王肅以爲兼言君臣, 注云"殷君臣之有德, 故安治有殷. 言是者, 不可不法殷家有良臣也." 鄭注以爲(傳)〔專〕[1]言臣事, '格', 謂至於天也, 與孔不同.

1) (傳)〔專〕: 저본에는 '傳'으로 되어 있으나, 宋刊 單疏本에 의거하여 '專'으로 바로잡았다.

○ 傳의 〔言天〕에서 〔以威〕까지

○ 正義曰 : '格'은 至(이르다)의 뜻으로 풀이한다. '平'은 政教가 均平함을 이르고, '至'는 道가 이른 바가 있음을 이른다. '不弔'이라 말함은 道가 이르지 않음을 이른 것이다. 여기서 말한 '格'은 道가 이름을 이른 것이다. "하늘이 平至한 덕을 가진 임금을 장수하게 한다."라는 것은 平至한 德을 가지면 하늘이 長壽를 부여하기 마련이므로 中宗과 高宗 등이 이에 해당함을 〈孔安國은〉 알았던 것이다. 그 임금이 平至한 德을 가졌기 때문에 능히 殷나라를 편안히 다스렸다는 것은 殷나라가 편안하고 백성이 다스려짐을 말한 것이다. 殷나라의 嗣子인 紂는 그 德이 능히 平至하지 않아서 나라가 편안하지 않고 백성이 다스려지지 않았기 때문에 하늘이 멸망시키고 위엄을 더하였다는 것이다.

孔傳의 뜻은 이 經文이 임금의 善惡만을 오로지 말하므로 그 말이 신하에게 미쳐가지 않은 것으로 여겼다. 王肅은 君臣을 겸해서 말한 것으로 여기고 注를 달기를 "殷나라 君臣이 德을 가졌기 때문에 殷나라를 편안히 다스렸다. 이것은 殷나라가 어진 신하를 가졌던 점을 본받지 않을 수 없음을 말한 것이다."라고 하고, 鄭注는 신하의 일만을 오로지 말한 것으로 여기고, '格'은 하늘에 이른 것이라 일렀으니, 공안국과 같지 않았다.

【疏】 ○ 傳'今汝'至'國矣' ○ 正義曰 : 上句言善者興而惡者亡, 此句令其長安治及念明道. 念上二者, 故言"今汝長念平至者而安治, 反是者滅亡." 念此以爲法戒, 則有堅固王命, 王族必不傾壞. 若能如此, 其治理足以光明我新成國矣. 周自武王伐紂, 至此年歲未多, 對殷而言, 故爲新國. 傳意言不及臣, 周公說此事者, 蓋言興滅由人, 我欲輔王, 使爲平至之君.

○ 傳의 〔今汝〕에서 〔國矣〕까지

○ 正義曰 : 윗句에서는 善한 자는 흥하고 惡한 자는 망한다는 점을 말하였고, 이 句에

서는 길이 편안히 다스리고 도리를 밝힐 것을 생각하도록 하였다. 위의 두 가지를 생각하기 때문에 "지금 당신이 平至한 이는 편안히 다스리고 이와 반대로 하는 이는 멸망한다는 사실을 길이 생각하여."라고 말한 것이다. 이를 생각하여 法戒로 삼는다면 王命이 견고해져서 王族이 반드시 傾壞하지 않을 것이다. 만일 능히 이와 같이 한다면 그 治理가 족히 우리가 새로 조성한 나라를 光明하게 할 것이다.

周나라는 武王이 紂를 친 때로부터 이에 이르러 햇수가 많지 않으니, 殷나라를 상대로 해서 말하기 때문에 새 나라라고 말한 것이다. 傳의 뜻은 말이 신하에게 미쳐가지 않은 것으로 여겼으나 周公이 이 일을 말한 것은 아마 흥기와 멸망은 사람에 말미암은 것이므로 내가 王을 보필하여 平至한 임금이 되게 하고자 한다는 점을 말한 것이다.

公曰 君奭아 在昔上帝 割[1]하고 申勸寧王[2]之德하사 其集大命于厥躬하시니라

1) 割 : "蘇軾(≪書傳≫)은 "天降割喪"으로, 林之奇(≪尙書全解≫)는 蘇軾처럼 〈大誥〉의 "天降割于我家 不少延之割"이란 '割'로, 呂祖謙은 "裁割其偏"으로 보았고, 蔡傳은 蘇軾을 따랐다.

2) 寧王 : 蔡傳에서 '寧王'을 武王으로 본 것에 대하여 陳師凱(≪書蔡氏傳旁通≫)는 "'寧王'을 孔注(孔傳)는 文王으로 여겼는데, 蔡傳은 武王으로 여겼으니, 과연 '武王'이라면 아래에 '惟文王尙克修和我有夏'란 말을 접하였으니, 반드시 缺文이 있을 것이다.〔寧王 孔注以爲文王 蔡傳以爲武王 果武王也則 下接惟文王尙克修和我有夏 必有缺文〕"라고 지적하였다. 그러나 周나라가 天下를 얻은 것은 비록 武王이 한 일이지만, 그 기반은 실로 文王이 닦은 것을 감안하면 '寧王'을 '文王'으로 볼 수도 있을 것 같다. 宋代 夏僎(≪尙書詳解≫)은 '寧王'을 文王과 武王을 竝稱한 것으로 보았다.

公은 말씀하였다. "君奭아! 옛날 상제께서 그 〈義를〉 割制(판단)하고, 거듭 寧王의 德을 권면해서 大命을 그 몸에 모아주셨다.

【傳】 在昔上天이 割制其義하고 重勸文王之德이라 故로 能成其大命於其身이라 謂勸德以受命이라

옛날 上天이 그 義를 割制하고 거듭 文王의 德을 권면하였기 때문에 능히 大命을 그 몸에 이루었다는 것이다. 덕을 열심히 닦아서 천명을 받은 것을 이른다.

惟文王이 尙克修和我有夏하시고 亦惟有若虢叔과 有若閎夭와

文王이 거의 〈정치교화를〉 닦아서 우리가 소유한 夏(中國)를 잘 화합시켰고, 또한

虢叔과 같은 이가 있고 閎夭 같은 이가 있으며

【傳】 文王庶幾能修政化하여 以和我所有諸夏하고 亦惟賢臣之助爲治에 有如此虢閎이라 閎은 氏요 虢은 國이라 叔은 字니 文王弟라 夭는 名이라

文王이 거의 능히 정치교화를 닦아서 우리가 소유한 중국을 화합시켰고, 또한 어진 신하의 도움으로 정치를 함에 이와 같은 虢叔・閎夭가 있었다. '閎'은 氏요, '虢'은 나라이다. '叔'은 字니 文王의 아우이다. '夭'는 이름이다.

有若散宜生하고 有若泰顚하고 有若南宮括이라

散宜生 같은 이가 있고, 泰顚 같은 이가 있고, 南宮括 같은 이가 있었다.

【傳】 散泰南宮은 皆氏요 宜生顚括은 皆名이라 凡五臣은 佐文王하여 爲胥附奔走先後禦侮之任이라

散・泰・南宮은 모두 氏요, 宜生・顚・括은 모두 이름이다. 이들 다섯 신하는 文王을 보좌하여 '胥附'・'奔走'・'先後'・'禦侮'하는 임무를 수행하였다.

【疏】 '公曰君奭'至'厥躬' ○ 正義曰：公呼召公曰 "君奭, 在昔上天斷割其義, 重勸文王之德. 以文王有德, 勸勉使之成功, 故文王能成之命於其身." 言文王能順天之意, 勤德以受命.

經의 〔公曰君奭〕에서 〔厥躬〕까지

○ 正義曰：公이 召公을 불러서 말씀하였다. "君奭아! 옛날 上天이 그 義를 斷割하고 거듭 文王의 德을 권면하였다. 文王이 덕을 가졌기 때문에 권면하여 공을 이루게 하였다. 그러므로 文王이 능히 천명을 그 몸에 이룰 수 있었다." 文王이 능히 하늘의 뜻을 따라 덕을 부지런히 닦아서 천명을 받았음을 말한 것이다.

【疏】 ○ 傳'在昔'至'受命' ○ 正義曰：文王去此未久, 但欲遠本天意, 故云"在昔上天", 作久遠言之. '割制', 謂切割絶斷之意, 故云 "割制其義." '重勸文王之德'者, 文王既已有德, 上天佑助而重勸勉, 文王順天之意, 故其能成大命於其身, (王)〔正〕[1]謂勤行德義, 以受天命.

1) (王)〔正〕: 저본에는 '王'으로 되어 있으나, 諸本에 의거하여 '正'으로 바로잡았다.

○ 傳의 〔在昔〕에서 〔受命〕까지

○ 正義曰 : 文王은 그리 오래된 인물이 아닌데, 다만 하늘의 뜻을 멀리 추구하려고 하기 때문에 "옛날 上天"이라고 하여 아주 먼 느낌을 주어서 말했을 뿐이다. '割制'는 끊고 자르는 뜻을 이르기 때문에 "그 義를 割制하였다."라고 한 것이다. '重勸文王之德'이란 것은 文王에게 이미 덕이 있으므로 上天이 그를 도와 거듭 권면하자, 文王이 하늘의 뜻을 따랐기 때문에 능히 大命을 그 몸에 이룰 수 있었으니, 바로 德義를 부지런히 행하여 天命을 받은 점을 이른 것이다.

【疏】 ○ 傳'文王'至'夭名' ○ 正義曰 : 文王未定天下, 庶幾能修政化, 以和我所有諸夏, 謂三分有二屬己之諸國也. 僖五年左傳云 "虢仲・虢叔, 王季之穆也." 是虢叔爲文王之弟. 虢, 國名, 叔, 字. 凡言人之名氏, 皆上氏下名, 故閎・散・泰・南宮皆(是)〔氏〕[1], 夭・宜生・顚・括皆名也.

1) (是)〔氏〕: 저본에는 '是'로 되어 있으나, 諸本에 의거하여 '氏'로 바로잡았다.

○ 傳의 〔文王〕에서 〔夭名〕까지

○ 正義曰 : 文王이 아직 천하를 정하지 못했을 적에 거의 능히 정치교화를 닦아서 우리가 소유한 중국을 화합시켰다는 것이니, 곧 3분의 2의 자기에게 속한 여러 나라를 이른 것이다. ≪春秋左氏傳≫ 僖公 5년 조에 "虢仲・虢叔은 王季의 아들이다."라고 하였으니, 이 虢叔은 文王의 아우이다. 虢은 나라 이름이고, 叔은 字이다. 무릇 사람의 名氏를 말할 때에는 모두 위는 氏, 아래는 名이기 때문에 閎・散・泰・南宮은 모두 氏요, 夭・宜生・顚・括은 모두 이름이다.

【疏】 ○ 傳'散泰'至'之任' ○ 正義曰 : 詩緜之卒章稱文王有疏附・先後・奔奏・禦侮之臣, 毛傳云 "率下親上曰疏附, 相(通)〔道〕[1]前後曰先後, 喩德宣譽曰奔奏, 武臣折衝曰禦侮." 鄭箋云 "疏附, 使疏者親也, 奔奏, 使人歸趨之." 詩言文王有此四種之臣[2], 經歷言五臣之名, 故知五臣佐文王爲此任也. 此四事[3]者, 五臣共爲此任, 非一臣當一事也. 鄭云 "不及呂望者, 太師(致)〔敎〕[4]文王以大德, 周公謙不可以自比."

1) (通)〔道〕: 저본에는 '通'으로 되어 있으나, 毛傳에 의거하여 '道'로 바로잡았다.
2) 四種之臣 : 疏附・先後・奔奏・禦侮의 신하를 가리킨다.

3) 四事 : 疏附・先後・奔奏・禦侮의 일이다.

4) (致)〔教〕: 저본에는 '致'로 되어 있으나, 宋刊 單疏本・宋兩浙東路茶鹽司本・宋慶元間 建安魏縣尉宅本에 의거하여 '教'로 바로잡았다.

○ 傳의 〔散泰〕에서 〔之任〕까지

○ 正義曰 : ≪詩經≫ 〈大雅 綿〉의 卒章에 "文王에게 疏附・先後・奔奏・禦侮의 신하가 있다."고 칭하였는데, 毛傳에는 "아랫사람을 거느리고 윗사람을 친근히 함을 '疏附'라 하고, 서로 앞뒤에서 인도한 것을 '先後'라 하고, 〈왕의〉 德을 알리고 왕을 칭송하는 소리를 선양하는 것을 '奔奏'라 하고, 武臣이 적을 막는 것을 '禦侮'라 한다."라고 하고, 鄭箋에는 "'疏附'는 疏遠한 자를 친근하게 하는 것이고, '奔奏'는 사람을 歸趨하게 하는 것이다."라고 하였다. ≪詩≫에서 文王에게 이 4種의 신하가 있다고 말하고 經文에서 다섯 신하의 이름을 내리 말하였기 때문에 다섯 신하가 文王을 도와 이 임무를 하였음을 〈孔安國이〉 알았던 것이다. 이 네 가지 일은 다섯 신하가 함께 임무를 한 것이지, 한 신하가 한 일씩 담당한 것이 아니었다.

鄭玄이 "呂望을 언급하지 않은 것은 〈呂望이〉 太師로서 大德으로써 文王을 教諭하였으니, 周公이 겸손하여 스스로 비교할 수 없었다."라고 하였다.

又曰 無能往來[1)]라하여늘 玆迪彝로 教文王蔑德하여 降于國人[2)]이니라

1) 無能往來 : 宋代 夏僎(≪尙書詳解≫)은 "先儒(孔安國)는 여기의 '又曰'을 文王이 스스로 한 말로 여겼고, 唐나라 孔氏는 확대 해석하기를 '文王은 이미 어진 신하 다섯 명을 소유하였으나 다시 말하기를 「나의 어진 신하가 외려 적어서 왕래할 수가 없다.」고 하였는데, 다섯 사람은 이 道法을 가지고 文王으로 하여금 精微한 德으로써 國人에게 政令을 내리게 했다.'고 하였으니, 그 뜻대로라면 '玆迪彝'를 1句로 '教文王蔑德'을 1句로 삼아야 한다. 그러나 '玆迪彝'를 '此道法'으로 삼으면 文理가 이미 雅順하지 못한데, 하물며 '無能往來'를 文王이 스스로 한 말로 삼아 '어진 신하가 적어서 왕래할 수가 없다.'고 한다면, 文王이 이 다섯 사람을 경시한 것 같다. 그러므로 감히 이 해석을 따르지 못하겠다.〔先儒于此又曰 乃以爲此文王所自言 唐孔氏廣之謂 文王旣有賢五人 又復言曰 我知得賢臣猶少 無所能往來 五人以此道法教文王以精微妙蔑之德 下政令于國人 此其意 則以玆迪彝爲一句 以教文王蔑德爲一句 夫以玆迪彝爲此道法 文理旣不雅順 況以無能往來 爲文王自言 爲賢臣少無所能往來 則文王若輕此五人者 故不敢從〕"라고 반박한 반면, 呂祖謙(≪增修東萊書說≫)은 孔傳처럼 "인재가 적어서 임금과 백성들 사이를 왕래할 수가 없었다.〔人材之少 無能往來君民之間〕"로 풀이하였고, 淸代 毛奇齡(≪尙書廣聽錄≫)은 '無能往來'를 1句로, '玆迪彝'를 1句로, '教文王蔑德'을 1句로, '降于國人'

을 1句로 하고서 '蔑德'은 隱微한 德이라고 풀이하기도 하였다.

2) 又曰……降于國人 : 蔡傳은 "蔑은 無의 뜻이다. 夏僎(≪尙書詳解≫)이 말하기를 '周公이 앞에서 이미 文王의 興起는 이 다섯 신하에게 근거를 둔 것으로 말했기 때문에 다시 앞의 뜻을 뒤집어서 말하기를 「만약 이 다섯 신하들이 文王을 위해 여기에 분주히 오가며 常敎로 계도하지 않았더라면 文王 또한 德이 國人에게 내려가지 못했을 것이다.」라고 했다.' 하였다. 周公께서 반복하여 그 뜻을 밝혔기 때문에 '又曰'로 말끝을 바꿔서 말씀하신 것이다.〔蔑 無也 夏氏曰 周公前旣言文王之興 本此五臣 故又反前意而言曰 若此五臣者 不能爲文王 往來奔走於此 導迪其常敎 則文王亦無德降及於國人矣 周公 反覆以明其意 故以又曰 更端發之〕"라고 풀이하였다.

또 '〈신하로는 인원수가 적어서〉 능히 왕래〈하면서 빈틈없이 일을 다스릴〉 수 없다.'고 하였으나, 〈다섯 신하들은〉 이 道法을 가지고 文王을 精微한 德으로써 가르쳐서 〈政令이〉 國人에게 내려가도록 하였다.

【傳】 有五賢臣이나 猶曰其少하여 無所能往來로되 而五人은 以此道法으로 敎文王以精微之德하여 下政令於國人이니 言雖聖人이라도 亦須良佐라

다섯 어진 신하를 소유하였으나 외려 '〈인원수가〉 적어서 능히 왕래〈하면서 빈틈없이 일을 다스릴〉 수 없다.'고 하였으나, 다섯 사람들은 이 道法을 가지고 文王을 精微한 德으로써 가르쳐서 政令이 國人에게 내려가도록 하였으니, 비록 성인이라 할지라도 또한 어진 보좌를 필요로 했음을 말한 것이다.

亦惟純佑하고 秉德迪知天威는 乃惟時昭文王일새라

〈文王이〉 또한 〈殷나라가 하늘의〉 큰 도움을 받듯이 하고, 德을 가지고 하늘의 위엄을 적실히 알게 된 것은 바로 이 〈다섯 사람이〉 文王〈의 德을〉 밝혔기 때문이다.

【傳】 文王이 亦如殷家 惟天所大佑하고 文王이 亦秉德하여 蹈知天威는 乃惟是五人이 明文王之德일새라

文王이 또한 殷나라가 하늘의 큰 도움을 받듯이 하고, 文王이 또한 德을 가지고 하늘의 위엄을 적실히 알게 된 것은 바로 이 다섯 사람이 文王의 德을 밝혔기 때문이란 것이다.

迪見(현)**冒**하여 **聞于上帝**라 **惟時**로 **受有殷命哉**[1)]하시니라

1) 亦惟純佑……惟時受有殷命哉：蔡傳은 "文王은 이와 같은 다섯 신하를 소유하였기 때문에 또한 殷나라가 하늘이 도와준 명이 순일하여 著姓한 百官과 王人들이 德을 가지지 않은 이가 없었던 성세를 만났을 때와 같았음을 말한 것이다. 위에서 이미 뒤집어 말하기를 '文王이 만일 이와 같은 다섯 신하들이 常敎로 계도함이 없었더라면 또한 德이 아래로 國人에게 내려가지 못했을 것이다.'라고 하였다. 그러므로 여기에서는 또 바로 말하기를 '하늘이 곧 文王을 도운 명이 순일한 것은 이와 같이 德을 가진 신하들이 덕을 지극히 행하고 하늘의 위엄을 실제로 알았는지라, 이러므로 文王을 밝게 드러내어 그 德을 계도해서 위에 나타나고 아래에 덮여져 上帝에게 알려지게 했기 때문이다.'라고 한 것이다. 이 때문에 드디어 殷나라의 天命을 받게 된 것이다.〔言文王有此五臣者 故亦如殷爲天純佑命 百姓王人 罔不秉德也 上旣反言 文王若無此五臣 爲迪彝敎 則亦無德下及國人 故此又正言 亦惟天乃純佑文王 蓋以如是秉德之臣 蹈履至到 實知天威 以是 昭明文王 啓迪其德 使著見於上 覆冒於下 而升聞于上帝 惟是之故 遂能受有殷之天命也〕"라고 풀이하였다.

〈다섯 사람이 文王의 德을 밝히어〉 지극히 행하여 드러내서 〈백성에게〉 덮여지고 上帝에게 알려지게 하였다. 이 때문에 殷나라의 왕명을 받으신 것이다.

【傳】 言能明文王德하여 蹈行顯見하여 覆冒下民하고 彰聞上天라 惟是故로 受有殷之王命이라 ○ 冒는 馬作勖이니 勉也라

능히 文王의 德을 밝히어 지극히 행하여 드러내서 백성에게 덮여지고 하늘에 알려지게 하였다. 이 때문에 殷나라의 王命을 받게 된 것이라고 말한 것이다.

○ '冒'는 馬融이 '勖'으로 적었는데, '勉'의 뜻이다.

【疏】 '又曰'至'命哉' ○ 正義曰：文王旣有賢臣五人, 又復言曰 "我之賢臣猶少, 無所能往來." 五人以此道法, 敎文王以微蔑精妙之德, 下政令於國人. 德政旣善, 爲天所佑. 文王亦如殷家, 惟爲天所大佑, 文王亦秉德, 蹈知天威. 文王德如此者, 乃惟是五人明文王之德使然也. 五人能明文王德, 使蹈行顯見, 覆冒下民, 聞於上天, 惟是之故, 得受有殷王之命哉. 言文王之聖, 猶須良佐, 我所以留輔成王.

經의 〔又曰〕에서 〔命哉〕까지

○ 正義曰：文王이 이미 어진 신하 다섯 명을 가졌는데도 또 다시 말씀하기를 "나의 어진 신하가 외려 적어서 왕래할 수가 없다."라고 하였다. 그러나 다섯 사람들은 이 道法을

가지고 文王을 은미하고 精妙한 德으로써 가르쳐서 政令이 國人에게 내려가도록 하였다. 德政이 이미 선하게 베풀어지자 하늘이 도운 바가 되었다. 文王은 또한 殷나라가 하늘의 큰 도움을 받듯이 하고, 文王은 또한 德을 가지고 하늘의 위엄을 적실히 알았다. 文王의 덕이 이와 같은 것은 바로 이 다섯 사람이 文王의 德을 밝혀 그렇게 되도록 했기 때문이다. 다섯 사람이 능히 文王의 덕을 밝히어 지극히 행하여 드러내서 백성에게 덮여지고 上天에게 알려지게 하였으니, 이런 때문에 殷나라의 왕명을 받게 된 것이다. 文王 같은 성인도 외려 어진 보좌를 필요로 했으니, 그래서 내가 머물러 成王을 보필하려 한다고 말한 것이다.

【疏】 ○ 傳'有五'至'良佑' ○ 正義曰："無能往來"一句, 周公假爲文王之辭, 言文王有五賢臣, 猶恨其少. 又復言曰 "我臣旣少, 於事無能往來." 謂去還理事, 未能周悉, 言其好賢之深, 不知厭足也. '迪', 道, '彝', 法也. '蔑', 小也, 小謂精微也. 而五人以此道法, 教文王以精微之德, 用此精微之德, 下教令於國人. 言雖聖人, 亦須良佐, 以見成王須輔佐之甚也. 鄭玄亦云 "蔑, 小也."

○ 傳의 〔有五〕에서 〔良佑〕까지

○ 正義曰："無能往來"란 1句는 周公이 文王의 말씀을 빌려서 한 말인데, 文王은 다섯 어진 신하를 가졌어도 외려 그 숫자가 적음을 한스러워했다고 말한 것이다. 또 다시 말씀하기를 "나의 신하가 숫자가 적어서 일을 함에 있어서 능히 왕래할 수 없다."라고 하였으니, 갔다 왔다 하며 일을 다스릴 때에 능히 빈틈없이 하지 못함을 이른 것인데, 어진 이를 좋아하는 생각이 너무도 깊어서 만족해할 줄 모름을 말한 것이다.

'迪'은 道의 뜻이고, '彝'는 法의 뜻이다. '蔑'은 小의 뜻인데, '小'는 精微함을 이른다. 다섯 사람이 이 道法을 가지고 文王을 精微한 德으로써 가르쳤으므로 이 精微한 德을 써서 教令이 國人에게 내려가게 한 것이다. 아무리 聖人이라 하더라도 또한 어진 보좌를 필요로 한다는 점을 말해서 成王에게 輔佐가 필요함의 심각성을 보인 것이다. 鄭玄도 "'蔑'은 小의 뜻이다."라고 하였다.

武王은 **惟茲四人**이 **尙迪有祿**하니

武王에 와서는 〈죽은 虢叔을 제외한 閎夭 등〉 네 사람이 거의 〈武王을〉 보필해서 天祿을 소유하게 하였더니,

【傳】文王沒하고 武王立하니 惟此四人이 庶幾輔相武王하여 蹈有天祿이라 虢叔先死라 故로 曰四人이라

文王이 작고하고 武王이 즉위하니, 이 네 사람이 거의 武王을 보필하여 직접 天祿을 소유하게 하였다. 虢叔이 먼저 죽었기 때문에 "네 사람"이라고 말한 것이다.

後暨武王으로 誕將天威하여 咸劉厥敵하니

뒤에 武王과 함께 크게 하늘의 위엄을 받들어 그 적들을 모두 죽였으니,

【傳】言此四人이 後與武王으로 皆殺其敵이라 謂誅紂라

이 네 사람이 뒤에 武王과 함께 그 적들을 모두 죽였다고 말한 것이다. 紂를 베어 죽인 것을 이른다.

惟茲四人이 昭武王惟冒하여 丕單稱德[1)]하니라

1) 丕單稱德 : 蔡傳은 "크게 모두 그 德을 칭송하게 하였다."로 풀이하였다.

이 네 사람이 武王의 德을 밝혀 〈天下에 두루〉 덮어지게 하여 크게 모두 그 德을 거행하였다.

【傳】惟此四人이 明武王之德하여 使布冒天下하여 大盡擧行其德이라

이 네 사람이 武王의 德을 밝혀 天下에 두루 덮어지게 하여 크게 모두 그 德을 거행하였다.

【疏】'武王'至'稱德' ○ 正義曰：文王既沒, 武王次立, 武功初立, 惟此四人, 庶幾輔相武王, 蹈有天下之祿. 其後四人, 與武王大行天之威罰, 皆與共殺其强敵. 謂其誅紂也. 武王之有天下, 惟此四人明武王之德, 惟武王布德, 覆冒天下, 此四人大盡擧行武王之德. 言武王亦得良臣之力.

經의 〔武王〕에서 〔稱德〕까지

○ 正義曰：文王이 이미 작고하고 武王이 다음으로 즉위하여 武功을 처음 세우자, 이 네 사람이 거의 武王을 보필하여 직접 天下의 祿을 소유하게 하였다. 그 뒤에 네 사람

은 武王과 함께 하늘의 威罰을 크게 행하고 모두 더불어 그 强敵을 함께 죽였다. 이는 그 紂를 베어죽임을 이른다. 武王이 천하를 소유하게 된 것은 이 네 사람이 武王의 德을 밝혔기 때문이고, 武王이 덕을 펴서 천하에 덮어지게 한 것은 이 네 사람이 크게 모두 武王의 덕을 거행하였기 때문이다. 武王도 또한 어진 신하들의 힘을 얻었음을 말한 것이다.

【疏】 ○ 傳'文王'至'四人' ○ 正義曰：文王受命九年而崩，十三年方得殺紂. '文王沒 武王立'，謂武王初立之時，惟此四人而已. '庶幾輔相武王 蹈有天祿'，初立則有此志，故下句言"後與武王殺紂"也. '虢叔先死 故曰四人'，以是文王之弟，其年應長，故言"先死"也. 鄭玄疑不知誰死，注云"至武王時，虢叔等有死者，餘四人也."

○ 傳의 〔文王〕에서 〔四人〕까지

○ 正義曰：文王이 천명을 받은 지 9년 만에 승하〔崩〕하고, 13년 만에 바야흐로 紂를 죽였다. '文王沒 武王立'은 武王이 처음 즉위했을 때에는 이 네 사람뿐이었음을 이른 것이다. '庶幾輔相武王 蹈有天祿'은 처음 즉위하면 이런 뜻이 있기 마련이기 때문에 아랫句에서 "뒤에 武王과 더불어 紂를 죽였다."라고 말한 것이다. '虢叔先死 故曰四人'은 〈虢叔이〉 文王의 아우라서 그 나이가 응당 많았을 것이기 때문에 "먼저 죽었다."라고 한 것이다. 鄭玄은 아마 누가 죽었는지 몰라서 注를 달기를 "武王 때에 와서 虢叔 등에 죽은 자가 있어서 네 사람이 남았다."라고 하였다.

【疏】 ○ 傳'惟此'至'其德' ○ 正義曰：'單'，盡，'稱'，擧也. 使武王之德，布冒天下，是此四人之力. 言此四人，大盡擧行武王之德也.

○ 傳의 〔惟此〕에서 〔其德〕까지

○ 正義曰：'單'은 盡의 뜻이고, '稱'은 擧의 뜻이다. 武王의 德이 천하에 펴지게 한 것은 바로 이 네 사람의 힘이었다. 이 네 사람이 크게 모두 武王의 덕을 거행하였음을 말한 것이다.

今在予小子旦하얀 **若游大川**이니 **予往**[1]에 **暨汝奭**으로 **其濟小子**하리라 **同未在位**하리니 **誕無我責**[2][3]하라

1) 往：孔疏는 '從此向川'으로, 林之奇(≪尙書全解≫)는 '自今以往'으로 보았는데, 蔡傳은 孔疏

를 따랐다.

2) 誕無我責 : 夏僎은 "이는 周公이 召公과 함께 成王을 구제하기를 마치 成王이 아직 즉위하지 못했을 때와 마찬가지로 하고, 나 한 사람에게 다 책임지우는 일이 없게 하려고 한 것이다.〔此周公所以欲召公同濟成王 與成王未卽位之時無異 大無盡責于我一人也〕"라고 하여 위아래가 연결되게 풀이하였는데, 蔡傳은 "'誕無我責' 위에 아마 缺文이 있는 듯하다."라고 하였다.

3) 今在予小子旦……誕無我責 : 蔡傳에 의하면 "지금처럼 〈王業이 어려운 때 어린 임금이 왕위에 있으니,〉 나 小子 旦에 있어서는 〈걱정되고 두렵기가〉 마치 큰 냇물을 헤엄쳐감과 같으니, 나는 지금부터 냇물을 향해 감에 오직 당신 奭과 함께 건너고자(협심해서 어려운 정국을 함께 구제하고자) 할 뿐이다. 小子(成王)는 〈어리기 때문에 비록 이미 즉위했으나〉 아직 즉위하지 않은 것이나 마찬가지니, 크게 우리 책임이 없겠는가."로 풀이된다.

지금 나 小子 旦에 있어서는 상황이 큰 냇물에서 헤엄치는 것과 같으니, 내가 〈큰 냇물을 향해〉 감에 당신 奭과 함께 小子(成王)를 도와 잘 건네주어야 할 뿐이다. 〈그러니 마음을 써서 보필하기를 成王이 아직〉 왕위에 있지 못했을 때와 마찬가지로 할 것이니, 나의 머무르는 것을 크게 나무라지 말도록 하라.

【傳】 我新還政이나 今任重在我小子旦이니 不能同於四(方)〔人〕[1]이어니와 若游大川하니 我往에 與汝奭으로 其共濟渡成王하리라 同於未在位卽政時니 汝大無非責我留하라

1) (方)〔人〕: 저본에는 '方'으로 되어 있으나, 諸本에 의거하여 '人'으로 바로잡았다.

나는 이제 막 〈成王에게〉 정권을 돌려주었지만, 지금도 여전히 무거운 짐이 나 小子 旦에게 있으니, 나는 네 사람이 〈文王과 武王을 보필하여 큰 공적을 세운 것처럼〉 할 수는 없거니와 상황이 큰 냇물에서 헤엄치는 것과 같으니, 내가 〈큰 냇물을 향해〉 감에 너 奭과 함께 成王을 도와 잘 건네주리라. 〈마음을 써서 보필하기를 成王이 아직〉 왕위에 앉아 집무하지 못했을 때와 마찬가지로 할 것이니, 너는 내가 머물러있는 것을 크게 그르다고 나무라지 말도록 하라는 것이다.

收罔勖不及[1]이어늘 耇造德이 不降[2]하니 我則鳴鳥를 不聞이온 矧曰其有能格[3]가

1) 收罔勖不及 : 林之奇는 "아마 成王이 盛滿하게 이루어놓은 王業만을 믿고 교만하고 태만하여 능히 스스로 힘쓰지 않아 治道에 미치지 못할 바가 있을까 염려하기 때문에 거두어 가르치고자 한 것이리라.〔蓋恐成王 恃其盈成之業 驕怠懈弛 不能自勉 而於治道有所不及 是以欲收

之]"로 풀이하였는데, 蔡傳은 '未詳'으로 처리하였다.

2) 收罔勗不及 耉造德不降 : 蘇軾(≪書傳≫)은 "나와 당신은 함께 孺子를 보필하고 있으니, 王業이 크게 이루어짐을 기다리지 않고 떠나감을 말할 수 있겠는가. 나는 마땅히 成王의 힘쓰지 않고 불급한 마음을 收蓄해야 하고, 또 마땅히 당신 奭 같은 노성한 사람을 머물려 돕게 해야 하는데, 당신이 만일 뜻을 굽혀 조금 머물러주지 않는다면 이는 하늘이 우리의 王業을 잘 마무리하여 천명을 정해주려고 하지 않을 것이다.[我與汝同輔孺子 其可以不俟王業之大成而言去乎 我當收蓄成王不勉不及之心 又當留汝奭耉老成人以自助 汝若不降意小留 則是天不欲我終王業定天命也]"라고 하고, 呂祖謙(≪增修東萊書說≫)은 "'小子同未在位 誕無我責'에서의 '小子'는 곧 成王을 가리킨 것이니, 成王이 비록 이미 親政하게 되었지만, 어린 小子라서 艱難한 줄을 몰라 정사가 在位하지 못할 때와 똑같으므로 힘을 다해 보필해야 할 판이니, 成王이 이미 在位했다 해서 내가 마땅히 떠나야 된다고 크게 꾸짖어서는 안 된다는 점을 말한 것이고, '收罔勗不及 耉造德不降'은 召公이 만일 자취를 거두어 물러가버려 成王의 미급한 점을 힘써 보필하지 않고 耉老로 德을 삼는 이가 멀리 떠나감으로써 마음을 굽혀 머무르지 않는다면 周家의 정사는 우려의 국면에 놓이게 된다는 점을 말한 것이다.[小子同未在位 誕無我責者 此小子 乃指成王 言成王雖已親政 然幼沖小子 未知艱難 政當同未在位之時 而盡瘁扶持之 不可以成王旣在位 而大責我以當去也 收罔勗不及 耉造德不降者 言召公若收斂退藏 罔勗勉成王之所不逮 以耉老爲德 高視遠引 不降心而屈留 則周家之治可憂矣]"로 풀이하였다. 또한 '耉造德'에 대하여 夏僎은 "'耉造'란 곧 成王이 幼沖한 자질로 마땅히 老成한 德을 가져야 함을 이른 것이다.[耉造者 乃謂成王以幼沖之資 當有老成之德]"라고 보기도 하였다.

3) 收罔勖不及……曰其有能格 : 蔡傳은 "'收罔勖不及'은 자세히 알 수 없다. '耉造德不降'은 召公이 떠나가면 老成한 사람들의 德이 백성에게 내려지지 않음을 말한 것이니, 교외에 있는 봉황새의 우는 소리를 장차 다시 얻어듣지 못할 것인데, 하물며 감히 이보다 나아가 하늘을 감격시킬 수 있다고 말하겠는가.[收罔勖不及未詳 耉造德不降 言召公去 則耉老成人之德 不下於民 在郊之鳳 將不復得聞其鳴矣 況敢言進此而有感格乎]"라고 풀이하였다.

〈朝臣 중에서〉 스스로 힘쓰지 않아 〈道義에〉 미치지 못하는 자들을 거두어 〈가르치려는〉 것이건만, 노성한 사람이 뜻을 굽혀 하려들지 않으니, 우리 周나라는 봉황의 울음소리도 듣지 못할 것인데, 하물며 공적이 하늘에 이를 수 있다고 하겠는가.

【傳】 今與汝留輔成王은 欲收敎無自勉不及道義者[1)]라 立此化어늘 而老成德不降意爲之하니 我周則鳴鳳不得聞이온 況曰其有能格于皇天乎아

1) 今與汝留輔成王 欲收教無自勉不及道義者：兪樾(≪群經平議≫)은 "枚傳에서는 '責'자에 句를 끊고 '收'자를 아래에 붙여서 읽었으니, '收罔勖不及'은 매우 해석할 수 없게 되었다. 傳의 뜻대로라면 또한 너무 한만스럽다. '收'는 응당 위에 붙여서 읽어야 하니, '收'는 成의 뜻이다. ≪周易≫ 井卦 上六의 '井收勿幕'에 대한 王弼의 注에 '井功이 크게 이루어진 것은 이 爻에 있다. 그러므로 「井收」라 했다.'는 것이 이것이다. '收'에는 成의 뜻이 들어있다. 이는 '小子同未在位'를 이어받아 '成王은 어려서 비록 이미 집정은 하였지만 아직 在位하지 못한 것이나 마찬가지이니, 만일 내가 그 收成을 責求함이 없다면 그 미급한 바를 권면할 수 없다.'고 말한 것이다. 그러므로 '誕無我責 罔勖不及'이라 한 것이다. '誕'은 어조사이니, 꼭 '大'로 풀이할 필요가 없다. '責'의 본뜻은 '求'이니, ≪說文解字≫ 貝部에 '「責」은 「求」의 뜻이다.'라고 하였다. 그런데 '非責'으로 해석하였으니, 뜻이 또한 딱 들어맞지 못하다.〔枚傳於責字絶句 而以收字屬下讀 收罔勖不及 甚不可解 如傳義 亦太迂廻矣 收當屬上讀 收者成也 周易井上六 井收勿幕 王弼注曰 井功大成 在此爻矣 故曰井收是也 收有成義也 此承小子同未在位 而言 成王沖幼 雖已卽政 與未在位同 若無我責求其收成 則無能勖勉其所不及也 故曰 誕無我責罔勖不及 誕者 語辭 不必訓爲大 責之本義爲求 說文貝部 責求也 以非責釋之 義亦未協〕"라고 하였다.

지금 그대와 함께 머물러서 成王을 보필하고자 하는 것은 〈朝臣 중에서〉 스스로 힘쓰지 않아 道義에 미치지 못한 자들을 거두어 가르쳐 이 교화를 성립시키고자 하는 것이건만, 노성한 덕을 가진 사람이 뜻을 굽혀 하려들지 않으니, 우리 周나라는 봉황의 울음소리도 듣지 못할 것이거늘, 하물며 공적이 하늘에 이를 수 있다고 하겠는가라는 것이다.

【疏】'今在'至'能格' ○ 正義曰：周公言 "我新還政成王, 今任之重者, 其在我小子之身也. 我不能同於四人輔文武, 使有大功德, 但苟求救溺而已. 譬如遊於大川, 我往 與汝奭其共濟渡小子成王. 用心輔弼, 同於成王未在位之時, 恐其未能嗣先人明德. 我當與汝輔之, 汝大無非責我之留也. 我留與汝輔王者, 欲收教無自勉力不及道義者. 我今欲立此化, 而老成德之人不降意爲之, 我周家則鳴鳳之鳥尙不得聞知, 況曰其有能格於皇天者乎."

經의 〔今在〕에서 〔能格〕까지

○ 正義曰：周公이 다음과 같이 말씀하였다. "나는 이제 막 成王에게 정권을 돌려주었지만, 지금도 여전히 무거운 짐이 나 小子의 몸에 있다. 나는 네 사람이 文王과 武王을 보필하여 큰 공적을 세우게 한 것처럼 할 수는 없고, 다만 물에 빠진 사람을 구제하는 방

법을 구할 뿐이다. 비하자면 큰 냇물에서 헤엄치는 것과 같은 상황이므로 내가 〈큰 냇물을 향해〉 감에 너 奭과 함께 小子인 成王을 도와 잘 건넬 것이다. 마음을 써서 보필하기를 成王이 아직 왕위에 앉아 집무하지 못했을 때와 마찬가지로 해야 할 것이니, 先人의 밝은 德을 잘 계승하지 못할까 두렵다. 나는 응당 너와 함께 보필해야 할 것이니, 너는 내가 머물러있는 것을 크게 그르다고 나무라지 말도록 하라. 내가 머물러서 너와 함께 王을 보필하고자 하는 것은 〈朝臣 중에〉 스스로 힘쓰지 않아 道義에 미치지 못한 자들을 거두어 가르치려고 하는 것이다. 나는 지금 이러한 교화를 성립시키고자 하는 것이건만, 노성한 덕을 가진 사람이 뜻을 굽혀 하려들지 않으니, 〈德政이 이루어지지 않아〉 우리 周나라는 봉황의 울음소리도 오히려 듣지 못할 것이거늘, 하물며 공적이 하늘에 이를 수 있다고 말하겠는가."

【疏】 ○傳'我新'至'我留' ○正義曰：周公旣已還政, 則是捨重任矣. 而猶言"今任重在我小(人)〔子〕旦"者, 周公旣攝王政, 又須傳授得人. 若其不能負荷, 仍是周公之責, 以嗣子劣弱, 故言"今任重猶在我小子旦"也. 彼四人者, 能翼贊初基, 佑成王業, 我不能同於四人, 望有大功, 惟求救弱而已. 詩云 "泳之游之." 左傳稱"閻敖(염오)游涌而逸", 則'游'者入水浮渡之名. 譬若成王在大川, 我往與汝奭其同共濟渡成王. 若云從此向川, 故言'往'也.

○傳의 〔我新〕에서 〔我留〕까지

○正義曰：周公은 이미 정권을 돌려주었으므로 무거운 짐을 벗어버린 셈인데도 외려 "지금도 여전히 무거운 짐이 나 小子 旦에게 있다."라고 말한 것은 周公이 이미 王政을 섭행한 경험이 있는데다가 또 모름지기 무거운 짐을 전해줄 사람을 만나야 할 판이기 때문이다. 만일 능히 부담시키지 못한다면 여전히 周公의 책임인데, 嗣子가 劣弱한 상태에 있기 때문에 "지금도 무거운 짐이 외려 나 小子 旦에게 있다."라고 말한 것이다.

"저 네 사람은 능히 나라의 기초를 다지는 일을 돕는 한편, 王業을 도와 이루어놓았으니, 나는 능히 네 사람과 같게 하여 큰 공을 기대할 수는 없고, 오직 물에 빠진 사람을 건질 방법을 구할 뿐이다."라고 한 것이다.

≪詩經≫에 "무자맥질을 하고 헤엄을 쳤노라."라고 하고, ≪春秋左氏傳≫ 莊公 18년 조에 "閻敖가 涌水를 헤엄쳐 도망했다."라고 칭하였으니, '游'는 물에 들어가서 헤엄쳐 건너는 데 대한 명칭이다. 비유하자면 成王이 큰 내에 있는 것과 같은 상황이므로 내가 감에

너 奭과 더불어 공동으로 成王을 건네주겠다는 것이다.

"이로부터 냇물로 향해간다."라는 뜻과 같기 때문에 '往'이라 말한 것이다.

【疏】 ○傳'今與'至'天乎' ○正義曰：王朝之臣, 有不勉力者. 今與汝留輔成王者, 正欲收斂教誨. 無自勉力不及道義者, 當教之勉力, 使其及道義也. 我欲成立此化, 而老成德之人, 不肯降意爲之. 我周家則鳴鳳尙不聞知, 況曰其有能如伊尹之輩, 使其功格於皇天乎. 言太平不可冀也. 經言"耇造德不降"者, 周公以己年老應退而留, 因卽(傳)〔博〕[1]言己類. 言己若退, 則老成德者, 悉皆退自逸樂, 不肯降意爲之. 政無所成, 祥瑞不至, 我周家則鳴鳳不得聞. 則鳳是難聞之鳥, 必爲靈瑞之物, 故以'鳴鳥'爲鳴鳳. 孔子稱"鳳鳥不至." 是鳳鳥難聞也. 詩大雅卷阿之篇, 歌成王之德, 其九章曰"鳳皇(鳥)〔鳴〕[2]矣, 于彼高岡." 鄭云"因時鳳皇至, 固以喩焉." 則成王之時, 鳳皇至也. 大雅正經之作, 多在周公攝政之後, 成王卽位之初, 則周公言此之時已鳳皇至, 見太平矣, 而復言此者, 恐其不復能然, 故戒之. 此經之意, 言功格上天, 難於致鳳, 故以鳴鳳, (如)〔況〕[3]之格天. 案禮器云"升中于天, 而鳳皇降, 龜龍假." '升中', 謂功成告天也. 如彼記文, 似功至於天, 鳳皇乃降, 此以鳴鳳易致, 況格天之難者乎. 記以龍鳳有形, 是可見之物, 故以鳳降龍至, 爲成功之驗, 非言成功告天, 然後此物始至也.

1) (傳)〔博〕: 저본에는 '傳'으로 되어 있으나, 宋刊 單疏本·宋兩浙東路茶鹽司本·宋慶元間建安魏縣尉宅本에 의거하여 '博'으로 바로잡았다.
2) (鳥)〔鳴〕: 저본에는 '鳥'로 되어 있으나, ≪詩經≫에 의거하여 '鳴'으로 바로잡았다.
3) (如)〔況〕: 저본에는 '如'로 되어 있으나, 宋刊 單疏本·宋兩浙東路茶鹽司本·宋慶元間建安魏縣尉宅本에 의거하여 '況'으로 바로잡았다.

○傳의 〔今與〕에서 〔天乎〕까지

○正義曰：王朝의 신하들 중에 힘쓰지 않는 자가 있다. 지금 너와 함께 머물러서 成王을 보필하려고 하는 목적은 〈이러한 이들을〉 꼭 거두어 가르치려는 것이다. 스스로 힘쓰지 않아 道義에 미치지 못한 자들을 응당 힘써 道義에 미치도록 가르쳐야 하기 때문이다. 나는 이러한 교화를 성립시키려고 하는데, 노성한 덕을 가진 사람이 뜻을 굽혀 하지 않으려 한다. 우리 周나라는 봉황의 울음소리도 외려 듣지 못할 것이거늘, 하물며 伊尹 같은 무리가 있어 그 공이 皇天에 이르게 할 수 있다고 말하겠는가. 태평시대는 기대할 수 없다는 점을 말한 것이다.

經文에서 말한 "耇造德不降"이란 것은 周公이 자기 나이가 늙어서 응당 물러나야 하는데도 머물러 있어야 할 형편이기 때문에 이내 곧 자기 같은 類를 폭넓게 말한 것이다. 자기가 만일 물러간다면 노성한 덕을 가진 자가 모두 물러가 스스로 逸樂을 취하고 뜻을 굽혀 하려 하지 않음을 말한 것이다.

정사가 이루어진 것이 없으면 祥瑞가 이르지 않는 법이라, 우리 周나라는 봉황의 울음소리를 들을 수 없을 것이다. 봉황은 울음소리를 듣기 어려운 새니, 반드시 靈瑞한 물건이기 때문에 '鳴鳥'를 〈孔安國이〉 鳴鳳으로 여긴 것이다.

孔子가 "봉황이 이르지 않는다."라고 한 이 봉황은 그 소리를 듣기 어려운 것이다. ≪詩經≫ 〈大雅 卷阿〉편에 成王의 德을 노래하면서, 그 9章에서 "봉황의 울음은 저 높은 뫼에서 하도다."라고 하였는데, 鄭玄은 "때에 따라 봉황이 이르므로 굳이 비유한 것이다."라고 하였으니, 成王의 시대에 봉황이 이르렀던 것이다. 大雅 같은 正經의 저작은 대부분 周公이 攝政한 뒤, 成王이 즉위한 초기에 있었으니, 周公이 이때에 이미 봉황이 이르러 태평시절을 보인 점을 말한 것인데, 다시 이 점을 강조한 것은 다시는 그렇게 되지 못할까를 염려하기 때문에 경계한 것이다. 이 經文의 뜻은 공적이 上天에 이르는 것이 봉황을 불러오는 것보다 어렵다는 점을 말하기 때문에 봉황의 울음을 가지고 하늘에 이르는 점을 비유한 것이다.

상고하면 ≪禮記≫ 〈禮器〉편에 "〈제후의 공적이〉 이루어짐을 하늘에 고하니, 봉황이 내려오고 거북과 용이 이른다."라고 한 '升中'은 공적이 이루어져 하늘에 고함을 이른 것이다. 저 ≪禮記≫의 글처럼 공적이 하늘에 이를 것 같으면 봉황이 이에 내려오는 법이니, 이래서 봉황의 울음소리를 불러오기 쉬운 점을 가지고 하늘에 이르기 어려운 점을 비유한 것인가. ≪禮記≫는 용과 봉황은 형상이 있으므로 볼 수 있는 물건이기 때문에 봉황이 내려오고 용이 이르는 것을 가지고 공을 이룬 징험을 삼은 것이고, 공을 이룬 것을 하늘에 고한 연후에 이 靈物이 비로소 이른 점을 말한 것은 아니다.

公曰 嗚呼라 君은 肆其監于玆[1)]어다 我受命이 無疆惟休나 亦大惟艱이라

1) 肆其監于玆 : 蔡傳은 '肆'를 大의 뜻으로 보아 "'玆'는 윗글에 말한 것을 가리키니, 周公이 탄식하고 나서 召公이 윗글에서 말한 것을 크게(깊이) 살펴보도록 하려고 한 것이다.〔玆指上文所言 周公歎息 欲召公大監視上文所陳也〕"라고 풀이하였다.

公은 말씀하였다. "아! 君은 이 때문에 이 일을 눈여겨보아야 할 것이다. 우리 周

나라가 天命을 받은 것은 무궁한 아름다움이기도 하지만, 또한 굉장히 어려운 일이기도 하니라.

【傳】 以朝臣無能立功至天이라 故로 其當視於此어다 我周受命無窮惟美나 亦大惟艱難이니 不可輕忽하여 謂之易治라

朝臣 중에 능히 功을 세워 하늘에 이른 자가 없기 때문에 〈君은〉 마땅히 이 일(朝臣이 功을 세우지 못한 일)을 눈여겨보아야 할 것이다. 우리 周나라가 天命을 받은 것은 무궁한 아름다움이기도 하지만, 또한 굉장히 어려운 일이기도 하니, 경홀히 여겨 다스리기 쉬운 것이라 말해서는 안 된다는 것이다.

告君乃猷裕하노니 我는 不以後人迷하노라

君에게 너그러운 방법을 모색할 것을 당부하노니, 나는 후인을 미혹하지 않게 하려 하느니라."

【傳】 告君汝謀寬饒之道하노니 我留與汝輔王하여 不用後人迷惑이라 故로 欲敎之라

君 너에게 너그러운 방법을 모색할 것을 당부하노니, 나는 머물러서 너와 함께 王을 보필해서 후인을 미혹하지 않게 할 것이다. 그러므로 〈너와 함께 법칙을 만들어〉 그를 가르치고자 한다는 것이다.

【疏】 '公曰嗚呼'至'人迷' ○ 正義曰：周公歎而呼召公曰 "嗚呼, 君, 我以朝臣無能立功至天之故, 故君其當視於此. -謂視此朝臣無能立功之事.- 我周家受天之命, 無有境界惟美, 亦大惟艱難, 不可輕忽, 謂之易治. 我今告君, 汝當謀寬饒之道以治下民, 使其事可法, 我不用使後世人迷惑, 故欲敎之也."

經의 〔公曰嗚呼〕에서 〔人迷〕까지

○ 正義曰：周公이 탄식하고 나서 召公을 불러 다음과 같이 말씀하였다. "아, 君아! 나는 朝臣 중에 능히 功을 세워 하늘에 이른 자가 없기 때문에 君은 마땅히 이것을 눈여겨보아야 한다. -이 朝臣 중에 능히 공을 세운 자가 없는 점을 눈여겨볼 것을 이른다.- 우리 周나라가 하늘의 命을 받은 것은 무궁한 아름다움이기도 하지만, 또한 굉장히 어려운 일이기도 하니, 경홀히 여겨 다스리기 쉬운 것이라 말해서는 안 된다. 나는 지금 君

에게 고하노니, 너는 마땅히 너그러운 방법을 모색하여 下民을 다스리되 그 일이 법칙이 될 수 있게 해야 한다. 나는 후인을 미혹하지 않게 하려 하기 때문에 이들을 가르치고자 한다."

【疏】○傳'告君'至'敎之' ○正義曰:'猷', 訓爲謀. "告君汝謀寬饒之道. 故當以寬饒爲法. 我留與汝輔王, 不用使後人迷惑怪之. 無法則迷惑, 故欲與汝作法以敎之." 鄭云"召公不說似隘急, 故(今)〔令〕[1]謀於寬裕也."

1) (今)〔令〕: 저본에는 '今'으로 되어 있으나, 宋刊 單疏本・宋兩浙東路茶鹽司本・宋慶元間建安魏縣尉宅本에 의거하여 '令'으로 바로잡았다.

○傳의 〔告君〕에서 〔敎之〕까지

○正義曰:'猷'는 謀(모색)의 뜻으로 풀이한다. "君 너에게 너그러운 방법을 모색할 것을 당부한다. 그러므로 마땅히 너그러움으로 법칙을 삼아야 한다. 나는 머물러서 너와 함께 王을 보필해서 후인으로 하여금 미혹하거나 괴이하게 여기지 않게 할 것이다. 법칙이 없으면 미혹하기 때문에 너와 함께 법칙을 만들어 그들을 가르치고자 한다." 鄭玄은 "召公이 좋아하지 않은 것은 속이 좁고 급한 것 같다. 그러므로 너그러운 방법을 모색하도록 한 것이다."라고 하였다.

公曰 前人[1]이 敷乃心하사 乃悉命汝하사 作汝民極하시고

1) 前人:蔡傳은 '前人'을 武王으로 보고 이하의 말들은 武王의 顧命으로 보았다.

公은 말씀하였다. "前人인 〈文王과 武王께서〉 마음을 펼쳐 〈법도를 만들어서〉 모든 것을 너에게 명하시어 너를 백성들의 中正(표본)으로 세우시고,

【傳】前人文武[1] 布其乃心爲法度하사 乃悉以命汝矣하사 爲汝民立中正[2]矣라

1) 前人文武:孔傳처럼 '前人'을 文王과 武王으로 보면, 召公에게 당부하는 주체가 일관성이 없게 되는 것이 문제이다.

2) 中正:古本에는 '正' 아래에 '之敎' 두 글자가 있다.(阮元의 校勘記 참조)

前人인 文王과 武王이 마음을 펼쳐 法度를 만들어서 모든 것을 너에게 명하시어 너를 백성들의 中正으로 세우셨다는 것이다.

曰汝明勖偶王하고 在亶乘玆大命[1)2)]이라하시니

1) 乘玆大命 : 蘇軾·林之奇·夏僎은 '乘'을 乘載의 뜻으로 보았고, '大命'은 蘇軾과 林之奇는 天命으로, 夏僎은 '文王과 武王의 막대한 命'으로 보았는데, 蔡傳은 蘇軾을 따랐다.

2) 曰汝明勖偶王 在亶乘玆大命 : 蔡傳은 "〈嗣王이 아직 어리므로〉 너는 응당 분명하게 힘써서 왕을 보필하고, 피차간에 있어서 서로 신뢰하며 〈마음과 힘을 합하여〉 이 大命(天命)을 수레에 싣듯 안전하게 간직해야 할 것이니"로 풀이하였다.

'너는 분명하게 힘써서 王을 보좌하고, 誠信에 있어서는 이 大命을 행해야 할 뿐이다.'라고 하셨으니,

【傳】 汝以前人法度로 明勉配王하고 在於誠信엔 行此大命而已라

너는 前人의 法度를 가지고 분명하게 힘써 王을 보좌하고, 誠信에 있어서는 이 大命을 행할 뿐이란 것이다.

惟文王德[1)]하여 丕承無疆之恤[2)]이라

1) 惟文王德 : 蔡傳은 '惟'를 追念의 뜻으로 보아 "〈오늘의 天命은 바로 文王이 德을 가지고 받은 것이니만큼〉 文王의 德을 추념하여"로 풀이하였다.

2) 在亶乘玆大命……丕承無疆之恤 : 呂祖謙은 周公의 말로 보았는데, 〈洛誥〉의 "惟王受命 無疆惟休 亦無疆惟恤"로 미루어볼 때, 呂祖謙의 견해가 설득력이 있는 것 같다.

文王의 德을 생각하여 무궁한 걱정을 크게 이어받아야 한다.

【傳】 惟文王聖德하여 爲之子孫은 無忝厥祖하여 大承無窮之憂라

文王의 聖德을 생각하여 자손 된 자는 그 조상을 욕되게 하지 말아서 무궁한 걱정을 크게 이어받아야 한다는 것이다.

【疏】 '公曰前'至'之恤' ○ 正義曰 : 周公又言曰 "前人文武, 布其乃心制法度, 乃悉命汝, 爲民立中正之道矣, 治民之法, 已成就也. 戒召公[1)]汝當以前人之法度, 明自勉力, 配此成王, 在於誠信, 行此大命而已. - 言已有舊法, 易可遵行也. - 惟文王聖德, 造始周邦, 爲其子孫, 欲令無忝厥祖, 大承無窮之憂. 故我與汝不可不輔."

1) 戒召公 : 문왕 또는 무왕이 소공을 경계한 것인지 주공이 소공을 경계한 것인지 분명치

않다.

經의 〔公曰前〕에서 〔之恤〕까지

○ 正義曰 : 周公은 또 다음과 같이 말씀하였다. "前人인 文王과 武王께서 마음을 펼쳐 法度를 제정하여 모든 것을 너에게 명하시어 백성들을 위해 中正(표본)의 道를 세우셨으니, 백성을 다스리는 법이 이미 성취되었다. 召公 너는 응당 前人의 法度를 가지고 분명하게 스스로 힘써 成王을 보좌하고, 誠信에 있어서는 이 大命을 행할 뿐이라 경계하셨다. -이미 舊法이 있으니 쉽게 遵行할 수 있음을 말한 것이다.- 文王께서 聖德을 가지고 周나라를 창시하신 것을 생각하여 자손 된 자는 그 조상을 욕되게 하지 말아서 무궁한 걱정을 크게 이어받아야 한다. 그러므로 나와 너는 〈成王을〉 보필하지 않을 수 없다."

【疏】 ○ 傳'前人'至'正矣' ○ 正義曰 : '乃', 緩辭, 不訓爲汝.

○ 傳의 〔前人〕에서 〔正矣〕까지

○ 正義曰 : '乃'는 緩辭이지, 汝의 뜻으로 풀이한 것이 아니다.

【疏】 ○ 傳'汝以'至'而已' ○ 正義曰 : '勖', 勉也, '偶', 配也, '亶', 信也. 汝當以前人法度, 明自勉力, 配成王, 在於誠信, 行大命而已. 言其不復須勞心. 傳以'乘'爲行, 蓋以乘車必行, 故訓'乘'爲行.

○ 傳의 〔汝以〕에서 〔而已〕까지

○ 正義曰 : '勖'은 勉의 뜻이고, '偶'는 配의 뜻이고, '亶'은 信의 뜻이다. "너는 응당 전인의 법도를 가지고 분명히 스스로 힘써서 成王을 돕고, 誠信에 있어서는 大命을 행해야 할 뿐이다."란 것이다. 다시 勞心할 필요 없음을 말한 것이다. 傳에서 '乘'을 行의 뜻으로 풀이하였으니, 아마 수레를 타면 반드시 행차하기 때문에 '乘'을 行의 뜻으로 풀이한 모양이다.

公曰 君아 告汝朕允하노라

公이 말씀하였다. "君아! 그대에게 나의 誠信을 고하노라.

【傳】 告汝以我之誠信也라

너에게 나의 誠信을 고한다는 것이다.

保奭아 **其汝克敬以予**하여 **監于殷喪大否**(비)[1)]하여

1) 否(비) : 孔疏는 事의 뜻으로 보았다.

太保인 奭아! 그대는 나의 말을 경청하여 殷나라가 喪亡한 큰일을 살펴보아,

【傳】 呼其官而名之하여 勅使能敬以我言하여 視於殷喪亡大否니 言其大不可不戒라

그 벼슬과 이름을 함께 불러서 신칙해서 능히 나의 말을 경청하여 殷나라가 喪亡한 큰일을 살펴보도록 한 것이니, 그 큰일은 경계하지 않을 수 없음을 말한 것이다.

肆念我天威하라 **予不允**이요 **惟若茲誥**아 **予惟曰 襄我二人**[1)2)]이라하노니

1) 二人 : 孔傳은 文王과 武王으로, 宋代 학자들은 周公과 召公으로 보았다.
2) 襄我二人 : 蔡傳은 "王業을 이룰 사람은 오직 우리 두 사람(周公과 召公)뿐이다."로 풀이하였다.

우리의 天德이 두려운 것임을 유념하도록 하라. 내가 誠信하지 못하고서 이와 같이 고유하겠는가. 내가 오직 말하려고 한 것은 '응당 우리 〈文王과 武王〉 두 사람의 道를 인하여 행해야 한다.'란 것이니,

【傳】 以殷喪大故로 當念我天德可畏니 言命無常이라 我不信이요 惟若此誥아 我惟曰 當因我文武之道而行之라하니라

殷나라 喪亡의 큰일을 가지고 응당 우리의 天德이 두려운 것임을 유념해야 한다는 것이니, 천명은 무상한 것임을 말한 것이다. 내가 誠信하지 못하고서 이와 같이 고유하겠는가. 내가 오직 말하려고 한 것은 '응당 우리 文王과 武王의 道를 인하여 행해야 한다.'란 것이다.

汝有合哉[1)]아 **言曰**[2)] **在時二人**이면 **天休滋至**리니 **惟時二人**이 **弗戡**[3)]이로소니

1) 汝有合哉 : 蘇軾은 "너는 내 말을 들으면 마음에 합함이 있을 것이다.〔汝聞我言而心有合也〕"로, 林之奇는 "너는 나와 합함이 있어서 머물러 成王을 보필하도록 하라.〔汝其有以合於我以留輔成王也〕"로, 夏僎은 "너는 응당 나의 뜻과 합함이 있어야 한다는 것이니, 아마 협력해

서 함께 돕게 하고자 해서였으리라.〔汝當與我意有合 蓋欲協力而共贊也〕"로, 呂祖謙은 "너에게 묻건대, 너의 의견은 이에 합하는가, 이에 합하지 않는가.〔蓋嘗問汝 汝之見有合於此哉 其不合於此哉〕"로 풀이하였는데, 蔡傳은 蘇軾을 따랐다.

2) 言曰 : 孔疏에서는 "네 발언하는 바〔汝所發言〕"로, 呂祖謙은 "너는 말하기를〔汝則言曰〕"로 '言曰'을 분명하게 召公의 말로 밝혔는데, 蔡傳은 단지 "亦曰"로만 풀이해서 周公의 말인지 召公의 말인지 헛갈리게 하였다. 그러나 이는 周公이 召公이 그렇게 말할 것이라고 짐작해서 한 말이다.

3) 汝有合哉……弗戡 : 蔡傳은 "그대는 내말을 듣고 수긍하는가. 또한 〈왕업을 이룰 책임이 참으로〉 이 두 사람에게 있기는 하나, 다만 하늘의 아름다운 징후가 불어나 이르거든(功業이 날로 성하고 福祿이 날로 증가하거든) 우리 두 사람이 장차 감당하지 못할 것이니〔汝聞我言而有合哉 亦曰在是二人 但天休滋至 惟是我二人 將不堪勝〕"로 풀이하였다.

그대는 〈일을 행함에 문왕과 무왕의 道와〉 합함이 있는가. 발언함이 이 두 사람(문왕·무왕)에게 있다면(문왕과 무왕의 도만 말하고, 아니면 말하지 않는다면) 하늘의 아름다움이 더욱 이를 것이니, 이 두 사람이 다 받아낼 수 없을 것이다.

【傳】 言汝行事에 動當有所合哉아 發言常在是文武면 則天美周家 日益至矣리니 惟是文武不勝受라 言多福이라

그대는 일을 행함에 거동함이 응당 〈문왕과 무왕의 도와〉 합함이 있는가. 발언함이 항상 이 문왕과 무왕의 도에 있다면 하늘이 周나라를 아름답게 하는 것이 날로 더욱 이를 것이니, 문왕과 무왕이 다 받아낼 수 없을 게란 말이다. 많은 복을 말한 것이다.

其汝克敬德하고 明我俊民在讓이면 後人于丕時[1)]리라

1) 予不允……在讓後人于丕時 : 蔡傳은 "周公은 말씀하기를 "내가 남을 믿지 않고서 이와 같이 고유하겠는가. 내 이르건대 '왕업의 이루어짐이 나와 그대에게 달려 있을 뿐이다.'라고 하노니, 그대는 내 말을 듣고 수긍하는가. 또한 '이 우리 두 사람에게 달려 있는 것은 사실이나, 다만 하늘의 아름다움이 더욱 이르거든 우리 두 사람이 장차 감당할 수 없을 것이다.'라고 말할 터인데, 그대가 만일 盈滿을 두려워하거든 마땅히 스스로 德을 공경하여 더욱 근신하고, 준걸한 백성을 밝게 드러내어 여러 관직에 포진시켜 大臣의 직책을 다함으로써 불어나 이르는 하늘의 아름다움에 보답할 것이요, 한갓 두려워서 떠나가고자 하지 말라. 후일 그대의 입장에 있어 크게 융성할 때에 후인들에게 양보하고 초연히 떠나간다면 그 누가 다시 그대를 붙잡겠는가. 지금이 어찌 그대가 직위를 사양할 때인가.〔周公言 我不

信於人而若此告語乎 予惟曰 王業之成 在我與汝而已 汝聞我言而有合哉 亦曰在是二人 但天休滋至 惟是我二人 將不堪勝 汝若以盈滿爲懼 則當能自敬德 益加寅畏 明揚俊民 布列庶位 以盡大臣之職業 以答滋至之天休 毋徒惴惴而欲去爲也 他日在汝 推遜後人于大盛之時 超然肥遯 誰復汝禁 今豈汝辭位之時乎〕"라고 하였다.

너는 능히 德을 공경히 행하고, 준걸한 백성들을 禮讓에 있어서 밝게 드러내면, 後人에게 〈이 道가〉 크고 옳은 길이 될 것이다.

【傳】 其汝能敬行德하고 明我賢人在禮讓이면 則後代將於此道大且是라

너는 능히 공경히 덕을 행하고 우리 어진 사람들을 禮讓에 있어서 밝게 드러낸다면, 후대에 장차 이 道에서 크고 옳은 길을 행할 것이란 말이다.

【疏】 '公曰君告'至'丕時' ○ 正義曰：周公呼召公曰"君, 我今告汝以我之誠信." 又呼其官而名之"太保奭, 其汝必須能敬以我之言, 視於殷之喪亡. 殷之喪亡, 其事甚大, 不可不戒愼. 以殷喪大之故, 當念我天德可畏." 言天命無常, 無德則去之, 甚可畏. "我不信, 惟若此誥而已. 我惟言曰 '當因我文武二人之道而行之.' 汝所行事, 擧動必當有所合哉. 當與文王武王合也. 汝所發言, 常在是文王武王二人, 則天美我周家, 日日滋益至矣. 其善旣多, 惟在是文武二人, 不能勝受之矣. 其汝能敬行德, 明我賢俊之人在於禮讓, 則後人於此道大且是也."

經의 〔公曰君告〕에서 〔丕時〕까지

○ 正義曰：周公이 召公을 불러서 말씀하기를 "君아! 내가 지금 너에게 나의 誠信을 고하노라."라고 하고, 또 그 벼슬과 이름을 불러서 다음과 같이 말씀하였다. "太保인 奭아! 너는 반드시 모름지기 능히 나의 말을 경청하여 殷나라의 喪亡을 살펴보도록 하라. 殷나라의 喪亡은 그 일이 몹시 크므로 경계하지 않을 수 없다. 殷나라 喪亡의 큰일을 가지고 응당 우리의 天德은 두려운 것임을 유념해야 한다." 천명은 무상한 것이라 덕이 없으면 떠나가니 몹시 두려운 것이다. "내가 성신하지 못하고서 이와 같이 고유할 뿐이겠는가. 내가 오직 말하자고 한 것은 '응당 우리 文王과 武王 두 사람의 道를 인하여 행해야 한다.'는 것이다. 너는 일을 행함에 거동함이 응당 〈문왕과 무왕의 도와〉 합함이 있는가. 마땅히 文王・武王과 더불어 합해야 한다. 너의 발언함이 항상 이 문왕과 무왕 두 사람의 도에 있다면 하늘이 周나라를 아름답게 하는 것이 나날이

더욱더 이를 것이다. 그 선함이 이미 많으므로 文王과 武王 두 사람에 있어서 능히 〈그 福을〉 다 받아낼 수 없을 것이다. 너는 능히 공경히 덕을 행하고 우리 어진 사람들을 禮讓에 있어서 밝게 드러낸다면 後人들이 장차 이 道에서 크고 옳은 길을 행할 것이다."

【疏】 ○ 傳'言汝'至'多福' ○ 正義曰 : '動當有所合哉', 擧動皆合文武也. '發言常在是文武', 言非文武道則不言.

○ 傳의 〔言汝〕에서 〔多福〕까지

○ 正義曰 : '動當有所合哉'는 擧動이 모두 文王과 武王에 합하는 것이다. '發言常在是文武'는 文王과 武王의 道가 아니면 말하지 않음을 말한 것이다.

嗚呼라 篤棐時二人하여 我式克至于今日休[1)]니라

1) 篤棐時二人 我式克至于今日休 : 蔡傳은 '二人'을 周公과 召公으로 보아 "임금의 보필을 도탑게 하는 사람은 우리 두 사람뿐이니, 우리가 〈협력해서 임금님을 잘 보필했기 때문에 周나라 王室이〉 오늘의 아름답고 성함에 이를 수 있었지만〔篤於輔君者 是我二人 我用能至于今日休盛〕"으로 풀이하였다.

아! 이 두 사람을 도탑게 보필하여 우리는 오늘에 이르기까지 〈그 政敎가〉 아름다울 수 있었느니라.

【傳】 言我厚輔是文武之道而行之하여 (或)〔我〕[1)]用能至于今日其政美니라

1) (或)〔我〕 : 저본에는 '或'으로 되어 있으나, 宋兩浙東路茶鹽司本·宋慶元間建安魏縣尉宅本에 의거하여 '我'로 바로잡았다.

우리가 이 문왕과 무왕의 道를 도탑게 보필해 행하여 우리는 오늘에 이르기까지 그 政敎가 아름다울 수 있었다고 말한 것이다.

我咸成文王功于不怠면 丕冒海隅出日하여 罔不率俾[1)]리라

1) 我咸成文王功于不怠……罔不率俾 : 蔡傳은 "〈이것으로 만족해하지 않고〉 나는 召公과 함께 협력해서 文王의 功業을 게으름을 피우지 않는 속에서 이루어 〈그 혜택이 백성들에게〉 크게 입혀져 해가 솟아오르는 바다 귀퉁이의 땅까지 臣服하지 않는 자가 없도록 만들어놓고

자 한다.〔我欲與召公 共成文王功業于不怠 大覆冒斯民 使海隅日出之地 無不臣服然後可也〕"라고 풀이하였다.

우리가 모두 문왕의 功業을 게으름을 피우지 않는 속에서 이룬다면 〈德教가〉 해가 솟아오르는 바다 귀퉁이의 땅까지 크게 입혀져서, 〈교화를〉 따라 사역되지 않을 자가 없을 것이다.

【傳】 今我周家皆成文王功于不懈怠면 則德教大覆冒海隅日所出之地하여 無不循化而使之리라

지금 우리 周나라 사람들이 모두 文王의 功業을 게으름을 피우지 않는 속에서 이룬다면 德教가 해가 솟아오르는 바다 귀퉁이의 땅까지 크게 입혀져서, 교화를 따라 사역되지 않을 자가 없을 것이란 말이다.

【疏】 '嗚呼'至'率俾' ○ 正義曰：周公言而嘆曰"嗚呼. 我厚輔是二人之道而行之, 我用能至於今日其政美." 言今日政美, 由是文武之道. "我周家, 若能皆成文王之功於事常不懈怠, 則德教大覆四海之隅, 至於日出之處, 其民無不循我化, 可臣使也." 戒召公與朝臣皆當法文王之功.

經의 〔嗚呼〕에서 〔率俾〕까지

○ 正義曰：周公이 말하면서 탄식하고 다음과 같이 말씀하였다. "아! 우리는 문왕과 무왕의 道를 도탑게 보필해 행하여 우리가 오늘에 이르기까지 정치교화가 아름다울 수 있었다." 오늘날의 정치교화의 아름다움은 바로 文王과 武王의 道로 말미암은 것임을 말한 것이다. "우리 周나라가 만일 능히 모두 文王의 功을 일에 항상 게으름을 피우지 않는 속에서 이룬다면 德教가 四海의 귀퉁이에 크게 덮여서 해가 뜨는 곳에 이르기까지 그 백성들이 우리의 교화를 따라 신하로 부리지 못할 자가 없을 것이다." 召公과 朝臣이 모두 응당 文王의 功을 본받아야 할 것을 경계한 것이다.

公曰 君아 予不惠[1)]若茲多誥라 予惟用閔于天越民[2)]이니라

1) 予不惠：丁若鏞(≪尙書知遠錄≫)은 "召公이 官位에 있기를 즐겨하지 않는데, 周公이 그 뜻을 따라주지 않고 이처럼 힘써 만류하기 때문에 '내가 은혜롭지 못하다.'고 한 것이다.〔召公不樂在位 周公不順其意 若是勉留 故曰予不惠〕"라고 풀이하였다.

2) 予不惠若玆多誥 予惟用閔于天越民 : 蔡傳은 "내가 이치를 따르지 않고서 이와 같이 중복된 많은 고유를 하겠는가. 나는 오직 天命이 잘 마쳐지지 못할 것과 이 백성들이 혜택을 제대로 입지 못할 것을 걱정하기 때문이다.〔我不順於理 而若玆諄複之多誥耶 予惟用憂天命之不終 及斯民之無賴也〕"라고 풀이하였다.

公이 말씀하였다. "君아. 나는 이와 같은 일에 따라 고유를 많이 할 뿐만 아니라, 나는 天道에 꾸준히 힘을 써서 〈교화가〉 백성들에게 가해지게 하려는 것이다.

【傳】 我不順若此多誥而已라 欲使汝念躬行之니라 閔은 勉也니 我惟用勉於天道하여 加於民이라

나는 이와 같은 일에 따라 고유를 많이 할 뿐만 아니라, 너로 하여금 몸소 행하게 하고자 해서란 것이다. '閔'은 勉의 뜻이니, 나는 天道에 꾸준히 힘을 써서 〈교화가〉 백성들에게 가해지게 하려는 것이란 말이다.

【疏】 '公曰君予'至'越民' ○ 正義曰 : 公呼召公曰 "君, 我不徒惟順如此之事多誥而已, 欲使汝躬親行之. 我惟用勉力自强於天道, 行化於民." 顧氏云 "我亦自用勉勸, 躬行於天道, 加益於民人也."

經의 〔公曰君予〕에서 〔越民〕까지

○ 正義曰 : 公이 召公을 불러서 다음과 같이 말씀하였다. "君아! 나는 한갓 이와 같은 일에 따라 고유를 많이 할 뿐만 아니라, 너로 하여금 몸소 행하게 하고자 하는 것이다. 나는 天道에 꾸준히 힘을 써서 교화가 백성들에게 행해지게 하려는 것이다."

顧氏(顧彪)는 "나 또한 스스로 권면하고 몸소 天道를 행하여 백성들에게 이익이 더해지도록 하는 것이다."라고 하였다.

公曰 嗚呼라 君아 惟乃知民德은 亦罔不能厥初나 惟其終이니

公은 말씀하였다. "아! 君아. 네가 아는 백성들의 德行은 처음에는 〈善을〉 잘하지 않는 이가 없지만, 〈善으로〉 끝맺음을 잘하는 이는 적으니,

【傳】 惟汝所知民德은 亦無不能其初나 鮮能有終이니 惟其終則惟君子라 戒召公以愼終이라

네가 아는 백성들의 德行은 또한 처음에는 〈善을〉 잘하지 않는 이가 없지만, 〈善으로〉

끝맺음을 잘하는 이는 적으니, 끝을 잘 맺으면 君子란 것이다. 召公더러 끝맺음을 신중히 하라고 경계한 것이다.

祗若茲하여 **往**[1)]**敬用治**하라

1) 往 : 林之奇는 "自今以往"으로 본 孔傳을 따랐는데, 蔡傳은 '職所로 가라〔就職〕'로 풀이하였다.

나의 이 말을 경건히 따라서 앞으로는 백성들을 다스리는 〈職事를〉 경건히 행하도록 하라."

【傳】 當敬順我此言하여 自今以往으로 敬用治民職事하라

응당 나의 이 말을 경건히 따라서 이제부터는 백성들을 다스리는 職事를 경건히 행하도록 하라는 것이다.

【疏】 '公曰嗚呼'至'用治' ○ 正義曰 : 周公歎而呼召公曰 "嗚呼. 君, 惟汝知民之德行, 亦無有不能其初, 惟鮮能其終." 言行之雖易, 終之實難, 恐召公不能終行善政, 故戒之以愼終. "汝當以敬順我此言, 自今以往, 宜敬用此治民職事." 戒之使行善不懈怠也.

經의 〔公曰嗚呼〕에서 〔用治〕까지

○ 正義曰 : 周公이 탄식하고 나서 召公을 불러 다음과 같이 말씀하였다. "아! 君아. 네가 아는 백성들의 德行은 또한 처음에는 〈善을〉 잘하지 않는 이가 없지만, 〈善으로〉 끝맺음을 잘하는 이는 적으니라." 행하기는 비록 쉽지만 마무리하기는 실로 어려우니, 召公이 끝내 善政을 잘 행하지 않을까 두려워하기 때문에 끄트머리를 삼가라고 경계하였음을 말한 것이다. "너는 응당 나의 이 말을 경건히 따라서 이제부터는 이 백성들을 다스리는 職事를 의당 경건히 행하도록 하라." 경계해서 善을 행하여 게으름을 부리지 않도록 한 것이다.

【疏】 ○ 傳'惟汝'至'愼終' ○ 正義曰 : 詩云 "靡不有初, 鮮克有終." 是凡民之德, 無不能其初, 少能有終者. 凡民皆如是, 有終則惟君子. 蓋召公至此已說, 恐其不能終善, 故戒召公汝愼終也. 鄭云 "召公是時意說, 周公恐其復不說, 故依違託言民德以剴切之."

○ 傳의 〔惟汝〕에서 〔愼終〕까지

○ 正義曰 : ≪詩經≫ 〈大雅 蕩〉에 이르기를 "처음에는 善을 잘하지 않는 이가 없지만, 善으로 끝맺음을 잘하는 이는 적다."라고 하였으니, 이는 凡民의 덕행이 처음에는 〈善을〉 잘하지 않는 이가 없지만, 〈善으로〉 끝맺음을 잘하는 이는 적다는 것이다. 凡民이 모두 이와 같으니, 〈≪詩經≫의 말처럼〉 끝맺음을 잘하는 이가 있다면 君子라는 것이다. 아마 召公이 이때에 와서 〈심기가〉 이미 좋아졌지만 그가 끝내 善으로 잘 마치지 못할까 두렵기 때문에 "召公 너는 끄트머리를 삼가라."고 경계한 것이다.

鄭玄은 "召公이 이때에 의중이 좋아졌지만 周公은 그가 다시 좋아하지 않을까 염려하였기 때문에 망설이다가 백성의 덕행에 의탁해 말해서 절실하게 한 것이다."라고 하였다.

〔附 錄〕

尙書圖

도판	나오는 篇	도판	나오는 篇
洛邑圖	康誥	土中圖	康誥
明魄朔望圖	康誥・召誥		

※ 이 부록은 본서의 내용을 쉽게 이해하기 위해 ≪五經圖彙≫〈尙書圖〉(松本幼憲 編, 林師彪 較, 國立中央圖書館 소장본)를 첨부한 것이다.

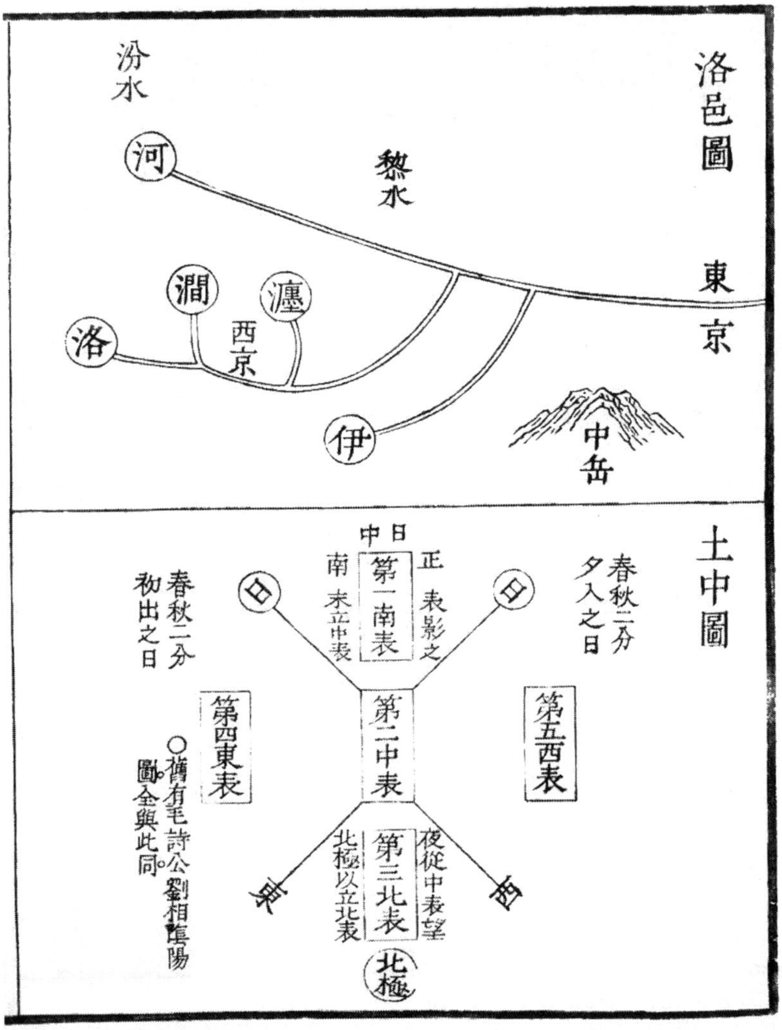

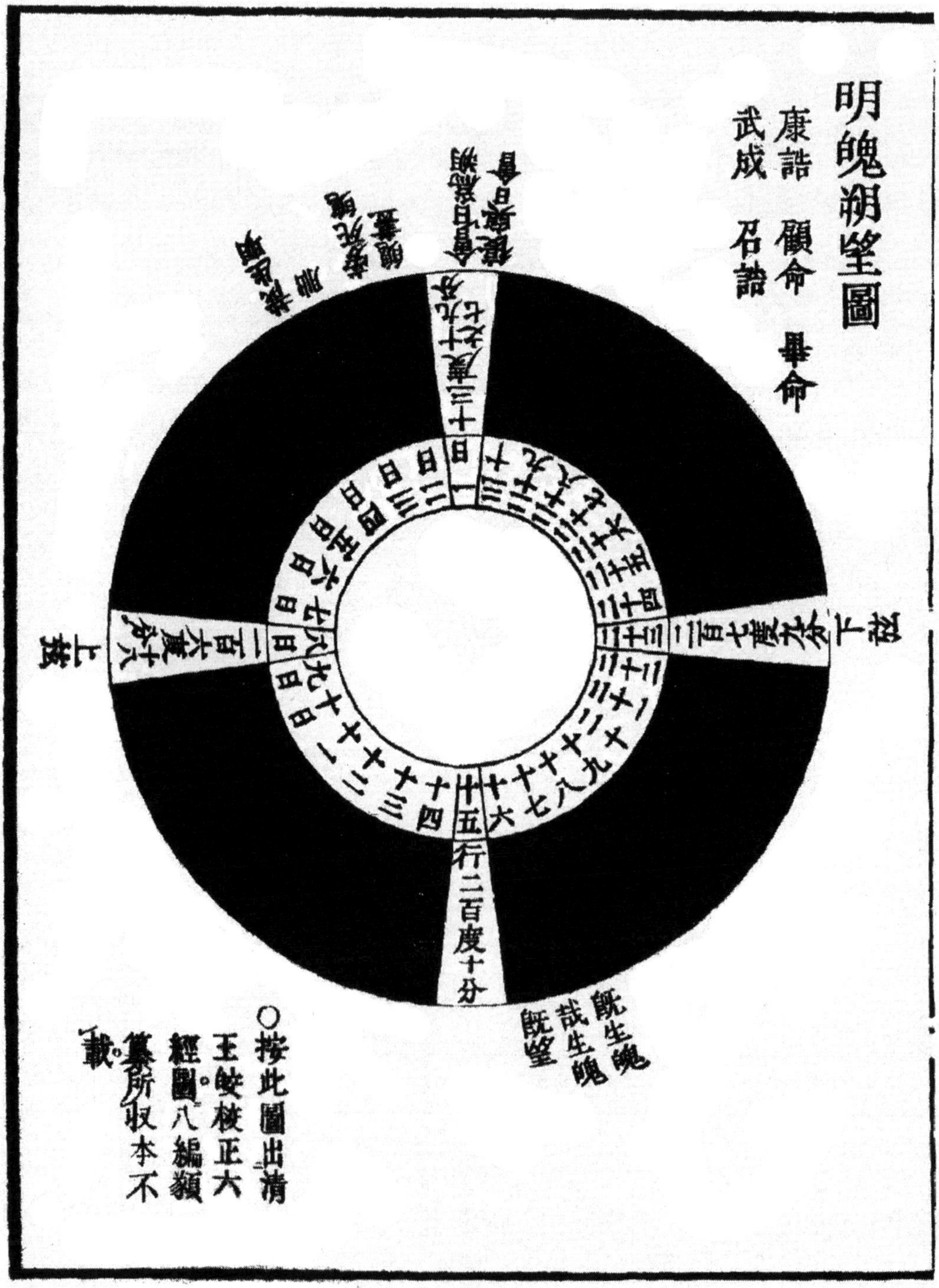
明魄朔望圖
康誥 顧命 畢命
武成 召誥
行二百度十分
既生魄
哉生魄
既望
○按此圖出淸
王皎校正大
經圖八編纂
所收本不
載。

尙書正義 總目次

尙書正義 제4책

尙書注疏 제11권 周書

尙書注疏 제12권 周書

尙書注疏 제13권 周書

尙書正義 제5책

尙書注疏 제14권 周書

尙書注疏 제15권 周書

尙書注疏 제16권 周書

尙書正義 제6책

尙書注疏 제17권 周書

尙書注疏 제18권 周書

尙書注疏 제19권 周書

尙書正義 제7책

尙書注疏 제20권 周書

尙書正義 參考資料

1. ≪尙書正義≫ 解題

2. ≪尙書正義≫ 研究 主要 參考資料

3. ≪五經圖彙≫ 中 〈尙書圖〉

≪尙書正義≫ 解題

譯註者 略歷

金東柱

1942년 全北 任實 三溪 출생
剛齋 李起完 선생과 秋淵 權龍鉉 선생에게 修學
國史編纂委員會 校書室 근무
民族文化推進會 國譯硏修院 수료
民族文化推進會 專門委員・國譯委員
韓國精神文化硏究員 專門委員
傳統文化硏究會 國譯委員(現)

論文 및 譯書

〈磻溪遺集의 復元에 대하여〉
≪설화문학총서≫ ≪금강산유람기≫ ≪달마대사의 건강비법≫
≪高麗名臣傳≫ ≪城南金石文大觀≫ ≪益齋集≫ ≪象村集≫
≪退溪集≫ ≪栗谷全書≫ ≪宋子大全≫ ≪順菴集≫
≪星湖僿說≫ ≪燕行錄選集≫ ≪海行摠載≫ ≪大東野乘≫
≪藏書閣圖書韓國本解題輯(軍事類)≫ ≪龜峯集(太極問答)≫
≪牧民心書(吏典・戶典)≫ ≪東國李相國集(白雲小說)≫
≪青莊館全書(士小節)≫ ≪林下筆記(7・8)≫ 등 多數

十三經注疏
譯註 尙書正義 5　　　　정가 35,000원

2018년 12월 30일 초판 발행
2021년 04월 15일 초판 3쇄

傳 孔安國　疏 孔穎達
譯　　註 金東柱
諮問委員 吳圭根
潤　　文 南賢熙 徐根植
校　　訂 田炳秀 兪在衡
編　　輯 東洋古典飜譯編輯委員會
發 行 人 朴洪植
發 行 處 社團法人 傳統文化研究會
서울시 종로구 삼일대로 428 낙원빌딩 411호
전화 : (02)762-8401　전송 : (02)747-0083
전자우편 : juntong@juntong.or.kr
사이버書堂 : cyberseodang.or.kr
온라인서점 : book.cyberseodang.or.kr
등록 : 1989. 7. 3. 제1-936호

인쇄처 : 한국법령정보주식회사(02-462-3860)
총　판 : 한국출판협동조합(070-7119-1750)

ISBN 979-11-5794-181-0 94140
978-89-91720-93-0(세트)

※ 이 책은 2018년도 교육부 고전문헌 국역지원사업 지원비에 의해 초판(비매품) 간행.

전통문화연구회 도서목록

漢文讀解捷徑시리즈

漢文독해기본패턴 고전교육연구실 著 15,000원
四書독해첩경 고전교육연구실 著 20,000원

基礎漢文敎材

四字小學 / 習字敎本 成百曉 譯 各 8,000원/4,000원
推句·啓蒙篇 / 習字敎本 成百曉 譯 各 7,000원/4,000원
明心寶鑑 成百曉 譯 11,000원
童蒙先習·擊蒙要訣 成百曉 譯 15,000원
註解千字文 成百曉 譯 13,000원

〈新編〉

四字小學·推句 고전교육연구실 編譯 11,000원
啓蒙篇·童蒙先習 고전교육연구실 編譯 11,000원
原文으로 읽는 故事成語 元周用 編譯 15,000원

東洋古典國譯叢書

大學·中庸集註 -개정증보판 成百曉 譯註 10,000원
論語集註 -개정증보판 成百曉 譯註 25,000원
孟子集註 -개정증보판 成百曉 譯註 30,000원
詩經集傳 上·下 成百曉 譯註 各 33,000원
書經集傳 上·下 成百曉 譯註 各 33,000원
周易傳義 上·下 成百曉 譯註 各 40,000원
小學集註 成百曉 譯註 30,000원
古文眞寶 後集 成百曉 譯註 32,000원

〈五書五經讀本〉

大學·中庸集註 李光虎·田炳秀 譯註 15,000원
論語集註 上·下 鄭太鉉 譯註 各 25,000원
詩經集傳 上·中·下 朴小東 譯註 各 30,000원
書經集傳 上·中·下 金東柱 譯註 各 30,000원
小學集註 上·下 李忠九 外 譯註 各 25,000원
古文眞寶後集 上·下 李相夏 外 譯註 各 32,000원
周易傳義 元·亨·利·貞 崔英辰 外 譯註 各 30,000원

東洋古典譯註叢書

〈經部〉

十三經注疏
周易正義 1~4 成百曉·申相厚 譯註 各 30,000원~40,000원
尙書正義 1~7 金東柱 譯註 各 25,000원~36,000원
毛詩正義 1~3 朴小東 譯註 各 32,000원/37,000원
禮記正義 中庸·大學 李光虎·田炳秀 譯註 20,000원
論語注疏 1~3 鄭太鉉·李聖敏 譯註 各 25,000원~40,000원
孟子注疏 1 崔彩基·梁基正 譯註 30,000원
孝經注疏 鄭太鉉·姜珉廷 譯註 35,000원
周禮注疏 1 金容天·朴禮慶 譯註 30,000원
春秋左氏傳 1~8 鄭太鉉 譯註 各 18,000원~35,000원
禮記集說大全 1 辛承云 譯註 25,000원
東萊博議 1~5 鄭太鉉·金炳愛 譯註 各 25,000원~35,000원
韓詩外傳 1~2 許敬震 外 譯註 各 29,000원~30,000원

〈史部〉

思政殿訓義 資治通鑑綱目 1~15, 17~20
辛承云 外 譯註 各 18,000원~35,000원
通鑑節要 1~9 成百曉 譯註 各 18,000원~40,000원
唐陸宣公奏議 1~2 沈慶昊·金愚政 譯註 各 35,000원~45,000원
貞觀政要集論 1~4 李忠九 外 譯註 各 25,000원~32,000원
列女傳補注 1~2 崔秉準·孔勤植 譯註 各 30,000원~38,000원
歷代君鑑 1~3 洪起殷·全百燦 譯註 各 32,000원~35,000원

〈子部〉

近思錄集解 1~3 成百曉 譯註 各 25,000원/35,000원
孔子家語 1~2 許敬震 外 譯註 各 35,000원/36,000원
老子道德經注 金是天 譯註 30,000원
大學衍義 1~5 辛承云 外 譯註 各 26,000원~30,000원
墨子閒詁 1~4 李相夏 外 譯註 各 32,000~38,000원
說苑 1~2 許鎬九 譯註 各 25,000원
世說新語補 1~3 金鎭玉 外 譯註 各 36,000원~38,000원
荀子集解 1~7 宋基采 譯註 各 25,000원~38,000원
心經附註 成百曉 譯註 35,000원
顔氏家訓 1~2 鄭在書·盧暻熙 譯註 各 22,000원/25,000원
揚子法言 1 朴勝珠 譯註 24,000원
二程全書 1~3 崔錫起·姜導顯 譯註 各 36,000원~38,000원
莊子 1~4 安炳周·田好根 共譯 各 25,000원~30,000원
政經·牧民心鑑 洪起殷·全百燦 譯註 27,000원
韓非子集解 1~4 許鎬九 外 譯註 各 32,000~38,000원
武經七書直解
孫武子直解·吳子直解 成百曉·李蘭洙 譯註 35,000원
六韜直解·三略直解 成百曉·李鍾德 譯註 26,000원
尉繚子直解·李衛公問對直解 成百曉·李蘭洙 譯註 26,000원
司馬法直解 成百曉·李蘭洙 譯註 26,000원

〈集部〉

古文眞寶 前集 成百曉 譯註 30,000원
唐詩三百首 1~3 宋載卲 外 譯註 各 25,000원~36,000원
唐宋八大家文抄 韓愈 1~3 鄭太鉉 譯註 各 22,000원/28,000원
〃 歐陽脩 1~7 李相夏 譯註 各 25,000원~35,000원
〃 王安石1~2 申用浩·許鎬九 共譯 各 20,000원/25,000원
〃 蘇洵 李章佑 外 譯註 25,000원
〃 蘇軾 1~5 成百曉 譯註 各 22,000원
〃 蘇轍 1~3 金東柱 譯註 各 20,000원/22,000원
〃 曾鞏 宋基采 譯註 25,000원
〃 柳宗元 1~2 宋基采 譯註 各 22,000원
明淸八大家文鈔 1 李相夏 外 譯註 37,000원

東洋古典新譯

당시선 송재소·최경렬·김영죽 편역 22,000원
손자병법 성백효 역주 14,000원
장자 안병주·전호근·김형석 역주 13,000원
고문진보 후집 신용호 번역 28,000원
노자도덕경 김시천 역주 15,000원

동양문화총서

동양사상 해설과 원전 정규훈 外 저 22,000원
화합의 길 -《중용》 읽기 금장태 저 20,000원
호설과 시장 신용호 저 20,000원

문화문고

경전으로 본 세계종교 그리스도교 이정배 편저 10,000원
〃 도교 이강수 편역 10,000원
〃 천도교 윤석산·홍성엽 편저 10,000원
〃 힌두교 길희성 편역 10,000원
〃 유교 이기동 편저 10,000원
〃 불교 김용표 편저 10,000원
〃 이슬람 김영경 편역 10,000원
논어·대학·중용 / 맹자 조수익·박승주 공역 각 10,000원
소학 박승주·조수익 공역 10,000원
십구사략 1~2 정광호 저 각 12,000원
무경칠서 손자병법·오자병법 성백효 역 10,000원
〃 육도·삼략 성백효 역 10,000원
〃 사마법·울료자·이위공문대 성백효 역 10,000원
당시선 송재소·최경렬·김영죽 편역 10,000원
한문문법 이상진 저 10,000원
한자한문전통교재 조수익·이성민 공역 10,000원
士小節 선비 집안의 작은 예절 이동희 편역 12,000원
儒學이란 무엇인가 이동희 저 10,000원
동아시아의 유교와 전통문화 이동희 저 13,000원
현대인, 동양고전에서 길을 찾다 이동희 저 10,000원
100자에 담긴 한자문화 이야기 김경수 저 12,000원
우리 설화 1~2 김동주 편역 각 10,000원
대한민국 국무총리 이재원 저 10,000원
백운거사 이규보의 문학인생 신용호 저 14,000원